*« Je veux que pendant des siècles on
continue à discuter sur ce que j'ai été,
ce que j'ai pensé et ce que j'ai voulu. »*

TALLEYRAND

*On me croit immoral et machiavélique,
je ne suis qu'impassible et dédaigneux.*

TALLEYRAND

Talleyrand

ou le cynisme

Le portrait de la mère de Charles-Maurice de Talleyrand, Alexandrine de Damas d'Autigny, orne la salle à manger de Valençay. (Collection château de Valençay).

Charles-Daniel de Talleyrand, père de Charles-Maurice, menin du dauphin. Ce portrait se trouve également à Valençay. (Collection château de Valençay).

ANDRÉ CASTELOT

Talleyrand

ou le cynisme

LIBRAIRIE ACADÉMIQUE PERRIN

PARIS

© Librairie Académique Perrin, 1980.
ISBN 2-262-00184-7.

à Bernardine et à Christian
Melchior-Bonnet

I

L'ABBÉ MALGRÉ LUI

> *On me force d'être ecclésiastique, on s'en repentira !*
>
> TALLEYRAND

Talleyrand, cherchant à définir son propre caractère et à expliquer ses agissements et son amertume, déclarait un jour à Mme de Rémusat :

— Il faut tout expliquer par ma jeunesse... La manière dont se passent nos premières années influe sur toute notre vie, et si je vous disais de quelle façon j'ai passé ma jeunesse, vous arriveriez à vous moins étonner de beaucoup de choses.

Cette jeunesse commence mal. L'enfant a été confié aux soins d'une nourrice demeurant dans les faubourgs de Paris. « A quatre ans, raconte Talleyrand dans ses *Mémoires,* j'y étais encore. C'est à cet âge que la femme chez laquelle on me mit en pension me laissa tomber de dessus une commode. Je me démis un pied ; elle fut plusieurs mois sans le dire... » Et son pied droit, devenu une manière de pied bot, demeura atrophié, ressemblant, selon les témoins impartiaux — en l'occurrence Mme de Dino — « à un sabot tout en chair et terminé par des ongles en forme de griffes ». On peut se rendre compte de ·l'aspect qu'avait ce malheureux pied si souvent décrit en regardant le soulier de Talleyrand conservé à Valençay : une espèce de boîte arrondie. Afin de consolider ce brodequin sans talon et à bord carré, on avait été obligé d'y fixer une armature de fer, une tige qui, montant le long de la jambe, était attachée au-dessous du genou par un bracelet de cuir. Talleyrand n'aura aucune

◀ *L'affreuse chaussure orthopédique de Talleyrand est conservée à Valençay.* (Collection château de Valençay.)

pudeur et, plus tard, lors de son petit lever et de ses
ablutions en public — un lever très louis-quatorzien — exhi-
bera, sans la moindre gêne, son hideux pied bot et tout
l'appareil orthopédique qui s'ensuivait. Ce système compli-
qué ne suffisait d'ailleurs pas et, pour marcher, Talleyrand
devra s'aider d'une canne.

On a rapporté que le futur prince de Bénévent avait
poussé au noir l'accident. N'a-t-il pas dit lui-même, un jour,
au Congrès de Vienne, au baron de Wissemberg :

— J'ai eu le pied dévoré par un porc alors que ma nourrice
m'avait posé à terre pour s'entretenir avec un galant.

Désir d'horrifier et de s'amuser à la fois, si j'ose dire, aux
dépens du baron, qui crut à l'authenticité de cette confidence ? Et la répéta...

Quoi qu'il en soit, le pied bot n'était nullement congénital
puisque, le 8 août 1756 — Talleyrand avait un an et demi
— , sa mère parle de lui en écrivant qu'il était « très vif et de
bonne humeur » et ne fait allusion à aucune malformation, ni
à aucun trouble caractériel.

Assurément Charles-Maurice fut abandonné par ses
parents et, plus tard, se trouvant à Londres, il racontera
que, demeurant encore chez sa nourrice, son oncle, le bailli
de Périgord, qui servait dans la marine, curieux de faire sa
connaissance, fut obligé d'aller jusqu'au village où il était à
peu près oublié. Il l'y trouva, au milieu d'un champ couvert
de neige, qui faisait la chasse aux alouettes avec son frère de
lait, aussi déguenillés l'un que l'autre. Le marin, indigné,
s'empara du petit Maurice, l'emmena avec lui sans lui faire
aucune toilette, et l'introduisit au milieu du salon où Mme sa
mère recevait des visites de cérémonie.

— Ma sœur, dit-il, voici le descendant en ligne directe des
princes de Chalais, qui a pour blason *de gueules à trois lions
d'or lampassés armés et couronnés, couronne de prince sur
l'écu et couronne ducale sur le manteau,* avec la devise *Re
que Diou.* Allons, monseigneur mon neveu, embrassez cette
dame qui est votre mère.

Doit-on mettre en doute cette histoire attendrissante ?
Peut-être... mais on aimerait croire à l'exactitude de cette
anecdote.

L'éducation de Talleyrand n'avait rien d'anormal pour
l'époque. Le fait que la nourrice de Charles-Maurice ait
prévenu trop tardivement M. et Mme de Talleyrand de
l'accident survenu à leur fils pour qu'on pût le guérir, n'a

rien, en définitive, de surprenant. Les nourrices écrivaient d'autant plus rarement aux familles que la plupart d'entre elles étaient illettrées. De nombreux parents apprirent ainsi la mort de leur enfant plusieurs mois après son décès... Certaines nourrices avaient une étrange conception de leur profession : c'étaient de pseudo-nourrices qui, en réalité, étaient des pourvoyeuses en nourrissons. Elles se rendaient à la ville, se procuraient un nouveau-né et le sous-louaient dans leur village. Le tarif ? Sept livres mensuelles près de Paris et cinq livres en province. Elles étaient fort irrégulièrement rétribuées — et s'occupaient tout aussi irrégulièrement de l'enfant qu'elles avaient à nourrir et à garder. C'est seulement au règne suivant — et surtout après 1778, année de la mort de Jean-Jacques — que la, *rousseaumanie* va croître et prospérer. Les femmes nourriront leurs enfants et le sein maternel s'imposera. Alors qu'à l'époque de la naissance de Talleyrand, ainsi que l'écrivait l'auteur d'*Emile,* « un mari qui oserait consentir que sa femme nourrisse son enfant serait un homme perdu ; on en ferait un assassin qui veut se défaire d'elle ». Témoigner de la tendresse à ses enfants n'était pas bienséant et dénotait un manque de savoir-vivre... Certains parlaient même de pédanterie et affirmaient que des parents trop affectueux étaient franchement ridicules.

Le prince de Ligne feignait d'ignorer le nombre exact de ses enfants — du moins l'affirmait-il avec cynisme. On commençait à prendre quelque intérêt aux tout-petits lorsqu'ils avaient réussi à passer victorieusement à travers les soins vigoureux des nourrices ou ceux que leur infligeaient les apothicaires — une horde noire qui les entourait au moindre malaise. Bien sûr, il existait de nombreuses exceptions, mais la disparition des bébés était communément acceptée avec résignation, au même titre qu'un fléau inévitable, telle la peste ou l'incendie — une sorte de sélection naturelle... On parlait de leur mort avec un ton fataliste qui nous surprend aujourd'hui. « J'ai perdu deux ou trois enfants en nourrice, non sans regret ni fâcherie », avouait simplement autrefois Montaigne, qui ne reconnaissait, d'autre part, aux enfants aucun mouvement de l'âme. Une voisine prévenante, dans *les Caquets de l'accouchée,* paru en 1622, prédisait à la maman qui avait déjà cinq « petites canailles » auprès d'elle et s'apprêtait à en mettre au monde une sixième :

— Auparavant qu'il soit en état de te donner beaucoup de peine, tu en auras perdu la moitié, ou peut-être tout.

Durant un siècle et demi les choses n'ont guère changé. Nombreux sont toujours les parents qui se désintéressent totalement du sort de leur progéniture. Surtout parmi lès membres de la haute aristocratie qui occupent des charges à la cour. Plus tard, Napoléon excusera le comportement de Talleyrand en constatant :

— Il est d'une grande maison, et cela efface tout.

On pourrait appliquer cette remarque impériale aux parents du petit Maurice. « Grande maison », en effet, puisqu'en 1613, Daniel de Talleyrand, prince de Chalais, comte de Grignols, marquis d'Excideuil, sans parler de quelques baronnies, avait été reconnu, par lettre patente signée de Louis XIII, « descendant en ligne directe des anciens comtes souverains de Périgord ». On doit donc attribuer à la seule malveillance de Louis XVIII son fameux mot :

— M. de Talleyrand ne se trompe que d'une lettre dans ses prétentions : il est *du* Périgord et non *de* Périgord.

La devise de la famille « Rien que Dieu » — *Re que Diou* — semblait même fièrement méconnaître l'autorité royale. C'est à l'un des ancêtres de Charles-Maurice que Hugues Capet avait demandé :

— Qui t'a fait comte ?

Et celui-ci avait orgueilleusement répondu :

— Qui t'a fait roi ?

Ensuite, on se lasserait d'énumérer, d'abord les pillages et cruautés auxquels se livra allégrement — et comme tant d'autres lignées — la famille au Moyen Age, puis les brillantes alliances, les importants commandements et les grandes charges occupées par les Talleyrand-Périgord. Contentons-nous de préciser que le père de Charles-Maurice avait comme frère l'archevêque *in partibus* de Trajunopole, qui sera un jour archevêque de Reims, puis cardinal de Paris. Le père du futur prince de Bénévent, Charles-Daniel de Talleyrand, alors qu'il n'avait encore que onze ans, passa chef de famille par la mort de son père frappé au siège de Tournai. Agé de seize ans, colonel des grenadiers de France, on le maria à Alexandrine de Damas d'Autigny, qui avait vingt-deux ans et était attachée à la Maison de la dauphine Marie-Josèphe de Saxe, mère des trois derniers rois de

France. Cinq ans après la naissance de Charles-Maurice, son père, le comte de Talleyrand, deviendra menin du dauphin.

Lorsque la famille ne séjournait pas à Versailles, — Alexandrine y avait un logement — le ménage s'installait à l'hôtel situé au 4 de la rue Garancière à Paris, dont une partie existe toujours. C'est là que naît, le 13 février 1754, Charles-Maurice. On le baptise le jour même à deux pas, à l'église Saint-Sulpice dont la rue Garancière longe le chevet.

☆

L'enfant ayant quitté sa nourrice, grâce peut-être au bailli de Périgord, ne regagne pas le toit paternel de la rue Garancière. Le père est alors aux armées et la mère, trop souvent retenue à Versailles. Le frère aîné de Charles-Maurice vient de mourir et, pour faire respirer au puîné un meilleur air que celui de Paris, on expédie le petit boiteux au château de Chalais dans le Périgord, chez son arrière-grand-mère paternelle, Marie-Françoise de Rochechouart, âgée de soixante-douze ans, fille du duc de Mortemart, petite-fille de Colbert, qui avait épousé en premières noces Michel Chamillart, marquis de Cany. De ce mariage était née une fille qui devint la grand-mère de Charles-Maurice. En secondes noces, elle avait convolé avec Louis de Talleyrand, prince de Chalais.

Le château, assez austère, construit au XVIe siècle et flanqué d'un ancien donjon plus rébarbatif encore et datant du XIe, s'élevait et s'élève toujours à huit kilomètres de Barbezieux [1].

On ne se ruine pas en frais de voyage. M. et Mme de Talleyrand laissent leur fils à une personne de confiance, Mlle Charlemagne, et, fouette cocher ! On part, non en chaise de poste, véhicule pourtant réservé aux personnes de qualité, mais, plus simplement, le voyage s'effectue par le coche de Bordeaux, lequel met dix-sept jours pour conduire à Chalais l'enfant et sa gouvernante, qui, soit dit en passant, s'identifiait si complètement à la famille qu'elle disait toujours *nous* lorsqu'elle parlait des Talleyrand-Périgord...

Nous ne possédons pas d'autre témoignage que celui de Charles-Maurice lui-même pour le séjour qu'il fit, durant

---

1. C'est aujourd'hui un hospice fondé par la famille Talleyrand.

deux années, chez sa bisaïeule, qu'il nommait d'ailleurs sa grand-mère. Aussi laissons-lui la parole. C'est, du reste, le passage de ses *Mémoires* où l'auteur, qui cette fois n'a rien à prouver ni à démontrer, nous touche le plus :

« Mme de Chalais était une personne fort distinguée, écrit-il ; son esprit, son langage, la noblesse de ses manières, le son de sa voix, avaient un grand charme. Elle avait conservé ce qu'on appelait encore l'esprit des Mortemart ; c'était son nom.

» Je lui plus ; elle me fit connaître un genre de douceurs que je n'avais pas encore éprouvé. C'est la première personne de ma famille qui m'ait témoigné de l'affection, et c'est la première aussi qui m'ait fait goûter le bonheur d'aimer. Grâces lui en soient rendues ! ... Oui, je l'aimais beaucoup ! Sa mémoire m'est encore très chère...

» Le temps que j'ai passé à Chalais a fait sur moi une profonde impression. Les premiers objets qui frappent les yeux et le cœur de l'enfance déterminent souvent ses dispositions, et donnent au caractère les penchants que nous suivons dans le cours de notre vie...

» Les mœurs de la noblesse en Périgord ressemblaient à ses vieux châteaux ; elles avaient quelque chose de grand et de stable ; la lumière y pénétrait peu, mais elle arrivait douce. On s'avançait avec une utile lenteur vers une civilisation plus éclairée...

» Chalais était un des châteaux de ce temps révérés et chéris.

» Plusieurs gentilshommes d'ancienne extraction y formaient à ma grand-mère une espèce de cour qui n'avait rien de la vassalité du XIIIᵉ siècle, mais où les habitudes de déférence se mêlaient aux sentiments les plus élevés. M. de Benac, M. de Verteuil, M. d'Absac, M. de Gourville, M. de Chauveron, M. de Chamillard, se plaisaient à l'accompagner tous les dimanches à la messe paroissiale, remplissant chacun auprès d'elle des fonctions que la haute politesse ennoblissait. Auprès du prie-Dieu de ma grand-mère, il y avait une petite chaise qui m'était destinée.

» Au retour de la messe, on se rendait dans une vaste pièce du château qu'on nommait l'apothicairerie. Là sur des tablettes, étaient rangés et très proprement tenus de grands pots renfermant divers onguents dont, de tout temps, on avait la recette au château ; ils étaient chaque année préparés avec soin par le chirurgien et le curé du village. Il y avait aussi quelques bouteilles d'élixirs, de sirops, et des boîtes contenant d'autres médicaments. Les armoires renfermaient une provision considérable de charpie, et un grand nombre de rouleaux de vieux linge très fin et de différentes dimensions...

» Dans la pièce qui précédait l'apothicairerie, étaient réunis tous les malades qui venaient demander des secours. Nous passions au milieu d'eux en les saluant. Mlle Saunier, la plus ancienne des femmes de chambre de ma grand-mère, les faisait entrer l'un après l'autre ; ma grand-mère était dans un fauteuil de velours ; elle avait devant elle une table noire de vieux laque ; sa robe était de soie, garnie de dentelles, elle portait une échelle de rubans et des nœuds de manches analogues à la saison. Ses manchettes à grands dessins avaient trois rangs ; une palatine, un bonnet avec un papillon, une coiffe noire se nouant sous le menton, formaient sa toilette du dimanche, qui avait plus de recherche que celle des autres jours de la semaine.

» Le sac de velours rouge galonné d'or, qui renfermait les livres avec lesquels elle avait été à la messe, était porté par M. de Benac qui, par sa bisaïeule, était un peu de nos parents.

» Mon droit me plaçait auprès de son fauteuil. Deux sœurs de la charité interrogeaient chaque malade sur son infirmité ou sur sa blessure. Elles indiquaient l'espèce d'onguent qui pouvait les guérir ou les soulager. Ma grand-mère désignait la place où était le remède ; un des gentilshommes qui l'avaient suivie à la messe allait le chercher ; un autre apportait le tiroir renfermant le linge ; j'en prenais un morceau et ma grand-mère coupait elle-même les bandes et les compresses dont on avait besoin. Le malade emportait quelques herbes pour sa tisane, du vin, des drogues pour une médecine, toujours quelques autres adoucissements, dont celui qui le touchait le plus était quelque bon et obligeant propos de la dame secourable qui s'était occupée de ses souffrances.

» Des pharmacies plus complètes et plus savantes, employées même aussi gratuitement par des docteurs de grande réputation, auraient été loin de rassembler autant de pauvres gens, et surtout de leur faire autant de bien. Il leur aurait manqué les grands moyens de guérison pour le peuple : la prévention, le respect, la foi et la reconnaissance...

» Je m'arrête probablement trop sur ces détails, mais je ne fais point un livre ; je recueille seulement mes impressions ; les souvenirs de ce que je voyais, de ce que j'entendais dans ces premiers temps de ma vie sont pour moi d'une douceur extrême. " Votre nom, me répétait-on chaque jour, a toujours été en vénération dans notre pays. Votre famille, me disait-on affectueusement, a été de tout temps attachée à quelqu'un de la maison... C'est de votre grand-père que nous tenons ce terrain... c'est lui qui a fait bâtir notre église... la croix de ma mère lui a été donnée par Madame... les bons arbres ne dégénèrent pas ! Vous serez bon aussi, n'est-ce pas ?... " Je dois vraisemblablement à ces premières années l'esprit général de ma conduite. Si j'ai montré des sentiments affectueux, même tendres, sans trop de familiarité ; si j'ai gardé en différentes circonstances quelque élévation sans aucune hauteur, si j'aime, si je respecte les vieilles gens, c'est à Chalais, c'est près de ma grand-mère que j'ai puisé tous les bons sentiments dont je voyais mes parents entourés dans cette province, et dont ils jouissaient avec délices...

» J'appris à Chalais tout ce qu'on savait dans le pays quand on était bien élevé ; cela se bornait à lire, à écrire et à parler un peu le périgourdin. J'en étais là de mes études quand je dus repartir pour Paris. Je quittai ma grand-mère avec des larmes que sa tendresse me rendit. Le coche de Bordeaux me ramena en dix-sept jours comme il m'avait amené.

» Le dix-septième jour j'arrivai à Paris à 11 heures du matin. Un vieux valet de chambre de mes parents m'attendait rue d'Enfer, au bureau des coches. Il me conduisit directement au collège d'Harcourt. A midi, j'y étais à table, au réfectoire. »

Et il venait d'avoir huit ans !...

Peut-être s'agit-il encore là de mœurs du temps... Quoi qu'il en soit, le moins que l'on puisse dire était que Charles-Maurice, « boiteux incompris », selon l'expression de Jacques de Lacretelle, est élevé par ses parents sans la moindre tendresse — et il souffrira de l'injustice des siens... Mais, répétons-le, on eût, je pense, bien étonné M. et Mme de Talleyrand, qui formaient d'ailleurs un excellent ménage — chose rare à l'époque —, en leur disant que cette manière quelque peu désinvolte de s'occuper de leur fils, ou plutôt de ne pas s'en occuper, choquerait la postérité. Dans ses *Mémoires,* Talleyrand le précise : « L'œil paternel ne s'était pas encore arrêté sur moi. On me dit, et je le crus, que c'était quelque circonstance impérieuse qui avait causé cet arrangement précipité : je suivis ma route. »

D'autre part, Talleyrand ne gardera nulle rancune à sa mère. Il tracera même d'elle ce joli portrait : « Je choisissais pour aller chez ma mère les heures où elle était seule ; c'était pour jouir davantage des grâces de son esprit. Personne ne m'a jamais paru avoir dans la conversation un charme comparable au sien. Elle n'avait aucune prétention. Elle ne parlait que par nuances ; jamais elle ne dit un bon mot ; c'était quelque chose de trop exprimé. Les bons mots se retiennent, et elle ne voulait que plaire et perdre ce qu'elle disait. Une richesse d'expressions faciles, nouvelles et toujours délicates fournissaient aux besoins variés de son esprit. »

Voici donc Talleyrand élevé au fameux collège d'Harcourt [1] où Racine et Boileau avaient été *harcouriens* avant lui. Il était loin le temps où le chanoine Robert d'Harcourt, à la fin du XIIIe siècle, avait créé un établissement uniquement destiné à vingt-quatre pauvres « escholiers » de Normandie. En 1760, le plus ancien collège de Paris élevait les enfants des plus grandes familles du royaume. Les plus nombreux étaient externes, mais Charles-Maurice bénéficiait de l'appartement de son cousin, ou plutôt de son oncle à la mode de Bretagne, le comte de La Suze, fils du grand maréchal des logis de la Maison du roi. Pensionnaire au collège, il avait le privilège de posséder un précepteur particulier, l'abbé Hardi, qui s'occupait également du jeune Talleyrand. Vraisemblablement, les deux jeunes gens avaient alors un valet de chambre privé et peut-être quelques domestiques. Les fils du duc de Fitz-James avaient, pour prendre soin d'eux, quatre ou cinq personnes à leur service.

Les humanités tiennent, bien sûr, la première place. Le *De viris illustribus* de Lhomond est la bible de la maison. Cicéron le suit de près, le grec vient ensuite en bonne position, mais on ne dédaigne plus, comme autrefois, les

---

1. Aujourd'hui démoli et situé rue de La Harpe, là même où s'élèvera notre lycée Saint-Louis. La rue de La Harpe s'étendait alors jusqu'à la rue Monsieur-le-Prince, mais le percement du boulevard Saint-Michel a bouleversé totalement la topographie des lieux.

La cour du célèbre collège d'Harcourt où le petit Charles-Maurice regardait courir ses camarades.

études modernes et l'on se penche même — une véritable révolution — sur les textes contemporains !

Pour écrire, les élèves se servent de plumes d'oie, de cygne ou de corbeau, mais aussi de plumes en acier inventées au début du siècle. On vend l'encre de la *petite vertu* — la plus cotée — à la pinte, en chopine ou en demi-setier. Les traits de crayon s'effacent toujours à la mie de pain, le caoutchouc apparaîtra seulement sous le règne de Louis XVI et on ne l'utilisera longtemps encore que pour cet usage...

On se levait fort tôt au collège d'Harcourt — 5 h 30 du matin. Après la prière, on entreprenait une toilette fort sommaire. Seul le garçon coiffeur s'appliquait longuement, à force de coups de bâton de pommade, à maintenir bien droites sur la tête des élèves des houppes de cheveux plus ou moins récalcitrantes. « L'affaire terminée, nous dit le futur duc de La Force, l'on m'affublait d'un uniforme taillé à peu près comme celui d'un invalide de nos jours. Costume qui ne variait dans aucune saison et qui, par conséquent, était horriblement chaud en été et suffisamment froid en hiver. Quand je sortais, un petit chapeau à trois cornes et une épée, qui me battait dans les jambes, complétaient mon équipement. » On habillait, en effet, les garçons comme leurs pères. Et c'est en cet équipage que Talleyrand, toujours accompagné de l'abbé Hardi, se rend une fois par semaine chez ses parents. « En sortant de table, raconte Talleyrand, nous retournions au collège, après avoir entendu régulièrement les mêmes mots : *Soyez sage, mon fils, et contentez M. l'abbé.* »

Charles-Maurice arrive un jour tout agité à la maison paternelle — alors l'hôtel de Gournay, ou de Tingry, 1, rue Saint-Dominique. Il s'est enfui du collège parce qu'il était puni et devait recevoir le fouet. La fessée restait encore à cette époque la base même de l'éducation, la peine scolastique par excellence... Il faudra attendre le règne de Louis-Philippe pour que la fessée soit définitivement supprimée dans les écoles françaises, un élève du collège Mazarin ayant tué son « fouettard » d'un coup de canif !

M. de Talleyrand, indifférent au malheur de son fils, le renvoie vers la rue de La Harpe en lui rappelant que les derrières les plus éminents avaient reçu le fouet. On dit que Louis XIII avait été même fouetté « un peu serré » le lendemain de son sacre ! Un jour, à la suite de quelque faute, le roi offrit un évêché à son précepteur pour obtenir son pardon. Une autre fois — et c'est l'exemple dont se servit le père de Charles-Maurice — Henri de Talleyrand, comte de Chalais, se laissa fouetter à la place de Louis XIII dont il était le favori...

M. et Mme de Talleyrand auraient mangé par inadvertance pendant le Carême « le contenu d'un baril de porc salé qu'ils auraient pris pour du thon... » Bourrelés de remords, ils envoyèrent leur fils auprès de Son Eminence afin de lui demander conseil sur la réparation nécessaire — et lui remettre une petite somme destinée aux œuvres du prélat. On devine la suite, Charles-Maurice se garda bien de se rendre chez le cardinal-archevêque et dépensa joyeusement l'argent remis par ses parents. Puis il revint à la maison et annonça victorieusement que les coupables étaient pardonnés.

Trois ans après être entré rue de La Harpe, Talleyrand — il est alors âgé de onze ans — n'échappe pas à la classique petite vérole. Le docteur Lehoc, médecin du collège d'Harcourt, le fait transporter en chaise à porteurs chez une garde-malade de la rue Saint-Jacques, Mme Lerond. On entretient chez lui une fièvre de cheval en transformant sa chambre en étuve. Ce traitement énergique guérit l'enfant et toute trace de cicatrices disparaîtra de son visage. Sa convalescence lui procurera le loisir de réfléchir : « Je fus étonné de ma position. Le peu d'intérêt qu'on avait pris à ma maladie, mon entrée au collège sans avoir vu mes parents, quelques autres souvenirs attristants blessaient mon cœur. Je me sentis isolé, sans soutien, toujours repoussé vers moi ; je ne m'en plains pas, car je crois que ces retours sur moi-même ont hâté ma force de réflexion. Je dois aux peines de mon premier âge de l'avoir exercée de bonne heure, et d'avoir pris l'habitude de penser plus profondément que peut-être je ne l'eusse fait, si je n'avais eu que des sujets de contentement... J'ai compris depuis que mes parents s'é-taient déterminés, selon ce qu'ils regardaient comme un intérêt de famille, à me conduire à un état pour lequel je ne montrais aucune disposition... »

La carrière des armes semblait, en effet, toute tracée pour l'aîné de la famille — l'un des tout premiers ancêtres de Charles-Maurice n'avait-il pas été surnommé Taille-Rang ? — et l'on continuait d'ailleurs à prononcer le nom de la famille *Tailleran* ou *Talran*. Malheureusement, le pied bot dont l'enfant était affligé contrecarrait ce projet. Puisqu'il ne pouvait être soldat, les parents de Charles-Maurice décidè-rent de faire de leur fils un homme d'Eglise. La famille espérait bien être assez puissante pour obtenir un jour une mitre et, surtout, une crosse épiscopale voire archiépiscopale qui permettrait à l'estropié de marcher plus commodément pendant les offices et de dissimuler sa claudication...

La décision de M. et Mme de Talleyrand-Périgord a été souvent critiquée. Certains l'ont même qualifiée de « mons-trueuse ». En agissant de la sorte, ils ne faisaient pourtant là que suivre les usages de leur temps. Au XVIIIe siècle, faire partie de l'Eglise n'était nullement un pis-aller... D'autant que, pour les grandes familles, la mitre, voire « le chapeau », se trouvaient au bout de la route — et que, dans le cas présent, le futur archevêque de Reims étant l'oncle du futur abbé, tous les espoirs étaient permis. D'autre part, le prélat était au sommet de la hiérarchie sociale, à un échelon supérieur à celui de l'officier — même colonel d'un régiment.

Et la vocation ?

Dans les *Devoirs ecclésiastiques* parus en 1763, on peut lire ces mots : « L'attrait de l'état sacerdotal figure en tête des marques de la vocation », qui ne se souciaient guère des aspirations, religieuses ou non, de l'enfant. Celles-ci étaient vraiment le cadet des soucis des parents. Une fois la prêtrise reçue, la chasse aux bénéfices se trouvait ouverte. Le principal était d'acquérir une charge ecclésiastique. La tradition familiale exigeait qu'une fille de la maison entrât au couvent et un cadet au séminaire. Quant aux aînés, « héritiers du nom et des armes », on leur mettait — même aux plus pacifistes — l'épée à la main. On ne s'embarrassait pas, à l'époque, des aptitudes ou du goût des jeunes, et, encore moins, de leurs sentiments.

— Comment est mon futur mari ? demandait un jour innocemment une jeune fiancée à sa mère qui lui répondit sévèrement :

— Ma fille, mêlez-vous de ce qui vous regarde !

Enfin, sous l'Ancien Régime, tout le monde possède la foi, je dirais par principe. Certes, « l'habit ne fait pas le moine », mais on n'en expédie pas moins le futur prêtre à Reims, près de l'oncle coadjuteur de l'archevêque. On lui offre cette fois une chaise de poste et on revêt le jeune garçon de quinze ans d'une soutane. « Mon fils, annonce Mme de Talleyrand avec assurance, se trouve fort bien de son nouvel état. » Disons plus prosaïquement que Charles-Maurice s'était résigné. Et puis surtout — il le confiera lui-même — il ne voyait humainement aucun moyen d'échapper au plan que ses parents avaient formé pour lui.

A Reims, il a bien du mal à comprendre la nécessité de cette réserve — qualité tout ecclésiastique — qu'on lui imposait et qui consiste à « ne montrer qu'une partie de sa vie, de ses pensées, de ses sentiments ». Bref, on lui demande, chez le cardinal de La Roche-Aymon, de refréner une spontanéité excessive. Dans ses *Mémoires,* il s'insurge : « La jeunesse n'est-elle pas l'époque de la vie où l'on a le plus de probité ? » Il n'empêche qu'il passera maître — première qualité d'un diplomate — dans cet « art » qu'il fustige aujourd'hui.

C'est au château de Sillery, chez le grand-oncle de son mari, que Mme de Genlis fait la connaissance du jeune

Talleyrand qui vient d'avoir seize ans. Elle remarque sa
pâleur et le trouve silencieux, mais elle est frappée par un
visage « très agréable » et son « air observateur ». Son nez *à
la Scapin,* un nez insolent de valet de comédie, fait déjà
pressentir « une certaine vivacité d'imagination et d'esprit », l'expression est de Talleyrand lui-même, cette fois.

L'oncle, se rendant compte du peu d'enthousiasme témoigné par son neveu pour la carrière ecclésiastique, lui donne à
lire la vie de quelques grands de l'Eglise qui gouvernèrent la
France, depuis le moine-cardinal Hincmar, principal ministre de Charles le Chauve, jusqu'à Richelieu. Il se penche
aussi sur la vie du cardinal Ximénès, grand inquisiteur de
Castille. Talleyrand ne s'explique pas pourquoi il faut entrer
« dans un état avec l'intention d'en suivre un autre ».
Comment l'abnégation qu'on lui prêche peut-elle préparer un
homme à des carrières aussi ambitieuses ? Pourquoi le
chemin du ministère des Finances doit-il obligatoirement
passer par le séminaire ?

Peut-être les fonctions ecclésiastiques donnaient-elles une
garantie d'honnêteté aux contribuables pressurés par leur
ministre ensoutané.

Mais comment lutter ? Talleyrand le rapportera lui-
même : « Après un an de séjour à Reims, voyant que je ne
pouvais éviter ma destinée, mon esprit fatigué se résigna :
je me laissai conduire au séminaire. » C'est seulement vingt
ans plus tard que les graves bouleversements nés de 1789 lui
permettront de jeter aux orties sa soutane, devenue
pourtant violette... Mais nous n'en sommes pas là et les
signes avant-coureurs de l'orage ne se font pas encore sentir.

Le séminaire de Saint-Sulpice, situé rue du Vieux-
Colombier, n'existe plus. Les bâtiments et les deux vastes
cours occupaient alors tout l'emplacement de la place actuelle
du même nom et une partie de l'hôtel des Finances. Le
séminaire était séparé de l'église par un étroit parvis
rectangulaire qui n'était autre que le commencement de la
rue Férou [1].

---

1. On trouve encore gravé le nom de la *rue Férou* à la base du
pilier nord de l'église, en face du débouché de la rue des Canettes.

L'église Saint-Sulpice où Talleyrand se rendit bien souvent. La place est représentée au XIXᵉ siècle, alors que le séminaire a été démoli.

Le règlement du séminaire dut assurément faire frémir Talleyrand, qui regardait déjà les femmes avec quelque arrière-pensée. Le futur prêtre doit « se vider de l'esprit du siècle et se remplir de celui de Jésus-Christ ». Comme l'avait décidé le Concile de Trente, vivre « séparé du monde ».

Le grand séminaire de Saint-Sulpice est divisé en quatre communautés de soixante-quinze élèves. Chacune d'elles possède sa propre entrée. Talleyrand semble avoir appartenu à la communauté donnant sur la rue du Pot-de-Fer — notre actuelle rue Bonaparte. La discipline y est dure. Lever à 5 heures, suivi d'un emploi du temps partagé entre l'étude, la prière et, enfin, les cours donnés en Sorbonne où l'on se rend trois par trois — jamais deux par deux...

La tristesse envahit le jeune homme de seize ans. Il le reconnaît dans ses *Mémoires* : il est souvent de méchante humeur et ne se fait pas d'amis. Il en veut à ses parents, à ses supérieurs... surtout au règlement rigide auquel il a dû se plier. Durant les deux premières années, il ne parle à

personne. « J'étais l'enfant le plus taciturne qui fût... Je me
revois me promenant dans la grande cour sur les murs de
laquelle je me plaisais à lire des dates creusées au couteau...
Il est certain que si quelqu'un aima la solitude et fréquenta
peu ses camarades, ce fut moi. Je faisais mon petit
Bonaparte au séminaire. » Mais il se révolte toujours :
« J'étais indigné contre la société et je ne comprenais pas
comment, parce que j'étais infligé d'une infirmité d'enfance,
j'étais condamné à ne pas occuper la place naturelle qui
m'appartenait. »

Il travaille néanmoins avec ardeur : « On a dit que j'étais
paresseux : cela n'a jamais été vrai. Qu'on interroge plutôt
ce pauvre abbé Guélot qui vit encore. J'étais l'enfant le plus
taciturne qui fût et en même temps le plus ouvert aux leçons
des maîtres et j'apprenais comme en me jouant. »

Après deux années, Charles-Maurice se calme et ce ne
seront plus que les heures claires de Saint-Sulpice qu'il
aimera évoquer. Lorsqu'il noircit ses pensées intimes de
jeune séminariste, sans doute veut-il justifier devant la
postérité et devant sa conscience l'oubli qu'il devait faire un
jour de sa parole sacramentelle : *Tu es sacerdos in
aeternum.*

Peu après son admission au séminaire, le mercredi 30 mai
1774, Charles-Maurice reçoit la permission d'aller assister au
feu d'artifice donné par la Ville de Paris pour le mariage du
dauphin et de Marie-Antoinette. Après le « bouquet », il
n'est heureusement pas resté à bâiller place Louis-XV et a
échappé ainsi à la catastrophique bousculade qui causa tant
de morts. « Comme nous étions égarés dans la foule,
écrira-t-il, je me trouvai seul avec mon condisciple de mon
âge qui m'entraîna dans un bal, puis d'autres mauvais lieux.
Des femmes de mauvaise vie voulurent nous griser mais je
m'échappai, je courus tout d'une traite jusqu'à Saint-Sulpice,
où je reçus une sévère réprimande... »

Quelque temps après, il est moins tenté de faire des
fugues... En effet, si le moral de Talleyrand change, c'est
peut-être l'amour qui en est la cause. Il faut croire que les
sulpiciens prenaient des accommodements avec le règlement

— sinon avec le ciel ! — et parvenaient mal à « se vider de l'esprit du siècle »... Sous le règne de Charles X, du vivant même de Talleyrand, parut l'*Album perdu,* prétendument écrit par Charles-Maurice, et le prince — on ne l'appelait plus autrement à cette époque — ne protestera pas lorsqu'on racontera ses amours avec une toute jeune et blonde dentellière, Julienne Picot, fille d'un rôtisseur de la rue du Vieux-Colombier et dont les fenêtres de la chambre donnaient rue du Pot-de-Fer. C'est en échangeant des signes par la fenêtre que les deux jeunes gens se connurent... mais pas encore au sens biblique.

Après quelques brèves rencontres, Talleyrand entend, un soir, frapper à sa porte. C'est un mitron du rôtisseur qui vient apporter une commande. Selon les meilleures lois de la comédie, Talleyrand reconnaît Julienne. « Elle entra dans ma cellule, aurait écrit Charles-Maurice, le bonnet de coton qui couvrait sa tête blonde tomba à ses pieds et les plus beaux cheveux couvrirent en même temps tout son visage.

» — Monsieur l'abbé, me dit-elle, pensez-vous que M. Rigommier (c'était le nom du concierge) s'apercevra si je ne sors point tantôt ? J'ai dit à mon frère, en empruntant ses habits, que j'étais à un bal de noces où je passerais la nuit avec ma maîtresse ; j'ai dit à ma maîtresse que je ne rentrerais pas chez mon père...

» Je sautais de joie malgré mon mal ; j'empêchai sa bouche de poursuivre, je comprenais bien tous les soupçons que sa bonne renommée allait subir ; mais ne pouvant l'enfermer dans mon cœur, je l'enfermai dans mon armoire... »

Cette histoire est-elle authentique ? Elle paraît moins incroyable à partir du moment où Talleyrand lui-même, dans ses *Mémoires,* nous fait le récit d'un autre amour de quartier avec la jolie Dorothée Dorinville qui, sous le nom de Luzy, tient à la Comédie-Française l'emploi de soubrette.

Dorothée, qui porte le prénom de son premier et de son dernier amour...

Elle possède, d'après un critique de l'époque, « de la taille et de l'aisance ». Grimm a remarqué sa beauté. A plusieurs reprises — pendant la messe — Talleyrand l'a regardée à Saint-Sulpice et se sent attiré par son « air simple et modeste ». Un jour, une bienheureuse pluie se met à tomber lorsque s'achève l'office. Talleyrand possède un petit para-pluie et en offre la moitié à Dorothée en lui proposant, bien entendu, de la raccompagner jusqu'à sa porte. Si Julienne demeure à l'ouest du séminaire, Dorothée habite au sud, au 6 de la rue Férou, la jolie maison dont les pilastres du portail sont toujours surmontés par deux sphinx. « Elle me permit de monter chez elle, et sans embarras, comme une jeune personne très pure, elle me proposa d'y revenir. J'y fus d'abord tous les trois ou quatre jours, ensuite plus souvent. Ses parents l'avaient fait entrer malgré elle à la Comédie ; j'étais malgré moi au séminaire. Cet empire exercé par l'intérêt sur elle et par l'ambition sur moi établit entre nous une confiance sans réserve. Tout le chagrin de ma vie, toute mon humeur, ses embarras à elle, remplissaient nos conversations. On m'a dit depuis qu'elle avait peu d'esprit : quoique j'aie passé deux ans à la voir presque tous les jours, je ne m'en suis jamais aperçu. » Peut-être Charles-Maurice pensait-il qu'elle « avait de l'esprit comme une rose », ainsi qu'il le dira plus tard d'une femme qui deviendra la sienne, l'ex-Mme Grand...

Luzy est âgée de vingt-cinq ans et sa vertu est facile, puisqu'elle a permis au propriétaire « du petit coin de parapluie » de monter jusque chez elle — et cela dès la première rencontre. Elle était d'origine juive — et Sophie Arnould disait à son propos :

— Elle s'est faite chrétienne, lorsqu'elle a su que Dieu s'est fait homme.

A cette époque, Talleyrand fréquente un personnage bien singulier et qui mérite de faire notre connaissance, un ancien abbé, M. de Clerval, qui faisait ses études au séminaire en compagnie de Charles-Maurice et dont la première messe avait été servie par Mme de Rochechouart, sa maîtresse, déguisée en page... Sainte-Beuve a rapporté qu'il achetait avec Talleyrand, les jours où ils sortaient tous deux du séminaire, un poulet dans une boutique de la rue Mazarine, volaille qu'on mangeait ensuite « Dieu ou le diable sait comme » — peut-être dans le boudoir de Dorothée-Luzy...

Son aventure avec le jeune abbé terminée, Dorothée se maria, se consacra aux bonnes œuvres et à la dévotion, assista à l'extraordinaire ascension de son ancien amant...

La jolie Dorothée Dorinville. Luzy de la Comédie-Française où elle ▶ tenait l'emploi de soubrette. Elle fut le premier amour de Charles-Maurice. Son buste se trouve aujourd'hui à la Bibliothèque Municipale de Versailles.

La façade sur le petit jardin de l'hôtel de la rue Férou où demeurait la jolie Luzy. Une frise où jouent des amours court au-dessus du premier étage...

Charles-Maurice, lorsqu'il n'est pas près de Luzy, se rend dans le monde et prépare son avenir. Il aurait été reçu un jour par Mme du Barry, qui accueillait également Choiseul-Gouffier, Lauzun et Narbonne. Chacun racontait ses bonnes fortunes. Talleyrand écoutait et se taisait.

— Qu'avez-vous à ne rien dire ? s'inquiète la favorite. Eh quoi ! Pas une bonne fortune ? Vertu ou modestie ?

— Ah ! Madame, je fais une réflexion bien triste.

— Quoi donc ?

— Paris est une ville dans laquelle il est plus facile d'avoir des femmes que des abbayes.

Talleyrand devra ainsi attendre jusqu'en 1775 pour obtenir de Louis XVI l'abbaye de Saint-Denis de Reims. Mais pour l'instant — nous sommes au début de 1774 — il n'a même pas encore reçu les ordres mineurs.

Ce qui ne l'empêche pas d'utiliser les femmes dès son entrée dans la vie. Et il s'en servira jusqu'au terme de sa longue existence.

C'est le samedi des Quatre-Temps, le 28 mai 1774, dans l'église Saint-Nicolas-du-Chardonnet, que Charles-Maurice — il vient d'avoir vingt ans — reçoit à la fois les quatre ordres mineurs, ceux de portier, de lecteur, d'exorciste et d'acolyte. Ses amours ne l'empêchent pas de soutenir victorieusement, le 22 septembre en Sorbonne, la thèse appelée *Tentative* dont le sujet, quand on connaît la vie privée du jeune séminariste, ne manque pas de sel : *Quelle est la science que doivent garder les lèvres du prêtre ?* Sans vergogne, il dédie son travail à la Sainte Vierge.

Le voici bachelier en théologie et il prépare aussitôt sa licence. Désormais, en qualité de *minoré*, il doit porter une tonsure de deux pouces de diamètre et l'entretenir soigneusement chaque semaine. Cependant, la mode permet à l'ecclésiastique de se coiffer d'une perruque à calotte en cuir ou en satin sur laquelle sont cousus des cheveux autour d'une tonsure artificielle parfaitement imitée. M. Tronson n'en recommande pas moins à ses élèves sulpiciens, en se mettant au lit, d'enlever leur postiche et « de baiser dévotement leur tonsure ». On imagine la scène alors que le séduisant Charles-Maurice — poudré et frisé, en petit collet et en soutane — rentrait d'une escapade rue Férou...

Six mois plus tard, le samedi 1ᵉʳ avril 1775, veille du dimanche de la Passion, *Carolus-Mauricius* est ordonné sous-diacre par l'évêque de Lombez, Mgr de Salignac de La Mothe-Fénelon. La veille, son condisciple du séminaire, Philippe de Sanvin, qui deviendra évêque de Blois, surprend Charles-Maurice « d'une humeur de chien », alors qu'il déclare à un autre de ses condisciples, Henri de Béthizy, futur évêque d'Uzès :

— Ils veulent faire de moi un prêtre. Eh bien ! vous verrez qu'ils feront de moi un sujet affreux. Mais je suis boiteux, il n'y a pas moyen de me soustraire à ma destinée.

Il aurait même menacé ses supérieurs en prédisant :

— On me force d'être ecclésiastique, on s'en repentira !

Néanmoins le lendemain, il écoute avec une apparente soumission l'évêque l'avertir solennellement :

— Jusqu'à cette heure vous êtes libre... Cet ordre une fois reçu, vous ne pourrez plus en briser les engagements et vous serez attaché à jamais au service de Dieu... Pendant qu'il en est temps encore, réfléchissez. Et, si vous persistez en votre sainte résolution, au nom du Seigneur, avancez ici.

Tout est consommé ! Talleyrand s'avance, se prosterne devant l'évêque. Quand il se relève, il appartient à jamais à l'Eglise. Du moins, désespéré, le croit-il avec douleur.

Mais qui saurait prévoir l'éblouissant avenir qui l'attend ?

Le numéro 10 de la rue Garancière au XVIIIᵉ siècle.

Charles-Maurice, âgé de seize ans, ne portait pas la soutane lorsqu'il se rendait dans le monde.

II

« MON ÉPOUSE, L'ÉGLISE D'AUTUN »

J'ai fait une folie.
TALLEYRAND

Le 11 juin 1775, le jeune prêtre se trouve dans la cathédrale de Reims décorée selon « un caractère d'antiquité », en l'honneur du sacre de Louis XVI. Son père — en manteau d'or et coiffé d'un chapeau emplumé — est l'un des *otages* de la Sainte Ampoule renfermant l'huile consacrée utilisée pour les neuf onctions imposées pour les rites du sacre. Louis XVI s'est ainsi souvenu que Charles-Denis de Talleyrand-Périgord avait été l'un des *menins* attaché à la personne du dauphin de France, son père.

Talleyrand, qui reviendra dans cette même cathédrale en qualité de grand chambellan pour le sacre de Charles X, écoute distraitement les interminables oraisons psalmodiées d'une voix cassée par le vieux cardinal de La Roche-Aymon :

« Que le roi ait la force du rhinocéros et qu'il chasse devant lui, comme un vent impétueux, les nations ennemies jusqu'aux extrémités de la terre... »

L'archevêque-coadjuteur, Mgr de Talleyrand, observe peut-être avec espoir les signes de faiblesse et de fatigue du cardinal dont il devait prendre bientôt la place. Quant à Charles-Maurice — il l'avoue dans ses *Mémoires* — il est plongé dans la contemplation de trois femmes et en parle avec désinvolture : « C'est du sacre de Louis XVI que datent mes liaisons avec plusieurs femmes que leurs

◀ *Adélaïde de Flahaut et le petit Charles, fils de Talleyrand et qui sera un jour le père du duc de Morny.*

avantages dans des genres différents rendaient remarqua-
bles et dont l'amitié n'a pas cessé un moment de jeter du
charme sur ma vie. C'est de Mme la duchesse de Luynes, de
Mme la duchesse de Fitz-James et de Mme la vicomtesse de
Laval que je veux parler. »

Talleyrand amoureux, ou plutôt voluptueux, a un pouvoir
de séduction irrésistible sur les femmes. Sa courtoisie innée,
sa conversation brillante, une certaine douceur, son *onction*,
dira même Casimir Carrère, sont autant d'attraits.

Le voir traverser un salon est un véritable spectacle. Il
parvient à dissimuler sa boiterie avec un art consommé. Il
salue de gauche à droite en marquant avec indolence un
temps d'arrêt, s'appuyant parfois au bras d'un fauteuil ou au
dossier d'une chaise. Arrivé à bon port, il possède une si jolie
manière de prendre des nouvelles de la santé des unes et des
autres — même s'il s'en moque éperdument — qu'elles se
pâment... Il n'y a peut-être pas jusqu'à son nez insolent qui
attire les femmes. Un charme teinté en outre de cynisme
élégant, ne déplaît pas à ses compagnes — surtout lorsque
Charles-Maurice fait de l'esprit aux dépens des autres
femmes. Voyant un jour passer une dame d'une rare
maigreur et décolletée au-delà du possible, on l'entendit
murmurer à sa voisine :

— En vérité, il est impossible de plus découvrir et de
moins montrer !

Et la voisine qui, elle, arborait de délicieuses rondeurs, de
rire...

Quelle sera l'influence des femmes sur l'irrésistible
Charles-Maurice ? Le comte de Saint-Aulaire l'a parfaitement défini en écrivant que Talleyrand saura « être dans
leurs bras et à leurs pieds, mais jamais dans leurs mains ».

La première qui succombe est la frivole Mme de Laval qui
aime l'amour autant que le jeu et la politique. La liste de ses
amants est déjà fort longue, celle des « présumés »,
interminable. La seconde dame du Sacre, la gaie et svelte
Mme Guyonne de Laval-Montmorency, a été mariée à treize
ans au duc de Luynes et de Chevreuse — celui-ci est
tellement obèse qu'il lui a fallu échancrer sa place à table afin
qu'il puisse y loger son gros ventre. Une masse de chair qui
s'endort dès qu'on la pose quelque part... Sa femme a voulu
un jour se battre avec lui en duel : elle demanda à Talleyrand
et au comte d'Artois de lui servir de témoins, mais ceux-ci
réussirent non sans peine à la décourager : la cible était par

trop aisée à ne pas manquer ! La troisième, Marie-Claude Thiard de Bizy, a épousé à l'âge de quinze ans un libertin, compagnon de plaisir du futur Philippe Egalité : le duc de Fitz-James. Elle fut tant trompée par son mari qu'elle a rétrospectivement toutes les excuses du monde de s'être consolée de ses infortunes conjugales avec Talleyrand.

Nombreuses seront les conquêtes de Charles-Maurice. Des dames de Brionne à celles de Montmorency — sans compter les autres !... Nous en rencontrerons certaines sur la voie de l'immoralité où Charles-Maurice de Talleyrand cheminera clopin-clopant, mais d'un bon train — déchargé qu'il est de scrupules. Avant tout, compte pour lui le plaisir de vivre. Agé de quatre-vingt-quatre ans, il confiera à sa dernière conquête, Dorothée de Dino :

— Il y a des événements que je ne comprends plus du tout, d'autres que j'explique, que j'excuse ; mais d'autres aussi que je blâme d'autant plus sévèrement que c'est avec une *extrême légèreté* que j'ai fait des choses qui, depuis, m'ont été le plus reprochées. Si j'avais agi dans un système, par principe, à la bonne heure ! Je comprendrais ! Mais non, tout s'est fait sans y regarder, avec l'insouciance de ce temps-là, *comme nous faisions toutes choses dans notre jeunesse.*

Il mène de pair sa carrière ecclésiastique avec sa carrière de don Juan. Sa parenté avec le coadjuteur de Reims facilite les choses et lui vaut, rappelons-le, la charge — on pourrait dire la sinécure — d'abbé commanditaire de l'abbaye de Saint-Denis de Reims. Le 24 septembre 1775 , il a vingt et un ans et perçoit dix-huit mille livres de rente !

Le voici indépendant.

Cette même année, son oncle le fait nommer député de la province de Reims et promoteur de l'assemblée du clergé qui se réunissait tous les cinq ans pour voter le *don gratuit* de l'Eglise de France au roi. Il intervient avec brio et on lui promet, à la première occasion, la place d'agent général du clergé.

En attendant, il regagne la Sorbonne et reconnaîtra en toute franchise : « J'y passai deux ans occupé de tout autre chose que de théologie, car les plaisirs tiennent une grande place dans les journées d'un jeune bachelier. L'ambition prend aussi quelques moments, et le souvenir du cardinal de Richelieu, dont le beau mausolée se dressait dans l'église de la Sorbonne, n'était pas décourageant à cet égard. Je ne

connaissais encore l'ambition que dans sa bonne acception ;
je voulais arriver à tout ce que je croyais devoir bien faire.
Les cinq années d'humeur, de silence et de lecture qui, au
séminaire m'avaient paru si longues et si tristes, ne furent
plus tout à fait perdues pour moi. »

Talleyrand fait sa compagnie ordinaire d'un groupe de
jeunes abbés passablement dissipés. Un jour, l'un de leurs
professeurs interrompt son cours pour s'exclamer :

— Oh ! mon Dieu ! que vois-je parmi ceux destinés à
porter la mitre épiscopale ! Que vois-je ! Des hommes qui
propagent les vices du siècle parmi le clergé, parmi les
serviteurs de Dieu... Oh ! mon Dieu ! que deviendra donc
notre sainte religion ?

Ces soupirs et exclamations n'empêchent nullement
Charles-Maurice de passer brillamment sa licence de théologie, le 2 mai 1778. Il est classé sixième, mais — privilège de
sa naissance — étant de plus haute noblesse que ses
condisciples, il est inscrit d'office à la première place. Il n'est
encore que sous-diacre et il lui faut maintenant devenir
prêtre. La sévérité et le rigorisme du charitable évêque de
Paris, Christophe de Baumont du Repaire, inquiètent
Talleyrand. Il préfère demander à son oncle, enfin devenu
archevêque de Reims — le cardinal de La Roche-Aymon
étant décédé —, de bien vouloir l'inscrire dans le diocèse de
Reims. N'a-t-il pas représenté le clergé rémois à l'Assemblée
et n'a-t-il pas reçu en outre les titres, sans en exercer bien
sûr les fonctions, d'abbé de Saint-Denis et de vicaire général
de Reims ? Aussi, sans difficulté Charles-Maurice reçoit, le
6 septembre 1779, le diaconat et, trois mois plus tard, le
samedi des Quatre-Temps, devient prêtre.

Il a vingt-cinq ans.

La veille, comme quatre années auparavant, Talleyrand
pleure et son ami Choiseul-Gouffier, en voyant cette crise de
larmes, lui conseille de renoncer.

— Non, répond Talleyrand. Il est trop tard, je ne puis
plus reculer.

L'ordination se déroule dans la chapelle de l'archevêché de
Reims. Le prélat officiant, Louis-André de Grimaldi, évêque
de Noyon — l'archevêque-duc, oncle de Charles-Maurice, lui
avait délégué ses pouvoirs — confère au jeune prêtre « le
pouvoir d'offrir à Dieu le saint sacrifice et de célébrer des
messes tant pour les vivants que pour les défunts, au nom du
Seigneur ».

Talleyrand est maintenant à genoux, ses mains dans celles du prélat.

— Promettez-vous à votre évêque respect et obéissance ?
— Je le promets.

Puis c'est le baiser de paix :

— Que la paix du Seigneur soit toujours avec vous.
— Ainsi soit-il.

Le lendemain, 19 décembre, Talleyrand est nommé vicaire général du diocèse et célèbre sa seconde messe à laquelle assistent ses parents, qui reçoivent la communion des mains du nouveau prêtre.

Et en manière de conclusion : un soir que l'on jouait aux bouts rimés dans la chambre de Mme de Girac qui, souffrante, gardait le lit, Talleyrand écrivait :

> *Et que me fait à moi qu'on soit belle ou jolie,*
> *A moi qui, par raison, ai fait une folie ?*

Pensant plus tard à son existence d'abbé plus ou moins en rupture de soutane et s'embarrassant aussi peu de scrupules que de morale, Talleyrand confiera à Guizot :

— Qui n'a pas vécu dans les années voisines de 1789 ne sait pas ce que c'est que la douceur de vivre.

Mais pour lui — pour lui surtout — en cette époque de désordre général, « on n'attachait grande importance à rien »... C'est toujours Talleyrand qui l'affirme... Grâce aux bénéfices de son abbaye rémoise, Charles-Maurice peut apprécier cette douceur de vivre. Il demeure à l'angle de la rue de Belle-Chasse et de la rue Saint-Dominique, là même où Mme de Genlis, de 1782 à 1792, éduquera ses élèves. Talleyrand a loué aux chanoinesses augustines du Saint-Sépulcre de Jérusalem un pavillon de deux étages, dont deux fenêtres de la façade donnent au-dessus d'une des entrées du couvent. Ce pieux voisinage ne gêne pas plus ses nombreuses visiteuses que la soutane de leur hôte. *Le Portier des Chartreux*, un livre particulièrement obscène et licencieux, que le jeune abbé n'hésite pas à leur prêter ne semble pas les effaroucher...

Elles étaient subjuguées par ce grand seigneur ecclésiastique qui, selon son ami, le comte Molé, tenait à la fois de la femme et du chat. Il réussit le tour de force de réunir en une

« coexistence pacifique » ses maîtresses anciennes, présentes ou futures qui n'ignorent pas ses trahisons et son mépris de la morale. « Une tête d'ange animée de l'esprit du diable. » L'une d'elles l'a confié : « Il vous séduisait comme l'oiseau est fasciné par le regard du serpent. » Comme Talleyrand l'expliquait cyniquement lui-même, « les abbés ont cet avantage pour les femmes qu'elles sont sûres du secret, et que leur amant peut leur donner autant d'absolutions qu'elles font de péchés avec lui »...

Certes, Charles-Maurice n'était pas un amant exceptionnel, comme le fut Richelieu. Mme de Flahaut prétendait que, tout en possédant du *suaviter in modo*, il manquait de *fortiter in re*... Cette faiblesse n'empêche pas Talleyrand de collectionner un assez joli tableau de chasse. Ses aventures, à part quelques exceptions, semblent avoir été assez brèves. Ses amours se nouent, se dénouent, se poursuivent, s'enchevêtrent — en désordre — et il est difficile de préciser des dates dans tout cet imbroglio. De plus, ce qui ne simplifie pas les choses, Talleyrand restera presque toujours l'ami intime de ses ex-maîtresses, même des plus éphémères...

Il est en 1780 l'amant de la belle Mme de Brionne — fille du prince de Rohan-Montauban — dont la majestueuse quarantaine ne l'effraie pas. Celle qui avait été grande écuyère avait même très exactement quarante-quatre ans. Pour un jeune homme de vingt-quatre ans, la conquête n'en était pas moins flatteuse.

En 1784, Charles-Maurice s'éprend de la princesse de Lorraine, abbesse de Remiremont et fille de Mme de Brionne, qui est toujours sa maîtresse attitrée. La jolie princesse — qui portait le titre de Mme de Lorraine —, fort amoureuse de l'abbé de Périgord, ne se hâte pas de prendre le chemin de son abbaye où elle est quasi souveraine. Il semble même que pour obliger sa fille à déguerpir, Mme de Brionne ait promis d'obtenir pour Talleyrand le chapeau de cardinal. En effet, la jeune abbesse retourne en son gouvernement du chapitre noble et, dès le lendemain, Mme de Brionne demande à Gustave III de Suède le chapeau pour son amant qu'elle ne tient nullement à partager avec sa fille...

Mais l'abbesse de Lorraine quittera bientôt Remiremont pour ne plus y revenir et retrouver son cher petit abbé de Périgord. Lorsqu'elle mourut, en 1786, Talleyrand était à son chevet. Elle avait trente et un ans.

Celle qui tint le plus de place dans son cœur, peut-être parce qu'elle lui donna un fils, est l'intelligente et raffinée Adélaïde Filleul, mal mariée à l'âge de dix-huit ans au comte de Flahaut, qui compte trente-cinq ans de plus que sa jeune épouse. Elle possède bien de l'esprit.

— Quel est le comble de l'optimisme ! lui demandait-on.

Et elle répondait :

— Commencer ainsi son testament : « Si par hasard je meurs... »

En 1784, lorsque Talleyrand apparaît dans la vie d'Adélaïde, M. de Flahaut, s'estimant peut-être un mari par trop âgé pour se montrer jaloux, laisse sa femme vivre librement et contracter un mariage de cœur avec le jeune abbé galant qui a sept ans de moins que sa conquête. M. de Flahaut endossera même sans sourciller la paternité du petit Charles qui vient au monde le 21 août 1785.

Le bruit — un bruit assurément faux — courait que Talleyrand, à demi impuissant, ne pouvait procréer. M. de Flahaut a-t-il reconnu l'enfant, persuadé qu'il était son fils ? C'est possible... à moins qu'il n'ait voulu, astucieusement, accréditer cette rumeur. Quoi qu'il en soit, Charles de Flahaut deviendra l'amant de la future reine de Hollande et le père du duc de Morny. Les lits de l'Histoire réservent ainsi bien de pittoresques surprises...

L'abbé de Périgord se constitue une bibliothèque religieuse et profane. Il collectionne les belles éditions rares et les belles reliures. Il aime les exhiber aux gens qui le visitent. Parmi eux, son meilleur ami, le délicieux érudit Choiseul-Gouffier, le type même de l'amateur d'art, qu'il a connu au collège d'Harcourt. « De toute mon âme, et dans tous les moments de ma vie, heureuse ou contrariée, ou même malheureuse, lui écrit-il, je t'aime plus que tout au monde. »

Talleyrand reçoit presque tous les matins à déjeuner le comte de Narbonne, le futur ministre de Louis XVI et ambassadeur de l'Empereur, qui passe pour être un fils de Louis XV, *via* le Parc aux Cerfs. Ils ont tous deux les mêmes goûts en ce qui concerne les femmes puisqu'ils ont en commun la même maîtresse, Mme de Laval, et, du moins « jusqu'à un certain point », l'insupportable Mme de Staël. Talleyrand juge Narbonne sévèrement : « Il possède ce genre d'esprit qui ne vise qu'à l'effet, qui est brillant ou nul, qui s'épuise dans un billet ou dans un bon mot. »

Il y a encore à ces déjeuners « à la fourchette », le courageux et divin Lauzun, le Suisse Panchaud, spécialiste des questions économiques, le fluet abbé Delille, poète « léger comme une plume », le savant Lauraguais, un jour duc de Brancas, Rulhière, enfin, qui sait mentir avec charme et que l'on accuse d'être méchant.

— Je ne sais pas pourquoi, disait Chamfort. Il n'a fait qu'une méchanceté.

— Quand finira-t-elle ? demandait Talleyrand en souriant.

Lorsque Chamfort vient déjeuner, Talleyrand se régale plus de sa conversation que du repas, et, après le départ de son ami, note quelques-unes de ses pensées : « Telle fille trouve à se vendre, qui ne trouverait pas à se donner... Pour être aimable dans le monde, il faut se laisser apprendre ce qu'on sait... En fait de sentiment, ce qui peut être évalué n'a pas de valeur. »

Evoquant ces déjeuners, Talleyrand écrira : « C'étaient des matinées excellentes pour lesquelles je me sentirais encore du goût. »

Panchaud, l'adversaire de Necker, initie Talleyrand aux finances et aux problèmes d'économie politique, une matière « pleine de charme », dira Charles-Maurice. Pour lui, le banquier genevois « est un homme extraordinaire : il a en même temps l'esprit le plus ardent, le plus étendu, le plus vigoureux, et une raison parfaite... Si le génie résulte de la faculté de sentir et de penser, répartie abondamment et également dans le même individu, Panchaud est un homme de génie ».

Au mois de février 1778, on voit Talleyrand par deux fois auprès de Voltaire venu à Paris pour la première d'*Irène*. Dans le salon de M. de Villette, donnant au premier étage sur le quai Malaquais — aujourd'hui quai Voltaire —, Charles-Maurice, aux applaudissements de l'assemblée, se met à genoux devant le vieux patriarche de Ferney qui lui donne sa bénédiction en imposant sa main amaigrie sur la tête du jeune abbé prosterné. Cette nouvelle ordination, conférée publiquement par le célèbre sceptique, ne devait curieusement pas nuire à son avancement épiscopal, puisqu'il fut appelé en 1780 à la charge d'agent général du clergé, qui lui avait déjà été promise cinq années auparavant.

Bien sûr, cette haute charge ecclésiastique n'empêche

nullement Talleyrand de poursuivre sa joyeuse vie de célibataire et de multiplier ses succès féminins, exutoire de son infirmité... En public il adopte « une manière froide et une réserve apparente » qui lui donnent l'air hautain. Mais c'est surtout son esprit qui fait sa réputation.

« Petit abbé, a raconté Villemarest, M. de Talleyrand se trouvait chez le duc de Choiseul au moment où on annonça la duchesse de N... (Mme de Gramont) dont les aventures faisaient alors grand bruit et qui s'était fait attendre pour dîner. Il laissa échapper un *Oh ! oh !* de surprise qui fut entendu de toute la compagnie. La duchesse ne dit rien mais dès qu'on se mit à table : " Je voudrais bien savoir, monsieur l'abbé, lui demanda-t-elle, pourquoi lorsque je suis entrée, vous avez dit : *Oh ! oh !* — Point, madame, vous avez mal entendu, j'ai dit : *Ah ! ah !* " Cette subtile distinction fit fortune et dès lors il ne fut plus question dans le grand monde que de l'esprit de l'abbé de Périgord. »

Fort heureusement, Talleyrand est l'auteur de formules et de reparties plus spirituelles que cet : *Oh ! oh !* lancé à Mme de Gramont, cette écervelée qui déclarait insolemment :

— Les mœurs sont faites pour le peuple.

Ce monde finissant marche allégrement vers la catastrophe. Ainsi que l'écrira Talleyrand : « Tous les jeunes gens se croyaient propres à gouverner. On critiquait toutes les opérations des ministres. Ce que faisait personnellement le roi et la reine était soumis à la discussion et presque toujours à l'improbation des salons de Paris. Les jeunes femmes parlaient pertinemment de toutes les parties de l'administration. » Et l'on tranchait à tout venant :« A la place du roi, moi je ferais telle chose... A la place de M. le comte d'Artois, je dirais au roi... »

Charles-Maurice dîne gaiement chaque semaine chez Mme d'Héricourt, fille d'un magistrat de Montpellier, qui « aime l'esprit, les jeunes gens et la bonne chère ». En revanche, il abandonne vite le salon du comte de Creutz, ministre de Suède à Paris, où il rencontre un peu trop souvent à son gré Carmontelle, qui assomme tout le monde en parlant abondamment de ses tragédies et « disperse tout le dîner ». Talleyrand tint bon jusqu'au médiocre *Limitor*.

Charles-Maurice préfère le salon de Mme de Montesson qui a épousé secrètement le gros duc d'Orléans, le père du futur Egalité. Celui-ci ne pouvant faire de sa maîtresse une

princesse, avait pris le parti de vivre « en M. de Montesson ». Dans le petit théâtre de la rue de Provence, Mme de
Montesson joue — fort mal... — des comédies et des
tragédies tout aussi mauvaises dont elle est d'ailleurs
l'auteur. Dans une loge « un peu dissipée », avoue Talleyrand, on peut voir quatre prélats intrigants — les archevêques de Toulouse et de Narbonne, les évêques de Metz et de
Comminges — qui mènent une joyeuse vie aussi peu
épiscopale que possible. On raconte que l'archevêque de
Toulouse — le phtisique Loménie de Brienne — avait été
plusieurs fois consulté par des femmes incapables de se
décider si elles devaient ou non garder leur amant ou en
prendre un autre... Elles suppliaient le prélat de les sortir de
cet affreux dilemme ! Dans le cas présent, M. l'abbé de
Périgord aurait certainement fort bien pu donner de
précieux conseils. S'il faut en croire un virulent — et excessif
— pamphlet paru en 1790 : « Entré dans la carrière de
l'agence (du Clergé), il n'a rempli aucun devoir. On l'a vu
afficher les mœurs les plus scandaleuses, ne respectant pas
même la décence que les hommes corrompus respectent
encore. On l'a vu, dans le costume le plus indécent, courir les
promenades publiques, aller publiquement chez des courtisa-
nes, dont la célébrité était aussi scandaleuse que leur vie. On
l'a vu abandonner tous les devoirs de sa place, pour courir en
Bretagne à la suite d'une femme galante, aller à Longchamp
avec cette même femme dans ces jours solennels (de la
semaine sainte) qu'une jeunesse en délire profane par son
concours. » On faisait, en effet, « ténèbres » [1] à Longchamp
durant la semaine sainte.

Mais s'il mène une vie dissolue — surtout pour un abbé —
Charles-Maurice, entre deux parties de cartes, entre deux
rendez-vous amoureux, travaille ferme, d'autant plus que
son collègue, l'abbé de Boisgelin, neveu de l'archevêque
d'Aix, lui laisse toute la besogne. Sa liaison avec Mme de
Cavanac — ex-Mlle de Romans, qui avait donné un fils à
Louis XV — occupe d'autant plus M. de Boisgelin qu'il a été
surpris en flagrant délit par le mari. Les deux hommes se
sont battus à coups de pincettes et de pelles à feu, sous les
yeux de la belle qui poussait des cris épouvantables. De ce
fait, M. de Boisgelin a fort à faire pour étouffer le scandale,

_____

(1) Office catholique de la Semaine Sainte.

répondre aux enquêtes et Talleyrand peut écrire « qu'il avait dirigé tout seul les affaires de l'agence durant cinq années ». Il ne s'en plaint pas. En qualité d'agent général, on admire chez lui « la vérité de ses principes, l'énergie de ses raisonnements et la noblesse de ses expressions ». Cette même année 1780, Mirabeau le recommande en ces termes à Calonne : « Vous m'avez montré du regret de ce que je ne voulais pas employer mon faible talent à diriger vos belles conceptions. Eh bien, monsieur, souffrez que je vous indique un homme digne de cette marque de confiance ; M. l'abbé de Périgord joint à un talent très réel et fort exercé une circonspection profonde et un secret à toute épreuve. Jamais vous ne pourrez choisir un homme plus sûr, plus pieux, au culte de la reconnaissance et de l'amitié, plus envieux de bien faire, moins avide de partager la gloire des autres, plus convaincu qu'elle est et doit être tout entière à l'homme qui sait concevoir et qui ose exécuter. »

Ses fonctions le mettent en contact avec les parlements pour la perception des droits ecclésiastiques, le versement des pensions, les problèmes de la dîme ou ceux de l'enseignement et les conflits opposant les juridictions épiscopales à la rapacité du fisc royal guignant les considérables biens de l'Eglise, afin de renflouer sa caisse. Il acquiert ainsi la réputation de n'être pas seulement un homme spirituel, mais un homme capable. L'un de ses rapports est qualifié de « monument de talent et de zèle » et l'on félicite « les mains habiles » d'où il était sorti.

Et l'Assemblée, pour le récompenser, lui verse une somme de 24 000 livres, ainsi qu'une « gratification extraordinaire » de 7 000 livres. Voici l'homme d'argent satisfait... Il l'avoue : la carrière des affaires lui ayant ainsi été ouverte, il va se servir de la place d'agent général du Clergé pour étendre ses relations.

Il entre de la sorte en rapport avec William Pitt, chancelier de l'Echiquier, qui peut, certes, lui apprendre bien des choses. Il en est de même pour le duc de Choiseul, l'oncle de son ami Choiseul-Gouffier. Charles-Maurice se rend à Chanteloup en 1784. L'ancien ministre de Louis XV, qui a bien été « le cocher de l'Europe », entraîne un soir son invité sous les ombrages du parc.

— Dans mon ministère, lui explique-t-il, j'ai toujours plus fait travailler que je n'ai travaillé moi-même. Il ne faut pas s'enterrer sous les papiers ; il faut trouver des hommes qui les débrouillent. Il faut gouverner les affaires d'un geste, d'un signe... Je n'ai jamais composé de longs rapports ; j'ai tâché de saisir ce qui fournissait la conversation pour les ambassadeurs... Il faut faire travailler ceux qui travaillent ; alors la journée a plus de vingt-quatre heures. Un ministre qui va dans le monde peut être à tout moment averti d'un danger, il peut le deviner, même dans une fête ; et qu'apprendra-t-il dans ses bureaux s'il est censé s'enfermer ? Enfin, vous, mon cher abbé, si vous ne pouvez pas être Premier ministre, vous pouvez être ambassadeur ; il y a donc là un avis pour vous...

Talleyrand devait se souvenir de ces conseils, ce qui ne l'empêchera pas d'écrire un jour : « M. de Choiseul ne sera pour l'Histoire qu'un homme qui a gouverné la France par le despotisme à la mode... Il a préparé de grands maux sentis jusqu'à nos jours. »

Bien sûr — il ne peut en être autrement à la fin du XVIIIe siècle — pour être dans le ton, Talleyrand, en dépit de sa soutane, est franc-maçon. C'est le duc de Chartres — le futur Philippe Egalité, duc d'Orléans en 1785 — qui, à l'époque, est le grand maître de la franc-maçonnerie. Charles-Maurice sera bientôt élevé à la dignité de *chevalier Kadoche* et fera partie de plusieurs loges, dont celle des *Trente* — avec Turgot, Rœderer et Condorcet — puis celle des *Amis Réunis* et celle des *Philalèthes*, où son ami Mirabeau sera également inscrit. Des bulles pontificales lancées contre la Maçonnerie devaient toutefois gêner quelque peu Talleyrand qui brigue la mitre et la crosse.

Au printemps de 1788, ce n'est plus la pourpre qui se présente, pour Charles-Maurice, mais la crosse épiscopale.

L'assemblée du Clergé de 1786 avait chargé son président, Arthur de Dillon, archevêque de Narbonne, de recommander l'abbé de Périgord « aux instances de Sa Majesté », pour le premier siège épiscopal à pourvoir. Mais Alexandre de Marbeuf, évêque d'Autun, chargé de soumettre au roi les propositions du clergé, raye le nom de Charles-Maurice de Talleyrand à cause de ses goûts dépravés — et assurément n'en connaissait-il encore qu'une partie. L'intransigeance du prélat est jugée tant soit peu ridicule étant donné que nombreux sont les évêques en place qui prennent des accommodements avec la règle...

Le grand maître de la franc-maçonnerie — c'était alors le futur Philippe-Egalité — reçoit un nouveau maître. C'est de cette manière que Charles-Maurice de Talleyrand fut élevé à la dignité de chevalier kadoche.

Si Talleyrand est déçu, il reprend espoir au début du mois de décembre 1786 : il est question pour lui de l'archevêché de Bourges. « C'est une belle place, annonce-t-il à son ami Mirabeau : il y a une administration et cela me donne nécessairement entrée dans les états. L'archevêque est en apoplexie : on ne croit pas qu'il puisse durer plus de quinze jours ou trois semaines... » Et quatre mois plus tard, Charles-Maurice renchérit auprès de son inséparable Choiseul-Gouffier : « Mon archevêque de Bourges est plus mal depuis quelques jours ; on dit qu'il s'en va tout à fait. Les remèdes les plus actifs le sont moins que le mal. Cette époque sera vraisemblablement celle qui décidera de mon sort. Pour le moment il me paraît bien difficile qu'on ne me donne pas l'archevêché de Bourges. La malveillance de l'évêque d'Autun ne me paraît pas pouvoir lui fournir les moyens de me le refuser... »

L'archevêque de Bourges ne s'en va « tout à fait » que le 23 septembre 1787... mais le siège est donné à François de Fontanges, évêque de Nancy, et l'abbé de La Fare lui succède en Lorraine. Voici Charles-Maurice découragé : « Rien de ce que je désire ne tourne comme je le voudrais. Mon ami, je ne suis pas dans un moment de bonheur. Mais cela changera. J'attendrai et on trouvera peut-être qu'un

homme qui a trente-quatre ans, qui a toujours été occupé
d'affaires, qui a fait celles de son corps, tout seul, pendant
cinq ans, et de qui on s'est loué pendant ce temps-là, mérite
qu'on le traite un peu mieux. »

Fort heureusement — pour Charles-Maurice, cela s'entend — l'archevêque de Lyon disparaît le 2 mai 1788, M. de
Marbeuf devient primat des Gaules, l'évêché d'Autun se
trouve ainsi libéré. Charles-Maurice prie aussitôt son père,
le lieutenant général de Talleyrand, d'intervenir. Celui-ci est
revenu très malade d'une inspection officielle et espère
attendrir le roi avec sa maladie — peut-être la dernière — et
il supplie Louis XVI, en ultime grâce, d'accorder l'évêché
d'Autun à son fils. M. de Talleyrand, pour justifier sa
requête, fait état des titres de Charles-Maurice : n'a-t-il pas
été un excellent agent général du clergé à la satisfaction de
tous ? N'est-il pas vicaire général de l'abbaye de Saint-Denis
de Reims ?

— M. de Talleyrand est un homme de bien, déclare le roi ;
il est atteint d'une maladie mortelle et puisque sur le point de
paraître devant Dieu, il me fait cette demande pour son fils,
en m'assurant qu'il est converti, il faut que cette conversion
soit, en effet, sincère.

Louis XVI s'apprête à signer le brevet de nomination,
lorsque la comtesse de Talleyrand s'interpose : son fils, avec
ce penchant irrésistible qu'il a pour les femmes et les cartes,
mène une vie vraiment trop scandaleuse pour en faire un
prélat. L'attaque est inattendue de la part d'une mère qui ne
s'est jamais beaucoup préoccupée des goûts et de l'éducation
de son enfant. Peut-être Charles-Maurice, élevé différemment, aurait-il été moins cynique et son désir de scandaliser
eût-il été moindre. Quoi qu'il en soit Louis XVI passe outre :

— Cela le corrigera ! affirme-t-il.

Et, le 2 novembre 1788, en dépit du cri d'alarme poussé
par la comtesse de Talleyrand, le roi, se déclarant « bien
informé des bonnes vie, mœurs, piété, doctrine, grande
suffisance et des autres vertueuses recommandables qualités
qui sont dans la personne du sieur Charles-Maurice de
Talleyrand-Périgord, vicaire général de Reims, Sa Majesté
se promettant qu'il emploiera avec zèle et application tous
ses talents pour le service de l'Eglise, lui a accordé et fait don
de l'évêché d'Autun... ».

Deux jours plus tard, le père de Charles-Maurice rend
l'âme et le nouvel évêque de Talleyrand conduit le deuil avec

Alexandre de Talleyrand-Périgord, archevêque de Reims.

Bien que le diocèse d'Autun compte trois cathédrales — Beaune, Vézelay et Moulins — l'évêché est considéré comme « crotté » et ne rapporte que 22 000 livres. Aussi le roi donne-t-il, en ajout, au nouvel évêque l'abbaye poitevine de Celles. Charles-Maurice aura désormais pour vivre annuellement 52 000 livres, soit 250 000 francs de notre époque. Il va pouvoir s'adonner à son luxe favori : le jeu d'enfer...

Les bulles pontificales confirmant la nomination royale partent de Rome le 15 décembre 1788. Selon les conseils de l'abbé Emery, supérieur de Saint-Sulpice, Talleyrand se voit obligé, bien malgré lui on s'en doute, d'aller faire une retraite à la Solitude d'Issy, le noviciat des sulpiciens.

Le 16 janvier 1789, toujours à Issy, se déroule la consécration du nouvel évêque dans la chapelle de la Solitude, une chapelle minuscule — ce dont Talleyrand s'autorise pour ne convier personne à la cérémonie. Aucun membre de sa famille ne sera présent... L'ordinant est le comte-évêque de Noyon, Louis de Grimaldi — celui-là même qui avait déjà ordonné prêtre le jeune Charles-Maurice. Entouré par deux évêques-assistants, on entendit le nouvel évêque, à genoux, prononcer ce serment... qu'il se gardera bien de tenir :

— Moi, Charles-Maurice, élu pour l'église d'Autun, serai dès à présent et à jamais fidèle et obéissant à l'apôtre saint Pierre, à la Sainte Eglise romaine, à notre Saint-Père le pape Pie VI et à ses successeurs légitimes... J'aurai soin de conserver, de défendre, d'augmenter et de promouvoir les droits, l'honneur, les privilèges et l'autorité de la Sainte Eglise romaine, de notre Saint-Père le pape et de ses successeurs.

Revêtu maintenant des habits sacerdotaux, croix pectorale au cou, Charles-Maurice dit la messe sur un petit autel, — sa troisième messe — tandis que l'évêque comte de Noyon célèbre l'office divin sur l'autel principal. Le graduel achevé, M. de Grimaldi prononce ces mots devant Talleyrand prosterné, le visage à même le sol :

— Un évêque doit juger, interpréter, consacrer, ordonner, offrir, baptiser et confirmer.

Après les onctions des mains avec le saint Chrême, Talleyrand devient pâle et s'évanouit. Son cœur — et ceci est une bonne note pour Talleyrand le cynique — ne peut supporter le sacrilège qu'il vient de commettre en jurant ce qu'il sait bien ne pouvoir tenir. Et ce fait vient à l'encontre de la déposition de l'abbé Hugon, l'un des six acolytes de la consécration, qui devait raconter plus tard, en 1843, que la manière de se tenir du nouvel évêque avait été « des plus inconvenantes ». Sans doute est-ce l'évanouissement qui avait paru *inconvenant* à l'abbé, à une époque où seules les femmes se pâmaient volontiers — le flacon de sels faisant naturellement partie des accessoires courants. La princesse de Lamballe ne s'évanouissait-elle pas devant un tableau représentant un homard ?...

Revenu à lui, Talleyrand reçoit la crosse, puis l'anneau pastoral et, à son tour, offre à M. de Noyon deux pains, deux flambeaux et deux petits barils portant les armes du nouvel évêque. Rappelons-les : *de gueules à trois lions d'or, lampassés, armés et couronnés*, le tout surmonté de la devise des Talleyrand en périgourdin : *Re que Diou !*

Rien que Dieu !

Et ce fut le *Te Deum* s'achevant par ces mots : « C'est en vous, Seigneur, que j'ai mis mon espérance ; faites que je ne sois pas confondu à jamais. »

Et peut-être Talleyrand manqua-t-il s'évanouir une seconde fois...

Le lendemain, 17 janvier, M. l'évêque d'Autun reçoit des mains de l'archevêque de Paris l'insigne du *pallium*, une bande de laine blanche ornée de croix noires que les évêques d'Autun, successeurs de saint Syargrius, ont le rare privilège, depuis la fin du VIᵉ siècle, de porter par-dessus leur chasuble. Ce symbole de la mission pastorale — qui a remplacé aujourd'hui, lors du couronnement du souverain pontife, la tiare à trois couronnes — ce symbole devait être tissé avec de la laine d'agneaux élevés au monastère de Sainte-Agnès-hors-les-Murs de Rome.

Talleyrand ne semble guère pressé d'aller prendre possession de son siège épiscopal, bien qu'il adresse à ses diocésains sa première lettre pastorale, chef-d'œuvre d'hypocrisie, en leur affirmant en latin : « Dieu m'est témoin que je ne cesse de penser à vous... Vous êtes devenus notre douce et unique occupation... »

Exploitant la douleur avec science, il poursuit, onctueux à souhait, en évoquant la mort de son père, de ce père qu'il voyait si peu, mais il ne faut pas laisser passer pareille occasion de montrer sa sensibilité : « Lorsque, au moment où nous vous fûmes destiné, je me voyais à la veille de perdre

Charles-Maurice de Talleyrand-Périgord, évêque et
député d'Autun.

un père, jeune encore, chéri de tous les siens, et si
tendrement estimé de ceux qui le connurent, lui qui avait
tant désiré de me voir dans ce diocèse où son épouse avait
reçu le jour *(Alexandrine était née, en effet, au château de
Commarin)* et pour qui, même au bord du tombeau, cette
nouvelle fut un instant de bonheur ; lorsque, de mes mains,
je pressais ses mains mourantes et que j'étais contraint de
dévorer mes larmes toujours prêtes à couler sur lui... »

— Tout ce qui est exagéré est insignifiant, dira-t-il plus
tard.

Aussi n'avait-il pas attaché une bien grande importance à
ces sentiments filiaux qu'il agitait comme un drapeau. On le
devine tout aussi peu sincère, mais remarquablement adroit,
en poursuivant son mandement, « à la manière de Bossuet ou
de Fénelon » : « Malheur, sans doute, à qui me cherche dans
les places que les misérables jouissances de la vanité, qui
voient autre chose en elles que ce qu'elles sont en effet, des
chaînes toujours redoutables ; qui ne se dit pas sans cesse
que, devenu homme public, il est comptable de toutes ses
actions, de tous ses instants ; qu'il ne peut plus être à lui,
puisqu'il se doit à tous ; que chacun des nouveaux droits qu'il
acquiert n'est réellement qu'un nouveau devoir ; qu'enfin les
droits sont réciproques, et que, lorsqu'on a reçu celui
d'exercer une portion quelconque de l'autorité, on ne doit
cesser un instant de voir, dans ceux qui y sont soumis, le
droit non moins réel d'exiger qu'elle soit exercée toujours
avec justice et modération. » On ne peut mieux jouer le jeu !

C'est la politique qui l'oblige à prendre le chemin de son diocèse : les états généraux vont se réunir et Talleyrand veut être aux premières loges pour le lever de rideau des temps nouveaux : il aimerait bien être désigné comme député de l'ordre du clergé d'Autun.

Le jeudi 12 mars 1789, tandis que les cloches bourdonnent, le nouvel évêque prend possession de son siège épiscopal et s'installe à Autun dans le bel évêché construit au XVIIe siècle — un long bâtiment à un étage percé de hautes fenêtres à petits carreaux. Il prend possession de ses superbes appartements, une suite de salons situés au premier étage et qui donne sur une grande terrasse. Son bureau — c'est encore aujourd'hui le bureau de monseigneur l'évêque d'Autun — a été aménagé à l'extrémité méridionale de l'édifice, dans l'ancienne tour Saint-Léger, datant du VIIe siècle. Une terrasse, qui vient d'être ajoutée et à laquelle on accède du bureau même par une double porte, permet au nouvel évêque d'admirer le paysage vallonné. En face de lui, sur la hauteur, se trouve le séminaire coiffé de son toit de tuiles bicolores, construit à la fin du siècle précédent à la demande de Mgr de Roquette qui avait, dit-on, servi de modèle à Molière pour son *Tartuffe*. Le Nôtre en avait dessiné les parterres. A sa droite, à mi-pente, la pierre romaine de Couhard, dont on ignore encore aujourd'hui l'exacte signification.

Le dimanche suivant, le 15 mars, a lieu la prise de possession du diocèse. Peu après midi, Talleyrand, en camail et rochet, entouré de ses grands vicaires — les abbés Louis de Gallois, de La Tour, de Grandchamp et de Varèze — attend sous le grand et noble portail qui vient d'être construit. Une véritable procession s'approche. Ce sont ces « Messieurs du chapitre », autrement dit les chanoines, qui viennent chercher leur nouvel évêque pour le conduire à la cathédrale Saint-Lazare. M. de Grandchamp prononce une harangue après laquelle Mgr d'Autun lui assure qu'il ne changera rien aux anciens usages et aux cérémonials en vigueur. Après ce premier assaut d'éloquence, on se met majestueusement en marche vers la place Saint-Louis plantée d'arbres. Puis, après être passé auprès de la belle fontaine Renaissance, peut-être dessinée par Jean Goujon,

Talleyrand pénètre sur l'étroit parvis où se tiennent les autorités locales et la foule autunoises. Il gravit les vingt-trois marches conduisant à la grande porte surmontée de l'admirable tympan réalisé au XIIe siècle par Gilbertus. Ce tympan a malheureusement été plâtré en 1766. On le considérait par trop primitif et naïf !... Même la tête du Christ qui « dépassait » du plâtrage, a été coupée [1].

C'est là, devant le portail de la cathédrale, que Charles-Maurice prononce ces paroles :

— Moi, Charles-Maurice, évêque d'Autun, je jure et je promets à l'église d'Autun, mon épouse, au doyen et au chapitre de la même église, mes frères, que je conserverai les droits, libertés, statuts et exemptions de ladite église et de ses membres... Enfin, je traiterai ladite église, et chacun de ses membres avec piété, douceur et humanité, selon tous les égards dus par un époux à une épouse...

Le cortège entre dans la magnifique cathédrale du XIIe siècle inondée de clarté. Au pied de l'autel — où se trouve la relique dite de Lazare — Talleyrand revêt la chape, l'étole et on le coiffe de la mitre. Puis, après le psaume *Benedictum Domino*, le nouveau prélat gagne son trône épiscopal et « est mis en possession réelle, actuelle, corporelle et personnelle dudit évêché, honneurs, prérogatives, fruits et revenus d'icelui ». Talleyrand entonne ensuite le *Te Deum* et d'un geste large bénit solennellement l'assistance.

Mais Charles-Maurice n'a maintenant plus qu'une idée en tête : se faire nommer député du clergé aux prochains états généraux et demeurer le moins possible à Autun. Aussi le voit-on déployer une intense activité pour faire preuve de piété. Il assiste aux offices, arpente ostensiblement, au pied de la tour de Saint-Léger, le charmant jardin de l'évêché en lisant son bréviaire, annonce qu'il se retire pour aller prier et méditer dans son oratoire, visite les paroisses de la ville — mais il ne pousse pas le zèle jusqu'à porter la bonne parole hors de la cité... Partout il expose et développe ses idées politiques à la veille des élections. Puisque le clergé apprécie la bonne chère, il tient table ouverte à l'évêché et, en ce temps de carême, fait venir du poisson chaque jour par la malle-poste.

---

1. Viollet-le-Duc dégagera le tympan représentant le Jugement dernier dominé par un christ géant.

Affectant toujours la plus grande dévotion, le 25 mars, jour de l'Annonciation, il dit lui-même la messe pontificale. Mais, hélas ! ignorant les rites de la cérémonie, il mêle les répons, fait des interventions et commet des erreurs énormes en officiant. Les chanoines sont éberlués... et consternés.

Ce fut une messe expédiée dans le désordre...

Charles-Maurice devait fort heureusement se rattraper quelques jours plus tard. Le mercredi 1er avril — personne ne semble avoir remarqué la coïncidence avec ce jour réservé aux mystifications —, devant le clergé rassemblé, Talleyrand prend la parole pour définir quel doit être selon lui le rôle des prochains états généraux. Un programme véritablement révolutionnaire ! Le plus urgent était d'établir une charte renfermant « invariablement les droits de tous ». Il fallait « déclarer que, dorénavant, aucun acte public ne sera loi générale du royaume qu'autant que la nation l'aura solennellement consenti ». L'Etat devait posséder le droit « inaliénable et exclusif d'établir des subsides, de les modifier, de les limiter, de les révoquer, et d'en régler l'emploi ».

Et Talleyrand de poursuivre son programme en ces termes :

— Pour le maintien inaltérable de la propriété, il sera déclaré que tout ce qui porte ce caractère sera éternellement sacré... Hors de la loi, tout est libre. Nul ne pourra donc être privé de liberté, même pour un temps, que par la loi. Jamais par un ordre arbitraire ! Dès lors, toutes les peines devenant légales, elles seront les mêmes pour toutes les classes de citoyens...

Les leçons de Panchaud n'ont pas été inutiles. Pour rétablir le crédit public, Talleyrand propose plusieurs solutions au choix : rétablir le crédit public sans aucun nouvel impôt et cela « soit par l'accroissement des recettes provenant de l'abolition des privilèges pécuniaires, soit par la vente des domaines, soit encore par la création d'une banque nationale et d'une caisse d'amortissement. Et puis, enfin, restait une dernière proposition : détruire sans retour toute espèce de privilège en matière d'impôt. Mais ce projet, le plus important peut-être, Talleyrand le supprime dans son texte. Il tenait beaucoup trop au maintien de ses propres privilèges... Ce programme hardi et « dans le vent » fit oublier les maladresses qu'il avait commises par ignorance le jour de l'Annonciation et, le jeudi 2 avril, Monseigneur est élu député du clergé de la province d'Autun. Le 6, sans doute en souriant intérieurement, il écoute, lors d'une visite au collège des Oratoriens, un professeur de rhétorique développer ce sujet : « De l'influence de la morale du chef sur les esprits des peuples. » Monseigneur de Talleyrand est impatient de retrouver cette liberté morale qu'il a dû refréner à Autun. Le 12 avril, le jour de Pâques, après un mois jour pour jour d'épiscopat, il se jette dans son carrosse et reprend la route de Paris. Il échappe à la célébration de la grand-messe pascale et évite ainsi de nouvelles bévues.

Autun ne reverra son évêque que douze années plus tard alors que celui-ci, devenu ministre du Consulat, se rendait à Lyon. Les routes, triste héritage de la Révolution, étaient encore de mauvaises pistes et un essieu de sa voiture se rompit alors que Charles-Maurice traversait le siège de son ancien évêché. Pendant qu'on effectuait la réparation, Talleyrand dut certainement demeurer au relais, tandis que les badauds s'attroupaient autour de la voiture dont on changeait l'essieu. Certes, on avait vu, depuis dix années, bien des spectacles insolites. Cependant, les habitants d'Autun, qui aperçurent Mgr de Talleyrand devenu ministre des Relations extérieures de la République française, la cocarde tricolore au chapeau, durent témoigner quelque ébahissement : leur ancien évêque, l'ancien époux de leur église, transformé en citoyen Talleyrand ! Il faut le reconnaître, cette métamorphose avait de quoi surprendre...

Le branle d'Autun. Le clergé pend son évêque.

La procession des Etats géneraux à
Versailles, le 4 mai 1789.

III

« LA BOUFFONNERIE DU CHAMP-DE-MARS »

Ne me faites pas rire !
TALLEYRAND

Le lundi 4 mai 1789, à Versailles, les cloches sonnent. Les tapisseries de la Couronne, les oriflammes, les drapeaux fleurdelisés claquent aux fenêtres. Le vent est un peu froid. Douze cents députés sont venus de tous les coins de France pour cette première journée des états généraux.

La Révolution commence par une procession...

Les députés, un peu embarrassés par le cierge allumé qui leur a été remis, essayent de trouver leur place. Ce n'est guère commode. Le parvis est envahi par la Maison du roi, les porteurs de bannières, les récollets, le clergé de Versailles, les musiciens de la chapelle du roi, les officiers des Grandes Ecuries, les fauconniers de Sa Majesté tenant, non pas un cierge, mais leurs oiseaux au poing... Le jeune Dreux-Brézé, maître des Cérémonies, tout froufroutant de plumes, s'agite inutilement et retarde le départ...

Après les députés du Tiers, vêtus de laine noire, après les représentants de la Noblesse empanachés de plumes blanches, après une musique, marchent les députés du Clergé. Parmi les trente-deux prélats, voici Mgr l'évêque d'Autun, les cheveux poudrés, la croix d'or sur la poitrine, en soutane violette moirée, un cierge à la main. De l'autre main, il s'appuie sur une canne pour marcher.

Quelle procession ! Une théorie où figurent les derniers rois de France que servira M. de Talleyrand : Louis XVI,

Louis XVIII, Charles X, Louis-Philippe, aujourd'hui duc de
Chartres, et le jeune duc d'Angoulême qui, à Rambouillet,
un jour de 1830, sera durant deux ou trois minutes le roi le
plus inconnu des écoliers de l'avenir : le roi Louis XIX de
France...

Et Talleyrand d'écouter ensuite le discours royal, discours
qui est en somme le prélude à l'ouragan qui va se déchaîner
sur la France. Mais qui peut se douter, en ce jour faste, que
l'ancien ordre et que toute une société vont mourir ?

Choderlos de Laclos a tracé, sous le nom d'Acmène, le
portrait flatteur de Charles-Maurice au début des états
généraux : « Acmène a ces formes enchanteresses qui
embellissent même la vertu. Le premier instrument de ses
succès est un excellent esprit ; jugeant les hommes avec
intelligence, les événements avec sang-froid, il a cette
modération, le vrai caractère du sage... Acmène ne songe
pas à élever en un jour l'édifice d'une grande réputation...
Mais il arrivera à tout parce qu'il saisira les occasions qui
s'offrent en foule à celui qui ne violente pas la fortune.
Chaque grade sera marqué par le développement d'un talent
et, allant ainsi de succès en succès, il réunira cet ensemble de
suffrages qui appellent un homme à toutes les grandes places
qui vaquent. »

Le 6 juin 1789, Gouverneur Morris va voir Mme de
Flahaut. En sortant de cette visite, il écrit : « L'apaisement
commence à se faire aux états généraux. C'est ce que
j'apprends dans le salon de l'évêque d'Autun, qui est un ami
intime de Mme de Flahaut. Cet homme me paraît fin, rusé,
ambitieux et méchant. »

Il est vrai que le diplomate américain était tombé fort
amoureux d'Adélaïde de Flahaut. Le 23 juillet, il notera :
« Mme de Flahaut me garde à dîner et nous avons ensuite
une conversation confidentielle. Pour me guérir de tout
sentiment qu'elle pourrait m'inspirer, elle m'avoue qu'elle
est *mariée de cœur*. Je devine avec qui... »

Le pittoresque Gouverneur Morris, ami de Washington et rival de Talleyrand dans le cœur d'Adelaïde de Flahaut. Il avait perdu une jambe, non en se battant, mais en prenant la fuite par la fenêtre de la chambre de l'une de ses maîtresses, alors que le mari entrait par la porte...

Le calme politique ne se prolonge guère et, au cours de ce même mois de juin 1789, les événements vont se précipiter. Au moment de l'ouverture des états généraux, la députation du troisième ordre commence ses attaques contre la noblesse et le clergé. On connaît la suite. Le 15 juin, le tiers, dont les membres sont aussi nombreux que ceux des deux autres ordres réunis, se constitue en Assemblée générale, bientôt nationale. Le 20 juin a lieu le fameux serment du Jeu de paume, et le 23 juin, la tout aussi fameuse apostrophe de Mirabeau adressée au jeune Dreux-Brézé blêmissant sous ses panaches :

— Nous sommes ici par la volonté du peuple et nous n'en sortirons que par la force des baïonnettes !

Avant la fin du mois, les trois ordres sont réunis et, le 25, Talleyrand prend place dans l'Assemblée. La famille est complète, déclare Bailly.

« Ils veulent rester, eh bien, foutre ! qu'ils restent ! » avait dit Louis XVI en apprenant que les trois ordres refusaient de délibérer séparément.

Cette manière de démission inquiète et indigne Talleyrand qui estime encore dans son intérêt de jouer la carte royale et souhaite rencontrer Louis XVI au plus vite. Selon l'évêque d'Autun il fallait dissoudre l'Assemblée, puis la convoquer aussitôt en suivant un autre mode de scrutin afin d'éviter la lutte entre le tiers et les deux autres ordres. Le roi refuse d'accorder une audience au prélat, mais il autorise le comte d'Artois à recevoir celui qu'il considère comme un ennemi de la monarchie déjà à la dérive. Noailles et d'Agoult accompagnent l'évêque.

— Ce n'est point avec des atermoiements, expose Talleyrand au frère du roi, des ménagements et quelques condescendances qu'on peut conjurer les dangers qui menacent la France, le trône et le roi. C'est par un *puissant développement de l'autorité royale* (c'est Charles-Maurice qui souligne), sage et habilement ménagé. Nous en connaissons les voies et les moyens, la position qui nous permet de l'entreprendre et donne les gages d'y réussir, si la confiance du roi nous y appelait.

D'Artois écoute et semble comprendre à merveille, tout en pensant que ces visiteurs exagèrent le danger de la situation et gonflent « leur importance pour y remédier ».

— Je n'ai été chargé par le roi que de vous entendre et de lui rapporter ce que vous désirez lui faire connaître.

Bref, le frère de Louis XVI ne peut donner aucune réponse et ne possède aucun pouvoir pour engager la parole du roi.

— Monseigneur, aurait répondu Talleyrand, si notre démarche faite avec confiance et bonne foi n'est pas appréciée, si elle n'a aucune suite et n'amène aucun résultat, Votre Altesse Royale ne doit pas s'étonner que, ne pouvant résister au torrent qui menace de tout entraîner, nous nous jetions dans le courant des choses nouvelles...

C'était là une manière de chantage — et ces « choses nouvelles » devaient mener, quinze jours plus tard, à la prise de la Bastille. Talleyrand, persuadé que le roi se doit de prendre des mesures de force, se présente à nouveau dans la nuit du 16 au 17 juillet à Marly. D'Artois est couché, mais accepte de recevoir l'évêque d'Autun, qui lui expose « tous les dangers de la situation et supplie le prince de les faire connaître au roi ».

D'Artois se lève, va voir son frère, demeure longuement auprès de lui. Celui-ci, inébranlable, est résolu « à céder plutôt que de faire verser une goutte de sang en résistant au mouvement populaire ». D'Artois rapporte à Talleyrand les paroles du roi et ajoute :

— Quant à moi, mon parti est pris : je pars et je quitte la France.

Charles-Maurice conjure le frère du roi de reporter cette décision. En réalité, il s'agit d'un ordre formel donné par Louis XVI afin d'éloigner de Paris son frère, sa famille et les Polignac exécrés...

— Alors, Monseigneur, conclut Talleyrand, il ne reste donc plus à chacun de nous qu'à songer à ses propres intérêts, puisque le roi et les princes désertent les leurs et ceux de la monarchie.

— En effet, réplique le futur Charles X, c'est ce que je vous conseille de faire. Quoi qu'il arrive, je ne pourrai vous blâmer. Et comptez toujours sur mon amitié.

Au lendemain de la prise de la Bastille, Talleyrand suggère à son ancienne maîtresse, Mme de Brionne, princesse de Lorraine, mère du prince de Lambesc qui commande le *Royal-Allemand*, d'aller se faire oublier « dans une petite ville de province ».

— Une petite ville de province, fi ! monsieur de Périgord ; paysanne tant qu'on voudra, bourgeoise jamais !

Le manque d'argent va accélérer la marche des événements. Il était facile de le prévoir : les états généraux n'ont pu rétablir l'état de santé des Finances. La liquidation de l'Ancien Régime, commencée au cours de la nuit délirante du 4 Août, puis par le rachat des Offices, a porté l'ancienne dette de la France de trois à plus de quatre milliards. Le 11 août 1789, dans le dessein louable de remplir les coffres de l'Etat, M. de Juigné, archevêque de Paris, décide de remettre la totalité des dîmes ecclésiastiques à la nation. Talleyrand, qui aurait peut-être aimé être l'instigateur de cette proposition, demande le lendemain que l'on précise bien que cet article voté la veille « a été adopté unanimement ». Six jours plus tard, le 18 août, le voici nommé secrétaire de l'Assemblée. Il a maintenant le vent en poupe.

Charles-Maurice se livre à une magnifique intervention lorsqu'on discute, au mois d'août, de la *Déclaration des droits de l'homme*, ce texte qui fera le tour du monde. C'est lui, en effet, qui propose et rédige, le 21 août 1789, le célèbre article VI : « La loi est l'expression de la volonté générale. Tous les citoyens ont droit de concourir personnellement, ou par leurs représentants, à sa formation. Elle doit être la même pour tous, soit qu'elle protège, soit qu'elle punisse. Tous les citoyens, étant égaux à ses yeux, sont également admissibles à toutes dignités, places et emplois publics, selon leurs capacités... »

Un texte mis à l'actif de Charles-Maurice et qui fait oublier bien des paroles, bien des écrits et bien des vilenies, aussi...

L'emprunt de Necker de trente millions n'ayant produit que deux millions six cent mille livres, le ministre sollicite un nouvel emprunt de quatre-vingts millions. On le lui refuse et c'est Talleyrand qui, le 27 août, obtient les subsides espérés.

Le 6 octobre 1789, Paris enlève le roi qui est obligé d'abandonner Versailles et de s'installer dans l'incommode château des Tuileries. Talleyrand plaide la cause de la Révolution auprès de ceux — telle Mme de Brionne — dont « les yeux ne veulent point voir ». Et il lui explique : « Une vérité qui doit vous arriver, c'est que la révolution qui se fait aujourd'hui en France est indispensable dans l'ordre des choses où nous vivions et cette révolution finira par être utile. Les malheurs, les troubles actuels viennent de ce qu'ont fait les uns pour l'empêcher, les autres pour l'accélérer... Les deux premiers ordres, n'ayant que des passions, ne purent former un plan et agir de concert. Le tiers état parlait de ses droits : il en avait, il devait l'emporter. »

Depuis quelques semaines déjà Talleyrand, ainsi qu'il l'a annoncé au comte d'Artois, « ne pense qu'à ses propres intérêts ». Il rêve d'obtenir un portefeuille de ministre. Aussi, le 8 octobre, demande-t-il à Mme de Flahaut, de prier Gouverneur Morris de venir le voir. « Je vais au Louvre, raconte l'Américain. Mme de Flahaut me prend à part avec l'évêque. Nous traitons à fond la formation d'un ministère. Le renvoi de Necker est la condition *sine qua non* pour l'évêque, qui désire sa place. Je partage son opinion à fond. Il me donne toutes les assurances désirables au sujet de La Fayette. Après avoir arrangé le ministère nous en venons aux Finances, aux moyens de rétablir le crédit... »

En ce mois d'octobre 1789, Talleyrand convoite le

ministère des Finances, mais, ainsi que l'écrit le baron de
Staël au roi Gustave III, cet « homme d'esprit » est
assurément « apte aux affaires, mais il se nuit par son
ambition ».

Le résultat était à prévoir : le nouvel emprunt n'a rien
donné. Le bas de laine des Français est demeuré désespérément fermé et l'or, comme toujours pendant les époques
troublées, continue à se cacher.

— L'Etat, explique Talleyrand, depuis longtemps est aux
prises avec les plus grands besoins ; nul d'entre nous ne
l'ignore ; il faut donc de grands moyens pour y subvenir. Les
moyens ordinaires sont épuisés ; le peuple est pressuré de
toutes parts ; la plus légère charge lui serait à juste titre
insupportable. Il ne faut pas même y songer.

Or il existait en France un trésor : les biens de l'Eglise
constitués des dons offerts par les fidèles depuis des siècles
afin de gagner leur salut. Ce capital servait à rétribuer les
officiants, à dire des messes, à donner des secours aux
déshérités, sommes destinées aux membres du clergé —
surtout à ceux du haut clergé —, à l'entretien des églises,
des écoles et des hôpitaux. Le seul revenu annuel de cette
considérable fortune atteignait cent cinquante millions. Ce
pactole faisait rêver et, déjà, au mois de juillet 1777,
Frédéric II écrivait à Voltaire : « Les moines finiront sans
doute ; leur chute ne sera pas l'ouvrage de la raison, mais ils
périront à mesure que les finances des grands Etats se
dérangeront. En France, quand on aura épuisé tous les
expédients pour avoir des espèces, on sera forcé de
séculariser les couvents et les abbayes... »

L'idée est donc dans l'air... et Talleyrand va la saisir au vol
et se l'approprier sans vergogne et sans honte : « A qui donc
est la propriété véritable de ces biens ? demande-t-il. La
réponse ne peut être douteuse : à la nation ; mais ici il est
nécessaire de bien s'entendre... Les biens ont été donnés à
l'Eglise. Or, comme on l'a déjà remarqué, l'Eglise n'est pas le
seul clergé, qui n'en est que la partie enseignante. L'Eglise
est l'assemblée des fidèles ; et l'assemblée des fidèles, dans
un pays catholique, est-elle autre chose que la nation ?... »

Il le reconnaît : « Je suis presque le seul de mon état qui
soutienne ici des principes qui paraissent opposés à ses
intérêts... Comme ecclésiastique, je fais hommage au clergé
de la sorte de peine que j'éprouve ; mais comme citoyen,
j'aurai le courage qui convient à la vérité... »

La saisie des biens du Clergé. « Ce trop grand embonpoint ne peut qu'incommoder, dit la légende ; il faut Messieurs, vous en débarrasser ».

Ce courage, il l'eut le 10 octobre 1789, en montant à la tribune de l'archevêché de Paris où — ô ironie ! — l'Assemblée s'était provisoirement installée, pour y lire sa motion sans le moindre remords et sur un ton nonchalant et volontairement détaché, comme si les choses n'avaient aucune importance. Il semble d'abord chercher un moyen pour trouver des revenus destinés à sauver l'Etat de la banqueroute. Puis il feint d'avoir trouvé : il s'agissait d'une opération sur les biens ecclésiastiques.

— Si la nation assure soigneusement à chaque titulaire, de quelque nature que soit son bénéfice, cette subsistance honnête, elle ne touchera point à sa propriété individuelle ; et si, en même temps, elle se charge, comme elle en a sans doute le droit, de l'administration du reste ; si elle prend sur son compte les autres obligations attachées à ces biens, telles que l'entretien des hôpitaux, des ateliers de charité, les réparations des églises, les frais de l'éducation publique, etc. ; si surtout elle ne puise dans ces biens qu'au moment d'une calamité générale, il me semble que toutes les intentions des fondateurs seront remplies et que toute justice se trouvera avoir été sévèrement accomplie.

Et le 2 novembre 1789, par 568 voix contre 346,

l'Assemblée vote ces articles : « Les rentes et biens-fonds du clergé, de quelque nature qu'ils soient, seront remis à la nation. » En échange, « la nation assure au clergé cent millions de revenus, qui décroîtront jusqu'à quatre-vingts ou quatre-vingt-cinq millions au plus, lorsque, par la mort de certains titulaires actuels, le clergé ne sera plus composé que des ministres les plus utiles ».

Les assignats de triste mémoire entrent ce jour-là dans l'Histoire puisque quatre cents millions de biens ecclésiastiques sont aussitôt mis en vente, gagés par des assignats portant intérêt à 5 % et remboursables en propriétés terriennes. Aux biens du clergé, on ajouta ceux de l'ordre de Malte et ceux de la Couronne. Tant qu'à faire !...

Montlosier, parlant des évêques de l'Assemblée constituante, s'exclame, en guise de consolation :

— Vous leur enlevez leurs biens, ils n'auront plus leur croix d'or, mais ils porteront une croix de bois, et c'est une croix de bois qui a sauvé le monde.

Bien sûr, le bruit court que M. l'évêque d'Autun a touché cinq cent mille livres pour avoir dépouillé l'Eglise. Il est certain — et *le Moniteur* l'écrira le 10 novembre — que Talleyrand, « possesseur d'un grand nombre d'actions de la Caisse d'escompte », devait, « pour conserver ses propriétés acquises par le plus scandaleux agiotage », faire transformer les biens du clergé en « hypothèques pour cette caisse usuraire ».

Le même article fustigeait Charles-Maurice en ces termes : « Après s'être enrichi par des moyens avilissants, il a osé proposer de dépouiller le clergé et se parer aux yeux de la multitude abusée d'une hypocrite générosité... »

Enfin, un pamphlet lui faisait dire : « Je vois que les revenus qui me plaisaient le plus sont en danger ; j'en fais à la Nation le sacrifice qui, sans être méritoire, pourra le paraître et *me valoir une place au ministère*. Voilà mon but ; en vain l'on voudrait m'en imputer un autre. »

Dans une lettre à Mme de Brionne, Charles-Maurice a déjà répondu à ses accusateurs :

« On vous dira bien que j'ai été très mal pour le clergé. La réponse à cela est que je suis très bien pour le clergé et que je suis convaincu que j'ai donné le seul moyen qui existe pour le tirer de sa détestable position, qui était bien près de son anéantissement absolu. Si le moyen que je propose n'est pas accepté par raison, on y viendrait par nécessité. »

Peut-être... mais appartenait-il à l'évêque d'Autun de
spolier lui-même l'Eglise dont il fait encore partie ? N'aurait-
il pas dû laisser ce soin de détrousseur à ceux qui ne portent
pas la soutane et surtout pas la mitre ? La pensée ne l'en
effleura même pas. Il ne voit assurément là qu'une insolence
de plus !

En ces temps agités l'influence d'Adélaïde de Flahaut est
grande sur Charles-Maurice. Le 1er décembre 1789, Talleyrand soumet comme d'habitude à sa maîtresse le discours
qu'il doit prononcer le lendemain à l'Assemblée, concernant
la transformation de la Caisse d'escompte en Banque
nationale. « L'effet inévitable de tout papier-monnaie, pré-
dit-il, est la prompte disparition des espèces. Le numéraire
fictif chasse le numéraire réel. »

— A l'avenir, s'exclame Talleyrand à la tribune, au
lendemain de la saisie des biens du clergé, à l'avenir, il
faudra que l'honnêteté remplace le génie. Tout devra être
réduit à la simplicité d'un livre de comptes, tenu par le bon
sens et gardé par la bonne foi.

Il y a loin de la coupe aux lèvres ! Ce n'est pas cette
mainmise, pour ne pas dire ce vol, qui fera couler le pactole.
On avait réuni les états généraux pour combler un déficit
d'une cinquantaine de millions. Les députés avaient si bien
jeté à bas les institutions que la dette publique avait
quintuplé. Ainsi que Mirabeau l'avait tonné à la tribune, « la
banqueroute était à nos portes ». D'autant plus que l'on ne
parvenait pas à vendre massivement les biens du clergé. On
avait bien été obligé de les escompter par des émissions
d'assignats. Ceux-ci dégringolèrent irrésistiblement — et
inévitablement. Il n'y eut bientôt plus d'autre solution que de
multiplier les émissions. Et le cycle infernal du chômage, de
la vie chère, de la misère et des émeutes se mit en branle.

De plus, ce qui n'arrange rien, le décret concernant la
nationalisation des biens du clergé risque, non sans raison,
de n'être pas approuvé par le peuple. Aussi Talleyrand est-il
chargé par ses collègues de rédiger une *adresse*, flagorneuse
à souhait, qu'il lit à deux reprises à l'Assemblée, les 9 et
11 février 1790 :

— Quelle époque que celle à laquelle nous sommes enfin
parvenus ! Quel honorable héritage vous avez à transmettre
à votre postérité ! Elevés au rang de citoyens, admissibles à

tous les emplois, censeurs éclairés d'une administration quand vous n'en serez pas les dépositaires ; sûrs que tout se fait et par vous et pour vous ; égaux devant la loi ; libres d'agir, de parler, d'écrire ; ne devant jamais de comptes aux hommes, toujours à la volonté commune : quelle plus belle condition !

Il prévoit déjà qu'un futur serment sera demandé aux prêtres et prédit :

— Bientôt, un clergé-citoyen, soustrait à la pauvreté comme à la richesse, modèle à la fois du riche et du pauvre, pardonnant les expressions injurieuses d'un délire passager, inspirera une confiance vraie, pure, universelle...

Bien que ces problèmes soient très absorbants, il n'en poursuit pas moins sa vie de libertin et de joueur invétéré. Il soupe dans la petite maison de Biron-Lauzun, barrière du Maine, avec des danseuses que l'on « entrecaresse » entre amis. Il se livre aux manœuvres politiques, discute toujours longuement chez Mme de Flahaut avec Gouverneur Morris en vue de la préparation d'un ministère, lit ses discours à sa maîtresse et à son rival. Le diplomate est parfois fort surpris par le spectacle que lui offre Talleyrand. Le 1ᵉʳ janvier 1790, alors qu'il vient présenter ses vœux à la jeune femme, légèrement souffrante, il écrit : « Je la trouve les pieds dans l'eau chaude et, au moment où elle va les retirer, l'évêque s'occupe à chauffer le lit avec une bassinoire. Moi, je regarde car c'est assez curieux de voir un Révérend Père de l'Eglise engagé dans cette pieuse opération. » Le 25 janvier, il note encore : « Chez Mme de Flahaut, on parle des monnaies. L'évêque n'a pas complètement raison, mais je vois qu'il a étudié la question. Je lui rappelle qu'il doit me prêter un livre. J'envoie chez lui mon domestique qui me le rapporte. Il est un peu drôle de recevoir *le Portier des chartreux* des mains d'un Révérend Père en Dieu... »

La vie est difficile... Ce qui n'empêche pas Charles-Maurice de vivre largement — si largement qu'il est bientôt couvert de dettes. Il ne s'inquiète pas pour autant : le jeu arrangera tout cela ! Il doit, entre autres créances, une somme rondelette à son carrossier. Celui-ci, en désespoir de cause, finit par aller se planter chaque jour devant le domicile de Talleyrand qui venait d'emménager au 100 de la rue de l'Université, à l'angle de la rue de Beaune. M. d'Autun finit par le remarquer :

— Qui êtes-vous, mon ami ?

— Je suis votre carrossier, Monseigneur.

— Ah ! vous êtes mon carrossier ! Et que voulez-vous, mon carrossier ?

— Je veux être payé, Monseigneur.

— Ah ! Vous êtes mon carrossier et vous voulez être payé ; vous serez payé, mon carrossier.

— Et quand, Monseigneur ?

— Hem ! vous êtes bien curieux !

☆

Une étrange cérémonie se déroule le 13 juillet 1790 à l'hôtel du marquis de Sasseval, ami de Talleyrand et de Mirabeau, demeurant 72, rue de Bourbon, aujourd'hui rue de Lille. Sur une cheminée, Talleyrand y célèbre une messe servie par Mirabeau qui, après ses nombreuses années de prison, a appris les rites, qu'il connaît mieux que notre prélat : Monseigneur l'évêque d'Autun répète la messe patriotique qu'il dira le lendemain pour la célébration de la fête de la Fédération — le premier *Quatorze juillet*.

Le 7 juin, Talleyrand, au nom des Comités, avait proposé à l'Assemblée de donner le maximum de « solennité » à la cérémonie qui réveillera « des souvenirs glorieux ». Les idées de Fraternité rendront sensible « le patriotisme de tous les Français » et, surtout « achèveront de persuader aux ennemis de la Révolution, s'il en existe encore, combien seraient vains les efforts qu'ils pourraient faire pour la détruire ».

Tandis que des milliers de fédérés arrivent de toute la France, les préparatifs commencent devant l'Ecole militaire, au Champ-de-Mars, où se déroulera la fête. Deux cent mille volontaires — toutes classes sociales, toutes professions joyeusement mêlées — nivellent le sol, élèvent des gradins de gazon et drapent des tribunes. « Ce ne sont, nous dit un témoin, que des tavernes ambulantes, des boutiques portatives augmentent le charme et la gaieté de ce vaste et ravissant tableau, les chants, les cris de joie, le bruit des tambours, des instruments militaires, celui des bêches, des brouettes, les voix des travailleurs qui s'appellent, qui s'encouragent... »

Au centre, tout en haut de l'estrade d'une vingtaine de marches, on a construit un autel. Qui célébrera la messe ? Louis XVI se voit obligé de désigner Talleyrand, le prélat le plus influent, et qui, le 26 février, a même été élu président de l'Assemblée. Le 13 juillet, Charles-Maurice répond au ministre de la Maison du roi — M. de Saint-Priest — en se disant « très flatté de cet honneur ».

Il devait surtout être fort embarrassé : il l'avait prouvé deux jours auparavant. En effet, le 11 juillet, à la demande du conseil municipal de Versailles, il avait été obligé de dire une messe devant la pièce d'eau des Suisses. Un buste de Louis XVI avait été placé près de l'autel, et une salve d'artillerie avait marqué le début du sacrifice. « Le célébrant, nous dit le procès-verbal, était M. l'évêque d'Autun, si digne d'offrir à l'Eternel le vœu d'un peuple libre. » Sans doute, cette « dignité » ne l'avait-elle pas empêché de commettre quelques maladresses et de bousculer le cérémonial, aussi avait-il demandé à Mirabeau, après avoir revêtu rochet, chasuble et mitre, de l'aider de ses conseils. En voyant son maître ainsi accoutré, *Pirame*, le chien de Charles-Maurice, croit qu'il s'agit d'un jeu, aboie et... menace Mirabeau lorsque celui-ci soulève le bas de la soutane de l'officiant ! Et la petite assistance — rapporte Canouville — de s'esclaffer...

Le lendemain, le ciel est bas et gris — et la pluie se mettra souvent de la partie. Talleyrand attend à l'Ecole militaire les fédérés dont une forte averse a retardé le départ.

— Est-ce que ces bougres-là n'avanceront donc point ? s'impatiente Charles-Maurice.

Enfin, les quatre cent mille assistants, installés, entassés plutôt, sur les gradins, le roi, le dauphin et la reine, empanachée de plumes tricolores, ayant gagné leurs places, les fédérés et leurs drapeaux forment la haie. La Fayette — l'apprenti sorcier — caracole sur un cheval blanc. Précédé de trois cents prélats en surplis et d'enfants de chœur en aube ceinturée de tricolore, Talleyrand, coiffé de sa mitre, s'appuyant sur sa crosse, s'avance en boitant vers l'autel. L'orchestre, composé de douze cents musiciens, se fait entendre. En passant devant La Fayette descendu de sa monture, Talleyrand murmure :

— Je vous en prie, ne me faites pas rire !

La fête de la Fédération — le premier des Quatorze-Juillet. Charles-Maurice de Talleyrand, évêque d'Autun, célèbre la messe en présence de 400 000 assistants.

Et la messe, servie par l'inévitable abbé des Renaudes, et par l'abbé Louis — le futur ministre de la Restauration — commence aux sons des tambours et des trompettes... et entre deux averses.

Le spectacle rend furibonds certains ultraroyalistes, tel le bilieux et irascible Frénélly, qui fulmine surtout contre le choix qui a désigné « ce petit évêque athée, joueur, crapuleux et boiteux, pour chanter cette fameuse grand-messe en plein air que le ciel sembla prendre plaisir à noyer de cinq minutes en cinq minutes par vingt torrents de pluie. Je ne me rappelle pas une pareille succession d'avalanches : elles étaient telles qu'en deux minutes tous les talus étaient déserts. Au bout de dix minutes, le soleil reparaissait, on remontait, et dix autres minutes après il fallait s'enfuir de plus belle. Toute la journée se passa ainsi et le petit évêque n'en perdit pas une goutte, toutes les lorgnettes étaient

braquées sur lui, et c'était une consolation universelle, car il
jouissait déjà de cette fortune qui ne l'a jamais quitté, d'être
aussi méprisé de ses amis que de ses ennemis ».

Le canon se met à tonner et Talleyrand, d'un geste large,
bénit et bénit encore le roi, la reine, les enfants de France, et
le comte de Provence qu'il servira un jour... Puis il donne sa
bénédiction à La Fayette, à la cour, à l'oriflamme de
Saint-Denis et aux quatre-vingt-trois bannières des fédérés
— une par département. Aux sons de l'orchestre, Talleyrand
psalmodie le *Te Deum* repris en chœur par quatre cent mille
voix. C'est enfin le serment à la nation, à la loi, et au roi,
prononcé devant l'autel. La Fayette a éprouvé le besoin de
déposer sans façon son épée sur la pierre consacrée.
Talleyrand prend rang ensuite parmi les membres de
l'Assemblée et prononce son serment.

Il y en aura d'autres...

Au moment où Louis XVI promet, de sa place, de
maintenir la Constitution, le soleil apparaît une nouvelle fois
et l'enthousiasme se déchaîne — surtout à l'instant ou
Marie-Antoinette élève vers les assistants son petit dauphin.
On crie *Vive la reine ! Vive le dauphin !* Ainsi que le dira
Robert Lindet, quelques jours plus tard :

— Si la cour était mieux organisée, quel parti elle aurait
pu tirer de l'enthousiasme absurde de la majeure partie des
têtes françaises !

Le soir, à la fureur de Marat, tout le monde s'embrasse.
On danse devant les Tuileries, place Louis-XV, à l'endroit
même où se dressera l'échafaud. On danse aussi à l'emplacement de la Bastille, enfin abattue par le « patriote Palloy ».

— Allons ! tout n'est pas perdu ! s'exclame Louis XVI
avec espoir.

Talleyrand, qui s'en moque bien, après avoir revêtu sa
tenue civile, se rend, ce même 14 juillet, avant le dîner, dans
une maison de jeu où il fait sauter la banque...

— Ma foi ! racontera-t-il plus tard avec cynisme au baron
de Vitrolles, j'emportai plus d'or que mes poches n'en
pouvaient contenir, sans compter les billets de la Caisse
d'escompte, et j'apportai tout cela chez Mme de Laval où je
dînais. Le soir, je vais à l'autre banque avec la confiance du
succès ; ma foi ! il fut complet. Je fis également sauter
celle-ci ; je revins encore chez Mme de Laval lui montrer l'or
et les billets. J'en étais couvert : mon chapeau entre autres
en était plein... remarquez : c'était le 14 juillet 1790 !

« Il avait envie d'ajouter, conclut Vitrolles, le jour même où j'ai dit ma dernière messe au Champ-de-Mars !... »

Le lendemain, dès l'aube, Charles-Maurice écrit à Mme de Flahaut :« Si vous avez été aussi contente de votre place à la fête ridicule d'hier que je l'ai été de vous voir et de vous admirer où vous étiez assise, vous devez avoir supporté l'orage avec la même philosophie que votre ami Sieyès, qui en présence de seize personnes, me demanda, avec le sourire sardonique que vous lui connaissez, comment j'avais pu garder mon sérieux en exécutant si dextrement la *bouffonnerie* du Champ-de-Mars, et de combien de chrétiens, parmi les cent mille spectateurs, je croyais avoir reçu le serment national et chrétien. Je lui déclarai mon ignorance à cet égard. " D'après mon calcul, reprit-il, cela peut aller à cinq cents, y compris le duc (de Biron), vous, moi et ceux de notre parti. " S'il faut vous dire la vérité, ma chère amie, je crains qu'il n'ait encore exagéré le nombre des fidèles. Et tout philosophe que je suis, je déplore les progrès de l'incrédulité dans le peuple. Je partage l'opinion de Voltaire : soit que nous-mêmes nous croyions en Dieu, soit que nous n'y croyions pas, il serait dangereux pour toute société que la multitude pensât que, sans punition dans ce monde, et sans crainte d'un châtiment dans l'autre, elle peut voler, empoisonner, assassiner. Nous sommes dans un temps où les doctrines contraires à la morale sont plus à redouter que jamais, parce que les lois sont sans force et sans appui, parce que la masse du peuple se croit au-dessus d'elles. Ce qu'il y a de plus déplorable, c'est l'intérêt que met l'Assemblée à entretenir dans le peuple cet esprit d'*anarchie politique et morale*. Je sais qu'il n'est pas très galant d'entretenir sa bien-aimée de rêveries philosophiques. Mais à qui pourrais-je confier mes pensées les plus secrètes, si ce n'est à vous qui êtes au-dessus des préventions et des préjugés de votre sexe ? »

Il termine par une dernière insolence, envers Dieu cette fois : « J'espère que votre pénétration n'a pu laisser échapper à quelle divinité j'adressais hier mes prières et mon serment de fidélité, et que vous étiez l'être suprême que j'adorais et que toujours j'adorerai. Comment va votre *embonpoint* ? Votre Charles aura-t-il un frère ou une sœur, ou est-ce seulement une fausse alarme ? Embrassez notre cher enfant. Je souperai avec vous demain. Brûlez cette lettre. »

Mme de Flahaut ne donnera pas un autre enfant à

Talleyrand... Dans cette même lettre que Mme de Flahaut se gardera bien de brûler, Charles-Maurice développe encore ses vues sur l'avenir : « Pour moi, je ne sais, entre nous, lequel il faut plaindre le plus du souverain ou du peuple, de la France ou de l'Europe. Si le prince s'en repose sur l'affection du peuple, il est perdu et si, de son côté, le peuple ne se tient pas en garde contre le caractère du prince, je vois d'épouvantables malheurs, je vois couler des flots de sang pendant des années pour effacer l'enthousiasme de quelques mois. Je vois l'innocent enveloppé dans la même destruction que le coupable. Quoi qu'il arrive, ou la cause de la liberté est menacée, ou la tranquillité de la France est compromise.

» Loin de moi la pensée de soupçonner Louis XVI d'être altéré de sang, mais un monarque faible, entouré de mauvais conseillers, devient aisément cruel, ou bien, ce qui revient au même, sa faiblesse laisse exercer des cruautés sous l'autorité de son nom. De quelque manière, donc, que j'envisage les conséquences des événements d'hier, je frémis sur l'avenir. »

En cet automne 1790, Charles-Maurice, pris dans le tourbillon de la politique, n'a plus une seconde à lui. « Ce qui me contrarie plus que tout, écrit-il à Mme de Flahaut, c'est que ces tergiversations continuelles me tiennent éloigné de vous. J'ai invité votre mari à venir demain dîner avec moi ; ne manquez pas de l'accompagner car autrement je ne sais quand il me serait possible de vous voir, devant aller demain au Comité, où je passerai encore les deux nuits suivantes. »

Le 12 novembre 1790, les membres de l'Assemblée sont exclus des fonctions ministérielles. Gouverneur Morris, qui voudrait bien voir Talleyrand papillonner ailleurs qu'au Louvre où demeure toujours Adélaïde de Flahaut, lui conseille, le 1er décembre 1790, de demander l'ambassade de Vienne. Et le 6 décembre, il note : « L'évêque arrive. Je lui reparle de l'ambassade de Vienne, en lui indiquant le moyen de réussir. Je lui dis qu'en ce moment il est également dangereux de faire ou non partie de l'Assemblée. Une ambassade à l'étranger est le seul moyen pour lui de rester en évidence et, s'il peut devenir l'homme de confiance de la reine et de l'empereur, il sera sur la grand-route des grandeurs dès que les circonstances s'y prêteront. »

Charles-Maurice prétend qu'il est « fatigué de toutes les tracasseries » relatives au serment à la Constitution civile du clergé, exigé par l'Assemblée pour les députés ecclésiastiques. Et il confie, toujours dans cette lettre adressée à Adélaïde de Flahaut : « Si mes frères en Jésus-Christ n'étaient pas des fous, ils suivraient mon exemple : ils penseraient un peu plus à s'assurer en France un sort heureux et s'embarrasseraient moins des scrupules de leur conscience et de leurs devoirs envers Rome. Après tous les serments que nous avons faits et rompus, après avoir tant de fois juré fidélité à une Constitution, à la nation, à la loi, au roi, toutes choses qui n'existent que de nom, qu'est-ce qu'un nouveau serment signifie ? » Pas grand-chose sans doute pour lui, qui ne sera fidèle à aucun de ses serments ! Certains ont pensé que les lettres de Talleyrand à Mme de Flahaut, tardivement publiées et, « trop belles pour être vraies », étaient apocryphes. Pourtant ces lignes reflètent bien l'état d'esprit de Talleyrand et il suffit pour s'en convaincre de les confronter avec le *Journal* de Gouverneur Morris, publié à New York en 1882.

Le 27 novembre, l'Assemblée a enfin voté l'obligation pour le clergé de prêter serment à la Constitution civile. Louis XVI, après avoir longuement tergiversé — il est spécialiste en matière politique de la valse hésitation — cède le 26 décembre. La prestation du serment commence le 27 décembre 1790. Le lendemain, Talleyrand, plus pâle que d'habitude, profite du calme du début de séance — il n'y avait pas cent personnes dans la salle — pour se glisser presque subrepticement vers la tribune. On voit briller sa croix pectorale dans la salle mal éclairée. Il gravit les marches aussi rapidement que lui permet sa claudication. Bien vite, comme à la sauvette et un peu gêné, il s'acquitte de la corvée sans prononcer le discours attendu par certains. Puis il disparaît de l'enceinte de l'Assemblée presque en se dissimulant.

Les « jureurs » ne sont finalement qu'un tiers à accepter de prêter serment, tandis que les autres protestent « contre l'atteinte faite par l'Assemblée au spirituel » et que la foule conspue les tièdes.

« Les galeries étaient trop pleines pour qu'il me fût possible de vous parler, écrit Talleyrand à Mme de Flahaut. Les hypocrites, ils ont vraiment fait un beau chef-d'œuvre !

Le musée Lambinet de Versailles conserve ce délicieux tableau de Charles-Maurice peint par Garneray au début de la Révolution.

Vous aurez sans doute remarqué combien leurs discours étaient étudiés, leur résignation affectée. L'impression qu'ils ont produite m'a toutefois empêché de monter à la tribune, où j'avais bien envie de leur arracher leur masque. Ils savaient bien qu'ils ne couraient pas grand risque en échangeant leur mitre épiscopale contre un prétendu martyre ; sans cela les poltrons ne se seraient pas montrés si vaillants.

» Ma chère amie, je suis vraiment indigné quand je pense à la facilité avec laquelle on peut faire des dupes dans le monde. Les Capet, mâles et femelles, leur ont donné de bonnes leçons de superstitions aussi bien que certains cardinaux, chez qui le patriotisme n'est certainement pas une vertu cardinale. Je voudrais qu'ils jouassent leurs comédies à Rome et non à Paris où leurs mômeries apostoliques ne sont plus de saison. Leur martyre peut, je crois, marcher de pair avec leur orthodoxie. Tout cela est passé de mode. Et pourtant nous avons encore quelques bonnes gens, bien chrétiens, assez ignorants pour croire comme croyaient leurs grands-pères. Quoique toutes ces ridicules affaires m'aient causé beaucoup d'embarras, au bout du compte je n'ai point à m'en plaindre, elles m'ont été plus profitables que je ne l'espérais. Voilà toutes mes dettes débrouillées, et je pourrais acheter la tiare de France ou de Rome si elle était à vendre. »

Deux jours plus tard, Talleyrand incite les « ecclésiastiques fonctionnaires de Saône-et-Loire » à prêter eux aussi serment à la Constitution civile avec le même sentiment de sincérité qui l'a animé lui-même. Devinant la réaction de ses curés, il prend les devants. Selon lui, les décrets prescrivant le serment ne sont « sur *presque* tous les points qu'un retour respectable aux lois les plus pures de l'Eglise... » et il affirme que « ces textes ont rendu plutôt que donné au peuple le droit naturel de désigner ses pasteurs. »

La réponse des « fonctionnaires » est cinglante :

« Votre apostasie n'a surpris personne ; arriver à ce point d'opprobre où rien ne peut plus avilir ni dégrader dans l'opinion, que vous ne deviez aspirer qu'à consommer votre iniquité et à en recueillir le fruit honteux... » Les curés se défendent d'être des « femmelettes » et ils poursuivent : « Détrompez-vous, Monseigneur, nous sommes assez instruits pour déplorer votre ignorance ou votre impudence... Vous ne feignez d'honorer la religion que pour lui

plonger le poignard dans le sein : *osculo tradis eum*. Au
reste, vous ne tromperez ni Dieu ni les hommes. L'infamie en
ce monde, la réprobation dans l'autre : quel partage, grand
Dieu ! Et c'est un pontife de notre Sainte Religion, et c'est
un successeur des Apôtres, et il voudrait nous entraîner avec
lui dans l'abîme ! »

Quel réquisitoire !

On devine aussi la réaction de sa famille. L'archevêque de
Reims est tellement horrifié qu'il quittera bientôt son
diocèse pour émigrer. Talleyrand ne s'en soucie guère !
Comme le remarquera son oncle, le comte de Périgord :

— Quelque mal que vous disiez et pensiez de lui, il vous
servira si cela peut lui servir à lui-même.

Le pape, bouleversé, adresse, le 10 mars, au cardinal de
La Rochefoucauld ce bref émouvant : « Lorsque les feuilles
publiques nous ont appris que l'évêque d'Autun, contre notre
attente, s'était engagé par serment à observer une aussi
blâmable Constitution, nous avons été accablés d'une si
violente douleur que la plume nous est tombée des mains.
Nous n'avions plus de force pour continuer notre travail ; et
jour et nuit [...] la pupille de notre œil ne se fermait pas. »

Il devenait impossible à Talleyrand de rester évêque
d'Autun dans ces conditions. Aussi, bien avant l'arrivée du
bref à Paris, Charles-Maurice, prenant pour prétexte sa
nomination au poste important d'administrateur du département de Paris, aux appointements de quatre mille livres,
écrit au ministre Montmorin, le « suppliant de vouloir bien
mettre sa démission d'évêque d'Autun sous les yeux du roi ».
Neuf jours plus tard, Louis XVI rendra sa liberté à
« M. l'évêque de Saône-et-Loire ».

Charles-Maurice n'est plus le « pasteur d'Autun ». Mais il
se considère toujours comme évêque et signe encore ses
lettres : *ancien évêque d'Autun*. En cette qualité, il va
accepter de sacrer les deux nouveaux prélats constitutionnels : l'abbé Expilly, au siège de Quimper, et l'abbé
Marolles, au siège de Soissons. Les voyant traverser sa cour
à grands pas, il s'exclame :

— Venez voir comme tous ces drôles-là galopent !

Mais il lui faut pour officier à ses côtés deux évêques
assesseurs. On ne peut en dénicher que *in partibus*.
L'évêque de Lydda, Gobel, et dom Miroudot du Bourg,
évêque de Babylone.

Ces deux malheureux prélats se font tirer l'oreille ; aussi

Talleyrand joue-t-il auprès d'eux le grand jeu. Il sort un pistolet de sa poche et annonce à « Monseigneur de Babylone » que, s'il refuse de l'assister, il se tuera. « Ce disant, il faisait jouer un petit pistolet dans sa main. » Les deux récalcitrants s'inclinent et la cérémonie, sous la protection de la Garde nationale en armes, a lieu le 24 février 1791 à la chapelle de l'Oratoire, rue Saint-Honoré.

Tout s'étant passé sans incident, Talleyrand transmet la plénitude du sacerdoce à un troisième prélat. Il s'agit de Gobel, l'un des deux assesseurs précédents, qui vient d'être élu évêque de Paris. Celui-ci cessait ainsi d'être *in partibus.* Les nouveaux évêques se mettent à la disposition de leurs collègues — et par leur entremise les sacres se multiplient. Cinquante-trois en un mois ! « Jamais le Saint-Esprit n'eut tant d'ouvrage », observent les plaisantins.

Les noms des nouveaux évêques constitutionnels seront l'objet de farces : « En Champagne, nous dit Jean Leflon, l'évêque Diot devient l'évêque *Idiot.* A Versailles, on prétend qu'Avoine n'a pu gagner son diocèse, car ses chevaux l'ont mangé en route... Marolles, dans l'Aisne, évoque une saveur de fromage, quant à Lamourette, sur l'air de *Turlurette,* il devient le héros d'une chanson... »

Les réactions du pape devant « ce délit si énorme » ne se font pas attendre : le 19 mars 1792, Pie VI, « pénétré de douleur », écrit-il, signe le bref *Charitas* suspendant Charles-Maurice de Talleyrand-Périgord, « sacrilège conservateur » et « principal auteur du schisme désastreux », de toutes fonctions épiscopales : « Aussi n'est-ce pas sans verser des larmes amères, et sans pousser des gémissements continuels que nous craignons de voir déchirer nos propres entrailles par une si funeste séparation. Nous nous abstenons donc de prononcer, dans ce moment, une sentence d'excommunication ; voulant ainsi différer le châtiment, pour laisser encore un intervalle aux remords... »

Talleyrand n'en avait guère !

On lui donnait un délai de quarante jours pour se soumettre et « faire à l'Eglise une satisfaction convenable et proportionnée à son crime ». S'il refusait, « alors, sans doute, nous serons navrés de tristesse, nous pleurerons, nous gémirons, nous sentirons nos entrailles se dessécher, comme si l'on nous arrachait nos propres membres, mais nous ne succomberons pas tellement à notre douleur... » — et Charles-Maurice serait excommunié.

On s'en doute, l'ancien évêque ne daigne même pas répondre, et, haussant les épaules, il écrit à son ami Levain, sur le mode badin qui lui est cher : « Vous savez la nouvelle : l'excommunication ; vous allez me consoler et souper avec moi. Tout le monde va me refuser le feu et l'eau ; ainsi, nous n'aurons ce soir que des viandes gelées et nous ne boirons que du vin frappé. »

Le cynisme est son élément naturel.

Bien plus tard, dans ses *Mémoires*, il essaiera d'expliquer son attitude — et il faut transcrire ce texte :

« Les nouveaux élus étaient bien disposés à se passer de l'institution donnée par la cour de Rome ; mais ils ne pouvaient se passer du caractère épiscopal qui ne pouvait leur être conféré que par des hommes qui l'eussent reçu. S'il ne se fût trouvé personne pour le leur conférer, il aurait été grandement à craindre, non pas que tout culte fût proscrit, comme il arriva quelques années après, mais, ce qui me semble plus dangereux, parce que cela pouvait être durable, c'est que l'Assemblée, par les doctrines qu'elle avait sanctionnées, ne poussât bientôt le pays dans le presbytérianisme plus accommodé aux opinions alors régnantes et aux formes de gouvernement qu'on songeait déjà à établir, et que la France ne pût être ramenée au catholicisme, dont la hiérarchie des formes soit en harmonie avec celle du système monarchique. J'agis donc en cette occurrence comme le pape agit lui-même douze années plus tard et par un motif semblable... Je prêtai donc mon ministère pour sacrer un ou deux des nouveaux évêques élus, qui, à leur tour, sacrèrent les autres. »

Puis il ajoute : « Cela fait, je donnai ma démission de l'évêché d'Autun. » Ce qui est faux. En réalité, Talleyrand ne s'est pas démis de son diocèse après avoir sacré le premier évêque jureur, mais plus exactement, nous l'avons vu, à la suite des protestations véhémentes soulevées par son serment.

Et il conclut ensuite avec désinvolture : « Pourvu que je restasse Français, tout me convenait. La Révolution promettait de nouvelles destinées à la Nation. J'ai suivi la Nation dans sa marche et j'en courus les chances. Je lui vouai le tribut de toutes mes aptitudes, décidé à servir mon pays pour lui-même, et je plaçai toutes mes espérances dans les principes constitutionnels qu'on se croyait si près d'atteindre. Cela explique pourquoi et comment, à plusieurs

Paris le 13 Janvier 1791.

Monsieur,

J'ai l'honneur de vous envoyer cy joint
ma démission de l'Evêché D'Autun, en
vous suppliant de vouloir bien la mettre
sous les yeux du Roi.

Je Suis avec respect.

Monsieur

Vostre très humble et très
obéissant Serviteur.

talleyrand périgord ancien ev. d'autun

M. de Montmorin.

reprises, je suis entré, sorti, et rentré dans les affaires
publiques, et aussi le rôle que j'y ai joué. »

Il se sent dégagé de la prêtrise et — il le racontera plus
tard à Mme de Dino — il a « un désir incroyable de se battre
en duel ». Le duc de Castries lui paraît l'adversaire idéal,
« l'homme avec lequel il était le plus aisé d'avoir une
querelle ». Un jour, au Club des Echecs, le duc se met à lire
tout haut une brochure contre la minorité de la noblesse.
L'occasion paraît belle à Talleyrand. Il prie M. de Castries
« de ne pas continuer une lecture qui lui était personnellement injurieuse ». M. de Castries réplique que, dans un club,
tout le monde a le droit de lire et de faire ce qui lui convient.

« A la bonne heure ! s'écrie Charles-Maurice.

« Et, s'emparant d'une table de tric-trac, il se plaça
auprès de M. de Castries, fit sauter avec un fracas
épouvantable les dames qui s'y trouvait, de façon que la voix
de M. de Castries fût entièrement couverte. La querelle et
les coups d'épée paraissent immanquables... mais le duc se
contente de froncer les sourcils, de finir sa lecture et sort du
club sans rien dire. » Probablement, pour M. de Castries, M.
de Talleyrand ne pouvait cesser d'être prêtre !

A cette époque, Adélaïde de Flahaut semble se plaindre de
son amant qui la traite, assure-t-elle, avec froideur et
cruauté. Peut-être Talleyrand, empêtré dans les fils
embrouillés de la politique, tenaillé par la fièvre du jeu, est-il
moins empressé ? C'est possible. Il n'empêche que si l'on se
réfère au *Journal* de Gouverneur Morris, Adélaïde tient
toujours une grande place dans sa pensée : « L'évêque
d'Autun a une peur horrible de la mort, écrit l'Américain. En
rentrant chez elle, hier soir, Mme de Flahaut a trouvé dans
une enveloppe blanche un testament de son évêque, la
faisant son héritière. De certains mots qu'il avait laissés
échapper elle avait conclu qu'il avait résolu de se suicider.
Elle avait passé une nuit fort agitée et tout en larmes. »

Le diplomate prendrait-il les devants par crainte que le
clergé, écœuré à l'extrême, ne fasse assassiner l'apostat ?

◄ *Talleyrand, « ancien évêque d'Autun », envoie sa démission au roi.*

Lorsque Talleyrand avait été élu administrateur du département de Paris, Mirabeau écrivit à Lamarck : « Talleyrand est un gueux, dont nous devons nous servir à présent, avec de la patience nous lui rendrons la justice qui lui est due. » Et, le lendemain, il écrivait encore : « Il n'est pas possible que Dieu fasse, par génération, deux scélérats pareils. »

Ce qui n'empêche pas Talleyrand, en apprenant que Mirabeau est gravement malade, d'accourir 69, rue de la Chaussée-d'Antin. Une foule énorme encombre la porte.

— On a bien de la peine à arriver jusqu'à vous, dit-il au tribun ; je suis venu comme le peuple de Paris trois fois par jour à votre porte et il y a deux heures que j'y attends de vos nouvelles avec lui.

— Ah ! je sais bien, soupira Mirabeau, pour le peuple c'est toujours un grand jour que celui où l'on meurt !

Talleyrand, qui s'est maintenant réconcilié avec lui — ils aiment tous deux l'argent, le jeu et l'amour —, renouvelle ses visites.

— Voilà un confesseur bien digne du pénitent, fait remarquer quelqu'un.

Talleyrand avait souvent exercé sa verve aux dépens du tribun. Un jour que Mirabeau lui déclarait :

— Nous devons choisir un homme dont le courage et les talents permettent de tout attendre, un homme qui ait la confiance du peuple et celle de la cour, qui sache parler aux foules avec autorité et aux ministres avec compétence...

Talleyrand acheva :

— ... et surtout un homme qui ait eu la petite vérole !

Une autre fois, les deux hommes discutaient. Soudain :

— Je vais vous enfermer dans un cercle vicieux, annonça Mirabeau.

— Eh là ! s'exclama Talleyrand, vous voulez donc m'embrasser ?

Mirabeau lui rendit néanmoins la monnaie de sa pièce :

— Pour de l'argent, Talleyrand vendrait son âme et il aurait raison, car il troquerait son fumier contre de l'or.

Le 1er avril, veille de sa mort, on entend Mirabeau murmurer :

— J'emporte avec moi le dernier lambeau de la monarchie.

Puis il remet à Talleyrand quelques feuillets concernant le droit de tester. Le jour même du décès, Charles-Maurice lit à la tribune les dernières volontés de Mirabeau. Puis, le 4 avril, dramatisant quelque peu à son profit la mort du grand tribun, prenant en somme le cercueil de Mirabeau comme tremplin, selon l'expression du comte de Saint-Aulaire, Talleyrand prononce l'éloge funèbre : « M. Mirabeau est mort ! Cet astre bienfaisant, cet ami tendre, cet illustre défenseur et protecteur des droits sacrés des citoyens français vient de disparaître. Quelle affliction ! Quelle perte ! »

Un jour, Charles-Maurice reprochera à Mirabeau la facilité excessive avec laquelle il se livrait au premier venu et décocha des sarcasmes mordants à propos de ce qu'il appelait « l'exaltation républicaine » du brillant orateur.

— Je me souviens, poursuivra Talleyrand, des murmures qui avaient accueilli ses paroles prononcées dans un cercle d'intimes : « Même en supportant, mes amis, que la royauté dût être abolie à présent, ce n'est pas une république qui devrait être établie — nous ne sommes pas mûrs pour cela — mais un Etat populaire avec une dictature. »

Bien souvent, il parlera de Mirabeau. Le 19 juin 1834, il écrivait à Mme de Dino : « J'ai eu entre les mains sous la Restauration une quittance prouvant que Mirabeau avait reçu de l'argent (de Louis XVI). Malgré cette transaction d'argent, il serait injuste de dire que Mirabeau se fût vendu ; tout en recevant le prix des services qu'il promettait, il ne sacrifiait cependant pas son opinion ; il voulait servir la France autant que le monarque et se réservait la liberté de pensée, d'action, et de moyen, tout en se liant pour le résultat. »

Talleyrand se justifiait ainsi lui-même.

Quelque peu apprenti sorcier, épouvanté par la violence du torrent qui emporte la vie française, Talleyrand, au mois d'avril 1791, se rapproche de la monarchie. Gamin, serrurier de Louis XVI, avait aidé le roi à confectionner une cachette dans un mur des Tuileries : la fameuse armoire de fer. Lorsqu'on l'ouvrira, peu après la chute de la monarchie — à la suite de la dénonciation de Gamin qui mourait de peur — on découvrira une lettre de M. Delaporte, intendant de la liste civile. Ce dernier transmettait à Louis XVI un papier

signé de Talleyrand qui, précisait l'intendant, paraît désireux de servir le roi : « Il m'a dit que Votre Majesté pourrait
faire l'essai de son zèle et de son crédit, en lui désignant
quelque point que vous désireriez (voir accepter), soit du
Département, soit de l'Assemblée nationale. S'il parvient à
faire exécuter ce que vous lui aurez prescrit, vous aurez une
preuve de son zèle. »

Dévoré d'ambition — il le sera pendant toute sa vie
— Talleyrand ne réussit toujours pas à devenir ministre. Le
décret du 7 novembre 1789 n'a pas été rapporté : aucun
député ne peut accéder aux fonctions gouvernementales !
Charles-Maurice, selon l'expression du diplomate américain,
en est « réduit au rang de très petit intrigant ». Aussi au
mois de juillet 1791, au lendemain de l'équipée de Varennes
qui a fait de Louis XVI le prisonnier de Paris — le roi était
suspendu — Talleyrand peut annoncer à Mme de Flahaut :
« Tout a été définitivement réglé au château, malgré
l'absurde décret. Si nous ne pouvons accepter de plans
ostensibles, aucune loi n'empêche le roi de nous employer
comme conseillers privés. Toutefois, à l'avenir, le gouvernement reposera totalement entre nos mains. Le général La
Fayette doit avoir le ministère de la Guerre ; le *Dauphinois*
(Barnave), celui de la Justice et de l'Intérieur ; l'*Aîné*
(Charles de Lameth), la Marine ; le *Cadet* (Alexandre de
Lameth) les Finances ; le ministère des Affaires étrangères
doit être pour moi. C'est-à-dire, ma chère amie, que rien ne
sera fait dans ces ministères respectifs sans notre assentiment. Il nous faut maintenant hâter d'achever notre œuvre
constitutionnelle, qui seule peut rendre notre pauvre prisonnier à la liberté. »

En dépit du document signé que leur a remis Laporte,
Louis XVI et Marie-Antoinette se méfient. Aussi Talleyrand, deux mois plus tard, se livre-t-il à un chantage
machiavélique : faire croire qu'il s'est jeté dans les bras des
républicains et qu'il fait sa société ordinaire des avancés.
Pour accréditer cette version, il se sert de Mme de Flahaut.
Il lui écrit tout d'abord, le 24 octobre : « D'après ce que je
vois tous les jours, je suis de plus en plus convaincu de la
vérité contenue dans les dernières paroles de Mirabeau. La
monarchie est certainement descendue avec lui dans la
tombe. Il faut maintenant que je songe à ne pas me faire
enterrer avec elle. Depuis quelques jours, j'ai reçu plusieurs
confidences des républicains ; mais comme je soupçonnais

qu'ils voulaient seulement sonder le terrain je n'eus pas l'air
d'y faire attention. Toutefois, je ne négligerai pas de leur
rendre quelques services, afin de les voir revenir et de les
engager à parler plus ouvertement. »

Charles-Maurice dévoile maintenant ses batteries. Il
demande à sa maîtresse d'afficher des idées républicaines et
de s'arranger pour laisser entendre qu'elles viennent de lui.
Afin de parfaire ce simulacre de conversion, il conseille à
Adélaïde d'étaler vis-à-vis du marquis de Chauvelin, maître
de la Garde-robe du roi, ses lectures avancées, et même de
sembler s'intéresser à l'*Ami du Peuple* de Marat. « Cela
n'engage à rien et cela peut être utile. Il ne manquera point
de manifester sa surprise en vous voyant entourée d'une
telle compagnie. Alors vous pourrez lui dire sans affectation
que c'est pour complaire à mon patriotisme, attendu que je
suis tout à fait dégoûté des monarchistes qui, après tout,
sont fort sottes gens. Exigez de lui sa parole d'honneur de ne
rien divulguer de sa conversation avec vous. S'il la garde, il
n'y aura rien de fait. Si, au contraire, il lui échappe, comme
je le suppose, quelque indiscrétion, cela pourra me servir,
sans nuire à personne, et surtout à vous, ma belle amie, que,
pour tout au monde, je ne voudrais pas compromettre. »

Chauvelin mord à l'hameçon, puisque au mois de novembre Talleyrand, en compagnie du marquis, se rend à un
souper chez le maire Pétion, avec Robespierre, Brissot,
Guadet et Roland. « Ils m'ont communiqué leurs plans, qui
me paraissent bien combinés, formidables et patriotiques,
écrit-il à Mme de Flahaut. Je leur ai promis en retour de les
servir, car je suis fermement convaincu que les choses ne
peuvent durer comme elles sont. Nous ne pouvons ni
rappeler les implacables émigrés ni proclamer la république.
Dans la première de ces hypothèses, je serais un des
premiers désignés à leur vengeance. Lié comme je le suis
maintenant, j'ai tout à espérer et rien à craindre des
républicains, qui, d'ailleurs, ont besoin de moi sous plus d'un
rapport. »

Pétion revient de Londres et affirme que les Anglais se
montrent enthousiasmés par la Révolution française : « La
détermination de briser leurs fers en nous imitant est, dit-il,
décidément arrêtée, poursuit Talleyrand dans la même
lettre. Il est convaincu que l'Angleterre à elle seule contient
plus de vrais républicains que tout le reste de l'Europe
ensemble, non seulement dans le peuple, mais parmi la

noblesse, le clergé et les capitalistes qui ont unanimement applaudi à son zèle et l'ont encouragé à ne point le ralentir en faveur de la liberté et de l'égalité. »

Les Britanniques dévorent, d'après lui, les écrits patriotiques venus de France, fondent des Clubs « à l'instar des Clubs français ».

— Ils parlent de réforme aussi haut que nous et usent des mêmes moyens et de la même activité pour arriver au but commun. Leur but est, en effet, le même que le nôtre. Là, aussi bien qu'ici, les aristocrates murmurent, quelques bigots tremblent et prient.

Pétion rêve, semble-t-il, lorsqu'il prédit « que *(le roi)* George fraternisera bientôt avec Louis et qu'avant peu de temps, le drapeau tricolore flottera au haut des tours du palais Saint-James, aussi bien que sur le pavillon des Tuileries ».

☆

— La guerre serait actuellement un bienfait national, déclare Brissot à la tribune de l'Assemblée, et la seule calamité à redouter, c'est de ne pas avoir la guerre.

Qui aurait pu prévoir que cette guerre si allégrement souhaitée se prolongerait plus ou moins durant vingt-deux années ?... Jusqu'au jour où un petit village nommé Waterloo verra la fin de tout un monde — hormis celui de M. de Talleyrand, cela s'entend.

La guerre s'avançait, en effet, à grands pas, mais il ne s'agissait encore que d'une parade militaire contre l'Electeur de Trèves qui tolère chez lui des rassemblements d'émigrés à la tête desquels se trouvent les deux derniers — et futurs — rois de France — Louis XVIII et Charles X — dont Charles-Maurice deviendra un jour le serviteur.

Pour que l'opération puisse se passer sans difficulté, il fallait se rendre à Londres et obtenir la neutralité de la Prusse. Talleyrand demande d'abord au gouvernement que son ami Biron, l'ex-duc de Lauzun, alors en garnison à Valenciennes, soit désigné pour remplir cette mission.

— Un ami de M. le duc d'Orléans, lui répond-on, ferait mauvais effet dans le moment actuel : les royalistes en seraient effarouchés.

« Après huit jours de pourparlers, on est revenu à moi, annonce Charles-Maurice à son ami, et l'on m'a dit :

» — Pourquoi n'iriez-vous pas en Angleterre ?... C'est précisément parce qu'il est extraordinaire que vous alliez en Angleterre, que vous y êtes bon : on jugera à Vienne et à Berlin que nous avons véritablement l'intention de faire quelque chose. »

Bref, Talleyrand, considéré comme l'exécuteur testamentaire de Mirabeau, accepte. Mais dans ses *Mémoires*, il essayera de nous faire croire que « fatigué et dégoûté », il partait pour Londres, « sachant bien que cette mission avait peu de chances de succès... ».

En se rendant sur les rives de la Tamise, Charles-Maurice devait commencer une étonnante carrière de girouette diplomatique qui permettra un jour de fredonner à son sujet :

Il change à tout moment d'esprit comme de mode,
Il tourne au moindre vent, il tombe au moindre choc,
Aujourd'hui dans un casque et demain dans un froc.

— Je sers la France dans quelque situation qu'elle soit, expliquera-t-il gravement.

Formule passe-partout qui lui permettra de servir avec sérénité — et à son profit — tous les régimes, qu'ils soient royaliste, républicain, directorial, consulaire ou impérial... et même provisoire. Lors de ce dernier cas, qui se produira en 1814, il ira jusqu'à prendre le pouvoir de sa propre autorité et servira de trait d'union entre Napoléon et Louis XVIII, en détrônant toutefois le premier pour couronner le second.

Greuze nous montre Talleyrand âgé environ de trente-six ans.
Ce tableau est exposé au musée de Saint-Omer.

IV

LE « PÈRE GAMBILLE »,
PROSCRIT ET TRAFIQUANT

> *Quand le peuple est roi,*
> *la populace est reine !*
> TALLEYRAND

Pour sa mission d'outre-Manche, Charles-Maurice parvient à se faire adjoindre son ami Biron, et pour camoufler le rôle diplomatique de ce dernier en opération commerciale, on le charge d'acheter en Angleterre quatre mille chevaux de remonte...

L'ambassadeur d'Angleterre en France voit partir Charles-Maurice non sans inquiétude, et Gouverneur Morris, après avoir dîné à l'ambassade, note dans son *Journal* : « Je trouve dans cette maison un profond mépris mélangé de répulsion pour mon ami l'évêque d'Autun et je pense que les lettres qui partiront d'ici ne lui faciliteront pas sa mission. »

Quelques jours plus tard, Gouverneur Morris écrit encore à Washington : « Le blâme accompagne l'évêque d'Autun pas tant pour ses relations adultères, car cela est assez commun dans les rangs du haut clergé, que pour la variété et la publicité de ses amours, pour sa passion du jeu, et, par-dessus tout, pour son agiotage sous le ministère de M. de Calonne. »

Ayant pris au passage, à Valenciennes M. de Biron, Talleyrand arrive à Londres le mardi 24 janvier 1792 et s'installe à *Golden Square*. On le juge hautain, froid, silencieux et par trop impassible. Les Anglais se montrent déçus de ne pas trouver en Talleyrand « la vivacité, la gaieté, voire l'indiscrétion coutumière chez les Français ».

M. de Lessard, ministre des Affaires étrangères, lui avait remis une lettre de recommandation destinée à lord Grenville, dans laquelle il parlait de « la réputation d'esprit » et « des talents distingués de l'ancien évêque d'Autun ». Ce n'était rien de plus que les habituelles formules employées à l'époque pour recommander un voyageur de qualité à un gouvernement étranger. En terminant sa lettre, M. de Lessard précisait toutefois que Talleyrand, ayant étudié les rapports franco-anglais, il souhaitait que lord Grenville « puisse s'en entretenir avec lui ».

Mylord Grenville séjournant à la campagne, c'est au fameux William Pitt que Talleyrand remet sa lettre. On connaît les sentiments du ministre à l'égard de la Révolution française. Avec un ton que l'on devine, à travers les mots, dédaigneux, il déclare à Talleyrand, qui l'interroge sur l'avenir :

— Dès que la France aura un gouvernement, dès que ce que vous appelez votre révolution...

— Et vous, monsieur, comment l'appelez-vous ? interrompt Talleyrand en souriant.

— Savez-vous bien, monsieur, que votre sourire me donne envie de vous nier tout net votre révolution... je dis : comme ministre. D'ailleurs j'ai parcouru vos journaux, ceux de votre parti, ceux de vos adversaires, et tous s'accordent à nommer ce *grabuge* une Révolution. Je le veux bien, moi, et je n'y serai pas plus difficile que le reste de l'Europe. Mais que répondriez-vous si, comme ministre, je vous disais : « Je conviens qu'il y a eu en France, dans ces dernières années, un grand bouleversement ; que le roi et la famille royale ont éprouvé de violentes afflictions ; que plusieurs hommes en place, odieux ou avilis, ont été assommés ou mis en fuite par le peuple. » Voilà ce que je sais. Quant à la Révolution politique, où est-elle ? Quelles en sont les preuves, du moins pour les cours étrangères ?

Talleyrand aurait certes pu répondre qu'il suffirait d'attendre un peu pour assister non plus à des changements, mais à un bouleversement total... Il préfère écouter William Pitt passer en revue les hommes politiques français — et conclure en ces termes insolents son réquisitoire :

— Quant à votre ministre de la Marine... Ah ! pardon, vous n'avez pas de marine !...

Lord Grenville reçoit enfin Talleyrand qui, à la suite de cette entrevue, écrit à M. de Lessard : « Il faut parler à chacun son langage. C'est avec cent cinquante mille hommes que nous parlons aux puissances du Nord, c'est avec une escadre que je crois fermement qu'il faut parler à l'Angleterre. »

La première impression de lord Grenville sur Talleyrand, si elle est perspicace, n'est pas flatteuse :

— C'est un homme bien déplaisant, un caractère vilainement trompeur. Il manque vraiment de droiture dans son naturel et dans son cœur.

Nous possédons, tracé à cette époque par Dumont, un portrait de Charles-Maurice : « Je ne sais s'il n'avait pas un peu trop l'ambition d'imposer par un air de réserve et de profondeur. Son premier abord en général était très froid ; il parlait très peu, il écoutait avec une grande attention ; sa physionomie, dont les traits étaient un peu gonflés, semblait annoncer de la mollesse, et une voix mâle et grave paraissait contraster avec sa physionomie. Il se tenait à distance et ne s'exposait point... Une manière sentencieuse, une politesse froide, un air d'examen, voilà ce qui formait une défense autour de lui, dans son rôle diplomatique. Dans l'intimité, le masque tombait ou avait l'air de tomber tout à fait : il est alors charmant, familier, d'une grâce caressante, aux petits soins pour plaire, se faisant amusant pour être amusé. »

Présenté au roi George III, le 1er février, le souverain reçoit Talleyrand avec une froideur remarquée et la reine lui tourne franchement le dos. Charles-Maurice ne se décourage pas pour autant et, avec l'espoir d'être peut-être nommé représentant officiel de la France à Londres, il écrit à M. de Lessard, avant de regagner Paris : « Ambitieusement et anticonstitutionnellement parlant, je vous atteste que je ne voudrais pour mon compte qu'un titre et du temps devant moi pour fonder et établir ici les rapports les plus utiles pour la France. »

Il lui faudra attendre 1830 pour occuper à Londres le poste d'ambassadeur de France qu'il espérait déjà recevoir avant la chute de la monarchie. Quand il regagne Paris le 10 mars, M. de Lessard a été remplacé par Dumouriez, qui appelait Talleyrand le « Père Gambille », et le nouveau gouvernement, le 20 avril, déclare la guerre au roi de Bohême et de Hongrie. Le jeune marquis de Chauvelin — il a dix-sept ans ! — est nommé ministre à Londres et on lui donne

Talleyrand comme adjoint avec le titre de conseiller. « Ils vont fort bien ensemble », annonce Dumouriez à Biron. C'est donc officiellement que Charles-Maurice se retrouve à Londres le 29 avril. Il est porteur d'une lettre de Louis XVI, écrite d'ailleurs par Talleyrand lui-même, qui reprend ces mots de Mirabeau : « La France et l'Angleterre réunies, nous devons commander la paix à l'Europe. »

George III, le 25 mai, s'incline de mauvaise grâce : l'Angleterre demeurera neutre. Le cabinet de Londres promet simplement de ne pas se mêler des affaires françaises. On le sait, il ne se maintiendra guère dans cette attitude... C'est la consternation lorsqu'on apprend à Londres que Louis XVI a été assiégé, le 20 juin, aux Tuileries, et que les émeutiers l'ont coiffé d'un bonnet rouge. La mission de Talleyrand et de M. de Chauvelin, représentants d'un roi bafoué et d'un ministère incapable de protéger la monarchie, devient pour le moins difficile — le mot est d'ailleurs employé par M. l'ambassadeur dans une lettre à son ministre. A l'instar de la reine, il y a quatre mois, on leur tourne franchement le dos à tous deux... D'autant plus que Talleyrand rencontre des membres de l'opposition « et quelques autres de même acabit ». Ce qui le déconsidère auprès de bien des gens, annonce un ami de lord Aukland. Bref, il ne jouit d'aucun crédit, pis, d'aucune estime. Au Ranelagh, les promeneurs s'écartent au passage des diplomates français « comme si l'on craignait, rapporta l'un d'eux, que l'air même que nous respirions ne fût contagieux ». Aussi Talleyrand, dégoûté — on le serait à moins —, n'aspire qu'à une chose : quitter Londres. Il rentre en France le 15 juillet.

Quelques jours après son retour à Paris, Louis XVI, prisonnier de la Révolution, est enfermé au Temple. Sans la moindre gêne, sans le moindre remords, Charles-Maurice, à la demande de Danton, accepte de justifier la déposition du roi auprès des puissances étrangères. Dans ce texte, qui accable la mémoire de Talleyrand, il accuse Louis XVI d'avoir « insensiblement miné la Constitution », alors que le malheureux souverain, avec bonne volonté — ce qui n'était pas le cas de la reine — avait essayé loyalement d'être le roi de la Révolution. Charles-Maurice ose affirmer que Louis XVI a versé « un or corrupteur avec la plus scandaleuse profusion pour essayer d'éteindre ou d'affaiblir le patriotisme ardent dont il était importuné ». Talleyrand, dont toute la famille a servi la monarchie, lui qui a reçu son évêché des mains de ce même roi qu'il diffame aujourd'hui ! « Toutes les remontrances, poursuit-il, qu'on lui adressait à cet égard, loin de le ramener à son devoir, inséparable de ses intérêts, ne faisaient que l'aigrir davantage et lui rendre chaque jour plus odieuse la cause populaire. » Il approuve le peuple de Paris qui, « réuni aux braves fédérés », s'est porté en armes au château du roi, il approuve l'Assemblée d'avoir suspendu Louis XVI de ses fonctions et il conclut : « Il n'y a plus désormais qu'un seul parti en France. »

Il est assez navrant de penser que cette pitoyable palinodie n'avait peut-être été écrite que pour obtenir des nouveaux maîtres en place un passeport lui permettant de regagner l'Angleterre afin, affirmait-il, d'y poursuivre sa mission. En réalité, le pavé de Paris lui semble trop brûlant pour lui... Ses amis sont traqués, mais Talleyrand trouve chaque jour des caches nouvelles pour Narbonne et pour son ami, le chevalier de Baumetz. Il les conduit lui-même vers leur asile quotidien en cabriolet, l'un ou l'autre des suspects tapis dans le coffre de la voiture.

Comment fuir ce guêpier sans être accusé d'émigration ? On le voit botté, « en culottes de peau, en petit frac et en petite queue », faire antichambre chez Danton. C'était le 31 août. Deux jours plus tard, les massacres de Septembre l'incitent à renouveler ses démarches. Il faut faire vite pour ne pas se trouver embarqué malgré soi dans la galère gouvernementale, mais prendre, dès que possible, le bateau pour Douvres et gagner Londres qui est devenu la plaque tournante de l'émigration.

Enfin, le 9 septembre, avec « toutes les difficultés du monde », racontera-t-il, il quitte la France, muni d'un passeport signé par six ministres, parmi lesquels Danton, Monge et Roland, notifiant que « Maurice Talleyrand se rendait à Londres par nos ordres ». Ainsi, avec cette habileté et cette clairvoyance qui ne l'abandonneront jamais, parvient-il à sortir de France « avec un passeport régulier de manière à ne pas s'en fermer les portes pour toujours ». Poussé par la prudence, beaucoup plus que par ses opinions, le voici donc émigré.

Le 18 septembre, paraît dans le *Morning Chronicle* un article inspiré, voire écrit par Talleyrand lui-même, expli- quant que la grande erreur, pour ne pas dire le crime, des émigrés de la dernière heure semble de s'être contentés d'abolir les abus de l'ancien gouvernement et.d'y substituer une sorte de monarchie, et de n'avoir pas voulu coopérer à établir la monarchie et la proscription sous le nom de République.

Talleyrand ne pouvait se résoudre que difficilement à n'être plus qu'un simple particulier. Il se met à la disposition de lord Grenville, lui affirmant qu'il serait « charmé » de lui faire savoir ce qu'il « était permis de conjecturer des terribles et épouvantables événements » dont il avait été le témoin. Ce qui ne l'empêche pas d'envoyer le 25 novembre, à Danton, un mémoire lui donnant de fort bons conseils pour laisser la France « circonscrite dans ses propres limites... » et cela « pour le bonheur des anciens comme celui des nouveaux citoyens de la France ». Tant que les Français occuperont Anvers, l'Angleterre considérera la France comme son ennemie.

L'ouverture aux Tuileries de la fameuse armoire de fer de Louis XVI porte un rude coup au spécialiste du double jeu. Voici établies au grand jour, les manœuvres de l'ex-évêque d'Autun offrant, le 29 avril 1791, son crédit et ses services au roi, l'assurant de son zèle, lui conseillant de prendre un prêtre non jureur pour aumônier. A la suite de cette découverte, la Convention riposte, le 5 décembre 1792, en décrétant « qu'il y avait lieu d'accusation contre Talleyrand-Périgord, ci-devant évêque d'Autun » et décerne contre lui un mandat d'amener. Charles-Maurice essaye de nier l'évidence et affirme, dans le *Moniteur* du 24 décembre, qu'« il n'a jamais eu aucune espèce de rapports directs ou indirects, ni avec le roi ni avec M. Laporte ».

Malgré ce démenti, qui ne trompe personne, Talleyrand est inscrit sur la terrible liste des émigrés en compagnie de dix-sept membres de sa famille, dont sa mère, « la citoyenne Talleyrand, veuve Damas ». On lance contre Charles-Maurice un acte d'accusation et l'on publie son signalement : « Taille 5 pieds 3 pouces — un mètre soixante-treize [1] —, figure longue, yeux bleus, nez ordinaire un peu retroussé. Talleyrand-Périgord boite d'un pied, le droit ou le gauche. »

---

1. Plus tard, son passeport indiquera un mètre soixante-quinze - soixante-seize.

Il s'est installé modestement, mais avec une partie de sa bibliothèque, non loin de Hyde Park, à *Kensington Square*. Dès les premiers beaux jours il se rend dans le Surrey, à six lieues de Londres, chez Mrs. Cosway, une femme peintre, où il retrouve de nombreux émigrés. Mme de Flahaut et le petit Charles sont parvenus eux aussi à fuir Paris. Celle qui va devenir bientôt la veuve Flahaut — son mari sera guillotiné à Arras — est sans ressources et Talleyrand lui déclare sans ambages qu'il lui est impossible de l'aider financièrement elle et leur fils.

Adélaïde confectionne pour vivre des chapeaux, puis se met courageusement à écrire un roman, *Adèle de Senange*, dont Talleyrand veut bien corriger les épreuves. Il doit approuver le portrait que sa belle amie avait tracé de lui : « Tour à tour riche et pauvre, personne n'est plus magnifique et personne ne se passe mieux de fortune. Les femmes ont occupé une grande partie de sa vie : parfait pour celle qui lui plaît, jusqu'au jour où il l'oublie pour celle qui lui plaît davantage. Alors son oubli est entier... Il sera toujours aimable parce qu'il est insouciant... »

Le roman rapportera à l'auteur la somme considérable pour l'époque de 40 000 francs-or. Mme de Flahaut est tirée d'affaire !

Le jeune Charles fréquente une école à quelques milles de Londres. Les premiers moments sont durs pour celui qui ne sait pas un mot d'anglais... et, de plus, est Français ! — comme il le racontera plus tard. « Deux faibles recommandations pour une bonne réception de la part de soixante-dix garçons, petits *John Bull*, dont l'antipathie innée pour la France venait de s'accroître encore par l'horreur qu'inspiraient si justement les actes sanguinaires qui, à cette triste époque, déshonoraient notre pays. Aussi ne se faisaient-ils pas faute de l'exprimer et *French dog*, chien de Français, était-il une des épithètes qui lui étaient le plus souvent adressées.

« Cependant, un jour arriva. J'étais alors un peu plus fort, j'avais neuf ans, l'amiral Howe venait de remporter une grande victoire navale contre nous et toute l'école se mit, ivre de joie, à célébrer cet événement. La patience m'échappa et moi, pauvre petit émigré, je me suis mis à chanter à tue-tête *la Marseillaise* et *la Carmagnole*, à crier : Vive la France ! Vive la République ! mais je m'en trouvai mal car ils se ruèrent sur moi, me battirent comme plâtre et

Deux vues de Londres à l'époque où Talleyrand y vécut avant son départ pour l'Amérique.

me laissèrent par terre à moitié mort, mais cela ne me rendit pas moins bon Français. »

Adélaïde gagnera bientôt la Suisse où l'on suppose qu'elle aurait eu une aventure avec le futur Louis-Philippe, avant de rejoindre Gouverneur Morris à Hambourg.

Charles-Maurice se rend fréquemment chez Mrs. Phillips, à *Jupiter Hall*, situé à 25 kilomètres de Londres sur la route de Leatherhead à Dorking. Au premier abord, la sœur de Mrs. Phillips, Fanny Burney, ne se sent guère attirée par Charles-Maurice : « M. de Talleyrand était hier soir d'un esprit et d'une intelligence infinis. Mme de Staël me dit à l'oreille : " L'aimez-vous ? — Pas beaucoup, répondis-je. — Oh ! je vous assure, s'est-elle écriée, qu'il est le meilleur des hommes. " Je fus heureuse de ne pas être de cet avis. » Mais, quelques jours plus tard, Fanny écrit ces lignes : « C'est inconcevable ! M. de Talleyrand m'a conquise. Je le trouve maintenant un des membres les plus distingués et l'un des plus charmants de cette exquise compagnie. »

Charles-Maurice prend le deuil de Louis XVI, porte la cocarde blanche et clame énergiquement son indignation en apprenant les excès qui se commettent en France. Mais hors les Français « constitutionnels », il n'en est pas moins détesté, honni, vilipendé, à la fois par les ultra-royalistes français — les premiers émigrés — et les Anglais conservateurs, sans parler de la haine que lui vouent à Paris les révolutionnaires qui se promettent de le faire monter à l'échafaud, dès qu'ils pourront se saisir de lui. Talleyrand les exècre tout autant. Narbonne l'entendra dire un jour :

— Je vous donne ma parole que ce me serait un plaisir de bien battre tous ces gueux !

Pendant ce temps, que devient Autun, l'ex-évêché de Charles-Maurice ? La petite ville s'est rapidement mise au goût du jour. « Tous les signes extérieurs du culte ont disparu, peut écrire le procureur-syndic Lanneau au directeur départemental, la vaisselle du temple a été vendue ou fondue, l'évêque Gouttes n'est plus qu'une poule qui a perdu ses petits. »

Le 10 décembre 1793, on célèbre à la cathédrale le culte de la Raison. Tandis que « le monstre affreux du fanatisme s'effondre, apparaît la déesse Raison sous les traits de la ravissante Sophie Téroche ». Au Champ-de-Mars on met le feu à tous les livres de religion qu'on a pu trouver. L'évêque Gouttes trouve ces manifestations excessives et exprime sa désapprobation. Il aurait mieux fait de se taire, car, arrêté, expédié à Mâcon, puis à Paris, il sera condamné à mort et exécuté le 26 mars 1794... *La Sentinelle d'Autun* remarqua alors « qu'il mourait moins de monde à Autun depuis cinq mois qu'il n'existait plus de prêtres ». Et d'expliquer : « Pourquoi cela ? Parce que les prêtres, par leur morale cruelle, effrayaient le malade déjà absorbé par la douleur et causaient dans son sang, déjà agité, une révolution qui, à l'aide des couleurs sépulcrales dont se parait le charitable assassin, le conduisait au tombeau. Quel bien pour l'humanité ; non seulement les prêtres feront des enfants, mais ils ne tueront plus. »

Charles-Maurice apprend-il à cette époque les écarts fâcheux et les élucubrations de « son épouse » ? Il a d'autres préoccupations... Il a retrouvé également à Londres la coquette Perette de La Châtre, depuis longtemps maîtresse du duc de Jaucourt, un homme si pâle qu'on l'appelait *Clair de Lune*. Selon Casimir Carrère, pour qui le lit de M. de Talleyrand n'a guère de secret, la future Mme de Jaucourt, lorsqu'elle était encore Mlle Bontemps, aurait eu des bontés pour Talleyrand et, comme bien d'anciennes conquêtes de Charles-Maurice, il n'est pas impossible qu'elle ait parfois consolé un peu l'exilé — en dépit de l'amour qu'elle portait à Jaucourt, demeuré en France où Perette ne devait pas tarder à le retrouver. La Châtre — car il y avait un M. de La Châtre — prend la liaison de sa femme sans trop de chagrin et se résigne lorsque celle-ci épouse Jaucourt — ce qui lui permettra un jour de présenter son successeur à Louis XVIII en ces termes :

— Sire, j'ai l'honneur de présenter à Votre Majesté le mari de ma femme.

Sous la Restauration lorsque Jaucourt écrira à Talleyrand, il ajoutera ces lignes : « Ci-joint une lettre d'une dame qui

vous aime peut-être plus qu'elle ne m'aime. » Ou encore :
« Ma femme vous dit mille tendresses. » Ces gens-là se
trompaient avec une rare élégance...

A *Jennifer Hall*, Mme de Staël lit son dernier ouvrage
*l'Influence des passions sur le bonheur des individus et des
nations.* Talleyrand trouve qu'elle ânonne avec « une
cadence et une monotonie qui ne sont pas bien du tout ». Les
auditeurs croient qu'il s'agit de la déclamation d'un poème...
et Talleyrand ne se gêne pas pour le lui dire. La présence
près de Charles-Maurice de Mme de Flahaut doit certainement quelque peu agacer l'insupportable bas-bleu. Elle avait
tendu autrefois un piège à Charles-Maurice en lui demandant :

— Si nous étions tous les deux avec Mme de Flahaut sur
un bateau près de chavirer, laquelle de nous deux sauveriez-
vous la première ?

— Mais, madame, vous avez l'air de savoir mieux nager
que Mme de Flahaut, répondit Talleyrand, très pince-sans-
rire...

La terrible Germaine de Staël ne demeure que quatre mois
à Londres. Sa liaison avec Charles-Maurice a-t-elle repris ?
Il y a pour cela de fortes présomptions — en tout cas ses
lettres tendraient à le prouver. Lorsque, revenue en Suisse,
elle apprendra, par une gazette, que Talleyrand est expulsé
d'Angleterre : « Ah ! quel déchirement cette nouvelle m'a
causé, écrit-elle à son amant, Narbonne. A peine si je peux
vous écrire, tant mes yeux sont abîmés de larmes. »

En effet, à la fin du mois de janvier 1794, un messager
d'Etat pénétrait chez Charles-Maurice lui annonçant que, en
vertu de la loi sur les étrangers — l'*Alien Bill*, devant
préserver l'Angleterre de la « contagion révolutionnaire » —
il devait quitter l'île dans les cinq jours.

Quel motif invoquait-on pour expliquer cette expulsion ?
« Ce qui se dit le plus, explique Talleyrand à Mme de Staël,
c'est que c'est sur la demande de l'empereur et du roi de
Prusse que l'ordre de quitter le royaume a été donné.
Apparemment que l'empereur et le roi de Prusse craignent
les gens qui pêchent à la ligne pendant l'été et corrigent les
épreuves d'un roman pendant l'hiver. C'est à cela qu'a été
employée cette tête active dont le séjour en Europe est si
inquiétant. »

Le neveu .de Marie-Antoinette en veut, en effet, aux constitutionnels qui, à ses yeux, ont si mal conseillé Louis XVI en lui suggérant de s'accommoder de la Révolution. En réalité, l'Angleterre, maintenant en guerre avec la République française, ne connaît guère de victoire. A la fin de l'année 1793, Toulon capitule. En cas de succès, Talleyrand était allé jusqu'à envisager de créer dans le grand port du Midi « une France libre et constitutionnelle ».

Charles-Maurice, considéré comme l'un des plus avancés parmi les libéraux, est pour les Anglais un agitateur en puissance. On prononce même à son sujet le mot d'espion. Vainement Talleyrand écrit à Pitt pour tenter d'obtenir la révocation de l'ordre qui le frappe. « Quel est donc, monsieur, l'inconcevable démence quemes ennemis me supposent ? Celle d'avoir voulu agiter le seul asile qui me reste sur la terre ? Et il est croyable que je ne sois pas assez fatigué par tous les malheurs dont mon âme est brisée depuis trois ans ? » Comment ses ennemis pouvaient-ils contester son amour pour la liberté, les malheurs trop réels et trop nombreux qui l'avaient atteint ? Enfin les actes de la Convention par lesquels il avait été « décrété accusé », et mis hors la loi comme partisan de la royauté ?...

Pitt ne répond même pas à ce plaidoyer. Vis-à-vis de tous, Talleyrand affecte cependant « le plus grand calme et se montre même plein de gaieté ». Il l'expliquera plus tard : « J'étais dans une sorte de contentement. Il me semble que dans ce temps de malheur presque général, j'aurais presque regretté de ne pas avoir aussi été persécuté. »

Où aller ?

Le gouvernement des cantons helvétiques, sollicité par Mme de Staël, se récuse, considérant l'ancien évêque comme « un dangereux baril de poudre ». A tout prendre, Talleyrand choisit comme terre d'exil l'Amérique où il pense qu'il pourrait peut-être s'enrichir, afin de ne pas être désormais « dans la gêne et dans la dépendance continuelles ». Il retient une cabine à bord du *William Penn* en partance pour Philadelphie. Son ami Baumetz veut partager son sort et s'embarquera avec lui. « C'est un 30 novembre, écrit Charles-Maurice à Mme de Staël, que je commence une nouvelle vie... J'ai à montrer combien j'ai aimé la liberté, que j'aime encore, et combien je déteste les Français... L'Amérique est un asile aussi bon que tout autre ; quand on fait son cours d'idées politiques, c'est un pays à voir. »

Cependant, Pitt lui accorde un sursis de quatre semaines, mises à profit par Talleyrand pour se procurer de l'argent. Narbonne emprunte et met en gage ses propriétés à Saint-Domingue pour venir en aide à son ami. Le délai écoulé, le départ n'en est pas moins précipité et le bon Courtiade, valet de chambre de Talleyrand, semble désolé. Sans doute n'a-t-il même pas le temps d'aller dire adieu à sa famille.

— Monseigneur, donnez-moi jusqu'à demain soir.

— Impossible, Courtiade, lui répond Talleyrand, ce retard serait un péril et ne rendrait service ni à vous ni à votre femme.

— Bah ! c'est bien de ma femme qu'il s'agit ! C'est cette maudite blanchisseuse qui a toutes vos belles chemises et vos cravates de mousseline. Sans elles, quelle figure feriez-vous, au nom du ciel ? Et comment pourriez-vous vous montrer en pays étranger ?

Le *William Penn* appareille tandis que Narbonne pleure sur le quai en agitant son mouchoir. Les vents contraires le retiennent dans la Tamise durant deux semaines, puis le bâtiment se traîne dans la Manche de tempête en tempête. Un certain jour le navire, en partie démâté, se rapproche dangereusement des côtes de France... où la guillotine guette Charles-Maurice.

Enfin, trente-huit jours plus tard, le *William Penn*, en vue des côtes américaines, croise un bâtiment en partance pour les Indes. Talleyrand s'avise tout à coup qu'il vaudrait peut-être mieux faire fortune au royaume de Golconde et fait demander par signaux s'il reste une place pour lui. Le bâtiment n'a plus une cabine libre et Charles-Maurice débarque à Philadelphie. « J'y arrivai, dira-t-il, plein de répugnance pour les nouveautés qui, généralement, intéressent les voyageurs. J'eus bien de la peine à rappeler en moi un peu de curiosité. »

Pour l'instant, dans une lettre à Mme de Staël, il se contente de se féliciter d'avoir échappé aux navires anglais « qui arrêtent les navires américains, les Français qui prennent et pillent, les Algériens qui prennent et vendent ».

Il observe et se montre sévère pour le mode de vie en Amérique où, écrit-il « le luxe ne fait voir que des défauts qui prouvent qu'aucune délicatesse, ni dans la conduite de la vie ni même dans ses légèretés, n'a encore pénétré dans les mœurs américaines... ». Il reprochera aux Américains leur manque de générosité : « Ne me parlez pas d'un pays où je n'ai trouvé personne qui ne fût prêt à me vendre son chien. »

Quant à la colonie française dont les membres sont devenus musiciens, professeurs de langues, danseurs ou horlogers, « leurs loisirs sont consacrés à s'entre-haïr ou à s'insulter [1] ». Fort heureusement, aux côtés de Talleyrand viennent se grouper des libéraux, tels Noailles et Moreau de Saint-Rémy. Il se fait également de nouvelles relations et annonce à Mme de Staël avoir surpris « des regards de bienveillance qu'il y avait longtemps qu'il n'avait pas rencontrés ». Il lui écrit aussi : « Je m'occupe de refaire ma fortune et j'y porte l'activité que peut inspirer l'emploi que j'espère en faire. »

Il entretient avec elle une véritable correspondance amoureuse. Il suffit, pour s'en convaincre, de citer la fin d'une de ses lettres — elles se ressemblent toutes : « Adieu, mon amie, à vous pour jamais et de toute mon âme ! »

Talleyrand et Baumetz ont-ils voulu entrer en contact avec Joseph Fauchet, représentant de la France révolutionnaire à Philadelphie ? « Je leur croyais beaucoup d'impudeur, se défend le diplomate, mais je ne leur en supposais pas encore assez pour visiter le représentant d'une nation qu'ils avaient trahie et vendue au despotisme. » Bien plus, Fauchet met tout en œuvre pour empêcher Washington de recevoir Talleyrand. Le président, fidèle à son principe d'éviter toute offense « à l'égard des puissances » avec lesquelles les Etats entretiennent des « relations d'amitié », préfère fermer sa porte aux exilés.

Cependant, dans une lettre adressée à lord Landsdowne, qui lui avait recommandé Talleyrand, il prédit : « Le temps travaillera certainement pour lui et pourra élever, sans doute, un homme de ses talents et de son mérite au-dessus des mécomptes temporaires qui, en un temps de révolution, résultent des dissentiments politiques. »

Comment Talleyrand va-t-il vivre ? Se mettre aux affaires ? Trafiquer ? Pourquoi pas ? Et voici le futur prince de Bénévent proposant ses services d'intermédiaire à Mme de Staël : « Si vous connaissez des gens qui aient envie de

---

1. *Talleyrand aux Etats-Unis,* par Michel Poniatowski (L.A.P.).

spéculer ici dans les terres, je ferais leurs affaires volontiers. »

Pourquoi Charles-Maurice n'entreprendrait-il pas une vaste randonnée à travers le pays ? Toujours avec la pensée de faire fortune, il part avec Baumetz et un Hollandais nommé Heydecoper. Ils sont parvenus à se faire mandater par la *Holland Land Company*, non pour acheter, mais pour prospecter des terres et établir une étude détaillée des possibilités foncières dans le Maine.

Le 24 juin 1794, Talleyrand et ses compagnons prennent la longue route qui va leur permettre d'atteindre New York en traversant, après Newark, la vaste embouchure de l'Hudson.

New York est en plein devenir. L'on côtoie encore dans les rues des vaches et des cochons. Il n'est pas rare d'y rencontrer aussi des esclaves enchaînés... et battus. D'une croisée de Broadway, Talleyrand assiste, le 4 juillet, à la fête de l'Indépendance. Des Jacobins français qui demeurent à New York, parmi lesquels se trouve l'ancien ambassadeur Genet, frère de Mme Campan, défilent en chantant *la Marseillaise* et vocifèrent des injures en passant sous les fenêtres de Talleyrand et de ses amis.

Dix jours plus tard, par des routes exécrables Charles-Maurice part pour Boston. La ville lui plaît : « La campagne qui l'entoure est jolie et il y a plus de simplicité dans la manière de vivre. D'ailleurs, il y fait moins chaud qu'à Philadelphie et c'est le trop grand chaud étouffé que je ressens... »

Il est particulièrement séduit par le fait, écrit-il, « qu'il y a ici plus de moyens de refaire de la fortune que dans aucun autre endroit. Je me mets en mesure de faire des commissions d'Europe et toutes celles que l'on me donnera me seront utiles ».

Il est temps maintenant de se mettre en chasse vers le Maine. Talleyrand se transforme en explorateur. A-t-il revêtu la chemise en grosse toile, les mocassins montants, s'est-il muni de « la couverture pour coucher dessus et placer dedans la viande des bêtes qu'on tue, un peu de pain et du sel » ? Michel Poniatowski, son descendant, le pense.

Les voyageurs prennent la mer pour atteindre dans le Nord, la baie de Passamoquoddy. Puis ils s'enfoncent dans les terres, le Maine d'abord, le Massachusetts ensuite, dont le futur ministre fait une description minutieuse. Il étudie les

*Le port de « La nouvelle York »
tel que put le découvrir Talleyrand.*

différentes régions qu'il traverse, se penche aussi bien sur le problème de la nourriture des troupeaux durant le long hiver, que sur l'abattage des bois et les possibilités de navigation sur les rivières, ou encore il donne un avis précieux sur la culture de l'orge, du seigle ou du froment, de la pomme de terre, des pois ou des haricots... Il y a aussi le chanvre, le lin et le houblon. Il remarque qu'il n'y a pas un bœuf, pas un mouton « qui n'ait l'air de la force et de la santé ».

Une déception : « Ce qui nous a le moins séduits dans la province du Maine, c'est la disposition morale des habitants. Indolents et cupides, pauvres mais sans besoin, ils ressemblent trop encore aux naturels du pays qu'ils ont remplacés. »

L'argent remédierait à tout : « En un mot la province du Maine n'est point assez agricole, et le travail n'y est point assez divisé. Il le serait davantage si le pays avait plus de capitaux consacrés à la culture. »

En route maintenant pour le territoire du Nord-Ouest en remontant l'Hudson. A Albany, Talleyrand surprend Mme de La Tour du Pin-Gouvernet, fille d'Arthur Dillon, mais il faut laisser la parole à celle qui écrira un jour le *Journal d'une femme de cinquante ans* : « Un jour, j'étais dans ma cour avec une hachette à la main, occupée à couper l'os d'un gigot de mouton que je me préparais à mettre à la broche pour notre dîner. ...Tout à coup derrière moi, une grosse voix se fait entendre. Elle disait en français : " On ne peut embrocher un gigot avec plus de majesté. " Me retournant vivement j'aperçus M. de Talleyrand et M. de Baumetz. »

L'ancien évêque connaissait Mme de la Tour du Pin depuis l'enfance et prit pour lui parler une sorte de ton paternel et gracieux d'un très grand charme. « On regrettait intérieurement, poursuit-elle, de trouver tant de raisons de ne pas l'estimer et l'on ne pouvait s'empêcher de chasser ces mauvais souvenirs quand on avait passé une heure à l'écouter. Ne valant rien lui-même, il avait, singulier contraste, horreur de ce qui était mauvais dans les autres. A l'entendre sans le connaître on aurait pu le croire un homme vertueux. Seul son goût exquis des convenances l'empêchait de me dire des choses qui m'auraient déplu, et si, comme cela est arrivé parfois, elles lui échappaient, il se reprenait aussitôt en disant : Ah ! c'est vrai, vous n'aimez pas cela... »

La marquise de la Tour du Pin était ainsi devenue fermière entre la région des Grands Lacs et celle des Montagnes Vertes. Le beurre de « la Marquise » était renommé à la ronde. « Je l'arrangeais soigneusement en petits pains, avec un moule à notre chiffre, et le plaçais coquettement dans un panier bien propre, sur une serviette fine. Ma crème était toujours fraîche. Cela me valait tous les jours pas mal d'argent. »

Talleyrand est conquis : « Elle parle bien la langue, elle a des manières simples et, ce qui est fort recommandable ici, elle couche toutes les nuits avec son mari ; ils n'ont qu'une chambre. »

Charles Maurice visite ensuite la région des lacs pour se rendre aux chutes et au fort [1] du Niagara sur les bords du lac Ontario. « Je trouvai une nature toute brute, écrit-il, toute sauvage, des forêts aussi anciennes que le monde, des débris de plantes et d'arbres morts de vétusté, jonchant le sol qui les avait produits sans culture, d'autres croissant pour leur succéder et devant périr comme eux ; des lianes qui souvent s'opposaient à notre passage... en d'autres lieux des fleurs nouvelles pour moi, puis des traces d'ouragans anciens qui avaient renversé tout ce qui était sur leur passage. » La malpropreté de l'Iroquois — il l'appelle « l'Américain d'origine » — le stupéfie, il la trouve « au-delà de toute expression ». Le soir venu il campe près du feu pour chasser les serpents, étendu sur de longues plaques d'écorce de bouleau, une selle pour oreiller... Puis il prédit : « On ne fait pas un pas sans se convaincre que la marche irrésistible de la nature veut qu'une population immense anime un jour cette masse de terres inertes et qui n'attendent que la main de l'homme pour être fécondées. »

Courtiade accompagne toujours son maître. Une nuit qu'ils sont tous deux égarés dans un grand bois, Talleyrand crie :

— Courtiade, êtes-vous là ?

Le fidèle domestique répond :

— Oh ! mon Dieu, oui, Monseigneur, j'y suis !

« Il m'était impossible de ne pas rire de notre position, écrit Talleyrand. Cet " *oh ! mon Dieu, oui* " si piteux, et ce *Monseigneur* tiré de l'évêché d'Autun ne pouvaient pas ne pas me faire rire. »

---

1. Le fort existe d'ailleurs toujours. Je l'ai visité à quelques kilomètres du gigantesque et affreux Luna-Park qui entoure les *Niagara Falls*. Des figurants, déguisés en soldats de Louis XV, y montent encore la garde...

Pendant son voyage, il apprend la mort de Robespierre. Ce n'était certes pas encore la fin de son exil, mais il est bien évident que la chute de l'Incorruptible va entraîner des changements en France, qui peuvent modifier sa situation présente. Aussi est-ce avec de l'espoir plein le cœur que, le 16 novembre 1794, après 3 000 kilomètres de randonnée, il retrouve Philadelphie. A défaut des trop vertueuses et trop honnêtes Américaines, désespérément fidèles à leurs maris, Talleyrand prend goût aux amours colorées. Moreau de Saint-Méry affirme l'avoir croisé ayant à son bras, dans les rues et en plein jour, une femme de couleur ! « Injure gratuite faite aux convenances, s'exclama-t-il, aux habitudes et aux usages reçus, à tort ou à raison, dans un pays où les préjugés à cet égard ont un tel empire qu'un sous-lieutenant de hussards n'oserait s'y soustraire. »

A plus forte raison un ancien évêque... Lequel, de plus, se fait toujours suivre de son chien, ce qui — on ne sait trop pourquoi — scandalise bien davantage ! Ce chien possède d'ailleurs un étonnant sens de l'observation : « Avant d'entrer chez Monseigneur, il a soin de sonner et quand on ne lui ouvre pas, par un raisonnement d'homme, au lieu d'attendre, il se rend chez la maîtresse et se couche sur le lit jusqu'au retour des deux amants. »

Tout en « commerçant » à la petite semaine, Charles-Maurice retrouve volontiers ses amis de France, entre autres le vicomte de Noailles, celui-là même qui, lors de la nuit du 4 Août, inspiré par Talleyrand, avait proposé l'abolition des titres. Or, à Philadelphie, l'ex-député se fâche, tempête même parce qu'un notaire, lors de la lecture d'un acte, se permet de l'appeler *M. de Noailles*. Les gazettes américaines ne manquent pas d'ironiser justement : « Il est singulier qu'un membre de l'Assemblée constituante qui a inventé la législation des ci-devant, qu'un grand seigneur français qui, dans la fameuse nuit du 4 Août, a fait un holocauste des titres, des qualités et des armoiries de la noblesse, en commençant par les siens, vienne ici exiger qu'on les lui restitue par un acte public dans un pays d'égalité politique où toutes distinctions sont inconnues. »

Lorsque Talleyrand se couche, il est souvent 4 heures du matin. Il se réveille à 10 heures, prend un *breakfast* et boit un verre d'eau coupé de madère. L'après-midi est consacré à sa correspondance et à ses combinaisons financières. Chaque soir, à 8 heures, en compagnie de Baumetz, il quitte son domicile au coin de *Spruce* et de la *Deuxième Rue Sud* et se rend au *276, Markt Street,* où demeure leur ami Cazenove. On y dîne fort bien car le cuisinier est français.

— Heureusement, déclare Talleyrand, car les Etats d'Amérique sont un pays où, s'il y a trente-deux religions, il n'y a qu'un seul plat — et il est mauvais...

Une tasse de café achève le repas, ce café, pour lequel Talleyrand a trouvé une jolie formule en disant qu'il devait être :

> *Noir comme le diable*
> *Chaud comme l'enfer,*
> *Pur comme un ange,*
> *Doux comme l'amour.*

Puis, le plus souvent, Charles-Maurice et Baumetz prennent le chemin du 84, *First Street* où Moreau de Saint-Méry a ouvert une librairie à l'enseigne de *Moreau Saint-Méry and C°, Bookseller-Printer and Stationner.* On se réunit au premier étage. Talleyrand boit son habituel verre de madère et, s'il faut en croire le duc de La Rochefoucauld-Liancourt, il « s'amuse à faire du petit esprit d'abbé de cour que personne n'entend et qui n'aurait pas été écouté dans dix sociétés de Paris ».

Mais on parle surtout d'argent. Ce genre d'entretien agace prodigieusement l'ancien président de l'Assemblée nationale. Il traite Talleyrand et ses amis de *brokers* et il juge leur conversation « vraiment petite et dégoûtante ». D'après Moreau de Saint-Méry, on échange surtout, dans ces réunions, des idées sur l'avenir de la France, entendez par là sur leur propre avenir — car ils sont persuadés que l'heure du retour va sonner.

En attendant, Charles-Maurice étudie les mœurs et le caractère américains. Le 1ᵉʳ février 1795, il écrit à lord Lansdowne à Bowood dans le Wiltshire :

« Il faut plus de temps et de réflexion que n'en emploie un voyageur ordinaire pour découvrir que, malgré ces circonstances, l'Amérique est cependant tout anglaise, c'est-à-dire que l'Angleterre a encore tout avantage sur la France pour tirer des Etats-Unis tout le bénéfice qu'une nation peut tirer de l'existence d'une autre nation... Ils ne dissimulent pas, il est vrai, que sans la France, ils n'auraient pas réussi à devenir indépendants. Mais ils savent trop de politique pour croire de nation à nation à la vertu qu'on appelle la reconnaissance. Ils savent que les services désintéressés ont seuls des droits à ce pur sentiment, et qu'il n'y a point de tels services entre les Etats...

» L'Amérique, dont la population est actuellement de quatre millions d'âmes et augmente rapidement, est dans l'enfance des manufactures. Quelques forges, quelques verreries, des tanneries en assez grand nombre, quoique imparfaites, de petites fabriques de draps et de casimir dans le Connecticut, de tricots grossiers en Pennsylvanie, de cotons dans différents endroits servent mieux à attester l'impuissance des efforts faits jusqu'ici qu'à fournir à un pays les articles de sa consommation journalière... Je finis en concluant que les Américains resteront indépendants, qu'ils seront utiles à l'Angleterre plus qu'aucune autre puissance et que cette utilité augmentera en proportion de ce que le gouvernement anglais perdra des formes de hauteur qu'il emploie dans toutes ses relations avec l'Amérique. »

Plus tard, il devinera l'avenir des futurs Etats-Unis en ces termes :

— L'Amérique s'accroît chaque jour. Elle deviendra un pouvoir colossal, et un moment doit arriver où, placée vis-à-vis de l'Europe en communications plus faciles par le moyen de nouvelles découvertes, elle désirera dire son mot dans nos affaires et y mettre la main. La prudence politique impose donc aux gouvernements de l'ancien continent le soin de veiller scrupuleusement à ce qu'aucun prétexte ne s'offre pour une nouvelle intervention.

Bien sûr, il poursuit ses transactions immobilières particu- lièrement sur les terrains et, selon Michel Poniatowski, à qui il faut toujours revenir lorsqu'on évoque l'existence de Talleyrand en Amérique, « il est probable que le profit supplémentaire qu'il tira lui-même de ces ventes dépassa 140 000 dollars ».

Fuyant la chaleur de l'été, il se rend à plusieurs reprises à New York où la température est un peu moins torride. Il demeure d'abord *Stone Street*, puis s'installe chez ses amis Olive, *Bloomingdale Road*, dont le parc s'étend non loin des rives de l'Hudson.

Pendant ce temps, à deux reprises, au mois de juin puis au mois de juillet 1795, on disperse à Paris au feu des enchères publiques toutes les affaires de Charles-Maurice restées au « 900, rue de l'Université, section de la Fontaine de Grenelle ». On demeure rêveur devant la liste impressionnante de la garde-robe de l'ancien évêque, où l'on découvre pêle-mêle six habits d'homme, un sac d'église en drap noir, dix-sept paires de souliers féminins, une polonaise et son jupon, un domino de taffetas mordoré, une robe et jupon de musulmane bleus brodés, deux robes d'indienne noir et blanc, une robe et jupon de Perse, un fond blanc à bouquets, une doublure en taffetas blanc, une robe et jupon... et une abondance de chapeaux, redingotes, culottes, pantalons, houppelandes, gilets, mouchoirs et chemises...

Talleyrand n'apprendra cette double vente que bien plus tard. Pour l'instant, au cours de cet été 1795, il ne pense qu'à regagner la France — et comment pourrait-il en être autrement maintenant que la Terreur n'est plus à l'ordre du jour ?... Mais il y a le maudit décret de la Convention ! Il piaffe d'impatience.

— N'êtes-vous jamais entré dans une écurie, dit-il au colonel Hamilton, quand les cochers ont négligé de donner l'avoine aux chevaux ? Les chevaux hennissent et frappent du pied.

Au mois de juin, il présente une manière de plaidoyer au citoyen Adet, le nouveau ministre de France. De la même façon, plus tard, il donnera à Paris des « éclaircissements » à ses concitoyens sur son attitude pendant la grande tourmente :

— Je fus envoyé à Londres pour la deuxième fois le 7 septembre 1792 par le Conseil exécutif provisoire. J'ai en original le passeport qui me fut délivré par le Conseil et qui est signé des six membres : Lebrun, Danton, etc. Il a été mis sous les yeux de la Convention au moment où elle daigna s'occuper de moi et je le montrerai à quiconque désirera le voir. Ce passeport est conçu en ces termes : « *Laissez passer Charles-Maurice Talleyrand allant à Londres par nos ordres...* » Ainsi j'étais sorti de France parce que j'y étais autorisé, que j'avais reçu même de la confiance du gouvernement des ordres positifs pour ce départ...

Le 16 juin — 28 prairial an V — il adresse à la Convention une pétition, clame ses sentiments républicains et se garde

bien de rappeler qu'il a porté à Londres le deuil de
Louis XVI et la cocarde blanche. Il précise que « pendant la
durée de sa mission même, le 5 décembre, il fut décrété
d'accusation, et sur un prétexte si frivole que les comités
chargés de rédiger l'acte d'accusation n'ont jamais trouvé de
quoi le composer ».

Quant à l'accusation d'émigration, il « représente que la
qualité de contumace et celle d'émigré ne peuvent se réunir
sur la même personne ; que la fuite causée par un décret
d'accusation, et à plus forte raison l'absence prolongée par ce
motif, n'a aucun rapport avec le départ volontaire qui
constitue le délit de l'émigration ».

L'« ancien évêque d'Autun » — car il invoque son titre
plutôt que celui de député ou d'administrateur du département de Paris — conclut en exaltant son dévouement qu'il a
constamment montré « pour la cause de la liberté, les
opinions prononcées et irrévocables qui l'attachent sans
retour au sort de la République française, des travaux
multipliés entrepris pour les finances, pour l'instruction
publique... ».

La pétition est envoyée en France à trois personnes :
Mme de Staël, Barras, l'abbé Des Renaudes, l'ancien grand
vicaire d'Autun qui, selon Talleyrand, « doit connaître la
situation supérieurement puisqu'il n'a jamais été arrêté ».

Dès la fin du mois d'août 1795, l'abbé défroqué fait
imprimer le texte de cette requête et le distribue à profusion
aux conventionnels. Il est aidé par Roederer qui a publié le
11 août une brochure sur un distinguo entre les fugitifs et les
émigrés, citant même en exemple le cas de Talleyrand-
Périgord. Par l'intermédiaire de sa femme — Thérésa
Cabarrus, Notre-Dame de Thermidor — Mme de Staël
parvient à rallier Tallien à la cause de Charles-Maurice. Le
conventionnel soutient la thèse de l'ex-évêque et renchérit
même en parlant de l'injustice qui le frappe « car il a été mis
sur la liste des émigrés quoiqu'il soit sorti avec une mission
du gouvernement ».

Mme de Staël déploie assurément une grande activité.
Elle met dans son jeu Eugénie de La Bourchardie, amie de
Notre-Dame de Thermidor et de Joséphine de Beauharnais
— et présentement maîtresse de Marie-Joseph Chénier.
Eugénie l'affirme : son amant sera l'artisan du retour du
proscrit.

Il faut donner ici la parole à un témoin, Edward M. Colmache : « Chénier avait l'habitude de passer ses soirées au petit hôtel d'Espardo, et là, en compagnie d'Eugénie et de Corinne, après une journée passée dans l'agitation, les travaux et les bruyantes rumeurs de l'Assemblée... il se retrempait l'âme... Il était accompagné d'une petite chienne *Stella,* cadeau d'Eugénie et qui la connaissait bien. Le petit animal avait coutume de courir en avant de son maître jusqu'à l'hôtel où il aboyait et grattait pour que le portier lui ouvrît la porte... Mme de La Bouchardie savait ceci et chaque soir, lorsque le signal bien connu annonçait l'arrivée de Chénier, elle s'asseyait à la harpe et commençait à chanter la belle et touchante *Ballade du proscrit...* C'était le plus sûr moyen de toucher le cœur du poète. Elle savait qu'au-dehors, il écoutait, n'osant entrer tant que durait la fascination. Lorsque enfin la ballade était terminée... elle était certaine en se retournant d'apercevoir Chénier sur le pas de la porte... les larmes dans les yeux.. c'est alors qu'elle l'accueillait avec ces mots : " Cher Joseph, qu'a-t-il été fait aujourd'hui pour M. de Talleyrand ? " »

Chénier promet d'intervenir à la tribune, mais, le 4 septembre, au moment de pénétrer dans l'hémicycle de la Convention, il supplie Eugénie :

— Priez pour moi, j'en ai besoin, je crains que je n'aurai aucun succès pour cette cause, bien que vous l'ayez faite vôtre.

C'est alors que la jeune et jolie femme, les yeux embués de larmes, se blottit contre lui et fredonne, en guise d'encouragement, les premières notes de la *Ballade du proscrit* et Marie-Joseph se lance à l'assaut de la tribune :

— Je réclame votre attention, je tiens à la gloire de venir défendre dans une assemblée républicaine la cause d'un patriote de 89, honoré comme nous par la haine des tyrans et des esclaves... Dans le temps où il était proscrit en France par Robespierre et Marat, Pitt le proscrivait en Angleterre. Républicain par fierté d'âme et par principe, c'est au sein d'une république, c'est dans la patrie de Benjamin Franklin qu'il est allé contempler le spectacle imposant d'un peuple libre, en attendant que la France ait des juges et non des meurtriers, une république et non une anarchie constituée. Je réclame de vous Talleyrand-Périgord, je le réclame au nom de ses nombreux services, je le réclame au nom de l'équité nationale, je le réclame au nom de la République qu'il peut encore servir par ses talents et ses travaux, je le réclame au nom de votre haine pour les émigrés dont il serait comme vous la victime si des lâches pouvaient triompher...

De vifs applaudissements ponctuent l'adroit discours. Chénier l'a emporté et — récompense du vainqueur — Eugénie se jette dans ses bras... peut-être en rejouant pour lui sa sempiternelle rengaine.

Marie-Joseph Chénier

V

« L'ADROIT MAURICE
EN BOITANT AVEC GRÂCE... »

*Les hommes de mérite ont souvent le
mérite de ne pas trouver une occasion de
se faire connaître. Les sots sont bien plus
malheureux, parce que cette occasion-là
ne leur manque jamais.*

TALLEYRAND

En ce même mois de septembre 1795 pendant lequel ses
amis mènent pour lui le combat, Talleyrand ronge son frein.
Il a de plus en plus la nostalgie de la France et le dit bien
joliment à Mme de Genlis : « Une lettre qui arrive en
Amérique est un bienfait ; quand elle est d'une personne
qu'on aime, c'est un trésor. Jugez du plaisir extrême que m'a
fait la vôtre. Séparé de tous les intérêts de mon cœur, je ne
m'occupe que des idées qui peuvent me conduire à les
retrouver pour ne plus les quitter... »

C'est seulement au tout début du mois de novembre 1795
que Charles-Maurice apprend que la Convention a rapporté
le décret d'exil prononcé contre lui, « reconnaissant que le
citoyen Charles-Maurice Talleyrand-Périgord a puissamment secondé la Révolution par sa noble conduite comme
citoyen et comme ecclésiastique *(sic)*, apppréciant, en outre,
les motifs qui l'ont éloigné, l'autorise à rentrer en France ».

Talleyrand aime mentir — on s'en était déjà rendu compte
— et soutiendra plus tard n'avoir fait *aucune* démarche pour
obtenir son retour. Il l'affirmera d'abord auprès de lord
Lansdowne : « J'ai lu dans les papiers anglais que mon

◄ *Mme de Staël, d'après une œuvre de Gérard. Elle s'occupa du
retour de Charles-Maurice en France et contribua activement à son
retour aux affaires. Talleyrand ne lui en eut guère de reconnaissance...*

décret nouveau avait été rendu sur une réclamation en forme
de pétition que j'avais envoyée de Philadelphie. Cette
pétition n'est pas de moi ; j'ai fait connaissance avec elle dans
le *Times*. Apparemment que mes amis ont jugé cette forme
nécessaire ; je le veux bien. Je suis trop loin et je sais trop
mal la France maintenant pour oser avoir une opinion, même
sur moi. » Selon lui, c'est pour réparer une injustice que la
Convention a — spontanément — pris ce décret. Il prétend
même dans ses *Mémoires* que, en ce mois de novembre 1795,
au moment où il apprenait la grande nouvelle, il était sur le
point de partir pour les Grandes Indes avec Baumetz [1]. Il
remercie aussitôt Mme de Staël et lui promet que « le reste
de ma vie, quelque lieu que vous habitiez, se passera près de
vous »... alors qu'il n'envisage assurément pas une telle
abnégation.

Cependant, Charles-Maurice se méfie. La situation outre-
Atlantique lui semble confuse. Il ne connaît pas encore le
nouveau régime — le Directoire entré en fonction le
27 octobre — mais il devine la Convention à l'agonie.

Lorsqu'il prend connaissance de la Constitution de l'an IV,
il écrit : « La France aura trois ou quatre mois d'essai de la
nouvelle Constitution qui, sous le nom de la République, est
peut-être plus monarchique que ne l'était la nôtre. Le défaut
de garantie pour les différents pouvoirs y est encore : le
Directoire exécutif est trop faible, peut-être ridicule, et je
doute que cet édifice passe à la postérité ; mais il me semble
qu'un mot de plus et un préjugé de moins en pourraient faire
une chose passable. »

Le 14 décembre 1795, l'Institut le nomme membre de la
classe des Sciences morales et politiques alors qu'il n'a pas
fait acte de candidature — et pour cause... Talleyrand ne
l'apprendra qu'à la fin du mois de janvier et sa hâte de
quitter l'Amérique en est d'autant plus vive. Au mois de
novembre, n'avait-il pas écrit à Mme de Genlis : « Il me
semble que chaque homme doit suivre sa destinée : c'est une
espèce de loi de la nature, ici je suis hors de ma route. » Mais
pour partir il lui faut un passeport régulier. Et puis il y a
aussi ses affaires américaines à régler. Il pense même
profiter de son voyage pour effectuer une ultime opération :
« Mille raisons, écrit-il à Mme de Staël, me font choisir le

---

1. Baumetz partira seul, mais seulement au mois de mai 1796 ; il
mourra aux Indes en 1801.

mois de mai pour m'embarquer ; peut-être avec une
cargaison convenable aux besoins de la France, à cette
époque. Ne serait-ce pas votre avis ? »

Il est aussi effrayé par une traversée de l'Atlantique en
plein hiver. Bref, il l'annonce à Charles Delacroix, ministre
des Relations extérieures à qui il succédera un jour : « Dès
que le retour du printemps rouvrira la navigation, je
retournerai au sein d'une patrie que l'absence m'a rendue
plus chère, et dont l'honorable jugement m'impose de
nouveaux devoirs. »

Talleyrand regagne maintenant Philadelphie au 2, rue
Sud, laissant Baumetz roucouler aux pieds de sa future
femme qu'il va épouser au début du mois de mars 1795.
Talleyrand ne le comprend pas, et s'exclame :

— Il n'y a juste que lui qui trouve que ce n'est pas une
folie ! Il ne retourne pas avec moi. Sa femme n'a pas
cinquante louis de rente ; elle est veuve et a trois enfants !...

Charles-Maurice voit quotidiennement Moreau de Saint-
Méry et travaille dans sa librairie. Ce dernier le racontera
dans son *Voyage aux Etats-Unis d'Amérique* : « Talleyrand
et moi nous terminions, à chaque sortie, notre entretien,
lorsqu'on nous venait faire l'annonce du souper, par un
serment, nos mains réunies l'une dans celle de l'autre, que,
tout le reste de notre vie, notre sort serait commun pour les
affections, les sentiments, les succès de quelque genre qu'ils
fussent, même sous le rapport de la fortune. »

Le destin de Moreau et celui de Talleyrand n'auront
évidemment rien de comparable. Mais Charles-Maurice fera
de son ami un membre du Conseil d'Etat en 1800, et, deux
ans plus tard, le fera nommer à l'administration des états de
Parme sur lesquels devait régner l'ensorcelante Pauline
Bonaparte.

En attendant le départ, Talleyrand prépare sa rentrée sur
la scène politique française en publiant dans le journal
imprimé par son ami des *Réflexions sur les dernières
nouvelles reçues d'Europe et particulièrement sur celles
relatives à la France.* Bien sûr, il fait l'éloge du nouveau
régime qu'il ne connaît que par le programme de Barras,
mais il faut bien ménager l'avenir. Il fustige l'exécrable
Robespierre, estime que, la Terreur terminée, le principal
but à atteindre est de rétablir la confiance, flétrit les
angoissantes émissions d'assignats, cloue au pilori l'inflation
et donne les moyens d'y remédier. Bref, si on veut ramener

la paix, et par conséquent l'abondance, on doit offrir
« d'innombrables bras à l'agriculture » et « des hommes
industrieux aux manufactures ». Ainsi la France redevien-
dra « un des lieux les plus délicieux à habiter, où les arts et
les jouissances agréables, réunis aux douceurs de son climat,
attireraient, comme autrefois, des habitants de toutes les
autres contrées ».

Il prépare activement son retour dans ces lieux délicieux.
Le voyage s'avère difficile. Il ne peut se rendre directement
en France, le pays étant en guerre avec l'Angleterre qui,
toujours maîtresse des mers, intercepte tous bâtiments se
rendant vers un port de la Baltique. D'autre part, l'Angleterre lui est interdite, puisqu'il en a été expulsé au mois de
janvier 1794. Il a bien pensé partir avec les La Tour du Pin,
qui rejoindront le sud de la France où se trouve située leur
propriété, mais ils devront faire escale à Cadix et Talleyrand
ne veut pas « même momentanément » être sous la domination du Roi catholique qui aurait pu trouver, non sans raison,
qu'il n'était pas un évêque assez édifiant.

C'est donc sur Hambourg — port neutre et sur un navire
neutre — qu'il se dirigera d'abord. Mais les bâtiments sont
rares. « De plus, nous dit Michel Poniatowski [1], les équipages, superstitieux, craignent la colère de Dieu. En cas de
tempête, un évêque défroqué risque de passer " accidentelle-
ment " par-dessus bord afin d'apaiser le Seigneur et de
sauver le bâtiment. »

Enfin, Charles-Maurice parvient à retenir une place sur le
Den Nye Proeve, un brick danois qui doit quitter Philadelphie pour Hambourg le 15 juin. Talleyrand a quelque
inquiétude pour l'avenir. Ne lui reprochera-t-on pas à son
arrivée à Paris d'avoir tant tardé à regagner la mère patrie
qui lui rouvrait ses portes ? N'arrivera-t-il pas à Paris près
d'une année après la promulgation du décret d'amnistie ?
Aussi, par précaution, demande-t-il au consul général de
France de lui établir une manière de certificat affirmant qu'il
a cherché mais sans succès à retourner en France. « Je n'ai

---

1. Les copieuses archives de Michel Poniatowski conservent une
lettre de Talleyrand qui, au mois de mai 1796, est allé visiter la
nouvelle ville de Washington dont l'architecte français, Pierre-
Charles L'Enfant, a dessiné les plans. « J'ai été voir, écrit-il à son
ami, le banquier Olive, cette fameuse ville récente. C'est un beau
poème. »

Le début du certificat demandé par Talleyrand au consul général de France aux Etats-Unis.

pu déterminer aucun armateur à lui donner passage direct ni indirect dans la crainte des Anglais, écrit le consul, de manière qu'ayant eu recours à des bâtiments d'autres nations neutres, il ne s'est trouvé que le capitaine du navire danois *Den Nye Proeve* naviguant sous le pavillon de cette puissance qui ait voulu se charger du citoyen Talleyrand-Périgord et de son domestique. »

Après une dernière attente due au mauvais temps, le *Den Nye Proeve* met à la voile le dimanche 12 juin 1796. Talleyrand s'embarque en compagnie de Courtiade et avec

un petit tonneau d'eau fraîche que Mme Moreau lui a offert.
Le libraire est désespéré de voir partir son ami. Après une
escale à Newcastle, le bâtiment appareille le samedi 18 juin.
Le brick n'avance pas, les vents sont faibles, il pleut tous les
jours et, de plus, le capitaine ne s'occupe guère de la marche
de son bateau : il dort quotidiennement quinze heures
d'affilée sans se réveiller. Le voyage s'éternise... *Den Nye
Proeve*, la Nouvelle Epreuve ! Le bâtiment porte bien son
nom ! Enfin, le jeudi 28 juillet, après quarante jours de mer,
Charles-Maurice débarque à Hambourg et il annonce à
Moreau : « Les émigrés sont doux. Je n'ai encore fait aucune
visite. La cocarde est fort à la mode ; je l'ai prise en
arrivant. »

Il a retrouvé Mme de Flahaut qui, menant sa barque avec
son adresse accoutumée, se prépare à épouser le marquis de
Souza, ministre du Portugal. Mme de Genlis séjourne
également à Hambourg et présente son ami au groupe des
émigrés français dont Talleyrand se moque un peu. En
décrivant à Mme de Staël les différents partis politiques
français hambourgeois, il ironise : « Les trois partis ensemble font bien huit ou neuf personnes... » Tous n'aspirent qu'à
regagner la France. Mais Talleyrand a de graves embarras
d'argent.

« Lorsque à mon retour d'Amérique, racontera-t-il plus
tard, je me trouvai à Hambourg, j'avais fait la connaissance
d'un monsieur qui, ainsi que moi, logeait à l'auberge de
l'Empereur romain. Je m'étais rencontré avec lui à table
d'hôte ; bref, il m'avait prié de lire le manuscrit d'un ouvrage
de sa composition, je ne me souviens plus sur quel sujet. J'en
acceptai la corvée, et je montai dans ma chambre. Or, ce
même jour, je fus chez MM. Dechapeaurouge, mes ban-
quiers, prendre sur le reste d'un fort mince crédit quinze
louis environ. Le soir, en rentrant, j'ouvre le manuscrit pour
le parcourir, et, entre les feuillets, je dépose mon petit trésor
enveloppé d'un papier. Voilà qu'à 6 heures du matin on
frappe violemment à ma porte : on entre ; c'était mon
auteur. Il m'apprend qu'il va s'embarquer à l'instant même
pour Londres, et vient me réclamer ses précieuses élabora-
tions. Dans le trouble que me cause ce réveil en sursaut, je
lui fais signe de reprendre son manuscrit placé sur ma table,
je lui crie avec humeur : Bon voyage ! me retourne dans mon
lit et me rendors. Hélas ! le malheureux m'emportait ma
somme, et le hasard avait fait pour lui ce que sans doute

libraire n'eût jamais fait pour son manuscrit. Je ne le revis pas, ni mes quinze louis non plus ; et je dus bien tristement retourner chez MM. Dechapeaurouge retirer le très peu qui m'y restait, en jurant bien qu'on ne me prendrait plus à examiner des manuscrits. »

Enfin Talleyrand, après s'être arrêté une quinzaine de jours à Amsterdam, arrive à Paris le mercredi 21 septembre 1796 — et *Le Courrier républicain* du 25 annonce le retour de cet « émigré privilégié ».

En quatre années, que de transformations ! « Que Paris constitutionnel ressemble peu à Paris révolutionnaire, raconte-t-il à Moreau de Saint-Méry. Les bals, les spectacles, les feux d'artifice ont remplacé les prisons et les comités révolutionnaires... Les femmes de la cour ont disparu, mais les femmes des nouveaux riches ont pris leur place et sont suivies, comme elles, par les catins qui leur disputent le prix du luxe et de l'extravagance. Auprès de ces sirènes dangereuses bourdonne cet essaim léger de cervelles qu'on appelait jadis petits-maîtres, qu'aujourd'hui on nomme merveilleux et qui, en dansant, parlent politique et soupirent après la royauté en mangeant des glaces ou en bâillant devant un feu d'artifice. »

Charles-Maurice demeure tout d'abord à Auteuil chez Mme de Boufflers, puis au château de La Tuilerie. On ne parle que de Bonaparte qui, depuis le mois d'avril, depuis le premier jour de l'épopée, a fait entrer dans l'Histoire des noms de villages italiens : Montenotte et Mondovi. Le roi de Sardaigne capitule. Lodi a livré à Bonaparte la Lombardie et lui a permis d'entrer à Milan.

— Après Lodi, dira-t-il à Sainte-Hélène, je me regardai non pas comme un simple général, mais comme un homme appelé à influer sur le sort d'un peuple. Il me vint l'idée que je pusse bien devenir un acteur décisif sur notre scène politique.

Lorsque Talleyrand arrive à Paris, Bonaparte est vainqueur à Castiglione — le 5 août 1796 — à Bassano — le 7 septembre. Puis la nouvelle d'Arcole — 15-17 novembre — atteint la capitale. Au début de l'année 1797 — le 14 janvier — voici Rivoli ! Clarke envoyé par le Directoire afin de contenir les ambitions du « petit aventurier » protégé de Barras, et sorti des pavés de Vendémiaire, est revenu d'Italie ébloui :

« C'est avec calme que j'écris, aucun intérêt ne me guide
que celui de vous faire connaître la vérité : Bonaparte sera
mis par la postérité au rang des plus grands hommes. »
Les fameux Préliminaires de Leoben mettront l'Autriche à
genoux. Talleyrand, comme tout le monde, suit les événements et écrit à New York à son ami le banquier Olive :
« Voilà la paix au moment d'être définitivement conclue, les
Préliminaires signés, et quelle belle paix ! Aussi, quel
homme que notre Bonaparte ! Il n'a pas vingt-huit ans et il a
sur la tête toutes les gloires, celles de la guerre, celles de la
paix, celles de la générosité ! »

La rencontre de Charles-Maurice et Mme de Genlis, à
Hambourg, ainsi que les entrevues avec d'autres émigrés
étant connues, le bruit court que Talleyrand est le chef de la
« faction » d'Orléans. Ne voit-il pas Maret, Semonville et La
Vauguyon, agent royaliste à Paris ? Un rapport de police en
date du mois de février 1797 affirme que Talleyrand s'est
réuni au 16 de la rue de Provence avec Montesquiou, agent
royaliste à Paris, Ségur, ex-ambassadeur à Saint-
Pétersbourg et à Berlin, enfin Roederer, l'ancien procureur
général-syndic du département de Paris, sans parler de la
coterie de Mme de Genlis. Lorsqu'il apprend cette agitation
clandestine, Barras hausse les épaules :

— Il faut laisser tous ces messieurs agir et se remuer dans
la sueur de leurs intrigues plus ou moins subalternes.

Charles-Maurice se sait surveillé et pour le plaisir de faire
un mot se compromet encore davantage. Lorsqu'il se rend
pour la première fois au Luxembourg, avec son ami le colonel
Lamothe, l'huissier, selon l'usage, lui demande sa canne.

— Mon cher, dit Talleyrand en se tournant vers le colonel,
il me paraît que votre nouveau gouvernement a terriblement
peur des coups de bâton !

Laure Junot, future duchesse d'Abrantès, racontera qu'un
jour Charles-Maurice, en dînant à Auteuil, se mit à parler
des ministres du Directoire renvoyés depuis quelques mois.
« Il y en avait un parmi eux surtout qui paraissait provoquer
en lui toute sa mauvaise humeur. C'était Sottin, le ministre
de la Police.

» — C'est un de ces frelons politiques, disait M. de
Talleyrand, qui gâtent toujours la ruche laborieuse de l'Etat.
Et puis ce M. Sottin, en quoi s'est-il fait connaître jusqu'à
présent ? Par quelle action est-il arrivé au ministère ? On dit
qu'il danse bien. C'est une triste qualité pour un ministre de

la République. Et puis quel nom ! De Sottin à *sot*, il y a bien peu de distance.

» Un homme d'une assez belle figure, mais silencieux, qui avait écouté jusque-là M. de Talleyrand avec plus de calme que le maître de la maison, qui était au supplice et cherchait à faire cesser ou changer la conversation, prit la parole et, s'adressant à l'évêque d'Autun, comme il disait qu'il y avait bien peu de distance de *Sottin* à *sot* :

» — Vous avez raison, monsieur, lui dit-il. Souvent il n'y a entre un sot et Sottin que le travers d'une table.

» C'était Sottin lui-même que l'autre ne reconnaissait pas, bien qu'il fût en face de lui. Eh bien, avec tout son esprit, M. de Talleyrand ne répondit rien, et il fit bien... »

Il fallait s'y attendre, on colporte la manière quelque peu légère avec laquelle Charles-Maurice parle du Directoire. Aussi essaye-t-il de se racheter et publie-t-il une lettre assurant que ses vœux « se dirigent constamment vers le bonheur et la gloire de la République française. »

Mais Marie-Joseph Chénier n'est pas dupe et regrette fort aujourd'hui d'avoir plaidé à la Convention la cause de l'exilé : « La lettre de l'abbé Maurice me prouve qu'après avoir été anarchiste, orléaniste, et n'ayant pu être robespierriste, puisque Maximilien n'a pas voulu de lui, il s'est fait directoriste, en attendant d'être ce que le pouvoir sera un peu plus tard. Ce b...-là est semblable à une éponge qui s'imbibe de toutes les liqueurs dans lesquelles on la trempe, avec cette différence que l'éponge pressée rend ce que l'on lui confie et qu'ici tout sera de bonne prise pour notre ami. »

Et après cette prédiction, pour soulager sa bile, il versifie :

> L'adroit Maurice, en boitant avec grâce,
> Aux plus dispos peut donner des leçons ;
> A front d'airain unissant cœur de glace,
> Toujours il fait son thème en deux façons :
> Dans le parti qui lui paie un salaire,
> Furtivement il glisse un pied douteux ;
> L'autre est fixé dans le parti contraire,
> Mais c'est celui dont Maurice est boiteux.

De son côté, le directeur Rebwell, ancien collègue de Talleyrand à l'Assemblée constituante, clame avec vigueur :
— Talleyrand est au service de l'étranger. Il n'a jamais

existé un être plus pervers, plus dangereux, et qui méritât davantage de ne jamais rentrer en France. Je le connais de l'Assemblée constituante où je l'ai vu manœuvrer avec tout ce qu'il y avait de pire ; c'est un homme fait pour perdre tous ceux qui le laissent approcher. On l'a volé à la liste des émigrés, il était là à sa place ; je propose qu'on l'y rétablisse.

Barras parvient à le calmer et Rebwell cède :

— Que Talleyrand reste en France si cela lui convient ; je lui accordais sans doute trop d'importance. Pourvu que vous ne vouliez pas un jour en faire un grand fonctionnaire public ! Pourquoi pas l'un de nos ministres ?

Mais il fallait d'abord séduire Barras. Mme de Staël s'en charge, puisque, selon le grand principe de Charles-Maurice : « Il faut faire marcher les femmes dans les circonstances importantes. »

— Il a besoin d'une place pour exister, affirme-t-elle au roi des pourris, Barras, pour avoir l'honneur de sauver la République et montrer son attachement à la liberté.

Mme de Staël possède une autorité ahurissante. De plus ce bas-bleu est envahissant.

— Je n'ai jamais vu une femme qui eût une exigence plus continuelle sans s'en apercevoir, confiera Benjamin Constant dans son *Journal intime*. Toute l'existence et toutes les heures, les minutes et les années pourraient être à sa disposition, ou c'est un fracas comme tous les orages et les tremblements de terre réunis.

Elle obtient enfin un rendez-vous pour son protégé et, comme une jeune fille à son premier bal, l'accompagne au Luxembourg. En voyant entrer Talleyrand dans son bureau, le vicomte dit à voix basse à Mme de Staël :

— Il ressemble à Robespierre.

Egalement à voix basse, Mme de Staël murmure :

— Il vaut beaucoup mieux. Il n'y a pas de meilleur et de plus fidèle ami. C'est un homme dont le cœur est sur la main et qui vous sera personnellement dévoué : il se mettrait au feu pour vous.

Mme de Staël, qui a pris maintenant la main de Talleyrand, l'entraîne vers Barras.

— Tenez, citoyen Talleyrand, c'est de vous que nous parlions. Je ne craignais point de vous flatter en déclarant que vous étiez un excellent ami, un être pétri de sentiments délicats, que la reconnaissance ne pesait point à votre cœur.

Talleyrand s'incline, fait assaut de bassesse et murmure :

Le Directeur, vicomte de Barras, gravé par Tardieu,
d'après un dessin d'Hilaire le Dru.
« Il parfumerait même du fumier », disait Talleyrand.

— Serviteur... serviteur respectueux, serviteur reconnaissant. Il n'y a que mon admiration qui puisse égaler mon respect et ma reconnaissance.

Le lendemain, en proie à une vive exaltation, Mme de Staël revient chez Barras à la charge :

— Talleyrand est enthousiaste de vous, s'exclame-t-elle ; il vous considère comme quelque chose de surhumain ! Il a tous les vices de l'Ancien et du Nouveau Régime. Il a et conservera toujours un pied dans tous les partis ; vous ne pouvez donc rencontrer un agent plus utile. Il faut en faire un ministre, un ministre des Relations extérieures tout au moins, d'après ce que je vous ai fait sentir de ses convenances et de son aptitude pour une pareille place.

Serrant les deux mains de Barras, elle l'oblige à s'asseoir tout près d'elle. Elle gagnera cette course au pouvoir, non, comme disent les jockeys, dans un fauteuil, mais sur un canapé. La gorge houleuse et la voix haletante, elle supplie et elle menace :

— Barras, Barras, mon ami, je ne compte que sur vous. Sans vous, nous sommes perdus. Savez-vous ce qu'il m'a dit à l'instant ? Il m'a dit qu'il allait se jeter à la Seine, si vous ne le faites pas ministre des Affaires étrangères !

A ce degré, « l'importunité est une force aussi redoutable que le charme ». Pour se débarrasser d'elle, car, dit-il dans ses *Mémoires*, « jamais je ne suis sorti d'une pareille épreuve plus innocent et plus pur », Barras finit par céder et promet de parler de Talleyrand à ses collègues — et l'enquête terminée, annonce à Mme de Staël :

— Celui que vous m'avez proposé réunit la répugnance et la mésestime presque unanimes des membres du Directoire.

— Tant mieux, répond Mme de Staël que rien décidément ne parvient à démonter, tant mieux pour vous, Barras. C'est précisément parce que Talleyrand sera le plus mal avec tous vos collègues qu'il sera le mieux avec vous. Il fera la police pour vous comme un bon chien de berger ; c'est, à la lettre, le chien le plus fidèle que vous puissiez avoir.

Mais Barras supplie l'impétueuse femme de le laisser en paix. Cela ne l'empêche pas de repartir à l'assaut. Pour la sixième fois elle fait le siège de Barras :

— Ah ! quand vous aurez des ministres comme celui-là !

Cette fois, Barras l'arrête :

— La question sur votre ami est épuisée, je la sais par cœur. Adieu, madame.

Mais subitement tout va changer, car Barras invite à dîner Talleyrand. Est-il, malgré tout, influencé par la volcanique Mme de Staël ? Ou bien, veut-il se faire par lui-même une opinion ? Ce n'est pas impossible. Quoi qu'il en soit, et s'il faut en croire Talleyrand dans ses *Mémoires,* il arrive à Suresnes, à la maison du Directeur vers 3 heures. Dans la salle à manger que l'on traversait pour arriver au salon, il voit cinq couverts. Mme de Staël, à son grand étonnement, n'a pas été invitée. Un frotteur lui montre une armoire dans laquelle il y avait quelques livres dépareillés et le prévient que « le citoyen-directeur n'arrivait ordinairement que vers 4 h 30 ». Talleyrand prend un livre et, pendant qu'il lisait, deux jeunes gens viennent regarder l'heure à la pendule.

— Nous avons le temps d'aller nous baigner, décident-ils.

Vingt minutes plus tard, l'un d'eux revient en criant : « Au secours ! » Son ami se noyait devant l'île de la Jatte. Les bateliers arrivent de toutes parts, mais tous les efforts sont vains et l'on ne devait retrouver le corps du malheureux que le lendemain, plus loin en aval, enfoncé dans les herbes. Le disparu s'appelait Rémond et Barras, qui, en amour, avait des goûts éclectiques aimait parfois changer de décor et s'entourer de très jeunes gens, en avait fait son aide de camp... Soudain on entend une voiture, c'est Barras qui arrive.

— M. Rémond vient de se noyer, lui annonce le jardinier.

Barras traverse la cour et monte chez lui en poussant de hauts cris.

« Après quelques moments, raconte Talleyrand, un de ses gens lui dit que j'étais dans le salon. Il me fait prier de l'excuser s'il ne descend pas, et m'engage à me mettre à table. Le secrétaire qu'il avait amené reste avec lui. Ainsi me voilà tout seul à table dans la maison de Barras. Au bout d'un quart d'heure, on vint de sa part me prier de monter chez lui. Je lui sus gré d'avoir supposé que le dîner qu'on me servait était une importunité pour moi. J'étais fort troublé. En entrant dans sa chambre, il me prit les mains et m'embrassa. Il pleurait. Je lui dis toutes les choses douces que la situation dans laquelle je le voyais, et dans laquelle j'étais moi-même, pouvait m'inspirer. L'espèce d'embarras qu'il éprouvait avec moi qu'il ne connaissait pas, disparut peu à peu, et l'intérêt que je lui témoignais parut lui faire du bien. Il me pria de revenir avec lui à Paris. Je l'accompagnai. Depuis ce temps, je n'ai eu qu'à me louer de Barras. »

Bien plus tard, Barras raillera « les os saillants de
Talleyrand, sa tête courte, son nez retroussé, cette bouche
méchante et sèche », et l'accablera d'épithètes injurieuses ; il
est « plat, servile, rampant, prêt à trahir », dira-t-il avec
mépris. Mais, pour l'instant, Talleyrand peut compter sur
Barras.

Justement un remaniement ministériel doit avoir lieu en ce
chaud mois de messidor an V — juillet 1797. Deux ministres
sur sept seulement doivent demeurer en place. Barras,
soutenu par La Révellière-Lépeaux et Barthélemy, propose
que Talleyrand soit nommé à la place de Delacroix ministre
des Relations extérieures. Rewbell et Carnot lèvent les bras
au ciel :

— Eh quoi ! s'exclame le premier, ce pistolet, ce finaud,
qui nous vendra tous en pleine foire les uns après les autres,
pourvu qu'il y trouve du profit !

— Eh ! qui a-t-il déjà vendu ? demande La Révellière.

— Qui ? s'exclame Carnot. Son Dieu d'abord.

— Il n'y croit pas.

— Pourquoi le servait-il ?

— Ensuite il a vendu son ordre.

— Preuve de philosophie.

— D'ambition plutôt.

— Enfin, il a vendu son roi.

— Mais il me semble que ce n'est pas à nous de lui en faire
un reproche.

On vote à haute voix. C'est alors que Rewbell qui, lui
aussi, a des protégés à caser et ne peut le faire sans l'aide de
La Révellière-Lépeaux et de Barras, accepte de voter pour
Talleyrand. Et Charles-Maurice recueille trois voix sur cinq.
Benjamin Constant, aussitôt prévenu, annonce la bonne
nouvelle à Talleyrand qui se trouve au théâtre avec Boniface
de Castellane.

— Allons tout de suite remercier Barras, s'exclame-t-il.

Dans la voiture qui le conduit au Luxembourg, il tremble
d'impatience et de joie. Il en est fébrile. Il éclate, il se
débonde... Benjamin Constant et Boniface de Castellane
l'entendent répéter avec exaltation :

— Nous allons faire une immense fortune, une immense
fortune, une immense fortune !...

Il idolâtre l'argent qui lui permet de satisfaire son orgueil
et faire étalage de sa puissance. Certains aiment l'or pour
être généreux. Il n'en est rien. Lui pousse cet amour pour

l'or jusqu'à l'avarice, et pense assurément aux sommes astronomiques que peut froidement encaisser un ministre des Affaires étrangères en préparant les traités.

Talleyrand se jette dans les bras de Barras et l'embrasse. Soudain, il s'aperçoit que la pendule marque 11 heures du soir. Sachant que le citoyen Directeur aime se mettre au lit de bonne heure, il l'engage « à faire sa toilette de nuit devant lui sans se gêner, entre hommes ». Comme le dit, avec esprit, Lacour-Gayet, il aurait « préparé ses couvertures »... Cependant Barras lui conseille de rentrer chez lui.

— Vous devez avoir maintenant chez vous l'expédition officielle de votre nomination, ainsi, venez demain à midi, vous présenter au Directoire.

— Sous vos auspices... sous vos auspices, citoyen Directeur...

En descendant l'escalier, le nouveau ministre veut embrasser tous les valets qui l'éclairent ; il serre affectueusement la main au portier. Ce 30 messidor an V, le mardi 18 juillet 1797, Talleyrand entre véritablement dans l'Histoire et commence son « immense fortune ».

La façade de l'hôtel Galliffet donnant vers le jardin. Dans la petite aile de gauche, au rez-de-chaussée, on voit les deux fenêtres du bureau du ministre des Relations extérieures. Encore plus à gauche, la porte-fenêtre par laquelle Talleyrand pouvait gagner le jardin.

VI

LES « SWEETNESSES » OU LES DOUCEURS DU CITOYEN-MINISTRE

On dit toujours de moi ou trop de mal, ou
trop de bien : je jouis des honneurs de
l'exagération.

Dès le lendemain matin, Talleyrand, ivre de joie et
d'orgueil, pénètre en voiture, rue du Bac, par une manière
d'arc de triomphe flanqué de deux pavillons [1]. Sa voiture suit
le passage orné de colonnes doriques qui le conduit à travers
la cour d'honneur jusqu'à l'admirable hôtel Galliffet. En face
de lui se dresse le majestueux péristyle ionique dont les huit
colonnes de dix mètres de hauteur sont surmontées de
chapiteaux ornés de guirlandes de chêne. A gauche, la
voiture s'engage dans le passage encadré de deux colonnes
doriques qui conduit à l'accès de l'hôtel.

Les cheveux poudrés, le visage perdu dans une haute
cravate, Talleyrand descend de son carrosse et entre dans le
vestibule, faisant sonner sa canne en vainqueur, au rythme
de sa marche... telle la hallebarde d'un Suisse. Deux volées

---

1. Les immeubles 90 et 92 de la rue du Bac ont pris leur place.
Aujourd'hui, pour admirer l'*hôtel Galliffet*, il faut passer par le 50
de la rue de Varenne ou par l'ancienne allée du cimetière
Sainte-Croix, 73, rue de Grenelle. (Voir le chapitre *Sources*.)

de marches montent vers le premier étage et s'incurvent jusqu'à un palier de repos central d'où s'élève un degré unique [1].

Le nouveau ministre des Relations extérieures a traversé le vestibule en forme d'hémicycle, puis l'antichambre, et arrive dans le grand salon communiquant avec la salle à manger qui fait penser à l'*atrium* d'une villa romaine. Les demi-colonnes se reflètent dans des glaces donnant ainsi l'impression de colonnes entières. Sur les murs des médaillons illustrent *l'Enlèvement de Proserpine*, *l'Amour et Psyché* et aussi *Apollon poursuivant Daphné*, enfin *Vénus et Cupidon*. D'autres jolies nudités ornent la chambre de parade qui fait suite et où l'on retrouve les colonnes ioniques, leitmotiv du palais.

Talleyrand pousse une porte et le voici dans une délicieuse petite pièce : son cabinet de travail. Deux glaces se font face, ces glaces qui ont reflété à l'infini la silhouette du citoyen-ministre — un jour prince de Bénévent. A gauche et à droite des glaces, des Amours dodus. Le plafond est bas, la fenêtre donne sur le jardin et la petite cheminée de marbre est toujours là. On peut imaginer Talleyrand s'y accoudant, cherchant comme d'habitude un appui pour sa jambe malade [2].

C'est dans cette demeure que Charles-Maurice va tisser sa toile de novembre 1797 à juillet 1799, puis de novembre 1799 à l'année 1807. C'est ici qu'il va amonceler son or... C'est ici, le nez insolemment relevé, qu'il va accueillir ses visiteurs.

Deux portes serties de glaces encadrent la cheminée. Celle de droite est un étroit placard, celle de gauche donne dans un minuscule cabinet éclairé par deux fenêtres. L'une permet, par quelques marches, de gagner le jardin. Est-ce là où travaillait le secrétaire intime du futur prince de Bénévent, où encore est-ce là que le ministre se retirait pour recevoir quelque agent secret venu par le parc ou quelques-unes de ses innombrables conquêtes ?

---

1. En 1898, une seule volée de marches à balustre de pierre épousant la courbe du vestibule a remplacé les deux volées, mais, en dépit de ce nouvel agencement, l'ensemble est toujours d'une rare beauté.
2. Sa table de travail se trouve aujourd'hui au château de Prégny, près de Genève, appartenant à la famille Rothschild.

Sous le Directoire, la « bouillotte » se jouait à cinq personnes. D'où le mot de Mme Tallien parlant des cinq Directeurs en sortant de leur salon du Luxembourg et s'exclamant : « Ils sont là-haut cinq rois qui suent sang et eau pour faire un brelan de valets. »

Son goût pour les femmes ne s'est pas calmé. Il apprécie leurs qualités, qu'elles soient d'intelligence, de charme ou de beauté, et recherche leur société. C'est, semble-t-il, une attirance cérébrale plutôt qu'un appétit sexuel démesuré qui le pousse vers elles. Mme de Flahaut n'a-t-elle pas dit qu'en amour Talleyrand était plus tendre que viril ?... En tous les cas, il exerce une fascination irrésistible sur le sexe faible. Son esprit caustique, son élégance et même sa détestable réputation séduisent. Le libertin, l'homme pourri, l'ancien évêque qui avait jeté sa mitre par-dessus les moulins et sa soutane violette aux orties, excite les curiosités un peu perverses...

On l'imagine gravissant l'escalier pour conduire sa compagne du jour au premier étage. Il y a toujours là des pilastres ioniques aux fûts cannelés. Dans la chambre à coucher jadis pourvue d'un ordre corinthien, on devine l'amorce de l'alcôve. Il y a encore là des pièces de réception : un grand salon orné de motifs « rocailles ». Ici, point d'Amours, mais l'histoire d'Alexandre le Grand. Le petit salon est blanc et l'on y retrouve des Amours potelés illustrant de leurs jeux le Printemps, l'Eté, l'Automne et l'Hiver. Le boudoir est, bien sûr, agrémenté de roses, de colombes, de la torche et du carquois de l'Amour.

☆

Sous le Directoire, la toute jolie, toute séduisante, tout aimable, tout aimée, Mlle Lange « à la bouche plus fraîche qu'une rose », vient grossir le nombre des maîtresses de Charles-Maurice... sans toutefois lui accorder l'exclusivité de ses faveurs. Citer tous les amants de la jolie comédienne est une tâche insurmontable. Contentons-nous de nommer ceux qui, à la même époque, partageront avec Talleyrand le lit de celle qui, de la Comédie-Française au théâtre Feydeau, en passant par le théâtre de l'Egalité, jouera les « jeunes amoureuses ». Il s'agit de Barras, et puis ensuite du fils du grand carrossier bruxellois, le richissime Michel-Jean Simons.

Talleyrand poussera même l'élégance jusqu'à être témoin lors du mariage de Mlle Lange et de Simons, célébré le 24 décembre 1797.

Talleyrand fut-il l'amant de la femme de son prédécesseur à l'hôtel de Galliffet, Charles Delacroix, marié à une charmante blonde prénommée Victoire ?

Au printemps de 1798 la jolie Victoire mettait au monde à Charenton-Saint-Maurice le petit Eugène. Bien plus tard, le bruit se répandit que Talleyrand était le père de l'enfant, succédant ainsi à Charles Delacroix dans toutes ses charges. Il faut préciser que le père légal du nouveau-né était affligé d'une effroyable tumeur de trente-deux livres à l'abdomen, et ne pouvait être un mari pour sa femme... « M. Delacroix n'est pas un ministre, disait méchamment Mme de Staël, c'est une vieille femme enceinte. » Le malheureux accepta de se faire opérer et, sept mois et demi après la terrible ablation — elle s'était prolongée sans anesthésie durant deux heures et demie —, Victoire accouchait, bien entendu avant terme — et Eugène venait au monde. On ne s'étonna pas puisque quinze jours après l'opération, Charles Delacroix avait pu reprendre ses devoirs conjugaux. Du moins, il le donna à croire — et on le crut. La conclusion parut normale jusqu'en 1881, époque où une certaine Mme Jobert laissa entendre à demi-mot dans ses *Souvenirs* que la pâleur et le sourire bridé d'Eugène Delacroix « pouvaient faire songer au prince de Talleyrand ». Etait-ce là, se demandait-elle, l'effet communément appelé d'un « regard » ? Un regard furieusement appuyé dans le cas présent... Ce « propos de salon », selon l'expression de Maxime Du Camp, est dénué de tout fondement. Le seul lien entre les Delacroix et Talleyrand étant le ministère des Affaires étrangères... qui n'est pas une alcôve. Mais ainsi que l'a fort bien dit Casimir Carrère, « il était attrayant d'attribuer au plus grand des diplomates, la paternité d'un des plus grands peintres français. On fit donc de Talleyrand l'amant de Mme Delacroix, de son époux un mari complaisant et les fausses interprétations aussitôt se multiplièrent ».

Or M. Paul Loppin découvrit en 1965 plusieurs lettres fort tendres de Charles Delacroix adressées à sa femme Victoire, écrites alors qu'elle était enceinte et lui recommandant tendrement de ne « considérer que sa santé et *la position* où elle se trouvait ». La complaisance d'un mari trompé a des limites. Et dans sa réponse en date du 16 avril 1798, Victoire annonçait à son mari : « Je souffre toujours de cet effort que j'ai eu en montant en voiture, en revenant de Paris, cela ne me retient pas tout à fait, mais je marche difficilement. J'espère pourtant que cela n'aura pas de suites... »

Ce petit accident eut une suite heureuse, puisque le 26 avril naissait, avant terme, Eugène Delacroix, qui n'était vraisemblablement pas le fils de Talleyrand. Charles-Maurice n'avait vraiment pas besoin de cette paternité pour ajouter un fleuron à sa prodigieuse existence et à son tableau de chasse amoureux.

Déjà, depuis quelques mois, avant la naissance du petit Eugène, une femme ravissante, la citoyenne Grand, était entrée pour de longues années dans la vie de M. de Talleyrand. C'est la future citoyenne Talleyrand qui deviendra un jour S.A.S. la princesse de Bénévent. S'il faut en croire Mathieu Molé, cette créature de rêve « joignait aux

habitudes voluptueuses de l'Inde, les secrets de la débauche
d'Europe ». Charles-Maurice, en connaisseur, apprécia très
vite le charme exotique de celle qui, venue en effet
des Indes, deviendrait sa seconde épouse — après
l'Eglise !... —, épouse dont Talleyrand sera follement épris.

Louis XV régnait encore en France lorsque Catherine
naquit de parents français à Trinquebar. Son père était
capitaine de la place de Chandernagor, et c'est là qu'elle
s'était mariée avec Georges-François Grand, employé de
l'*Indian Civil Service*. Peu de temps après, à Calcutta, le
conseiller du gouvernement du Bengale, sir Philip Francis,
tomba éperdument amoureux de cette délicieuse blondeur et
la jeune Mme Grand ne fit guère de difficultés pour se laisser
glisser dans les bras de son soupirant. M. Grand prit fort mal
la chose et provoqua le suborneur en duel. Mais l'amant de
Mme Grand apprenant sans doute que le mari bafoué était
une fine lame et qu'il tirait, en outre, fort bien au pistolet,
refusa de se battre, préférant lui payer 50 000 roupies,
amende infligée, selon les usages britanniques alors en
vigueur, par la Cour suprême.

M. Grand empocha la somme, n'estimant pas plus son
honneur que l'inconduite de son épouse. Bien sûr, il aurait pu
poursuivre cette opération lucrative et laisser de futurs
amants se faire condamner à l'instar de sir Philip, mais il eut
peur que l'un d'eux, moins fortuné, ne préférât se battre et
fût meilleure lame que lui. Pardonner n'est pas oublier, aussi
demande-t-il à sa volage épouse de regagner l'Europe.

Catherine, installée à Paris, mène un train fastueux,
nullement en rapport avec les subsides que peut lui faire
parvenir le fonctionnaire de l'*Indian Civil Service*. Ne
mâchons point nos mots : Mme Grand se fait entretenir, ce
qui lui permet d'acheter un hôtel rue d'Antin, de louer une
loge à l'Opéra et aux Italiens et de placer dans ses écuries
des attelages célèbres. Elle préférait se faire offrir des
chevaux plutôt que des fleurs ou des bijoux.

Le baron de Frenilly, tombé amoureux d'elle, nous le dit :
« J'avais une paire de jolis chevaux blancs, je lui en fis
cadeau. » Le jeune baron fut ébloui par cette « beauté
céleste, rayonnante de jeunesse, avec des dents incompara-
bles, d'une blancheur transparente, et une forêt de cheveux
blond clair qu'on n'a vue qu'à elle ». Peut-être, pour
ensorceler M. de Frenilly, Catherine avait-elle utilisé le
même procédé dont elle s'était déjà servie pour séduire le

Mme Grand, future princesse de Talleyrand. « Une beauté céleste, rayonnante de jeunesse, nous dit l'un de ses soupirants, et une forêt de cheveux blond clair qu'on n'a vue qu'à elle. » (Collection Château de Valençay).

jeune et beau Edouard Dillon. Il le racontera plus tard à sa
nièce, Mme de Boigne. Elle l'avait reçu à souper simplement
revêtue de ses admirables cheveux détachés et tombant de
façon à être totalement voilée. Le convive eut assurément
quelques distractions... Pour s'en convaincre il suffit
de contempler, au château de Valençay, le tableau de
Mme Vigée-Lebrun qui s'est attaquée à peindre les boucles
soyeuses de Mme Grand, tombant en légères cascades sur sa
gorge nue.

En 1792, la tourmente déchaînée, Catherine part pour
l'Angleterre où elle va multiplier les ravages qui lui
permettront de ne pas changer son agréable style de vie. Le
Directoire la revoit à Paris avec le marquis de Spinola.
Celui-ci, soupçonné, non sans raison, d'être un agent de
l'Angleterre, est expulsé. Catherine tremble à l'idée de subir
le même sort.

— Vous devriez demander protection au citoyen Talleyrand, lui conseille la marquise de Sainte-Croix. Le ministre
des Relations extérieures est un homme puissant qui ne sait
pas résister aux requêtes d'une jolie femme. Allez le trouver
et vous verrez.

Catherine se rend à l'hôtel de Galliffet, et l'huissier
l'introduit dans le salon d'attente... Salon bien nommé ce
soir-là. Catherine fait longuement antichambre et finit par
s'endormir devant le feu qui pétille dans la cheminée. Elle
était, paraît-il, « vêtue d'un de ces manteaux à capuchon,
amples et courts, alors à la mode, et d'où dépassait la gaze
d'or d'une robe de bal ». Talleyrand la découvre ainsi
endormie, la réveille et l'entraîne vers son cabinet, à moins
que ce ne soit vers le boudoir lambrissé du premier étage
dont les panneaux sont ornés par les attributs de Vénus et de
l'Amour.

Il est vite émerveillé par Catherine, qui, selon lui, a « la
peau douce, l'haleine douce, et l'humour douce ». De quelles
armes usa-t-elle exactement pour défendre sa cause ? Peu
importe ! Aux yeux d'un homme comme Talleyrand, sa seule
beauté aurait suffi. D'emblée, l'ancien évêque est conquis.
L'audience accordée par le ministre des Relations extérieures se prolonge jusqu'au lendemain matin...

Or Mme Grand, quelque temps plus tard, est arrêtée pour
espionnage. Talleyrand bondit sur son écritoire et envoie ces
lignes à Barras, le 3 germinal an VI — 23 mars 1798 :
« Citoyen Directeur, on vient d'arrêter Mme Grand comme

conspiratrice. C'est la personne du monde la plus éloignée et la plus incapable de se mêler d'aucune affaire ; c'est une Indienne bien belle, bien paresseuse, la plus désoccupée de toutes les femmes que j'aie jamais rencontrées. Je vous demande intérêt pour elle ; je suis sûr qu'on ne trouvera point l'ombre de prétexte pour terminer cette petite affaire à laquelle je serais fâché que l'on mît de l'éclat. Je l'aime et je vous atteste à vous, d'homme à homme, que de sa vie elle ne s'est mêlée et n'est en état de se mêler d'aucune affaire... »

Nullement en état, en effet ! Elle-même semblait le reconnaître lorsqu'elle déclarait :

— Je suis d'Inde.

Bien sûr, il fallait s'y attendre, Barras, avec un malin plaisir, communiqua la lettre du ministre des Relations extérieures à ses collègues du Luxembourg. Rewbell sauta sur l'occasion pour vitupérer contre « ce misérable défroqué, ou toujours enfroqué, qui ne pouvait pas se contenter d'être le plus vil des libertins ; il ne pouvait pas se satisfaire en France, où cependant l'on ne manque pas de catins ; il fallait qu'il en allât chercher en Angleterre ! ».

Et de s'exclamer encore :

— C'est un éclopé, un homme dépourvu d'une partie de ses membres, qui se soutient à peine sur ses deux ossements décharnés ; c'est un mort vivant, pour qui il n'y a point d'excuse dans tout ce qui pourrait en fournir aux autres ; c'est un libertin sans besoins, sans moyens, invoquant toutes les ressources de la débauche, suivant l'école de Sade.

— Qui peut nous garantir, déclare à son tour le Directeur Merlin de Douai, que la prétendue liaison galante de Talleyrand avec cette femme ne soit pas une liaison politique dont l'amour ne serait qu'un voile trompeur, et que les vices dont Talleyrand nous paraît certainement accusable ne sont autre chose que le déguisement de sa politique ; que Mme Grand, par la célébrité de son catinisme, n'eût été précisément regardée comme la femme qui pourrait le mieux revêtir l'apparence d'un rôle de galanterie destiné à cacher le rôle de fausseté politique ; qu'enfin Talleyrand, comme tant de patriotes l'en accusent depuis longtemps, ne soit pas réellement un homme vendu à l'Angleterre, un véritable agent de l'Angleterre, dont Mme Grand ne serait que le paquebot intermédiaire ?

François de Neufchâteau essaye de défendre Talleyrand :

— Il faut lui laisser sa vie privée : c'est là un sanctuaire.

Le « sanctuaire » de l'ex-évêque était plutôt une alcôve.
Pour clore la discussion, Barras propose adroitement de
renvoyer l'affaire au ministre de la Police et l'événement est
classé. Mme Grand reprend sa place à l'hôtel Galliffet et
Charles-Maurice peut tranquillement assouvir sa folle passion pour la belle Indienne.

« Nous allons faire une immense fortune », avait dit
Talleyrand dans l'ivresse de sa nomination. Quelles perspec-
tives financières pouvaient déchaîner, à ce point, l'exaltation
du citoyen-ministre des Relations extérieures ? D'abord la
satisfaction d'un traitement confortable et, ensuite, l'espoir
caressé à juste titre de toucher d'importants pots-de-vin...
Le traitement annuel de Talleyrand sera de 100 000 francs
— chiffre à multiplier par cinq ou par six pour obtenir des
francs 1980 — plus un poste de 7 000 francs pour l'entretien
de la maison. Dès la première année, Charles-Maurice
dépassera largement ce budget, et dépensera 55 000 francs
pour son mobilier et ses carrosses.

A l'excuse de Talleyrand — rappelons-le à nouveau — les
dessous de table sont un usage, bien fâcheux il est vrai, entré
dans les mœurs. « Tout s'achète ici en matière d'affaires, non
pas au Directoire, mais auprès des ministres qui lui sont
subordonnés, précisait le ministre de Prusse Sandoz-Rollin,
le 21 janvier 1798. Le ministre des Relations extérieures
aime l'argent et dit hautement que, sorti de sa place, il ne
veut pas demander l'aumône à la République ; ses amis le
fortifient dans cette idée. Quand tous les objets de compensation et de dédommagement demandés par Votre Majesté
seront convenus et arrêtés ici, on pourra alors lui faire don
d'une certaine somme que je ne saurais évaluer dans ce
moment, mais qui ne saurait être moindre de 300 000
livres. »

Barras, qui s'y connaissait en pourriture — « il parfumerait même du fumier », disait de lui Talleyrand que la
reconnaissance n'étouffait pas —, Barras prétendait tenir de
la bouche même de Mme de Staël des précisions sur les
gratifications que Charles-Maurice aurait perçues. D'après
eux, elles atteindraient la coquette somme de 3 650 000
francs durant les deux années qui précédèrent le Consulat,
dont un million de la Prusse, un million de la République

Cisalpine, un million de l'Espagne, 500 000 francs du Portugal —· et même 150 000 francs versés par le pape à cet ex-évêque excommunié...

La République ayant saisi des bâtiments américains chargés de marchandises destinées à l'Angleterre, Washington envoya à Paris des plénipotentiaires — Pinkney et Marshall — pour obtenir de justes indemnités. On va jusqu'à parler d'une guerre possible entre les deux Républiques. Un conflit fratricide ! Parallèlement, le banquier Bellami, de Hambourg, essaie de faire souscrire un emprunt de trente-deux millions de florins au profit du Directoire. Ces envoyés de Washington ont en face d'eux des émissaires qu'ils désigneront dans leurs rapports officiels par les lettres *W, X, Y, et Z.* Les plénipotentiaires commencent à déclarer que « toute l'Amérique faisait des vœux pour éviter la guerre, mais que la position actuelle était plus ruineuse que ne le serait une guerre déclarée ; que si elle était attaquée, elle chercherait des moyens de se défendre... »

— Messieurs, interrompt X, vous ne parlez point de l'objet spécial ; c'est de l'argent. On s'attend que vous en offriez.

— Nous nous sommes exprimés très positivement à ce sujet, répondent-ils.

— Non, mais quelle est donc votre réponse ?

— Notre réponse est non, point d'argent, pas un sou...

« M. X, poursuit l'un des plénipotentiaires, ayant insisté sur les dangers auxquels l'Amérique allait s'exposer, l'agent confidentiel demanda s'il ne serait pas prudent, quand même ils ne voudraient pas faire de prêt à la nation, de mettre dans leur intérêt quelque ami influent puisque l'argent était l'unique moyen de se procurer quelque bienveillance. » Les plénipotentiaires ne veulent rien savoir. Nullement découragé, X insiste jusqu'à satiété sur la question d'argent, annonçant, pour apaiser la discussion, que le Directeur Merlin ne recevrait rien sur la somme des « douceurs » *(sweetnesses).*

— En traitant avec des pirates, on sait ce que l'on a à faire, s'exclament les plénipotentiaires, mais avec la France, notre gouvernement a supposé qu'une proposition de cette nature aurait été une offense.

Ces conversations finissent par s'ébruiter et l'on murmure que le citoyen Talleyrand se tient derrière les mystérieux W, X, Y et Z. Bien plus, *la Gazette de Londres* divulgue la nouvelle et laisse entendre que le ministre des Relations extérieures tire les ficelles de ces négociations. Talleyrand bondit et clame son innocence, publiant ce texte dans *le Moniteur* :

« Je ne puis voir sans surprise que des *intrigants* aient profité de l'isolement dans lequel les envoyés des Etats-Unis se sont tenus pour faire des propositions et tenir des discours dont l'objet était évidemment de vous tromper. Je vous prie de me faire connaître immédiatement les noms désignés par les initiales W, X, Y et Z comme ayant eu avec M. Pinkney des conversations sur les intérêts de l'Amérique. »

Pour toute réponse, les plénipotentiaires révèlent les noms de W, X, et Z. Ce sont trois intimes de Talleyrand : Sainte-Foix, Montrond et André d'Arbelles. Ces trois « courtiers de ministère » ont une détestable réputation. Sainte-Foix, « tout entier au plus offrant », disait déjà de lui le comte de La Marck à Mirabeau. Si le journaliste André d'Arbelles est assez effacé, ce n'est pas le cas de Montrond, qui fut longtemps l'ami et le grand favori de Talleyrand.

— Eh, mon Dieu, madame, répondit un jour l'ex-évêque à Mme Hamelin, qui est-ce qui ne l'aimerait, il est si vicieux !

Les femmes, cela va de soi, elles, le trouvent irrésistible :

— Ah ! ma chère ! soupirait une Anglaise en 1788, comment se défendre contre les Français quand ils ressemblent à celui-là ? Représente-toi un blond, doux et rose, la grâce d'Adonis sur les épaules d'Hercule, un esprit qui tient en respect tous les hommes, un œil et une énergie qui promettent protection à toutes les femmes. Ah ! ma chère ! Dieu sauve l'Angleterre de sa présence ! Il est capable de nous enlever toutes !

C'était bien le sentiment de sa maîtresse, l'ensorcelante Aimée de Coigny, la « Jeune Captive » d'André Chénier — nous la retrouverons... Le cynisme de son amant la ravissait :

— Je n'ai la force de haïr personne, disait-il, pas même les gens qui m'ont rendu service.

Demeurait Y. Il s'agissait du banquier Bellami, qui affirma par voix de presse « qu'il n'avait rien fait, rien dit, rien écrit sans les ordres du citoyen Talleyrand ».

Comme le souligne un témoin de l'époque : « Il fallut dévorer ce nouvel affront sans pouvoir y répondre un mot ! »

☆

Le 29 juillet, Talleyrand, sabre au côté, ceinturé de blanc, empanaché de plumes, Talleyrand apparaît pour la première fois revêtu de son costume brodé de ministre, un mélange de couleur ponceau et de bleu. Il vient présenter au Directoire l'ambassadeur de la Sublime Porte auprès de la République : Seisseid Ali Effendi. Comme l'a dit Lenôtre, « depuis que la Révolution guerroyait contre toute l'Europe, les représentants des puissances étrangères se faisaient d'une rareté insigne ». Mais il s'agissait ici d'un Turc aux « doux yeux de gazelle » qui portait un bonnet gaufré surmonté d'un turban ! Lorsqu'il accordait audience, il offrait deux pastilles aux femmes accompagnées de leurs maris. Les femmes venues seules avaient droit à la douzaine. Aux demoiselles chaperonnées par leur mère, il offrait quelques gouttes d'essence de rose en ordonnant :

— Venez sans votre mère.

Aujourd'hui, dans le salon de l'hôtel de Galliffet, Talleyrand demande avec quelle femme son Excellence aimerait dîner. Sans hésiter, le Turc désigne Mme de la Tour du Pin-Gouvernet, revenue à Paris depuis peu. On s'en souvient, Talleyrand l'avait retrouvée sur les bords de l'Hudson en train de joliment découper un gigot...

Moins d'une semaine après son entrée au ministère, Talleyrand a annoncé en ces termes sa nomination à Bonaparte, qui séjournait alors à Milan :

« Justement effrayé des fonctions dont je sens la périlleuse importance, j'ai besoin de me rassurer par le sentiment de ce que votre gloire doit apporter de moyens et de facilités dans les négociations. Le nom seul de Bonaparte est un auxiliaire qui doit tout aplanir. »

Le futur empereur lit ces lignes, avec la satisfaction que l'on devine. Voilà qui le changeait du style de Charles Delacroix ! Il répondit : « Le choix que le gouvernement a fait de vous pour ministre des Relations extérieures fait honneur à son discernement. Il prouve en vous de grands talents, un civisme épuré et un homme étranger aux égarements qui ont déshonoré la Révolution. Je suis flatté de devoir correspondre avec vous et vous mettre par-là en mesure de vous convaincre de l'estime et de la haute considération que j'ai pour vous. » Ces phrases mielleuses ravissent Talleyrand. Avec ce don de prescience admirable, il a déjà senti que Bonaparte représentait l'avenir.

Le coup d'Etat du 18 fructidor contre les royalistes se prépare : « Si vous avez besoin de forces, assure Bonaparte au Directoire, appelez les armées. » Il se garde bien de venir lui-même ternir sa jeune gloire et enverra Augereau qui déclarera calmement en arrivant à Paris :

— Je suis venu pour tuer les royalistes.

Et le coup d'Etat réussira parfaitement ! On condamne à mort, on fusille, on envoie au bagne conspirateurs et députés ennemis du régime. La rue demeure calme, ce qui permet à La Révellière-Lépeaux de s'extasier : « Pas une goutte de sang n'a été répandue ! » C'était vraiment prendre à la légère les cent soixante fusillés de la plaine de Grenelle... Le coup d'Etat a criblé de tant de plomb le parti royaliste qu'il ne s'en relèvera pas. Et Talleyrand d'écrire à Bonaparte : « Citoyen général, le courrier d'aujourd'hui vous apportera de grandes nouvelles de Paris... Cet événement de la Révolution que votre esprit supérieur a dû pressentir, qu'il saura apprécier, et qui doit avoir une si grande influence sur les destinées de la République... On est sorti un instant de la Constitution, on y est rentré, j'espère pour toujours. »

En matière politique, il est sage de ne pas faire trop de pronostics... et il ne faudra plus attendre longtemps pour sortir de ladite Constitution.

Le surlendemain, Charles-Maurice écrit de nouveau à Passeriano d'où Bonaparte se rend chaque jour à Udine pour la préparation du traité de paix avec l'Autriche. Talleyrand lui recommande de durcir le plus possible sa position en face des plénipotentiaires : « Si avec cela nous avons la limite du Rhin et que Venise ne soit pas à l'empereur, c'est là une paix digne de Bonaparte. Pour tout le reste, livrez-vous à vos combinaisons : elles porteront sûrement un caractère de grandeur et de stabilité que vous savez donner à tout. » Certes, en échange de la rive gauche du Rhin, le traité de Campo Formio donnera Venise à l'Autriche, mais Charles-Maurice n'en félicite pas moins Bonaparte avec flagornerie : « On aura peut-être quelques criailleries d'Italiens ; mais c'est égal. Adieu, général pacificateur, adieu, amitié, admiration, respect, reconnaissance : on ne sait où s'arrêter dans cette énumération ! »

Le 10 mai 1797, Charles-Maurice écrivait à son ami Olive à New York : « Voilà la paix au moment d'être définitivement conclue, les préliminaires signés, et quelle belle paix ! Aussi, quel homme que notre Bonaparte ! Il n'a pas vingt-huit ans et il a sur la tête toutes les gloires, celle de la guerre, celle de la paix, celle de la modération, celle de la générosité : il a tout... »

Rappelons-le, ils ne se connaissent pas encore, mais ils se sont l'un et l'autre reconnus. Assurément, comme Bonaparte, Talleyrand ne comptait pas s'embarrasser de « quelques criailleries d'Italiens » devenus Autrichiens bien malgré eux. On se souciait bien peu de leurs désirs ou de leurs sentiments et Bonaparte, lorsqu'il prendra Talleyrand comme ministre des Relations extérieures, se souviendra à quel point l'ex-évêque avait manqué de scrupules. Le droit des peuples à disposer d'eux-mêmes sera le cadet des soucis des deux complices !

Pourtant, à l'Institut, il s'exclamera, le 3 juillet 1797, à propos des colonies : « Point de nomination, point de monopole ; toujours la force qui protège » — et non celle qui met le feu à un pays. Mais est-il sincère ?

Au lendemain du 18 fructidor — 4 septembre 1797 — deux places se trouvent vacantes au Directoire — deux sur cinq. Talleyrand postule l'un des fauteuils et plaide sa cause auprès de Barras :

— Vous êtes l'homme essentiel du Directoire, l'homme de la guerre pour remplacer Carnot ; vous êtes la tête et le bras du Directoire. Si j'avais le bonheur de devenir votre collègue, moi, je me glorifierais de vous obéir en tout comme un enfant obéit à son père.

Mais l'hostilité de Rewbell fait échouer le projet. Une fois de plus le Directeur est intraitable :

— Talleyrand est l'assemblage de tous les fléaux, le prototype enfin de la trahison comme de la corruption. C'est un laquais poudré de l'Ancien Régime : on en pourrait tout au plus faire un domestique de parade, s'il 'était mieux jambé ; mais il n'a pas plus de jambe que de cœur !

Talleyrand porte désormais à Rewbell une haine féroce... D'autant plus qu'un jour le Directeur, croyant Charles-Maurice absolument incapable, lui pose une question à brûle-pourpoint. Talleyrand demeure muet et finit par expliquer :

— Citoyen Directeur, je ne suis point préparé, je n'étais point préparé, et, lors même que je l'eusse été, je ne me croirais pas de force à soutenir aucune discussion avec le

citoyen Directeur Rewbell, que tout le monde reconnaît pour
la première tête de l'Europe en diplomatie comme en
administration. Je vous demande au surplus la permission de
me retirer au ministère pour y méditer, et demain j'aurai
l'honneur de vous apporter réponse satisfaisante à vos
questions. Je ne puis guère autrement vous satisfaire. Sur
les choses que je sais le mieux j'ai besoin de me recueillir et
d'être quelques instants seul.

— S'il ne vous faut qu'être seul pour féconder votre génie,
répond Rewbell, je vais vous donner un moyen qui vous
préservera des distractions.

Et il l'enferme dans un cabinet voisin. Une heure plus tard
Rewbell ouvre la porte : Talleyrand — c'est assez étonnant
— n'a pas écrit une ligne !... Et Rewbell d'ordonner :

— Va te coucher, Basile, tu sens la fièvre.

— Eh bien, citoyens, s'exclame encore Rewbell lorsque
Talleyrand eut quitté la pièce, vous voyez ce qu'est votre
grand faiseur.

Talleyrand rendra au Directeur la monnaie de sa pièce. Un
jour que celui-ci lui demandait « comment allaient les
affaires », Charles-Maurice lui répondit :

— Comme vous voyez, citoyen Directeur.

Il faut le rappeler, Rewbell louchait terriblement...

Le troisième Directeur, La Révellière-Lépeaux, donne
dans la théosophie, et rêve de fonder une nouvelle religion. Il
consulte Talleyrand à ce sujet :

— Comment dois-je procéder ?

— Je n'ai qu'une chose à vous dire, répond Charles-
Maurice : Jésus, pour fonder le christianisme, a été crucifié.
Commencez par le commencement !

A Passeriano les négociations s'achèvent. « Dans trois ou
quatre jours tout sera terminé, la guerre ou la paix, annonce
Bonaparte à Talleyrand ; je vous avoue que je ferai tout pour
avoir la paix, vu la saison très avancée et l'impossibilité de
faire des grandes choses. Vous connaissez peu ces peuples-ci.
Ils ne méritent pas que l'on fasse tuer 40 000 Français pour
eux. »

Le 15 frimaire an VI au soir — 5 décembre 1797 —
Bonaparte, habillé en bourgeois, arrive à Paris venant de
Rastadt. Il fait aussitôt demander par son aide de camp à

quelle heure le citoyen ministre Talleyrand peut le recevoir :

— Je l'attends, répond Charles-Maurice.

Dès le lendemain matin à 11 heures, Bonaparte se présente à l'hôtel Galliffet. Talleyrand se porte à sa rencontre. Ils s'avancent tous deux vers le grand salon du rez-de-chaussée où le ministre a invité quelques intimes, entre autres, l'inévitable Mme de Staël qui piaffe d'impatience de voir le grand homme. A tout à l'heure les présentations ! Et Talleyrand traverse avec Bonaparte la chambre de parade, puis ouvre la porte de son petit cabinet de travail — et les glaces reflètent à l'infini ces deux hommes dont les destins se nouent ce jour-là.

Charles-Maurice regarde le visage pâle encadré de longs cheveux noirs, les joues creuses, le nez en bec d'aigle. « Au premier abord, raconte-t-il, Bonaparte me parut avoir une figure charmante ; vingt batailles gagnées vont si bien à la jeunesse, à un beau regard, à de la pâleur et à une sorte d'épuisement. Nous entrâmes dans mon cabinet. Cette première conversation fut, de sa part, toute de confiance. Il me parla avec beaucoup de grâce de ma nomination au ministère des Relations extérieures et insista sur le plaisir qu'il avait eu à correspondre en France avec une personne d'une autre espèce que les Directeurs. Sans trop de transition, il me dit :

» — Vous êtes neveu de l'archevêque de Reims, qui est auprès de Louis XVIII.

Talleyrand remarqua " qu'alors il ne dit point du comte de Lille ". Il ajouta :

» — J'ai aussi un oncle qui est archidiacre en Corse ; c'est lui qui m'a élevé. En Corse, vous savez qu'être archidiacre, c'est comme d'être évêque en France. »

Puis, devant les invités, Bonaparte déclare :

» Citoyens, je suis sensible à l'empressement que vous me montrez. J'ai fait de mon mieux la guerre et de mon mieux la paix. C'est au Directoire à savoir en profiter, pour le bonheur et la prospérité de la République.

Bien que les Directeurs aient été froissés de voir Bonaparte signer sans leur autorisation le traité de Campo Formio, les cinq rois se doivent de recevoir officiellement et avec magnificence le vainqueur de l'Italie. La remise des drapeaux ennemis sera le prétexte de la fête. La réception est fixée au samedi 10 décembre 1798 — 20 frimaire an VII. La veille, Barras fait venir Talleyrand :

— Ce n'est point le ministre de la Guerre qui nous présentera Bonaparte, déclare-t-il, et c'est à vous que je donne la préférence. Ce n'est point le général, c'est le négociateur de la paix, c'est surtout le citoyen qu'il faut tâcher de louer et de trouver ici. Je vous le recommande sous ce rapport. Vous avez du tact : que vos compliments soient dans ce sens ; mes collègues surtout sont vraiment effrayés, non sans quelque raison, de la gloire militaire : il ne faut pas l'éteindre, mais l'éclairer, la diriger.

— Je sais ce que c'est que les militaires, citoyen Directeur, répond Talleyrand. Je vais me recueillir sur les ordres que vous m'avez fait l'honneur de me donner, ils seront exécutés ; je vous ai compris du reste, citoyen Directeur.

Le lendemain à midi, tandis que tonnent les salves d'artillerie, Bonaparte fait son entrée au Luxembourg, ayant près de lui Talleyrand, le général Joubert, et le ministre de la Guerre, Scherer. Les cinq Directeurs, empanachés de tricolore, couverts de dorures scintillantes, vêtus de manteaux nacarat, habits bleus, pantalons de soie blanche, ont pris place sur une estrade. Derrière eux l'autel de la Liberté est surmonté de statues de l'Egalité, de la Paix et de la Liberté entourées de faisceaux de drapeaux. A gauche et à droite un amphithéâtre où sont assises les autorités en uniformes rutilants, en tenues brodées et surbrodées... Une centaine de femmes élégantes, déshabillées plutôt qu'habillées ainsi que l'exige la mode, sont invitées, bref, « tout ce que Paris renfermait de femmes riches ou belles remplissait la grande cour du Luxembourg, magnifiquement disposée pour cette solennité, rapporte Thiébault. Mais malgré tout ce luxe, cette affluence, la recherche des costumes, la parure des femmes, et ce que la mise des Directeurs avait de somptueux, ce fut un petit homme maigre, pâle, sec, jaune et simplement vêtu, qui fixa tous les regards et parut à lui seul remplir tout l'espace ».

L'assistance entière s'est levée à l'entrée de Bonaparte, tandis que les chœurs du Conservatoire entonnent l'*Hymne à la Liberté*. Puis Talleyrand prononce un discours élogieux, mais se garde bien de donner à Bonaparte son titre militaire :

— Citoyens Directeurs, j'ai l'honneur de présenter au Directoire exécutif le citoyen Bonaparte, qui apporte la ratification du traité de la paix. Il nous rappelle, malgré lui, les innombrables merveilles qui ont amené un si grand événement ; mais qu'il se rassure, je veux bien taire en ce jour tout ce qui fera l'honneur de l'Histoire et l'admiration de la postérité ; je veux même ajouter, pour satisfaire à ses vœux impatients, que cette gloire, qui jette sur la France entière un si grand éclat, appartient à la Révolution.

Il termine en couvrant de fleurs le héros d'Italie et loue son « audace sublime ». Bonaparte répond brièvement et Barras interminablement. *Le Chant du retour*, paroles de Marie-Joseph Chénier, musique de Méhul, se fait entendre. Chénier avait été obligé, à la demande de Talleyrand, de composer spécialement cet hymne, et le poète avait accédé à contrecœur à l'ordre de celui qu'il méprisait et dont il stigmatisait l'inconduite il n'y avait guère longtemps.

Talleyrand a décidé de donner, le 3 janvier 1798, une fête en l'honneur de Joséphine qui, venant d'Italie, a rejoint Paris avec quelque retard. Elle a, en effet, musé en cours de route avec son amant Hippolyte Charles. Les invitations adressées au Tout-Paris — plus de cinq cents personnes — portaient ces mots : « Vous jugerez convenable, j'en suis sûr, de vous interdire tout habillement provenant des manufactures anglaises. »

L'hôtel de Galliffet est splendidement décoré sous la direction de l'architecte Bélanger, ancien ordonnateur des fêtes du comte d'Artois. Neuf cent trente arbustes ornent le jardin et les salons sont parfumés à l'ambre. Les musiciens placés autour de la galerie circulaire du grand escalier font entendre une musique délicieuse. « Cette idée de faire commencer la fête sitôt que l'on entre dans la maison était heureuse », rapporte Stanislas de Girardin. Dans le jardin et dans la cour, un véritable camp militaire a été aménagé. Devant les tentes, des soldats revêtus d'uniformes neufs regardent les invités.

Les applaudissements crépitent lorsque Talleyrand et Barras, en grand costume, se portent au-devant de Bonaparte vêtu de l'habit vert de l'Institut, de la jeune Hortense et de Joséphine, l'héroïne de la fête, en tunique jaune brodée de noir et coiffée d'une calotte dorée très « doge de Venise ».

Bonaparte prend le bras d'Arnault venu avec lui depuis la rue de la Victoire :

— Je vois là, lui explique Bonaparte, nombre d'importuns

tout prêts à m'assaillir. Tant que nous sommes ensemble ils n'oseront pas entamer une conversation qui interromprait la nôtre. Faisons un tour dans la salle où vous me ferez connaître les masques, car vous connaissez tout le monde, vous !...

« Nous voilà donc bras dessus, bras dessous, raconte Arnault, au milieu des danseurs, des curieux et des envieux. »

Mme de Staël se précipite, tend au vainqueur une branche de lauriers.

— Il faut les laisser aux Muses, rétorque froidement Bonaparte.

Assurément, ce bas-bleu de *Corinne* l'exaspère.

Elle insiste à son habitude — maladroitement :

— Général, quelle est la femme que vous aimez le plus ?

— La mienne.

— C'est tout simple, mais quelle est celle que vous estimeriez le plus ?

— Celle qui sait le mieux s'occuper de son ménage.

— Je le conçois encore. Mais enfin, quelle serait pour vous la première des femmes ?

— Celle qui a fait le plus d'enfants, madame.

Mme de Staël, laissée en plan par le général qui a tourné les talons, demeure abasourdie.

— Votre grand homme, dit-elle à Arnault, est un homme bien singulier !

Un peu plus tard, Bonaparte interrogera Talleyrand :

— Quelle femme est donc Mme de Staël ?

— Une intrigante, et à un point tel que c'est par elle que je me trouve ici !

— Elle est, du moins, une bonne amie.

— Amie ? Elle jetterait ses amis à la rivière pour les repêcher après à la ligne.

Talleyrand avait bien oublié celle qui avait mis fin à son exil et lui avait obtenu son portefeuille ministériel !

A 11 heures, le bal s'arrête et les dames se mettent à table, servies par les hommes. Derrière Joséphine, se tient Talleyrand qui lève sa flûte de vin de Champagne.

— A la citoyenne qui porte le nom le plus cher à la gloire !

☆

Mais une autre fête se prépare : celle du 21 janvier célébrant l'anniversaire de la mort de Louis XVI. Certains exaltés osaient se faire servir ce jour-là une tête de cochon. Bonaparte va-t-il se rendre à la cérémonie ? Talleyrand, qui n'hésite pas à appeler Madame Royale « la fille Capet », se charge de faire comprendre au héros que sa présence est absolument indispensable.

— Comment! s'exclame Bonaparte, est-ce que l'on prétendrait me rendre solidaire de la mort d'un honnête homme ? Non ! je ne veux pas assister à une fête de cannibales.

— Vous comprenez bien, citoyen général, qu'à certains égards je pense comme vous, mais cette solennité a un but politique et d'ailleurs, dans tous les pays du monde, on s'est toujours réjoui de la mort des tyrans. Vous êtes catholique, peut-être ?

— Sans aucun doute.

— Et pourtant vous suivriez un sultan turc dans sa mosquée ?

— Oui, si j'étais à sa solde, parce que j'accomplirais un devoir.

— Eh bien, vous êtes précisément dans ce cas ; n'examinons donc point si c'est à tort ou à raison que la France célèbre l'anniversaire de la mort de Louis XVI ; il suffit qu'elle ait fait du 21 janvier un jour férié pour que vous deviez vous décider, puisque vous êtes à la solde de la France.

— Non, citoyen ministre, je n'adopte point de pareils raisonnements ; je ne veux pas souiller ma gloire.

Bonaparte accepte cependant de se rendre à la ci-devant église Saint-Sulpice — que de souvenirs pour Talleyrand ! — mais il revêtira son costume de membre de l'Institut. Chénier, une fois de plus, se déchaîne. Chanté à pleine voix, le *Serment républicain* qu'il a composé retentit :

Si quelque usurpateur veut asservir la France ;
Qu'il éprouve aussitôt la publique vengeance ;
Qu'il tombe sous le fer ; que ses membres sanglants
Soient livrés dans la plaine aux vautours dévorants.

Mais à cette époque, Bonaparte pense-t-il déjà qu'il pourrait être un jour cet usurpateur ?... Pour l'instant, il ne songe qu'à l'Egypte... Talleyrand aussi — et il porte d'ailleurs une lourde part de responsabilité dans l'élaboration de cette folie qui consistait à expédier la meilleure armée de la République et son meilleur général à l'autre bout de la Méditerranée pour nuire à l'Angleterre dont, par temps clair, on entrevoyait, de la côte française, les falaises de Douvres.

Déjà, le 18 août 1797, Bonaparte avait écrit au Directoire : « Les temps ne sont pas éloignés où nous sentirons que, pour détruire véritablement l'Angleterre, il faut nous emparer de l'Egypte. Le vaste empire ottoman, qui périt tous les jours, nous met dans l'obligation de penser de bonne heure à prendre des moyens pour conserver notre commerce du Levant. »

Le 13 septembre suivant, il s'adresse à Talleyrand : « L'on pourrait partir d'ici avec vingt-cinq mille hommes, escortés par huit ou dix bâtiments de ligne ou frégates vénitiennes, et s'en emparer. L'Egypte n'appartient pas au Grand Seigneur. » Il ajoute même : « Je désirerais, citoyen ministre, que vous prissiez à Paris, quelques renseignements pour me faire connaître quelle réaction aurait sur La Porte, notre expédition d'Egypte. »

Certes, le pouvoir d'un ministre des Relations extérieures sous le Directoire est fort limité. Selon son expression, il n'est que « l'éditeur responsable des œuvres d'autrui ». Autrui étant les Directeurs. Ainsi que le remarquait le ministre de Prusse, Sandoz-Rollin, le 6 novembre 1797 : « Les instructions des plénipotentiaires français pour le Congrès de Rastadt sont dressées et rédigées dans le bureau même du Directoire ; Talleyrand n'y est pour rien. Il n'est ministre des Relations extérieures que de nom et n'y jouit pas de la moindre influence. »

Charles-Maurice est loin d'approuver la politique du Directoire.

— Que parlez-vous de faire la paix avec l'Angleterre ? s'exclame le Directeur Rewbell, vous êtes le seul qui puissiez avancer une telle absurdité ! Je ne sais qu'un moyen de lui imposer la paix, c'est de l'humilier et la subjuguer.

Alors que pour Talleyrand, « tandis que le Directoire crie guerre contre l'Angleterre, moi je crie paix... ».

Cependant, Talleyrand commet l'erreur de soutenir Bonaparte et ses extravagants projets. Le futur empereur poursuit son rêve chimérique et déclare en s'embarquant :

— Je me vois sur les chemins de l'Asie, parti sur un éléphant, le turban sur ma tête, et dans ma main un nouvel *alcoran.*

Talleyrand est plus réaliste et si, au début de l'opération, il se réjouit de la prise de Malte, d'Alexandrie et du Caire, la catastrophe d'Aboukir, puis, l'année suivante, l'échec de Bonaparte devant Saint-Jean-d'Acre, lui démontrent l'ineptie de cette campagne égyptienne qu'il a encouragée.

Bonaparte au loin, la situation s'aggrave de jour en jour et démontre aux Directeurs le tort qu'ils ont eu de laisser s'éloigner l'épée de la République. Hors Gênes, l'Italie est perdue, l'Alsace menacée. Partout les armées reculent. « Ici encore, comme pour l'expédition d'Egypte, qui portait plus que personne la responsabilité de ces malheurs ? Le ministre des Relations extérieures, qui tenait entre ses mains, dans son hôtel de la rue du Bac, tous les fils de la politique étrangère, et qui s'était associé à des campagnes de provocations et de casse-cou. Et quel ministre ! N'avait-il pas été noble, évêque, constituant, émigré ? Il n'en fallait pas tant pour perdre un homme qui n'avait pas le mérite d'être heureux [1]. »

L'impopularité de Talleyrand devient extrême. On vend dans les rues de Paris des pamphlets : *Visite du diable au Directoire* et *Je vous accuse,* mettant Charles-Maurice en accusation et clouant sa vénalité au pilori. On lui fait grief « d'avoir commis tous ces crimes dans des intentions contraires à la révolution et dans le dessein de rétablir le despotisme héréditaire sur les ruines de l'Egalité et de la Liberté ». *Le Journal des hommes libres de tous les pays* ou *Le Républicain* reprochait à Talleyrand « l'éloignement de Bonaparte, en flattant perfidement l'ambition trop naturelle à son âge et surtout à ses prodigieux exploits ».

Et l'on ne savait pas tout ! Un document inconnu jusqu'à ce jour [2] nous permet de lire un texte véritablement diabolique signé par l'ex-évêque d'Autun. La république romaine ayant été proclamée le 15 février 1798, le pape, d'abord prisonnier au Vatican, doit quitter la ville. Il se réfugie à Sienne, puis à Florence où il sera délogé par un

---

1. Lacour-Gayet.
2. Il vient d'être révélé à Rome par le Dr Giuntella.

ordre du Directoire. Le 1ᵉʳ avril, Pie VI se trouve à Parme et, le 14, est obligé de partir pour Turin. Enfin, le 30 avril, le voici modestement logé dans une petite pièce de l'hôpital de Briançon. Il y demeure deux mois. C'est alors que Talleyrand intervient et écrit cet ahurissant appel au Directoire :

« Quoique depuis l'établissement de la République romaine, le pape soit entièrement privé de sa dignité de puissance temporelle, quant à la République française, toutes les puissances de l'Europe s'intéressent encore à l'individu naguère reconnu comme prince souverain... Il serait peut-être d'une saine politique de le séparer tout à fait de toutes les personnes qui peuvent avoir un intérêt quelconque, soit à son existence actuelle, soit à son existence future ; de faire répandre le bruit de sa mort qui ne manquerait pas de produire quelque effet avantageux pour la destruction du fanatisme papal. Car on ne manquerait pas d'en créer un autre, ou même plusieurs ; et quand il serait temps ou à propos, on ferait reparaître Pie VI. Cette *diversité de pontifes* ne manquerait pas de produire un schisme salutaire aux principes républicains. »

La mort de Pie VI à Valence, dans la nuit du 28 au 29 août, mettra fin à cette proposition de Charles-Maurice qui, ne l'oublions pas, demeurait toujours évêque, et qui osait préconiser de faire élire « un ou plusieurs » antipapes. Une diversité de pontifes, selon son expression.

A cette époque, l'affaire Jorry, qui couvait déjà depuis plus d'une année, achève le citoyen ministre des Relations extérieures. L'adjudant général Jorry avait reçu de Talleyrand un viatique de 1 400 francs pour mener à bien une mission en Italie. Au lieu de traverser les Alpes, l'adjudant préfère ne pas quitter Paris et vivre agréablement avec l'escompte perçu.

Talleyrand laisse faire.

Or, le 25 mars 1798, les Directeurs commencent à s'inquiéter de cette irrégularité et exigent des explications du ministre des Relations extérieures. Sur le rapport écrit par Talleyrand en date du 26 mars, Merlin ordonne l'arrestation de Jorry. Arrêté le 5 avril, l'adjudant général réclame sa liberté le 8 — et l'obtient ! Sitôt sorti de prison, il accuse Talleyrand d'avoir négligé de lui donner ses instructions. Ce qui, étant donné la paresse innée de Charles-Maurice, n'était pas impossible...

Mais Jorry décide de se venger. Le 9 avril 1798, un rapport de police signale la diffusion d'une brochure contenant des injures adressées au ministre des Relations extérieures. L'auteur n'est autre que Jorry. La nouvelle se répand et certains ambassadeurs commencent à s'inquiéter. C'est ainsi que le ministre de Prusse envoie, le 11 avril, une explication à Berlin. Il a rencontré Talleyrand à l'hôtel des Relations extérieures : « Le ministre était rêveur et soucieux. Il m'en apprit lui-même la cause. Un nommé Jorry, électeur, avait placardé un libellé horrible contre lui, le dénonçant comme un faux républicain et indigne de siéger dans le Directoire ; ce dernier avait, à la vérité, sévi contre le calomniateur et l'avait fait arrêter ; mais cela ne le guérissait pas du soupçon que Jorry fût l'instrument de quelque intrigue supérieure pour parvenir à l'écarter du Directoire. J'ai pu me convaincre ici combien il attachait d'honneur et d'ambition à siéger dans le Directoire. »

Jorry saisit les tribunaux contre le ministre « pour arrestation arbitraire ». Talleyrand est ulcéré :

— On ne se fera jamais une idée de tous les déboires que j'ai essuyés pendant les derniers temps de mon existence ministérielle ; j'en suis excédé depuis huit mois.

Jorry obtient finalement un jugement en sa faveur dont il faut citer les termes : « Attendu que de l'instruction faite à l'audience, non seulement il ne résulte aucune preuve, mais pas même l'ombre d'une présomption, ni aucun indice du délit d'escroquerie imputé audit Jorry par une lettre du ministre des Relations extérieures, renvoie ledit Jorry des fins de ladite dénonciation injurieuse et calomnieuse ; ... lui réserve... toute action pour réparation de vexations, d'injures et calomnies, et de dommages et intérêts... »

Deux jours plus tard, Talleyrand écrit au Directoire : « Je sens aujourd'hui, par l'acharnement même de nos ennemis, que ne pouvant plus être utile comme ministre, je dois, comme citoyen, ne pas souffrir que la fureur insensée dont je suis l'objet puisse profiter de ma présence au ministère pour oser inquiéter l'autorité exécutive elle-même. »

Et Charles-Maurice, le 25 messidor — 13 juillet 1799 — donne sa démission de ministre des Relations extérieures. Elle est acceptée le 20 juillet. Rentré dans sa maison de la rue Taitbout, Talleyrand pour se défendre, se lance dans un

ahurissant tissu de mensonges : « Mes ennemis me repro-
chent, écrit-il dans ses *Eclaircissements,* l'expédition
d'Egypte, qu'on sait très bien, au reste, avoir été préparée
avant l'époque de mon ministère et n'avoir nullement été
déterminée par moi. »

On est stupéfait en lisant ces lignes. Comment Talleyrand,
l'auteur du fameux rapport qui avait déterminé le Directoire
à accepter l'extravagance égyptienne — qui était en train de
se solder par un terrible échec —, peut-il dénaturer ainsi les
événements ?

« Je crois avoir démontré, avait écrit Talleyrand :
» 1° Que la conquête de l'Egypte n'est qu'une juste
représaille des torts de la Porte envers nous et des affronts
que nous y avons essuyés ;
» 2° Qu'elle est facile et même infaillible ;
» 3° Qu'elle n'entraînera que des dépenses modérées,
desquelles la République sera bientôt indemnisée ;
» 4° Enfin, qu'elle présente des avantages innombrables à
la République. »

A son retour d'Egypte, Bonaparte aura entre les mains ce
rapport et sabrera le texte par ces quelques mots : *Cela est
faux... Plan bon pour une caravane de marchandises... Aux
Petites-Maisons !... Quelle folie !*

Bonaparte semblera oublier la part de culpabilité qu'il
avait lui-même dans le déclenchement de cette folie !

Et ce n'est pas tout ! Talleyrand n'avait-il pas déclaré au
ministre de Prusse, ainsi que celui-ci le rapportera à son
gouvernement le 22 février :

« Je vais présentement vous confier des projets qui
m'appartiennent. J'ai proposé, en effet, une entreprise qui
pourra étendre la sphère de nos colonies et éclairer l'histoire
du monde : c'est celle d'employer les 40 000 hommes restant
en Italie à conquérir la partie la plus florissante de l'Egypte.
J'y vois peu de dépense à rencontrer, et j'y vois des
ressources immenses pour notre commerce et un trésor pour
les sciences. La majorité du Directoire a saisi avec
enthousiasme cette entreprise, et je n'attends que leur
unanimité pour la mettre en exécution. »

Enfin, n'avait-il pas promis à Bonaparte de se faire
nommer ambassadeur à Constantinople afin de le seconder
dans son entreprise ?

Au conseil des Cinq-Cents, le 29 août, Briot, représentant du Doubs, prononçait contre l'ancien ministre un véritable réquisitoire.

— Comment, s'exclamait-il, Talleyrand ose-t-il encore se refuser à être proclamé le promoteur, l'instigateur et le directeur suprême de la déportation de 40 000 Français sur les sables de l'Afrique !... Depuis longtemps, je regardais Talleyrand-Périgord comme un des conspirateurs les plus dangereux parmi ceux qui étaient à la tête des affaires. S'il m'était resté quelque doute, la brochure justificative qu'il a publiée les aurait levés complètement ; elle est, à mon sens, une des premières pièces qui serviront à l'accusation de cet homme, lorsque le jour de la justice sera arrivé.

Quelques jours plus tard, Briot revenait à la charge, considérant le citoyen Talleyrand-Périgord comme « le plus dangereux agent de l'Angleterre » et « l'auteur de toutes nos calamités ».

Le 4 août, le ministre de la Guerre, Bernadotte, rappelait Jorry à l'activité et lui donnait le grade de colonel d'état-major. Nouvel affront pour Talleyrand !

Mais Bonaparte, en ce même mois d'août, le 22 — 5 fructidor an VII — abandonnait son armée et s'embarquait pour la France.

Talleyrand n'allait pas demeurer longtemps en disponibilité.

VII

TALLEYRAND CONSPIRATEUR

> *Une monarchie doit être gouvernée avec*
> *des démocrates et une république avec*
> *des aristocrates.*
>
> TALLEYRAND

Talleyrand, en compagnie de Mme Grand, a donc réintégré
l'hôtel meublé d'Orsay, situé au fond de la cour du 30, rue
Taitbout, devenu, depuis, le numéro 24 — Talleyrand
l'indiquera lui-même lors de la dictée de ses *Mémoires*. Ils ne
demeureront que peu de temps dans la capitale et, ainsi qu'il
l'écrit : « Je me retirai à la campagne, près de Paris,
attendant les événements. » C'est à Meudon, chez Elisabeth
Lange, autrement dit Mme Simons, que s'installe provisoirement Charles-Maurice. Il attend, ou, plus exactement, il
guette le retour de Bonaparte. C'est avec lui que, il le sent, il
va pouvoir d'abord trahir le régime qui l'a porté aux affaires.
Mais, coïncidence, chacune de ses trahisons servira chaque
fois — il faut bien le reconnaître — l'intérêt de la France.
Ensuite — il en est certain — il reviendra au gouvernement
— ce qui lui permettra, avant toute chose, d'augmenter son
« immense » fortune.

Au mois de mai, le Directoire avait déjà appelé Bonaparte
au secours. Puis, Talleyrand, durant les quelques semaines
où il avait conservé l'intérim du ministère, avait proposé au
gouvernement de négocier avec la Porte le retour du corps
expéditionnaire français moyennant la restitution de
l'Egypte.

◀ *Le château du Marais, demeure de M. et Mme Gaston Palewski,
conserve cette esquisse aquarellée de Talleyrand, exécutée par
Isabey.*

Reinhard, ayant pris ses fonctions, écrit le 18 septembre à Bonaparte, par l'intermédiaire de l'ambassadeur de la République en Espagne : « Le Directoire exécutif, général, vous attend, vous et les braves qui sont avec vous... Il vous autorise à prendre, pour hâter et assurer votre retour, toutes les mesures militaires et politiques que votre génie et les événements vous suggéreront. »

L'amiral Bruix, qui devait partir pour l'Egypte avec la flotte de Brest, reçoit une lettre confidentielle destinée, elle aussi, à Bonaparte et précisant que les Directeurs verraient avec plaisir le général rentrer en France à la tête des armées qu'il avait jusque-là « si glorieusement commandées ».

Talleyrand, comme le dira un jour son petit-fils, Morny, prévoyait la nécessité d'un coup de balai et comptait bien se trouver ce jour-là du côté du manche. Aussi, demande-t-il à l'amiral de révéler à Bonaparte la fragilité de la situation actuelle et de lui remettre ce billet : « Ne vous pressez pas, voyagez à petites journées ; les embarras sans nombre qui nous envahissent de toutes parts enverront bientôt au-devant de vous toutes les inquiétudes et toutes les espérances ; c'est avec ce cortège que vous devez rentrer à Paris. »

Mais Bruix et sa flotte n'ont pu appareiller...

La France, après le tourbillon révolutionnaire qui l'avait emportée, est terriblement lasse. Dégrisée, déçue, écœurée par un régime pourri, elle tombe dans une profonde apathie. Les frontières des Alpes sont menacées, Jourdan rétrograde vers Strasbourg — ce qui lui vaut le surnom de *général Ecrevisse* —, les événements s'aggravent et rien ne sort la France de sa torpeur. Ainsi que le précise un rapport d'un commissaire d'administration : « Nos revers ne font naître ni joie ni inquiétude ; il semble qu'en lisant l'histoire de nos batailles, on lise l'histoire d'un autre peuple. » Il est vrai que la pourriture et le « margouillis » national — autrement dit la désagrégation de l'Etat — sont si totaux, si effroyables que l'on pense davantage aux innombrables maux que l'on a sous les yeux plutôt qu'aux désastres qui se déchaînent hors des frontières.

La France gît à terre comme un cadavre.

Et si Bonaparte ne revenait pas ? Qui aiderait Talleyrand

à sortir de l'impasse et à recouvrer le pouvoir ? Avec Sieyès, ils se mettent tous deux à supputer les chances d'abord du duc d'Orléans, puis ils se tournent vers Louis XVIII. Talleyrand entre en contact avec Fauche-Borel, agent secret du « comte de Lille » à Paris. Fontanes est envoyé auprès du « roi » exilé au château russo-germanique de Mitau perdu dans les dunes grises de Courlande. Il vient proposer à la monarchie exilée les services de M. de Talleyrand. En échange, ce dernier désire, bien sûr, entrer au gouvernement, exige que lui soit conféré le titre de duc de Périgord et demande, enfin, l'affranchissement « des liens de son état ecclésiastique ». Louis XVIII aurait accepté les deux premières conditions, mais il ne lui appartenait pas de se substituer au pape pour la troisième.

Talleyrand, pour régner sur la France — la folie du pouvoir l'égare ! — essaye d'entrer en contact avec le prince Louis de Prusse. Sainte-Foy, chargé des préliminaires, s'en vient trouver le ministre de Prusse en France, Sandoz-Rollin, qui expédie cette dépêche à Berlin : « Le retour de la paix pourrait dépendre uniquement du rétablissement en France d'une monarchie constitutionnelle et héréditaire. Si cela arrivait, les suffrages des autorités et de la saine partie de la nation ne se décideraient pas pour un Bourbon... Les suffrages se décideraient plutôt pour un prince allemand et protestant... C'est le frère du roi votre maître et c'est le prince Louis de Prusse, fils du prince Ferdinand. » Cette burlesque vue de l'esprit ne recevra même pas la faveur d'une réponse.

Il faut rappeler ce que Charles-Maurice écrivait le 19 juillet 1799 dans ses *Eclaircissements :* « Ou bien la République s'affermira au milieu de tant de chocs ; ou nous serons abîmés dans la confusion, dans la destruction de tous ; ou la royauté reviendra nous asservir, mais avec un surcroît de rage et de tyrannie... Il est donc démontré, mille fois démontré, que *je ne puis avoir d'autre vœu que celui de l'affermissement et de la gloire de la République.* »

Il stigmatise ensuite celui qui oserait faire périr cette République : « Que son nom, comme celui de tout traître, arrive à la postérité chargé du poids de l'exécration générale... » Lorsque Napoléon tordra le coup au régime, M. de Talleyrand ne se souviendra plus de ce texte qui lui vaudra douze girouettes en 1815, record qu'il partagera avec Fontanes et Fouché.

A la fin de sa vie, Talleyrand, empêtré dans les différents serments de fidélité qu'il aura prononcés au cours de son existence — treize selon son propre aveu — essayera d'expliquer, avec un raisonnement pour le moins spécieux, pourquoi, toutes choses bien considérées, il avait préféré suivre Bonaparte :

« Le passage de la polyarchie à la monarchie héréditaire ne pouvant pas être immédiat, il s'ensuivait, par une conséquence nécessaire, que le rétablissement de celle-ci, et le rétablissement de la Maison de Bourbon ne pouvaient pas être simultanés. Ainsi, c'était une nécessité de travailler au rétablissement de la monarchie, sans s'occuper de la Maison de Bourbon que le temps pourrait ramener, s'il arrivait que celui qui aurait occupé le trône, s'en montrât indigne et méritât de le perdre. »

En 1831, il était facile de prédire Waterloo...

« Il fallait faire un souverain temporaire, poursuit Talleyrand avec d'autant plus d'entrain qu'il écrit sous le règne de Louis-Philippe, un souverain qui pût devenir souverain à vie, et enfin monarque héréditaire. La question n'était pas de savoir si Bonaparte avait les qualités les plus désirables dans un monarque. Il avait incontestablement celles qui étaient indispensables pour réaccoutumer à la discipline monarchique la France, encore infatuée de toutes les doctrines révolutionnaires, et nul ne possédait ces qualités au même degré que lui. La vraie question était comment on ferait de Bonaparte un souverain temporaire... »

Talleyrand n'allait pas tarder à être fixé.

Aucune dépêche n'a touché Bonaparte et, c'est de sa propre autorité, qu'il a abandonné son armée. Lorsqu'il arrive à Paris, « rien n'égale la joie de tous, la nouvelle électrise les républicains ». Les cinq rois du régime, effrayés par cette popularité, sentant que Bonaparte pourrait prendre facilement leur place, affectent d'oublier qu'ils ont eux-mêmes appelé le revenant à l'aide. Le Directeur Moulin veut même faire condamner le général pour désertion... On lui fait comprendre que le moment n'est pas à la plaisanterie.

Tous les mécontents se précipitent rue Chantereine pour offrir leurs services. S'il faut en croire Napoléon à Sainte-Hélène, l'arriviste Germaine de Staël, toujours friande de génies, se jette littéralement sur lui. « Elle me prit presque par les culottes dans ma petite maison de la rue Chantereine », racontera-t-il. Elle le suivit un jour qu'il quittait la pièce :

— Mais, madame, je vais à la garde-robe.

— Ça m'est égal, je suis une vieille femme !

« Elle disait, rapportera Bonaparte, que Joséphine était une sotte qui n'était pas digne d'être ma femme, qu'il n'y avait qu'elle, Mme de Staël, qui me convînt. Elle était folle de moi... Joséphine et Mme de Staël étaient effectivement aux antipodes. L'une était femme depuis la plante des pieds jusqu'aux cheveux ; l'autre ne l'était pas même par... »

En effet, Benjamin Constant, qui fut l'amant de Germaine, affirmait qu'elle était « un homme-femme ». Mme de Staël était-elle quelque peu hermaphrodite ? On sait qu'il existe de si nombreuses bizarreries de la nature...

Talleyrand est, bien sûr, l'un des premiers à être reçu rue de la Victoire, dans ce charmant hôtel de fille entretenue, occupé déjà par Joséphine avant son mariage. Charles-Maurice est frappé par le changement qui s'est opéré en Bonaparte. D'abord, il s'est fait couper les cheveux — Napoléon perce sous Bonaparte —, puis son teint olivâtre s'est accentué. Et, surtout, il parle déjà en maître. Talleyrand est suivi par Roederer, Maret, Bruix et Réal. Tous sont bien d'accord : il faut que Bonaparte prenne le pouvoir.

— Vous croyez que la chose est possible ?

— Elle est aux trois quarts faite.

Mais puisqu'il faut réaliser le coup d'Etat « de l'intérieur », il est obligatoire d'avoir dans la place, c'est-à-dire au Luxembourg, au moins deux complices. Talleyrand propose Sieyès. Pourtant Charles-Maurice le tenait en piètre estime. A quelqu'un qui voulait un jour le défendre, il s'exclama :

— Il est profond dites-vous ? Vous voulez dire creux, très creux !

Mais l'ancien prêtre a toujours une Constitution qui traîne dans ses poches. Et puis, surtout, Sieyès, lui aussi, cherche une épée qui pourrait mettre fin au « margouillis ».

— Vous voulez du pouvoir, affirme Talleyrand, et Sieyès veut une nouvelle Constitution. Unissez-vous pour détruire ce qui est, puisque ce qui existe est un obstacle pour tous les deux.

Bonaparte fait la grimace. L'humeur atrabilaire de

L'ex-abbé Sieyès : « Une indisposition naturelle qui lui interdit le commerce des femmes », selon l'expression de Talleyrand.

l'orgueilleux et pusillanime Sieyès, son éternel persiflage, sa démarche lente et molle, cette « indisposition naturelle qui lui interdit le commerce des femmes », selon l'expression de Talleyrand, tout ceci n'est pas étranger à l'antipathie éprouvée par le futur empereur. Peut-être estime-t-il aussi qu'il serait quelque peu excessif de s'entourer à la fois d'un ex-évêque et d'un ex-prêtre ?...

Avant de suivre les conseils de Charles-Maurice, Bonaparte va sonder Barras. Il dîne chez lui le 30 octobre et rapporte le soir même les paroles du « roi des pourris » à Talleyrand :

— La République va mal, lui avait dit Barras au milieu du repas. Je suis vieux, je ne suis plus bon à rien, je veux me retirer des affaires. Vous, général, vous êtes heureux de n'y être pas. Votre lot, c'est le militaire. Vous allez vous mettre à la tête de l'armée d'Italie et réparer nos revers. La République est en si mauvais état qu'il n'y a qu'un président qui puisse la sauver, et je ne vois que le général Hédouville qui puisse nous convenir. Qu'en pensez-vous ?

Lui préférer Hédouville ! L'ancien chef d'état-major de Hoche ! Le pâle gouverneur de Saint-Domingue ! Imaginer que ce personnage, tout juste bon à faire peut-être un jour un chambellan et un diplomate — il le sera d'ailleurs sous l'Empire... — puisse sauver la France ! Barras avait poursuivi, sans remarquer le regard glacial de Bonaparte posé sur lui :

— Quant à vous, général, notre intention est de vous rendre à l'armée ; et moi, malade, dépopularisé, usé, je ne suis bon qu'à rentrer dans la classe privée.

Talleyrand, auquel se sont joints Réal, Fouché et Roederer, sont abasourdis en entendant Bonaparte leur rapporter ces propos.

— Eh bien, poursuit Bonaparte, savez-vous ce que veut notre Barras ? Il avoue bien qu'il est impossible de marcher dans le chaos actuel : il veut bien un président de la République, mais c'est lui qui veut l'être. Quelle ridicule prétention ! Et il masque son désir hypocrite en proposant d'investir de la magistrature suprême, Hédouville, une vraie mâchoire ! Cette seule indication ne vous prouve-t-elle pas que c'est sur lui-même qu'il veut appeler l'attention ? Quelle folie ! Il n'y a rien à faire avec un tel homme.

Demeurait donc Sieyès. Malheureusement, les choses ont fort mal débuté entre eux. L'aide de camp de Bonaparte fait savoir à Sieyès que le général viendrait le voir le lendemain. Il fixe même l'heure de sa visite. Sieyès, qui se considère, non sans raison, comme un co-chef d'Etat, répond que le rendez-vous fixé ne lui convient pas :

— C'est l'heure du Conseil.

Bonaparte désavoue alors son aide de camp :

— Il a agi sans ordres. D'ailleurs je ne fais de visite à personne, c'est à moi qu'on en doit...

N'est-il pas la gloire de la Nation ?

Talleyrand arrange les choses :

— Vous voulez mettre en action les plans que vous avez enfantés, dit-il à Sieyès, et Bonaparte ne veut qu'une garantie contre les Jacobins et un poste dans lequel il soit à l'abri de leurs coups. Unissez-vous à lui, il vous donnera les moyens d'exécution qui vous manquent et vous lui assurerez la place qu'il cherche.

Finalement l'entrevue a lieu. Talleyrand conduit le postulant dictateur au Luxembourg. Il laisse Bonaparte dans sa voiture et entre le premier chez Sieyès. Après s'être assuré que ce dernier se trouve seul et n'attend personne, il fait avertir Bonaparte que la voie est libre. Quelques instants plus tard la conférence commence entre les trois hommes.

— Citoyen, déclare d'emblée Bonaparte, nous n'avons pas de Constitution, du moins celle qu'il nous faut. C'est à votre génie qu'il appartient de nous en donner une. Dès mon arrivée vous avez connu mes sentiments. Le moment d'agir est venu. Toutes vos mesures sont-elles arrêtées ?

« On convint, rapportera Talleyrand, qu'au Directoire on substituerait trois consuls provisoires qui, conjointement avec deux commissions des Conseils, prépareraient une Constitution nouvelle, laquelle serait soumise à l'acceptation des assemblées primaires, car la souveraineté du peuple est un dogme, que personne alors ne songeait à contester. »

— Je ne voudrai jamais rien qui ne soit librement discuté et approuvé par une *votation* universelle bien constatée, ajoute Bonaparte. Occupez-vous de l'établissement d'un gouvernement provisoire. J'approuve que ce gouvernement soit réduit à trois personnes et, puisqu'on le juge nécessaire, je consens à être l'un des trois consuls provisoires, avec vous et votre collègue Roger Ducos.

Ainsi Bonaparte exige la place de consul ! L'abbé fait la grimace, mais se résigne... et la conspiration marche bon train — mais secrètement. Un soir, Bonaparte se rend rue Taitbout, chez Talleyrand, dans la maison qu'il occupe au fond d'une cour. Au premier étage, on communique par des galeries à des pavillons donnant sur la rue. « Nous étions dans le salon éclairé par quelques bougies et très animés dans notre conversation, raconte Charles-Maurice. Il était 1 heure du matin lorsque nous entendîmes un grand bruit dans la rue. A un roulement de voiture se mêlaient les piétinements d'une escorte de cavalerie. Tout à coup les voitures s'arrêtèrent devant la porte de ma maison. Le général Bonaparte pâlit, je crois que j'en fis autant. Nous pensâmes au même instant, qu'on venait nous arrêter par ordre du Directoire. Je soufflai sur les bougies et je me rendis à petits pas, par la galerie, vers un des pavillons qui donnaient sur la rue et d'où on pouvait voir ce qui s'y passait. Je fus quelque temps sans pouvoir me rendre compte de tout ce mouvement, qui, bientôt, s'expliquera d'une façon assez plaisante.

» Comme à cette époque les rues de Paris étaient fort peu sûres, pendant la nuit, quand les maisons de jeu se fermaient au Palais-Royal, on rassemblait tout l'argent qui avait servi à tenir le jeu, on le portait dans des fiacres, et le banquier des jeux avait obtenu de la police qu'une escorte de gendarmes, qu'il payait, accompagnerait chaque nuit les fiacres jusqu'à son domicile qui était rue de Clichy, tout près de là. Cette nuit-là, quelque chose s'était cassé à l'un des fiacres précisément devant ma porte, et c'était ce qui avait motivé le temps d'arrêt qu'on y faisait, et qui dura un quart d'heure environ. Nous rîmes beaucoup, le général et moi, de notre panique qui n'était toutefois que bien naturelle quand on connaissait comme nous, les dispositions du Directoire et les extrémités auxquelles il était capable de se porter. »

Talleyrand et Roederer se partagent les rôles, mais la responsabilité de la tactique générale du complot incombe à Charles-Maurice. A la demande de Bonaparte, qui préfère avoir Barras avec lui que contre lui, Talleyrand s'en retourne voir le vicomte et le berne de bonnes paroles. Bien sûr, il peut être tranquille, on ne fera rien sans lui !

« Le plan arrangé, poursuit Talleyrand, le Conseil des Anciens, en vertu de la prérogative que la Constitution lui donnait, et sous prétexte de l'agitation qui régnait dans Paris, devait transférer le corps législatif à Saint-Cloud. On se flattait par là de prévenir tout obstacle au plan concerté. » A Saint-Cloud, où tout se jouerait.

Le coup d'Etat devait avoir lieu le 7 novembre — 16 brumaire an VIII. La veille, rue Taitbout, Talleyrand joue paisiblement au whist. Il y a, dans la pièce, Mme Grand, Mme de Cambis, la duchesse d'Ossuna, Regnault de Saint-Jean-d'Angély, Roederer, Lemaire le latiniste, alors commissaire du gouvernement près du Bureau central. Soudain, Arnault arrive de la rue de la Victoire où se donnait une grande soirée. Regnault l'interroge du regard. Arnault répond négativement et Regnault transmet ce message muet à Talleyrand. Le whist terminé, Arnault annonce aux conjurés que l'opération est remise au 18 brumaire, samedi 9 novembre. Bonaparte s'incline :

— Je leur laisse le temps de se convaincre que je puis faire sans eux ce que je consens à faire avec eux.

Le 18 brumaire, à 6 heures, Talleyrand achève de s'habiller lorsque Roederer paraît avec son fils.

— Nous avons encore une heure devant nous, propose Talleyrand, il faudrait rédiger pour Barras un projet de démission honorable, dont les termes facilitassent une négociation avec lui ; vous devriez faire cela.

Talleyrand connaît bien son homme.

« Une négociation » ne signifie nullement que l'on fera de Barras, l'un des futurs consuls. Pour le forcer à quitter le Luxembourg, il faudra y mettre le prix... Barras est vénal et ne se contentera pas d'une somme seulement rondelette !

Talleyrand, en compagnie de Roederer et de Macdonald, arrive rue de la Victoire. La petite allée qui conduit à la maison de Joséphine regorge d'officiers en grande tenue. Tous, en recevant la convocation, ont compris : c'est pour aujourd'hui ! Aussitôt introduit auprès de Bonaparte, l'ex-évêque jure sur un crucifix — du moins on l'affirme — de ne rien révéler du complot. On attend les décrets qui transféreront le lendemain les deux Assemblées à Saint-Cloud et nommeront Napoléon Bonaparte commandant en chef. Quelques instants plus tard, arrive, en grand équipage, l'inspecteur du Conseil des Anciens venu lire les quatre décrets. Les conjurés faisant partie du Conseil des Cinq-Cents ont bien travaillé ! Chapitré par Sieyès, le citoyen Cornet, président de la Commission des Inspecteurs, annonce sans sourciller :

— Les symptômes les plus alarmants se manifestent depuis plusieurs jours... la patrie est consumée et ceux qui échapperont à l'incendie verseront des pleurs amers, mais inutiles, sur les cendres qu'il aura laissées sur son passage. Vous pouvez, représentants du peuple, le prévenir encore ; un instant suffit, mais si vous ne le saisissez pas, la République aura existé et son squelette sera entre les mains des vautours qui s'en disputeront les membres décharnés.

On ne craignait pas alors les images hardies et « les mains des vautours » font leur effet. La majorité adopte sans broncher les projets de décrets.

Bonaparte prend la tête d'une cavalcade et se rend vers les Tuileries pour jurer fidélité au régime qu'il s'apprête à renverser le lendemain. Le cortège passe sous les fenêtres du financier Ouvrard — ami de Talleyrand et fournisseur de la Marine — qui habite au coin de la rue de Provence et de la Chaussée-d'Antin. Ouvrard comprend très vite la machination qui se trame et le parti qu'il peut en tirer. Il quitte sa fenêtre, s'assied à son bureau et écrit à l'amiral Bruix :

« Citoyen amiral, le passage du général Bonaparte, se rendant au Conseil des Anciens, quelques mouvements de troupes, me font pressentir qu'il se prépare du changement dans les affaires politiques ; cette circonstance peut nécessiter des besoins de fonds. Je vous prie, mon cher amiral, d'être l'interprète de l'offre que je fais d'en fournir... »

Proposition alléchante qui tombe à point nommé. Bruix et Talleyrand ont trouvé le viatique nécessaire pour neutraliser Barras et lorsqu'ils arrivent tous deux, vers midi, au Luxembourg — un Luxembourg désert — il n'y a assise autour d'une table dressée comme d'habitude pour trente couverts qu'une personne invitée, une seule : Ouvrard, face à face avec Barras. Ce dernier sent bien que le vent a tourné... sans lui. Déjà, sous le prétexte qu'il prenait son bain, il avait refusé de recevoir ses deux collègues Gohier et Moulin, errant tous deux à la dérive, qui lui apportaient les nouvelles de la matinée. Informé par son secrétaire, Bottot, Barras n'ignorait pas que Bonaparte l'avait pris à partie aux Tuileries en hurlant :

— Qu'avez-vous fait de cette France que je vous avais laissée si brillante ? Je vous ai laissé la paix, j'ai retrouvé la guerre ! Je vous ai laissé des victoires, j'ai retrouvé des revers ! Je vous ai laissé des millions d'Italie, j'ai retrouvé partout des lois spoliatrices et la misère.

Et maintenant, Talleyrand et Bruix faisaient tomber ses dernières illusions — si toutefois il lui en restait encore... — en venant « négocier sa retraite ». Talleyrand le prévient :

— Bonaparte est déterminé à employer contre vous tous les moyens de force qui sont en son pouvoir, si vous essayez de faire la moindre résistance pour entraver ses projets.

Barras ouvre brusquement la fenêtre donnant sur la rue de Tournon et, stupéfait, assiste au départ de la garde du Directoire — future garde consulaire et impériale — qui, musique en tête, quitte le Luxembourg pour les Tuileries sous les acclamations de la foule. Barras est trahi. Trahi par Bonaparte et par Talleyrand qui lui doivent tout ! Charles-Maurice lui tend alors une lettre de démission destinée aux Anciens, la lettre qui, rappelons-le, a été écrite par Roederer à la demande de Talleyrand. Une lettre qui a dû donner bien du mal à ses auteurs, car elle est pleine de ratures qui ne facilitent pas toujours sa lecture. Barras la déchiffre cependant :

« La gloire qui accompagne le retour du guerrier illustre à qui j'ai eu le bonheur d'ouvrir le chemin de la gloire, les marques éclatantes de confiance que lui donne le corps législatif, et les décrets de la Représentation nationale m'ont convaincu que, quel que soit le poste où l'appelle désormais l'intérêt public, les périls de la liberté sont surmontés et les intérêts des armées garantis. Je rentre avec joie dans le rang de simple citoyen, heureux, après tant d'orages, de remettre entiers et plus respectables que jamais les destins de la République dont j'ai partagé le dépôt. Salut et respect. »

Pour le décider à signer, Talleyrand a-t-il aussi promis à Barras :

— La première place vous est encore réservée, si vous voulez l'accepter. Mais pour arriver à tout ce qui doit succéder, sans secousse ni malheur, il est convenable que vous donniez d'abord votre démission.

Il n'est pas impossible que Charles-Maurice lui ait donné ce conseil, mais alors, comment expliquer le départ de l'ex-directeur pour Grosbois, qui s'ensuivit ?

Quoi qu'il en soit, Barras signe et Talleyrand approuve. Il va même jusqu'à lui baiser la main en témoignage de reconnaissance... Barras a bel et bien sauvé la patrie ! Mais une énigme demeure. Talleyrand a-t-il ou n'a-t-il pas remis la somme prévue pour que le noble vicomte sorte de l'Histoire ? Barras prétendra qu'après avoir beaucoup parlé de ladite somme, Talleyrand l'aurait tout simplement empochée, en exerçant un déplaisant chantage : si l'ex-directeur refusait d'abandonner ses fonctions, certains papiers compromettants seraient alors divulgués... Est-ce exact ? Dans ce domaine — et lorsqu'il s'agit de Talleyrand — tout est possible. Barras demande simplement de pouvoir gagner en toute quiétude sa résidence de Grosbois[1].

Il quitte le Luxembourg sans plus tarder.

Mais son équipage ne parvient pas à dépasser la barrière de Charenton : selon les ordres de Fouché, aucune voiture ne pouvant sortir ce jour-là de Paris sans laissez-passer. Aussitôt alerté, Bonaparte est tout heureux de signer le sauf-conduit qui autorisait Barras à poursuivre sa route.

---

1. Devenu ministre des Relations extérieures du Consulat, Talleyrand, le 25 avril 1800, recommanda Barras qui désirait se rendre en Espagne, auprès du citoyen Alquier, ambassadeur de France à Madrid : « Les services qu'il a rendus à la cause de la Révolution, écrivait-il dans cette lettre inédite, et le rang qu'il a occupé dans la République sont des titres qu'aucun ami de la liberté ne doit être tenté de méconnaître... »

Bien plus, il envoie cent dragons pour « protéger le citoyen Barras contre quelque attroupement que ce fût » et l'escorter « autant de temps que l'officier, qui est à leur tête, le jugerait nécessaire ».

Chacun savait que le 18-Brumaire devait se jouer le 19 à Saint-Cloud. Les Anciens se réuniraient dans le grand salon du château, et les membres des Cinq-Cents à l'Orangerie. La réussite du complot était incertaine et risquait de fort mal se terminer. S'il faut en croire Barras, Talleyrand avait même commandé une chaise de poste tout attelée pour fuir en cas de besoin...

Le 19 brumaire, Charles-Maurice part donc pour Saint-Cloud en compagnie de Rœderer et de l'ex-abbé Des Renaudes qui, sans cesse, pousse de gros soupirs « sur ce qui va arriver » :

— C'est le renversement de la Constitution ! répète-t-il.

Talleyrand essaye d'énumérer les nombreuses brèches qui ont déjà été portées à la Constitution de l'an III. Il ne s'agit, somme toute, ce 19 brumaire, que d'en faire une de plus. Mais les lamentations de l'ex-abbé Des Renaudes ne s'arrêtent pas pour autant...

En pénétrant au château, ils sont accueillis par le financier Collot, fournisseur aux armées.

— Bonaparte ne m'a rien dit, leur avoua-t-il, mais, par précaution, j'ai mis cinq cents louis dans mes poches, cela peut être utile.

Le nerf de la guerre !

L'ancien député aux états généraux, Duquesnoy, et l'inévitable Montrond sont chargés par Talleyrand « de s'informer de tout ce qui se passait, d'observer, de voir par eux-mêmes tout ce qui se pourrait voir et de venir leur donner des nouvelles ».

Le premier, Montrond apprend à Talleyrand à quel point Bonaparte est apparu lamentable aux Anciens. Bourrienne lui avait même dit :

— Sortez, général, vous ne savez plus ce que vous dites !

L'attitude pitoyable du futur consul consternait Montrond. Il ne cessait de répéter :

— Général Bonaparte, ce n'est pas correct ! ce n'est pas correct...

A son tour, Duquesnoy vient prévenir Talleyrand que le Conseil des Cinq-Cents avait déclaré « Bonaparte hors la loi ». Dès son entrée, ils se sont jetés sur lui en vociférant. Destrem, dont on dit qu'un « coup de sa main » valait « un coup de poing d'un autre », a empoigné le chétif Bonaparte par l'épaule au moment où celui-ci, l'esprit en déroute, était sur le point de s'évanouir... Il aura toute sa vie horreur de la foule déchaînée. Le général avait été enfin dégagé et emmené par ses soldats.

Sitôt après son départ, le terrible cri de *hors la loi le dictateur !* retentit dans toutes les travées.

— Allez vite annoncer cela à Bonaparte, demande Talleyrand à Duquesnoy.

En compagnie de Montrond, il retrouve Bonaparte qui attend dans une pièce nue et presque délabrée du château.

— Général, s'écrie Duquesnoy, « ils » viennent de vous mettre hors la loi !

Bonaparte pâlit en entendant ces mots qui, sous la Révolution, envoyaient sans jugement tant de victimes à l'échafaud. Sieyès garde son calme :

— Puisqu'ils vous mettent hors la loi, ils y sont !

Bonaparte met alors l'épée à la main, ouvre la fenêtre et hurle :

— Aux armes !

Fort heureusement, Lucien Bonaparte, qui préside la séance des Cinq-Cents, vient rejoindre son frère, et harangue les troupes massées dans la cour du château :

— Citoyens, soldats ! Le président du Conseil des Cinq-Cents vous déclare que l'immense majorité de ce conseil est dans ce moment sous la terreur de quelques représentants du peuple à stylets, qui assiègent la tribune, présentant la mort à leurs collègues, et enlèvent les délibérations les plus affreuses. Je vous déclare que ces audacieux brigands, sans doute soldés par l'Angleterre, se sont mis en rébellion contre le Conseil des Anciens, et ont osé parler de mettre *hors la loi* le général chargé de l'exécution de son décret.

Talleyrand, peut-être d'une fenêtre, avait-il assisté à la scène ou bien Montrond la lui avait-il rapportée ? Ce dernier a certainement dû s'amuser en racontant la charge des soldats et le sauve-qui-peut général des Cinq-Cents enjuponnés, ridicules dans leur déguisement romain, sautant par les fenêtres et se perdant dans le parc. Quelques récalcitrants

La célèbre séance du Conseil des Cinq-Cents tenue à Saint-Cloud le 19 Brumaire. « Les braves grenadiers du Corps Législatif en sauvant Bonaparte ont sauvé la France », nous dit la légende de cette gravure.

qui s'accrochaient à leur siège furent pris à bras-le-corps par les soldats et déposés sans façon à l'extérieur. Ceux qui tentèrent de résister par trop sentirent l'acier des baïonnettes leur caresser l'échine.

On a dit que Talleyrand avait inspiré au président des Anciens, Lemercier, ce texte qui mettra fin au Directoire : « Le Conseil des Anciens, attendu la retraite *(sic)* du Conseil des Cinq-Cents, décrète ce qui suit : Quatre des membres du Directoire exécutif ayant donné leur démission et le cinquième étant mis en surveillance, il sera nommé une commission exécutive provisoire composée de trois membres. »

Ce n'est pas encore le Consulat. Le mieux ne serait-il pas d'essayer de rattraper quelques « Cinq-Cents » ? Les huissiers partent à leur découverte, vont dans les guinguettes des environs, cherchent à gauche et à droite et, bientôt, réunissent une bonne poignée de députés qui, en attendant d'obtempérer aux ordres, somnolent sur les banquettes de l'Orangerie. Ce Parlement-croupion votera avec docilité le décret final mis au point par Talleyrand et ses complices :

— Le Corps législatif crée provisoirement une commission consulaire exécutive, composée des citoyens Sieyès,

Roger Ducos, ex-Directeurs, et de Bonaparte, général, qui porteront les noms de consuls de la République.

Tandis qu'au son des trompettes les trois consuls font leur entrée et prêtent serment, Talleyrand déclare tout à trac à Rœderer, à son fils et à Montrond :

— Maintenant, allons souper.

Et ce soir-là, Mme Michel Simons, ex-Mlle Lange, ex-maîtresse de Barras, qui avait également eu des bontés pour l'ex-évêque, reçoit à sa table Talleyrand et ses amis, dans sa petite maison de Meudon. Et pendant toute la joyeuse soirée, on entendra Montrond reprendre son leit-motiv :

— Général Bonaparte, ce n'est pas sérieux !

Quatre jours plus tard, Bonaparte appellera au Luxembourg Talleyrand et Rœderer pour les remercier de leur aide si efficace. Le Consul — il le dira lui-même — ne voulant pas « trop froisser l'opinion publique fort indisposée contre Talleyrand », laisse passer une semaine avant de faire connaître sa décision. Le 21 novembre — 2 ventôse an VIII — Reinhard, qui avait pris la place de Talleyrand, est expédié en Helvétie et Charles-Maurice retrouve les élégantes colonnes de l'hôtel Galliffet et son petit cabinet de travail où les Amours grassouillets, évoquant au-dessus des portes les quatre saisons, semblent l'attendre.

Il devait demeurer là durant sept années.

— Citoyen Consul, vous m'avez confié le ministère des Relations extérieures, avertit Talleyrand au nouveau maître, et je justifierai votre confiance. Je crois devoir vous déclarer dès à présent que je ne veux travailler qu'avec vous. Il n'y a pas là de vaine fierté de ma part, je vous parle seulement dans l'intérêt de la France. Pour qu'elle soit bien gouvernée, pour qu'il y ait unité d'action, il faut que vous soyez le Premier consul et que le Premier consul ait dans sa main tout ce qui tient directement à la politique, c'est-à-dire le ministère de l'Intérieur et de la Police, pour les affaires du dedans, et mon ministère pour les affaires du dehors. Les deux autres consuls pourraient s'occuper de la Justice et des Finances. Cela les occupera, cela les amusera, et vous, général, ayant à votre disposition toutes les parties vitales du gouvernement, vous arriverez au noble but que vous vous proposez, la régénération de la France.

— Savez-vous, Bourrienne, dira Bonaparte à son secrétaire, que Talleyrand est de bon conseil ; c'est un homme de grand bon sens.

— Général, c'est l'opinion de tous ceux qui le connaissent.

— Talleyrand n'est pas maladroit, il m'a pénétré. Ce qu'il me conseille, vous savez bien que j'ai envie de le faire.

Bien plus tard, Napoléon demanda à son ministre comment il s'y était pris pour amonceler sa considérable fortune.

— Oh ! c'est bien simple. J'avais acheté de la rente le 17 brumaire et je l'ai revendue trois jours plus tard !

Réplique qui devait ravir le futur empereur et l'inciter à fermer les yeux sur les fréquents écarts de M. de Talleyrand.

Le retour de Charles-Maurice aux affaires n'est pas unanimement approuvé. Un certain Dandelot Aîné publie à Mâcon une brochure intitulée : *Masque arraché ou Ma pensée contre Talleyrand-Périgord, encore ministre des Relations extérieures !* Et le citoyen Dandelot Aîné d'écrire : « Il est ex-noble, ex-courtisan, ex-prélat catholique romain, et cependant il parvient à s'élever au ministère, et ce ministère est celui des Relations extérieures ! Que ce traître et ses semblables soient frappés à l'instant par la foudre nationale ! Ou sinon, c'en est fait de la République. »

Pour tordre le cou à la République, point n'était besoin de recourir à M. de Talleyrand... Bonaparte s'en chargera bien tout seul !

Le soir du 26 décembre 1799, Talleyrand monte en voiture et se rend place Vendôme — on commence déjà à ne plus l'appeler la place des Piques. Il doit prendre, quelque part dans l'ombre, Hyde de Neuville, chef de « l'agence » royaliste de Paris qui a demandé à rencontrer le Premier consul. C'est un homme de vingt-cinq ans, à l'œil vif, à la mine futée, aux cheveux poudrés. Dans la voiture, Talleyrand parle de Bonaparte :

— S'il passe une année, il ira loin. C'est un homme qui se croit maître de la fortune et dont l'étonnante confiance en son étoile inspire à ses partisans une si étonnante sécurité.

Hyde, qui pense surtout à la mission que lui a confiée Louis XVIII, interroge fébrilement Talleyrand :

— Mais croyez-vous que le présent puisse déraciner l'avenir ?

Selon Talleyrand, seul Bonaparte peut « soutenir l'édifice » encore branlant.

— Son habit ne va qu'à sa taille ; et voilà le danger de notre position présente.

— Et les princes ?

Talleyrand, toujours prévoyant, joue sur les deux tableaux et affecte même de parler du comte d'Artois « presque avec amour ». Cependant, il ne peut être question du retour des Lis — du moins pour l'instant.

— Qu'il sache que, tout en ne pouvant servir le prince, je n'en demeure pas moins tout dévoué à sa personne ; il n'y a pas d'homme plus aimable et plus digne d'être aimé.

En somme, Talleyrand garde toujours à l'esprit la conversation qu'il avait eue avec Monsieur au lendemain de la prise de la Bastille. Si l'évêque d'Autun a embrassé la cause de la Révolution, c'est à cause de son infirmité.

— Sans cette jambe, j'aurais probablement suivi la carrière militaire. Et qui sait ? Je serais peut-être, comme vous, émigré ou, comme vous, l'envoyé des Bourbons.

L'entrevue avec Bonaparte — pas plus que celle accordée le lendemain au général d'Andigné — ne donne pas grand-chose. Talleyrand assiste passivement aux entretiens et les deux royalistes n'auront même pas entendu le son de sa voix. D'Andigné écoute plutôt Bonaparte qui, nous dit-il, — et c'est là une indication précieuse — « avait un accent étranger désagréable à l'oreille et s'exprimait d'une manière brève et énergique ».

Talleyrand doit néanmoins se sentir quelque peu gêné lorsque Bonaparte s'exclame :

— Moi aussi, je veux de bons prêtres... La religion, je la rétablirai, non pas pour vous, mais pour moi... Ce n'est pas que, nous autres nobles, nous ayons beaucoup de religion, mais elle est nécessaire pour le peuple et je la rétablirai.

Que deviendrait alors l'ex-évêque d'Autun ? Devrait-il reprendre la mitre ?

On aurait aimé connaître les sentiments de Talleyrand, le 19 février 1800. Ce jour-là, Bonaparte prenait possession des Tuileries. Les membres du Conseil d'Etat font partie du cortège et se sont entassés dans des fiacres dont on a caché

Le Premier consul Bonaparte entre ses deux collègues-figurants :
Cambacérès (à gauche) et Lebrun (à droite).

les numéros — ce qui permettra le lendemain aux journaux d'appeler ces *locatis* des carrosses. Après une musique militaire et un état-major empanaché, viennent les ministres toujours en voiture de louage — sauf Talleyrand, bien sûr, qui possède son propre équipage. D'un balcon du château, il peut assister ensuite à la parade au cours de laquelle Bonaparte fait évoluer les troupes qui défilent devant lui.

Le lendemain, 20 février, Talleyrand présente le Corps diplomatique au maître, qu'il appelle avec désinvolture — et en aparté — *Hic,* alors que Cambacérès, dont on connaît les mœurs efféminées, est baptisé *Hæc* et que le pâle Lebrun est surnommé *Hoc.*

Parfois, Charles-Maurice condescend à instruire les deux autres consuls des affaires en cours, mais seulement du bout des lèvres et lorsqu'il le juge nécessaire. Plusieurs fois par semaine, il se rend le matin aux Tuileries. Dès la salle des Gardes, un huissier le décharge de son portefeuille et le lui rend au seuil du cabinet de travail de Bonaparte. Les portes sont ouvertes pour les ministres à deux battants et le citoyen

Talleyrand-Périgord fait son entrée. Pour dissimuler sa claudication, il fait un tel effort qu'il ne marche pas : il glisse. De longues heures, il demeure avec le Consul. Il tient tellement à faire croire qu'il mène et son maître et l'Europe ! Bonaparte n'est pas homme à se laisser mener — même par Talleyrand. Charles-Maurice met cependant tout en œuvre pour que l'on ne doute pas de sa puissance. Il sait ce que le Consul attend de lui : donner au nouveau régime l'élégance qui lui manque encore totalement, dépoussiérer le gouvernement toujours englué dans les habitudes révolutionnaires et prouver du même coup au Corps diplomatique que l'on commence à retrouver l'ancien ordre des choses. Bref, attirer le monde civilisé qui renaît peu à peu.

— Il me fallait un aristocrate, expliquera Bonaparte, et un aristocrate qui savait manier une insolence toute princière.

Avec Talleyrand, il ne pouvait mieux tomber... Que son ministre appartienne à la plus ancienne noblesse en imposera à Bonaparte. Plus tard, l'ancien cadet boursier du roi ne se sentira jamais très à l'aise en face de vrais souverains héréditaires et il adoptera, vis-à-vis d'eux, des manières brusques pour cacher sa timidité. Cette rudesse ne trompera pas Metternich : « Son attitude, écrira-t-il, annonçait de la gêne et même de l'embarras. »

Le ministre des Relations extérieures possédait une sorte de cabinet noir où les dépêches de certains particuliers étaient ouvertes, puis refermées et cachetées, avant d'être acheminées vers leur propriétaire. Or il advint qu'un ambassadeur étranger — le chevalier d'Azzara — mécontent que l'on eût intercepté et lu son courrier, se plaignit au ministre :

— Monsieur l'ambassadeur, répondit froidement Talleyrand, je suis persuadé d'une chose : c'est que votre dépêche aura été décachetée par quelqu'un qui voulait savoir ce qu'il y avait dedans.

Les bals de l'Opéra, abolis depuis dix années, sont rétablis dès le mois de février. Ainsi que le fait remarquer *le Journal des Débats,* un gouvernement « fort de sa propre force » se doit « de se mettre au-dessus des idées pusillanimes » dont ont été imbus ses prédécesseurs. Bonaparte se souvient de la fête admirable que Talleyrand a donnée en son honneur rue du Bac, lors de son retour d'Italie. Aussi, dès le 25 février 1800, le ministre, pour lui plaire, organise une réception dans sa maison de campagne de Neuilly, achetée à son ami Sainte-Foix [1]. Bonaparte applaudit au spectacle et aux chants, mais, désireux d'attirer le faubourg Saint-Germain, s'intéresse surtout aux dames de l'ancienne aristocratie invitées par son ministre. A sa demande, Talleyrand envoie le lendemain « la liste des femmes non dansantes qui, annonce-t-il, étaient chez moi avant-hier ». On y voit des grands noms : les Castellane, d'Aiguillon, Crillon, Vergennes, Ségur, et Mme de La Rochefoucauld née Rohan-Chabot, précise Talleyrand.

Ce « monde ordonné » peu à peu reparaît, revenants aux regards atones et timides « comme des gens ayant échappé à un naufrage et se retrouvant dans une île déserte ».

A cette époque, Talleyrand possède une autre maison de campagne à Auteuil, nommée *la Tuilerie*. Lucien Bonaparte, qui n'aime guère le ministre des Relations extérieures, fait une description des réceptions que Talleyrand présidait :

« A Auteuil, le service se faisait à la grecque. Des nymphes à noms mythologiques servaient le café dans des aiguières d'or, les parfums brûlaient dans des cassolettes d'argent. Au milieu de tout cela, *Courtalon* — c'est du ministre boiteux qu'il s'agit — triomphait. »

Les invités arrivent vers 3 heures et se promènent dans le jardin, puis l'on joue au billard avant le dîner. Quand le Premier consul assiste à la fête, Talleyrand s'attache à ses pas et n'hésite pas à se tenir sans interruption près de lui — parfois durant plus de trois quarts d'heure, ainsi qu'il le fera un jour chez Mme Permon, lors du mariage de la future duchesse d'Abrantès avec Junot.

Lorsqu'il avait froid, Talleyrand s'étendait nonchalamment sur un sofa près du feu. On n'entendait guère le son de sa voix — « une voix de bois » — sauf lorsqu'il ne restait plus près de lui que quelques intimes.

Alors, il laissait tomber de ses lèvres minces quelques-uns de ces aphorismes aussitôt répétés :

---

1. La demeure située à l'angle de nos boulevards d'Argenson et de la Saussaye deviendra un château, agrandi par Louis-Philippe. Il n'en reste plus aujourd'hui que fort peu de chose, quelques vestiges dans le couvent du 52, boulevard d'Argenson.

— La parole a été donnée à l'homme pour déguiser sa pensée...

Ou encore :

— Pour faire fortune, ce n'est pas de l'esprit qu'il faut, c'est de la délicatesse qu'il ne faut pas.

S'il ne manquait pas de l'un, l'autre lui fit singulièrement défaut...

☆

Bonaparte ne tient nullement à se lancer dans une nouvelle guerre ; il a besoin de la paix pour reconstruire l'édifice de l'Etat sérieusement lézardé.

— Je ne veux pas faire la guerre, reconnaît-il, mais j'aime mieux la faire plus tôt que plus tard.

Cette paix, le citoyen ministre, « par ordre du Premier consul », l'offre au chancelier d'Autriche Thugut dès le 7 avril 1800, regrettant que « depuis quatre mois, nous soyons encore si peu avancés sur un objet aussi important ». Or l'Europe est encore « livrée aux calamités de la guerre ».

L'Autriche, qui occupe Nice, espérant rallumer la guerre en Allemagne et faire sous peu son entrée à Strasbourg, hausse les épaules. Le gouvernement impérial autrichien ne l'ignore pas : le Directoire a laissé les armées de la République dans un dénuement effroyable et quelques mois ne suffiront pas pour améliorer une situation aussi catastrophique...

Puisque la paix ne peut être obtenue que sur un champ de bataille, Bonaparte décide de rejoindre l'armée dite « de réserve ». Il l'explique à ses hommes :

— J'ai offert la paix à l'empereur, il ne l'a pas voulue. Il ne nous reste plus qu'à le prendre à la gorge.

Il se doute qu'en son absence les intrigues ne tarderont pas à se renouer — et que, bien entendu, Talleyrand sera l'un des premiers à retourner sa veste et à tirer les marrons du feu. Mais pour l'instant le ministre est alité, à la suite d'une violente crise de rhumatismes.

— Mais s'il se passe quelque chose, déclare Bonaparte à Cambacérès, je reviendrai comme la foudre !

Dès le départ du maître « les hommes à argent prennent un ton plus hautain ». Les partis paraissent « languir ». Assurément, Paris est inquiet... Avec sa prudence habituelle, Talleyrand se tourne du côté de Sieyès et aussi vers les victimes de Brumaire, pesant les chances des uns et des autres de revenir au pouvoir. Si Bonaparte est vaincu, il faut penser à l'avenir ! Il n'y avait pas alors deux ou trois complots sous roche, mais une bonne centaine peut-être ! Comme le dit Albert Vandal, « autant que de groupes intéressés à détruire le gouvernement consulaire ou disposés à s'arranger de cette destruction. Ce sont pour la plupart conspirations latentes, expectantes, s'élevant des plus bas degrés de l'échelle sociale jusqu'aux sommets. Une idée les nourrit : c'est la conviction que le pouvoir et même l'existence de Bonaparte ne peuvent survivre à une défaite ». Ainsi que l'écrit Mme d'Anjou à d'Avaray, ami de Louis XVIII : « Vaincu, ou mort, c'est synonyme. »

Talleyrand, les traits toujours impassibles — on pouvait, on le sait, lui donner un coup de pied au bas des reins, sans que son visage trahît la moindre surprise —, encourage du bout des lèvres mais ne se compromet point... ce qui ne l'empêche pas de dénoncer à Bonaparte les intrigues royalistes et de laisser arrêter par Fouché des agents « soldés par l'Angleterre ». Le 31 mai — le Premier consul ne sera à Milan que trois jours plus tard — Charles-Maurice lui écrit :

« J'espère être très incessamment à même de vous donner les noms propres des correspondants de l'intérieur, je ne néglige rien pour explorer à fond cette intrigue ; tandis que la merveilleuse irruption de l'armée de réserve en Italie, qui fait ici l'admiration de tous les étrangers et qui ne laisse à personne le moindre doute sur les succès décisifs de cette campagne, prépare à mon département des travaux plus chers et dont toute la gloire vous sera encore dévolue. »

L'opinion française est moins sereine. On continue à entendre : « Vainqueur, nous l'adorerons ; vaincu, nous l'enterrerons ! »

Lorsque la nouvelle de la victoire de Marengo parvient à Paris, c'est du délire ! Au cas où le Consul aurait eu vent de son attentisme, voire de ses intrigues, Talleyrand élève la voix plus fort que tous les autres. Aussi, le 21 juin, il écrit au vainqueur : « Quel début et quel dénouement ! La postérité pourra-t-elle croire au prodige de cette campagne ? Sous quels auspices votre retour nous est promis ! Il n'y a point eu d'empire qui ne fût fondé sur le merveilleux, et ici le merveilleux est la vérité. »

Bonaparte n'est pas dupe. S'il l'était, Fouché d'ailleurs se chargerait de lui ouvrir les yeux sur Talleyrand, qui lui rend bien la pareille. Ils se détestent, se jalousent et cette rivalité est utile aux yeux de Bonaparte. Tous les autres, Lucien surtout, ont leur « paquet », selon l'expression de Thibaudeau, mais, en effet, le Premier consul, qui ne mâche pas ses mots, n'adresse aucun reproche à ses deux ministres. Il a sans doute trop besoin d'eux ! Albert Vandal rappelait naguère ce mot de Villiers de Terreye : « Il y a des domestiques par lesquels on aime à se laisser voler. » Et puis, comme disait Bonaparte à Talleyrand :

— Vous savez tout ce que je ne sais pas !

Talleyrand respire. Sans doute n'a-t-il pas encore véritablement trahi... mais, poussé par l'intérêt, il a — et il faut encore citer Vandal — « fourni à l'étranger quelques arrhes sur ses futurs services... », ce qui n'est tout de même pas faire preuve de loyauté ! Bonaparte passe sur bien des choses. Les flatteries de Talleyrand sont faites avec tant de raffinement — ceux de l'Ancien Régime — que le consul, même en n'y croyant guère, les accepte. Un agent secret étranger explique la raison du véritable engouement de Bonaparte pour son ministre : « Si Talleyrand se maintient, c'est qu'il flatte l'orgueil et l'ambition de son maître, dont il devine et approuve d'avance les secrètes pensées ; c'est qu'il lui est utile, en sachant parer de formes aimables et conciliatrices un despotisme politique quelquefois un peu trop brutal. »

En plus de « cette insolence toute princière », de ses manières policées qu'admirait Bonaparte, ce qui ne cesse de surprendre, c'est cette intuition étonnante de l'avenir que possédait Talleyrand. Il s'en servira toute sa vie pour mener sa barque. N'a-t-il pas dit à Ouvrard, à la fin du mois de juin 1800 :

« Je sais bien ce que devrait faire le Premier consul, ce que demandent son intérêt, le repos de la France et celui de l'Europe. Deux routes lui sont ouvertes, le système fédéral qui laisse chaque prince, après la conquête, maître chez lui à des conditions favorables au vainqueur : ainsi, aujourd'hui, le Premier consul pourrait rétablir le roi de Sardaigne, le grand-duc de Toscane, etc. Mais veut-il au contraire réunir, incorporer ; alors il s'engage dans une carrière qui n'a pas de terme. »

On ne saurait mieux dire.

Lorsque Talleyrand sentira que s'approche « la fin de tout ceci », selon son expression, il s'empressera de changer de camp pour ne pas être précipité dans l'abîme. Mais nous n'en sommes pas encore là et Louis XVIII lui-même pense, en ce lendemain de Marengo, que la poire est mûre pour faire jouer à Bonaparte le rôle de Monk. Déjà, avant la victoire, le prétendant avait récidivé ses premières avances et avait demandé au consul d'assurer avec lui le relèvement de la France : « J'ai besoin de Bonaparte pour cela et il ne le pourrait pas sans moi. » Mais le futur empereur espérait bien prendre le gouvernail seul sans l'aide du comte de Provence ! Deux mois après le retour de Marengo, l'agent royaliste, l'abbé de Montesquiou, reçoit une réponse du Premier consul adressée à l'exilé : « Vous ne devez plus souhaiter votre retour en France ; il vous faudrait marcher sur cent mille cadavres... Sacrifiez votre intérêt au repos et au bonheur de la France. L'Histoire vous en tiendra compte... »

Le message est digne, mais l'abbé aimerait connaître quelle est exactement la position de Bonaparte, vis-à-vis des royalistes. Une rencontre avec Talleyrand est organisée lors d'un dîner chez la duchesse de Luynes. Le repas terminé, Talleyrand et Montesquiou se retirent dans un petit cabinet — Mme Grand en tiers.

— Je vous parle franchement, lui dit Talleyrand. Tout ce qui revient de Louis XVIII est bon ; tout ce qu'il a écrit est parfait. Ce qu'on lui répond engage plus la question qu'il ne la termine. Maintenez-vous donc dans cette ligne... Il faut trouver un moyen de remettre vous-même à Bonaparte les lettres dont vous serez chargé pour lui. Il est bon que vous puissiez causer ensemble. Il suffira que vous lui demandiez un rendez-vous. Il m'en parlera. Mais allez toujours directement à lui.

— Parlons franchement, interrompt l'abbé. Sommes-nous mieux que nous n'étions ?

— Oui, pour l'avenir, non pour le présent. Bonaparte ne songe point à quitter sa place ; il ne cherche point non plus à l'assurer. Il ne se la laisserait point ravir ; mais il n'est pas effrayé de la céder. Il veut la paix, mais c'est bien plus pour améliorer le gouvernement que pour s'y conserver ; il est, en un mot, d'un caractère indépendant, plus jaloux de la gloire que des grandeurs, et à qui toutes les choses élevées doivent plaire. Jugez ce caractère et travaillez pour l'avenir.

Un avenir où le citoyen ministre, de quelque manière que se présenteront les événements, est persuadé de conserver sa place.

Si, à la fin de cette année 1800, l'attentat de la rue Saint-Nicaise avait réussi, peut-être Talleyrand aurait-il fait savoir à l'abbé de Montesquiou que le moment était venu. Mais Bonaparte sort indemne de l'explosion, et Talleyrand envoie une circulaire à tous ses agents — ce qui lui permet d'invoquer la puissance divine : « Le génie de la France a encore une fois sauvé ses jours. Quelles que soient les conjectures qu'on formera sur la première impulsion, l'Europe, en apprenant que le forfait a pu être commis, se convaincra de plus en plus que la destinée d'un grand homme est sous la sauvegarde même du Ciel qui l'a placée trop au-dessus de la portée d'une poignée de scélérats pour qu'il lui soit donné de l'atteindre et d'en interrompre le cours... »

En attendant, il manie l'encensoir. Le 19 février 1801, pour la signature de la paix de Lunéville, il offre une grande fête à Neuilly. Il recommence le 8 juin avec magnificence — concert, chœurs et ballets — toujours à Neuilly en l'honneur du roi et de la reine d'Etrurie, ces Bourbons qui, par la grâce de Bonaparte, vont régner sur la Toscane. Le Premier consul est ravi : la nouvelle France donne la main à l'ancienne. « M. de Talleyrand, dit un témoin, donna la plus belle fête que notre âge eût encore vue, et, comme lui seul pouvait se surpasser en inventions d'élégance, d'à-propos et de somptuosités, il y parvint par des miracles inconnus jusqu'à lui. Cette fête fut réellement un chef-d'œuvre de génie artistique et courtisanesque. »

Mme Junot nous raconte que le roi d'Etrurie dansait en faisant « des sauts et des bonds ». Elle trouva la soirée infiniment moins enchanteresse lorsqu'elle reçut sur la tête, à la suite d'un brillant entrechat royal, l'une des boucles de soulier du souverain...

Certes, l'arrivée de Talleyrand est « courtisanesque » mais, plus il voit Bonaparte s'efforcer de redresser la France, une France affaiblie, vidée, plus il lui voue une réelle admiration. D'ailleurs, il le reconnaîtra plus tard :

« J'aimais Napoléon ; je m'étais attaché même à sa personne malgré ses défauts ; à son début, je m'étais senti entraîné vers lui par cet attrait irrésistible qu'un grand génie porte avec lui ; ses bienfaits avaient provoqué en moi une reconnaissance sincère. Pourquoi craindrais-je de le dire ? Je me réjouis de sa gloire et des reflets qui en rejaillissaient sur ceux qui l'aidaient dans sa noble tâche. »

Il pousse bientôt la flatterie un peu trop loin et il écrit au Premier consul de véritables lettres d'amour qui sont d'une flagornerie incroyable. Est-il sincère lorsque, devant partir pour une cure à Bourbon-l'Archambault, il écrit le 28 juin 1801 : « Quand ce que vous pensez, ce que vous dites et tout ce que je vous vois faire ne serait qu'un simple spectacle, je sens que l'absence que je vais faire serait pour moi la plus sensible des privations. Permettez-moi de vous répéter que je vous aime, que je suis affligé de partir, que j'ai la plus vive impatience de revenir près de vous et que mon dévouement ne finira qu'avec ma vie... »

Il se plaint de s'être accoutumé « à ne plus penser seul » et souffre de voir « son imagination et son esprit sans guide ». Dans une lettre du 9 juillet 1801, il déclare ne pouvoir écrire que « de bien pauvres choses », car, ajoute-t-il : « Je ne suis pas complet quand je suis loin de vous ».

Il prodigue aussi les conseils mielleux : « Je voudrais pour quinze jours vous voir dans une position où vous seriez forcé de faire du soin de votre santé l'affaire principale de vos journées, car je vous assure que vous ne vous en occupez pas assez. Je n'aime point votre bibliothèque, vous y êtes trop longtemps, je la crois humide ; les rez-de-chaussée ne vous valent rien, vous êtes fait pour les hauteurs. »

Il se compare, enfin, à Sully : « Permettez-moi d'emprunter à l'histoire d'une amitié très célèbre ce qu'un ministre d'Henri IV disait à son maître : *De peu que je suis attaché à votre sort, je suis à vous, à la vie et à la mort.* »

Bonaparte n'a pas de plus fervent adulateur !

Au mois d'août 1802, le Consulat à vie permet à Talleyrand de pousser le Premier consul vers cette monarchie qui, une fois rétablie, aidera un jour Louis XVIII à renouer avec le passé et à s'asseoir sur le trône. Les Français sont las. Après la grande tempête qui a presque fait sombrer la France, ils aspirent au calme, réclament l'ordre et la stabilité. Il faut les tranquilliser. Aussi suggère-t-il à Bonaparte :

« Vous n'avez qu'un seul parti à prendre, celui de stabiliser le gouvernement, rassurer les esprits sur les craintes de l'avenir, donner de la sécurité à ceux qui se sont dévoués pour vous... Vous n'avez qu'un moyen, celui de désigner votre successeur. Qui peut donc vous empêcher de le prendre ? »

Joséphine, devenue stérile, et l'inquiétude toujours en éveil lorsqu'il s'agit d'héritier d'une future monarchie possible, soupçonne les manœuvres du ministre des Relations extérieures :

« Je suis sûre que Talleyrand a remis à Bonaparte le plan d'une nouvelle Constitution ; l'hérédité y est proposée. Dans tout ceci Lucien travaille pour lui ; Rœderer pour Lucien, Talleyrand pour je ne sais qui ; car avec lui on ne sait pas sur quoi compter. »

Charles-Maurice voit loin, peut-être prépare-t-il déjà le règne de Louis XVIII, mais, plus immédiatement, aidé par Lucien, il profite de la circonstance pour éliminer Fouché. Il était inconcevable de laisser en place un ancien régicide, alors que l'on parlait de restauration monarchique !

Avec l'impatience que l'on devine, Bonaparte attend la nouvelle de la signature du traité de Lunéville. Talleyrand reçoit enfin le document et se rend paisiblement aux Tuileries pour expédier les affaires courantes. On parle de choses et d'autres... Le travail s'achève. Alors, avant de prendre congé, Talleyrand annonce avec ce calme qui n'appartient qu'à lui :

— Maintenant, je vais vous faire un grand plaisir. Le texte est signé, le voici...

Bonaparte bondit :

— Comment ! vous aviez le traité et vous ne m'en disiez rien ?

— Vous ne m'auriez pas écouté sur le reste, répond Talleyrand impassible. Quand vous êtes heureux, vous n'êtes pas abordable !

A l'issue du traité de Lunéville, le Saint Empire s'effondre et c'est alors la curée. Dès le mois de décembre 1801, Talleyrand a écrit à Lucchesini : « La Prusse est celle de toutes les puissances amies qu'il nous convient le plus de voir agrandir, dont nous voulons soigneusement ménager l'affection et sur la force et l'assistance de laquelle nous désirons pouvoir compter à l'avenir. Ainsi les projets de votre agrandissement entrent dans nos calculs, vous devez dominer dans le nord de l'Allemagne ; le principe des sécularisations vous en fournira les moyens... En général, il faudrait remanier toute cette Allemagne. »

Bonaparte, d'accord avec la Russie, a promis aux princes allemands dépossédés de leurs terres situées sur la rive gauche du Rhin — région devenue départements français — de leur faire obtenir des principautés ecclésiastiques sécularisées. Bref une partie de l'Allemagne devait être modifiée. On voit alors arriver à Paris une cohorte de princes allemands qui assiègent littéralement le ministère des Relations extérieures ou plutôt les « rabatteurs » de Charles-Maurice. Molé, dans les pages inédites de ses *Souvenirs* découvertes seulement en 1939, raconte que l'un des princes « insistait pour ne pas être médiatisé ; il avait fait remettre à M. de Talleyrand 500 000 francs. Mais un autre prince, sur lequel la médiation devait tomber si celui-ci y échappait, versa au dernier moment 800 000 francs. La balance ayant penché aussitôt en faveur de ce dernier, l'envoyé du médiatisé accourt... » Talleyrand lui confirme son arrêt sans sourciller.

— Et les 500 000 francs ? demande l'Allemand, furieux.

— Les 500 000 francs ? riposte froidement Talleyrand. Eh bien ! ils sont perdus...

Le pauvre homme reste muet de stupéfaction, ahuri par le sang-froid et l'insolence outrageante de la réplique. Comme il se retirait, décontenancé, Talleyrand, se retournant vers les trois autres personnes qui l'entouraient, se mit à parler négligemment d'autre chose.

Ces remaniements, ces liquidations devaient rapporter une douzaine de millions à Talleyrand et à ses collaborateurs. Et l'on ne peut s'empêcher malgré soi de se pencher sur le rapport que Talleyrand avait établi le 26 mars 1800 pour le Conseil d'Etat sur le fonctionnement de la carrière diplomatique. Parmi les qualités requises du diplomate modèle figure celle-ci en bonne place : *un désintéressement à toute épreuve...*

Pour le profane, Talleyrand semble tout-puissant, mais c'est en vérité Bonaparte qui dirige et ordonne tout. Lorsque Talleyrand écrit : « Le Concordat, la paix d'Amiens, l'organisation politique de l'Italie, les médiations suisses, les premiers essais d'établissement du système fédératif allemand attestent l'activité, la sagesse et le crédit de l'administration que j'avais formée et que je dirigeais », certes... On est pourtant en droit d'affirmer que Talleyrand entérinait les décisions, mais ne les prenait pas seul. Tout doit être soumis au verdict de Bonaparte. Le ministre ne formulera aucune réponse — et cela durant quatre années — sans en référer d'abord à Bonaparte. Et puis, ainsi que Talleyrand le dira lui-même bien plus tard :

« C'était une époque où les talents paraissaient devoir être d'autant moins appréciés que la guerre semblait, à elle seule, se charger de toutes les affaires. »

Le canon a la parole sur les diplomates. Talleyrand ne serait donc qu'un admirable commis ? Mais un commis, si admirable soit-il, n'est pas forcément doté d'un esprit subtil tel celui de Talleyrand. Si Mme Cazenove d'Arlens voit juste lorsqu'elle reconnaît que Talleyrand devait « être doué d'une souplesse et d'une adresse infinies pour se soutenir dans sa place au milieu des boutades, des incartades du chef », son opinion est, semble-t-il, plus subjective, quand elle affirme qu'il n'avait « aucun crédit sur le Premier consul ». Peu de chose, pour ne pas dire rien, échappait à Talleyrand et Bonaparte s'est certainement servi de la perspicacité de son ministre.

Cet amour pour le ministère qu'il occupe — et, partant, pour l'argent qu'il lui procure — fait passer toutes les rebuffades et les blessures d'amour-propre qu'il est contraint de supporter.

Dans son travail avec le Premier consul, le citoyen ministre demeure étonnamment serein. Les fameux : *Quand ?... Qu'est-ce que ?... Combien ?... Comment ?...* dont Bonaparte presse et bouscule littéralement son interlocuteur, le laissent absolument froid. Aucune question ne le démonte. Il préfère s'esquiver par une pirouette plutôt que de chercher une réponse précise à une demande de renseignement. Et puis il est si paresseux ! Il regrette même que Napoléon ne le soit pas !...

Talleyrand mettra en pratique toute sa vie le conseil énoncé autrefois par Choiseul : « Il faut faire travailler ceux qui travaillent. »

Un matin d'Hauterive entre dans le cabinet du ministre. Talleyrand ouvre un œil.

— Voici une lettre de l'Electeur de...

— Eh bien ?

— Eh bien, il faut répondre.

— Quoi ! de ma main ?

— Mais oui, un électeur !

— C'est une tyrannie... Comment ! Composer et écrire en même temps ?

— Oui.

— Eh bien, d'Hauterive, je vais écrire, mais dictez.

Le baron de Vitrolles nous raconte comment Charles-Maurice agissait avec ses collaborateurs : « Quand on lui apportait l'œuvre demandée, il la lisait avec attention. S'il n'en était pas pleinement satisfait, il repliait le papier et le remettait à l'auteur : " Ce n'est pas cela ", ou " Ce n'est pas encore cela ", ou bien " Ce n'est pas tout à fait cela "», sans autre explication. Il fallait deviner jusqu'à ce qu'on obtînt le dernier triomphe : " C'est cela ! "

Il l'expliquera :

— Il vaut mieux remettre à demain ce que l'on ne peut faire aujourd'hui bien et facilement... Dans les affaires importantes, le reproche de lenteur contente tout le monde ; il donne à ceux qui le font un air de supériorité, et à celui qui le reçoit l'air de la prudence.

Lorsqu'en 1802 le général Andreossy est nommé ambassadeur à Londres, Talleyrand lui recommande : « Les défauts d'instructions et la nécessité de consulter son gouvernement sont toujours des excuses légitimes, et auxquelles on ne peut se refuser, pour obtenir des délais dans les transactions politiques. Vous en ferez usage même quand vous auriez une opinion arrêtée sur le sujet en question de peur de vous compromettre ou de vous tromper. Il est peu de transactions politiques qui ne soient pas de nature à admettre des délais et, dans l'état actuel de l'Europe, il n'y a point de délais qui puissent mettre dans un danger imminent les transactions politiques. »

La diplomatie de M. de Talleyrand se serait difficilement accommodée des procédés de transmission modernes. Il aime s'exprimer par sous-entendus, ce qui ne doit pas toujours faciliter les échanges de vues. Lorsqu'il se confiait, ainsi que le rapportera Vitrolles, c'était « le sel le plus fin de la conversation d'autrefois... de ce temps où la conversation était tout l'emploi de l'esprit ».

Il fait rarement de longs discours et, avec une manière inimitable, il émaille ses récits de mots brillants ou caustiques.

Certains ministres cèdent à leur désir de parler et Bonaparte de constater :

« ... Tandis que Talleyrand ne se laisse point pénétrer et obtient de son interlocuteur la connaissance de ce que j'ai intérêt à savoir. »

Un jour, s'adressant à des jeunes gens qui désiraient faire carrière dans la diplomatie, il leur dit :

— Avant tout, il faut que je vous adresse une question. Avez-vous de la fortune ?

— Malheureusement, non...

— Je ne dis pas une très grande fortune. Mais avez-vous bien du moins 6 000 livres de rente ?

— Eh ! mon Dieu, non.

— En ce cas, vous ne devez nullement songer à entrer dans la diplomatie, et je vais vous expliquer pourquoi. D'abord on ne peut bien servir un gouvernement en étant sûr de ne point compromettre son indépendance que quand on peut être toujours prêt soit à se voir destitué soit à donner sa démission. Pour cela, il faut avoir rigoureusement de quoi vivre avec une certaine aisance ; et j'admets qu'un revenu de 6 000 francs puisse suffire. Vous ne les avez point ; je vous conseille paternellement de faire tout autre chose.

Alors qu'il venait d'engager un jeune diplomate, celui-ci, follement heureux, le remercie en lui avouant que jusqu'à présent, il n'avait « jamais eu de chance dans la vie ».

— Vous n'avez jamais eu de chance ? s'exclame Talleyrand. Alors j'annule votre nomination.

Il sait être généreux avec ses collaborateurs. D'un air détaché il leur dit parfois — presque incidemment :

— Je crois que M. Besson a besoin de vous parler.

Besson était le trésorier du ministère et distribuait les gratifications.

A la porte de l'hôtel veillait un Suisse nommé Jorris. Lorsqu'un visiteur se présente sans lettre d'audience, Jorris écarte sa hallebarde et déclare simplement : « Le citoyen ministre est sorti. » Plus tard, il lancera : « Son Excellence est sortie. » Enfin, en 1806, il pourra annoncer fièrement : « Son Altesse Sérénissime est sortie » — et cela donne le ton de la maison.

Certains visiteurs ne cachent pas leur étonnement :

« La cour de l'hôtel des Relations extérieures, rapporte Mme de Cazenove d'Arlens, était si pleine de carrosses que l'on ne pouvait y entrer ; il fallait en laisser ressortir. J'arrive, je monte le grand escalier, éclairé, rempli de fleurs. » Et soudain la visiteuse se trouve devant le maître de maison : « Une figure qui me parut celle d'un mort, habillé d'un habit de velours rouge, avec une large broderie en or ; grande veste, manchettes, épée, grande coiffure. C'était le ministre, c'était M. de Talleyrand. Ah ! quelle mine sur ce visage de mort, on trouve la physionomie fine et spirituelle de l'évêque d'Autun... »

Il écoute généralement son auditeur avec attention, puis le reconduit dans l'antichambre. Parfois il arrête la conversation « en s'agenouillant même de sa mauvaise jambe sur un canapé ». Puis il lance, ou, plutôt il laisse tomber du bout des lèvres « l'insinuation décisive, le dernier mot qui portait bien », comme l'a rapporté Albert Vandal.

Ces mots à l'emporte-pièce, ces *talleyranda,* comme on les appelle, sont colportés de salon en salon :

— Il y a trois savoirs, affirmait-il : le savoir proprement dit, le savoir-faire et le savoir-vivre, les deux derniers dispensant assez bien du premier.

Quelqu'un remarquait :

— Il faut qu'une Constitution soit courte et...

— Courte et obscure, achevait-il.

— La vie se passe à dire : « Plus tard ! » et à s'entendre dire : « Trop tard ! »

— Il faut se garder du premier mouvement : il est presque toujours honnête.

— L'homme est une intelligence contrariée par des organes.

— Je pardonne aux gens de n'être pas de mon avis, je ne leur pardonne pas d'être du leur.

☆

A la veille de la paix de Lunéville, le Premier consul accorde une audience au ministre autrichien, le comte Louis de Cobenzl. Pour cette rencontre, Bonaparte organise toute une mise en scène, et l'accueil insolite réservé au ministre semble avoir ravi Talleyrand qui racontera :

« Bonaparte avait ordonné lui-même la disposition de la pièce dans laquelle il voulait le recevoir ; c'était dans le salon qui précède le cabinet du roi. Il avait fait mettre dans l'angle une petite table devant laquelle il était assis. Tous les sièges avaient été enlevés ; il ne restait, et c'était loin de lui, que des canapés. Sur la table se trouvaient des papiers et une écritoire. Il y avait une seule lampe ; le lustre n'était pas allumé. M. de Cobenzl entre : je le conduisais. L'obscurité de la chambre ; la distance qu'il fallait parcourir pour arriver près de la table où était Bonaparte qu'il apercevait à peine ; l'espèce d'embarras qui en était la suite ; le mouvement de Bonaparte qui se leva et se rassit ; l'obligation pour M. de Cobenzl de rester debout, mirent immédiatement chacun à sa place, ou du moins à la place que le Premier consul avait voulu fixer. »

Le résultat qui suivit la paix d'Amiens remplit également Talleyrand d'admiration : « On peut le dire sans la moindre exagération : à l'époque de la paix d'Amiens, la France jouissait au-dehors d'une puissance, d'une gloire, d'une influence telles que l'esprit le plus ambitieux ne pouvait rien désirer au-delà pour sa patrie. Et ce qui rendait cette situation plus merveilleuse encore, c'est la rapidité avec laquelle elle avait été créée. En moins de deux ans et demi [...] la France était passée de l'avilissement où le Directoire l'avait plongée au premier rang en Europe. »

Talleyrand fait tout ce qui est en son pouvoir pour éviter la rupture — inévitable — avec l'Angleterre, d'autant plus qu'il devait certainement mener quelques intrigues secrètes avec Londres. Jusqu'où celles-ci sont-elles allées ? On ne sait ! Quoi qu'il en soit, au mois de février 1803, l'ambassadeur de France Andreossy avise Talleyrand qu'il a eu une conversation avec lord Hawkesbury, dont l'opinion peut se résumer en ces quelques lignes : « Depuis le traité d'Amiens, la France a annexé le Piémont, n'a pas évacué la Hollande au mépris du traité de Lunéville et de la Convention du 29 août 1801 ; nous gardons donc Malte comme équivalent. »

Talleyrand transmet la lettre à Bonaparte qui reçoit l'ambassadeur d'Angleterre le 18 au soir. L'entrevue est rude mais celle du 13 mars, en présence de Talleyrand et des ambassadeurs de Russie et d'Espagne, l'est encore plus :

— Vous voulez la guerre, crie le Premier consul. Nous nous sommes battus pendant quinze ans. C'en est déjà trop. Mais vous voulez la guerre quinze années encore : et vous m'y forcez !

L'ambassadeur tente d'expliquer que l'annexion du Piémont et la non-évacuation de la Hollande...

Mais Bonaparte l'interrompt :

— Malte ou la guerre. Nous nous battrons dans quinze jours !

En regagnant l'hôtel de l'ambassade, lord Whitworth écrit à son chef : « J'ai cru plutôt entendre un capitaine de dragons que le chef d'un des plus puissants Etats de l'Europe. »

De son côté, Joséphine réprouve la violence de son mari :

— Tu as fait trembler tout le monde ; on te croira méchant, lui dit-elle.

— C'est vrai, j'ai eu tort, reconnaît Bonaparte. Je ne voulais pas descendre aujourd'hui. Talleyrand m'a dit des choses qui m'ont donné de l'humeur, et ce grand flandrin d'ambassadeur est venu se mettre devant mon nez.

Ultime tentative. Talleyrand s'entretient, le 10 mai, avec un agent de l'Angleterre le Suisse Huber :

— Je vous répète que nous voulons la paix, que nous la voulons plus que jamais, que, si elle nous échappe, ce sera par le simple effet du peu de ménagements que vous avez pour l'amour-propre du Premier consul... Il ne peut pas souffrir de se voir dicter sur tout, et il répète sans cesse que l'Angleterre le traite comme une garnison qui demanderait à capituler... Car, pour le fond, il est impossible de ne pas s'entendre, et nous nous entendrons.

Ils — j'entends M. de Talleyrand et l'Angleterre — ne « s'entendront » que lorsque Napoléon aura quitté le pouvoir...

L'exécution du duc d'Enghien : « Le jeune héros refusant de se laisser bander les yeux, nous dit la légende de cette gravure, prouve qu'il est un digne descendant des Bourbons. » Jusqu'où la responsabilité de Talleyrand fut-elle engagée dans cette affaire ?

VIII

« CE BOITEUX ME FAIT TREMBLER »

> *On ne va jamais aussi loin que lorsqu'on
> ne sait pas où l'on va.*
>
> TALLEYRAND

Mme Grand règne maintenant chez Talleyrand en maîtresse souveraine. Elle reçoit à ses côtés, à l'hôtel Galliffet, puis, au château de Neuilly. Elle suit, bien entendu, la mode du jour où il est alors du meilleur genre de laisser « galoper ses attraits » — et Mme Grand y excelle d'autant plus qu'elle est toujours aussi attirante. « Grande, sa taille avait la souplesse et l'abandon gracieux si ordinaire aux femmes de son pays, nous dit Mme de Rémusat. Son teint était éblouissant, ses yeux d'un bleu animé, son nez un peu court, retroussé, et, par un hasard singulier, lui donnait quelque ressemblance avec M. de Talleyrand. Ses cheveux d'un blond particulier avaient une beauté qui passa presque comme en proverbe. Je crois qu'elle devait avoir au moins trente-six ans quand elle épousa M. de Talleyrand *(en réalité elle allait en avoir quarante)* : l'élégance de sa taille commençait à disparaître par l'embonpoint qu'elle prit alors et qui ·a fort augmenté depuis et qui a fini par détruire la finesse de ses traits et la beauté de son teint devenu fort rouge. »

L'étrange situation du ministre flanqué de sa concubine est parfaitement admise. On pourra lire une lettre du cardinal Consalvi adressée à Talleyrand et s'achevant par ces mots : « N'oubliez pas de faire mes compliments à Mme Grand. »

Talleyrand aime sa ravissante maîtresse — et, pour le lui prouver, s'obstine à se gaver d'aphrodisiaques, tels que piments, poivre, vin de Madère, malgré les conseils de son médecin Bourdois.

Tout aurait donc pu se poursuivre de la sorte si Bonaparte n'avait décidé de donner plus de respectabilité à la cour consulaire.

— Il faut de grandes maisons pour les gens qui ont de grands emplois !

La présence rue du Bac de la concubine du ministre des Affaires étrangères, le gêne. On a vraiment trop parlé de ses chevaux et de ses cheveux. Pour l'*arracher* à Mme Grand — l'expression est encore de Molé — Bonaparte propose à Talleyrand de lui faire obtenir le chapeau de cardinal qui « effacerait toutes les turpitudes de son passé », Charles-Maurice résiste en employant la force d'inertie — méthode où il excelle. Demeurait le renvoi de celle que l'on n'hésitait pas à appeler une aventurière. Et le Consul ordonne à son ministre de prier sa maîtresse de rester chez elle. Catherine se jette alors aux pieds de Joséphine pour lui demander de l'aide. Cette dernière s'y emploie de son mieux et la belle Indienne se précipite en pleurant aux pieds de Bonaparte qui, heureux peut-être de « dégrader » l'ex-évêque, finit par lui déclarer :

— Je ne vois qu'un moyen : que Talleyrand vous épouse, et tout sera arrangé ; mais il faut que vous portiez son nom ou que vous ne paraissiez plus chez lui.

Talleyrand aurait peut-être dû saisir l'occasion de se séparer de Mme Grand. Il ne le fit pas et son mariage intrigua les contemporains... et encore bien davantage les historiens de l'avenir, qui en tirèrent des suppositions incertaines. Les uns prétendent que Catherine exerçait sur son amant un ascendant et déployait une science dont Charles-Maurice ne pouvait plus se passer. Ce n'est pas impossible...

D'autres affirment — toujours sans preuves à l'appui — que Catherine détenait un secret d'une telle importance que Charles-Maurice en la renvoyant aurait couru un grand danger... Bref, on ne parvenait pas à trouver une réponse satisfaisante pour expliquer comment le ministre le plus intelligent de l'Europe se refusait à rompre des liens qui devaient souvent lui peser...

Selon Mme de Rémusat, bien placée pour se rendre

compte des choses, Talleyrand fut « assez troublé de la prompte détermination qu'on exigeait de lui ». Mme Grand, voyant son amant hésiter, lui fit une scène violente : « On l'attaqua avec tous les moyens qui devaient le plus épuiser sa résistance ; il fut pressé, poursuivi, agité contre ses inclinations. Un reste d'amour, la puissance de l'habitude, peut-être aussi la crainte d'irriter une femme qu'il était impossible qu'il n'eût pas mise dans quelques-uns de ses secrets, fut déterminant. Il céda. »

Epouser Mme Grand, c'était là un ordre, certes, mais point facile à exécuter. La situation de Talleyrand n'était pas encore réglée vis-à-vis de l'Eglise. Bien que menacé autrefois d'excommunication, il se trouvait toujours être évêque...

Le Concordat devait régulariser la question. On allait mener conjointement le retour de la France dans le giron de l'Eglise, et le départ officiel du citoyen de Talleyrand de ce même giron. Mais l'opération — on le verra — prendra un certain temps.

A Milan, le 18 juin 1800, le lendemain de Marengo, Bonaparte avait annoncé aux deux consuls-figurants :

« Aujourd'hui, malgré ce que pourront dire les athées de Paris, je vais en grande cérémonie au *Te Deum* que l'on chante à la Métropole de Milan... »

Dès son avènement, le Premier consul a désiré rétablir le culte catholique et s'entendre avec Rome pour l'établissement d'un concordat.

— Il n'y a que la religion qui puisse faire supporter aux hommes les inégalités du rang, parce qu'elle console de tout.

L'ancien évêque d'Autun — sa crosse brisée l'embarrasse — ne tient guère à voir revenir un clergé régulier. Le ministre Cobenzl parlera à son empereur de la « mauvaise volonté de M. de Talleyrand pour le rétablissement de la religion catholique en France ; ce qui s'explique assez bien par l'embarras qui en résulterait pour lui, vu son ancienne qualité d'évêque ».

Tout en feignant de servir la politique religieuse du Consul, celui qui, aux yeux de l'Eglise est toujours évêque, va se livrer perfidement à un travail de sape pour faire échouer l'opération. Il y a d'abord un difficile problème à résoudre — un problème auquel Charles-Maurice et son « épouse » l'Eglise d'Autun se trouvent étroitement mêlés : celui de la Constitution civile du clergé. De quelle manière

réincorporer dans la nouvelle Eglise les anciens prélats
jureurs, ceux qui avaient prononcé le fameux serment
méprisant l'autorité des successeurs de saint Pierre ? Les
évêques légitimes, émigrés pour la plupart, désirent retrouver leur siège, alors que les « intrus » sortis de « la boue
républicaine » — et quelques-uns ont même été sacrés par
Talleyrand... — ne veulent point quitter le leur. Il y a encore
une autre question à régler : celle de la nationalisation, pour
ne pas dire de la saisie, des biens du clergé, véritable rapine
proposée autrefois par Talleyrand. Restait aussi à définir la
situation délicate des prêtres — tel l'ex-Mgr d'Autun — qui
avaient totalement quitté le sein de l'Eglise. Certains mêmes
s'étaient mariés...

A Rome, nombreux sont les membres de la Curie qui ne
peuvent oublier les massacres des prêtres aux Carmes ou les
noyades dans les sinistres gabares nantaises de Carrier. Ils
pensent au culte de la déesse Raison qui a souillé Notre-
Dame, et à la Fête de l'Etre Suprême. Comment passer
l'éponge sur cette manifestation de sanglant athéïsme ?

Cependant, Pie VII, désireux de ramener la France « très
chrétienne » dans le sein de l'Eglise, passe outre aux
objections et envoie à Paris Mgr Spina, évêque *in partibus* de
Corinthe. Non sans une appréhension légitime, Spina se
présente chez « d'Autun » — c'est ainsi que le citoyen
ministre est appelé dans les dépêches romaines... L'accueil
que Talleyrand lui réserve est qualifié « d'assez gentil »,
alors que celui de Bonaparte est appelé *festoso*.

Le 16 novembre 1800 — ahurissante situation — « Autun », en sa qualité de ministre républicain des Relations
extérieures, présente le négociateur au Premier consul. Il
faut de nombreuses palabres — l'abbé vendéen Bernier
mène les transactions — pour faire comprendre à Mgr Spina
que les biens ecclésiastiques ne peuvent que demeurer entre
les mains de leurs acquéreurs. Les pourparlers n'avancent
guère. Tergiversations, arguties se répètent chaque jour. Le
6 décembre 1800, Spina dresse un projet approuvé par
Bonaparte, mais Talleyrand estime le texte « trop désavan-
tageux pour les prêtres mariés »... c'est-à-dire bientôt, pour
lui-même. Aussi introduit-il une clause sur laquelle se profile
l'ombre de Mme Grand. Il propose que les prêtres mariés
soient réduits à la communion laïque.

Les discussions s'enlisent, aussi Talleyrand ordonne-t-il à
Cacault, ministre de France à Rome, de se rendre auprès du

Saint-Père pour lui poser un véritable ultimatum : dans un délai de cinq jours, une détermination définitive doit être prise à propos du projet de convention, et sur celui de la bulle papale. « Vous ne donnerez pas à cette déclaration les formes d'une menace, recommandait Talleyrand, mais vous en laisserez tirer les conséquences qu'on voudra. »

Charles-Maurice, qui, dans ses lettres à Cacault, était demeuré assez passif, résolut de s'immiscer davantage dans l'opération afin d'en tirer quelques avantages à son profit, bien sûr. D'abord, il élève quelques objections en rappelant à Bonaparte que la Révolution a proclamé la liberté des cultes et que l'on ne peut, selon le projet d'accord, faire du catholicisme la religion d'Etat. Il suffirait de constater que ledit catholicisme est la religion de la majorité des Français. Bonaparte approuve, mais ce n'est là qu'un début. Vient ensuite le principal — et ici l'amant de Mme Grand montre le bout de l'oreille. Pour régler le problème du double clergé, on demande au pape d'exhorter les prélats constitutionnels à se démettre de leur siège — ce qui permettrait de donner l'absolution à l'ex-évêque d'Autun — puis — et c'était là le plus délicat — la même invite serait adressée aux anciens évêques.

Au mois de mai 1801, Talleyrand fait un pas de plus — toujours inspiré par son intérêt :

— Le Saint-Père a supprimé dans son projet, l'article relatif aux ecclésiastiques mariés... Cet article est, moralement, aussi indispensable que l'est, politiquement, celui relatif aux biens nationaux. Il serait souverainement injuste de laisser indécis l'état d'une foule d'individus qui sont devenus pères de famille et citoyens.

Sur ce point, Rome se montre intransigeante. Après de nombreux soupirs, le pape accepte simplement d'absoudre les prêtres du clergé séculier, mais est exclus de cette absolution le clergé régulier — et, à plus forte raison, l'ex-évêque. Talleyrand, prêtre et évêque, ne pouvait donc épouser Mme Grand...

Le cardinal Hercule Consalvi, désigné pour achever la transaction, arrive à Paris le 20 juin 1801 et, dès le lendemain, Bonaparte le reçoit.

— Qu'il vienne en costume le plus cardinal possible, a recommandé le Premier consul.

Mais, après cette première entrevue, Talleyrand sent que les difficultés vont redoubler, aussi décide-t-il de partir pour sa première cure aux eaux de Bourbon-l'Archambault où nous le retrouverons souvent... Avant de prendre la route, le soir du 22 juin 1801, il remet à Bonaparte le dernier texte signé par Caprara, sur lequel il écrit en marge : « Le projet de Convention que propose M. le cardinal Consalvi fait rétrograder la négociation vers l'époque de ses premières difficultés... Ce retour des agents du pape vers une opposition qui n'a point de motif plausible et que l'esprit conciliant et juste du chef de l'Eglise n'autorisait pas, tient à un esprit de chicane et de tracasserie qu'il faut enfin désabuser... »

Mais Consalvi ne se décourage pas. Il écrit, à propos de la démission des évêques de l'Ancien Régime voulue par Bonaparte : « Je ne me lassai donc pas, dans le cours des négociations de Paris, de tenter tous les travaux d'Hercule (qu'on me permette une allusion inspirée par le nom que je porte) pour déterminer le Consul à y renoncer. »

Après de multiples palabres, les choses évoluent un peu — d'autant plus que Talleyrand est encore absent... On décide de renvoyer, en somme dos à dos, l'ancien et le nouveau clergé — le royaliste et le républicain — et on en créerait un troisième : le consulaire. On convint qu'il y aurait désormais soixante évêques, parmi lesquels trente-deux seraient de nouveaux prélats pris dans les rangs des royalistes et douze choisis dans l'épiscopat jureur. L'excédent garderait naturellement le titre d'évêque — on ne pouvait le lui enlever — mais perdrait ses diocèses. Bref, ce n'est là une victoire pour aucun des deux partis. De l'ancien clergé, il demeure quatre-vingt-deux survivants. Pie VII fera appel à « l'esprit évangélique » des évêques pour qu'ils abandonnent leur siège. La plupart s'inclinèrent avec une émouvante abnégation — un *apostolicide* général... —, trois ou quatre résistèrent et telle sera l'origine de la « Petite Eglise » qui vivote encore aujourd'hui dans le Sud-Ouest.

Mais le « cas Talleyrand » demeurait toujours en suspens. M. d'Autun, ayant pris des forces à Bourbon-l'Archambault, plaide sa cause auprès de Consalvi :

— Il ne paraît pas convenable au Premier consul qu'un sujet qui jouit auprès de lui d'une confiance particulière se montre aux yeux du public dans une situation aussi désavantageuse à l'égard de l'Eglise.

Le cardinal répète ce qu'il a déjà dit à Caprara :

— Le pape ne peut pas vous absoudre sans au moins quelques signes, si discrets soient-ils, de repentir.

Pour régler son cas épineux, le citoyen Talleyrand prend le parti d'écrire directement à Sa Sainteté. Nous ne connaissons pas les termes employés par l'ex-évêque dans sa lettre, mais nous avons entre les mains le rapport que Mgr di Pietro remit au secrétaire d'Etat romain : « Il ne paraît pas que l'on puisse être satisfait de la supplique présentée par Charles-Maurice Talleyrand à Sa Sainteté. Il ne s'y trouve aucune expression d'où ressorte sans équivoque, qu'il déteste les maximes hérétiques et schismatiques de la Constitution civile du clergé, auxquelles il a adhéré en prêtant le serment civil. »

Cependant, le pape fait mine de croire que Talleyrand se rendait à Canossa et, le 10 mars 1802, envoie ce bref en latin : « De toi-même tu avoues que tu es tombé dans les plus graves erreurs, tu gémis des crimes que tu as commis. Revenu à des sentiments meilleurs, tu demandes pardon à ton père bien-aimé et tu rougis ! O sainte et bienheureuse pudeur qui jamais ne sera suffisamment célébrée... Nous donnons pouvoir à notre vénérable frère, Jean-Baptiste cardinal Caprara, notre légat *a latere* auprès du Premier consul de France et de la nation française, de t'absoudre de toutes les censures qui t'enchaînent, de te rendre à l'unité de l'Eglise, en observant certaines conditions, et, quand tu seras rendu à la communion laïque, de t'accorder la facilité de porter l'habit des séculiers et de remplir les charges de la République française. »

Caprara fut épouvanté en lisant ces lignes où il était question des « crimes » de l'ex-évêque d'Autun et n'osa pas remettre le bref du « père bien-aimé » au ministre.

En attendant que le cas de Charles-Maurice soit réglé, le dimanche de Pâques 1802 a lieu la promulgation du Concordat. La cérémonie se déroule à Notre-Dame, là même où avait été couronnée Thérèse-Angélique Aubry, la déesse Raison, assise sur le trône de la Liberté « tenant une pique à la main, et entourée de toutes les jolies damnées de l'Opéra qui, à leur tour, ont excommunié la calotte en chantant, mieux que des anges, des hymnes patriotiques ». Et aujourd'hui, en ce 18 avril 1802, Bonaparte, revêtu de son fameux costume rouge de Premier consul — il est arrivé à Notre-Dame escorté par des mamelouks enturbannés...

— préside la cérémonie. Le cacochyme Mgr de Belloy, né sous Louis XIV, accueille le Premier consul. L'ancien évêque de Marseille, prélat de l'Ancien Régime, avait été nommé à Paris étant donné son « grand âge et deux attaques d'apoplexie... » Non sans ironie, on regarde l'évêque d'Autun agenouillé sur un prie-Dieu. La cour consulaire donne l'impression d'être bien ébahie de se trouver là. Ainsi que le remarquera plaisamment Bourrienne, les hommes qui la composaient « avaient le plus contribué à la destruction du culte en France et, ayant passé leur vie dans les camps, étaient plus souvent entrés dans les églises d'Italie pour y prendre des tableaux que pour y entendre la messe ».

Puis les nouveaux évêques — ceux du Consulat — viennent prêter serment de fidélité au Premier consul. Le lendemain, Bonaparte désire savoir comment Augereau a trouvé la cérémonie.

— Très belle, répond le général ; il n'y manquait qu'un million d'hommes qui se sont fait tuer pour détruire ce que nous rétablissons.

Quelques jours plus tard — le 24 mai — Bonaparte écrit au pape lui demandant « d'accorder un bref de sécularisation au citoyen Talleyrand ». Ce ministre, poursuivait le Premier consul, « a rendu des services à l'Eglise et à l'Etat. Il a publiquement et irrévocablement renoncé aux fonctions et aux dignités de la cléricature. Il désire que cette renonciation soit consacrée par un aveu formel du chef de la religion ; il mérite d'obtenir cette faveur spéciale. Sous les rapports de la politique, lorsque la France redevient une nation catholique, il ne convient pas qu'un ministre qui a une part principale dans la confiance du gouvernement soit un objet d'incertitude et de controverse relativement à son ancien état. Sous le rapport qu'il a fait pour rallier l'Eglise et le gouvernement, il faut qu'il puisse recueillir, par l'expression libre de la gratitude de tous les amis de la religion, le prix du zèle qu'il a montré pour son rétablissement. De si grandes considérations atteindront aussitôt la bienveillance et la justice du Saint-Père. On ne parlera pas des formes requises pour un tel acte ; Sa Sainteté choisira la plus convenable et la plus complète. Quant aux exemples du passé, le Saint-Père en trouvera de fréquents dans l'Histoire ».

La requête est portée à Rome par le chef d'escadron de gendarmerie Lefebvre avec mission de faire diligence. L'archiviste du Vatican, Mgr Marini, se penche sur ces

« exemples » et rédige un rapport que l'on peut toujours lire aux Archives vaticanes et d'où il ressort qu'*aucun* des personnages cités ne portait le titre d'évêque. Certes, César Borgia était cardinal et diacre, mais nullement prêtre et évêque.

Bref, Mme Grand — au surplus femme divorcée — ne pouvait succéder, en quelque sorte, à l'Eglise d'Autun — première épouse de M. de Talleyrand. « Il n'existe pas, en dix-huit siècles, écrivait franchement Pie VII à Bonaparte, un seul exemple de dispense accordée à un évêque consacré pour qu'il se marie... »

Non possumus !

« Votre sagesse, poursuivait le pape, vous prouvera que nous ne pouvions faire davantage que nous n'avons fait. La teneur du bref que nous vous adressons montrera à M. de Talleyrand combien ont pesé auprès de nous et l'intérêt que vous lui portez et les services qu'il a rendus pour le rétablissement de la religion en France. »

Il fallait maintenant répondre négativement — et directement — à l'instance présentée par Talleyrand — et cela, précisait Consalvi dans son message chiffré adressé aux nonces, « de la manière la plus délicate, et avec les phrases les plus douces possibles, tout en sauvegardant les maximes ».

Cette fois, on remit bien à Talleyrand le second bref papal : « A notre très cher fils, Charles-Maurice Talleyrand. Nous avons été touché de joie, quand nous avons appris l'ardent désir que vous avez de vous réconcilier avec nous et avec l'Eglise catholique. Dilatant donc à votre égard les entrailles de notre charité paternelle, nous vous dégageons, par la plénitude de notre puissance, du lien de toutes les excommunications. Nous vous imposons, par suite de votre réconciliation avec nous et avec l'Eglise, des distributions d'aumônes pour le soulagement surtout des pauvres de l'Eglise d'Autun que vous avez gouvernée. Nous vous accordons le pouvoir de porter l'habit séculier et de gérer toutes les affaires civiles, soit qu'il vous plaise de demeurer dans la charge que vous occupez maintenant, soit que vous passiez à d'autres auxquelles votre gouvernement vous appellera. »

Bien que le pape ait « dilaté ses entrailles », le nouveau bref ne donnait pas à Talleyrand la permission de se marier, mais désormais, il se trouvait placé « dans la communion des laïques », et dispensé de dire la messe. Il ne l'avait d'ailleurs dite que sept fois !... Quant à la soutane, il ne l'arborait plus depuis longtemps ! Talleyrand devait se contenter de ce texte. « Il faut espérer, écrivait Consalvi, qu'il n'en a pas conçu de l'humeur. »

Restait à présenter au Conseil d'Etat le bref du pape. « Cambacérès, qui, ce même jour, présidait le Conseil, nous dit la duchesse d'Abrantès, écouta, ou parut écouter la lecture du bref avec une attention méritoire et, lorsqu'elle fut terminée, il s'adressa aux membres présents avec cette gravité qu'on lui connaissait et leur demanda s'ils voulaient voter pour la promulgation ou l'enregistrement, je crois, du bref. On dit que ce fut un spectacle assez plaisant que le Conseil d'Etat, dans ce moment. Quelques membres, de ceux qu'on appelle *trembleurs* — et il y en a toujours partout — se crurent obligés de lever la main, cérémonie fort peu digne d'un Conseil d'Etat. Quelques autres levèrent non pas la main, mais les épaules, et le plus grand nombre se mit à rire. Regnault de Saint-Jean-d'Angély demanda ce que le Conseil d'Etat avait à voir dans la conscience d'un homme qui voulait la calmer.

» — Car voilà, ce me semble, dit-il, de quoi il est question. Nous sommes appelés à donner notre avis pour l'admission sur nos registres, ou bien pour l'exclusion d'un bref, faisant rentrer dans la vie laïque une personne qui s'est mise d'elle-même en possession, et jouissant de ces mêmes droits civils que vient de lui rendre la cour de Rome. Je persiste à dire, continua Regnault, que cette affaire ne regarde en rien le Conseil d'Etat.

» Quelques membres furent plus loin et prétendirent que l'inscription de ce bref serait peut-être un jour d'une fâcheuse autorité ; mais Cambacérès, qui avait le mot de l'affaire, témoigna avec humeur que le Premier consul serait fort mécontent si le bref n'était pas enregistré. Et il finit par conclure qu'il le fallait absolument, pour qu'il fût constaté que M. de Talleyrand était rendu à la communion laïque afin *qu'on pût l'enterrer sans discussion quand il viendrait à mourir.* »

Aussi, *le Moniteur* du 19 août peut-il faire paraître ces lignes signées par Bonaparte : « Le bref du pape Pie VII donné à Saint-Pierre de Rome le 9 juin 1802, par lequel le citoyen Maurice Talleyrand, ministre des Relations extérieures, est rendu à la vie séculière et laïque, aura son *plein et* entier effet. » Ce qui voulait dire que Talleyrand pouvait se marier. Aussi, le pape, à la lecture du *Moniteur*, fut-il anéanti. Le Saint-Père, « le cœur gémissant, écrit encore Consalvi, voit toute la trame de cette amère question... ».

Talleyrand affecte de croire que cet « effet » lui permet d'épouser Kelly — c'est par ce diminutif qu'il appelle toujours sa maîtresse. Le 9 septembre à Neuilly, dans la maison de campagne de Talleyrand, Bonaparte, Joséphine et les deux autres consuls signent le contrat établi par Mᵉ Camusat-Jeune. Le mari offre à sa femme une dot de 300 000 livres, la maison de la rue d'Anjou et la terre de Pont-de-Sains. L'époque des « jolis chevaux blancs » est bien dépassée...

Le mariage est célébré le lendemain, rue de Verneuil, à l'Hospice des Incurables, devenu la mairie du Xᵉ arrondissement. Les témoins sont Pierre-Louis Rœderer, l'amiral Bruix, l'ambassadeur Beurnonville, Radix Sainte-Foy et Othon, prince de Nassau-Siegen.

L'acte de mariage précise que les parents du marié sont tous deux « décédés ». C'est là une nouvelle indélicatesse de Charles-Maurice, qui frise la grossièreté, car Mme de Talleyrand, née Alexandrine Dumas d'Andigny, vit toujours retirée dans le duché de Brunswick [1]. Talleyrand n'aurait certes pas eu l'accord de sa mère qui blâmait sa conduite. Il savait parfaitement qu'elle aurait désapprouvé ce mariage sacrilège et refusé son consentement. Aussi, avec désinvolture, enterre-t-il l'auteur de ses jours...

Son fidèle valet de chambre Courtiade, toujours si bien identifié à son maître, se lamente au lendemain du mariage. Il se voile la face en répétant : « Et dire que nous avons eu Mesdames etc., etc. » Et il énumère toutes les grandes dames qui avaient eu des bontés pour Talleyrand...

Bien entendu, l'étrange situation de Charles-Maurice suscite des commentaires. Les honnêtes gens le méprisent, certains le haïssent même, les autres se gaussent et tournent en dérision l'union de ce défroqué et de son aventurière... Talleyrand, qui a pourtant bien souvent bravé l'opinion, paraît être atteint, cette fois, par l'attitude de ses concitoyens. L'ancien évêque se compose un visage de cire et se réfugie dans le dédain.

---

1. Celle-ci regagnera la France au mois de septembre de l'année suivante.

A Rome, Consalvi écrit à Caprara : « ... et ce qui peine le plus le Saint-Père, c'est que toute la France croit que *(ce mariage)* se fait sur sa dispense... Il n'arrive pas à comprendre comment, après s'être exprimé aussi clairement... un tel pas puisse être franchi. Mais l'intérêt du Saint-Père se limite à ce qu'au moins on ne croie pas que ce soit avec son consentement, et il veut espérer qu'un tel mariage n'a pas été célébré devant l'Eglise. »

Dans une seconde lettre, le cardinal annonce à Caprara : « Sa Sainteté est extrêmement attristée de l'affaire du mariage de M. de Talleyrand dont sont remplies toutes les feuilles publiques. Le scandale contre le Saint-Siège est général et blesse profondément la conscience de Sa Sainteté... Le Saint-Père voudrait que V. Exc. lui dise précisément si le mariage a été célébré, et surtout, s'il a été célébré à l'église, ce que le Saint-Père ne parvient même pas à supposer... [1] »

Sa Sainteté avait tort... puisque le 11 septembre, le lendemain du mariage civil, le citoyen et la citoyenne de Talleyrand se rendent à Epinay-sur-Seine où « Catherine-Noëlle Worlée » est encore domiciliée. A l'église de la commune, le complaisant curé leur avait donné la bénédiction nuptiale — ainsi qu'en fait foi un certificat daté du 23 septembre de cette même année 1802 et récemment découvert.

Cependant, la présence de M. Grand en Europe gêne les nouveaux mariés... Aussi Charles-Maurice fait écrire par sa femme au ministre des Affaires étrangères de la République batave, Van der Goef, le priant d'expédier son ex-mari au loin. Elle précise même : « M. de Talleyrand m'autorise à vous mander qu'il vous aura une obligation particulière de ce que vous ferez pour moi en cette occasion. » Un désir qui était un ordre... Aussi, avec empressement, Van der Goef expédie-t-il M. Grand au cap de Bonne-Espérance avec le titre de Conseiller privé extraordinaire — extraordinaire il l'était, en effet — avec un traitement de 2 000 florins...

Il ne restait plus qu'à remercier M. Van der Goef — ce qui fut fait le 23 septembre, douze jours après le mariage, par la nouvelle Mme de Talleyrand : « Vous observerez, au nom

---

1. Toutes ces dépêches, provenant des Archives vaticanes, sont inédites.

que mon union avec M. de Talleyrand me donne le droit de porter, combien la tendre et sincère affection de cet aimable ami m'a rendue la plus heureuse des femmes. »

Mais M. Grand montre peu de bonne volonté pour s'expatrier au bout du monde — d'où une autre lettre de Mme de Talleyrand à M. Van der Goef, lui demandant de lui rendre un nouveau service : « C'est celui de faire enjoindre à M. Grand de s'embarquer sans délai, étant tout à fait inconcevable qu'il prolonge son séjour à Amsterdam, où il est déjà depuis un mois *fort mal à propos.* »

Cette fois M. Grand donne sa parole que M. et Mme de Talleyrand n'entendront plus jamais parler de lui — et il tient si scrupuleusement sa promesse que l'Histoire, elle-même, perd sa trace à tout jamais.

Au lendemain du mariage, les lazzi vont bon train. Un quatrain court Paris :

> *Blanchette a quarante ans, le teint pâle et plombé.*
> *Blanchette, cependant, épouse un noble abbé ;*
> *Pourquoi s'en étonner quand chacun la délaisse ?*
> *Toute catin se range et devient Mère Abbesse.*

Mais il faut maintenant présenter officiellement la nouvelle Mme de Talleyrand aux consuls. Lors de la première réception où elle apparut, après avoir épousé Charles-Maurice, Bonaparte, en passant son habituelle revue des femmes présentées, s'arrête devant Catherine et lui lance brutalement, exactement comme s'il s'adressait à une recrue :

— J'espère que la bonne conduite de la citoyenne Talleyrand fera oublier les légèretés de Mme Grand.

Catherine s'incline et répond :

— Je ne saurais mieux faire que de suivre, à cet égard, l'exemple de la citoyenne Bonaparte.

Ce qui prouverait que l'ex-Mme Grand était moins d'« Inde » qu'on ne l'a dit.

Les bévues de la citoyenne Talleyrand sont toutefois célèbres. Elle était « bête avec délice », disait Charles-Maurice. Un jour que le ministre recevait Denon, à son retour d'Egypte, Talleyrand avait recommandé à sa femme de s'informer de l'œuvre de l'égyptologue. Qu'avait compris la naïve Catherine ? Quels documents avait-elle bien pu

consulter ? Toujours est-il qu'elle se serait écriée au milieu
du repas :

— Ah ! monsieur, quelle émotion ! Cette île déserte, ce
perroquet, ce Vendredi ! Et votre chapeau pointu !

On imagine le fou rire que les convives durent étouffer.
Ces impairs, la cour consulaire, puis impériale, les répétait
avec une joie méchante. Mme Grand acquit ainsi une solide
réputation de sottise. Etait-elle vraiment sotte ? Elle n'était
sûrement pas très maligne, mais peut-être moins stupide
qu'on ne le pensait... Mais il était si drôle d'affirmer que
l'épouse de l'homme le plus intelligent de l'Europe était
idiote. C'était en plus un moyen d'attaquer Talleyrand — et
ses ennemis ne s'en privaient point. On prétendait ainsi
qu'un soir où Népomucène Lemercier, s'apprêtant à lire
l'une de ses tragédies, commençait par situer l'action et
annonçait :

— La scène est à Lyon...

Mme Grand, se tournant vers son mari, s'exclama :

— Vous voyez, mon ami, que j'avais raison. Vous vouliez
que ce fût la Saône qui coulât à Lyon !

La jeune femme recevait officiellement aux côtés de son
mari. Malheureusement, ainsi que nous l'explique Bernard
Lacombe, « Mme de Talleyrand restait, sous ses titres et ses
bijoux, la fille du petit fonctionnaire de Chandernagor, la
femme du modeste employé de Calcutta... ». A l'exemple de
tant d'autres que la Révolution avait hissées brusquement au
premier rang, elle n'eut jamais ni les traditions, ni les
usages, ni les manières, ni le ton, ni l'esprit du monde, toutes
choses qui ne s'improvisent guère... Aussi, Talleyrand
chargea-t-il Despréaux, l'ancien maître à danser de Marie-
Antoinette, de donner à son épouse des leçons de maintien.
Celui-ci dut faire du zèle, car Catherine devint franchement
insupportable de prétention et de vanité. Talleyrand commença peu à peu à se détacher de son épouse — et finit par
ne plus l'aimer du tout. On l'entendra s'exclamer :

— Bêtise et vanité, tel est son lot.

Plus aimablement, il dira en souriant :

— Elle a de l'esprit comme une rose.

Et il expliquait encore :

— Je pensais qu'une femme d'esprit compromet souvent
son mari et qu'une femme bête ne compromet qu'elle-même ;
sur ce rapport, je ne pouvais espérer trouver une femme
mieux douée.

*Prud'hon a dessiné Charlotte de Talleyrand, fille
sans doute de Charles-Maurice et de Mme Grand,
mais née avant le mariage de ses parents.*

Or, deux ans plus tard, au mois d'août 1803, apparaissait
chez M. et Mme de Talleyrand une petite fille née « de
parents inconnus ». Après de minutieuses recherches effec-
tuées par Casimir Carrère et mon ami le regretté Louis
Hastier, il semblerait que cette petite Charlotte, devenue la
filleule, pour ne pas dire, comme certains, la fille « adoptive » de Talleyrand, soit née alors que Mme Grand n'était
pas divorcée et M. de Talleyrand point encore « rendu à la
vie séculière et laïque ». La situation des deux amants
n'étant pas régularisée, l'enfant, fille de Charles-Maurice et
de Catherine, était donc *légalement* la fille de M. Grand. Et

lorsque le ministre maria Charlotte à son neveu le baron
Alexandre-Daniel de Talleyrand, futur préfet du Pas-de-
Calais, il mettra sur pied toute une machination — quelque
peu embrouillée d'ailleurs — afin de procurer un état civil à
« Charlotte de Talleyrand », née affirmera-t-il, à Londres le
4 octobre 1799 [1]...

Il fallait aux nouveaux mariés un cadre digne d'eux. C'est
ainsi qu'un matin de printemps de 1803, Bonaparte déclara à
Talleyrand :

— Je veux que vous achetiez une belle terre, que vous y
receviez brillamment le Corps diplomatique et les étrangers
marquants, qu'on ait envie d'aller chez vous et que d'y être
prié soit une récompense pour les ambassadeurs des
souverains dont je serai content.

Le préfet du palais, le comte J.B. de Luçay, est présent et
propose aussitôt son vaste château berrichon et ses terres,
de Luçay et de Veuil — département de l'Indre —, près de
20 000 hectares, situés entre Selles-sur-Cher et Châteauroux. Il s'agissait de l'admirable Valençay, qui dresse
toujours ses ailes majestueuses, flanquées de tours, coiffées
de dômes d'ardoise et entourant le donjon qui forme l'entrée
de la somptueuse demeure. M. de Luçay demandait pour cet
imposant ensemble Renaissance la somme de 1 600 000
francs — soit 8 millions de nos francs. Talleyrand, en dépit
des pots-de-vin amoncelés depuis plus de trois années, n'est
prétendument pas assez riche pour supporter une pareille
dépense. Le Premier consul paie la différence importante qui
apparaît entre la somme que le ministre peut verser et le
prix réclamé par le propriétaire.

Au mois de septembre 1803, M. et Mme de Talleyrand
vinrent voir leur nouvelle acquisition. S'ils ne purent
explorer entièrement le château, qui compte vingt-cinq
appartements de maître..., ils admirèrent les nombreux
salons, les longues galeries et, en voiture, les cent cinquante-
deux hectares du parc. Ils n'eurent sans doute pas le temps

---

1. Plus tard, lorsque le prince de Talleyrand, sous le règne de
Louis-Philippe, s'arrêtait à Arras, la presse locale ne manquait pas
de préciser qu'il était descendu « chez son gendre et sa fille »...

Le château de Valençay à l'époque où Talleyrand vint visiter son acquisition.

de traverser les vingt-cinq communes et de parcourir les 7 000 hectares de bois, les 6 400 hectares de landes et de bruyère qui composent le domaine...

Au début du mois de janvier 1803, Talleyrand est chargé d'une étrange mission. Bonaparte — sans doute avec un malin plaisir — lui demande d'obtenir de Louis XVIII sa renonciation à ses droits au royaume de France. Le consul avait appris que le royal exilé venait d'écrire à son frère d'Artois : « Je ne vous dirai qu'un mot de la situation ; elle est au comble de la détresse. »

Le prétendant, qui s'intitule toujours le comte de Lille, demeure maintenant à Varsovie, c'est-à-dire en territoire prussien. Aussi Talleyrand convoque-t-il, le soir du 7 janvier, le ministre du roi Guillaume, Lucchesini. Appa-

remment, cette délicate mission ne gêne pas Charles-
Maurice. Pourtant, il n'y a pas tellement longtemps, il
affirmait être « tout dévoué » à la personne du comte
d'Artois, il avait même, par l'intermédiaire de l'abbé de
Montesquiou, prodigué de précieux conseils à Louis XVIII
pour l'avenir, et voici que maintenant il se trouve dans
l'obligation de plaider la légitimité du gouvernement consulaire « ayant assis ses droits et sa puissance sur les
fondements reconnus du droit public des nations policées ».
Il fallait rejeter les frères de Louis XVI hors de leurs droits
— en vertu de ce que le ministre appelait « les buts
salutaires et louables » du Premier consul. Il va jusqu'à
humilier les deux futurs rois en formulant cette proposition
que Lucchesini transmettra à son ministre, le comte
d'Haugwitz, avec mission de la faire suivre à destination de
l'exilé :

« Un sentiment mêlé de compassion et d'égard pour les
malheurs des princes de la maison de Bourbon, réuni à celui
de la dignité d'un grand peuple longtemps gouverné par elle,
inspire au Premier consul la noble intention de pourvoir à son
entretien. Le motif et la condition de ce bienfait sont, comme
vous l'imaginez bien, monsieur le comte, une renonciation
libre, entière et absolue à tous droits et prétentions au trône
de France et aux charges, dignités, domaines et apanages
des princes de cette maison. »

L'arrangement était simple : en échange de la renonciation de Louis XVIII à ses droits, la France assurait la
subsistance des différentes branches françaises de la maison
de Bourbon qui vivaient en exil de l'aumône des puissances
de l'Europe. Charles-Maurice espérait que la perspective
pour les Bourbons d'être libérés d'une charité humiliante
allait jouer en faveur de cette proposition. Il avait tort. Avec
son cynisme habituel, Talleyrand avait même suggéré
d'expédier les exilés « plus loin que Varsovie, à Moscou, par
exemple ! ». La réponse du comte de Lille, remise au palais
Zamoïski de Varsovie au conseiller Meier, ne manque pas de
grandeur :

« Je ne confonds pas M. de Buonaparte avec ceux qui l'ont
précédé, j'estime sa valeur, ses talents militaires : je lui sais
gré de plusieurs actes d'administration, car le bien qu'il fera
à mon peuple me sera toujours cher, mais il se trompe s'il
croit m'engager à transiger sur mes droits ; loin de là, il les
établirait lui-même s'ils pouvaient être litigieux, par la

démarche qu'il fait en ce moment. J'ignore quels sont les desseins de Dieu sur ma race et sur moi ; mais je connais les obligations qu'il m'a imposées par le rang où il lui a plu de me faire naître. Chrétien, je remplirai ces obligations jusqu'à mon dernier soupir ; fils de Saint Louis, je saurai, à son exemple, me respecter jusque dans les fers ; successeur de François I⁰ʳ, je veux, du moins, dire comme lui : " Nous avons tout perdu fors l'honneur. "

Assurément, en lisant cette réponse pleine de noblesse, Talleyrand, qui avait reçu son évêché de la main de Louis XVI, sans parler de l'abbaye poitevine de Chelles, dut se sentir mauvaise conscience... Mais avait-il une conscience ? En tous les cas, pas un muscle de son visage ne le trahit.

Cependant Louis-XVIII continuait à espérer... et un jour que La Tour du Pin-Gouvernet lui demandait :

— Dans le cas où Bonaparte accepterait l'épée de connétable, que feriez-vous de M. de Talleyrand ?

— On peut lui dire, répondit l'ex-comte de Provence, que si nous rentrons en France, véritablement il ne peut y rester, mais que je lui garantis un sauf-conduit pour aller vivre en quelque pays étranger qui lui conviendrait le mieux.

La Tour du Pin-Gouvernet, lié d'amitié avec Talleyrand, lui rapporta cette étrange « promesse » du comte de Lille et peut-être faut-il voir dans l'aveuglement du royal exilé la raison du changement d'attitude de l'ex-évêque d'Autun à l'égard de ses « princes ». Il est déjà loin le temps des protestations de dévouement au comte d'Artois !... Le Consulat et ses réalisations lui apparaissent maintenant comme une réussite et suscitent son admiration. S'il faut en croire Barras dans ses *Mémoires* (texte qu'il faut consulter avec d'infinies précautions), Talleyrand, à plusieurs reprises — on croit rêver — aurait incité Bonaparte à s'emparer des membres de la famille de Bourbon. Il aurait même suggéré de les attirer dans un seul et même endroit, à Wesel par exemple :

« Ce serait un admirable coup de filet », assurait-il, toujours d'après Barras.

A l'excuse de Talleyrand, l'air, au début de 1804, est rempli de poignards, selon l'expression de Fouché. Pour tuer le Premier consul, tous les moyens sont bons, depuis le pistolet jusqu'à la bombe destinée à faire sauter les Tuileries. On arrête à tour de menottes les royalistes fanatiques, plus ou moins à la solde de l'Angleterre, qui ont formé le projet de supprimer le Premier consul, puisqu'on affirmait à Londres que « tuer n'était pas assassiner » !

— Je vis dans une méfiance continuelle, avoue Bonaparte à son frère Joseph. Chaque jour, on voit éclore de nouveaux complots contre ma vie. Les Bourbons me prennent pour leur unique point de mire.

Comme toutes les polices, celle du Consulat connaît les moyens de faire parler ses prisonniers. Il suffit pour s'en convaincre de jeter un coup d'œil sur l'interrogatoire de Louis Picot, le domestique de Cadoudal : « Le citoyen Bertrand a envoyé l'officier de garde, et lui a dit d'apporter un chien de fusil et un tournevis pour me serrer les doigts. Il m'a fait attacher : il m'a fait serrer les doigts autant qu'il a pu… J'ai été chauffé au feu ; les doigts écrasés avec un chien de fusil. Quand on m'a lu mon interrogatoire, j'ai dit qu'il y avait beaucoup de faux. M. Thuriot a dit qu'on arrangerait tout cela, et c'est resté là. »

Le 13 janvier 1804, un premier chouan révèle une grande nouvelle : Pichegru, qui a été mêlé au coup d'Etat de Fructidor, se cache dans Paris. Puis un autre sous-ordre de Cadoudal, Bouvet de Lauzier, rapporte que Pichegru a rencontré fréquemment le général Moreau en compagnie de Cadoudal. Bref, une grave conspiration s'est nouée contre Bonaparte. Talleyrand, consulté par le Premier consul, conseille de sévir. On connaît la suite : la conjuration s'effondre, Moreau est arrêté et Pichegru étranglé dans sa prison — tout au moins selon Talleyrand qui, après avoir nié le suicide, affirmera que Sanson lui-même avait opéré.

Le 11 février Charles-Maurice se charge d'expliquer la situation à Bignon, ministre plénipotentiaire à Cassel, en lui adressant le rapport du grand juge Régnier « dans lequel vous trouverez, précise-t-il, les premiers développements de la trame ourdie par l'Angleterre, contre la tranquillité, la puissance et la gloire de la France. Ce *complot affreux* déjoué au moment où il était près de s'exécuter, ne servira qu'à faire éclater de nouveau l'énergie et l'unanimité des sentiments qui attachent les Français au Premier consul… ».

Le lendemain, 12 février, le chouan Bouvet de Lauzier, après avoir tenté de se suicider dans sa prison du Temple, parle d'abondance et dévoile le nœud du complot : les conjurés attendaient, pour agir, l'arrivée d'un prince de la maison de Bourbon. Bien sûr, le Premier consul interroge Talleyrand, qui lui signale, le 1ᵉʳ mars, la présence à Ettenheim, dans le grand-duché de Bade, non loin du Rhin, du duc d'Enghien, fils du duc de Bourbon et petit-fils du prince de Condé, le chef des émigrés.

Bonaparte l'ignorait.

Que fallait-il faire ? D'abord vérifier l'exactitude de la nouvelle. Le conseiller d'Etat Réal fait demander au préfet du Bas-Rhin, le citoyen Shée, de s'informer. Le duc est-il réellement à Ettenheim ? « Les informations que vous ferez prendre, recommandait le chef de la police, doivent être promptes et sûres. Dans le cas où le duc ne serait plus dans cette ville, vous m'en informeriez sur-le-champ. »

Le préfet désigne un sous-officier de gendarmerie, le maréchal des logis Lamothe, qui parle parfaitement allemand, et le charge de mener une rapide enquête.

Le 7 mars, le Premier consul reçoit Talleyrand et, le lendemain 8, le ministre adresse ces lignes à Bonaparte : « J'ai beaucoup réfléchi à ce que vous m'avez fait l'honneur de me dire hier... Voilà qu'une occasion se présente de dissiper toutes ces inquiétudes. La laisserez-vous échapper ? Elle vous est offerte par l'affaire qui doit amener devant les tribunaux les auteurs, les acteurs et les complices de la conspiration récemment découverte. Les hommes de Fructidor s'y retrouvent avec les Vendéens, qui les secondent. Un prince de la maison de Bourbon les dirige. Le but est évidemment l'assassinat de votre personne. Vous êtes dans le droit de la défense personnelle. Si la justice doit punir rigoureusement, elle doit aussi punir sans exception. Réfléchissez-y bien. »

L'authenticité de cette terrible lettre, qui accable lourdement la mémoire de Talleyrand, a été mise en doute. On a prétendu que l'auteur de ces lignes aurait été le secrétaire Perrey qui parvenait parfaitement à imiter l'écriture et la signature de son ministre. Or ce Perrey n'entra au service du ministère, et par conséquent de Talleyrand, qu'en 1806. D'autre part, la lettre qui manqua de peu être brûlée en 1814 sur les ordres mêmes de Talleyrand, en compagnie d'une masse d'autres documents compromettants, tomba sous les yeux de Chateaubriand et de Méneval, qui en ont reproduit des extraits conformes à la lettre originale : « J'ai tenu dans mes mains la lettre », écrivit Chateaubriand, tandis que Méneval précisait : « Cette lettre était tout entière de la main de Talleyrand et signée par lui. »

Ce même 8 mars, le rapport du maréchal des logis Lamothe parvient à Bonaparte : il s'est rendu à Ettenheim, petite ville de trois mille âmes adossée aux premiers contreforts de la Forêt-Noire. A *l'Auberge du Soleil,* le sous-officier a fait bavarder le propriétaire. Celui-ci a prononcé à l'allemande le nom du marquis de Thumery : dans sa bouche le *t* est devenu un *d,* la dernière syllabe s'est transformée en *riey,* et le maréchal des logis a compris *Dumouriez.*

Bonaparte entre dans une effroyable colère. Ainsi Dumouriez, ce traître à la République, ce déserteur passé à l'ennemi, a rejoint le duc d'Enghien ! Et ce n'est pas tout : le gendarme est allé jusqu'à Offenburg, petite ville située à cinq lieues seulement de Strasbourg, et a appris que les principaux chefs de l'armée de Condé s'y trouvaient réunis. Tel un ours en cage, le Premier consul arpente son cabinet :

— Suis-je donc un chien qu'on peut assommer dans la rue, tandis que mes meurtriers sont des êtres sacrés ? On m'attaque au corps... Je rendrai guerre pour guerre... Je saurai punir les complots : la tête du coupable m'en fera justice !

Talleyrand et Réal sont convoqués aux Tuileries. Pourquoi le chargé d'affaires de France à Carlsruhe n'a-t-il pas signalé au ministre des Relations extérieures ces concentrations d'émigrés ?

— Il vaut mieux que les émigrés se rassemblent sur le Rhin, répète paisiblement Talleyrand, ils seront ainsi plus faciles à saisir d'un même coup de filet.

Décidément, il tient à cette image...

Or le lendemain, 9 mars, Cadoudal est arrêté dans la rue, non loin de Saint-Germain-des-Prés, après une poursuite mouvementée. On l'interroge :

— Que venez-vous faire à Paris ?

— Je venais attaquer le Premier consul.

— Avez-vous beaucoup de monde autour de vous ?

— Non, parce que je ne dois attaquer le Premier consul que lorsqu'il y aura un prince à Paris et qu'il n'y est point encore...

— Le plan a donc été conçu et devait être exécuté d'accord avec un ci-devant prince français ?

— Oui, citoyen juge.

Cette fois la colère de Bonaparte est sans bornes :

— Les Bourbons croient que l'on peut verser mon sang comme celui des plus vils animaux ! Mon sang cependant vaut bien le leur ! Je vais leur rendre la terreur qu'ils veulent m'inspirer. Je pardonne à Moreau sa faiblesse et l'entraînement d'une sotte jalousie, mais je ferai impitoyablement fusiller le premier de ces princes qui tombera sous ma main... Je leur apprendrai à quel homme ils ont affaire.

— Je pense que si un personnage tel qu'un membre de la famille des Bourbons était en votre pouvoir, la rigueur n'irait pas à ce point ? insinue Cambacérès.

— Que dites-vous, monsieur ? Sachez que je ne veux pas ménager ceux qui m'envoient des assassins.

Et il convoque pour le lendemain 10 mars son Conseil aux Tuileries : les deux consuls figurants, Réal, Murat, le grand juge Régnier, Fouché et Talleyrand. C'est ce dernier, en sa qualité de ministre des Relations extérieures, qui expose l'affaire. Il répète ce qu'il a écrit l'avant-veille au Premier consul : il faut enlever d'Enghien et Dumouriez en territoire badois !

Fouché, qui tient à la Révolution par le sang, approuve. On devine son calcul : le futur empereur, qui n'a pas trempé dans les événements de 1793-1794, deviendra ainsi le complice des conventionnels régicides. Talleyrand, qui a sur la conscience quelques vilenies à se reprocher à l'égard du clergé, et, sur le cœur, le mariage humiliant que Napoléon lui a imposé pour l'avilir, partage les arrière-pensées de Fouché qu'il n'aime toujours pas.

Barras l'écrira dans ses *Mémoires* — ou plutôt le dictera : « Talleyrand a voulu mettre entre les Bourbons et Napoléon un fleuve de sang. » Mollé confirmera ce témoignage.

Le chancelier Pasquier également, en affirmant que Talleyrand était d'avis d'agir envers le prince « avec la dernière rigueur ». Cambacérès, qui a pourtant voté la mort de Louis XVI, essaye de faire revenir Bonaparte sur sa décision. Et c'est la fameuse réplique lancée par le Premier consul :

— Vous êtes bien avare aujourd'hui du sang des Bourbons !

Toujours selon Pasquier, Bonaparte « se range à l'avis de M. de Talleyrand et ce fut alors ce qui prévalut ». Mais, le Conseil terminé, Cambacérès repart à l'attaque :

— Jusque-là étranger à tous les crimes de la Révolution, vous allez nous imiter.

— La mort du duc d'Enghien, répond Bonaparte, ne sera aux yeux du monde qu'une juste représaille de ce qu'on tentait contre moi-même. Il faut bien apprendre à la maison de Bourbon que les coups qu'elle dirige sur les autres peuvent retomber sur elle-même ! La mort, c'est le seul moyen de la forcer à renoncer à ses abominables entreprises !

Puis il répète l'argument mis en avant par Talleyrand :

— Lorsqu'on est aussi avancé, il n'est plus possible de reculer !

Bonaparte, penché sur la carte de la région rhénane, dicte maintenant ses ordres et prépare le guet-apens. Talleyrand, au cours de cette nuit du 10 au 11 mars, exactement à 3 heures du matin, adresse une longue note au baron d'Edelsheim, ministre des Affaires étrangères de l'Electeur de Bade : « Le Premier consul a appris que le duc d'Enghien et le général Dumouriez étaient à Ettenheim, et, comme il est impossible qu'ils se trouvent dans cette ville sans la permission de Son Altesse Sérénissime Electorale, le Premier consul n'a pu voir sans la plus profonde douleur qu'un prince auquel il s'était plu à faire ressentir les effets les plus spéciaux de l'amitié de la France, ait pu donner refuge à ses plus cruels ennemis et les ait laissés tramer publiquement des conspirations aussi inouïes.

» Dans cette circonstance extraordinaire, le Premier consul a cru devoir ordonner à deux petits détachements de se porter à Offenburg et à Ettenheim, pour y saisir les instigateurs d'un crime qui, par sa nature, met hors du droit des gens ceux qui sont convaincus d'y avoir pris part. C'est le général Caulaincourt qui est chargé à cet égard des ordres du Premier consul. »

Ce sera seulement le 17 mars que Bonaparte apprendra à Malmaison, par un courrier, que tout s'est déroulé à Ettenheim comme il le désirait. Le duc d'Enghien est enfermé à Strasbourg, mais le rapport du commandant Charlot, qui a enlevé le duc, précise que jamais Dumouriez n'a été vu à Ettenheim. C'est là une malheureuse bévue du gendarme Lamothe.

— J'estime Bonaparte comme un grand homme, lui a dit d'Enghien, alors que, prisonnier, il roulait vers Strasbourg, mais, étant prince de la maison de Bourbon, je lui ai voué une haine implacable, ainsi qu'aux Français auxquels je ferai la guerre dans toutes les occasions.

Le lendemain 18 mars, tandis que le duc d'Enghien roule vers Paris, un nouveau courrier apporte avec lui les papiers saisis à Ettenheim. Des pièces prouvent que le duc se trouvait à la tête d'un réseau antirépublicain, assez paisible, il est vrai, mais ayant des ramifications jusqu'en France. La copie d'une lettre démontre que le prince a envisagé l'éventualité de la mort de Bonaparte : « Il est d'un grand intérêt pour moi de rester rapproché des frontières, écrit-il à son grand-père, car, au point où en sont les choses, la mort d'un homme peut amener un changement total. » Sans doute, d'Enghien souhaite-t-il la mort du dictateur sur un champ de bataille, mais il abhorre le poignard. Cependant, Bonaparte s'obstine à ne voir là qu'une allusion à la réussite des projets de Cadoudal — dont le prince semble d'ailleurs avoir ignoré l'existence. C'est Polignac que les conjurés attendaient...

Joséphine supplie son mari de ne pas souiller ses mains du sang des Condé.

— Les femmes doivent demeurer étrangères à ces sortes d'affaires, lui répond-il. Ma politique demande ce coup d'Etat ; j'acquerrai par là le droit de me rendre clément dans la suite. Les royalistes m'ont déjà plus d'une fois compromis à l'égard des révolutionnaires. L'exécution du duc d'Enghien me dégage vis-à-vis de tout le monde.

Le soir, Joséphine tente encore de faire revenir Bonaparte sur sa décision. Le Premier consul perd patience :

— Allez-vous-en, vous n'êtes qu'une enfant !

— Eh bien, réplique-t-elle, eh bien, Bonaparte, si tu fais tuer ton prisonnier, tu seras guillotiné comme mon premier mari, et moi, cette fois, par compagnie avec toi !

S'il faut en croire Fouché dans ses *Mémoires*, écrits, rappelons-le, en 1824, l'ex-ministre de la Police serait allé à Malmaison le lendemain matin 19 mars et aurait déclaré au Premier consul :

— Vous soulèverez la France et l'Europe, si vous n'administrez pas la preuve irrécusable que le duc conspirait contre vous à Ettenheim.

— Qu'est-il besoin de preuve? s'écrie Bonaparte. N'est-ce pas un Bourbon, et de tous le plus dangereux ?

Fouché insiste, expose « des raisons politiques propres à faire taire la raison d'Etat ». C'est en vain. Le consul finit par lui dire avec humeur :

— Vous et les vôtres n'avez-vous pas dit cent fois que je finirais par être le Monk de la France et par rétablir les Bourbons ? Eh bien, il n'y aura plus moyen de reculer. Quelle plus forte garantie puis-je donner à la Révolution que vous avez cimentée du sang d'un roi ? Il faut d'ailleurs en finir. Je suis environné de complots. Il faut imprimer la terreur ou périr.

C'est le 20 mars à midi que le Premier consul reçoit Talleyrand à Malmaison. Evoquant plus tard ces heures au cours desquelles opinions et conseils s'entrechoquèrent, Napoléon confiera à Caulaincourt :

— Leur raison leur disait que je devais être sévère et, cependant, ils penchaient pour l'indulgence. Talleyrand, plus politique qu'eux, avait, avec raison, été pour l'arrestation. On ne réfléchit pas alors à l'effet que cette exécution produirait ; on ne vit que des conspirateurs qui, voulant assassiner le premier magistrat de la France, méritaient la même peine...

Il n'en voulait certes pas à Talleyrand de l'avoir poussé à faire du dernier des Bourbons « de la poussière avant le temps ».

D'une fenêtre, Joséphine regarde son mari se promener longuement dans le parc en compagnie de son ministre. Elle désigne Talleyrand à son beau-frère, Joseph :

— Ce boiteux me fait trembler ; hâtez-vous d'interrompre ce trop long entretien.

Joseph descend au jardin et le « boiteux » prend congé de Bonaparte. Joseph parvint-il à émouvoir son frère ? C'est possible, puisqu'en le quittant le Premier consul aurait déclaré au futur roi d'Espagne — du moins s'il faut en croire ce dernier :

— Sa grâce est dans mon cœur, mais ce n'est pas assez pour moi ; je veux que le petit-fils du Grand Condé serve dans nos armées : je me sens assez fort pour cela.

A 17 heures, Bonaparte convoque Savary, exécuteur des hautes œuvres, et lui remet le procès-verbal dicté le matin même après le Conseil : « Le gouvernement arrête que le ci-devant duc d'Enghien, prévenu d'avoir porté les armes contre la République, d'avoir été et d'être encore à la solde de l'Angleterre, de faire partie de complots tramés par cette dernière puissance contre la sûreté intérieure et extérieure de la République, sera traduit devant une commission militaire composée de sept membres nommés par le général gouverneur de Paris et qui se réunira à Vincennes. »

En transmettant l'ordre au général gouverneur de Paris — le futur roi Murat — Bonaparte précise de « tout finir dans la nuit » ; d'Enghien doit, en effet, arriver dans la soirée à Vincennes. Assurément — la suite le prouvera — Bonaparte pensait davantage au procès, qu'à l'exécution de la sentence.

Le soir du 21 mars, le Premier consul envoie à Réal l'ordre de se porter à Vincennes pour interroger le prince. Mais, selon le conseiller, la lettre de Bonaparte aurait été placée sur une table de nuit et il n'avait pu en prendre connaissance qu'à son réveil... le lendemain matin. Il se hâte vers Vincennes et, en chemin, rencontre Savary qui lui apprend que tout est déjà fini : le duc d'Enghien a été interrogé, jugé, condamné à mort et exécuté en pleine nuit dans les fossés du château où il a été enterré...

Bonaparte paraît surpris lorsqu'on lui annonce que tout est terminé...

— Il y a là quelque chose qui me dépasse, s'exclame-t-il ; voilà un crime qui ne mène à rien et qui ne tend qu'à me rendre odieux.

En sortant du cabinet de travail du consul, Savary et Joséphine se croisent.

— Eh bien ? est-ce donc fait ?

— Oui, madame, il est mort ce matin, et, je suis forcé d'en convenir, avec beaucoup de courage... Après sa mort, on a permis aux gendarmes de prendre ses vêtements, sa montre, et l'argent qu'il avait sur lui : aucun n'a voulu y toucher.

Joséphine se précipite dans la chambre de Bonaparte :

— Le duc d'Enghien est mort, lui aurait-elle dit. Ah mon ami, qu'as-tu fait ?

— Les malheureux ont été trop vite, répond le Premier consul.

Il paraît sincèrement déplorer la rapidité avec laquelle tout a été conduit — selon ses propres ordres — mais il n'en va pas moins couvrir ses sous-ordres.

Or Réal a joué la comédie. En réalité, il avait trouvé et lu l'ordre de Bonaparte dès la veille au soir, bien qu'il ait prétendu le contraire.

— Vous savez bien ce que Talleyrand m'a fait faire, dira-t-il plus tard à Savary ; je n'ai pas eu à m'en repentir, du reste.

Charles-Maurice a donné à Réal ce conseil que — champion du double jeu — il aurait appliqué lui-même s'il s'était trouvé désigné pour cette affreuse besogne.

Que s'étaient dit Talleyrand et Bonaparte dans le parc de Malmaison ? Louis Bastide écrit que le ministre n'avait pas craint d'affirmer :

— Toute réserve serait criminelle ; il faut un holocauste à la tranquillité de la France et de l'Europe ; il leur faut une garantie que l'on peut compter sur la permanence de votre gouvernement. Cette garantie est dans la résolution que vous allez prendre. Le vœu national est irrévocablement prononcé contre le rétablissement de la dynastie des Bourbons, et tout ce qui ne se prononce pas pour l'accomplissement de ce vœu est considéré comme un malheur public... Que le duc d'Enghien paraisse devant les juges, et que son jugement, effrayant tous les Bourbons, ne laisse plus à cette race fatale aux Français même un seul rayon d'espérance criminelle...

De tels propos ne pouvaient qu'attiser la fureur de Bonaparte et peser lourd sur sa décision. Bien que les sentiments de Talleyrand aient cessé d'être royalistes, on a du mal à croire à l'authenticité de ce texte. En tout cas Napoléon ne réprouvera pas l'attitude de Charles-Maurice :

« Le prince de Talleyrand s'est conduit dans cette occasion comme un fidèle ministre, et jamais je ne lui ai rien reproché là-dessus. »

Mais la reine Hortense — la fille de Joséphine était bien placée pour connaître le dessous des cartes — écrira : « Tout fut pardonné à Talleyrand. Il eut l'absolution plénière. Aussi ne lui reprochera-t-on jamais la mort du duc d'Enghien, dont il était un des principaux auteurs, tandis que Caulaincourt et Savary, qui en étaient innocents, en eurent constamment le blâme. Ma mère répétait qu'un jour elle avait entendu dire à l'Empereur, fâché contre M. de Talleyrand : "« Je le trouve plaisant de faire ses honneurs à mes dépens. Est-ce que je connaissais le duc d'Enghien ? Est-ce que je voulais le faire mourir ? " »

Enfin à Sainte-Hélène, l'exilé confiera à Las Cases :

— C'est Talleyrand qui a été l'instrument principal et la cause active de la mort du duc d'Enghien.

Instigateur du drame, Talleyrand — sans doute pour se disculper — dans ses *Mémoires*, accable l'Empereur :

« Napoléon monta sur le trône, mais sur un trône souillé du sang de l'innocence, et d'un sang que d'antiques et glorieux souvenirs rendaient cher à la France. La mort violente et inexpliquée de Pichegru, les moyens employés pour obtenir la condamnation de Moreau pouvaient être mis sur le compte de la politique. Mais l'assassinat du duc d'Enghien, commis uniquement pour s'assurer, en plaçant dans leurs rangs ceux qui, à la mort de Louis XVI, faisaient craindre toute espèce de pouvoir ne venant pas d'eux, cet assassinat, dis-je, ne pouvait être ni excusé ni pardonné, et il ne l'a jamais été. Aussi Bonaparte a-t-il été réduit à s'en vanter. »

Bonaparte ne s'est pas vanté. Il a assumé l'entière responsabilité du rapt et du procès — et a couvert les protagonistes de l'horrible exécution qui dut le poursuivre toute sa vie, puisque, dix jours avant sa mort, il écrivit dans son testament : « J'ai fait arrêter et juger le duc d'Enghien parce que c'était nécessaire à la sûreté, à l'intérêt et à l'honneur du peuple français, lorsque le comte d'Artois entretenait, de son aveu, soixante assassins dans Paris. Dans une semblable circonstance, j'agirais encore de même. »

Le soir du 21 mars 1804, Talleyrand joue au creps [1] chez son ancienne maîtresse, la duchesse de Laval. Elle avait alors cinquante-six ans et était toujours l'amie chérie de Narbonne. Peu de temps auparavant, on murmurait que, dans ce ménage à trois, Talleyrand jouait le rôle de l'amant et Narbonne celui du mari. Aimée de Coigny affirmait que Mme de Laval « ne savait pas refuser une coquetterie, changeant d'amant presque autant que d'années ».

A 2 heures du matin, Talleyrand tire nonchalamment sa montre de son gousset et annonce avec son cynisme habituel :

— En ce moment, le dernier des Condé a cessé d'exister.

Et il poursuit paisiblement sa partie de creps...

Le lendemain, en arrivant devant le ministère, Charles-

---

1. Jeu de dés.

Maurice est accueilli par d'Hauterive, qui est dans tous ses états.

— Qu'avez-vous donc, lui demande Talleyrand, avec vos yeux hors de la tête ?

— Ce que j'ai, ce que vous devez avoir vous-même si vous avez lu le *Moniteur*. Quelle horreur !

— Eh bien ! eh bien ! Etes-vous fou ? réplique Charles-Maurice. Y a-t-il de quoi faire tant de bruit ? Un conspirateur est saisi près de la frontière, on l'amène à Paris, on le fusille, qu'est-ce que cela a de si extraordinaire ?

A d'autres collaborateurs ou amis qui semblent eux aussi s'émouvoir, Talleyrand répond, surpris :

— Eh bien ! quoi ? Ce sont les affaires !

Un ami conseille cependant à Talleyrand de donner sa démission :

— Si, comme vous le dites, lui répond Charles-Maurice, Bonaparte s'est rendu coupable d'un crime, ce n'est pas une raison pour que je me rende coupable d'une sottise.

Les princes allemands n'osent pas protester — ils accepteront même sans sourciller la violation du territoire germanique. Il n'en est pas de même des grandes puissances. La Suède réclame le testament du duc d'Enghien. Talleyrand répond en écrivant, le 14 avril, à Mathias, diplomate français en poste à Stockholm : « Si on vous en parle encore, vous direz que comme nous ne nous mêlons pas des affaires de Suède, nous n'entendons pas que l'on s'occupe des nôtres. »

On craignait les réactions de l'empereur d'Autriche. Talleyrand, prévoyant, se hâte d'écrire à Champagny, ambassadeur de France à Vienne, et, après avoir souligné l'importance de la conspiration, ironise : « Si les mesures prises à cet égard étaient l'objet de quelque observation qu'on élèverait devant vous, vous ne manqueriez pas de repousser, même avec moquerie, les arguments qu'on voudrait tirer du droit des gens. »

Si Vienne s'incline, il en est autrement en Russie. Alexandre Ier et sa cour prennent le deuil et le tsar demande officiellement des « explications ». Dans sa réponse, Talleyrand s'offre le luxe de rappeler le meurtre de Paul Ier par ses officiers, crime demeuré, bien entendu, impuni puisque son fils Alexandre avait approuvé la conspiration. Depuis, le remords semblait le ronger. On devine la fureur du tsar en lisant ces lignes de Talleyrand : « Si, lorsque des Anglais concertèrent l'assassinat de Paul Ier, on fût venu avertir l'empereur Alexandre que les assassins n'étaient qu'à une lieue de la frontière russe, ne se serait-il pas cru en droit de les faire arrêter ? »

L'ambassadeur de Russie à Paris, d'Oubril, se fait vertement tancer par le tsar pour ne pas avoir retourné la note à son expéditeur.

Talleyrand s'est mêlé avec sa nonchalance habituelle aux intrigues qui ont obtenu des Assemblées, du Tribunat et surtout du Sénat, le vote qui, le 20 avril, a créé l'hérédité, et fait basculer le Consulat à vie vers l'Empire — cette « combinaison de république romaine et de Charlemagne », selon son expression.

Sans doute Charles-Maurice aurait-il préféré la royauté au régime impérial.

— Talleyrand voulait que je me fisse roi, dira Napoléon, c'est le mot de son dictionnaire. Il se serait cru tout de suite redevenu grand seigneur sous un roi : mais je ne veux de grands seigneurs que ceux que je ferai : et puis le titre de roi est usé, il ferait de moi une espèce d'héritier, je ne veux naître de personne.

Le 20 mai 1804, ou, pour être plus exact, le *décadi* 30 floréal an XII, jour de la Houlette, car le calendrier révolutionnaire se trouve toujours en vigueur, les Parisiens assistent à un étrange spectacle. Précédés d'une clique à cheval, d'une musique placée sur un char à gradins, des dragons de la gendarmerie flanqués d'une cohorte de généraux empanachés et dorés, suivis d'un corps de trompettes et de timbaliers, quinze à vingt civils à cheval, en bas de soie et culotte courte, essayent, sans trop y parvenir, de se donner des airs de cavaliers. Ces messieurs — depuis la veille, on ne dit plus *citoyen* — les maires de Paris, les présidents et chanceliers du Corps législatif et du Sénat,

vont lire sur les principales places de la capitale, le décret
proclamant Napoléon Bonaparte empereur des Français,
« pour la gloire comme pour le bonheur de la République ».
La lecture terminée, la mascarade — le mot est de Fontanes,
président du Corps législatif — repart aux sons d'une
marche allègre qui fait se cabrer les chevaux. Celui du
président — il le racontera — manquera le « jeter vingt fois
dans la boue ».

Les Parisiens contemplent ce cortège de mardi gras —
l'expression est toujours de Fontanes — tout en applaudis-
sant, bien sûr, mais sans un enthousiasme délirant. La
majorité est sans doute satisfaite de voir « les factions
anéanties » et « les fureurs révolutionnaires » n'être plus
qu'un mauvais souvenir, les badauds ont montré un certain
contentement de voir s'effacer l'inscription *Dix aoust* tracée
peut-être avec du sang et qui, depuis douze ans bientôt,
s'étalait sur les murs des Tuileries, mais le peuple n'en est
pas moins un peu désarçonné lui-même par ce brusque retour
à des formules qu'il croyait définitivement bannies.

C'est assurément Charles-Maurice qui, le plus facilement
de tous, appelle *Sire* et *Votre Majesté*, le nouveau souverain.
Il abandonne avec joie le « citoyen ministre » dont il s'était
toujours senti affublé et accueille avec soulagement le titre
d'*Excellence*. Il espérait mieux : archichancelier ou architrésorier, ce qui l'aurait fait devenir du même coup *Altesse
Sérénissime*. Mais Napoléon avait pensé à Mme Grand, et,
comme disait Mme de Vaines à Thibaudeau :
— Sa femme est cause qu'il n'est pas *archi*. On n'a pas
voulu qu'elle fût Altesse Sérénissime et, par la place de son
mari, sur la même ligne que les sœurs de l'Empereur. Cette
déconfiture a été bien douloureuse pour le ménage. Que
voulez-vous ? Il faut bien tôt ou tard payer ses sottises.
Mais Talleyrand, faisant contre mauvaise fortune bon
cœur, a expliqué à Stanislas de Girardin :
— Pour la famille impériale, on ne peut assez faire ; pour
les autres... l'Altesse, qui est un titre émanant de la
souveraineté, n'a pas de sens commun. Mais c'est fait, et tout
ce qui est fait, il faut le soutenir.

Ainsi l'ex-évêque n'a même pas retrouvé son titre de *monseigneur* accordé aux deux consuls-figurants et aux maréchaux — titre qu'il avait pourtant porté avec aisance et naturel en sa qualité d'évêque d'Autun...

Il s'acquitte avec une élégante désinvolture de ses fonctions de grand chambellan. Napoléon ayant fait venir à Saint-Cloud des comédiens des « petits théâtres » parisiens en souhaitant que la soirée fût plus gaie qu'à l'ordinaire : « M. de Talleyrand, nous dit un témoin, signifiait l'auguste désir avec son visage le plus solennel : " Messieurs, l'Empereur ne badine pas, il entend qu'on s'amuse. " »

IX

SON EXCELLENCE M. DE TALLEYRAND,
GRAND CHAMBELLAN

> *Faute de richesses, une nation n'est que*
> *pauvre ; faute de patriotisme, c'est une*
> *pauvre nation.*
>
> TALLEYRAND

Le dimanche 2 décembre 1804, coiffé d'une toque noire « à la Henri IV », revêtu d'un costume et d'une vaste cape de velours rouge, l'ensemble rehaussé d'une lourde broderie d'or doublée de satin blanc, Son Excellence M. de Talleyrand, grand chambellan de la nouvelle cour, arrive aux Tuileries le matin du sacre. Il vient chercher l'Empereur pour le conduire à Notre-Dame, alors que les canons tonnent déjà et que sonnent les cloches. En présence de Charles-Maurice, un nouveau chambellan, M. de Thiard, a été appelé aux Tuileries afin de prêter serment : « Je n'avais encore aperçu le Premier consul que dans sa loge, au spectacle, et sans la solennité du moment, qui apparaît à mon imagination dans toute sa splendeur, raconte M. de Thiard, j'aurais eu de la peine à retenir mon sang-froid ; il était déjà revêtu de son pantalon à sous-pieds en velours blanc parsemé d'abeilles d'or, de sa fraise en dentelle, et, par-dessus, en guise de robe de chambre, il avait passé son habit de chasseur à cheval !... »

En enlevant sa veste d'uniforme, l'Empereur fait maintenant penser, paraît-il, avec son habit de velours rouge et son chapeau retroussé par-devant, à un roi de jeu de cartes.

◀ *Portrait peu ressemblant de Charles-Maurice de Talleyrand en*
costume de grand chambellan.

C'est maintenant le départ pour Notre-Dame. Précédés par les trompettes, les timbales des carabiniers et des troupes de toutes les armes, l'Empereur et l'Impératrice ont pris place dans leur imposant et éblouissant carrosse doré, tiré par huit chevaux isabelle empanachés de plumes.

Talleyrand suit dans une berline à six chevaux.

Enfin le cortège débouche sur le parvis. Les fanfares éclatent. Mais pour le pape et les invités de Notre-Dame une nouvelle heure d'attente va s'écouler. En effet, a l'archevêché, l'Empereur et l'Impératrice ont dû revêtir leur « grand habillement », deux fameux manteaux de velours pourpre, cachant en partie la longue robe à l'antique en satin blanc brodé d'or pour Napoléon et la robe de brocart d'argent pour Joséphine. A l'instant où l'Empereur apparaît les assistants se lèvent et crient : « *Vive l'Empereur !* » Les deux orchestres attaquent une marche guerrière.

Dans la nef, les invités s'assoient sur des banquettes qui se font face de chaque côté de la grande allée, formant ainsi une sorte de haie rutilante et chamarrée. Charles-Maurice se tient avec ses collègues du ministère et auprès du corps diplomatique, au pied d'une gigantesque estrade en carton-pâte qui masque le portail central, un vrai monument au sommet duquel on a juché les deux trônes — un grand et un petit. Dans le milieu de la nef, se sont installés les membres du Sénat et du Corps législatif, les magistrats et les grands officiers de la Couronne. Près de l'autel, les premiers rangs sont réservés aux dix archevêques et aux quarante évêques qui ont dû s'habiller à la préfecture de police.

De sa place, Charles-Maurice, le visage et les coques de sa coiffure perdus dans une haute cravate de mousseline, le nez insolent, un léger sourire ironique à peine esquissé, peut voir l'autel où le pape, revêtu d'une lourde et ample chape de drap d'or, accueille l'Empereur et l'Impératrice.

Lorsqu'on avait informé Pie VII que le grand chambellan Talleyrand était désigné pour essuyer les onctions, manifestant son mécontentement, Sa Sainteté avait crié au sacrilège. Et Napoléon — tout en riant sous cape — avait dit que c'était un manque de tact qu'il fallait réparer. Aussi Charles-Maurice avait-il été remplacé par le grand aumônier.

En apprenant que « le fils de la Révolution » désirait être sacré par le pape, la Curie s'était agitée. Pie VII n'ignorait pas, ainsi que le lui écrivait son légat, que le nouvel empereur « regarderait comme une injure que Sa Sainteté élevât des difficultés ». Un refus éventuel du pape effrayait tellement le cardinal Caprara « qu'il n'osait pas l'aborder même en imagination ». C'est Talleyrand qui se chargea de régler cette affaire délicate. Dans une lettre détaillée, il avait souligné d'abord l'« extrême surprise de Sa Majesté » devant l'attitude de la Curie romaine. Puis, sans ambages, il était entré dans le vif du sujet : Pie VII ne devrait-il pas se montrer reconnaissant ? L'œuvre du nouvel empereur vis-à-vis de l'Eglise n'avait-elle pas été considérable ? : « Les temples rouverts, les autels relevés, le culte rétabli, le ministère organisé, les chapitres dotés, les séminaires fondés, 20 millions destinés au paiement des desservants, la possession des Etats de l'Eglise assurée, Pesaro, le fort Saint-Léon, le duché d'Urbino rendus à Sa Sainteté, le Concordat italique conclu et sanctionné, les négociations pour le Concordat germanique fortement appuyées, les missions étrangères rétablies, les catholiques d'Orient arrachés à la persécution et fortement protégés auprès du Divan, tels avaient été les bienfaits de l'Empereur envers l'Eglise romaine. Quel monarque pourrait en offrir d'aussi grands et d'aussi nombreux dans l'espace de deux ou trois ans ? »

La note — un véritable bilan — laissait supposer que le Vatican pouvait espérer recevoir d'autres avantages. Aussi en acceptant de se rendre à Paris — et c'était là un interminable voyage, surtout pour un vieillard valétudinaire — Pie VII pouvait-il espérer voir modifier certains articles organiques concernant les statuts du clergé de France, véritablement assujetti à l'Etat ? Peut-être — et en cela le pape se faisait encore des illusions — Napoléon le remercierait-il en lui rendant les Légations ?

Mais, depuis son arrivée, que d'humiliations ! C'est l'ex-évêque d'Autun qui l'a accueilli dans la cour du Fer-à-Cheval de Fontainebleau et l'a conduit vers ses appartements. Il s'est contenté de refuser que Mme de Talleyrand — *questa donna*, disait-il — lui soit présentée. Et il ignorait l'ampleur du sacrilège, puisqu'on lui avait soigneusement caché à Rome que le citoyen et la citoyenne Talleyrand avaient été religieusement mariés en l'église d'Epinay-sur-Seine...

Lors de leur mariage, Napoléon et Joséphine n'avaient même pas été gratifiés d'une bénédiction à la sauvette, et lorsque la Créole s'était jetée, la veille du sacre, aux pieds du Saint-Père pour lui révéler que leur union n'avait pas été consacrée par l'Eglise, Pie VII avait manqué s'évanouir.

Ainsi on avait osé le faire venir de Rome pour bénir une concubine, pour donner la triple onction avec le chrême réservé aux évêques à un couple vivant en état de péché mortel ! Cette fois, on passait les bornes et le pape refusait de céder, il préférait repartir sur l'heure, à moins que le sacrilège ne fût immédiatement réparé. Et le mariage fut célébré sans témoins... et sans Talleyrand qui, bien qu'on l'ait affirmé, n'y assista pas.

Talleyrand s'avance à présent et se place dans le chœur même, entre Berthier et Eugène de Beauharnais ainsi que David l'a représenté. C'est là qu'il assistera au couronnement.

Talleyrand s'est-il alors souvenu du sacre de Louis XVI ? Lorsque l'archevêque de Reims lui avait posé la lourde couronne de Charlemagne sur la tête, le roi avait soupiré :

— Elle me gêne !

Mais Charles-Maurice de Périgord, sous-diacre fraîchement nommé, se tenait sans doute trop loin du chœur, et seul son père, « otage de la Sainte Ampoule », avait pu entendre la timide protestation royale.

L'Empereur et l'Impératrice gravissent les marches qui les mènent à leurs trônes respectifs et Charles-Maurice reprendra sa place au pied de l'escalier. Le pape, après avoir embrassé l'Empereur, se tourne vers l'assistance et lance :

— *Vivat Imperator in æternum !*

En écho monte le cri de la foule assemblée :

— Vive l'Empereur ! Vive l'Impératrice !

Les ovations reprendront après la messe lorsque, le pape ayant gagné la sacristie, l'Empereur prononcera son fameux serment — qu'il ne pourra d'ailleurs pas tenir :

— Je jure de maintenir l'intégrité du territoire de la République, de respecter et de faire respecter les lois du Concordat et la liberté des cultes ; de respecter et de faire respecter l'égalité des droits, la liberté politique et civile, l'irrévocabilité des ventes des biens nationaux, de ne lever aucun impôt, de n'établir aucune taxe qu'en vertu de la loi, de maintenir l'institution de la Légion d'honneur ; de

David a dessiné Charles-Maurice de Talleyrand
d'après ses souvenirs.
(Collection M. et Mme Gaston Palewski.)

gouverner dans la seule vue de l'intérêt, du bonheur du peuple français.

Puis, alors que la nuit commence à tomber, le long cortège, encadré de cinq cents porteurs de torches, sous un ciel bas et neigeux, reprend le chemin des Tuileries.

Dans sa voiture Talleyrand suit toujours.
Il fait froid, on est en frimaire...

☆

Après une telle cérémonie, Talleyrand se croit revenu aux anciens usages. Il ne parvient pas à se dire que le sacre a eu lieu le 11 frimaire an XIII, jour de la *Cire*, et, pour les invitations qu'il lance en qualité de grand chambellan, il prend quelques libertés — ce qui lui vaut cette observation impériale :

« Monsieur Talleyrand, mon grand chambellan, je vous fais cette lettre pour vous témoigner mon mécontentement de ce que vous avez permis... qu'on substituât la date de l'ancien calendrier à celle du nouveau qui est celui de l'Empire. Mon intention est que, dans mon Palais comme ailleurs, on obéisse aux lois. »

Un différend plus grave et plus lourd de conséquences devait jeter un froid entre les deux hommes.

Déjà Talleyrand avait laissé le Consul se lancer dans une guerre contre l'Angleterre avec infiniment de réticences. Mais, pour soutenir Napoléon, il avait joué le jeu et furieusement maltraité Albion. Avec l'Autriche, toujours pour la galerie, il est tout aussi violent :

— Un Etat en décomposition, s'écrie-t-il, c'est du fumier !

D'après le *journal* inédit de la future reine Marie-Amélie, qui épousera Louis-Philippe, « Bonaparte voulait que l'empereur *(d'Autriche)* donnât son approbation à toutes les innovations qu'il comptait prendre dans le royaume de Naples ; mais l'empereur *(François)* n'y a pas consenti. Avec instances répétées faites par nous *(auprès de)* l'Empereur *(de France)*, Talleyrand a seulement répondu : " La famille royale ne sera pas *entièrement* ruinée " ».

Charles-Maurice espérait toujours résoudre le problème italien en réconciliant d'abord Bonaparte et son frère Lucien, puis en faisant nommer celui-ci président de la République cisalpine. Il en avait parlé à Joséphine :

— On ne peut refuser au prince Lucien beaucoup d'esprit, de caractère, il est homme à tout oser pour assurer le système de Bonaparte qu'il approuve ; il déteste l'empereur d'Allemagne, l'empereur de Russie et l'Angleterre ; Bonaparte a besoin là d'un homme de cette trempe pendant dix ans.

Napoléon ne désapprouvait pas cette idée, mais pour donner son accord, il avait exigé que Lucien quittât sa femme Alexandrine de Bleschamp, veuve de l'agent de change Jouberthon. Lucien avait refusé et, sans ambages, dit à son frère :

— Ne crains-tu pas que la France ne se révolte contre l'indigne abus que tu fais du pouvoir ?

S'il faut en croire Chaptal, la discussion entre les deux frères avait été si terrible que Lucien aurait fini par jeter cette phrase au visage de son aîné qui était encore consul :

— Et toi aussi tu as épousé une veuve, mais la mienne n'est ni vieille ni puante !

Il faudra attendre les mauvais jours de 1815 pour assister au rapprochement des deux frères. Mais Talleyrand ne se trouvera pas auprès d'eux...

Si l'Italie cessait d'avoir une apparence d'indépendance, Charles-Maurice savait bien que ce changement provoquerait à Vienne une véritable fureur d'où pourrait découler un nouveau conflit. Ce serait assurément la rupture de la paix de Lunéville ! Il en avait longuement parlé à l'Empereur qui estimait qu'il n'y avait pas grand mal à faire de la république un royaume — pourvu que ce ne soit pas lui qui soit mis à sa tête. Il offre d'abord le trône italien à Joseph mais en posant comme condition formelle que le futur roi d'Italie renonce à la couronne de France. Joseph, qui se prend pour le fils de « l'empereur Charles Buonaparte », refuse d'abdiquer ce qu'il appelle, sans rire, des droits « issus du vœu populaire »... Napoléon se tourne alors vers Louis et le convoque avec Hortense aux Tuileries.

— Ma politique, déclare-t-il, exige que j'adopte votre fils aîné pour le nommer roi d'Italie.

Aussitôt, le visage du lamentable Louis se rembrunit :

— Je ne consentirai jamais que mon fils soit plus que moi !

Après un mouvement d'humeur devant tant d'imbécillité aussi flagrante qu'incompréhensible, l'Empereur essaie de raisonner son frère :

— Votre fils restera en France jusqu'à sa majorité : il aura une maison française et une maison italienne... Votre fils, roi d'Italie, est l'unique moyen d'éviter la guerre avec l'Autriche et de conserver l'Italie.

Mais Louis demeure inébranlable. Et Napoléon décide de coiffer lui-même la couronne lombarde. « Il ne lui suffisait plus d'avoir été proclamé sous le nom de Napoléon, empereur des Français, écrira plus tard Talleyrand, il ne lui suffisait pas d'avoir été sacré par le Souverain Pontife ; il voulait encore être roi d'Italie, pour être empereur et roi, aussi bien que le chef de la maison d'Autriche. »

Talleyrand, à contrecœur, mais encore soumis aux volontés du maître, expose le projet au Conseil et le fait accepter
le 18 mars 1805. En présence de l'Empereur, il donne lecture
au Sénat de son rapport en rappelant que certains compa-
raient Napoléon à Charlemagne et à Alexandre :

— Frivoles et trompeuses analogies !... Charlemagne a
été conquérant et non pas fondateur... Alexandre, en
reculant sans cesse les limites de ses conquêtes, ne fit que se
préparer des funérailles sanglantes...

Alors que Napoléon ne veut rappeler la France qu'à « des
idées d'ordre et l'Europe à des idées de paix... ».

Puis Charles-Maurice, se tournant vers l'Empereur,
continue :

— La France et l'Italie vous chérissent comme fondateur
de leurs lois et comme défenseur de leurs droits et de leur
puissance ; l'Europe révère en vous le conservateur de ses
intérêts et — pourquoi craindrais-je de le dire ? — un temps
viendra où l'Angleterre même, vaincue par l'ascendant de
votre modération, abjurera ses haines, et, a l'exemple de
tous les peuples contemporains, ne manifestera plus envers
vous que le sentiment de l'estime, de l'admiration et de la
reconnaissance...

Et la « modération » annoncée par Talleyrand consistera
pour Napoléon à faire le pas décisif — ou plutôt le premier
faux pas —, et, ainsi que le dira plus tard Talleyrand, « au
lieu de prendre simplement le titre de roi de Lombardie, de
choisir le titre le plus ambitieux — et par cela même plus
alarmant — de roi d'Italie, comme si son destin était de
soumettre l'Italie entière à son sceptre... ».

Bien sûr, Charles-Maurice accompagne « l'Empereur et
roi » à Milan. Il est présent dans le chœur du Duomo lorsque
Napoléon « enfonce hardiment la couronne plutôt qu'il ne la
pose sur sa tête », en prononçant les paroles sacramen-
telles :

— *Dio me l'ha data, guai a chi la toccherà !* — Dieu me l'a
donnée, gare à qui la touchera !

Un bruit court Paris : Talleyrand serait mort pendant les
fêtes données à la suite de la cérémonie. Mme de Vaisnes
écrit à son ami Thibaudeau : « M. de Talleyrand mort à
Milan ! Ah ! bien oui ! Il n'en avait nulle envie. Il la faisait
courte et bonne avec des Italiennes, entre autres une

ancienne maîtresse de Petiet — ministre de France à Milan —, à qui il a donné force argent. Puis brochant sur le tout, Mme Simons Lange, qui le suivait ou le précédait dans chaque ville. »

La virilité de M. de Talleyrand était toute relative et si Son Excellence Charles-Maurice était entourée d'une cohorte de maîtresses, il semble peu probable qu'il les ait toutes satisfaites. Mais sa tendresse, le *suaviter in modo*, rappelons-le, remplaçait fort bien le *fortiter in re*. Si Charles-Maurice séduisait le sexe faible, c'était surtout en parlant — et il parlait avec art. Comme Napoléon lui demandait un jour :

— Vous êtes le roi de la conversation en Europe, quel est votre secret ?

Talleyrand de répondre :

— Quand vous faites la guerre, Sire, vous voudriez bien choisir toujours vos champs de bataille ?... Eh bien, sire, moi, je choisis le terrain de la conversation. Je n'accepte que là où j'ai quelque chose à dire. Je ne réponds rien... En général, je ne me laisse pas questionner, excepté par vous, ou, si on me demande quelque chose, c'est moi qui ai suggéré les questions.

Pour se remettre de ses fatigues milanaises il part pour Bourbon l'Archambault où il retrouve son épouse. Il se rendra régulièrement dans la ville d'eaux, estimant fort efficaces les bains et « les insolences de la douche », selon l'expression de Mme de Sévigné.

Il fallait s'y attendre : le gouvernement autrichien a pris pour une menace le fameux *Dieu me l'a donnée*, d'autant plus que, quelques jours plus tard, le Sénat de la République de Gênes, à la demande de son doge, sollicite, par 20 voix sur 22, sa réunion à l'Empire français. En apprenant ces nouvelles, le tsar s'exclame :

— Cet homme est insatiable, son ambition ne connaît pas de bornes. Il est un fléau pour le monde, il veut la guerre, il l'aura, et le plus tôt sera le mieux !

C'est l'Autriche qui charge son ambassadeur à Paris, le quelque peu ridicule M. de Cobenzl, de porter un ultimatum au nouveau roi : Napoléon doit renoncer au royaume d'Italie. L'Empereur hausse les épaules. Mais quel prétexte l'Europe invoquera-t-elle pour rompre la paix ? Le 5 août 1805, Vorontzov ambassadeur de Russie à Londres l'explique nettement : « Quant au motif et à la justice d'une coalition contre Bonaparte, elle ne peut être reconnue que comme juste et nécessaire par ses infractions des traités d'Amiens et de Lunéville, sa royauté de l'Italie, l'usurpation de Gênes, et enfin tout ce qu'on peut attendre de son audace et de la puissance énorme et gigantesque qu'il s'est formée et qui menace toute l'Europe. »

Charles-Maurice ne cache pas son inquiétude.

« M. de Talleyrand est au désespoir », annonce même le ministre de Prusse Lucchesini à Berlin. Si Charles-Maurice parvenait à arrêter le cours des événements « avant que les succès ou les défaites excitassent l'ambition... il compterait cette circonstance comme la plus glorieuse de son ministère », affirme Lucchesini.

Véritablement soucieux, Talleyrand part pour Boulogne où depuis tant de mois Napoléon poursuit une chimère : traverser la Manche et envahir l'Angleterre.

Napoléon donne à Talleyrand les raisons de son obstination, il espère toujours que ses différentes flottes arriveront ensemble et à temps devant Boulogne pour participer à l'invasion. Malheureusement, il est informé que l'amiral de Villeneuve, après avoir croisé durant treize jours au large des côtes espagnoles, est retourné à Cadix. Comment traverser le pas de Calais ayant en face de soi l'importante et menaçante force navale britannique ? Sans parler des quarante vaisseaux de Nelson croisant à l'entrée de la Manche qui empêchent l'amiral Ganteaume de sortir du goulet de Brest ! L'entreprise semble impossible. Napoléon établit un nouveau plan : « Dès ce moment, annonce-t-il à Talleyrand, je change mes batteries... Il s'agit de gagner vingt jours et d'empêcher les Autrichiens de passer l'Inn pendant que je passerai le Rhin... Ils ne s'attendent pas à la rapidité avec laquelle je ferai pirouetter mes 200 000 hommes. »

Et le formidable *demi-tour en avant marche* s'ordonne avec une précision mathématique.

Le 23 septembre, Talleyrand, rentré à Paris, lit au Sénat un rapport dans lequel il tente tant bien que mal — alors qu'il n'en pense pas le premier mot — de démontrer que « l'Empereur, obligé de repousser une agression injuste qu'il s'est vainement efforcé de prévenir, a dû suspendre l'exécution de ses premiers desseins. Il a retiré des bords de l'Océan ses vieilles bandes tant de fois victorieuses et il marche à leur tête. Il ne déposera les armes qu'après avoir obtenu satisfaction pleine et entière, et sécurité complète, tant pour ses propres Etats que pour ceux de ses alliés ».

Dès le lendemain, mardi 24, l'Empereur prend la route de l'Est. Le 26, de Strasbourg, il donne l'ordre à son ministre des Relations extérieures de venir le rejoindre.

Le mardi 1er octobre 1805, Napoléon décide de partir pour suivre l'armée qui a commencé sa traversée du Rhin. Mack, à la tête de 80 000 Autrichiens, s'est avancé en Bavière et occupe Ulm au bord du Danube. La veille du départ, Talleyrand vient dîner avec son maître : « En sortant de table, il était entré seul chez l'impératrice Joséphine, raconte Talleyrand dans ses *Mémoires :* au bout de quelques minutes, il en sortit brusquement. J'étais dans le salon, il me prit par le bras et m'amena dans sa chambre. M. de Rémusat, premier chambellan, qui avait quelques ordres à lui demander et qui craignait qu'il ne partît sans les lui donner, y rentra en même temps. A peine y étions-nous, que l'Empereur tomba par terre ; il n'eut que le temps de me dire de fermer la porte. Je lui arrachai sa cravate parce qu'il avait l'air d'étouffer ; il ne vomissait point, il gémissait. M. de Rémusat lui donnait de l'eau, je l'inondais d'eau de Cologne. Il avait des espèces de convulsions qui cessèrent au bout d'un quart d'heure. Nous le mîmes sur un fauteuil ; il commença à parler, se rhabilla, nous recommanda le secret et, une demi-heure après, il était sur le chemin de Carlsruhe. »

En arrivant le lendemain à Ludwigsburg, demeure de l'Electeur, non loin de Stuttgart, il écrit à Talleyrand : « Je me porte bien. Le duc de Wurtemberg est venu au-devant de moi jusqu'en dehors de la première grille de son palais : c'est un homme d'esprit. »

Le 11 octobre, tandis que sous une pluie battante, Napoléon marche sur Ulm — il couchera ce même vendredi à Augsbourg — Talleyrand, toujours à Strasbourg, rêve... Son instinct ne le trompera pas : Napoléon remportera bientôt une grande bataille et Charles-Maurice le prédit à son ami d'Hauterive [1] qui assure l'intérim du ministère.

_____

1. Devenu, depuis 1798, chef de la première division de la correspondance politique au ministère des Relations extérieures.

Dans cette lettre datée du 11 octobre, il précise aussi le fond de sa pensée :

« Je voudrais que l'Empereur, le lendemain d'une grande bataille qui ne me paraît plus douteuse, dit au prince Charles :

» — Vous voilà aux abois, je ne veux pas abuser de mes victoires. J'ai voulu la paix, et ce qui le prouve, c'est que je la veux encore aujourd'hui. Les conditions d'un arrangement ne peuvent plus être les mêmes que celles que je vous avais proposées il y a deux mois. Venise sera indépendante et ne sera réunie ni à l'Italie ni à l'Autriche. J'abandonne la couronne d'Italie comme je l'ai promis. La Souabe, qui est un éternel sujet de discorde entre l'Electeur de Bavière et vous, sera réunie à la Bavière, ou à tel autre prince. Je vous aiderai pour vous emparer de la Valachie et de la Moldavie. A ces conditions, je ferai avec vous un traité offensif et défensif, et toute idée d'alliance avec la Prusse ira au diable. Voulez-vous cela dans les vingt-quatre heures ? J'y consens. Sinon craignez les chances qui appartiennent presque de droit à une armée victorieuse. »

Mais Napoléon, lui, ne rêve pas... Le 17 octobre, il est à l'abbaye d'Elchingen et envoie Ségur demander à Mack de rendre la place d'Ulm — ce que l'Autriche acceptera de faire trois jours plus tard. Le même jour, Talleyrand, toujours à Strasbourg, a « médité sur la paix future » et adresse à Napoléon le fruit de ses réflexions :

« Une alliance entre la France et la Prusse avait été considérée comme propre à maintenir la paix sur le continent. Mais une alliance avec la Prusse est aujourd'hui impossible. Frédéric II est mort !... Ce n'est plus son génie qui préside au Conseil de la Prusse, mais une politique timide, cauteleuse et intéressée... »

Puis, en terminant son long rapport, Talleyrand poursuit son idée fixe et reprend vis-à-vis de l'Autriche sa politique de la main tendue : « Maintenant, je suppose qu'après le gain d'une grande bataille, Votre Majesté dise à la maison d'Autriche :

» — J'ai fait tout pour conserver la paix ; vous seule vous avez voulu la guerre. Je vous en ai prédit les conséquences, et maintenant vous les éprouvez ; j'ai vaincu à regret, mais j'ai vaincu ; je veux que ce soit pour l'utilité commune ; je veux extirper d'entre nous jusqu'au dernier germe de mésintelligence... »

Le grand chambellan poursuit sa lettre en répétant ce qu'il avait déjà exposé a d'Hauterive. Mais Napoléon ne suivra pas ces sages conseils. Talleyrand voit clair : tant que la France franchira le Rhin et les Alpes, il n'y aura pas de paix possible en Europe.

A la nouvelle de la capitulation d'Ulm, Charles-Maurice assiste au *Te Deum* « mitonné », écrit-il, par l'évêque et gagne Munich avec l'intention de pousser l'Electeur de Bavière à donner sa fille Augusta en mariage à Eugène de Beauharnais, futur vice-roi d'Italie. Le ministre le précise bien à M. de Thiard, devenu chargé d'affaires auprès de l'Electeur : « L'Empereur a montré qu'il voulait protéger la maison de Bavière : il ne peut offrir une meilleure, une plus sûre garantie de la durée de ses sentiments pour l'Electeur... Un refus, des marques de répugnance sont la chose du monde la plus impossible à pallier ou a réparer... »

Il faudra, pour faire céder l'Electeur, d'abord une nouvelle victoire de Napoléon — celle d'Austerlitz — qui lui permettra d'arrondir son appartenance, et puis un beau cadeau offert par l'Empereur : le titre de roi tout simplement... Mais nous n'en sommes pas encore là ! La défaite de Trafalgar qui atteint Munich le 12 novembre n'arrange pas les pourparlers.

« Puisse-t-elle ne mettre d'entraves à aucune des opérations politiques qu'il me paraît convenable de faire maintenant ! » écrit Talleyrand à d'Hauterive. Il essaye d'atténuer l'amère peine de l'Empereur en lui écrivant, toujours flagorneur : « Le génie et la fortune étaient en Allemagne. »

Puis Talleyrand reprend la route : Napoléon l'appelle à Vienne où Murat est entré le 13 novembre. En passant par Linz, à mi-chemin entre Munich et Vienne, Charles-Maurice apprend que Mme de Brionne qui — on s'en souvient — lorsqu'il avait vingt-quatre ans et elle quarante-quatre, n'avait pas été cruelle pour M. l'abbé de Périgord, vivait dans un château des environs. Elle a émigré au lendemain de la prise de la Bastille et il lui avait écrit le 9 octobre 1789 : « Quoique séparé de vous (mais séparé parce que j'y étais forcé), je vous ai bien peu quittée ; j'ai souffert de toutes vos inquiétudes, de toutes vos agitations, de toutes vos peines. Princesse, j'ai bien senti que c'est de tout mon cœur et pour toute ma vie que je vous appartiens, aussi ne crois-je pas que j'aie à justifier un silence qui m'a tant coûté... Il me semble que souvent vous devez me blâmer, mais je n'ose croire que je puis me justifier. »

Mme de Brionne, née Rohan, le blâmait en effet et ne pardonnait pas à l'ex-évêque d'Autun son attitude et surtout la motion scandaleuse concernant la remise des biens du clergé à la nation, qu'il avait déposée le lendemain du 10 octobre sur le bureau de l'Assemblée.

En arrivant à Linz, Talleyrand adresse un billet à Mme de Brionne en lui annonçant sa visite pour le lendemain, mais lorsqu'il se présente au château, on lui apprend que la comtesse a quitté subitement Linz et on lui remet une enveloppe à son nom : à l'intérieur se trouve son billet non décacheté...

S'il eut de la peine, il n'en parla à personne.

Le 17 novembre, il est à Vienne. Napoléon a quitté Schönbrunn la veille par un temps abominable. Il neige, mais l'armée n'en poursuit pas moins les Russes sur la route de Brünn — aujourd'hui Brno. « Nous les battons, écrit Talleyrand à d'Hauterive, nous les tuons, nous les prenons, et cela n'empêche pas que ce ne soit une mauvaise guerre dont le soldat français se fatiguerait bientôt parce qu'il faut trop tuer : avec leurs baïonnettes les Russes blessent, mais ils ne tuent pas. Nos soldats font une plus forte blessure et tuent presque toujours avec les leurs. »

Talleyrand n'est pas heureux. Il recommande à Courtiade, son fidèle valet resté à Munich, de lui faire parvenir « de la volaille, des pommes de terre et du pain ». Il insiste en disant : « On manque de pommes de terre même à Vienne. » Il prie également son fidèle valet de chambre de lui envoyer du vin.

Deux jours plus tard, Charles-Maurice s'inquiète : Napoléon doit arriver ce matin-là à Brünn : « Je trouve que l'Empereur va bien loin. Il est à près de quarante lieues de Vienne. Il me semble qu'il faudrait finir... »

Napoléon « finira tout » le 2 décembre 1805 à Austerlitz. Dès le lendemain, il annonce à Talleyrand son écrasant succès. « La victoire est immense, écrit à son tour le ministre à Durand de Saint-André, le 4 décembre, ils ont perdu plus de 20 000 hommes. » Dès le 5 décembre, Talleyrand adresse à l'Empereur une lettre dans laquelle il revient sur les idées déjà exposées le 17 octobre à Strasbourg, une lettre qu'il faut vraiment relire, car elle permet de mieux comprendre le revirement de Talleyrand et les raisons qui, quelques années plus tard, lui feront abandonner la cause impériale pour la cause royale...

« Votre Majesté peut maintenant briser la monarchie autrichienne ou la relever. Une fois brisée, il ne serait pas au pouvoir de Votre Majesté même d'en rassembler les débris épars et d'en recomposer une seule masse. Or l'existence de cette masse est nécessaire. Elle est indispensable au salut futur des nations civilisées. L'Empereur peut la briser, mais, brisée, elle ne se rétablira plus. Qu'il la conserve, qu'il lui tende une main généreuse, qu'il lui offre l'alliance et la rende possible et sincère en la rendant profitable. La France est assez grande !... »

Talleyrand ne sera pas écouté par l'Empereur.

Quant à la Prusse, depuis longtemps Charles-Maurice souhaitait un rapprochement :

« Nos désirs sont pour la Prusse, qu'elle ne nous force pas à chercher (une alliance avec) l'Autriche. »

On avait fait miroiter à la Prusse la possession du Hanovre qui pourrait être arraché à la couronne d'Angleterre, mais le roi Guillaume n'avait pas encore voulu s'engager. Ce qui avait permis à Talleyrand, le 17 octobre, de s'exclamer :

— Que la Prusse reste donc dans sa petitesse, puisqu'elle n'a pas voulu profiter de l'occasion qui lui était offerte de s'élever à la grandeur !

A Potsdam, le 3 novembre, le roi Frédéric-Guillaume a conclu avec le tsar un traité qui le lie à la Russie. Après avoir tant hésité — surtout après la reddition d'Ulm — la Prusse s'était donc rangée aux côtés des ennemis de la France. Cependant, avant d'entrer en campagne, le roi envoie Haugwitz, son ministre, à Brünn, où séjourne Napoléon. Il a reçu l'ordre de prendre le vent et d'attendre avant de présenter son ultimatum. Napoléon, qui a autre chose à faire — il préparait Austerlitz... — se débarrasse de Haugwitz en l'envoyant à Vienne près de Talleyrand qui prédit : « Sa mission prendra sans doute dans quelques jours un caractère plus décidé. »

En effet, Talleyrand reçoit l'envoyé du roi de Prusse et, avec une joie non dissimulée, lui annonce l'écrasement des alliés à Austerlitz : « J'ai vu à sa contenance, annonce Talleyrand à l'Empereur, le sentiment de sa cour et la peur. »

Le 6 décembre, Talleyrand part pour Brünn où, le lendemain, il retrouvera Napoléon qui, de son côté, a quitté, le samedi 7, le château d'Austerlitz. Le 9, sous la conduite de Lannes, Talleyrand parcourt le champ de bataille « sur lequel, annonce-t-il à d'Hauterive, il y a quinze à seize mille morts : je ne parle pas de ce qui a péri dans les lacs. On n'a retiré les cadavres d'aucun. Dans l'espace que j'ai parcouru, il y avait bien deux mille chevaux écorchés... ».

Dans ses *Mémoires*, Talleyrand prétend avoir rejoint Napoléon au gros bourg d'Austerlitz, dans le château baroque du prince de Kaulitz [1], au *lendemain* de la bataille. Il décrit même dans la chambre de l'Empereur — celle que le prince de Kaulitz occupait autrefois — l'arrivée « à tous les instants de drapeaux autrichiens, de drapeaux russes, des messages des archiducs, des messages de l'empereur d'Autriche, des prisonniers portant les noms des grandes Maisons de l'Empire ».

Nous le savons aujourd'hui par sa correspondance, Talleyrand atteignit seulement Brünn le 7 décembre et c'est le 9 qu'il se rendit à Austerlitz — et non le 3. Cette erreur a fait croire à bien des historiens — Lacour-Gayet en tête — que la visite et le récit qu'il a faits du champ de bataille d'Austerlitz étaient « inventés de toutes pièces ». Six jours après la terrible mêlée, le spectacle est toujours aussi affreux [2] : « J'avais passé deux heures sur ce terrible champ de bataille. Le maréchal Lannes m'y avait mené, je dois à son honneur, et peut-être à l'honneur militaire du grand général, de dire que ce même homme qui avait fait des prodiges de valeur, qui avait été d'une valeur inouïe tant qu'il avait eu des ennemis à combattre, fut au moment de se trouver mal, quand il n'eut plus devant ses yeux que des morts et des estropiés de toutes les nations ; il était si ému que, dans un moment où il me montrait les différents points où les attaques principales avaient été faites : " Je n'y puis plus tenir, me dit-il, à moins que vous ne vouliez venir avec moi assommer tous ces misérables juifs qui dépouillent les morts et les mourants. "

---

1 Chancelier d'Etat de Marie-Thérèse et qui fut ambassadeur d'Autriche à Paris de 1750-1752.
2. M'étant rendu à trois reprises sur le champ de bataille d'Austerlitz, aujourd'hui en Tchécoslovaquie, des paysans m'ont affirmé qu'en labourant leurs champs ils trouvent encore fréquemment des boulets et des armes.

La lutte pour le plateau de Pratzen, au début de la bataille d'Austerlitz. Six jours plus tard, Talleyrand y découvrit avec horreur des « juifs dépouillant les morts et les mourants ».

L'armistice a été signé le 6 décembre et Talleyrand reste à Brünn pour finir les transactions avec « MM. les plénipotentiaires autrichiens ». Charles-Maurice fulmine : « Je suis dans une ville où il n'y a que des juifs et des blessés... Brünn est un lieu horrible ; il y a dans ce moment-ci quatre mille blessés : chaque jour, il y a des morts en quantité. Hier, l'odeur était détestable. Aujourd'hui il gèle, ce qui est bon pour tout le monde. L'Empereur se porte à merveille : les dernières affaires en ont fait un personnage fabuleux. Il n'y a pas un général dans l'armée, pas un soldat qui ne dise que c'est l'Empereur tout seul qui a remporté la grande victoire d'Austerlitz : il a tout ordonné jusque dans les moindres détails et tout ce qu'il a ordonné a réussi.... » Charles-Maurice termine sa lettre en demandant qu'on lui fasse parvenir du vin de Malaga : « Je tiens à ce qu'il soit très sec et le moins liquoreux possible. »

Pendant ce temps, le dimanche 15 décembre, Napoléon revenu à Schönbrunn, signe avec Haugwitz un traité d'alliance avec la Prusse. Cette fois, Talleyrand approuve : « Les conséquences de ce traité seront immenses, soit pour la paix, soit pour la guerre, et surtout pour la paix. Une fois qu'il sera ratifié à Berlin, Votre Majesté disposera du nord de l'Allemagne, comme elle dispose déjà du midi par son alliance avec trois Electeurs. Votre Majesté a saisi le temps à Vienne comme elle l'avait saisi à Austerlitz. Mais, pendant qu'Elle négociait avec la même supériorité qu'Elle ordonne une bataille, je suis ici dans une position assez embarrassante. »

En effet, voici Talleyrand obligé de dicter à l'Autriche des conditions dont il n'approuve pas la férocité. Il lui faut cependant partir pour Presbourg afin de faire cesser cet « embarras » et là, bien à contrecœur, Charles-Maurice achèvera l'Autriche, puisque tel est le désir de Napoléon. Le voyage est affreux. Le froid n'a glacé que la moitié du Danube, « ce qui m'a obligé, pour le traverser, raconte-t-il, de passer entre les glaçons que le fleuve charriait en quantité. Les bateliers disaient le passage difficile. Mais il fallait bien arriver. Une négociation est pour moi ce qu'est à l'armée un jour d'affaire... C'était une chose curieuse que de me voir hier tout seul dans un batelet, avec mes portefeuilles et deux bateliers hongrois qui me faisaient éviter les glaçons. Mes voitures étaient de l'autre côté du fleuve à attendre ou qu'il y ait tout à fait de la glace, ou que le Danube dégèle ».

Le 26 décembre, Talleyrand signe le traité. L'empereur François doit abandonner le Tyrol et Venise. Il perd son influence sur la Suisse et l'Italie, tandis que la Bavière, le grand-duché de Bade et le Wurtemberg se voient agrandis à ses dépens. Quel traité ! « Jamais la France, annonce Talleyrand à l'Empereur, n'en a dicté, jamais l'Autriche n'en a signé de pareil. Sire, veuillez recevoir mes félicitations ; le bonheur de ma vie sera d'avoir été chargé d'une négociation aussi importante et que Votre Majesté aura approuvée. J'ai obtenu tout ce qui était en mon pouvoir d'obtenir : le temps que j'ai accordé pour payer les contributions a été indispensable... »

Mais Napoléon n'est pas satisfait : il aurait voulu bien davantage encore : « Vous m'avez fait à Presbourg un traité qui me gêne beaucoup. »

Talleyrand, en effet, a accepté de rogner un peu la contribution de guerre exigée par Napoléon — et cela moyennant une importante commission que durent lui verser les Autrichiens...

En écrivant ses *Mémoires* Talleyrand le dira : « Napoléon avait des succès de tous les genres ; il en abusa sans aucune mesure. » On va voir jusqu'à quel point. L'Empire d'Occident commence à se créer et ce n'est pas sans anxiété que Charles-Maurice assistera à la marche de cet Empire atteint de boulimie. Talleyrand compte bien se retirer à temps... avant que le navire ne coule.

Au lendemain de la bataille d'Austerlitz, on dépouille les morts...

*Talleyrand se tient à la droite de l'empereur tandis que Napoléon
remet la Constitution du Grand Duché de Varsovie aux membres
du Gouvernement provisoire.*

X

SON ALTESSE SÉRÉNISSIME CARLO-MAURIZIO, PRINCE DE BENEVENT
ou
LA MINE D'OR

> *Otez du monde l'amour-propre et l'inté-*
> *rêt : vous en ôterez l'apparence de bien*
> *des vertus et presque tous les vices.*
>
> TALLEYRAND

En cette année 1806, il eût mieux valu monter sur roulettes les poteaux frontières des Etats européens. Les duchés de Bavière et de Wurtemberg se transforment en royaumes, Berthier devient prince de Neuchâtel, la chère Pauline est nommée duchesse de Guastalla. Elisa, dans cette distribution des honneurs, a été la première servie, puisque dès le 31 décembre 1805, Talleyrand lui avait annoncé que « l'empereur d'Allemagne et d'Autriche » la reconnaissait comme princesse de Lucques et de Piombino.

Depuis cinq jours déjà, depuis le 25 décembre, les troupes françaises marchaient vers Naples puisqu'un corps de troupes anglo-russes avait débarqué dans la capitale du roi *Nasone*.

— La maison de Naples a cessé de régner, annonce Napoléon avec superbe.

Deux mois plus tard, l'armée française est victorieuse et Joseph Bonaparte était nommé roi de Naples. Première pierre d'achoppement avec le pape — il y en aura d'autres ! Depuis toujours les rois des Deux-Siciles recevaient l'investiture de Rome. Joseph ne s'en soucia guère et omit d'accomplir cette démarche humiliante — d'où refus du pape de reconnaître le nouveau roi. Colère de Napoléon :

— Votre Sainteté est souveraine de Rome, mais j'en suis l'empereur.

— Il n'existe pas d'empereur de Rome, répond Pie VII, il ne peut pas en exister sans que le Souverain Pontife soit dépouillé de l'autorité souveraine qu'il y exerce.

L'Empire français se muait en Etat *fédéral*, le mot est employé par Napoléon parlant à son frère Joseph :

— Votre royaume sera, ainsi que l'Italie, la Suisse, la Hollande et les trois royaumes d'Allemagne, un de mes Etats fédératifs...

Bien sûr, le Code Napoléon doit être appliqué en Italie, aussi bien dans l'ancienne République cisalpine que dans le royaume de Naples et dans les deux principautés données aux sœurs de l'Empereur. Ce « fait du prince » exaspère le pape qui n'hésite pas à accueillir à Rome des agents anglais ou russes, qui sont pourtant des *Infidèles*, comme le fait remarquer Talleyrand avec le plus grand sérieux. Désormais, Pie VII n'a qu'à s'incliner devant les décisions impériales.

« Comme prince temporel, écrit l'Empereur a Talleyrand, le pape fait partie de ma confédération, qu'il le veuille ou non. »

Les relations entre Rome et Paris, déjà tièdes, vont encore se refroidir... Deux domaines de l'Eglise, Bénévent et Pontecorvo, se trouvent enclavés dans le royaume de Naples. On devine avec quel plaisir Talleyrand rédige un long rapport faisant observer que Bénévent, situé au milieu des Etats de Naples, était un non-sens. Il ajoutait que n'importe quel « objet de compensation » conviendrait mieux au Saint-Siège. C'est l'empereur Henri III qui donna Bénévent au pape Léon IX « comme vicaire de l'empereur ». Cependant, cette possession de près de huit siècles a été régulièrement troublée. Les rois de Naples se sont emparés de Bénévent dans toutes leurs guerres avec Rome : ils l'avaient envahi encore en 1768 et l'avaient gardé pendant huit années. « Dans la dernière guerre, ils s'en sont emparés et ne l'ont rendu qu'un an après, sur les instances réitérées de la France. » Il paraît impossible à Talleyrand que Bénévent puisse continuer à appartenir au Saint-Siège... pas plus d'ailleurs qu'au royaume de Naples, puisque, poursuit-il, « l'autorisation d'y faire passer les troupes a besoin d'être consentie par le roi de Naples dont elles ont a emprunter le territoire ».

Bref « tant que cette ville ne sera pas française, elle sera continuellement menacée parce qu'elle sera pour les pays voisins une occasion de troubles ». Et Talleyrand terminait son rapport à l'Empereur par ces mots : « J'ai l'honneur de proposer à V.M. de remettre Pontecorvo au roi de Naples et de disposer de la principauté de Bénévent comme elle a daigné en donner l'espérance. » Charles-Maurice n'a pas osé écrire « m'en donner l'espérance ». En effet, Napoléon a promis d'offrir Bénévent à l'auteur du rapport, autrement dit à son ministre des Relations extérieures, qui, sans rire, estime que la responsabilité de Bénévent apparait être beaucoup plus de sa compétence — et de sa « portee » — que de celle du pape qui se trouvait presque sur place... Cette promesse, cette « espérance », selon l'expression même de Talleyrand, n'est pas suffisante pour celui qui aime transformer les fonctions en mines d'or. Aussi, sans vergogne, Charles-Maurice achève son texte par ces quelques lignes : « Le revenu de Bénévent n'étant que d'environ 36 000 francs, V.M. pourra croire convenable d'accroître ce revenu, d'une somme qui le rende égal à la dotation assignée aux grands fiefs de l'Empire par le décret du 2 mars. »

Le rapport est remis le 2 juin et, trois jours plus tard, Napoléon signe à Saint-Cloud — le même jeudi 5 juin 1806 où il donne à Louis le royaume de Hollande — ce décret impérial : « Voulant donner à notre Grand Chambellan et ministre des Relations extérieures Talleyrand un témoignage de notre bienveillance pour les services qu'il a rendus à notre couronne, nous avons résolu de lui transférer, comme en effet nous lui transférons par les présentes, la principauté de Bénévent, avec le titre de prince et duc de Bénévent, pour la posséder en toute propriété et souveraineté et comme fief immédiat de notre couronne... il prêtera entre nos mains le serment de nous servir en bon et loyal sujet. »

Toujours ce même 5 juin, Bernadotte, beau-frère de Joseph, marié à Désirée, ex-fiancée de Napoléon, reçoit le duché de Pontecorvo.

Et le pape ?

C'est en lisant *le Moniteur* que Pie VII apprend la double spoliation dont il est victime. Quelques jours plus tard, il reçoit la visite d'Alquier, ambassadeur de France auprès du Saint-Siège, affirmant, à l'instar de Talleyrand, que Rome tirait peu d'avantages de ses deux possessions totalement enclavées en territoire napolitain. « Après avoir présenté la mesure que vient de prendre Sa Majesté comme utile à la paix entre Rome et Naples, écrit Talleyrand à Alquier, vous devez faire sentir que cette résolution est irrévocable et que le Saint-Siège est intéressé à s'y prêter de bonne grâce, qu'on lui saura gré de la condescendance qu'il aura montrée, mais qu'on ne pourrait s'empêcher d'attribuer l'esprit d'opposition qu'il manifesterait à un système prononcé contre toutes les mesures que Sa Majesté prend en Italie. »

Il avait bien été question d'offrir au pape quelque dédommagement, mais assez rapidement on ne parlera plus jamais de « l'objet de compensation » envisagé. Pie VII se trouvait donc frustré au profit d'un évêque défroqué... Mme Reinhardt, qui séjourne alors à Vienne, est horrifiée par ces bouleversements : « On croit rêver et on se demande si tout ceci peut se passer sur une terre habitée par des hommes et régie par le Dieu du ciel. Ici, on n'en parle pas, ou plutôt on se tait, écrasé qu'on est par le sentiment de son impuissance. »

Bien sûr, on se précipite rue du Bac pour congratuler Son Altesse Sérénissime. Lui, qui avait écrit en 1804 : « Je trouve l'Altesse Sérénissime bien ridicule de mes dignités ! » Et pensant à Lebrun, et au jurisconsulte Cambacérès, il avait ajouté : « Pour ceux qui ont reçu de plus de cinq cents personnes à Paris un louis pour consultation, l'*Altesse* n'a pas de sens commun. » Mais donner ce titre à « un Périgord » lui semble pleinement justifié. Il reçoit les félicitations avec son calme habituel, et se contente de conseiller d'un air détaché :

— Passez chez Mme de Talleyrand, c'est à elle qu'il en faut faire compliment. Les femmes sont toujours charmées d'être princesses.

Catherine — Charles-Maurice l'appelle toujours *Kelly* — exulte de joie et d'orgueil — et signe ses lettres *princesse souveraine*... Quant à Charles-Maurice, il ne se donnera même pas la peine de visiter sa principauté, sur laquelle il devait régner jusqu'en 1814, sans doute parce qu'elle ne lui rapportera guère plus d'une soixantaine de mille francs chaque année. Située à cinquante kilomètres au nord-ouest de Naples, Bénévent ne compte qu'une quarantaine de milliers d'habitants, dont dix-huit mille demeurent dans la petite ville.

Talleyrand place à la tête de sa principauté un gouverneur, l'Alsacien Louis de Beer, qui, arrivé à Bénévent au mois de septembre 1806, est horrifié par l'anarchie qui regne dans le petit Etat. Ce ne sont partout que bassesses et corruptions. Le brigandage est une habitude entrée dans les mœurs et dix mille Bénéventins s'y adonnent sans la moindre pudeur. Charles-Maurice, devenu Carlo-Maurizio, fait introduire le Code Napoléon et tout est promulgué en francais et en italien : « Cette derniere langue, recommande-t-il, est celle du pays, mais la première est celle du suzerain. Il faut qu'on reconnaisse à chaque instant les liens qui unissent a lui la principauté. »

« Assurez les habitants de tout le soin que je prendrai de leur bien-être, affirme-t-il. Si cette souveraineté a quelque prix pour moi, c'est surtout par l'espérance et le désir que j'ai de faire aimer mon pouvoir. »

Il ajoute : « Le soin qu'on donne à l'éducation des femmes est un des plus sûrs moyens de polir et d'épurer les mœurs. Il faut d'abord qu'on apprenne à lire, à écrire et à aimer l'Empereur. » Le fameux arc de Trajan — la Porte d'Or — sera restauré et une fontaine sera érigée sur la *piazza di Carlo-Maurizio.*

☆

Une opération infiniment plus rentable que la principauté de Bénévent occupe toutes les pensées de Talleyrand : la « confection » de la Confédération du Rhin. C'est le ministre des Relations extérieures de l'Empire, aidé par le vaniteux et ambitieux archichancelier allemand Charles de Dalberg, archevêque-Electeur de Ratisbonne, qui met au point la destruction de l'archaïque Saint Empire pour établir une nouvelle Confédération, opération qui doit être lucrative pour S.A.S. le prince de Bénévent.

Il est bien certain que la mosaïque d'Etats allemands etait déséquilibrée par la conversion de la Baviere et du Wurtemberg en royaumes. De ce fait, le fameux Saint Empire, cette antique « machine », est en pleine agonie. Les princes ne pouvant plus se tourner vers le vaincu d'Austerlitz et désireux, d'autre part, de ne pas subir l'hégémonie prussienne, vont se montrer malléables a souhait. Guidé par Talleyrand, Dalberg commence par choisir le cardinal Fesch, l'oncle de Napoléon, comme coadjuteur. Puis, avec une

*Charles de Dalberg, archevê-
que-électeur de Ratisbonne,
pair de France et prince-
primat de la Nouvelle Confédération du Rhin.*

flagornerie digne de son complice, il écrit à l'Empereur :
« Que le génie de Napoléon ne se borne pas à créer le
bonheur de la France : la Providence accorde l'homme
supérieur à l'Univers. L'estimable nation germanique gémit
dans les malheurs de l'anarchie politique et religieuse ;
soyez, sire, le régénérateur de sa Constitution. »

Napoléon accepte cette requête « spontanée », choisit le
titre de protecteur de la Confédération, et charge Talleyrand
de proposer un projet de ce nouvel agglomérat où entreront
seize princes. La vieille Diète en mourra. Le fauteuil de
Charles Quint expédié dans un musée, Dalberg devient
prince primat, tandis que le vaincu, François II d'Allemagne, doit se contenter de son titre de François Ier
d'Autriche.

Le cabinet du ministre des Relations extérieures devient
la plaque tournante de l'Europe. Ambassadeurs, envoyés
extraordinaires, négociateurs, princes dépossédés ou en
instance de possession se pressent rue du Bac et offrent leur
or. Ainsi que l'écrit, le 3 avril 1806, l'ambassadeur d'Autriche
à Paris, le baron Vincent, « l'accès dans le cabinet de M. de
Talleyrand est presque impossible ; un mot d'attention
accordé au moment d'une rencontre fortuite est un événement heureux et la moindre prévenance en société est
remarquée et considérée comme une faveur ».

La première tâche de Talleyrand sera l'élaboration d'un
grand-duché de Berg destiné à Murat et à Caroline. Mais,
pour réaliser ce projet, le prince Guillaume de Nassau-
Singen doit abandonner son duché. Talleyrand appelle alors
le rude général Beurnonville, connu pour ses volte-face

politiques, et le charge de rencontrer le prince Guillaume de Nassau afin de stimuler son esprit compréhensif.

— C'est une cruelle extrémité pour le chef de la maison de Nassau que d'abandonner un Etat héréditaire où s'attachent tant de souvenirs glorieux. Sa susceptibilité peut être extrême sans être exagérée : il faut la ménager et, je le répète, mettre le temps de notre côté.

Or, dès le lendemain matin, Beurnonville revient dans le cabinet de Talleyrand.

— Eh bien, lui dit celui-ci, avez-vous déjà vu le prince Guillaume ? Vous venez sans doute m'informer que vous avez été fraîchement accueilli ? Il fallait nous y attendre : mais le début n'était pas grand-chose en une telle affaire : de la patience, nous réussirons.

— Pas de cela ! s'exclame Beurnonville. Tout est terminé : voilà les doubles du traité signé par le prince.

— Mais par quel miracle et comment vous y êtes-vous donc pris ?

— Ma foi, j'ai bien repassé dans mon esprit les recommandations que vous me fîtes hier. En vous quittant, j'allai tout droit chez le prince que je rencontrai seul. L'occasion était à souhait pour lui parler d'affaires : « Prince, lui dis-je, vous savez ou vous ne savez pas que l'Empereur a besoin de votre duché de Singen. Il vous offre en échange une principauté dans l'intérieur de l'Allemagne, plus forte en population et plus riche en produits : voilà le traité tout dressé. Je sais bien que vous avez de bonnes raisons pour refuser cet arrangement : mais, sacredié ! vous n'êtes pas le plus fort ! Aussi croyez-moi, faites beau c... »

— Et le prince a fait beau c... ? demande froidement le prince de Bénévent.

— Oui, sans barguigner, et, ma foi, je ne croyais pas en finir si tôt.

Lorsque Beurnonville posa plus tard pour le peintre Robert Lefèvre, il tenait à la main un rouleau de papier où l'on pouvait lire ce mot : *traité*.

— Pourquoi, demande Talleyrand, très pince-sans-rire, à Beugnot, ne pas avoir écrit sur la page blanche que le général tient à la main : *Prince, faites beau c... ?* Vous êtes lié avec Beurnonville ; conseillez-lui donc de ne pas laisser l'œuvre imparfaite ; il nous le doit et il se le doit à lui-même.

La place est libre pour Murat et Talleyrand lui transmet un projet d'armoiries : les armes des duchés de Berg et de

Clèves surmontées par l'aigle impériale de France. Le grand
cordon de la Légion d'honneur entoure l'écusson et les deux
ancres sont l'attribut de la charge héréditaire de grand
amiral. « Ce dessin, ajoute Talleyrand, a été mis sous les
yeux de Sa Majesté impériale : il m'a paru l'approuver. »
Murat sera surveillé et, à la fin de cette même année,
Talleyrand, suivant les ordres de l'Empereur, lui reproche
« de faire le bien avec trop d'ardeur. En se pressant trop, on
s'expose à dépasser son but ». Charles-Maurice cite, à
l'appui de ce conseil, « le regret » qu'il a éprouvé en ayant
fait à Bénévent « des suppressions et des changements
prématurés ». Bref, pas de mesures trop libérales afin de ne
pas « exciter les princes ses voisins à suivre son exemple ».

Peu à peu, et durant les deux mois qui suivront, la
Confédération comprendra trente-sept membres. Certains
se font tirer l'oreille, tel l'Electeur de Wurzburg, qui préfère
la liberté. Talleyrand lui fait savoir que « la possession de
Würzburg par un prince étranger à la Confédération est
presque incompatible avec l'existence de cette Confédération ». Craignant de voir ses terres confisquées l'Electeur
s'incline.

Le ministre de Prusse veille au grain et ne quitte guère la
rue du Bac : « Je tâche, avec mes propres moyens, écrit-il à
Berlin, d'être plus intimement lié que jamais avec M. et
Mme de Talleyrand et, tant que ma santé et ma bourse le
permettront, je me tiendrai en mesure de balancer un peu
l'adresse, les assiduités et les prodigalités d'autrui. »

En effet, un véritable pactole se déverse devant l'hôtel du
ministre des Relations extérieures. L'inévitable Sainte-Foy
se trouve chargé par Son Altesse Sérénissime de collecter les
fonds destinés à la caisse noire du ministre. Point de
tabatières ou d'ordres en brillants, le prince en a sa
suffisance, mais de l'or, des monceaux d'or ! « Qui pourrait
compter les sommes qui ont ainsi coulé vers lui ? » se
demande le diplomate allemand Gagern. Barras répondra :
2 700 000 francs. Et c'est là une estimation fort probable, et
Decrès le dira avec beaucoup d'esprit : « Comment voulez-
vous que cet homme ne soit pas riche, ayant vendu tous ceux
qui l'ont acheté ? »

Napoléon, bien que désapprouvant l'avidité démesurée de
son ministre, ferme les yeux. Lui-même ne s'était-il pas
enrichi à l'époque de Campo-Formio ? Et puis l'Empereur
est loin de tout savoir : « Ce diable d'homme, dira-t-il à

Mme de Rémusat, trompe sur tous les points ; ses passions mêmes nous échappent, car il trouve moyen de les feindre, quoiqu'elles existent réellement. »

Bientôt la Confédération du Rhin est établie, et Talleyrand convoque, avec désinvolture, tous les princes rue du Bac pour le 12 juillet 1806. Il les reçoit séparément. Les traités sont prêts : ils n'ont qu'à verser un pourboire diplomatique copieux au prince de Bénévent et à signer le texte mis au point par ce même prince de Bénévent qui peut écrire à Napoléon, toujours avec son obséquiosité coutumière : « Cette transaction est la plus étonnante que le monde ait vue depuis cinq siècles ; elle entraîne la dissolution d'un antique empire et en complète un autre, qui a dans le génie de son fondateur un garant de sa durée. »

On trouve trace, à cette époque, d'une autre « transaction étonnante », au profit de Talleyrand. Le document dort dans les archives de Vienne.

L'Espagnol Godoy, prince de la Paix, ayant dû emprunter trente millions de florins à la maison Hope d'Amsterdam, Talleyrand s'interpose et exige dix pour cent de commission, trois pour la banque, qui prenait tous les risques, et sept pour lui, qui n'en prenait aucun. Un dîner réunit l'homme de confiance de Godoy, le diplomate Izquierdo de Ribera, et les deux amis de Talleyrand, Montrond et le banquier Simons. Metternich était présent : « Je crus voir deux corbeaux prêts à se jeter sur une charogne, racontera-t-il. Il y eut quatre millions et demi de francs distribués... »

Pendant toute cette époque, Talleyrand a de nombreuses conférences avec le « régénérateur », ainsi que Dalberg a appelé l'Empereur. « Napoléon, nous raconte Méneval, lisait les dépêches que son ministre lui remettait, et parlait avec détails des objets qui y étaient contenus. M. de Talleyrand paraissait l'écouter attentivement : je l'ai entendu rarement exposer ses idées ; il ne répondait guère que par monosyllabes. Etait-ce circonspection ou désir de connaître les sentiments de l'Empereur avant de s'expliquer ? Quand la causerie tirait à sa fin, il arrivait quelquefois qu'une audience à donner appelait Napoléon ailleurs. Il quittait M. de Talleyrand en lui disant : " Vous comprenez bien, résumez-moi cela sur le papier : je vais revenir. " Il revenait une

Napoléon préside la première réunion réunissant les seize princes de

heure, deux heures après ; M. de Talleyrand n'avait rien écrit. Alors, Napoléon, sans paraître surpris, sans se plaindre, rassemblait sur la table les papiers, dictait d'abondance ce qu'il avait à répondre. Il chargeait ensuite son ministre d'emporter sa dictée et de la lui rapporter mise au net. Quelquefois, c'était à moi qu'il dictait. M. de Talleyrand, rentré chez lui, faisait appeler son chef de division qui se mettait à l'œuvre. Il m'est arrivé, rarement il est vrai, de le trouver le matin couché dans sa petite chambre, dans laquelle un, quelquefois deux, de ses rédacteurs, debout devant un secrétaire à la Tronchin, mettaient la dernière main à un rapport qu'il devait porter à l'Empereur et qu'il copiait ensuite de sa main. Il était cependant d'une indomptable paresse, mais rien ne lui coûtait pour ne pas laisser s'affaiblir sa réputation d'habileté. »

Napoléon se résignait et s'accommodait de cette paresse :

— Des lettres que je signe, quand ce n'est pas moi qui les ai rédigées, sont trop souvent composées par Durant et compagnie [1].

---

1. Durant était le chef de bureau de Talleyrand qui travaillait entouré d'un groupe de « faiseurs », ainsi qu'on les appelait.

la Confédération. En face de lui le prince-primat, duc de Dalberg.

L'Empereur appréciait surtout la conversation du prince de Bénévent :

— C'est le seul avec qui je puisse causer, disait-il.

Charles-Maurice aimait, lui aussi, ces discussions, souvent orageuses d'ailleurs.

— Ce n'est pas avec l'Europe qu'il me faut surtout négocier, mais avec Bonaparte !

☆

Que pensait la Prusse de cette Allemagne napoléonienne qui se construisait à sa porte ? Talleyrand avait laissé entendre au roi Frédéric-Guillaume III que l'on verrait avec satisfaction son royaume former de son côté une Confédération du Nord :

— La Prusse, avait même conseillé Talleyrand à Lucchesini, peut réunir sous une nouvelle loi fédérale les Etats qui appartiennent encore à l'empire germanique et faire entrer la couronne impériale dans la maison de Brandebourg.

En attendant, il y avait une monnaie d'échange : le Hanovre, qui appartenait à titre personnel au roi d'Angleterre. Ce duché avait été occupé par les troupes françaises dès 1803 et Napoléon avait offert le Hanovre au roi

Guillaume en échange de Clèves, Neuchâtel, Anspach et Bayreuth. L'échange était tout à l'avantage de la Prusse, mais celle-ci n'en témoignait nulle reconnaissance. Bien plus, le ministre prussien Hardenberg avait écrit à l'agent anglais Jackson : « J'abhorre la manière infâme par laquelle nous faisons cette acquisition. Nous pouvions rester les amis de Bonaparte... sans devenir ses esclaves. »

Napoléon — il admirait profondément Frédéric II — veut sincèrement demeurer en paix avec Berlin. Talleyrand hausse les épaules, ou plutôt sourit dédaigneusement comme il le fit un jour devant Mme de Rombeck, sœur des princes autrichiens de Cobenzl :

— La Prusse ! Vous croyez à la Prusse ? Nous n'y croyons pas, nous, madame ! Apprenez que la Prusse n'est ni pour vous ni pour nous : elle n'est que pour elle.

Depuis quelques mois déjà un rapprochement se faisait entre l'Angleterre et la France, en conflit larvé depuis la rupture de la paix d'Amiens. C'est ainsi que au mois de février 1806, Fox, qui avait bien connu Talleyrand lors de ses séjours à Londres, lui fait savoir que le gouvernement britannique a découvert un complot contre la vie du « chef des Français ». Talleyrand remercie chaleureusement.

Pourquoi ne pas rétablir la paix entre les deux pays ? Le ministre commence par libérer un Anglais arrêté en 1803 — lord Seymour, comte de Yarmouth — qui pourrait éventuellement devenir un intermédiaire heureux. Fox mord à l'hameçon et envoie à Paris un ambassadeur extraordinaire, lord Lauderdale. Les pourparlers s'engagent et, bien sûr, Talleyrand parle immédiatement du Hanovre qu'il était facile de *reprendre* à la Prusse moyennant un juste dédommagement. Selon Talleyrand, Napoléon se disait : « La Prusse, qui a reçu par peur le Hanovre, le rendra par peur ; et, quant aux équivalents qu'elle a donnés, je les compenserai par des promesses qui suffiront à l'amour-propre du cabinet, et dont le pays sera forcé de se contenter. »

Talleyrand, en 1816, considérera ces tractations comme un marchandage perfide. On le devine, il pensait différemment dix années auparavant...

Le ministre de Prusse à Paris, Lucchesini, intrigué par ces conversations franco-britanniques, invite lord Yarmouth à un dîner copieusement arrosé. L'Anglais ne tenant pas très bien le vin, le ministre prussien apprend que Napoléon a décidé de restituer le Hanovre à l'Angleterre ! Mais les vapeurs de l'alcool empêchent le noble lord de préciser qu'une compensation a été prévue pour la Prusse. Le bruit court en outre — mais il est faux — que Napoléon aurait offert au tsar la reconstitution du royaume de Pologne au profit du grand-duc Constantin. Or cette reconstitution priverait la Prusse de son fief polonais, fruit du triple partage de 1772, de 1793 et de 1795.

En Prusse, sitôt lue la dépêche de Lucchesini, c'est une explosion de fureur qui éclate — une fureur démentielle.

— Avec ma seule cavalerie, je me charge d'aller jusqu'à Paris, hurle Blücher.

Bientôt ce sera la guerre...

Déjà, en ce mois de juillet 1806, les choses ne vont guère. Talleyrand est parvenu à faire signer au baron d'Oubril, envoyé du tsar à Paris, un traité afin d'acheminer l'Europe vers la paix. L'Angleterre prend mal la chose, Talleyrand aurait dû l'avertir.

— Un accord mortifiant ! s'exclame même Fox.

Le tsar prend les rodomontades de la Prusse pour de l'argent comptant, ne ratifie pas le traité signé par Oubril et, de son côté, l'Angleterre rompt les pourparlers. Napoléon essaie, mais en vain, de retenir la machine dangereusement entraînée sur une mauvaise pente. La Russie et même la Suède ne vont-elles pas tendre la main à la Prusse ? « Je veux être bien avec la Prusse, écrit l'Empereur à Talleyrand le 2 août, et la laisser là, s'il le faut, dans la conviction que je ne fais point la paix avec l'Angleterre à cause du Hanovre. »

— Je ne puis avoir d'alliance avec aucune grande puissance, soupire l'Empereur, le 12 septembre 1806.

Ce même jour, toujours à Saint-Cloud, il s'adresse encore une fois à Frédéric-Guillaume afin de maintenir cette paix qui le fuit — et qui le fuira jusqu'au bout de l'épopée : « Je considère cette guerre comme une guerre civile, tant les intérêts de nos Etats sont liés. »

Devant cette guerre qui s'annonce inévitable, Talleyrand reste confiant. Et ce même 12 septembre, il prédit que Napoléon « dissipera l'armée prussienne » comme il a dispersé les Autrichiens l'année précédente. L'Empereur, toujours selon lui, sera à Berlin le 13 novembre, anniversaire de l'entrée à Vienne. Talleyrand ne se trompait que de quinze jours, puisque c'est à la fin du mois d'octobre que, vainqueur, Napoléon pénétrera dans la capitale prussienne.

Cependant, trois jours plus tard, le 15 septembre, Fox mourait à Londres. Tout espoir d'arrangement avec l'Angleterre s'écroulait. Et la Prusse s'armait de plus belle ! Déjà les officiers prussiens aiguisaient leurs sabres sur le perron de l'ambassade de France, tandis que leur colonel affirmait :

— Il n'y a pas besoin de sabres, les gourdins suffiront pour ces chiens de Français !

Le 25 septembre 1806, l'Empereur quitte Paris pour Mayence d'où il prend, le 1er octobre, la route de Francfort. Une semaine plus tard, Talleyrand arrive sur les bords du Rhin où il retrouve Joséphine et la reine Hortense : « Je m'étais souvent demandé, racontera la mère du futur Napoléon III, comment on pouvait juger de son esprit et lui en accorder autant, quand il le montrait si peu. Pendant des années je l'avais vu entrer dans les salons de Malmaison avec un air froid et nonchalant, traînant son pied, s'appuyant sur la première chaise et saluant à peine. Rarement il m'avait adressé la parole. A Mayence, au contraire, il me rechercha et fit quelques frais. J'en fus surprise, flattée même, car les soins d'un homme qui en rend fort peu touchent toujours davantage et je suis convaincue que sa grande réputation d'esprit tient encore plus au peu qu'il dit et qu'il dit bien qu'à ce qu'il fait de remarquable, quoique je sois loin de lui en refuser. »

Napoléon — il l'écrit à l'ambassadeur de France à Vienne, M. de La Rochefoucauld — a donné ses instructions à Talleyrand : « Il faut se rapprocher de l'Autriche... Ma position et mes forces sont telles que je n'ai rien à redouter de la Russie, de la Prusse et de l'Autriche. Il m'en faut une pour alliée. En aucun cas on ne peut se fier à la Prusse, il ne me reste que la Russie et l'Autriche... La maison d'Autriche ayant fait faire souvent des insinuations, le moment actuel, si elle essaie d'en profiter, est le plus favorable de tous. » La lettre est du 3 octobre... et la campagne contre la Prusse commence. C'est à Mayence que le courrier apporte à Talleyrand les nouvelles de la guerre-éclair menée par Napoléon : bataille d'Iéna le 14 octobre, prise d'Erfurt le 15 octobre par Murat, d'Halle par Bernadotte le 18, conquête de la Saxe et de la Westphalie, puis de la rive gauche de l'Elbe. Ainsi que l'annonce Napoléon le 26 octobre 1806 dans une lettre inédite adressée à M. de La Rochefoucauld, ambassadeur de France à Vienne : « L'armée prussienne est tout à fait détruite, j'en ai pris, dispersé ou tué un deux-tiers, ce qui reste est sans fusil, ni bagage ni artillerie, cependant, la plus grande partie de mon armée n'a pas donné, de manière que j'ai plus de cent mille hommes qui n'ont pas tiré un coup de fusil... » L'avant-veille, Talleyrand avait pu écrire à l'Empereur cette lettre dithyrambique : « Les victoires de Votre Majesté ont changé nos inquiétudes en allégresse ; nous jouissons ici de vos triomphes et de votre gloire ; mais je gémis d'être ici dans une sorte d'impuissance de ne rien faire pour votre service, je suis resté seul en arrière. Quel terme Votre Majesté daignera-t-elle mettre à mon exil ? »

Il n'y demeurera guère longtemps. Sitôt Napoléon entré à Berlin, le lundi 27 octobre, Mgr le prince de Bénévent prend la route de la capitale prussienne, à la grande joie de Haugwitz, qui écrit à Lucchesini : « Pourvu que M. de Talleyrand soit arrivé, je ne désespère pas que vous ne parveniez à faire naître des idées moins impolitiques que ce terrible principe de la destruction de la Prusse pour servir de garantie au repos futur de la France. »

Selon le ministre de Frédéric-Guillaume, Talleyrand, « ministre éclairé », comprendra que si la Prusse demeure puissante, elle pourrait juguler la Russie et en imposer à l'Autriche, ou du moins servir d'intermédiaire — ce dont Napoléon et Talleyrand n'ont d'ailleurs nul besoin.

L'antichambre de Talleyrand *Unter den Linden* est vite pleine de quémandeurs. Le 4 novembre, se présente Frédéric von Müller, ministre du duc de Saxe-Weimar, qui a participé à la guerre menée par la Prusse contre l'Empereur. On conseille à Frédéric von Müller d'aller plutôt camper dans l'antichambre impériale, et de guetter le prince au moment où il sortira du cabinet de Napoléon. « Je m'y rendis à 10 heures du matin, écrira-t-il, et y passai cinq heures de mortelle attente et de vive tension nerveuse, les yeux fixés invariablement sur la porte. La porte s'ouvre enfin pour livrer passage à un vieux monsieur assez fort, de taille moyenne, vêtu d'un habit brodé à la française, aux cheveux poudrés, boitant avec gravité. Son pâle visage immobile et sans un trait saillant me fit l'effet d'un voile épais tendu devant son âme. Ses petits yeux grisâtres n'avaient pas la moindre expression, mais un léger sourire, mi-sérieux et mi-ironique, animait sa bouche. Le général Rapp me présenta à lui et fit en sorte qu'il me reçut une heure après dans son hôtel d'*Unter den Linden*. Je m'y rendis. L'entretien commença par un court exposé sur notre situation politique avant et après Iéna. Il me parut que cet exposé ne lui déplut pas. Il m'écouta avec la plus tranquille attention en posant — pour se détendre — un genou sur une chaise et en le balançant légèrement. Lorsque j'eus terminé, il me dit avec un sérieux solennel, sans presque remuer les lèvres :

» — L'Empereur a été gravement blessé par l'attitude du duc de Weimar depuis le début de la guerre et particulièrement par l'envoi d'un contingent à l'armée prussienne. Si bien qu'il eut grand-peine à ne pas tirer de cette attitude les suites qu'elle devrait comporter pour l'existence politique du duché. S'il ne s'y est pas décidé, c'est en raison de la haute considération personnelle qu'a su lui inspirer la duchesse de Weimar, et aussi en raison de celle qu'il professe pour la maison de Bade et en particulier pour la margrave. C'est ce qu'il m'a répété à plusieurs reprises toutes les fois qu'il s'est entretenu avec moi de cette maison, et je suis chargé de vous le dire. Officiellement, je ne suis pas autorisé à découvrir les desseins de Sa Majesté ; mais je serais très heureux de pouvoir vous en annoncer de satisfaisants pour vous... »

Quant à la Prusse, Talleyrand n'a pas l'intention de la sauver de l'effondrement, bien au contraire ; le 18 novembre, il demande au général Andréossy, ambassadeur de France à Vienne, de proposer à l'Autriche d'abandonner la part du gâteau polonais qui lui était revenue — la Galicie — en échange de la Silésie que l'on enlèverait au vaincu d'Iéna.

En attendant de rassembler les morceaux de la Pologne, autrefois dépecée par les aigles autrichiennes, russes et prussiennes, un autre projet occupe l'Empereur et son ministre : le blocus continental, puisque l'Angleterre demeurait maîtresse des mers.

— Je veux, déclara Napoléon au prince de Bénévent, conquérir la mer par la puissance de la terre.

Il fallait donc, pour lutter contre l'Angleterre, l'enfermer dans son île et entourer l'Europe napoléonienne d'une véritable muraille plus colossale encore que celle de la Chine... Alors que dans ses *Mémoires* Talleyrand fustigera « le gigantesque et honteux système continental », au mois de novembre 1806, il signe à Berlin un long rapport essayant de justifier le blocus. Il reproche d'abord à l'Angleterre d'avoir repris ou conservé « les usages des temps barbares », autrement dit la course maritime. Comment lutter contre ces habitudes de corsaires ? « D'après la raison et l'usage de tous les peuples policés, le droit de blocus n'est applicable qu'aux places fortes. L'Angleterre a prétendu l'étendre aux places de commerce non fortifiées, aux havres, à l'embouchure des rivières... Contre une puissance qui méconnaît à ce point les idées de justice et tous les sentiments humains, que peut-on faire sinon les oublier un instant soi-même pour la contraindre à ne les plus violer ? Le droit de la défense naturelle permet d'opposer à son ennemi les armes dont il se sert, et de faire, si je puis ainsi parler, réagir contre lui ses propres fureurs et sa folie... »

Bref, on userait du droit de guerre de la même façon que l'Angleterre l'avait exercé sur terre et sur mer. Désormais les îles Britanniques sont déclarées « en état de blocus ». Tout commerce et toute correspondance sont interdits à la France et à ses alliés — plus ou moins volontaires — avec celle que l'Empereur nomme « la perfide Albion ». On ferait ainsi le « siège » de l'Angleterre et on la réduirait à la famine, comme une place forte assiégée. Mais pour mener à bien ce vaste projet, il fallait être maître de tout le continent...

Tel sera désormais le but de Napoléon.

La première campagne contre la Russie va commencer. L'Empereur prend le chemin de la Pologne tandis que Talleyrand fait entrer l'Electeur de Saxe dans la Confédération du Rhin avec le titre de roi — d'où un million de pourboire remis par le nouveau souverain à Mgr le prince de Bénévent, qui, en échange, s'empresse de rendre un grand service à l'ancien Electeur. Denon avait été chargé de prendre dans le musée de Dresde un lot important de tableaux à titre de dommages de guerre. Talleyrand s'interpose et déclare à l'empereur :

— Si Votre Majesté fait enlever quelques-uns des tableaux de Dresde, elle fera plus que le roi de Saxe ne s'est jamais permis de faire pour lui-même, car il ne se croit pas le pouvoir d'en faire placer aucun dans son propre palais. Il respecte la galerie du musée comme une propriété nationale.

— Oui, dit Napoléon, c'est un excellent homme ; il ne faut pas lui faire de la peine. Je vais donner l'ordre de ne toucher à rien. Nous verrons plus tard.

☆

— Dieu, disait Napoléon, a créé pour la Pologne un cinquième élément : la boue !

Une boue visqueuse, profonde, effroyable, dans laquelle la voiture de M. le prince de Bénévent, se rendant de Berlin à Varsovie à la fin du mois de septembre 1806, disparaît jusqu'au milieu de la caisse — et même bien au-delà du poitrail des chevaux. Il faut douze heures de travail aux soldats pour sortir de ce marécage l'équipage de Son Altesse Sérénissime et les sapeurs le tournent en ridicule :

— Pourquoi diable vient-il faire de la diplomatie dans un aussi mauvais chien de pays ?

Pour Talleyrand, la diplomatie consiste dans l'immédiat à recoudre les morceaux de Pologne, à délaisser la Prusse et la Russie et à porter tous ses efforts vers l'Autriche pour s'en faire une alliée — mais il n'est pas le maître... En cette fin de l'année 1806, Talleyrand est encore, à l'instar de l'Empereur, atteint de *polonaisiomanie*, selon le mot employé par Caulaincourt. Murat, entré le premier avec Ney dans Varsovie, aurait bien voulu coiffer la couronne de Pologne. Il s'imaginait que les Polonais étaient tout disposés à lui avancer un trône, mais Napoléon lui avait répondu avec sa superbe habituelle :

— Faites bien sentir à la Pologne que je ne viens pas mendier un trône pour l'un des miens : je ne manque pas de trônes à donner à ma famille.

Ce n'est pas à l'hôtel Radziwill que Talleyrand s'installe en arrivant à Varsovie — comme on l'a prétendu — c'est à l'hôtel Pepper, rue Miodowa [1].

Charles-Maurice est de méchante humeur, cette boue et ce froid l'ont glacé. « Dieu sait, écrit-il à Mme de Rémusat, d'où je daterai l'année prochaine (mes lettres). Ah ! mon amie, fasse le ciel que ce soit de la rue d'Anjou. »

En attendant, il fait un métier de grand chambellan et il faut citer ici un témoin, la comtesse Potocka, qui, mêlée aux femmes de l'aristocratie polonaise, attend longtemps pour être reçue par l'Empereur. Leur curiosité n'est pas exempte « d'une certaine crainte ». Tout à coup, le silence est troublé par une rumeur, « les battants de la porte s'ouvrent avec fracas, et M. de Talleyrand s'avance, prononçant à haute et

---

1. Selon l'historien polonais Jierzy Lojek, précision rapportée par Casimir Carrère.

intelligible voix cette parole magique qui fait trembler le monde : *l'Empereur !* ».

Mme Potocka semble plus intéressée par le ministre que par le souverain, mais elle est déçue. Autour d'elle tous affirment « que personne n'est à la fois plus habile et plus brillant », mais ce soir-là Talleyrand lui apparaît « blasé et ennuyé de tout, avide de fortune, jaloux de la faveur d'un maître qu'il déteste, sans caractère comme sans principe, en un mot, malsain d'âme comme de figure ». Elle est au comble de la surprise lorsqu'elle le voit s'avancer « une serviette pliée sous le bras, un plateau de vermeil à la main, et venir offrir un verre de limonade à ce même monarque qu'à part lui il traitait de parvenu ».

Pour le repos du guerrier — et quel guerrier ! — Talleyrand a invité de séduisantes Polonaises. Napoléon danse même avec quelques-unes d'entre elles — mais fort maladroitement :

— Ce n'est pas par la danse que je dois chercher à briller, dira-t-il un jour à Hortense.

Talleyrand est remercié à la fin de la soirée :

— Que de jolies femmes ! s'exclame le maître.

Mais, lors de ce bal du 17 janvier 1807, Talleyrand sait parfaitement que le maître n'en a regardé qu'une seule : la comtesse Marie Walewska, que Napoléon a demandé à son grand chambellan d'inviter chez lui afin qu'il puisse plus facilement en faire le siège. Il n'a nullement « procuré » son épouse polonaise à Napoléon, ainsi que l'exilé de Sainte-Hélène l'affirmera : il l'a simplement aidé dans la bonne marche de ses amours qui ont bien du mal à se nouer, car Marie luttera durant trois semaines avant de s'avouer vaincue.

Talleyrand, pour son propre compte, mènera les choses avec infiniment plus de rapidité avec la comtesse Marie-Thérèse Tyszkiewicz, nièce du roi Stanislas-Auguste de Pologne, et sœur de la comtesse Potocka. Elle jouera un rôle fort important dans sa vie et, de maîtresse, deviendra, comme tant d'autres, l'amie intime et la confidente du prince. Elle venait d'avoir quarante-six ans et était aussi mal mariée que Marie Walewska. Certes Vincent Tyszkiewicz n'aurait pu être le grand-père de sa femme comme l'était le comte Walewski pour Marie, mais il était obèse, tellement obèse qu'il ne pouvait croiser les bras... De plus, il avait un côté fantasque dépassant les limites permises. Ainsi que le

précise un témoin, « son plus grand bonheur, son jeu favori,
était de célébrer la messe le matin, et, le soir, de se déguiser
en femme ». Pour tout arranger, il était impuissant, aussi
disait-on aux dames de Varsovie : « Quand tu t'es allongée
sous Tyszkiewicz, tu as su que la grandeur n'est rien. » Le

*La comtesse Marie-Thérèse Tyszkiewicz,
d'abord maîtresse de Talleyrand, puis son amie
intime et sa confidente. (Collection M. et
Mme Jean Morel.)*

ménage avait fini par vivre complètement séparé. Déjà
avant son mariage, la jolie Marie-Thérèse, née princesse
Poniatowska, avait mené une existence assez légère.
Mme Hoffmann, sa gouvernante, l'ayant un jour surprise
« avec un hobereau dans une situation compromettante... en
fut tellement suffoquée qu'elle tomba en syncope ». Marie-
Thérèse, affolée, partit se cacher dans les profondeurs d'une
cheminée qu'il fallut démolir pour la dégager. C'est au cours
de ces travaux qu'elle aurait perdu un œil [1]. Mais grâce à une
jolie boucle de cheveux dissimulant l'œil accidenté, personne
ne s'apercevait de son infirmité — même pas son mari,

---

1. Accident rapporté par Casimir Carrère *(Talleyrand amoureux).*

paraît-il. Il est vrai qu'il ne la voyait pas de très prés...

Dès qu'elle rencontre Charles-Maurice, elle éprouve une passion déchaînée et exclusive pour le prince. Marie-Thérèse devient véritablement son esclave et souffre de ses trahisons. Talleyrand, toujours selon Mme Hoffmann, « traîne derrière lui tout un harem de dames hystériques qui se querellent sans répit, luttant pour gagner ses bonnes grâces... ». Marie-Thérèse Tyszkiewicz prend fort mal les incartades du prince de Bénévent qui, à Varsovie, s'intéresse particulièrement aux ballerines du Théâtre français et, d'une manière infiniment plus sérieuse, à la jeune Isabelle Sobolewska, qui possède bien de la grâce. La comtesse Potocka partage cet avis, et renchérit : « Je l'aimai d'abord d'instinct, quand je sus réfléchir, je l'aimai parce que je la trouvais parfaite et je l'aimerai toute ma vie. »

Ses nouvelles amours ne font pas oublier à Charles-Maurice Mme de Flahaut et le petit Charles, qui a été nommé capitaine — à vingt-deux ans — pendant la campagne de Prusse et qui séjourne alors en Poméranie, loin de Murat, dont il a été l'aide de camp. Il envoie ce billet à son fils : « Aujourd'hui j'ai écrit au grand-duc de Berg pour lui renouveler ma demande de te rappeler auprès de lui. J'y mets toute l'insistance d'une chose personnelle ; et elle l'est.

» Quand tu rencontreras quelque chiffon de papier, écris-moi comment tu te portes, ce que tu fais et ce que tu veux. Tu es un des premiers intérêts de ma vie ; et quand je dis cela, je les réduis à deux ou trois.

» Je t'embrasse et te presse contre mon cœur [1]. »

A Varsovie, Talleyrand travaille toujours aussi nonchalamment. Un jour, comme l'un de ses secrétaires tardait à arriver, un familier se propose pour le remplacer :

— Ne puis-je pas faire l'affaire ?

— Si fait, approuve Talleyrand, prenez une feuille de papier dorée sur tranche, asseyez-vous et écrivez une lettre à l'impératrice Joséphine.

« Au bout de quelque temps, raconte notre témoin, il revient vers moi et me demande si c'était fait, je réponds en riant que j'ignorais le contenu. »

— Vous êtes bien simple, s'exclame Talleyrand. Ne savez-vous pas qu'en écrivant à une dame, il faut lui parler

---

1. Lettre récemment découverte par P.-L. et J.-P. Couchoud au château de Bowood.

de sa beauté, du charme de sa personne, de son intelligence, de son esprit, etc. ? Quand cela est fait, la lettre est prête. Le reste n'a point d'importance et s'ajoute en post-scriptum. Je vais vous dicter...

Le soir, Napoléon appelle bien souvent auprès de lui son ministre — et les deux hommes travaillent face à face devant un feu de bois qui pétille. Une nuit, chacun dans son fauteuil, les deux hommes s'endorment, épuisés par la fatigue. Napoléon se réveille le premier en sursaut — la pendule marque 4 heures du matin :

— Comment, coquin ! s'exclame-t-il en réveillant Talley-rand, vous dormez chez moi ?

Et l'Empereur et son ministre se remettent au travail jusqu'à 5 heures.

Le sort de la Pologne est le grand sujet de leur conversation. Talleyrand pense que la France de l'Ancien Régime aurait dû empêcher le premier morcellement de la Pologne :

— Sans ce premier partage, les deux autres n'auraient pu s'effectuer et n'auraient pas même été tentés à l'époque où ils furent faits. La Pologne existerait encore. Sa disparition n'aurait pas laissé un vide, et l'Europe aurait évité les secousses et les agitations qui l'ont tourmentée sans relâche depuis dix ans.

Les magnats de Varsovie versèrent même entre les mains du baron de Dalberg, neveu du prince primat et ami intime de Talleyrand, une somme de quatre millions de florins destinée au prince pour restaurer leur patrie. Mais, après Tilsit, Talleyrand restituera la somme puisque les lambeaux de la Pologne n'ont pas été ressoudés.

On chercherait en vain un autre acte de probité dans la vie de Charles-Maurice. Il mérite d'autant plus d'être signalé...

Napoléon parti sur le chemin verglacé, enneigé et boueux qui devait le conduire à Eylau, Talleyrand, demeuré à Varsovie, se transforme en intendant militaire. Le général Gouvion Saint-Cyr, gouverneur de Varsovie, chargé de ravitailler l'armée, se montrait tout à fait incapable d'assu-mer cette charge. « Ainsi, racontera Talleyrand, je faisais habiller des troupes, j'en faisais partir, j'achetais des vivres, je visitais les hôpitaux, j'assistais au pansement des blessés, je distribuais des gratifications, et je devais même aller jusqu'à indiquer au gouverneur ce qu'il fallait mettre dans ses ordres du jour. Ce genre d'occupations, qui était hors de mes habitudes, aurait été fort pénible, si je n'avais trouvé dans la maison du prince Poniatowski et de Mme la comtesse Vincent Tyszkiewicz, sa sœur, des aides et des secours de tout genre. »

« Envoyez-moi surtout du riz et de l'eau-de-vie », recommande l'Empereur à Charles-Maurice, en le félicitant de « tout le mouvement » qu'il se donne. Et celui-ci de répondre que « chaque jour la confection du biscuit passe à trente mille rations ». De même, il remplit « ses magasins » de farine et de vin.

Talleyrand est anéanti en apprenant l'atroce hécatombe d'Eylau : 12 000 morts russes, 14 000 blessés qui mourront faute de soins, tandis que du côté français, on comptera 20 000 tués ou blessés ! En parcourant le champ de bataille, Napoléon a pleuré et écrit à Joséphine : « Mon amie, je suis toujours à Eylau. Ce pays est couvert de morts et de blessés. Ce n'est pas la plus belle partie de la guerre ; l'on souffre et l'âme est oppressée de voir tant de victimes. »

Mais il s'est vite ressaisi : « Qu'est-ce que c'est que 20 000 tués pour une grande bataille ? » Certes, oui, une grande bataille — encore qu'elle ne soit pas décisive — qui a entraîné la mort de beaucoup de généraux ! Napoléon s'est même exposé à la mitraille. Talleyrand a placé près de l'Empereur un officier qui a reçu la mission secrète de le prévenir si l'Empereur devait être mortellement frappé.

— Qu'aurions-nous fait si Napoléon avait été tué ? confie-t-il à Dalberg. Que ferions-nous si cela arrivait au premier jour ? Il faudrait lui donner pour successeur son frère Joseph, en se hâtant d'annoncer à l'Europe que la France rentrait immédiatement et sans nulle réserve jusque dans sa frontière du Rhin.

Le fait est confirmé par une lettre de Metternich à Stadion affirmant que « quelques aides de camp alliés qui ne quittaient ni l'Empereur ni le ministre de la Guerre, devaient, dans le moment même d'une catastrophe, expédier un homme sûr à M. de Talleyrand. Ce ministre, ajoutait Metternich, tint continuellement un courrier prêt à partir pour Naples. Il eût porté au roi Joseph la nouvelle de son avènement à l'Empire et l'invitation de se rendre sur-le-champ à Lyon ».

Talleyrand aurait alors bondi à Vienne et proposé au gouvernement autrichien de reconnaître Joseph, « de conclure une alliance secrète dirigée contre la Russie, nous dit Emile Dard, et d'entamer ensemble les négociations pour la pacification générale de l'Europe, moyennant la restitution immédiate de la Dalmatie et de l'Istrie et une nouvelle frontière plus avantageuse pour l'Autriche en Italie, la reconnaissance par l'Autriche de la Confédération du Rhin et ses bons offices pour traiter de la paix avec l'Angleterre. Le gouvernement autrichien n'aurait eu que douze heures pour se décider. Talleyrand aurait rejoint Joseph à Lyon et le nouvel empereur aurait fait son entrée à Paris le jour de la proclamation de la paix ». C'est, semble-t-il, Dalberg, qui aurait mis au courant Metternich. De son côté, le chancelier Pasquier — témoin digne de foi — prétend que, dès cette époque, Talleyrand, justement effrayé par la soif de conquête de l'Empereur, avait amorcé, sinon sa future trahison, du moins son premier tournant vers un revirement qui ressemblera fort à une trahison.

Le prince-ministre — jouant toujours la carte autrichienne — aurait engagé l'Autriche à s'armer contre Napoléon afin de ne pas laisser aux Russes le bénéfice d'une éventuelle victoire.

Selon Talleyrand, puisque la mitraille d'Eylau avait épargné l'Empereur, il fallait maintenant hâter le rapprochement de la France et de l'Autriche. Seule cette alliance apporterait la paix ! Après cette bataille indécise, Caulaincourt s'étonne de ne pas entendre l'Empereur parler de la paix et cependant, écrit le grand écuyer à Talleyrand, « tous les partis le désirent ». Charles-Maurice prodigue cependant ses conseils à son maître :« Vous voulez changer l'état des choses par la guerre ; que n'essayez-vous de la paix ? Il faut ramener la France à des principes sociaux, lui donner le temps de se polir... » Et il conclut par cette évidence : « Les lenteurs ne conviennent pas : l'Empereur est en ce moment bien seul. »

— Que veut au juste l'Autriche ? demande l'Empereur à son ministre.

« Je pense, répond Charles-Maurice dans une lettre datée du 6 mars, que l'Autriche est fort inquiète. Elle l'est, et du sort futur de la Pologne, et du sort futur des provinces de la rive droite de l'Elbe. Je pense qu'elle achèterait à tout prix la sécurité sur ces deux points et qu'alors elle s'engagerait à concourir au rétablissement de la paix sur des bases dont Votre Majesté serait préalablement convenue avec elle... Mais il me paraît impossible de l'amener à quelque compromis sur la Pologne... Si la Cour de Vienne n'était pas rassurée sur ce double objet de ses inquiétudes, il serait nécessaire d'observer attentivement tous ses mouvements et même de se prémunir contre les entreprises auxquelles des inquiétudes prolongées et devenues plus vives pourraient la porter.

En attendant, le fourrier Talleyrand se multiplie pour ravitailler l'armée : « Battre les Russes, lui écrit Napoléon, si j'ai du pain, c'est un enfantillage. L'importance de ce dont je vous charge là est la plus grande des négociations diplomatiques. » Et le 21 avril, il demande au prince de confectionner vingt mille rations de biscuits par jour. De plus, « il peut y avoir telle combinaison que je puis avoir besoin de deux à trois cent mille rations de biscuits ».

Charles-Maurice n'en continue pas moins à souhaiter la paix. Caulaincourt partage son espoir, pense comme lui : « Le printemps approche, soupire-t-il auprès de Talleyrand, les espérances de paix s'éloignent par conséquent : point de rue d'Anjou, point de bonheur et la perspective de beaucoup de fatigue. » Et un peu plus tard il reprend : « Voilà six mois que nous avons quitté la France, deux ont suffi pour conquérir la Prusse, et mettre son roi sans armée, et, en quatre mois nous n'avons pu obtenir un résultat avec les Russes et Dieu sait quand on les joindra ! »

Napoléon estime que son ministre s'autrichianise par trop : « Il n'y a pas de circonstance, lui écrit-il, où il faille marcher plus doucement que dans celle-ci ; moins vous en direz, mieux cela vaudra. » Cependant, de tous côtés, on se tourne vers Talleyrand. Clarke écrit de Berlin : « Faites la paix, Monseigneur, pour l'intérêt de l'Empereur, pour celui de la France, pour le vôtre, et je dirai pour le mien. »

Charles-Maurice finit par se lasser de cette éternelle question polonaise : « Rien ne compense notre séjour dans ce pays, répond-il à Clarke, ce pays où il neige, où il pleut, où l'on s'ennuie, toute la Pologne ne vaut pas une seule goutte du sang que nous versons pour elle. »

Bien sûr, ce serait mal le connaître que d'imaginer qu'il cesse de poursuivre son double jeu habituel. Le 7 avril, il demande instamment à Napoléon de regagner Varsovie. L'Empereur n'ayant pas suivi ce conseil, Talleyrand, le

3 mai, va le rejoindre au château de Finckenstein d'où
Napoléon gouverne son vaste empire. « C'est un très beau
château où j'ai beaucoup de cheminées, avait-il écrit à
Talleyrand, ce qui m'est fort agréable, me levant la nuit.
J'aime à voir le feu. »

Charles-Maurice, avant de se mettre en route pour
Finckenstein, toujours désireux de conclure une alliance
autrichienne, assure le baron Vincent « qu'il l'instruira
autant qu'il le pourra de tout ce qui se passera sur la basse
Vistule ». Comme disait Mme de Staël, qui, maintenant,
rappelons-le, déteste Talleyrand : « Il a fait de l'existence un
calcul où n'entrent ni l'honneur, ni la gloire, ni l'amour. »

Une nuit, l'Empereur réveille Charles-Maurice : il vient
de recevoir *Corinne*, le dernier roman de Mme de Staël, et
lui demande de lire quelques passages de l'ouvrage :

— Vous aimez cette femme, voyons si elle a le sens
commun.

Talleyrand, se pliant au caprice du maître, se reconnaît
peut-être dans le personnage du cynique Maltigue qui
affirme : « Il n'y a de bon dans ce monde que la fortune ou le
pouvoir, ou tous les deux. » Et encore : « Les amitiés sont
des moyens qu'il faut prendre ou quitter selon les circonstances. »

En tout cas, en lisant à haute voix ces aphorismes, il ne
laisse sans doute rien paraître de ses sentiments. Il est
simplement permis d'imaginer que Charles-Maurice dut ne
pas être mécontent d'entendre avec soulagement Napoléon
lui dire en guise de conclusion :

— Ce n'est pas là du sentiment, c'est un fatras de
phrases... Allez vous coucher ; c'est du temps perdu.

Après Friedland, Talleyrand approuve Napoléon de ne pas
avoir tenté de faire la paix au lendemain d'Eylau. Charles-
Maurice regrettera d'autant plus les hésitations de l'Autriche. Mieux aurait valu faire de l'ennemi de la veille l'allié
du lendemain, mais l'heure était bien passée pour Vienne.
Maintenant Napoléon, qui, pendant un certain temps, a
penché du côté de Vienne par *européanisme*, ne veut plus
entendre parler que des Russes.

— Je ne sais où s'est réfugié le sens commun, soupire
secrètement Talleyrand à son complice Dalberg.

Si au moins Napoléon, après cette vraie victoire — nous étions loin de « l'embarras » d'Eylau — avait signé une vraie paix ! Talleyrand, ainsi qu'il l'écrit à Napoléon, estimait Friedland « comme un avant-coureur, comme un garant de la paix, comme devant procurer à Votre Majesté le repos qu'au prix de tant de fatigues, de privations et de dangers, elle assure à ses peuples ; j'aime à la considérer comme la dernière qu'elle sera forcée de remporter. C'est par là qu'elle m'est chère... ; car, toute belle qu'elle est, je dois avouer qu'elle perdrait à mes yeux plus que je ne puis dire, si Votre Majesté devait marcher à de nouveaux combats et s'exposer à de nouveaux périls sur lesquels mon attachement s'alarme d'autant plus facilement que je sais combien Votre Majesté les méprise ».

Avec un homme comme Napoléon tout est à craindre. « Mes aigles sont arborées sur le Niémen », écrit-il fièrement à Fouché. Et s'il allait donner l'ordre à ses hommes, aux vainqueurs de Friedland, de poursuivre l'ennemi en territoire russe ? C'était bien la peur secrète des membres de l'état-major impérial, entre autres de Caulaincourt qui, en parvenant à Tilsit où Alexandre devait rencontrer Napoléon, écrit à Talleyrand : « Que n'êtes-vous ici ! La paix serait peut-être le prix de tant de gloire et de fatigue ! »

Dès que Charles-Maurice arrive à Tilsit, Savary lui aussi témoigne des mêmes craintes :

— Si la paix n'est pas faite dans une quinzaine, Napoléon passera le Niémen.

— Et qu'irait-il donc faire au-delà du Niémen ? lui demande Talleyrand... Il faut lui faire abandonner cette idée de Pologne. On ne peut rien faire avec ces gens-là ; on n'organise que le désordre avec les Polonais. Voilà une occasion de terminer tout cela avec honneur ; il faut la saisir !

Et Talleyrand maintenant montre le bout de l'oreille :

— Il faut même d'autant plus se hâter que l'Empereur a une affaire bien plus importante ailleurs, et qu'il peut faire entrer dans un traité de paix. S'il ne le fait pas, lorsqu'il voudra l'entreprendre, il sera rappelé ici par de nouveaux embarras, tandis qu'il peut tout terminer dès aujourd'hui. Il le peut d'autant plus que ce qu'il projette est une conséquence raisonnable de son système.

Cette « conséquence raisonnable » est tout simplement la chute de la dynastie bourbonienne espagnole — chute approuvée à l'époque par Talleyrand. Cependant, Charles-Maurice réalise vite que la diplomatie impériale lui échappe totalement. Il est exclu des conversations entre Alexandre et Napoléon. Les deux empereurs sortent en se tenant par le bras dans les rues de la petite ville ou galopent avec une telle rapidité qu'ils sèment en route le malheureux roi de Prusse. Alexandre se laisse même aller aux confidences. Il a rendu visite à Louis XVIII à Mitau :

— C'est l'homme le plus nul et le plus insignifiant qui soit en Europe !

Ce en quoi le tsar se trompe lourdement...

Toujours loin de Talleyrand, les deux autocrates se partagent l'Europe. Entre le Niémen et l'Elbe, on créerait un Etat polonais réduit — le grand-duché de Varsovie — qui séparerait les deux Empires et « amortirait les coups d'épingle qui, entre nations, précèdent les coups de canon ».

Napoléon désire faire du vaincu de Friedland un allié à part entière, alors que pour Talleyrand, les Russes ne sont pas des « gens civilisés ». Sur un seul point Napoléon et son ministre sont d'accord : la Prusse paiera l'écot, comme autrefois Venise à Campo-Formio — d'autant plus qu'Alexandre va laisser Napoléon dépecer son ancien allié sans protester.

— Ayant achevé més affaires avec l'empereur Alexandre, annonce Napoléon au ministre de Frédéric-Guillaume, je n'ai même pas l'intention de négocier avec la Prusse. Votre roi doit tout à l'attachement chevaleresque de l'empereur Alexandre ; sans lui, la dynastie royale aurait perdu le trône et j'aurais donné la Prusse à mon frère Jérôme. Dans ces circonstances, votre souverain doit accepter comme une faveur de ma part si je laisse encore quelque chose en sa possession.

Ce « quelque chose » n'est rien de moins qu'un véritable « chef-d'œuvre de destruction ».

— Comment avez-vous osé me faire la guerre, madame, demandera Napoléon à la reine de Prusse, avec d'aussi faibles moyens que ceux que vous aviez ?

— Sire, je dois le dire à Votre Majesté, la gloire de Frédéric II nous avait égarés sur notre propre puissance.

« Ce mot de *gloire* si heureusement placé, et à Tilsit dans le salon de l'empereur Napoléon, me parut superbe, raconte Talleyrand dans ses *Mémoires*. Je répétai souvent cette belle réponse de la reine pour que l'Empereur me dît un jour :

» — Je ne sais pas ce que vous trouvez de si beau à ce mot de la reine de Prusse ; vous feriez tout aussi bien de parler d'autre chose. »

La Prusse espère cependant être sauvée de l'anéantissement par Talleyrand, « le seul homme qui puisse nous être utile », précise le comte de Goltz à son ministre Hardenberg. Les vaincus d'Iéna se méprennent. A Tilsit, Talleyrand n'était plus qu'un instrument. L'Empereur le considère comme un commis et se contente de lui faire recopier ses décisions sans même lui demander son sentiment. Talleyrand a assisté, impuissant, à ce démantèlement en se contentant d'établir les accords de Tilsit avec les ministres prussiens et russes, sans protester le moins du monde. Plus tard, il écrira sans vergogne : « J'étais indigné de tout ce que je voyais, et de ce que j'entendais ; mais j'étais obligé de cacher mon indignation. Aussi, serai-je toute ma vie reconnaissant de ce que la reine de Prusse, reine d'un autre temps, voulût bien s'en apercevoir. Si, dans les retours que je fais sur ma vie, plusieurs nécessairement sont pénibles, je me rappelle du moins avec une grande douceur les choses qu'alors elle eut la bonté de me dire, et celles qu'elle m'a presque confiées.

» — Monsieur le prince de Bénévent, me dit-elle la dernière fois que j'eus l'honneur de la conduire à sa voiture, il n'y a que deux personnes qui regrettent que je sois venue ici : c'est moi et vous. Vous n'êtes pas fâché, n'est-ce pas, que j'emporte cette opinion ?

» Les larmes d'attendrissement et d'orgueil que j'avais dans les yeux furent ma réponse. »

Il n'est sans doute pas impossible que Talleyrand se soit senti ému devant l'infortune de la belle reine Louise, mais pouvait-il faire autrement ? Il n'en construira pas moins, avec les dépouilles prussiennes, le royaume destiné à Jérôme : celui de Westphalie. Il n'y avait dans cette mosaïque, hors la langue commune, aucune unité historique ou géographique. La Westphalie n'était bordée ni par le Rhin ni par la mer. C'est Talleyrand qui se chargera de composer les armoiries de cette arlequinade, en rassemblant deux lions, un cheval et un aigle qui s'ébattaient dans les armes des principautés et duchés composant le nouveau royaume.

— Cela fait bien des bêtes, remarquera l'Empereur.

La Pologne était oubliée !

A Tilsit, Talleyrand a vu s'élever un édifice qui ne pouvait que s'écrouler un jour, puisque le nouveau puzzle européen

défie toutes les lois de l'histoire des peuples et de la
géographie. Cette distribution de trônes destinés au clan
rappelle fâcheusement les papes qui nommaient cardinaux
les membres de leur famille...

En regagnant Paris, Talleyrand semble un peu las. Courir
à la poursuite de son maître par des chemins atroces, veiller
des nuits entières pour se plier aux horaires impériaux, être
obligé — nous l'avons vu à plusieurs reprises — de
contresigner à contrecœur une politique qu'il désapprouve.
Tout cela n'est pas, physiquement et moralement, de tout
repos... D'autant plus qu'il obéissait à son maître avec une
servilité rare, acceptant d'être son factotum aussi bien pour
des fournitures de pommes de terre et de biscuits que pour
lui présenter un verre de limonade, une serviette sous le
bras... A-t-il dit à cette époque :

— Je ne veux plus être le bourreau de l'Europe ?

Ce n'est pas impossible. Plus certainement il a déclaré :

— La Prusse est détruite, mais mal détruite. L'Espagne
sera renversée, mais se relèvera. Napoléon ne marche plus
au nom des peuples, mais cherche de la gloire et des Etats
pour son propre compte. Il entame la fatale carrière du
népotisme ; je ne crois pas devoir le suivre dans ce système.

Et puis il y a encore autre chose. Durant dix mois il venait
d'être à la tâche. Il aimerait maintenant se trouver à
l'honneur — et recevoir des honneurs à la taille de son
ambition. L'Europe ne le considère-t-elle pas comme son
deus ex machina, l'homme qui sait tout et qui peut tout ? Il
parvient, à son retour de Tilsit, à faire prendre par
Napoléon, à son avantage, une extraordinaire décision.
Joseph, bien que roi de Naples, était toujours Grand
Electeur, on ne pouvait donc lui enlever son titre, mais libre
à Napoléon de créer une charge pour le remplacer à Paris,
puisque Joseph demeurait à Naples. Ce qui fut fait. Et c'est
ainsi que Talleyrand fut nommé vice-Grand Electeur. Ce
titre qui permit à Fouché d'égratigner une fois de plus
Charles-Maurice :

— C'est le seul vice qui lui manque ! ironise-t-il.

« Sénateurs, écrivait Napoléon au Sénat, nous avons jugé
convenable de nommer à la place de vice-Grand Electeur le

prince de Bénévent. C'est une marque éclatante de notre satisfaction que nous avons voulu lui donner pour la manière distinguée dont il nous a constamment secondé dans la direction des affaires extérieures de l'Empire. »

Charles-Maurice reçoit de nouvelles armoiries : « Parti en premier de gueules, aux trois lions rampants et couronnés d'or ; au deuxième d'or, au sanglier passant de sable chargé sur le dos d'une housse d'argent. Chef d'azur à l'aigle d'or, les ailes étendues, empiétant un foudre de même. »

En foi de quoi, il apparaîtra, lors des cérémonies, tout agrémenté de plumes d'autruche, et en habit de velours écarlate brodé, soutaché, paramenté d'or et, sur son manteau, rouge lui aussi, voltigeront des abeilles impériales — en or comme il se doit.

La charge, qui place son titulaire aussitôt après les deux anciens consuls — l'archichancelier Cambacérès et l'architrésorier Lebrun — procure à celui-ci 330 000 francs, ce qui, joint aux autres émoluments, rapportera annuellement près d'un demi-million à Talleyrand... mais il abandonne son poste de ministre des Relations extérieures. Comment Charles-Maurice est-il parvenu à prendre sa liberté ? « Il argua de sa santé, nous dit Savary, fit parler par ses femmes chez l'impératrice, et l'Empereur devina le reste. Il était trop content de M. de Talleyrand pour lui refuser ce qu'il désirait si vivement. » Mais l'Empereur — toujours selon Savary — « fut très fâché de ce changement ».

Il fallait maintenant trouver une raison officielle au départ du prince de Bénévent de la rue du Bac. Il devait lui-même expliquer : « Je quittai le ministère comme je le voulais. » D'un commun accord, l'Empereur et son ministre estimèrent que le cumul des « archis » était incompatible avec le travail ministériel. Il parut difficile à Napoléon — du moins il l'affirma — de rassembler autour d'une table des ministres de rangs différents. Certes, Talleyrand est déjà prince italien, presque souverain, mais, dans la hiérarchie de l'Etat, il n'est guère plus que ses collègues du ministère de l'Intérieur et de la Guerre. Ce dernier, d'ailleurs, est le maréchal Berthier qui doit, lui aussi, abandonner son portefeuille pour devenir vice-connétable.

Ce départ permettra à Talleyrand de prouver — sous la Restauration — qu'il avait abandonné Napoléon, par fidélité au roi et pour l'intérêt de la France : « Pendant tout le temps que j'ai été chargé de la direction des Affaires étrangères, écrira-t-il, j'ai servi Napoléon avec fidélité et avec zèle. Longtemps, il s'était prêté aux vues que je me faisais un devoir de lui présenter. Elles se réglaient sur ces deux considérations : établir pour la France des institutions monarchiques, qui garantiraient l'autorité du souverain, en la maintenant dans des justes limites ; ménager l'Europe pour faire pardonner à la France son bonheur et sa gloire.

» En 1807, Napoléon s'était depuis longtemps déjà écarté, je le reconnais, de la voie dans laquelle j'ai tout fait pour le retenir, mais je n'avais pu, jusqu'à l'occasion qui s'offrit alors, quitter le poste que j'occupais... »

En 1836, il devait préciser encore :

« Je servis Bonaparte empereur comme je l'avais servi consul ; je le servis avec dévouement tant que je pus croire qu'il était lui-même dévoué uniquement à la France. Mais dès que je le vis commencer les entreprises révolutionnaires qui l'ont perdu, je quittai le ministère, ce qu'il ne m'a jamais pardonné. »

Cependant Napoléon expliquera à sa manière le départ de son ministre :

« C'est la manie des grandeurs qui a fait quitter le ministère à Talleyrand, il a voulu être grand dignitaire et, par-dessus tout, archichancelier de l'Etat, ce qui, dans ses idées, lui aurait donné la haute main dans les affaires politiques. »

Napoléon le reconnaîtra en 1814 :

— Mes affaires ont bien été tout le temps que Talleyrand les a faites. C'est sa faute s'il s'est perdu dans mon esprit : pourquoi a-t-il voulu quitter le ministère ? C'est l'homme qui connaît le mieux la France et l'Europe. *Il serait encore ministre s'il l'avait voulu !*

A Sainte-Hélène, ciselant de main de maître sa légende, il dira à Las Cases :

— Les rois de Bavière et de Wurtemberg m'ont fait tant de plaintes sur sa rapacité que je lui retirai le portefeuille.

Il ne le lui avait pas retiré : Talleyrand l'avait rendu.

Assurément, le prince de Bénévent possède une qualité primordiale, il devine l'avenir. Ce n'est pas sans inquiétude qu'il a vu Napoléon arriver au faîte d'une gloire inhumaine, un Napoléon assoiffé de conquêtes, anéantissant la Prusse, dédaignant l'Autriche, distribuant des trônes à ses incapables frères et sœurs comme s'il s'agissait de banales préfectures... Ce n'est pas non plus sans crainte qu'il avait entendu le maître dire tout naturellement au ministre Decrès :

— Je vous dispense de me comparer à Dieu.

Dès 1807, Talleyrand pense que l'Empereur, enivré, court à sa perte en greffant ainsi ses intérêts de famille sur sa politique européenne. Cet Empire ne peut être qu'un colosse aux pieds d'argile !

Et pourtant quel beau programme l'Empereur n'a-t-il pas devant lui, s'il voulait bien suivre les conseils de son ministre, conseils déjà donnés par Talleyrand à la veille d'Austerlitz — et qu'il répète aujourd'hui à Mme de Rémusat :

— Rendre la religion, la morale, l'ordre à la France, applaudir à la civilisation de l'Angleterre en contenant sa politique, fortifier ses frontières par la Confédération du Rhin, faire de l'Italie un royaume indépendant de l'Autriche et de lui-même, tenir le tsar enfermé chez lui en créant cette barrière naturelle qu'offre la Pologne : voilà quels devaient être les desseins éternels de l'Empereur, et ce à quoi chacun de mes traités le conduisait. Mais l'ambition, la colère, l'orgueil et quelques imbéciles qu'il écoute l'aveuglent souvent. Il me soupçonne dès que je lui parle *modération*, et, s'il cesse de me croire, vous verrez quelque jour par quelles imprudentes sottises il se compromettra, lui et nous.

Cependant, il promet à Mme de Rémusat de veiller au grain et se déclare « attaché à la création de l'Empire ». Talleyrand pense pouvoir jouer un rôle de conseiller auprès de l'Empereur et il le jouera, en effet, bien souvent. Mais, pour l'instant, il lui faut vite déchanter, puisque, le 5 septembre 1807, quand il veut rendre compte à Napoléon de la visite que viennent de lui faire Metternich et Tolstoï, ambassadeurs d'Autriche et de Russie, le maître, heureux d'être délivré de son censeur, lui répond sèchement :

— J'ai donné à Champagny les instructions nécessaires.

La « grande intrigue » commence. Talleyrand va passer sans vergogne dans le camp des ennemis de la France.

XI

LA PERFIDIE ESPAGNOLE
DE M. LE VICE-GRAND ÉLECTEUR

*Il n'eût point été, il ne serait point ce
qu'il est, s'il était moral.*

METTERNICH

Son départ du ministère permet à Charles-Maurice de
jouer une de ces scènes fascinantes dont il possède le secret
et qui ébahiront les contemporains et la postérité. Pour
passer ses pouvoirs à son successeur, Jean-Baptiste de
Champagny, il rassemble dans le bureau de l'hôtel de
Galliffet les chefs de service de son ministère. Selon son
habitude, il se tient nonchalamment appuyé sur le bras d'un
fauteuil.

— Monsieur, laisse-t-il tomber gravement de ses lèvres
minces, en regardant Champagny, monsieur, voici bien des
gens recommandables dont vous serez content. Vous les
trouverez fidèles, habiles, exacts, mais, grâce à mes soins,
nullement zélés.

Affectant de ne pas avoir remarqué l'ébahissement de
Champagny, Talleyrand poursuit, imperturbable :

— Oui, monsieur, hors quelques petits expéditionnaires
qui font, je pense, leurs enveloppes avec un peu de
précipitation, tous ici ont le plus grand calme, et se sont
déshabitués de l'empressement. Quand vous aurez eu à
traiter un peu de temps des intérêts de l'Europe avec
l'Empereur, vous verrez combien il est important de ne point
se hâter de sceller et d'expédier trop vite ses volontés.

◄ *L'impitoyable tableau de Goya nous montrant la famille royale
d'Espagne. « Des crétins sans chair, sans âme et sans sentiment »,
nous dit un témoin.*

Il faut croire que Champagny ne suivit pas les conseils donnés par son prédécesseur, puisqu'il reçut, un jour de 1811, ces quelques lignes de l'Empereur : « Les affaires des Relations extérieures sont des affaires qui doivent se traiter longuement ; vous devez toujours garder mes lettres trois ou quatre jours sous votre chevet avant de les faire partir. »

Ce n'est pas sans regret que les diplomates accrédités à Paris apprennent le départ de Charles-Maurice.

— Vous avez tort, messieurs, leur déclare Talleyrand. Pour le fond, c'est toujours la même chose. La seule différence qu'il y a entre M. de Champagny et moi est que si l'Empereur lui ordonne de couper la tête à quelqu'un, il le fera dans une heure ; et moi, dans ce cas, je mettrais un mois pour exécuter son ordre.

Les diplomates craignent — non sans raison — de ne pas pouvoir s'arranger avec M. le nouveau ministre, comme ils le faisaient avec Charles-Maurice. Le prince n'était-il pas à vendre à qui voulait l'acheter ?

Metternich, nouvel ambassadeur d'Autriche à Paris, ronge son frein et attend avec impatience « le jour où 300 000 hommes seront réunis, régis par une même volonté et dirigés par un but commun » : la fin de Napoléon. Lors de son arrivée à Paris, au mois d'août 1806, en qualité d'ambassadeur d'Autriche, Napoléon s'était exclamé en le recevant :

— Vous êtes bien jeune, monsieur, pour représenter la plus vieille monarchie d'Europe.

Et Metternich de répondre avec une flagornerie assez remarquable chez le représentant d'un pays à qui Napoléon a fait mordre la poussière huit mois auparavant :

— J'ai l'âge que Votre Majesté avait à Austerlitz.

Et tout Paris répéta cette réplique.

Au cours de cet été de 1807, nous étions encore loin du mois de janvier 1809, époque où le prince de Bénévent viendra s'offrir pour seconder, contre espèces sonnantes et trébuchantes, la politique autrichienne. Metternich n'en est pas moins satisfait de la visite que lui fait Talleyrand au lendemain de son départ du ministère :

— La France ne veut plus de nouvelle guerre, lui fait observer le diplomate autrichien.

— Oui, lui répond Charles-Maurice, la paix est un

« *Vous êtes bien jeune pour représenter la Maison d'Autriche* », *fit remarquer Napoléon au Prince de Metternich, lors de son arrivée à Paris.* (Peinture de Lawrence.)

puissant garant, dans la lassitude des partis : celle-ci est extrême.

Et M. le prince de Bénévent fait comprendre à M. de Metternich, qu'il possède encore une influence occulte qu'il acceptera assurément de monnayer. Mais le futur chancelier n'en regrette pas moins que Talleyrand quitte les affaires « par indolence », écrit-il, alors que « toutes sortes de transactions avantageuses étaient encore sur le point de se faire ».

La mauvaise humeur de Napoléon à ne pouvoir empêcher le départ de Talleyrand des Relations extérieures, sa manière de lui faire sentir que désormais c'est à Champagny qu'il fera part de ses décisions concernant sa politique européenne, ne vont pas faire long feu. L'inactivité de M. de Talleyrand, cette disgrâce dorée, ne se prolongera guère au-delà de deux mois. Dès le mois d'octobre 1807, à Fontainebleau, Talleyrand devait reconquérir l'Empereur, reprendre son influence — et cela à l'occasion de la terrible affaire d'Espagne. Depuis deux années, il « tourmentait » l'Empereur pour qu'il l'entreprenne.

Effarante famille royale espagnole ! « Des crétins sans chair, sans âme et sans sentiment », nous dit la comtesse d'Albany. Goya, dans son célèbre tableau — un vrai jeu de massacre — n'a nullement cherché à masquer l'impitoyable vérité. Le roi, petit-fils du duc d'Anjou, Philippe V, est le demeuré et stupide Charles IV, au nez tombant, à la bouche molle, au prognathisme prononcé, aux yeux hébétés. Il semble bonhomme, mais il est d'une rare cruauté. Grand chasseur — trait commun avec bien des Bourbons —, il n'hésitait pas, en guise de distraction, à faire tirer au canon sur deux mille chevreuils parqués comme des anchois dans un enclos. Son orgueil frise l'imbécillité. Encore prince des Asturies, il jouait du violon dans un quatuor. L'un de ses partenaires lui ayant fait respectueusement remarquer et en prenant force précautions « qu'il allait hors mesure et qu'il lui fallait ralentir un peu », Charles répondit tout naturellement :

— Un prince n'attend jamais !

Sa femme, Marie-Louise, que son beau-frère don Antonio appelle aimablement « la Vermine », est-elle nymphomane ?

Ce n'est pas impossible... Quoi qu'il en soit, cette affreuse mégère ne peut se passer d'amants. Son favori, Manuel Godoy, a sur elle une emprise totale. « Il a l'air d'un taureau », annoncera Napoléon à Talleyrand lorsqu'il fera sa connaissance à Bayonne. La reine lui a écrit en 1804 : « Ta mémoire et ta renommée ne finiront qu'avec le monde », et Marie-Louise couvrira d'or et de charges, ce gros homme au regard lourd, endormi et, paraît-il, voluptueux. Elle obtiendra pour Godoy le titre étrange de « prince de la Paix » et lui donnera comme épouse une princesse de Bourbon.

Excusez du peu !

Le mari, ce royal cocu, ne se doute de rien — ou joue à l'homme qui ne se doute de rien. Il appelle l'amant de sa femme son « meilleur et cher ami », et lui remet, au surplus, le gouvernement de son royaume.

En 1806, le prince de la Paix envoie l'ambassadeur Izquierdo à Paris. Reçu par Talleyrand, encore ministre des Relations extérieures, le diplomate est porteur d'une lettre du favori implorant l'aide de Napoléon : « Ma sécurité, écrit-il, dépend de la protection de l'Empereur. Je puis survivre à un grand malheur, la mort de mes souverains ; avant que survienne cet horrible moment, je suis forcé de m'assurer une existence protégée contre tout attentat. Je suis prêt à devenir l'objet de la bonté et de la faveur de Sa Majesté Impériale et aussi, à condition que cela soit conforme à Ses vues, à être un élément du grand système politique qui doit, en rendant la paix à l'Europe, confirmer au monde la liberté des mers. Nos souverains accepteront tout ce que suggérera Sa Majesté Impériale. »

Volte-face : Godoy, le 7 octobre 1806, change de camp et signe un manifeste destiné à la nation espagnole. Il s'agit d'un véritable appel aux armes contre Napoléon. Bien plus, l'Empereur découvre à Potsdam une lettre de Charles IV que Frédéric-Guillaume de Prusse a oubliée dans sa fuite et dans laquelle le roi d'Espagne s'engageait à attaquer dans le dos les Français, tandis que Napoléon se trouvait encore sur les rives de l'Elbe ! Mais les victoires d'Iéna et d'Auerstadt, suivies de l'anéantissement de la Prusse, font faire au roi et à son lamentable ministre une nouvelle pirouette — d'autant plus que Godoy reçoit un sérieux avertissement de Talleyrand. L'Espagne se voit obligée de reconnaître Joseph en qualité de roi de Naples et le roi Charles est mis, en outre, en demeure de payer immédiatement les sommes dues par

l'Espagne à la France. Et ce n'est pas tout : le roi, ou plutôt
le prince de la Paix, doit envoyer 10 000 hommes destinés à
faire partie de la Grande Armée. Enfin, obligation pour les
Bourbons d'Espagne d'accéder au blocus continental.

Le 13 janvier 1807, « le taureau » est nommé — lui à qui la
seule pensée de devoir naviguer donne le mal de mer —
amiral général d'Espagne et des Indes. Aussitôt, l'écœurant
personnage écrit à Talleyrand : « Je profite de l'occasion
pour mettre à vos pieds cette charge dont le roi mon maître
vient de m'honorer. » Le roi son maître avait également
honoré l'une des maîtresses de l'amant de sa femme en
accordant à celle-ci le double titre de comtesse et de
vicomtesse...

Que de sordides intrigues, un vrai bourbier !

Après Tilsit, le projet de démembrement du Portugal
reprend avec d'autant plus de vigueur que les Anglais ont
pris pied à Lisbonne et que la dynastie de Bragance s'est
laissé en quelque sorte « coloniser ».

Le 28 juillet 1807 — Talleyrand étant encore ministre —
l'Empereur adresse un ultimatum au Portugal : le roi doit
adhérer au blocus et chasser les Anglais de sa capitale. Ce
même jour, l'Empereur ordonne le rassemblement de 20 000
hommes à Bayonne dont Junot, le 31 août, prend le
commandement. Cette fois, Talleyrand n'est plus ministre...
Un mois plus tard, spectaculairement, les diplomates
français quittent Lisbonne. Leurs collègues espagnols sont
obligés de suivre — et Charles IV d'approuver. C'est pour
lui la seule façon d'avoir sa part du gâteau portugais !

☆

Du 21 septembre au 16 novembre 1807, la cour séjourne à
Fontainebleau. Napoléon s'étonne :

— J'ai rassemblé à Fontainebleau beaucoup de monde,
annonce-t-il à Talleyrand. J'ai voulu qu'on s'y amusât. J'ai
réglé tous les plaisirs ; et les visages sont allongés, et chacun
a l'air bien fatigué et triste.

Et Charles-Maurice de répondre :

— C'est que le plaisir, sire, ne se mène pas au tambour et
qu'ici comme à l'armée vous avez toujours l'air de dire à
chacun de nous : Allons, messieurs et mesdames, en avant,
marche !

Il est bien certain que les défilés de la cour devant l'Empereur et l'Impératrice ressemblent à « des revues où il y avait des dames » — selon le mot de l'un des habitués des Tuileries.

Vers 8 heures, la cour, en grande tenue, se place en cercle et se regarde *sans parler*. Joséphine entre, parcourt le salon et ensuite, nous dit Mme de Rémusat à qui il faut donner la parole si l'on ne veut pas être taxé d'exagération, « ensuite l'Impératrice prenait sa place et attendait comme les autres *en silence* l'arrivée de l'Empereur ».

Enfin Napoléon pénètre dans le salon. Instantanément, tout le monde se lève avec une promptitude si incroyable que ce mouvement, remarqua le dramaturge Alexandre Duval, ne pouvait se comparer « qu'à un temps dans l'exercice du maniement d'armes ».

Quand il ne passait pas la revue des invités — second mouvement de la « manœuvre » — l'Empereur s'asseyait près de sa femme et regardait danser. Mais « son visage était loin d'encourager le plaisir, aussi le plaisir ne se mêlait-il guère à de pareilles réunions ». Un ennui incommensurable pèse sur l'assistance.

On bâille au fastidieux spectacle donné les lundis, mercredis, et vendredis, tout au long de ce « grand séjour » de Fontainebleau. Sur dix-huit représentations, on compte douze tragédies — ces éternelles tragédies, vrais somnifères, qu'il faut supporter en ayant l'air de s'y plaire. La cour s'y assomme mortellement — c'est Mme de Rémusat, dame d'honneur de Joséphine, qui nous l'affirme. Les jeunes femmes s'y endorment sans craindre — ou espérer — d'être tirées de leur sommeil par les applaudissements, car il est interdit d'applaudir en présence de l'Empereur. Il lui arrive d'ailleurs, à lui aussi, les soirs de chasse, de faire un somme, Joséphine ne le réveille que le rideau descendu pour la dernière fois... et l'on se sépare « tristes et mécontents ».

Le 15 octobre 1807, la torpeur s'évanouit. En présence de Talleyrand, l'Empereur prend violemment à partie l'ambassadeur du Portugal :

— Je ne souffrirai pas qu'il y ait un envoyé anglais en Europe ! Si le Portugal ne fait pas ce que je veux, la maison de Bragance ne régnera plus en Europe dans deux mois !

*Mme de Rémusat, la grande amie et
confidente de Talleyrand.*

Et, dès le 18 octobre, l'armée française, accueillie
courtoisement par les troupes du roi Charles, franchit la
frontière espagnole. Les Français ne sont-ils pas devenus
leurs alliés ? L'armée de Junot — des régiments mal équipés
et assez médiocres — prend, en plusieurs échelons, la
direction du Portugal. Le 22, la guerre est officiellement
déclarée. « Premier coup de pioche », selon l'expression de
Jacques Chastenet, dans l'édifice napoléonien !

Pendant ce temps, presque tous les soirs, ainsi que le note
Mme de Rémusat, l'Empereur fait appeler Talleyrand et
veille longuement avec lui, tandis que dans la journée, en
l'absence d'Eugène, le prince fait office de grand chancelier
et discute — Duroc en tiers — avec Izquierdo, toujours
ambassadeur d'Espagne à Paris, du traité qui doit mettre
fin, d'accord avec l'Espagne, à la monarchie portugaise.

Il est normal que Talleyrand s'occupe de l'affaire puisque
le projet de partage du Portugal entre la France et l'Espagne
est commencé depuis plus d'une année, alors que Talleyrand
avait encore sous le bras son portefeuille de ministre des
Relations extérieures. Le mardi 27 octobre 1807, le traité est
signé. Talleyrand et Izquierdo mettent d'abord au point les
conventions secrètes de l'accord.

Article premier. — Un corps de vingt-cinq mille hommes d'infanterie, de trois mille de cavalerie, des troupes de Sa Majesté Impériale, entrera en Espagne pour se rendre directement à Lisbonne *(c'était chose faite depuis neuf jours...)* ; il sera joint par un corps de huit mille hommes d'infanterie espagnole et trois mille de cavalerie, avec trente pièces d'artillerie.

Article III. — Les troupes françaises seront nourries et entretenues par l'Espagne, et leur solde sera fournie par la France pendant le temps de leur marche à travers l'Espagne.

Article V. — Le corps central se trouvera mis sous les ordres du commandant des troupes françaises, auquel, pareillement, les troupes espagnoles attachées à cette armée seront tenues d'obéir. Néanmoins, dans le cas où *le prince de la Paix* jugerait convenable de joindre ce corps, les troupes françaises, ainsi que le général qui les commandera seront soumis à ses ordres.

On se partage ensuite la peau de l'ours portugais avant de l'avoir tué : le nord du Portugal deviendrait le royaume de *Lusitanie septentrionale* et serait donné à la reine d'Etrurie, fille de Charles IV, et à son fils. Napoléon ayant besoin de la Toscane pour sa sœur Elisa... le sud serait dévolu à un prince héréditaire qui n'est autre que Godoy. Le centre, entre Tage et Douro, serait occupé par 28 000 hommes des troupes françaises. Quant aux Portugais — bien sûr — on ne leur demandait pas leur avis.

C'est évidemment une belle région que celle de Lisbonne, et voici Napoléon mis en appétit... Pourquoi ne pas s'emparer de toute la péninsule ibérique et faire de l'Espagne un royaume napoléonien ? Puis — d'accord avec son vice-Grand Electeur — en chasser les Bourbons ?

Talleyrand, dans ses *Mémoires,* nous dit que « Napoléon, assis sur l'un des trônes de la maison de Bourbon, considérait les princes qui occupaient les deux autres — Naples et l'Espagne — comme des adversaires naturels que son intérêt était de renverser ». A Metternich, l'Empereur dira un peu plus tard : « Les Bourbons sont mes ennemis personnels : eux et moi nous ne pouvons occuper en même temps des trônes. » Talleyrand approuve. Il le confie même à Mme de Rémusat, qui semble émue par cette série de dépossessions :

— Madame, tout ceci ne sera achevé que lorsqu'il n'y aura plus un Bourbon sur un trône d'Europe.

Il allait même plus loin, et Pasquier l'entendra répéter maintes et maintes fois :

— La couronne d'Espagne a appartenu, depuis Louis XIV, à la famille qui régnait sur la France et on n'a pas pu regretter ce que l'établissement de Philipppe V a coûté de trésors et de sang, car il a seul assuré la prépondérance de la France en Europe. C'est donc une des plus belles portions de l'héritage du grand roi, et cet héritage, l'Empereur doit le recueillir tout entier ; il n'en doit, il n'en peut abandonner aucune partie.

« J'ai la certitude que Napoléon a, de son côté, souvent prononcé cette même phrase, ajoutera le chancelier Pasquier. Tous deux l'avaient donc également adoptée ; à qui des deux appartient-elle à l'origine ? Sans rien assurer, on peut dire qu'elle porte au moins le cachet de M. de Talleyrand, et de sa manière de présenter les questions. »

Rapportons encore ici, en guise de conclusion, la confidence faite par Napoléon à Caulaincourt, en lui parlant de Talleyrand :

— Tout ce qui a été fait contre les Bourbons, l'a été sous son ministère et a été préparé par lui. C'est lui qui m'a constamment entretenu de la nécessité de les éloigner de toute influence politique.

A Fontainebleau, après ses longues conversations avec l'Empereur — il en aura d'autres au mois de janvier — Talleyrand rend visite à son amie, Mme de Rémusat. « Il s'y amusait des observations que je faisais sur notre cour, et me livrait les siennes qui étaient plaisantes. Quelquefois aussi nos conversations prenaient un tour sérieux. Il arrivait fatigué ou même mécontent de l'Empereur ; il s'ouvrait alors un peu sur les vices plus ou moins cachés de son caractère, et, m'éclairant par une lumière vraiment funeste, il déterminait mes opinions encore flottantes et me causait une douleur assez vive. »

Un soir qu'il lui parlait de la fourberie de Napoléon, le représentant comme « incapable de sentiments généreux », Mme de Rémusat se met à pleurer.

— Qu'est-ce ? lui dit-il. Qu'avez-vous ?

— C'est, lui répond la jeune femme, que vous me faites un mal réel. Vous autres politiques, vous n'avez pas besoin d'aimer qui vous voulez servir ; mais moi, pauvre femme, que voulez-vous que je fasse du dégoût que vos récits m'inspirent et que deviendrai-je quand il faudra demeurer où je suis sans pouvoir y conserver une illusion ?

— Enfant que vous êtes, reprend Talleyrand, qui voulez toujours mettre votre cœur dans tout ce que vous faites ! Croyez-moi, ne le compromettez pas à vous affectionner à cet homme-ci, mais tenez pour sûr qu'avec tous ses défauts il est encore aujourd'hui très nécessaire à la France, qu'il sait maintenir, et que chacun de nous doit y faire son possible. Cependant, ajoute-t-il, s'il écoute les beaux avis qu'on lui donne aujourd'hui, je ne répondrai de rien. Le voilà enferré dans une intrigue pitoyable. Murat veut être roi d'Espagne ; ils enjôlent le prince de la Paix et veulent le gagner comme s'il avait quelque importance en Espagne. C'est une belle politique à l'Empereur que d'arriver dans un pays avec la réputation d'une liaison intime entre lui et un ministre détesté ! Je sais bien qu'il trompe ce ministre, et qu'il le rejettera loin de lui quand il s'apercevra qu'il n'en a que faire ; mais il aurait pu s'épargner les frais de cette misérable perfidie.

Cette « perfidie » que, presque chaque jour, le prince de Bénévent pousse son maître à commettre.

☆

L'orage qui gronde maintenant sur l'Espagne permet à Napoléon, toujours approuvé par Talleyrand, de mener à bien ses terribles projets. Première pierre d'achoppement entre Godoy et le prince héritier d'Espagne : puisque Ferdinand est veuf, pourquoi n'épouserait-il pas la sœur de la princesse de la Paix, née Marie-Thérèse de Bourbon ?

— Je préférerais rester veuf toute ma vie, s'exclame le futur Ferdinand VII, ou me faire moine, que d'être le beau-frère de Manuel Godoy !

L'ambassadeur de France à Madrid, le marquis François de Beauharnais, un oncle de l'Impératrice, un homme quelque peu écervelé, pense à sa famille et avance un autre projet : le prince des Asturies pourrait peut-être demander en mariage une parente de Napoléon... Par exemple, la cou-

sine de l'Impératrice, Stéphanie Tascher de La Pagerie.
Cette proposition paraît ne pas déplaire à Ferdinand. Après
avoir qualifié cette idée de « misérable », Napoléon en
accepte le principe. Ferdinand écrit à Talleyrand en traitant
Godoy de « personne artificieuse et méchante ».

On devine la fureur de Charles IV en apprenant que son
fils conspire contre son cher favori et que, sans lui demander
son avis, il s'est permis de faire « de telles ouvertures » en
vue d'un éventuel mariage. Aussi, le jeudi 22 octobre 1807, la
cour étant à l'Escurial, le roi fait garder à vue son fils dans
une chambre, ordonne que l'on saisisse ses papiers parmi
lesquels on découvre le chiffre d'une correspondance secrète.
Horrifié, le roi écrit alors à son « grand ami » Napoléon :
« Mon fils aîné, l'héritier présomptif de la couronne, a ourdi
un affreux complot pour me renverser du trône ; il a été
jusqu'à songer à un attentat contre la vie de sa mère. Un si
horrible dessein doit être châtié d'exemplaire façon. Le droit
du prince à la succession doit être révoqué ; l'un de ses frères
sera plus digne de le remplacer dans mon cœur et sur le
trône... »

Le 29 octobre 1807, il fait jeter Ferdinand dans une cellule
de l'Escurial dont une partie avait été transformée en prison
et sa mère Marie-Louise prononce le mot d' « exécution ».
Tremblant de peur, le prince des Asturies avoue le complot
qui n'est encore qu'une intrigue, s'humilie presque, supplie
Godoy de le sauver, et écrit à sa mère une lettre d'une
étonnante platitude, lui livrant les noms de ses amis : « J'ai
dénoncé les coupables », annonce-t-il. Le procès machiné par
Godoy commence. Les « complices » de Ferdinand sont
jugés, condamnés... puis, faute de preuves, relâchés — et le
prince des Asturies retrouve la liberté. Mais Madrid —
Madrid la passionnée — s'agite, prend parti pour les
condamnés, espérant que les troupes napoléoniennes, qui
descendent au même moment la vallée de l'Ebre, vont
purger le royaume de l'affreux Godoy, l'ennemi de leur cher
Ferdinand...

Pour l'instant, les Français ont d'autres vues. La famille
royale portugaise fuit vers le Brésil et, le lendemain
30 novembre, Junot fait son entrée à Lisbonne. On ne parle
plus du traité de Fontainebleau, ni de la principauté destinée
à Godoy et, bientôt, tout le Portugal est administré au nom
de l'Empereur. « Le traité que vous avez fait n'existe plus,
écrit le favori à l'ambassadeur Izquierdo. Le royaume est

couvert de troupes... Tout est incertitude, intrigues et craintes. » Déjà Charles IV, réfugié au château d'Aranjuez, au bord du Tage, envisage, lui aussi, de quitter son royaume pour ses lointaines possessions des « Indes occidentales et orientales » — en compagnie bien entendu de sa femme et de l'inévitable Godoy.

Ferdinand s'y oppose.

Madrid entre en ébullition à l'annonce de l'éventuel départ du roi pour l'Amérique. L'émeute gagne Aranjuez et Godoy est fait prisonnier. « Il est sorti de sa maison, raconte un témoin oculaire, au milieu d'un piquet de gardes du corps, encadré par deux cavaliers qui le tenaient par le col de son manteau tandis qu'il se soutenait aux brides des chevaux. Il marchait le corps incliné et tout le peuple hurlait en demandant sa tête. Il avait reçu un coup de couteau à la figure et un coup de poing sur la bouche, il commençait à saigner du nez et à cracher du sang et on continuait pourtant à le maltraiter. »

Lorsque Ferdinand va le voir en prison, Godoy se met à genoux en lui disant :

— Je demande grâce à Votre Majesté.

Ferdinand lui répond avec calme :

— Manuel, tu oublies donc que mon père vit encore ?

— Eh bien, que Votre Altesse pardonne mes offenses !

— Manuel, les injures que j'ai reçues de toi sont pardonnées, mais tu dois compte à l'Espagne du mal que tu lui as fait.

Puis le prince des Asturies monte à une fenêtre et déclare à la foule :

— Messieurs, je réponds de cet homme. On lui fera son procès, et il sera châtié conformément à la gravité de ses crimes.

Le roi Charles tremble, il n'est plus qu'une loque humaine. On lui répète que la chute de son favori ne suffira point à détourner la foudre populaire, et que, seule une abdication en faveur de Ferdinand parviendrait à conjurer la révolution qui monte.

Charles IV s'incline et signe — de sa fière signature *Moi, le Roi* — ce texte résigné : « Comme mes infirmités habituelles ne me permettent pas de supporter plus longtemps la lourde charge du gouvernement de mon royaume, et ayant besoin, pour ma santé, de jouir dans un climat tempéré, de la vie privée, j'ai décidé, après la plus mûre délibération, d'abdiquer en faveur de mon bien-aimé fils, le prince des Asturies. »

La maison de Godoy est mise à sac et la fureur populaire n'épargne pas les demeures de sa famille. Le prince des Asturies exulte : toutes les humiliations subies sont vengées. L'affreux Godoy n'est plus qu'un prisonnier tremblant dans son cachot — et l'ex-roi Charles se lamente devant le général Monthion, aide de camp de Murat :

— Ils veulent tuer le prince de la Paix, son seul crime est de m'avoir été loyal toute sa vie. Sa mort sera la mienne !

Murat, qui espère recevoir la couronne d'Espagne, explique son plan à Napoléon :

— Si le roi se rend à mon quartier général, mande-t-il le 21 mars 1808 à l'Empereur, je l'enverrai à Votre Majesté et alors l'Espagne se trouverait véritablement sans roi, puisque le père a abdiqué et que l'Empereur serait maître de ne pas reconnaître le fils, que l'on peut regarder comme usurpateur.

Le général Monthion repart pour Madrid avec le projet d'une lettre devant être signée par Charles IV et que l'on antidatera du 21 mars 1808 : « J'ai été forcé d'abdiquer, mais pleinement confiant, à l'heure qu'il est, dans la magnanimité et dans le génie du grand homme qui s'est toujours montré mon ami, j'ai pris la résolution de me conformer en tout à ce que ce grand homme décidera au sujet de mon sort, de celui de la reine et de celui du prince de la Paix. J'adresse à Votre Majesté ma protestation contre les événements d'Aranjuez et contre mon abdication. Je me remets et me confie entièrement au cœur et à l'amitié de Votre Majesté. »

Pendant ce temps, à Paris, Talleyrand et Izquierdo continuent à palabrer... alors que l'Espagne n'est plus que confusion et tumulte, alors que Napoléon danse au bal que la reine Hortense donne pour le mariage de sa cousine, Mlle Tascher de La Pagerie, avec le prince d'Arenberg. « C'était un assez singulier spectacle, écrit Talleyrand à Caulaincourt, que de voir un mauvais nègre, Prévost de Julien, qui disait à cet homme qui gouverne le monde : " Avancez, chassez, en arrière, en avant, faites le moulinet, etc. " Cela m'a assez amusé de voir l'Empereur si obéissant. »

Lorsque la nouvelle de l'abdication du roi Charles atteint Paris, Napoléon envoie, le 27 mars 1808, ce billet fameux à son frère Louis, roi de Hollande : « Le roi d'Espagne vient d'abdiquer ; le prince de la Paix a été mis en prison... J'ai résolu de mettre un prince français sur le trône d'Espagne.

Le climat de la Hollande ne vous convient pas. Je pense à vous pour le trône d'Espagne. Répondez-moi catégoriquement. Si je vous nomme roi d'Espagne, l'agréerez-vous ?... »

Louis, vexé d'être déplacé comme un préfet — « indigné » même, ose-t-il déclarer — refuse, et c'est Joseph qui, lorsque tout sera aplani, recevra l'ordre d'échanger son trône de Naples contre celui de Madrid.

Mais l'affaire n'est pas encore terminée et, le samedi 2 avril, Napoléon se dirige vers Bayonne. Talleyrand aurait bien voulu l'accompagner. Il l'avait écrit à son ami Caulaincourt : « ...Je ne crois pas que je sois du voyage et cela me fait de la peine. Quand l'Empereur passe les frontières, je déteste de ne pas être avec lui. La place de ceux qui l'aiment réellement et dont le sort est lié à lui est à ses côtés quand il sort de France. »

Il le dit encore à Caulaincourt, espérant que Napoléon n'ira pas plus loin que Bayonne. De là « il pourra remettre tout en ordre en ce pays et le reste peut se faire par ses lieutenants ». En effet, l'Empereur compte bien « remettre tout en ordre » en attirant sur les rives de l'Adour, le roi Charles, le roi Ferdinand, la reine et Godoy. On exploitera assez indignement la présence des deux rois en plein désaccord pour en imposer un troisième.

« En m'annonçant que le dénouement est très proche, écrit Talleyrand à l'Empereur, Votre Majesté semble me permettre d'espérer que tout s'arrangera à Bayonne... ce que je désire de toute mon âme. »

Ferdinand a été amené, non sans difficulté, à Bayonne où on le traite en prince et non en roi. A Madrid, Charles IV et sa femme sont épouvantés à la pensée que leur fils puisse s'entendre avec l'Empereur et nuire au cher Godoy — aussi prennent-ils, eux aussi, la route de Bayonne.

Un intermède se joue à Paris le mercredi 20 avril 1808. En pleine nuit, Talleyrand est appelé au chevet de la reine Hortense : elle va accoucher et ses fonctions de vice-Grand-Electeur l'obligent à assister à la signature de l'acte de naissance du nouveau-né. Le futur Napoléon III vient au monde et la perruque de M. de Talleyrand est couverte d'une poudre si violemment parfumée que la reine suffoque, manque de s'évanouir... et bien vite, on emporte le bébé vers ses appartements.

A Bayonne, en dépit des prédictions pessimistes du chanoine Escoïquiz, Napoléon écrit que tout se terminera rapidement. « Cette tragédie, si je ne me trompe, annonce-t-il encore à Talleyrand, le 25 avril, est au cinquième acte ; le dénouement va paraître. »

Dès que le prince de Bénévent connaît les premières impressions de Napoléon, il les communique à Caulaincourt : « Le prince des Asturies paraît être un bien pauvre homme ; on a voulu lui faire jouer un rôle au-dessus de ses moyens. Les Espagnols ont été d'une grande barbarie pour le prince de la Paix. Après un mois de cachot, entre la vie et la mort, sans chirurgien quoique blessé, sans secours d'aucune espèce, on l'a enfin fait sortir et on l'a remis aux troupes de l'Empereur. Je suppose qu'il viendra en France s'établir. Cette grande fortune dont on parlait est une fable. Les meneurs du pays commencent à dire : " Mais où le prince mettait-il donc son argent ? " On ne lui a trouvé que ce qui fait le courant d'un homme qui a une grande maison. »

Dix jours après leur fils, le samedi 30 avril, Charles IV et la reine Marie-Louise arrivent à leur tour à Bayonne, flanqués de l'inévitable Godoy.

« La reine a son cœur et son histoire sur sa physionomie, écrit Napoléon à Talleyrand : cela passe tout ce qu'il est possible d'imaginer. » Quant à Ferdinand, il le trouve « très bête, très méchant, très ennemi de la France ». Seul, le roi Charles lui fait pitié : « C'est un brave homme, l'air d'un patriarche franc et bon. »

En voyant son fils, le pauvre roi s'est littéralement précipité sur lui :

— N'as-tu pas assez outragé mes cheveux blancs ? Va-t'en ! Je ne veux plus te voir.

Puis, se tournant vers Napoléon :

— Votre Majesté ne sait pas, soupire Charles, ce que c'est que d'avoir à se plaindre d'un fils !

Le 2 mai 1808, Charles IV adresse à ce fils une lettre lui signifiant que ses crimes l'empêchent de lui succéder au trône et que « l'Espagne ne pourrait plus être sauvée que par l'Empereur ». Le 5 mai, le roi abdique et cède à

Napoléon ses Etats, à la seule condition « de respecter l'intégrité territoriale du royaume et de n'y tolérer d'autre religion que la catholique ». En échange, Charles et Marie-Louise recevront Compiègne, Chambord et six millions de francs annuels. Seul Ferdinand continue de résister et, légalement, peut toujours se considérer comme roi de toutes les Espagnes.

Soudain, ce même 5 mai, arrive à Bayonne la nouvelle de la sanglante insurrection madrilène du 2 mai — le célèbre *Dos de Mayo* — vigoureusement maîtrisée par les mamelouks de Murat, qui ont chargé la foule à la *Puerta del Sol*. Ce jour-là, les Espagnols se sont crus revenus à l'époque de la lutte contre les Maures ! L'événement permettra à Napoléon de jouer avec adresse le dernier acte du dramatique guet-apens de Bayonne. En effet, Ferdinand n'est pour rien dans le déclenchement de l'insurrection — causée par le départ des infants, par leur enlèvement plutôt — mais l'Empereur tient là un beau prétexte ! Il a reçu la nouvelle de l'émeute au cours d'une promenade à cheval et a galopé aussitôt vers Bayonne. Après avoir fait venir le prince des Asturies chez son père, Napoléon l'accuse d'avoir fomenté le soulèvement. Charles IV partage cet avis :

— Le sang de mes sujets a coulé, hurle-t-il, et celui des soldats de mon grand ami Napoléon ! Tu as eu part à ce carnage !

La reine, telle une furie, injurie abondamment son fils, le traite de bâtard et demande qu' « on le fasse monter à l'échafaud ». Napoléon n'en réclame pas tant :

— Si d'ici à minuit, déclare-t-il à « Ferdinand VII » vous n'avez pas reconnu votre père pour roi légitime et ne le mandez à Madrid, vous serez traité par moi comme un rebelle.

Ferdinand, épouvanté, cède enfin. Il n'est plus qu'un prisonnier...

Le 8 mai, Talleyrand félicite l'Empereur : « Tout le monde ici admire la marche que les événements ont prise, marche si heureuse qu'il était impossible d'espérer davantage. » La couronne d'Espagne était donnée à Joseph Bonaparte devenu don José. Primero. Il était difficile, en effet, d'en espérer davantage !...

« Le vulgaire, poursuit le prince de Bénévent, se montre bien persuadé que ni celui qui s'est laissé précipiter du trône ni celui qui a tenté de s'y asseoir ne peuvent maintenant prétendre à y remonter et qu'ils se sont exclus l'un par sa faiblesse, l'autre par sa violence. »

Sentant son ex-ministre si bien disposé — les deux lettres vont se croiser — Napoléon prend une décision, décision que Talleyrand aura bien du mal, plus tard, à justifier : « Tenant à faire croire que j'approuvais ses projets, il choisit précisément ma terre de Valençay pour en faire la prison du prince des Asturies, de son frère et de leur oncle. »

Il faut lire attentivement la lettre adressée le 9 mai de Bayonne à Talleyrand :

« Le prince des Asturies, l'infant don Antonio, son oncle, l'infant don Carlos, son frère, partent mercredi d'ici, restent vendredi et samedi à Bordeaux et seront mardi à Valençay.

» Soyez-y lundi au soir. Mon chambellan Tournon s'y rend en poste pour tout préparer pour les recevoir. Faites en sorte qu'ils aient là du linge de table et de lit, de la batterie de cuisine. Ils auront huit ou dix personnes de service d'honneur, et autant ou le double de domestiques. Je donne l'ordre au général qui fait les fonctions de premier inspecteur de la gendarmerie. Je désire que ces princes soient reçus sans éclat extérieur, mais honnêtement et avec intérêt, et que vous fassiez tout ce qui sera possible pour les amuser. Si vous avez à Valençay un théâtre, et que vous fassiez venir quelques comédiens, il n'y aura pas de mal. Vous pourriez y faire venir Mme Talleyrand avec quatre ou cinq femmes. Si le prince des Asturies s'attachait à quelque jolie femme, et qu'on en fût sûr, cela n'aurait aucun inconvénient, puisqu'on aurait un moyen de plus de le surveiller. J'ai le plus grand intérêt à ce que le prince des Asturies ne fasse aucune fausse démarche ; je désire donc qu'il soit amusé et occupé. La farouche politique voudrait qu'on le mît à Bitche ou dans quelque château fort ; mais, comme il s'est jeté dans mes bras, qu'il m'a promis qu'il ne ferait rien sans mon ordre, que tout va en Espagne comme je le désire, j'ai pris le parti de l'envoyer dans une campagne, en l'environnant de plaisirs et de surveillance. Que ceci dure le mois de mai et une partie de juin ; alors les affaires d'Espagne auront pris une tournure, et je verrai le parti que je prendrai. »

Peut-être l'Empereur se doute-t-il que Talleyrand fera la grimace, aussi précise-t-il :

« Quant à vous, votre mission est assez honorable ; recevoir trois illustres personnages pour les amuser est tout à fait dans le caractère de la nation et dans celui de votre rang. Huit ou dix jours que vous passerez là avec eux vous mettront au fait de ce qu'ils pensent et m'aideront à décider ce que je dois faire. »

Gageons que ce rôle qui lui était dévolu ne parut guère « honorable » à Charles-Maurice. L'explication du maître n'était pas convainquante. « Les brigades de gendarmerie poursuit l'Empereur, seront renforcées, de manière qu'il y ait quarante gendarmes, pour être certain qu'on ne l'enlèvera pas, et mettre obstacle à sa fuite. Vous causerez avec Fouché, qui enverra des agents dans les environs et parmi ses domestiques. Car ce serait un grand malheur que, de manière ou d'autre, ce prince fît quelque fausse démarche.

» Il faudrait une garde au château. J'ai pensé que la compagnie départementale pourrait fournir un poste.

» Par le traité que j'ai fait avec le roi Charles, je me suis engagé à donner à ces princes 400 000 francs par an. Ils ont plus que cela de leurs commanderies ; ils auront donc, à eux trois, 3 millions.

» Si vous pensez, pour leur faire honneur et pour toutes sortes de raisons, avoir besoin d'une compagnie de grenadiers ou de chasseurs de ma garde, vous en causerez avec le général Walther, et vous la ferez partir en poste. »

Et Talleyrand, faisant contre mauvaise fortune bon cœur, de répondre :

« Presque aussitôt après la lettre de Votre Majesté, les ordres qu'elle m'a fait adresser par M. le grand-maréchal me sont parvenus, et la lettre du 9 mai, par laquelle Votre Majesté les confirme en les modifiant. Je répondrai par tous mes soins à la confiance dont elle m'honore. Mme de Talleyrand est partie dès hier soir pour donner les premiers ordres à Valençay. Le château est abondamment pourvu de cuisiniers, de vaisselle, de linge de toute espèce. Les princes y auront tous les plaisirs que peut permettre la saison, qui est ingrate. Je leur donnerai la messe tous les jours, un parc pour se promener, une forêt très bien percée, mais où il y a très peu de gibier, des chevaux, des repas multipliés et de la musique. Il n'y a point de théâtre, et d'ailleurs il serait plus que difficile de trouver des acteurs. Il y aura cependant assez de jeunesse pour que les princes puissent danser, si cela les amuse. »

Ainsi, en ayant apparemment approuvé son maître, le flattant, Talleyrand effaçait sa disgrâce et la faveur impériale était reconquise.

Il est tentant pour ceux qui, comme nous, connaissent le dénouement, d'imaginer que c'est *sciemment* et avec l'idée d'acheminer son maître vers la ruine, que Talleyrand a poussé Napoléon à intervenir dans le guêpier espagnol. Louis Madelin a fourni une explication à ce comportement. Selon lui, l'ex-ministre des Relations extérieures a donné l'idée à l'Empereur d'occuper la Catalogne afin d'assurer la sécurité de la France — en attendant l'hypothétique paix avec l'Angleterre :

« Si la paix tarde, aurait-il conseillé, il est possible que la Catalogne, qui est la moins espagnole de toutes les provinces de l'Espagne, s'attache à la France ; il y a déjà des traditions historiques pour cela ; et peut-être alors pourrait-elle être réunie définitivement à la France. Mais tout ce que vous ferez au-delà de cela ne pourra que vous causer un jour d'amers regrets. »

Lorsque Talleyrand, écrivant ses *Mémoires*, fustigera la conduite de Napoléon, celui-ci se trouvait déjà relégué à Sainte-Hélène et Louis XVIII, le cousin de Ferdinand VII, était pesamment assis sur le trône de France. Si Talleyrand n'avait point été dans cette lamentable affaire le confident de l'Empereur, ce dernier lui aurait-il parlé avec tant de dédain de la famille royale espagnole ? Assurément, il ne lui eût pas confié les infants pour les divertir, tout en les entourant d'espions...

Plus tard, Napoléon remettra les choses au point :

— M. de Talleyrand se vante que la disgrâce dans laquelle il se croit tient à sa prétendue opposition à la guerre d'Espagne. Certes, *il ne m'y a point excité au moment où elle a commencé*, car j'étais moi-même loin de prévoir les événements qui se sont passés et qui l'ont amenée. Mais personne n'était plus convaincu que lui que la coopération de l'Espagne et du Portugal contre l'Angleterre et même *l'occupation partielle de ces Etats* par nos troupes était le seul moyen de forcer le cabinet de Londres à la paix. C'était tellement son opinion que c'est dans ce dessein qu'il a négocié avec Izquierdo le traité que Duroc a signé à Fontainebleau. Talleyrand a été l'âme de cette négociation, quoiqu'il n'eût pas de portefeuille. Ce moyen de forcer l'Angleterre à la paix pour obtenir *l'évacuation de ces Etats* lui paraissait péremptoire... Il a oublié qu'il avait eu aussi précédemment l'idée de déplacer la dynastie d'Espagne, comme on avait fait en Etrurie. Je suis loin de lui en faire un reproche. Il juge bien les choses. C'est le ministre le plus capable que j'aie eu. Talleyrand était trop avant dans les affaires, trop bon politique pour admettre que les Bourbons pussent rester à Madrid, quand il n'y en avait plus à Paris, ni à Naples... Dans des circonstances difficiles, dans une guerre avec une partie de l'Europe, la France pouvait-elle risquer d'avoir une dynastie ennemie sur son flanc ? Talleyrand, qui est un de ceux qui ont le plus contribué à établir la mienne, était trop intéressé à la maintenir, trop habile, trop prévoyant, pour ne pas conseiller tout ce qui était dans l'intérêt de sa conservation et de la tranquillité de la France.

Le mouvement de rois s'achève... Avant de quitter Bayonne, le 10 mai, Ferdinand doit signer le traité avec « Sa Majesté l'Empereur des Français ». Napoléon — quelle ironie ! — lui accordait en France le titre d'Altesse Royale « avec tous les honneurs et prérogatives dont jouissent les princes du sang ». Mais les éventuels descendants de Ferdinand, qui conserveront le titre de prince, ne seront plus qu'Altesse Sérénissime. Il leur offre « les palais, fermes, parcs de Navarre et les bois qui en dépendent... » mais ils ne les reçurent jamais et en 1810, l'Empereur offrira cette fort laide résidence à l'impératrice Joséphine. On accordait en outre à Ferdinand 400 000 francs de rente « payables par douzièmes chaque mois pour en jouir lui et ses descendants ». Une seconde rente de 600 000 francs devait également lui être versée « pour en jouir sa vie durant ».

Et ce n'est pas tout. Ferdinand — projet qui n'aura pas de suite — demandait à l'Empereur d'épouser une de ses nièces...

Le 19 mai, accompagné du duc de San Carlos, le prince des Asturies, son oncle, l'infant don Antonio, et son frère don Carlos atteignent Valençay. Talleyrand, qui est arrivé là depuis quelques jours, les accueille. En 1816 — bien sûr — il affirmera avoir été ému : « Ce moment a laissé dans mon âme

*Le château de Valençay conserve ce portrait de
Ferdinand VII qui fut le prisonnier forcé de
Talleyrand : « Il n'a aucune des qualités qui sont
nécessaires au chef d'une nation », dira Napoléon.
La platitude du personnage est écœurante.*
(Collection Château de Valençay.)

une impression qui ne s'en effacera point. Les princes étaient
jeunes et sur eux, autour d'eux, dans leurs vêtements, dans
leurs voitures, dans leurs livrées, tout offrait l'image des
siècles écoulés. Le carrosse d'où je les vis descendre pouvait
être pris pour une voiture de Philippe V. Cet air d'ancien-
neté, en rappelant leur grandeur, ajoutait encore à l'intérêt de
leur position. Ils étaient les premiers Bourbons que je
revoyais après tant d'années de tempêtes et de désastres. Ce
n'est pas eux qui éprouvèrent de l'embarras : ce fut moi, et
j'ai du plaisir à le dire »... sous la Restauration, bien
entendu.

Dès sa descente de carrosse, on remet à Ferdinand la
réponse de l'Empereur au prince des Asturies : « Le traité
qui a été signé et dont les ratifications ont été échangées hier
ayant aplani toutes difficultés entre nous, j'adhère à la

demande que vous me faites. Aussi tôt que possible nous conclurons le mariage que vous désirez contracter avec une de mes nièces. J'espère que vous y trouverez le bonheur et moi une nouvelle occasion de prendre intérêt à tout ce qui vous concerne. Sur ce, je prie Dieu qu'il vous ait, mon cousin, en sa sainte et digne garde. »

Et ce même 19 mai, Ferdinand, dont la platitude donne la nausée, répond : « Mon cousin, dans ce même moment je viens de recevoir de M. le prince de Bénévent la lettre du 14 mai dont Votre Majesté Impériale et Royale a voulu m'honorer. Je m'empresse de lui témoigner ma reconnaissance. Votre Majesté a mis bien du baume dans mon sang : elle m'accorde une des princesses ses nièces pour mon épouse, aussi tôt que possible, et en daignant désirer mon bonheur elle en devance l'époque. Votre Majesté Impériale et Royale y ajoute encore, par l'espoir qu'elle a d'y trouver une occasion nouvelle de prendre intérêt à ce qui me concerne. J'ai eu l'honneur de dire à Votre Majesté à Bayonne que je me mettais entièrement entre ses mains. Par l'accord de cette princesse dont Votre Majesté m'honore elle répond d'une manière bien agréable à ma confiance en sa personne. Qu'il me soit permis de prier Votre Majesté Impériale et Royale de diriger mes pas, de régler ma conduite pour cet objet et d'être bien persuadée que je suivrai exactement ses intentions. Sur ce, je prie Dieu, qu'il ait Votre Majesté Impériale et Royale en sa sainte et digne garde.

» Votre bon cousin. »

Encore à Bayonne, le 24 mai, l'Empereur fait remarquer à Talleyrand : « Mon cousin, le prince Ferdinand, en m'écrivant, m'appelle : *mon cousin*. Tâchez de faire comprendre à M. de San Carlos que cela est ridicule et qu'il doit m'appeler simplement *(sic)* : *Sire*. »

Napoléon est grisé et se prend pour une émanation divine. L'ancien petit Nabulione, l'ancien cadet, a humilié les empereurs, rogné les ongles aux rois, coupé leurs ailes aux aigles russes, allemandes et autrichiennes, et, bientôt, occupera Rome, exigeant que le pape fasse cause commune avec l'Empire et se déclare l'ennemi de tous les ennemis de la France ! Attitude inadmissible pour le lieutenant de Dieu sur la terre !

Talleyrand affirme — ici il faut le croire — avoir entouré de respects, d'égards et de soins ses prisonniers : « Je ne permis à personne de se présenter devant eux qu'après en avoir obtenu d'eux-mêmes la permission. On ne les approchait jamais qu'en habit habillé ; je n'ai moi-même jamais manqué à ce que j'avais prescrit à cet égard. Toutes les heures de la journée étaient distribuées selon leurs usages : la messe, les heures de repos, les promenades, les prières, etc. Croirait-on qu'à Valençay je fis connaître aux princes d'Espagne un genre de liberté et de plaisir qu'ils n'avaient jamais connu auprès du trône de leur père ? Jamais, à Madrid, les deux princes aînés ne s'étaient promenés ensemble sans une permission écrite du roi. Etre seuls, sortir dix fois par jour dans le jardin, dans le parc, étaient des plaisirs nouveaux pour eux. Ils n'avaient pu jamais être autant frères.

» Je ne puis dire pourquoi la chasse, l'exercice du cheval, la danse leur avaient été interdits en Espagne. Je leur ai fait tirer leur premier coup de fusil. Je les confiai pour cela, à un ancien garde de Mgr le prince de Condé, nommé Aubry, qui avait appris à tirer à M. le duc de Bourbon. Ce vieux homme, plein de respect et d'affection, leur nommait à tout propos des personnes de leur famille. Je les fis monter à cheval avec Foucault, qui m'est attaché depuis longtemps. Elevé dans la grande écurie du roi, il avait particulièrement servi Madame Elisabeth de France ; tous les exemples qu'il citait, tous ses souvenirs étaient encore tirés de leur maison. Boucher mit tout son art et tout son cœur à leur faire de mauvais ragoûts espagnols. La terrasse qui est en face du château devint notre salle de bal pour que les princes pussent rencontrer, comme par hasard, quelques-unes de ces danses qu'on appelle rondes, et auxquelles on peut se mêler sans savoir danser. Des guitares, et entre autres celle de Castro, se trouvaient dans tous les coins du jardin.

» J'avais cherché à leur faire passer quelques heures dans la bibliothèque. Là, je n'eus pas grand succès, quoique le bibliothécaire, M. Fercoc, et moi, essayassions de tous les moyens que nous pouvions imaginer pour les y retenir. Ayant échoué par l'intérêt seul des livres, nous employâmes la beauté des éditions, puis les ouvrages qui renfermaient des gravures ; nous descendîmes même jusqu'aux images ; je n'ose dire à quel point tout fut inutile. »

Le château de Valençay tel qu'il se présente aujourd'hui, alors qu'il vient d'être acheté par le département de l'Indre, aidé par le Crédit Agricole.

L'ex-évêque d'Autun se devait — toujours en 1816 — d'évoquer les « consolations de la religion ». Il affirme que « la grande infortune rend la foi plus vive et l'âme plus sensible. Aussi, poursuit-il, la journée finissait par une prière publique à laquelle je faisais assister tout ce qui venait dans le château, les officiers de la garde départementale et même quelques hommes de la gendarmerie. Tout le monde sortait de ces réunions avec des dispositions douces. Les prisonniers n'avaient plus autant d'alarmes ; peut-être même quelques signes d'intérêt leur faisaient-ils concevoir un peu d'espérance. Le cœur des princes voulait bien me rapporter les adoucissements qu'ils éprouvaient ».

Et puisque Napoléon l'a permis, Ferdinand se met à s'intéresser à « une jeune personne » vivant à Valençay...

☆

Talleyrand serait-il oublié par le maître dans son rôle de geôlier ? Il le craignait. Aussi est-il tout heureux de recevoir une lettre de l'Empereur lui demandant de se rendre le 9 ou le 10 août à sa rencontre, à Nantes. Pasquier l'a expliqué : « Comme on avait l'intention de se servir de lui à Erfurt, il fut bien accueilli, bien traité. Napoléon affecta même, dès leur première rencontre, un retour de confiance qui avait toutes les apparences de l'abandon. »

Talleyrand nous rapporte en ces termes le dialogue qui s'échangea entre lui et l'Empereur :

— Eh bien ! vous voyez à quoi ont abouti vos prédictions sur les difficultés que je rencontrerais pour régler les affaires d'Espagne selon mes vues ! Je suis cependant venu à bout de ces gens-là ! Ils ont tous été pris dans les filets que je leur avais tendus, et je suis maître de la situation en Espagne, comme dans le reste de l'Europe.

Charles-Maurice affirme ensuite que, « impatienté de cette jactance, si peu justifiée à son sens, et surtout des moyens honteux qu'il avait employés pour arriver à ses fins », il répondit :

— Je ne vois pas les choses sous le même aspect que Votre Majesté et je crois que vous avez plus perdu que gagné par les événements de Bayonne.

— Qu'entendez-vous par là ?

— Mon Dieu, reprit Talleyrand, c'est tout simple, et je vous le montrerai par un exemple. Qu'un homme dans le monde y fasse des folies, qu'il ait des maîtresses, qu'il se conduise mal envers sa femme, qu'il ait même des torts graves envers ses amis, on le blâmera sans doute ; mais s'il est riche, puissant, habile, il pourra rencontrer encore les indulgences de la société. Que cet homme triche au jeu, il est immédiatement banni de la bonne compagnie qui ne lui pardonnera jamais.

« L'Empereur pâlit, resta embarrassé, et ne me parla plus ce jour-là. Mais je puis dire que c'est de ce moment que date la rupture qui, plus ou moins marquée, a eu lieu entre lui et moi. Jamais il ne prononça depuis le nom de l'Espagne, celui de Valençay, le mien, sans y joindre quelque épithète injurieuse que lui fournissait son humeur. »

Une fois de plus Talleyrand manie le mensonge.

Ce récit rapportant la conversation qu'il aurait eue avec Napoléon à Nantes, ce récit écrit sous la Restauration, cette « jactance » de Napoléon, son contentement au sujet des affaires d'Espagne, sonne d'autant plus faux que l'Empereur venait d'apprendre la capitulation de Baylen.

— Une ignominie, s'était-il exclamé à Bordeaux le 2 août, soit une semaine avant sa rencontre avec Talleyrand.

« Sire, lui avait écrit le roi Joseph, je ne suis point épouvanté de ma position, mais elle est unique dans l'Histoire : je n'ai pas ici un seul partisan. » Aussi, au lendemain de Baylen, don José Primero avait dû abandonner sa capitale avec ses soldats. Quant à la capitulation de Junot, elle l'avait obligé à se rapprocher des Pyrénées !

Et Napoléon aurait dit à Talleyrand :

— Je suis venu à bout de ces gens-là ; ils ont tous été pris dans les filets que je leur avais tendus, et je suis maître de la situation en Espagne, comme dans le reste de l'Europe... !

Talleyrand quitte ensuite Nantes et regagne le château de Valençay, devenu une vraie prison. Dans les cours et les galeries, les sentinelles montent la garde et, la nuit, l'enceinte extérieure est surveillée par des piquets et de fréquentes rondes. Valençay est ainsi entouré de huit brigades de gendarmerie croisant leurs patrouilles. Tous ceux qui se rendent au château sont notés et fouillés. C'est ainsi que l'on trouve un jour dans la voiture du tailleur Bédassier trois boîtes appartenant à l'écuyer M. d'Almazega. « Nous avons fait l'ouverture des trois boîtes, écrit l'officier de gendarmerie, et avons trouvé un *ferrade* d'étain garni d'une canule courbe, chacune des deux autres (canules garnies) d'une courbe et d'une droite ; recherche faite dans lesdits ferrades, nous n'y avons rien trouvé. » Le préfet s'empare de l'affaire, et fait un rapport adressé au conseiller d'Etat Réal.

Leur pension étant mal payée, Ferdinand et ses frères manqueront vite d'argent. Ils vendront leurs chevaux pour vivre. Puis le gouvernement exigera des économies forcées et l'on obligera la majeure partie de la petite suite — trente-deux domestiques — à s'éloigner. L'aumônier, lui-même, ne sera pas épargné par cet ordre. La surveillance deviendra étroite et tatillonne. Le geôlier, le capitaine Reiset, craignant que ses prisonniers ne s'évadent, fit même piquer, en 1812, la jument du prince des Asturies afin de la rendre boiteuse durant quelques jours... Ferdinand s'en aperçut et se résigna à ne plus sortir qu'en voiture.

Mais nous n'en sommes pas encore là, et, le 30 août 1808, Talleyrand annonce à ses « prisonniers » qu'il est obligé de rejoindre l'Empereur à Paris. Les princes ont, paraît-il, les larmes aux yeux et, pour marquer leur reconnaissance, offrent à Talleyrand leurs vieux livres de prières, ceux dont ils se servent lors des messes à la chapelle de Valençay. Peut-être pour rappeler à l'ex-évêque d'Autun que ses prisonniers se souviennent de son ancien état... Les princes lui remettront encore cette lettre : « Monsieur le prince, notre cher cousin et cher ami, les bontés dont Votre Altesse Sérénissime nous a comblés depuis que nous avons le bonheur de la connaître, l'aimable hospitalité que nous lui devons et mille motifs de la plus vive reconnaissance, joints à la haute estime que ses grandes qualités nous ont inspirée, nous font un devoir bien agréable de vous assurer par le moyen du duc de San Carlos et du chanoine Escoïquiz, porteur de cette lettre, des sentiments de parfaite et inviolable amitié que nous lui avons voués... »

Mme de Talleyrand poussa ses devoirs d'hôtesse jusqu'à prendre comme amant le duc de San Carlos qui avait dix ans de moins qu'elle... Talleyrand ayant regagné Paris, le duc, accompagné par le chanoine Escoïquiz, conseiller des infants, se rendit fréquemment souper chez l'ex-Mme Grand. Il suffit de parcourir les rapports de police pour se rendre compte que le chanoine laissait discrètement la place à l'amant :

« Lundi, 26 septembre 1808. Samedi, *ils* sont allés dîner chez Mme la princesse de Bénévent, le chanoine est rentré vers 9 heures, le duc à 1 heure et demie.

» Hier, *ils* sont allés dîner chez Mme la princesse de Bénévent, le chanoine est rentré à 8 heures, le duc à 1 heure et demie. »

Les bassesses de Ferdinand, de son oncle et des infants iront jusqu'à assister dans la chapelle du château à un *Te Deum* donné pour le mariage de Napoléon et de Marie-Louise. Au dernier verset, on vit le prince se lever et on l'entendit crier *Vive l'Empereur !* Au dîner d'apparat qui suit la cérémonie, il porte un toast à la santé « du grand Napoléon et de l'adorable Marie-Louise ». Bien plus, le 4 avril 1810, « il témoigne au commandant du château le désir de devenir le fils adoptif de Napoléon et de quitter Valençay ».

— Oui, Valençay est une assez belle terre, dira nonchalamment Talleyrand à Louis XVIII en 1816 ; les jardins étaient splendides avant que les princes d'Espagne les eussent brûlés par leurs feux d'artifice en l'honneur de la Saint-Napoléon.

Le donjon de Valençay.

XII

LA TRAHISON D'ERFURT

Il y a une arme plus terrible que la calomnie, c'est la vérité.

TALLEYRAND

Sous la Restauration, Talleyrand prenait un certain plaisir à lire des fragments de ses *Mémoires*. La lecture achevée, il déclarait en souriant malicieusement :

— Vous le savez, tout le monde a sauvé la France, puisqu'on la sauve trois ou quatre fois par an. Mais, voyez-vous bien, à Erfurt, j'ai sauvé l'Europe d'un complet bouleversement.

Il aurait pu ajouter : « Et trahi l'Empereur », ce qu'il fera bel et bien en 1808. Pour Napoléon, de toutes les erreurs irréparables de ces douze derniers mois : depuis la création du royaume de Westphalie — avec, à sa tête, Jérôme, ce charmant et amusant roi-bouffe de l'épopée —, depuis la nomination, au commandement de Lisbonne, de l'incapable Junot — une tête maladivement brûlée —, depuis l'occupation de Rome, depuis le guet-apens de Bayonne suivi par ce ridicule chassé-croisé de rois à Madrid et à Naples, l'envoi à Erfurt de Talleyrand, en fourrier diplomatique, est assurément la faute qui pèsera le plus lourd sur l'avenir de l'Empire français.

◄ *Prud'hon a peint ce portrait du prince de Talleyrand alors qu'il était encore ministre de Napoléon. (Collection Château de Valençay.)*

Revenant d'Italie, Napoléon arrive, le vendredi 1ᵉʳ janvier 1808, aux Tuileries à 21 heures et, sans prendre de repos, confère avec Talleyrand pendant cinq heures. Ces conférences se répéteront durant plusieurs jours. Aussi, Talleyrand, fidèle à sa politique personnelle — et avec un inconscient cynisme — va aussitôt trouver Metternich pour lui annoncer :

— Les négociations avec l'Angleterre peuvent être regardées comme finies. Les suites que doit nécessairement avoir l'obstination du ministère anglais sont immenses, et il faut que vous preniez maintenant un parti, et cela le plus vite possible... Il ne faut pas vous endormir, au contraire, il faut vous immiscer dans les affaires qui se préparent.

A la fin du mois de février, Talleyrand revient se confier à Metternich :

— Si j'étais l'empereur d'Autriche, je dirais ce qu'a dit Frédéric II au roi de France : *Aucun coup de canon ne se tirera en Europe sans ma permission.* Voilà comment vous vous soutiendrez, comment vous sortirez vainqueur de la lutte dans laquelle ont péri tant d'autres.

L'ambassadeur d'Alexandre à Paris, Tolstoï, a été terrifié à la suite d'une audience que lui a accordée Napoléon. Selon lui, l'Empereur a l'intention de « tout décomposer, tout abattre autour de lui, afin de régner sur l'Europe en ruine... Il a déclaré, poursuit le diplomate en tremblant encore, que sa dynastie serait bientôt la plus ancienne du continent et tiendra parole ». Un peu plus tard, le malheureux résume en ces termes son opinion à sa cour : « La destruction de l'Autriche doit être envisagée comme l'avant-coureur des projets de l'empereur des Français. »

En 1808, Napoléon veut reconquérir Alexandre. L'alliance conclue à Tilsit faiblissait. Napoléon, pour avoir les mains libres en Espagne, dressée tout entière contre l'envahisseur au lendemain du désastre de Baylen, doit retrouver l'amitié du tsar, le « fort beau et bon jeune homme » de Tilsit. L'alliance russe reformée, l'Angleterre sera chassée de la péninsule Ibérique et enfermée dans son île. Napoléon pourra rappeler la Grande Armée d'Allemagne, la tourner ainsi vers l'Espagne et remettre son frère sur son trône, le malheureux don José Primero. Mais il lui faut d'abord épouvanter l'Autriche, qui n'a nullement suivi le conseil donné par Talleyrand : s'immiscer dans l'alliance franco-russe. Encerclée par l'ogre français et l'autocrate russe, l'Autriche préfère placer son vaste Empire sur pied de guerre. Napoléon ne tarde pas à l'apprendre :

— L'Autriche arme et devient insolente ! s'exclame-t-il.

Rentré à Paris, il demande, le 14 août 1808 à Metternich :

— Mais qui donc vous attaque, pour songer ainsi à vous défendre ?

L'ambassadeur ayant appris les projets d'une prochaine entrevue entre le tsar et l'Empereur, calme son maître François. Attaquer — ou forcer « Moloch » à attaquer — est, selon lui, prématuré. Aussi, dès le 23 août, Metternich affirme-t-il à Napoléon que l'empereur d'Autriche, désespéré de lui avoir déplu, désarme ses troupes, se fait un plaisir de reconnaître *don José Primero* roi d'Espagne, et multiplie les paroles apaisantes. Que Napoléon se rassure : entre les deux empereurs, il ne s'agit que d'une « querelle d'amants ». Un jour, Napoléon traitera le futur chancelier de jongleur diplomatique, aujourd'hui il fait semblant de le croire :

— Je regarde donc tout comme fini, conclut-il.

Il n'a, en effet, besoin que de huit mois de répit, huit mois qui, du moins le croit-il, doivent lui permettre de remettre Joseph sur son trône. Napoléon a de vastes projets qui donnent le vertige : partager la Turquie avec la Russie et porter la guerre jusqu'aux Indes ! Talleyrand en a prévenu Metternich.

Bien que, dans son esprit, le tsar désire garder la Turquie pour lui tout seul, il approuve : « Les vues de Votre Majesté me paraissent aussi grandes que justes... J'ai exprimé avec franchise et sans réserve au général Caulaincourt les intérêts de mon Empire... Si Votre Majesté adhère à mes idées, je lui offre une armée pour l'expédition des Indes, une autre pour l'aider à s'emparer des Echelles, situées dans l'Asie Mineure... Si les idées que je propose à Votre Majesté sont d'accord avec les siennes, je suis prêt à me rendre à l'entrevue qu'Elle désire avoir avec moi... Il ne me faut que quinze jours pour arriver à Erfurt, lieu qui me semble le plus propre pour nous réunir. »

Napoléon constate sans plaisir que la Russie est maîtresse des Détroits. Aussi a-t-il déclaré à Caulaincourt :

— Constantinople est un point important, trop loin de vous et que vous regardez peut-être comme trop important pour nous. J'ai une idée : pour que cela ne fasse pas de difficulté, faisons-en une espèce de ville libre.

Plus tard, à la veille même de la rencontre d'Erfurt, il confiera à Caulaincourt, qui le répétera à Talleyrand, dès son arrivée sur les bords de la Gera :

— Ces Turcs sont des barbares sans organisation, sans gouvernement ; on ne sait réellement à quoi cela ressemble... Notre siècle, encore plus que la politique, repousse ces barbares en Asie. C'est une noble et louable action que celle qui affranchira ces contrées : ce n'est pas de l'ambition. L'humanité veut que ces barbares ne soient plus en Europe en ce siècle de lumière et de civilisation.

Napoléon compte bien sur la présence de Talleyrand à Erfurt. Il regrette de plus en plus le départ du prince de Bénévent de l'hôtel de Galliffet, car il n'aime guère parler d'affaires avec Champagny.

— Il arrive tous les matins avec son zèle pour excuser ses gaucheries de la veille, explique-t-il à Charles-Maurice.

Aussi donne-t-il à son ex-ministre toute la correspondance échangée avec Caulaincourt. Talleyrand estime le dossier excellent. « En peu d'heures, écrit-il, il me mit au courant des affaires qui s'étaient faites à Pétersbourg et je ne m'occupai plus que des moyens d'empêcher, autant qu'il était en moi, que l'esprit d'entreprise ne dominât trop dans cette singulière entrevue... Peu de jours avant celui qui avait été fixé pour mon départ, le grand maréchal m'écrivit que l'Empereur me faisait dire de me rendre le soir aux grandes entrées. J'étais à peine dans le salon qu'il m'emmena chez lui. »

— Eh bien ! vous avez lu toute la correspondance de Russie, dit l'Empereur à Charles-Maurice, comment trouvez-vous que j'ai manœuvré avec l'empereur Alexandre ?

« Et alors l'Empereur repassa, en s'y délectant, rapporte Talleyrand, tout ce qu'il avait dit et écrit depuis un an ; il finit en me faisant remarquer l'ascendant qu'il avait pris sur ce tsar, quoique, de son côté à lui, il n'eût exécuté que ce qui lui convenait du traité de Tilsit. »

— D'Erfurt, précise encore l'Empereur au prince de Bénévent, je veux revenir libre de faire en Espagne ce que je

Le général de Caulaincourt peint par Gérard. Le grand écuyer de Napoléon joua un rôle primordial dans la vie de Charles-Maurice.

voudrai : je veux être sûr que l'Autriche sera inquiète et contenue, et je ne veux pas être engagé d'une manière précise avec la Russie pour ce qui concerne les affaires du Levant. Préparez-moi une convention qui contente l'empereur Alexandre, qui soit surtout dirigée contre l'Angleterre, et dans laquelle je sois bien à mon aise sur le reste : je vous aiderai : le prestige ne manquera pas.

Ce prestige annoncé par l'Empereur déclenche une véritable tempête : « Chacun, ironise Talleyrand, se donne du mouvement pour en être. »

— Il faut que mon voyage soit très beau, répète chaque jour Napoléon à Charles-Maurice. Il me semble qu'il n'y a pas de grands noms : j'en veux : la vérité est qu'il n'y a que ceux-là qui sachent représenter dans une cour. Il faut rendre justice à la noblesse française : elle est admirable pour cela.

— Sire, vous avez M. de Montesquiou.

— Bon.

— Le prince Sapieha.

— Pas mauvais.

— Il me semble que deux suffisent : le voyage étant court, Votre Majesté pourra les avoir toujours avec Elle.

— A la bonne heure !

Puis se tournant vers Rémusat :

— Il me faudra tous les jours un spectacle. Envoyez chercher Dazincourt ; n'est-ce pas lui qui est le directeur ?

— Oui, sire.

Et Napoléon de lancer avec suberbe :

— Je veux étonner l'Allemagne par ma magnificence.

Les deux aides de camp de l'Empereur, Savary et Lauriston, sont choisis les premiers. « Le cortège militaire devait être fort brillant, poursuit Talleyrand. L'Empereur voulait paraître entouré de ceux de ses lieutenants dont le nom avait le plus retenti en Allemagne.

» — Menez aussi Beausset, ordonna-t-il ; il faut bien quelqu'un pour faire au grand-duc Constantin les honneurs de nos actrices ; d'ailleurs, il fera au dîner son service de préfet du palais ; puis, c'est un nom. »

Talleyrand se rend quelques jours plus tard chez l'Empereur pour lui lire le projet de traité préconisant les « principes » que les deux empereurs devront être déterminés à suivre en vue du partage de l'Europe.

— Principes est bien, interrompt l'Empereur. Cela n'engage point !

Ces « principes » consistaient à aider la France à appliquer le blocus afin de forcer l'Angleterre à demander la paix. En échange, libre au tsar de rattacher à l'empire russe la Moldavie, la Valachie et surtout la Finlande : « Sa Majesté l'empereur Napoléon *ne s'y opposera point* », annonce Talleyrand.

— Je ne veux pas de cet article-là ; il est trop positif, interrompt à nouveau l'Empereur.

— Cependant, sire, *ne s'opposera point* est certainement une de ces expressions qui engagent le moins ; de plus, l'article suivant est un grand correctif.

Et Talleyrand précise que tout sera réglé « lorsque les négociations avec l'Angleterre auront eu une issue quelconque, afin de ne point donner lieu à de nouvelles discussions qui puissent éloigner la paix ».

— Cet article-là est bon, approuve l'Empereur ; avec ma médiation, je reste le maître, et l'article précédent inquiétera l'Autriche, qui est ma véritable ennemie.

— Votre ennemie, sire, fait remarquer Talleyrand, momentanément peut-être ; mais au fond, sa politique n'est point en opposition avec celle de la France, elle n'est point envahissante, elle est conservatrice.

— Mon cher Talleyrand, je sais que c'est là votre opinion ; nous parlerons de cela quand l'affaire d'Espagne sera finie.

Finalement, Napoléon conclut :

— Laissez-moi tout cela, je l'arrangerai. Il faut ajouter à un des derniers articles, à celui où je vous ai arrêté, que : dans le cas où l'Autriche donnerait des inquiétudes à la France, l'empereur de Russie, sur la première demande qui lui en serait faite, s'engage à se déclarer contre l'Autriche et à faire cause commune avec la France ; ce cas étant également un de ceux auxquels s'applique l'alliance qui unit les deux puissances. C'est là l'article essentiel, comment avez-vous oublié cela ? Vous êtes toujours autrichien !

— Un peu, sire, avoue Talleyrand, mais je crois qu'il serait plus exact de dire que je ne suis jamais russe, et que je suis toujours français.

— Faites vos dispositions pour partir ; il faut que vous soyez à Erfurt un jour ou deux avant moi. Pendant le temps que durera le voyage, vous chercherez les moyens de voir souvent l'empereur Alexandre. Vous le connaissez bien, vous lui parlerez le langage qui lui convient. Vous lui direz qu'à l'utilité dont notre alliance peut être pour les hommes on reconnaît une des grandes vues de la Providence. Ensemble, nous sommes destinés à rétablir l'ordre général en Europe.

Avant son départ, Talleyrand demande à Metternich — qu'il appelle le « blafard » — de conseiller à l'empereur François de venir surprendre à Erfurt le tsar et Napoléon au cours de leur entrevue. « Il insiste beaucoup et de nouveau sur l'extrême utilité de cette démarche », précise l'ambassadeur d'Autriche à Stadion.

Le samedi 24 septembre, jour même de l'arrivée de Talleyrand à Erfurt, Metternich, demeuré à Paris, écrivait encore à Stadion : « Il faut être à Paris et y être depuis assez longtemps, pour pouvoir juger de la véritable position de M. de Talleyrand. On ne peut séparer en M. de Talleyrand l'homme moral de l'homme politique. Il n'eût point été, il ne serait point ce qu'il est, s'il était moral. Il est, d'un autre

côté, éminemment politique, et comme politique, l'homme *à
système*. Il peut être, comme tel, utile ou dangereux : il est
utile dans ce moment... Les hommes tels que M. de
Talleyrand sont comme des instruments tranchants avec
lesquels il est dangereux de jouer ; mais aux grandes plaies il
faut de grands remèdes, et l'homme chargé de les traiter ne
doit pas craindre de se servir de l'instrument qui coupe le
mieux. »

☆

Talleyrand a atteint la petite ville prussienne cinq jours
avant Napoléon. Le tsar s'attarde encore a Weimar et le
prince de Bénévent ne pourra pas le voir avant l'arrivée de
l'Empereur. Il se rabat sur son ami et confident Caulaincourt, ambassadeur de France à Saint-Pétersbourg, qui s'est
installé à Erfurt ce même jour. « Cette première journée,
que je passai avec lui, me fut fort utile. Nous parlâmes de
Pétersbourg et de la disposition dans laquelle les deux
empereurs venaient à l'entrevue. Nous mîmes en commun ce
que nous savions, et bientôt nous fûmes parfaitement
d'accord sur tous les points. »

Talleyrand a trouvé Erfurt « tout en mouvement ». Les
rois de Saxe, de Wurtemberg, et les innombrables princes de
la Confédération du Rhin ont accouru au rendez-vous
impérial — sans parler d'une cohorte imposante de ministres
et de hauts fonctionnaires. « Il n'y avait pas une maison
passable qui n'eût à loger quelque souverain avec sa suite »,
rapporte Talleyrand.

Il y a là, bien sûr, le grand ami du prince de Bénévent,
l'ancien prince archevêque de Mayence, Charles-Théodore
de Dalberg, devenu, rappelons-le, prince primat de Germa-
nie et prince souverain de Francfort, régnant sur trois cent
mille sujets. D'autres souverains pittoresques ont accouru,
tel celui de Leyen, neveu du prince primat, qui n'a que
quatre mille sujets et, de ce fait, ne doit fournir à la Grande
Armée que 29 hommes. Le nouveau roi de Westphalie,
Jérôme, se pavane dans un bel uniforme, tandis que sa
femme, la fort grassouillette fille du roi de Wurtemberg, le
regarde avec admiration.

Max-Joseph, roi de Bavière par la grâce de Napoléon, a
sollicité humblement une invitation :

« Serai-je le seul exclu ? Je sais que l'Empereur a de

l'amitié pour moi... s'il ne m'appelle pas, ne fût-ce que pour vingt-quatre heures, il fera perdre nécessairement une partie de ma considération publique et m'affligera personnellement.. »

On l'a invité... On n'en est pas à un roi près !

Le grand-duc de Bade, trop âgé, s'est fait représenter par le prince héréditaire Charles, frère de la tsarine Elisabeth. Il est à la fois général badois — grade accordé par Napoléon — et général russe. Il a des problèmes de digestion et s'endort partout où on le pose. Il vient de se marier avec Stéphanie Tascher de La Pagerie, une jolie blonde aux yeux bleus, celle-là même que Ferdinand d'Espagne aurait bien voulu épouser...

Napoléon est ici chez lui. Depuis Iéna, la ville est occupée par les troupes françaises et le service d'honneur durant le Congrès est assuré par un bataillon de grenadiers de la Garde impériale et par un détachement des gendarmes d'élite, sans parler, pour assurer la sécurité, de deux régiments de cavalerie et d'un régiment d'infanterie légère.

Le mardi 27 septembre 1808, Napoléon fait son entrée dans la ville. Les escadrons de la Garde galopent, précédant et suivant sa voiture. « Une foule immense, raconte Talleyrand, entourait dès la veille les avenues de son palais. Chacun voulait voir, voulait approcher celui qui dispensait tout : trônes, misères, craintes, espérances. »

L'Empereur s'installe au palais de l'ancien prince-évêque, orné de tentures pourpres et semé d'abeilles d'or. Les services du mobilier impérial, les manufactures des Gobelins et de Sèvres ont envoyé à profusion meubles, tapisseries et bibelots. Sa place de grand chambellan permet à Talleyrand « de voir de plus près les hommages, forcés, simulés ou même sincères, qui étaient rendus à Napoléon, et leur donnait à mes yeux, écrit-il, une proportion que je pourrais appeler monstrueuse. La bassesse n'avait jamais eu tant de génie ».

Ce même mardi 27 septembre, à 14 heures, le tsar est annoncé. L'Empereur monte à cheval et se porte sur la route de Weimar, au-devant de son invité, jusqu'à Münchenholzen. Napoléon descend de cheval, Alexandre de voiture, et les deux empereurs s'embrassent. Napoléon a le geste d'offrir à son hôte un cheval de selle harnaché à la russe avec une housse en peau d'ours blanc. Les deux hommes montent tous deux sur leur monture et font leur entrée dans Erfurt au son de la cloche gigantesque de la cathédrale, la Marie-Glorieuse, appelée plus familièrement par les habitants d'Erfurt la *Grosse Suzanne*. Elle pèse, en effet, deux cent soixante-quinze quintaux...

Talleyrand attend Napoléon au palais. L'Empereur semble satisfait de sa première impression.

— J'augure bien du voyage, mais il ne faut rien presser... Nous sommes si aises de nous voir, qu'il faut bien que nous en jouissions un peu !

A peine Napoléon a-t-il quitté ses bottes qu'Alexandre fait son entrée. L'Empereur lui présente Talleyrand :

— C'est une vieille connaissance, s'exclame le tsar, je suis charmé de le revoir. J'espérais bien qu'il serait du voyage.

Charles-Maurice veut se retirer, mais Napoléon lui demande de demeurer en tiers. La conversation n'a rien de politique, rapporte Talleyrand avec ironie, les deux empereurs « s'adressèrent, avec les formes du plus vif intérêt, des questions insignifiantes sur leurs familles réciproques ; c'était l'impératrice Elisabeth à laquelle on répondait par l'impératrice Joséphine ; la grande duchesse Anne par la princesse Borghèse, etc. Si le temps d'une première visitel'eût permis, il y aurait eu probablement un mot sur la santé du cardinal Fesch... Et les deux empereurs, bien tranquilles sur l'état dans lequel ils avaient laissé leurs familles, se séparèrent ».

Napoléon accompagne le tsar jusqu'au haut de l'escalier. Le prince, en qualité de grand chambellan, le conduit à sa voiture.

— Nous nous reverrons, lui dit le tsar, et cela fut dit, écrit Talleyrand, « avec une expression qui me prouvait que M. de Caulaincourt, qui avait été au-devant de lui, lui avait dit que j'étais au fait de tout ce qui devait se passer ».

Revenu dans le cabinet impérial, Napoléon lui fait part de ses impressions :

— L'empereur Alexandre me paraît disposé à faire tout ce que je voudrai ; s'il vous parle, dites-lui que j'avais d'abord eu envie que la négociation se fît entre le comte de Romanzoff et vous, mais que j'ai changé et que ma confiance en lui est telle, que je crois qu'il vaut mieux que tout se passe entre nous deux. Quand la convention sera arrêtée, les ministres signeront. Souvenez-vous bien, dans tout ce que vous direz, que tout ce qui retarde m'est utile : le langage de tous ces rois sera bon ; ils me craignent : je veux, avant de commencer, que l'empereur Alexandre soit ébloui par le spectacle de ma puissance ; il n'y a point de négociation que cela ne rende plus facile.

La puissance... en effet ! Et l'on peut lire dans les instructions données par le maréchal Oudinot, gouverneur général d'Erfurt : « Pour les rois, dix hommes de la Garde et point d'hommes à cheval. » Les cavaliers sont, en effet, réservés aux deux empereurs... Tout est prévu ! Aussi un tambour-major de la Garde impériale ordonne-t-il à ses hommes, avec le plus grand sérieux :

— Un seul roulement : *ce n'est qu'un roi !*

Le soir même, Talleyrand trouve un billet de la princesse de Tour et Taxis, née Thérèse de Mecklembourg-Strelitz, sœur de la reine Louise de Prusse. Elle a épousé un haut dignitaire bavarois, le prince Charles-Alexandre, grand-maître des Postes. Talleyrand n'est pas chez elle depuis un quart d'heure que l'on annonce l'empereur Alexandre : « Il fut très aimable, fort ouvert, il demanda du thé à la princesse de Tour, et lui dit qu'elle devait nous en donner tous les soirs après le spectacle ; que ce serait une manière de causer à son aise et de bien finir sa journée. Cela s'est convenu... Et rien d'intéressant ne marqua cette première soirée. »

Le 28 septembre, le baron Vincent, d'origine lorraine mais entré au service de l'Autriche, arrive à Erfurt. Aussitôt Talleyrand lui assure :

— Je fais et ferai de tous les côtés ce que je crois propre à empêcher qu'il ne sorte d'Erfurt quelque résolution préjudiciable aux intérêts de votre gouvernement.

On le remarque : Talleyrand ne parle guère des intérêts de la France et, on le verra, n'en parlera pas davantage au tsar — bien au contraire !...

Napoléon accueille fort mal Vincent, car l'Autriche ne semble pas vouloir se hâter de reconnaître les rois d'Espagne et de Naples. On verra cela plus tard ! Lorsque les nouveaux souverains « auront ratifié leur avènement » ! L'Empereur apprend également que l'Autriche pousse en sourdine ses armements et que des agents impériaux « excitent en furibonds les Turcs contre la France ».

— Faudra-t-il toujours, lance-t-il à Vincent, que je trouve l'Autriche sur mon chemin, en travers de mes projets ?... Que prétendez-vous ? Voulez-vous remettre en question ce que le traité de Presbourg a décidé ? Alors c'est la guerre que vous cherchez ? Je vais m'y préparer et je la ferai terrible... L'empereur Alexandre remplira scrupuleusement ses obligations, j'en ai la certitude et il dirigera contre vous toutes les forces de son empire.

Cependant Talleyrand est frappé par la lenteur inhabituelle employée par Napoléon à Erfurt « de manière qu'on ne trouvât jamais le moment de parler d'affaires ». Pour la première fois, les repas sont longs et se prolongent souvent deux heures. On passe ensuite en revue un corps de la Garde ou un régiment s'apprêtant à prendre la direction de l'Espagne — à pied, bien entendu, puisque seule la Garde voyage en carrioles. Puis l'on s'attarde à visiter « quelque établissement public du pays »... De ce pays de Prusse dont on s'est bien gardé d'inviter le souverain ! Parfois, tandis que l'on sert le café — brûlant pour Napoléon — on fait venir, en guise d'attraction, « des hommes considérables et des hommes de mérite » venus à Erfurt pour voir l'extraordinaire personnage — et ceux qui le flattent bassement. Talleyrand le remarquera :

— Je n'ai pas vu à Erfurt une seule main passer noblement sur la crinière du lion.

Le samedi 1ᵉʳ octobre, l'Empereur aperçoit à son lever Goethe et, le lendemain, l'écrivain est appelé à assister au déjeuner de l'Empereur. Non en convive, mais en spectateur... Certes, Louis XIV a bien invité Molière à sa table, mais il ne faut pas trop en demander au maître !... Napoléon, assis à une grande table ronde — Talleyrand debout — fait un signe à Goethe d'approcher et, après l'avoir toisé avec attention, l'empereur lui lance :

— Vous êtes un homme !

Goethe s'incline.

— Quel âge avez-vous ?

— Soixante ans.

— Vous êtes bien conservé. Vous avez écrit des tragédies ?

Goethe — l'Empereur l'appelle M. *Goet* — a conversé avec l'Empereur à deux reprises et a noté soigneusement les paroles de Napoléon. Talleyrand a agi de même, aussitôt après l'entrevue — il l'affirme — mais les deux textes diffèrent...

La Comédie-Française est également du voyage et donne chaque soir une représentation. Napoléon a remarqué qu'Alexandre, placé dans la loge royale, tout au fond du théâtre, entendait fort mal — le tsar est, en effet, dur d'oreille. Aussi l'Empereur ordonne-t-il de couvrir la fosse d'orchestre d'une estrade. On y place deux fauteuils destinés à Alexandre et à Napoléon. A droite et à gauche des « chaises garnies » sont destinées au roi de Saxe et aux autres souverains de la Confédération.

— Un parterre de rois, fait-on remarquer à Talleyrand.

— Vous voulez dire une plate-bande, répond-il.

Par ces dispositions les deux empereurs se trouvent tellement en évidence qu'il leur est impossible de faire un mouvement qui ne soit point aperçu de tout le public. Alexandre regarde particulièrement la ravissante comédienne du Théâtre-Français, Antoinette Bourgoin, qu'on appelle « la déesse de la joie et des plaisirs ». Un soir, le tsar fait comprendre à Napoléon qu'il serait heureux de se rendre compte par lui-même — et de fort près — de la valeur exacte de cette réputation.

— Je ne vous conseille pas de lui faire des avances, lui répond l'Empereur.

— Vous croyez qu'elle refuserait ?

— Oh ! non. Mais c'est demain jour de poste, et dans cinq jours tout Paris saurait comment des pieds à la tête est faite Votre Majesté ; et puis votre santé m'intéresse... Aussi je souhaite que vous puissiez résister à la tentation.

Napoléon se souvenait que, maîtresse de Chaptal, Mlle Bourgoin avait surnommé celui-ci *papa Clystère...* Avait-elle été aussi indiscrète après avoir passé quelques soirées en compagnie de l'Empereur ? — Joséphine l'était bien !..

Le mardi 4, a lieu la fameuse représentation d'*Œdipe*. Au moment où sont lancés les vers de la première scène : *L'amitié d'un grand homme est un bienfait des dieux*, le tsar se lève et tend la main avec grâce à l'Empereur. Aussitôt les applaudissements crépitent.

Le 6 octobre 1808, sur le champ de bataille d'Iéna, une carte à la main, Talleyrand explique ce que fut la rencontre avec la Prusse. Ensuite, raconte le prince de Bénévent, « il y eut un grand dîner servi sur une table en fer à cheval à laquelle n'étaient placés que les princes *régnants*. Je remarque ce mot, car cette qualité fit que l'on rendit un hommage de plus à Napoléon, en y appelant le prince de Neuchâtel (Berthier) et moi. Au cours du dîner, le roi Max-Joseph risque une remarque désobligeante sur l'Autriche :

» — Autrefois les princes de cette famille se trouvaient heureux de compter au nombre des serviteurs de ma maison.

» — Taisez-vous, roi de Bavière, lui lance Napoléon. Regardez l'homme vivant sans vous occuper de ses ancêtres ! »

A ce même dîner, le grand-duc Constantin fut stupéfait en entendant Napoléon traiter les souverains qu'il avait invités en les appelant : Roi de Bavière ! — Roi de Saxe ! — Roi de Wurtemberg !

— Il n'y eut que ce dernier, raconte le grand-duc, qui en témoigna de l'humeur.

Puis ce fut une chasse donnée sur les lieux mêmes de la bataille d'Iéna. Une « boucherie de sangliers et de bêtes fauves, écrit Talleyrand, était là pour rappeler aux yeux du vainqueur le succès de cette bataille ».

Au retour à Erfurt, Napoléon le racontera à Charles-Maurice, il « fut plus prévenant, plus amical, plus abandonné avec l'empereur Alexandre ». La vie agitée le fatiguait, lui confia-t-il ; il avait besoin de repos, et il n'aspirait qu'à arriver au moment où il pourrait sans inquiétude se livrer aux douceurs de la vie intérieure, à laquelle tous ses goûts l'appelaient. « Mais ce bonheur-là, ajoutait-il avec l'air pénétré, n'est pas fait pour moi. Y a-t-il un intérieur sans enfants ? Et puis-je en avoir ? Ma femme a dix ans de plus que moi. Je vous demande pardon : tout ce que je dis là est peut-être ridicule, mais je cède au mouvement de mon cœur qui se plaît à s'épancher dans le vôtre. »

« Le soir, poursuit Talleyrand, l'empereur Alexandre était encore sous le charme de cette conversation intime. Je ne pus le voir que tard. Napoléon, qui était content de sa journée, m'avait fait rester chez lui, longtemps après son coucher. Son agitation avait quelque chose de singulier ; il me faisait des questions sans attendre ma réponse ; il essayait de me parler ; il voulait dire autre chose que ce qu'il disait ; enfin il prononça le mot de *divorce*. »

— Ma destinée l'exige, dit l'Empereur, à Charles-Maurice, et la tranquillité de la France me le demande. Je

Nesselrode.

n'ai point de successeur. Joseph n'est rien, et il n'a que des filles. C'est moi qui dois fonder une dynastie ; je ne puis la fonder qu'en m'alliant à une princesse qui appartienne à une des grandes maisons régnantes de l'Europe. L'empereur Alexandre a des sœurs ; il y en a une dont l'âge me convient.

Pressenti, l'empereur Alexandre devait répondre à Talleyrand :

— S'il ne s'agissait que de moi, je donnerais volontiers mon consentement, mais il n'est pas le seul qu'il faut avoir ; ma mère a conservé sur ses filles un pouvoir que je ne dois pas contester. Je puis essayer de lui donner une direction ; il est probable qu'elle la suivra, mais je n'ose cependant pas en répondre. Tout cela, inspiré par une amitié très vraie, doit satisfaire l'empereur Napoléon.

Les choses n'allèrent pas plus loin, puisque Joséphine était toujours sur le trône.

Ce soir-là les empereurs, les rois et les princes se retrouvent au théâtre pour assister à *Mahomet ou le Fanatisme*, de Voltaire. Selon Talleyrand, il s'agissait de la pièce que Napoléon préférait, parce qu'elle « établissait le mieux les causes de la source de puissance... » et surtout, « parce que, d'un bout à l'autre, il croyait remplir la scène ». Le premier acte est écouté religieusement :

> *Les mortels sont égaux, ce n'est point la naissance,*
> *C'est la seule vertu qui fait la différence.*
> *Il est de ces esprits favorisés des cieux*
> *Qui sont tout par eux-mêmes et rien par leurs aïeux.*
> *Tel est l'homme, en un mot, que j'ai choisi pour maître,*
> *Lui seul dans l'univers a mérité de l'être ;*
> *Tout mortel à ses lois doit un jour obéir...*

« Les yeux de toute la salle étaient fixés sur Napoléon ; on écoutait les acteurs et c'était lui qu'on regardait. Et, dans un autre endroit, chaque prince allemand devait naturellement se faire l'application de ces vers dits par Lafont avec une voix sombre :

> *Vois l'empire romain tombant de toutes parts,*
> *Ce grand corps déchiré dont les membres épars*
> *Languissent, dispersés, sans honneur et sans vie ;*
> *Sur ces débris du monde élevons l'Arabie.*
> *Il faut un nouveau culte, il faut de nouveaux fers,*
> *Il faut un nouveau Dieu pour l'aveugle univers.*

» Là, le respect étouffait les applaudissements plus prêts encore de se faire jour, à ce vers :

> *Qui l'a fait roi ? Qui l'a couronné ? La Victoire.*

» Puis peut-être jouait-on l'attendrissement lorsque Omar ajoutait :

> *Au nom de conquérant et de triomphateur*
> *Il veut joindre le nom de Pacificateur.* »

☆

Un soir, Talleyrand, en arrivant chez la princesse de Tour et Taxis, remarque que le visage d'Alexandre « n'avait pas son expression ordinaire. Il était visible que ses incertitudes existaient encore et que ses observations sur le projet de traité n'étaient pas faites ».

— L'Empereur vous a-t-il parlé ces jours-ci ? fut la première question d'Alexandre.

— Non, sire... Et si je n'avais pas vu le baron Vincent, je croirais que l'entrevue d'Erfurt était uniquement une partie de plaisir.

— Qu'est-ce que dit M. de Vincent ?

— Sire, des choses fort raisonnables, car il espère que Votre Majesté ne se laissera pas entraîner par l'empereur Napoléon dans des mesures *menaçantes* ou au moins *offensantes* pour l'Autriche ; et si Votre Majesté me permet de le lui dire, je forme les mêmes vœux.

L'*amitié* qui a déclenché les applaudissements, le soir de la représentation d'*Œdipe*, cette « amitié très vraie », dont lui a parlé le tsar, ne fait pas l'affaire de M. de Talleyrand. L'alliance se concluera sur le dos de l'Autriche, alors que Charles-Maurice n'a qu'une idée en tête : réussir l'alliance de la Russie et de l'Autriche *contre* Napoléon. Aussi le vice-Grand-Electeur de l'Empire, franchit-il le premier pas sur le chemin de la trahison — il en fera d'autres, mais celui-ci porte bien sa « marque » ! Il ose, en effet, déclarer à Alexandre en aparté, et comme s'il s'agissait d'une chose toute naturelle :

— Sire, que venez-vous faire ici ? C'est à vous de sauver l'Europe et vous n'y parviendrez qu'en tenant tête à Napoléon. Le peuple français est civilisé, son souverain ne l'est pas. Le souverain de Russie est civilisé, son peuple ne l'est pas : c'est donc au souverain de Russie d'être l'allié du peuple français. Le Rhin, les Alpes, les Pyrénées, sont les conquêtes de la France. Le reste est la conquête de l'Empereur. La France n'y tient pas !

On devine l'ébahissement du tsar en écoutant ces paroles du vice-Grand-Electeur de l'Empire français ! M. le prince de Bénévent vient de se rendre coupable « d'un acte formel de trahison, ainsi que l'a fort bien expliqué Louis Madelin. Il s'en défendra, d'ailleurs fort peu, et en tirera même un jour, presque gloire. D'autres l'en ont défendu : il aurait " trahi l'Empereur, non le pays " ; sa politique, infiniment plus sage que celle de Napoléon, aurait visé à faire tomber, peu à peu, l'alliance russe qui embarquait la France dans l'aventure d'Orient, pour ramener celle-ci à la politique austrophile qui permettrait de tenir à la fois en respect la Prusse en Allemagne et la Russie en Orient. L'argument est spécieux : en fait, le prince trahissait la France en trahissant le souverain ; l'Empereur était, à cette heure, engagé dans une voie difficile, mais la France était engagée avec lui : si Napoléon ne tirait pas d'Erfurt les résultats qu'il en attendait, à savoir le resserrement de l'alliance franco-russe, et en conséquence, l'engagement formel et sincère pris par le tsar d'empêcher l'Autriche d'armer, la France était menacée autant que l'Empereur de voir se rouvrir l'ère des coalitions ».

On le devine, à la suite des « conseils » donnés par Talleyrand au tsar, les conversations s'enlisent. Ainsi que nous le rapporte Caulaincourt, Napoléon se plaint de ce que l'Empereur Alexandre n'abonde pas dans ses idées contre l'Autriche :

— Le tsar est changé. Il me paraît avoir une arrière-pensée, puisque le seul moyen d'empêcher l'Autriche de faire la guerre et de se compromettre de nouveau est de la menacer zaujourd'hui et de se montrer décidé à agir contre elle d'un commun accord. Le premier intérêt est de donner par tous les moyens de la couleur à l'alliance pour obtenir ce résultat...

Le point de friction entre le tsar et Napoléon réside à la fois dans la question des provinces danubiennes, qu'Alexandre désire envahir, et dans le refus de l'Empereur d'évacuer les places de l'Oder.

— Puis-je abandonner ma position en Prusse, essaye-t-il d'expliquer au tsar, en un mot m'affaiblir en Allemagne dans le moment où, profitant de mes embarras en Espagne, l'Autriche me menace ?... N'est-il pas dans l'intérêt de l'alliance, au moment où nous allons faire une grande démarche pour amener l'Angleterre à la paix, que nous paraissions amis, et moi fort aux yeux de notre ennemi commun ?

Le tsar n'en eût certes pas moins préféré voir la France moins avancée au cœur de l'Europe...

— Mon allié, reprend Napoléon avec une gentillesse calculée, mon ami, peut-il me proposer d'abandonner la seule position d'où je menace les flancs de l'Autriche, si elle m'attaque pendant que mes troupes sont au midi de l'Europe, à quatre cents lieues de chez elle ? Ce que j'étais disposé à faire il y a quatre mois, je ne puis l'exécuter aujourd'hui... Le séjour prolongé de quelques troupes en Prusse ne peut inquiéter la Russie, quand je tire toutes mes forces de l'Allemagne pour les porter dans la péninsule Ibérique.

Assurément cette franchise aurait pu émouvoir Alexandre — si Talleyrand ne s'était point chargé d'ouvrir et d'élargir son horizon. Napoléon sent la réserve du vaincu d'Austerlitz et insiste :

— Ces mesures vous prouvent ma confiance en vous. Aiez-en donc aussi en moi, et ne détruisez pas, par des inquiétudes non fondées, le bon effet de notre accord... Si j'évacuais les places de l'Oder, vous évacueriez celles du Danube. Il est de votre intérêt d'y rester, puisque vous avez la certitude de vous faire céder la Valachie et la Moldavie. La Porte, voyant qu'elle n'a aucune intervention à espérer de ma part, sera pressée de souscrire aux conditions que vous lui dicterez...

L'argument présente quelque poids, mais le tsar a du mal à se résigner. Napoléon le sent de plus en plus réticent. Un jour, l'Empereur s'emporte et jette son chapeau par terre.

— Vous êtes violent, moi je suis entêté, remarque calmement Alexandre. Avec moi, la colère ne gagne rien. Causons, raisonnons, ou je pars.

Napoléon le retient. Mais à Talleyrand, qui doit rire sous cape, Napoléon avoue :

— Je n'ai rien fait. Je l'ai retourné dans tous les sens, mais il a l'esprit court ; je n'ai pu avancer d'un pas !

— Sire, soutient Talleyrand avec le plus grand sérieux — et flagorneur à souhait —, je crois que Votre Majesté en a fait beaucoup depuis qu'Elle est ici, car l'empereur Alexandre est complètement sous le charme !

— Vous êtes sa dupe, constate Napoléon. S'il m'aime tant, pourquoi ne signe-t-il pas ?

— Sire, il y a en lui quelque chose de chevaleresque qui fait que trop de précautions le choquent ; il se croit, par sa parole et par son affection pour vous, plus engagé avec vous

que par des traités. Sa correspondance, que Votre Majesté
m'a donnée à lire, est pleine de traits qui le prouvent.

— Balivernes que tout cela !

Et, peu après, Caulaincourt entend son maître soupirer ;

— Votre empereur Alexandre est têtu comme une mule.
Il fait le sourd pour les choses qu'il ne veut pas entendre. Ces
diables d'affaires d'Espagne me coûtent cher !

Finalement, Napoléon et Alexandre cèdent l'un et l'autre.
Un traité est signé : la Russie peut s'emparer de la Finlande
et des provinces danubiennes ; libre à la France d'occuper en
Allemagne les places prises après Iéna et de conquérir
l'Espagne ! Quant à l'Autriche, si elle se montre trop
réticente devant le partage de l'Europe napoléonienne, ou, si
elle ose attaquer l'Empire français, le tsar et Napoléon
uniront leurs forces contre elle.

Les deux empereurs se séparent sur le chemin de Weimar,
non loin de l'endroit où a lieu leur première rencontre.
Lorsque le tsar monte dans sa berline, Talleyrand lui
murmure :

— Si vous pouviez vous tromper de voiture !

Mais Napoléon ne monte pas en carrosse : il reprend le
chemin d'Erfurt au pas de son cheval et « on le vit s'absorber
dans une méditation nuancée de tristesse ». Il semblait
toujours se demander pour quel motif le tsar avait tant
changé...

Le premier jour après son retour à Paris, Talleyrand
accourt chez Metternich. Une fois de plus, il conseille à
l'Autriche de conclure une alliance avec la Russie.

— Il ne dépend que de vous et de votre ambassadeur à
Saint-Pétersbourg, de renouer avec la Russie des relations
aussi intimes que celles qui existèrent avant cette époque.
C'est cette réunion seule qui peut sauver les restes de
l'indépendance de l'Europe.

Et Metternich d'écrire à Vienne : « Vingt explications que
j'eus avec Talleyrand ne dévièrent jamais du point de vue
suivant : que l'intérêt de la France elle-même exige que les
puissances en état de tenir tête à Napoléon se réunissent
pour opposer une digue à son insatiable ambition ; que la

cause de Napoléon n'est plus celle de la France ; que l'Europe enfin ne peut être sauvée que par la plus intime réunion entre l'Autriche et la Russie... »

Metternich pouvait informer en ces termes son souverain, les 13 et 23 février 1809 ; « Talleyrand s'est dépouillé de tout masque vis-à-vis de moi... »

XIII

« DE LA M... DANS UN BAS DE SOIE ! ».

NAPOLÉON

Le mardi 17 janvier 1809, « j'approchais de ma dernière couchée avant Burgos, a raconté le général Thiébault. J'étais dans ma calèche attelée de trois chevaux magnifiques lorsque mon valet de chambre vint me dire : « Je crois que voilà l'Empereur. » J'ouvre aussitôt la portière pour mettre pied à terre, lorsque j'entends crier : « Qui est dans cette calèche ? » Et à peine Jacques avait-il eu le temps de répondre : « Le général Thiébault », que je suis dépassé par Savary au grandissime galop, et par l'Empereur donnant de grands coups de fouet de poste sur la croupe du cheval de son aide de camp, de grands coups d'éperon au sien et faisant cette inconcevable course pendant laquelle, en trois heures et demie, il franchit la distance entre Valladolid et Burgos... ».

Pourquoi cette hâte ?

Napoléon vient de remettre *don José Primero* sur son trône. Il le regrettera d'ailleurs et répétera plus tard :

— C'était l'homme le plus incapable et précisément l'opposé de ce qu'il fallait !

Mais la prise de Madrid n'avait évidemment pas terminé la guerre. Napoléon s'était mis à poursuivre les Anglais qui, après avoir marché sur Madrid, rétrogradaient maintenant vers la côte. Après l'effroyable traversée de la Guadarrama, Napoléon avait reçu, le 2 janvier, peu avant d'atteindre la vieille cité d'Astorga, un « paquet » de dépêches de Paris. Il

Napoléon touche au faîte de son destin. Il est bien Jupiter « grand au-dessus des dieux », dira un flagorneur du temps. Il n'y avait que Lui ! L'Histoire elle-même pâlissait...

les avait lues à la lueur d'un feu de bivouac — et il avait blêmi.

Talleyrand le trahissait !

Brusquement, il prit la décision de regagner Valladolid. Là, sur la grand-route de Madrid, il recevrait peut-être de France des nouvelles plus rassurantes. Il n'en fut rien... Aussi, le 17 janvier, abandonnant à ses lieutenants ses meilleurs soldats, ceux d'Austerlitz et de Friedland, ces hommes qui vont tant lui manquer à Wagram, il quitte Valladolid pour Burgos, Bayonne et Paris.

Tout en galopant à un train d'enfer, il ne cesse de penser aux Autrichiens qui réarment de plus belle et à la tiédeur du tsar qui redouble. Entre deux essayages, Joséphine s'en était elle-même inquiétée... Et l'Empereur l'avait rassurée le 2 janvier : « Je vois, mon amie, que tu es triste et que tu as l'inquiétude très noire. L'Autriche ne nous fera pas la guerre... La Russie ne se séparera pas de moi. On est fou à Paris ! »

Mais, tout en donnant des coups de fouet sur la monture de Savary, l'Empereur est en proie à une véritable fureur. C'est de Talleyrand que vient tout le mal ! Quelle basse fourberie ! Quelle hypocrisie ! Pour s'en convaincre, il suffisait à l'Empereur de relire la dernière lettre de son vice-Grand-Electeur datée du 8 décembre dans laquelle Talleyrand s'extasiait en apprenant la prochaine entrée des troupes françaises à Madrid. « C'est là que Votre Majesté ralliera tous les esprits par la perspective des bienfaits d'un noble et heureux règne. Les Espagnols dispersés, fatigués par les défaites, aliénés par les discordes, épouvantés par les spectacles de l'anarchie, doivent tendre de toutes parts à chercher un point de ralliement. Et qui mieux que Votre Majesté sait diriger les dispositions naissantes d'un peuple pour les faire servir aux succès de ses vues ? »

Puis, dans cette même lettre, il maniait l'encensoir comme jamais : « La gloire immense que Votre Majesté a recueillie a jeté à une grande distance en arrière de nous le point d'où nous sommes partis. L'éclat de ce règne a ébloui tous les esprits ; et les degrés par où Votre Majesté nous a élevés au point où nous sommes ne sont plus aperçus ni mesurés par personne. »

Et c'est ce même homme — Napoléon venait de l'apprendre par le courrier reçu devant Astorga — ce même grand et haut dignitaire de l'Empire, qui, au cours de ses fastueuses réceptions de l'hôtel Monaco, osait fustiger, plus ou moins à mi-voix, le guet-apens de Bayonne.

— On s'empare des couronnes, mais on ne les escamote pas !

Au chancelier Pasquier, invité comme lui par Mme de Rémusat, il s'exclamait :

— Qu'on ait voulu chasser de l'Espagne la maison de Bourbon, rien de plus simple, rien de plus commandé peut-être pour le solide établissement de la dynastie napoléonienne ; mais à quoi bon l'emploi de tant de ruses, d'artifices et de perfidie ? Pourquoi n'avoir pas déclaré simplement une guerre, pour laquelle on n'aurait pas manqué de motifs ? Dans cette guerre, la nation serait certainement demeurée neutre. Enivrée comme elle est alors par la renommée de Napoléon, elle aurait vu, sans le moindre regret, tomber une dynastie usée, après quelques combats faiblement soutenus par l'armée régulière, la péninsule tout entière serait passée avec joie sous le sceptre d'une Maison qui déjà remplaçait si glorieusement, en France, celle qui avait donné Philippe V à l'Espagne. C'est ainsi que l'héritage tout entier de Louis XIV aurait pu être facilement recueilli.

Mme de Rémusat, terrifiée de l'entendre prononcer de telles paroles dans son salon — lui qui avait approuvé le guet-apens de Bayonne ! — l'entendit encore déclarer :

— C'est une basse intrigue, et c'est une entreprise contre un vœu national ; c'est prendre à rebours sa position et se déclarer l'ennemi des peuples ; c'est une faute qui ne se réparera jamais.

Ainsi que l'expliquait le chancelier Pasquier : « Si M. de Talleyrand ne s'était abandonné que chez Mme de Rémusat et devant le petit nombre de personnes qui s'y rencontraient avec lui, le danger de l'indiscrétion n'eût pas été grand ; mais il était trop animé et trop méfiant pour tenir enfermée, dans un cercle aussi étroit, l'expression de ses pensées habituelles. Ses relations étaient nombreuses, composées de gens de toute sorte et parmi lesquels beaucoup auraient dû lui inspirer une juste méfiance. On fut bientôt informé de ce qu'il pensait et, dès lors, ce ne fut plus un mystère dans Paris pour ces gens si nombreux qui sont au courant des nouvelles qui se disent à l'oreille. Ce qui devenait de cette manière presque public dans la capitale ne pouvait manquer d'arriver jusqu'à l'Empereur. »

Madame Mère alerta son fils. Fort effrayée, Mme Letizia avait vu chez la princesse de Vaudémont, née Montmorency, Talleyrand et Fouché réunis et bavardant comme deux vieux camarades — deux complices, plutôt... Oui, ces deux hommes qui se haïssaient, qui se méprisaient, semblaient s'être réconciliés ! Ce mépris réciproque de l'évêque grand seigneur pour le petit « professeur ecclésiastique » semblait oublié. Ils ne s'étaient pourtant guère épargnés en fait de gracieusetés...

— Un ministre de la Police, expliquait le prince, est un homme qui se mêle d'abord de ce qui le regarde, et ensuite de ce qui ne le regarde pas.

Quelqu'un ayant remarqué un jour :

— M. Fouché méprise les hommes.

— Sans doute, répondit dédaigneusement le prince de Bénévent, cet homme s'est-il beaucoup étudié.

Desmarets affirme que Fouché avait demandé de son côté :

— Y a-t-il de la place à la prison du Temple pour y enfermer le moment venu M. de Talleyrand ?

Les deux ministres s'étaient réconciliés grâce à un ami commun : D'Hauterive. Celui-ci les avait réunis à un déjeuner organisé dans sa maison de campagne de Bagneux et leur avait déclaré au dessert :

— Vous avez prouvé tous deux combien vous possédez de talent d'administration politique et d'administration intérieure... Des hommes tels que vous sont devenus si considérables qu'ils ne doivent pas se montrer désunis.

Et on avait vu les deux personnages se serrer ostensiblement la main. Quels étaient leurs projets ? On se souvient qu'en 1806 Talleyrand avait déjà prévu le cas d'une mort subite de l'Empereur au cours d'un combat. Comme soupirait une dame sensible évoquant Napoléon sous la mitraille :

— Il ne se ménage pas, il est toujours le point de mire avec sa redingote grise et, comme disent les soldats : c'est un vrai diable !

En 1806, Talleyrand avait pensé remplacer l'Empereur par l'incapable Joseph ; malheureusement, aujourd'hui, don José Primero était indisponible, puisqu'il se trouvait englué •dans le guêpier espagnol. Cette fois, c'est à un soldat, c'est à Murat et à Caroline, sœur de l'Empereur, auxquels pensaient les deux conjurés. Ainsi que l'a expliqué le chancelier

Pasquier, « les deux nouveaux amis jetèrent les yeux sur
Murat, qui venait d'être fait roi de Naples, et dont la folle
vanité s'était montrée peu satisfaite de cette élévation, dans
un moment où il comptait sur le trône d'Espagne, qu'il se
croyait seul en état d'occuper, et auquel il pensait avoir des
droits, attendu son énergique conduite à Madrid pendant les
conférences de Bayonne. On doit se souvenir en effet de la
révolte qu'il avait comprimée d'une manière si terrible, et
qui contribua puissamment à décider l'insurrection de toute
la péninsule... Quant à Mme Murat, sœur de l'Empereur, elle
avait une ambition si démesurée qu'on pouvait lui faire tout
accepter. Elle l'a suffisamment prouvé depuis. On n'hésita
pas à faire savoir au nouveau roi de Naples qu'il devait se
tenir prêt à venir, au premier signal, chercher en France les
hautes destinées qui l'attendaient. La lettre ou le messager
furent interceptés en Italie par le prince Eugène, bien averti
sans doute par M. de La Valette de se tenir sur ses gardes et
de tout surveiller avec un soin scrupuleux. Le prince ne
perdit pas un instant pour faire passer en Espagne les détails
de sa découverte ».

Et Napoléon, sur la route de France, cravache de plus
belle le cheval de Savary et éperonne le sien avec rage...

La conspiration se noue.
Le 20 décembre, Talleyrand accueille Fouché rue de
Varenne — en public ! Le chancelier Pasquier l'a rapporté :
« Je me souviens encore de l'effet que produisit, à une
brillante soirée chez M. de Talleyrand, l'apparition de
M. Fouché, le jour où il entra dans ce salon pour la première
fois. Personne ne voulait en croire ses yeux, et ce fut bien
autre chose lorsque l'affectation de bonne intelligence alla
jusqu'au point de se prendre par le bras et de se promener
ensemble d'appartement en appartement, tant que dura la
soirée... »
Au vu et au su de toute l'assistance, les deux hommes
s'installent à l'écart. On ne peut certes pas conspirer moins
secrètement. Parfois, Talleyrand tempère l'ardeur de l'ancien terroriste :
— Ceci, Fouché, prenez-y garde, est de la plus haute
diplomatie.

Fouché. Napoléon fera de l'ancien oratorien, grand massacreur de Lyon, un comte, puis un duc d'Otrante, en attendant que Louis XVIII le nomme ministre... alors qu'il avait voté la mort du roi Louis XVI. Il détestait Talleyrand... qui le lui rendait bien.

La Valette a prévenu l'Empereur. On affirme même qu'il est parvenu, lui aussi, à lui envoyer une copie de la lettre adressée par Talleyrand à Murat ! Fouché aurait déjà organisé des relais entre Naples et Paris afin de faciliter et d'accélérer le voyage du futur empereur !... Comment s'étonner que Napoléon ne mit que cinq heures pour effectuer les cent vingt derniers kilomètres et atteindre Bayonne ?

S'il avait pu se pencher, comme nous, sur les dépêches que Metternich lui envoyait à sa cour, l'Empereur aurait cravaché bien davantage sa monture. Metternich a, en effet, deviné les intentions des deux conspirateurs. Le 4 décembre, il annonce à Vienne : « Deux hommes tiennent en France le premier rang dans l'opinion et dans l'influence du moment, MM. de Talleyrand et Fouché. Jadis opposés de vues et d'intérêts, ils ont été rapprochés par des circonstances indépendantes d'eux-mêmes ; je ne crains pas d'avancer que, dans ce moment, leur but et les moyens de l'atteindre sont les mêmes ; ces derniers offrent des chances de réussite parce qu'ils sont conformes aux vœux d'une nation fatiguée à l'excès par une longue suite d'efforts, effrayée de l'immensité de la carrière que veut lui faire parcourir encore le maître actuel de sa destinée, d'un peuple aussi peu disposé que tout autre à soutenir, au prix de son sang et de sa fortune, des projets qui ne sont plus que personnels à ce maître. »

Le blond Metternich est d'autant mieux renseigné qu'il est l'amant de Caroline, nouvelle reine de Naples... C'est alors que Talleyrand vient proposer son aide à Metternich : l'Autriche peut compter sur lui. Il soutiendra la politique autrichienne ! L'ambassadeur, ne se fiant pas à la poste impériale, part pour Vienne, afin de persuader l'empereur François et son ministre Stadion d'accepter l'offre de M. de Talleyrand.

Stadion est ébloui et demande à l'empereur François : « Talleyrand agit-il dans le sens de son maître ? Le sert-il sur une voie qui, toute divergente qu'elle paraît, peut tendre au même but ? Veut-il épargner des complications à la France en nous berçant d'un espoir chimérique, ou bien suit-il un point de vue distinct et personnel à lui et à quelques-uns des premiers personnages de l'État ? Ne rien dire ; être prêt à toute entente ; ne point croire sans gage, tels sont les principes généraux qu'on peut indiquer à M. de Metternich. »

Le 11 janvier, à son retour à Paris, le futur chancelier a pu envoyer à Vienne cette nouvelle dépêche : « J'ai trouvé la personne en question *(Talleyrand)* dans les mêmes dispositions dans lesquelles je l'avais quittée. Il ne me reste pas de doute que tous les partis ne soient pris *éventuellement*. On n'amènerait pas de catastrophe mais on profiterait de celle qui aurait lieu. Tel est le résumé de nos entretiens. On trouve l'attitude de l'Autriche bonne. On conseille de la tenir aussi forte. »

Autrement dit, on n'assassinera pas Napoléon, mais s'il devait mourir *éventuellement*, on profiterait de la situation... L'Autriche réarmait ? M. de Talleyrand trouvait cela fort *bon* et conseillait même de renforcer la situation.

Le 17 janvier, nouvelle visite de Charles-Maurice à Metternich : le prince et son complice Fouché sont toujours « très décidés dans l'occasion, si cette occasion se présente ». Cependant — l'ambassadeur l'affirme — ils ne possèdent pas le courage assez actif pour provoquer celle-ci. Autrement dit, ces messieurs ne sont pas des assassins !

Le 20 janvier — décidément Talleyrand va rencontrer son bailleur de fonds tous les jours — M. le prince de Bénévent revient voir Metternich pour lui montrer une lettre de son compère Fouché : des chevaux viennent d'être commandés pour « un général » afin d'échelonner des relais de Bayonne à Paris.

— L'Empereur revient !

Napoléon, rongeant son frein, atteint Paris le 23 janvier à 8 heures du matin. Il veut d'abord contrôler l'exactitude des nouvelles émanant de La Valette, de Mme Mère et d'Eugène de Beauharnais. Tandis que l'enquête progresse, il reprend ses tâches impériales : audiences, inspections, représentations à l'Opéra. Enfin, le 27 janvier, il convoque Fouché. Avant d'entamer le principal, il entretient son ministre de la Police du mauvais esprit du corps législatif dont un tiers des membres — fait unique depuis sa création — a repoussé l'un des articles du code d'instruction criminelle proposé par l'Empereur. Aussi le maître a-t-il décidé d'adresser une sérieuse remontrance aux récalcitrants.

— C'est ainsi qu'il faut gouverner, sire, approuve Fouché. Si un corps quelconque s'arroge le droit de représenter, à lui seul, le souverain, il n'y aura d'autre parti à prendre que de le dissoudre. Si Louis XVI eût agi ainsi, ce malheureux prince vivrait et règnerait encore.

— Mais quoi, duc d'Otrante ! s'exclame Napoléon éberlué — et après un instant de silence —, il me semble pourtant que vous êtes un de ceux qui ont envoyé Louis XVI à l'échafaud !

— Oui, sire, répond Fouché en s'inclinant — et c'est le premier service que j'ai eu le bonheur de rendre à Votre Majesté !

La réplique est si adroite — et si audacieuse — que Napoléon n'ose pas entamer le principal. Il se réserve pour le lendemain. Au tour maintenant de Talleyrand. Il le hait maintenant, n'ignore rien de ses malversations, de ses mensonges, de son cynisme — et éprouve un véritable soulagement et même une joie à l'humilier et à l'insulter. Il jalouse aussi le diplomate aux manières de grand seigneur, cette classe à laquelle l'ancien cadet Napoleone n'atteindra jamais...

Le samedi 28 janvier, il appelle, dès le matin, dans son cabinet des Tuileries, l'archichancelier Cambacérès, l'archi-trésorier Lebrun, le vice-Grand-Electeur, prince de Béné-vent, et deux ministres, l'amiral Decrès, ministre de la Marine, et Fouché, ministre de la Police générale. La scène n'est qu'un effarant monologue impérial, le monologue peut-être le plus stupéfiant de l'Histoire. Effarés, abasour-dis, les cinq hommes écoutent le maître tonner. Au début, la violente diatribe s'adresse à tous.

— Ceux que j'ai faits grands dignitaires ou ministres cessent d'être libres dans leurs pensées et dans leurs expressions ; ils ne peuvent être que les organes des miennes. Pour vous, la trahison a déjà commencé quand vous vous permettez de douter. Elle est complète si du doute vous allez jusqu'au dissentiment.

Après ce préambule, il lance :

— Vos honneurs, vos biens, à qui les devez-vous ? A moi seul. Vous allez en arrière examiner votre vie passée ! Et vous tramez des complots ! Il faut, en vérité, que vous soyez bien aveugles sur vous-mêmes pour croire que tout autre que moi fût assez fort et assez généreux pour vous soutenir.

Talleyrand, debout, écoute, imperturbable. De qui Napoléon veut-il parler ? L'insolence du regard du vice-Grand-Electeur frappe l'Empereur comme une gifle — et soudain il fonce sur lui. Cette fois — et durant une demi-heure — Napoléon vomit sur Talleyrand un torrent d'invectives :

— Vous êtes un voleur, un lâche, un homme sans foi ; vous ne croyez pas en Dieu ; vous avez, toute votre vie, manqué à tous vos devoirs, vous avez trompé, trahi tout le monde ; il n'y a pour vous rien de sacré ; vous vendriez votre père. Je vous ai comblé de biens et il n'y a rien dont vous ne soyez capable contre moi. Ainsi, depuis dix mois, vous avez eu l'impudence, parce que vous supposez à tort et à travers que mes affaires en Espagne vont mal, de dire à qui veut l'entendre que vous avez toujours blâmé mon entreprise sur ce royaume, tandis que c'est vous qui m'en avez donné la première idée, qui m'y avez persévéramment poussé !

L'Empereur, tout en jetant feu et flammes, fait les cent pas de la cheminée à la console où s'appuie toujours, et avec une nonchalance affectée, le prince de Bénévent, « pâle comme la mort », et qui n'ose répondre.

— Vous êtes une canaille, monsieur de Talleyrand, je le sais, reprend l'Empereur.

Charles-Maurice avait également prétendu — et répété — « être étranger à l'assassinat du duc d'Enghien ». Soudain, l'Empereur pense au mort de Vincennes et la tempête monte encore :

— Cet homme, ce malheureux, par qui cependant ai-je été averti du lieu de sa résidence ? Qui m'a excité à sévir contre lui ? Etranger à la mort du duc d'Enghien ! Mais oubliez-vous que vous me l'avez conseillée par écrit ? Mais oubliez-vous que vous m'avez conseillé de recommencer la politique de Louis XIV ? Oubliez-vous que vous avez été l'intermédiaire de toutes les négociations qui ont abouti à la guerre actuelle ? Quels sont vos projets ? Que voulez-vous ? Qu'espérez-vous ? Osez le dire ! Vous mériteriez que je vous brisasse comme du verre ; j'en ai le pouvoir ; mais je vous méprise trop pour en prendre la peine !

Et puis c'est l'injure finale :

— Oh ! tenez, vous êtes de la m... dans un bas de soie [1] !

---

1. Déjà en 1807, il avait conseillé à Clarke, ministre de la Guerre, de ne pas « se lier avec Talleyrand ; ce n'est que de la m..., avait-il expliqué ; il vous salirait ! ».

Talleyrand blêmit, mais ne dit toujours rien. Impassible, face de plâtre, il regarde Napoléon l'insulter durant trois effroyables heures. Voulant le blesser encore davantage, ulcéré en se rendant compte que les injures et les outrages glissent sur le personnage comme la pluie sur un toit d'ardoise, l'Empereur lance une dernière bordée :

— Vous ne m'aviez pas dit que le duc de San Carlos était l'amant de votre femme ?

Cette fois, Talleyrand répond par l'insolence qui désarçonne Napoléon :

— En effet, Sire, je n'avais pas pensé que ce rapport pût intéresser la gloire de Votre Majesté et la mienne !

Napoléon, ne sachant que répliquer, se dirige vers la porte et, regardant également Fouché, d'un seul et même coup d'œil, il menace :

— Apprenez que s'il survenait une révolution, quelque part que vous y eussiez prise, elle vous écraserait les premiers !

Il fallait aussi pour Talleyrand un mot de la fin. Aussi, en sortant à son tour de la pièce, confie-t-il aux témoins médusés :

— C'est grand dommage, messieurs, qu'un si grand homme soit si mal élevé.

Dans l'antichambre, Ségur l'interroge : pourquoi la séance a-t-elle duré si longtemps ? L'ex-évêque lui prend simplement une main en murmurant :

— Il est des choses qu'on ne pardonne jamais.

Et il ne les pardonnera pas.

Le soir même, Napoléon fait demander au prince de Bénévent de lui renvoyer la clé, symbole de ses fonctions de grand chambellan. Talleyrand répond aussitôt : « Sire, j'ai obéi aux ordres de Votre Majesté en remettant à M. le grand maréchal du palais la clé de grand chambellan. Mais que Votre Majesté me permette de le lui dire : je lui ai pour la première fois obéi avec douleur. Des dignités dont Elle avait daigné m'honorer, celle qui m'attachait plus spécialement au service de Sa personne m'était la plus chère. Ainsi l'un des bienfaits de Votre Majesté est devenu pour moi le sujet des plus vifs regrets ! Ma consolation est d'appartenir à Votre Majesté par deux sentiments qu'aucune douleur ne saurait ni surmonter ni affaiblir, par une reconnaissance et un dévouement qui ne finiront qu'avec ma vie. »

Il « regrettait » surtout la perte des 40 000 francs attachés à la charge de grand chambellan...

Ce même soir du samedi 28 janvier, il paraît chez sa chère amie la vicomtesse de Laval et lui raconte l'affreuse scène.

— Comment ! s'écrie-t-elle, vous n'avez pas saisi une chaise, des pincettes, un tison ? Enfin je ne sais quoi, vous ne vous êtes pas jeté sur lui ?

— Ah ! j'y ai bien songé, répond Talleyrand de plus en plus calme, mais je suis trop paresseux pour cela.

Puis, il hausse les épaules et se met à taquiner, selon son habitude, la négresse Zoé, dévouée à sa maîtresse à un point peu croyable, puisqu'elle l'avait suivie en prison sous la Terreur.

Quelles sont les réactions du public ? Nous les connaissons par les rapports de police que Fouché met chaque jour sous les yeux de l'Empereur. Lundi 30 janvier : « On ne parle dans les salons de Paris, depuis dimanche soir, que de la disgrâce du prince de Bénévent. On l'attribue généralement à des lazzi contre les bulletins de l'armée et contre la guerre d'Espagne... On dit que pendant l'absence de l'Empereur, le prince de Bénévent et le ministre de la Police s'étaient liés par des motifs politiques et qu'ils se voyaient souvent chez M. de Rémusat ; que S.M. l'Impératrice témoignait de l'inquiétude de cette réunion... » Ce qui permet à Fouché de se défendre en ajoutant ces lignes : « Un homme d'esprit a observé que si le ministre de la Police avait eu des vues personnelles, il se serait lié avec le Corps législatif plutôt qu'avec le prince de Bénévent. » Napoléon n'ayant guère paru convaincu par l'argument, Fouché récidive le mercredi 1er février : « Le faubourg Saint-Germain et le faubourg Saint-Honoré parlent toujours de la disgrâce du prince de Bénévent. Dans quelques coteries on insinue que cette disgrâce est la suite des relations devenues intimes entre ce prince et le ministre de la Police. Les imaginations s'égarent de toutes les manières sur les motifs de cette prétendue intimité. Les gens d'esprit (le ministre Fouché, par exemple...) qui, en dernière analyse, forment l'opinion, devinent bien qu'un rapprochement de ce genre n'a pu être formé pour l'intérêt des deux faubourgs, qu'il n'a pu exister une confiance absolue entre deux hommes si différents par leurs opinions, par leur caractère et par leur position : qu'ils n'ont pu se réunir que pour l'intérêt réel et évident de la dynastie Bonaparte... »

Bien sûr, l'Empereur n'est toujours pas dupe et écrit à Caulaincourt : « Le prince de Bénévent continue à s'abandonner à cette insouciance et à cette coterie de mauvaises mœurs qui l'environne, ce qui donne lieu à des commérages qui me sont peu agréables. »

Cette lettre est datée du 8 février. Napoléon se doute-t-il alors que Talleyrand vient de faire un nouveau pas sur le chemin de la forfaiture ? En effet, le lendemain de la terrible scène, le dimanche 29 janvier, Charles-Maurice, qui a assuré l'Empereur de sa reconnaissance et de son dévouement qui, avait-il précisé, « ne finiront qu'avec ma vie », va voir Metternich. Celui-ci envoie aussitôt un rapport chiffré à Vienne. Malheureusement, Stadion parvient mal à le déchiffrer — l'humidité a brouillé les chiffres — et il demande à son ambassadeur de répéter sa dépêche, ce que ce dernier fera le 23 février. Le texte est accablant : « Le gant est décidément jeté entre les partis. X... (Talleyrand) s'est dépouillé de tout masque vis-à-vis de moi. Il me paraît très décidé à ne pas attendre... Il m'a dit avant-hier que le moment était arrivé ; qu'il croyait de son devoir d'entrer en relation directe avec l'Autriche. Il me dit que dans le temps, il avait refusé les offres que lui fit le comte Louis Cobenzl : que dans le moment il les accepterait. Il motiva ce premier refus par la place qu'il occupait à cette époque : " Je suis libre maintenant et nos causes sont communes. Je vous en parle avec d'autant moins de retenue que je crois que chez vous on désire m'obliger. "

Puis voici le principal pour Talleyrand que la vénalité ronge comme un chancre :

« Il m'a fait pressentir qu'il avait besoin de quelques centaines de mille francs, l'Empereur l'ayant sapé jusque dans ses fondements par l'entretien des princes espagnols et l'achat de sa maison. Je lui répliquai que l'empereur François n'était pas éloigné de lui procurer sa reconnaissance, s'il voulait servir la cause générale. Il répondit qu'elle était la sienne, qu'il ne lui restait plus que de périr avec elle... »

Talleyrand n'attendra pas la réponse de Vienne pour trahir — il n'y a pas d'autre mot — celui qui l'a si affreusement insulté. La guerre avec l'Autriche est imminente et, dès le 1ᵉʳ février, Metternich peut écrire à Stadion : « X... (Talleyrand) vient de me faire prévenir que le général Oudinot a reçu l'ordre de se porter sur Augsbourg et sur

Ingolstadt. Un courrier a été dépêché à Munich avant-hier pour y porter cette nouvelle. »

Après avoir ainsi manqué à l'honneur, il précise, craignant que le futur ennemi ne comprenne mal l'importance du renseignement : « Il faut attacher une grande valeur à tous les mouvements du corps Oudinot, vu le cas particulier que l'Empereur fait de ce corps. Il (Talleyrand) regarde la communication faite ce matin à M. de Champagny comme la preuve irrécusable que l'Empereur est décidé à la guerre. »

Puis il pousse la haute trahison jusqu'à conseiller à l'Autriche de s'armer vigoureusement... afin de pouvoir accueillir avec succès l'arrivée des troupes françaises — et leur causer le maximum de pertes :

« X... (Talleyrand) croit que l'on devrait prendre immédiatement, pour prétexte de mise sur pied de guerre, le mouvement que fera Oudinot ; et surtout qu'on ne perde pas de temps, toute illusion serait criminelle. Napoléon veut positivement la guerre. »

Aussi, le 10 février 1809, Stadion, tout heureux d'avoir engagé comme espion le vice-Grand-Electeur de l'Empire français, fait-il savoir à Metternich que l'ambassadeur pouvait ouvrir sa caisse noire : « L'empereur m'a ordonné de vous donner carte blanche au sujet de X... et de vous autoriser à lui assurer tout ce qu'il pourra raisonnablement désirer... »

Cependant, Stadion, connaissant l'âpre vénalité qui, tel un chancre, ronge Talleyrand, et qui ne veut pas s'exposer à des avances trop considérables, recommande à son ambassadeur : « Nous profitons donc de l'incident de la dépêche illisible, dont vous aurez trouvé à propos d'instruire la personne en question, pour vous envoyer au hasard une somme de 100 000 francs dont vous pourrez disposer pour la convaincre que nous n'hésitons point sur l'objet même, mais que nous ne balançons que sur la manière de faire passer ces envois, crainte de la compromettre. »

Le 7 mars, Metternich tranquillise Stadion. Ses relations avec Talleyrand sont quotidiennes. C'est par son intermédiaire qu'il apprend tout ce qui peut offrir de l'intérêt pour la cause autrichienne. Aussi « supplie-t-il » Stadion « de vouloir bien pousser jusqu'à la somme » qu'il avait demandée. Et il précise : « Les circonstances sont trop importantes pour qu'il ne soit urgent de mettre tout en jeu. » Il ajoute encore ce détail : « Je me suis procuré du cabinet de l'Empereur deux mémoires d'un intérêt immense sur la position du moment... »

Monsieur le prince de Bénévent faisait-il les corbeilles ? La trahison de Charles-Maurice se poursuivra jusqu'à cette lettre du 23 mars, écrite toujours par Metternich, alors que l'ambassadeur craint de recevoir ses passeports et de se trouver obligé de quitter la France. Une question se pose pour lui : Comment maintenir le contact durant les hostilités qui sont sur le point de commencer ? « Je prends maintenant les dispositions pour entretenir avec Talleyrand une correspondance active *pendant le cours de la guerre* », annonce Metternich. Il faut convenir d'une *boîte aux lettres*. « Nous regardons Francfort, poursuit l'ambassadeur, comme le meilleur point intermédiaire. Talleyrand est fixé sur le choix de la personne qui lui servirait dans cette ville. Francfort convient-il à Son Excellence ? Et a-t-il un individu que, de notre côté, on pourra y employer ? »

Stadion donne son accord pour Francfort. C'est là qu'arriveront les nouvelles envoyées par Talleyrand et c'est là que seront versées les sommes destinées à « l'indicateur ». Dalberg y règne et facilitera la double opération. « Les maisons de banque qu'on vous a indiquées sont averties, assure Stadion, et vos traites ne souffriront pas de difficultés. Si la seconde somme ne suffit pas, vous pourrez tirer encore de la même manière... »

Tout au long des mois de février et de mars 1809, alors que Talleyrand prend, plusieurs fois chaque semaine, le chemin de l'ambassade d'Autriche, il écrit à Caulaincourt : « *24 février.* Vous savez à quel point on a fait ici des rapports absurdes à l'Empereur à son retour. Il me semble que cela commence à se calmer. Le temps d'abord use un peu toute cette grande humeur. Ensuite son très bon esprit finit par démêler toutes les absurdités dont on avait cherché à remplir sa tête aux premiers moments de son arrivée. »

Il faut rappeler que le cabinet noir décachetait les lettres du prince...

« *17 mars.* La mauvaise humeur grossièrement exprimée est devenue de la politesse. La politesse est devenue de l'obligeance, par les formes prises au dernier cercle, et les choses en sont là. »

Talleyrand se trompe. Napoléon ne désarme pas et ce même mois, le 6, il reçoit Rœderer. A son habitude, il commence à se promener en silence de long en large, puis, « s'animant par degrés », il dresse le bilan accablant pour Talleyrand :

— Je l'ai couvert d'honneurs, de richesses, de diamants. Il a employé tout cela contre moi, s'exclame-t-il. Il m'a trahi autant qu'il le pouvait, à la première occasion qu'il a eue de le faire. Il a dit pendant mon absence qu'il s'était mis à genoux

Charles-Maurice fidèle aux cravates
à la mode sous le Directoire.
(Collection M. et Mme Gaston Palewski).

pour empêcher l'affaire d'Espagne, et il me tourmentait depuis deux ans pour l'entreprendre ! Il soutenait qu'il ne me faudrait pas vingt mille hommes : il m'a donné vingt mémoires pour le prouver. C'est la même conduite que pour l'affaire du duc d'Enghien... Moi je ne la connaissais pas : c'est Talleyrand qui me l'a fait connaître.

Si l'Empereur prononce toujours, avec raison, *Taillerand*, il écrit *Talran*... Il s'est maintenant arrêté devant Rœderer et poursuit :

— C'est lui qui m'a fait connaître l'endroit où il était, et, après m'avoir conseillé sa mort, il en a gémi avec toutes ses connaissances.

Napoléon s'est remis à arpenter la pièce et, d'un ton plus calme, annonce posément :

— Je ne lui ferai aucun mal ; je lui conserverai ses places ; j'ai même pour lui les sentiments que j'ai eus autrefois ; mais je lui ai retiré le droit d'entrer à toute heure dans mon cabinet. Jamais il n'aura d'entretien particulier avec moi ; il ne pourra plus dire qu'il m'a conseillé ou déconseillé une chose ou une autre.

Metternich va bientôt devoir quitter Paris, puisque les hostilités vont commencer entre les deux pays. Mais avant de regagner l'Autriche, il transmet à Vienne cette phrase qui lui a été dictée par Talleyrand : « La France ne fait plus la guerre depuis la paix de Lunéville. C'est Napoléon qui la fait avec des moyens français. »

Ainsi s'achevait la première trahison de M. de Talleyrand. Il y en aura bientôt d'autres.

Craignant sans doute que le cabinet noir ne se soit montré trop discret, Charles-Maurice redouble de flagornerie et écrit, le 26 avril, à l'Empereur : « Il y a treize jours que Votre Majesté est absente, et Elle a ajouté six victoires à la merveilleuse histoire de ses précédentes campagnes... Votre gloire, Sire, fait notre orgueil ; mais votre vie fait notre existence... »

La disgrâce ne le décourage nullement. Ainsi que l'a dit Mme de Staël :

— En vérité, le bon Maurice ressemble à ces petits bonshommes qu'on donne aux enfants, dont la tête est en liège et les jambes en plomb ; on a beau les renverser : ils se retrouvent toujours sur leurs pieds.

XIV

LA COTERIE DU DIABLE BOITEUX
(1808-1809)

*Le secret de plaire dans le monde est de
se laisser apprendre des choses que l'on
sait par des gens qui ne les savent pas.*
                                    TALLEYRAND

Charles-Maurice a abandonné la maison du 35 de la rue
d'Anjou-Saint-Honoré — l'hôtel de Créqui — pour acheter,
au mois d'avril 1808, l'admirable palais, portant le numéro
57, rue de Varenne, l'hôtel de Monaco, appelé aujourd'hui
l'hôtel Matignon, et qui possède le plus grand parc privé de
Paris — deux hectares, soixante-deux ares. Commencé en
1721 par Jean Courtonne pour Christian-Louis de Montmorency, prince de Tingry, l'hôtel a été acheté, inachevé, par
Goyon de Matignon, comte de Thorigny, dont le fils devait
épouser la fille aînée du prince de Monaco. L'hôtel Matignon,
terminé, devint alors la résidence des souverains de la petite
principauté. Ceux-ci, ayant récupéré leur palais, confisqué
par la Révolution, l'avaient vendu, au mois de mai 1804, à
Anne-Eléonore Franchi, maîtresse du duc Charles-Eugène
de Wurtemberg, puis épouse de l'Ecossais Quentin
Crawford, celui-là même qui avait été mêlé au drame de
Varennes. Elle céda son hôtel moyennant 600 000 francs
à Talleyrand. Celui-ci, pour payer son acquisition, emprunta
213 000 francs au mari de la vendeuse, lui donnant comme

◀ *La duchesse de Courlande dont le visage « était frais comme
celle des filles du Nord ». Talleyrand l'adora...* (Collection M. et
Mme Gaston Palewski).

garantie « le palais dans lequel il demeure, appelé le grand et
le petit hôtel Monaco, ci-devant Matignon » : dix-sept pièces
au rez-de-chaussée et seize au premier étage sous un toit de
plomb.

Regardons-le vivre...

La manière de dormir de M. de Talleyrand laisse pantois.
De peur d'avoir, au cours de la nuit, une attaque d'apoplexie
ou un simple malaise, et de tomber de son lit, il exige que sa
couche soit faite de telle manière qu'un profond sillon marque
le centre du lit. Le matelas doit être relevé du côté des pieds
et, bien sûr, vers la tête, puisqu'à l'époque tout le monde
dormait presque assis. Toujours avec la crainte de se
réveiller sur sa descente de lit, il se coiffe « d'une espèce de
tiare en percale serrée d'un ruban de couleur pâle, nous
décrit Charles de Rémusat ; elle était couverte de béguins et
de serre-tête qui descendaient aux sourcils ». En dessous
s'étagent quatorze bonnets de coton, gigantesque échafaudage devenant bourrelet en cas de chute.

Talleyrand se couche tard et se lève encore plus tard. Vers
10 heures, on lui sert au lit un déjeuner léger, composé
d'œufs, d'un fruit et d'un verre d'eau teinté de madère. Vers
11 heures du matin, nous dit un témoin, « le diplomate-
modèle fait son apparition hors des épais rideaux de son lit.
Un petit nombre d'intimes des deux sexes se trouvent déjà
réunis ».

L'effarante exhibition commence.

Gros paquet de flanelle, il se lève aidé par trois valets
ceinturés de tabliers blancs, et va s'asseoir dans un fauteuil
placé devant un grand miroir. L'un des valets déplie
doucement et respectueusement la tiare et fait tomber les
bonnets. Alors, sous les sourcils touffus les spectateurs sont
attirés par des yeux gris entrouverts sous les paupières
alourdies et laissant filtrer un regard aigu. La face paraît
morte, plaquée de taches roussâtres. Le nez toujours
insolemment retroussé accentue l'expression de profond
mépris qui fait trembler ceux qui le voient pour la première
fois.

Les deux autres valets commencent à enlever la robe de
chambre de taffetas, avec laquelle dort Charles-Maurice,
puis le dépouillent d'un nombre important de flanelles,
caleçons et gilets. « Enveloppé dans un peignoir de

mousseline plissée et gaufrée, poursuit notre témoin ébahi, le prince procède à la toilette de son abondante chevelure qu'il livre... à deux coiffeurs qui se mettent à s'escrimer à l'envi, et terminent par cet ensemble de cheveux flottants que chacun connaît. Vient ensuite le tour du barbier étuviste, puis d'un nuage de poudre ; la toilette de la tête et des mains achevée, on passe à celle des pieds. »

Les assistants retiennent leur souffle : les domestiques placent devant leur maître un bassin d'eau nauséabonde de Barèges, dans lequel, sans pudeur, et toujours devant l'assistance éberluée, Talleyrand trempe son fameux pied bot — véritable sabot de cheval, court, large et épais. Le visage, les mains et les bras passés à l'eau de Cologne, Charles-Maurice se livre à de bruyantes ablutions. Durant un quart d'heure, on le voit — on l'entend surtout — aspirer par le nez plusieurs litres d'eau qu'il dégorge par la bouche après un affreux bruit de gargarisme. Ces étranges jeux d'eau terminés, on dépouille encore Talleyrand de deux ou trois peignoirs et on lui enfile son rembourrage de jour : deux caleçons, deux flanelles, deux paires de bas, une chemise, une culotte et un gilet. Enfin, sur la jambe droite on fixe, au-dessous du genou, l'anneau de cuir auquel est attachée l'armature de métal qui ne fait qu'un avec le soulier orthopédique. Enfin le premier valet de chambre, qui n'a d'autre fonction que de surveiller l'ensemble, s'avance avec onction pour mettre la cravate du prince qu'il noue d'un nœud fort galant.

Le spectacle a duré deux heures.

Son Altesse Sérénissime, après avoir bu plusieurs tasses de camomille, se dirige maintenant vers le salon ou vers son cabinet de travail en s'appuyant sur une canne-béquille qu'il fait toujours sonner sur le parquet. Après quoi, il s'assied et, selon son tic favori, frappe à petits coups avec sa canne l'armature de métal soutenant sa mauvaise jambe.

Bientôt, sa demeure lui paraît trop petite et il achète l'hôtel d'Angennes, appelé alors l'hôtel Vérac — 55, rue de Varenne. C'est dans les splendides salons de ce double ensemble que le prince de Bénévent reçoit somptueusement, puisque, en revenant d'Erfurt, Napoléon, dont le despotisme est l'élément naturel, lui a ordonné d'offrir chez lui, au moins quatre fois par semaine, un dîner de trente-six couverts.

Suivons Mme de Chastenay qui se rendait fréquemment le soir à l'hôtel de Monaco. « On y arrivait vers 11 heures, quand on n'y avait pas dîné, écrit-elle. Il était rare qu'on fût invité spécialement. A minuit, on servait une espèce de souper ; c'est d'ordinaire à ce moment que paraissait le prince de Bénévent, avançant de son pas lourd et chancelant ». Lorsque M. de Talleyrand s'arrêta devant la belle comtesse de Kielmannsegge, qui n'a pas peur des images hardies, elle fut frappée, nous dit-elle, par « sa tête à mâchoire de reptile, avec, aux lèvres, un sourire d'hypnotiseur... ».

La table de M. de Talleyrand et son cuisinier Carême sont réputés dans l'Europe entière. L'ordonnance du menu est le fruit de ce que le célèbre maître queux appelle « ses conférences avec le prince »... Aussi fastueux que Cambacérès, mais plus fin gourmet, on attribue à Son Altesse Sérénissime une invention culinaire : le parmesan à saupoudrer sur le potage, mais il est surtout inégalable, majestueux et élégant dans sa manière de recevoir. Il a un jour invité seulement huit personnes à dîner et, pour les bien traiter, commandé un saumon du Rhin. Grâce à de nombreux courriers et à de la glace placée aux relais, l'animal pêché près de Strasbourg arrive à Paris frais et en un temps record. Or, en déballant le paquet, on s'aperçoit que l'on n'a pas expédié un saumon mais deux — et tous deux de belle taille. Impossible de servir deux saumons pour huit convives sans faire affreusement « nouveau riche » ! Aussi, voici ce que Talleyrand imagine. Magnifiquement dressé, le saumon, porté par un maître d'hôtel, fait son entrée dans la salle à manger. Tous admirent et s'extasient : « Un saumon du Rhin à Paris !... Ce n'est pas là chose commune !... » Mais à cet instant, le maître d'hôtel se prend les pieds dans le tapis et s'écroule avec le saumon. Au milieu de la consternation générale, seul Talleyrand conserve son calme.

— Allons, allons, ordonne-t-il superbement, apportez-en un autre...

Et aussitôt, porté par un second maître d'hôtel, le second saumon est présenté aux dîneurs émerveillés.

Il faut voir Talleyrand découper lui-même à table une pièce de bœuf et en offrir les tranches à ses invités avec un art consommé et nuancé selon l'importance du convive ! Il se tourne d'abord vers le personnage le plus important :

— Monseigneur, me ferez-vous l'insigne honneur d'accepter un morceau de bœuf ?

— Certes, mon cher ami.

Et le dialogue, savamment dosé de part et d'autre, se poursuit autour du plat :

— Monsieur le duc, aurai-je la grande joie de vous offrir cette tranche de bœuf ?

— Avec joie, mon cher prince.

— Monsieur le marquis, voulez-vous me faire le plaisir d'accepter ce morceau ?

— Mille grâces, monseigneur.

— Mon cher comte, voulez-vous bien me permettre... ?

— Que de bontés, monseigneur !

— Baron, vous enverrai-je du bœuf ?

— Je l'accueillerai avec reconnaissance, monseigneur.

— Chevalier, vous plaît-il ?

— Votre Altesse Sérénissime me comble !

— Eh, là-bas, Montrond ?

— Quel impérissable honneur, monseigneur !

— Durand ? Bœuf ?

Et pour finir, celui qui se trouve tout au bout de la table n'a droit, dans sa direction, qu'à un simple et insolent mouvement de la fourchette... Ce qui remplit le cuisinier Carême d'admiration, lorsque les maîtres d'hôtel, descendant aux cuisines, lui rapportent les prouesses de leur maître. Carême ne se considère d'ailleurs pas comme un cuisinier, mais s'intitule, en toute simplicité, « pâtissier-architecte ». Il est le roi de la pièce montée. Sur la table de Talleyrand, pour un grand thé ou une soirée dansante, on voit souvent apparaître une harpe ornée d'une couronne de sucre filé, avec des cordes également en sucre. Flanquée de pommes de pin en sucre rose, elle repose sur trois socles de pâte d'office, comportant des choux glacés, des tartelettes d'abricots, des gâteaux renversés et glacés au four. Carême fabrique également des *pavillons chinois*, des *cabinets vénitiens*, des *belvédères égyptiens*, enfin des *ruines*, parmi lesquelles celles de Palmyre ou d'Athènes remportent tous les suffrages.

Antonin Carême travailla ainsi douze années dans ce « sanctuaire de la cuisine moderne », ainsi jugeait-il la table du prince de Bénévent.

Au début de 1808, la piquante duchesse de Montmorency, dame du palais de Joséphine, qui avait alors trente-quatre ans, passe pour la maîtresse de Charles-Maurice. S'il faut en croire le bulletin de police de Fouché, la duchesse aurait eu également des bontés pour l'ancien évêque ariégeois de Pamiers — et le duc d'Otrante d'ironiser : « On dit que le prince de Bénévent, qui, dans l'Ancien Régime, était évêque, n'est plus maintenant que coadjuteur. » Fouché note encore : « Colère de Mme de Talleyrand. » Mais Catherine est le plus souvent absente — elle n'est plus invitée aux Tuileries, puisque le prince a perdu sa place de grand chambellan — et Son Altesse Sérénissime trône au milieu d'un cercle de dames que la jeune et cruelle comtesse Potocka appelle son « vieux sérail », tandis que la tout aussi jeune Anglaise lady Yarmouth écrira avec dédain : « Rien ne semble le captiver autant que la vieillesse, car toutes ses amours sont de véritables antiquités. »

Lady Yarmouth exagérait assurément. C'est adorable d'avoir vingt ans, encore ne faut-il pas en abuser... Les « antiquités » de M. de Talleyrand étaient parfaitement assorties aux cinquante-quatre ans de Charles-Maurice à cette époque... Elles formèrent « la société Talleyrand ». Certaines *avaient été*, d'autres *étaient* encore « quelque chose » pour lui... mais, on le sait, *avoir été* n'empêchait nullement ces dames de rechercher la société de leur prince.

Parmi les anciennes liaisons, on s'étonnait de ne pas voir plus fréquemment Mme de Flahaut apparaître rue de Varenne. Elle avait pourtant la supériorité sur les autres dames d'avoir donné un fils au maître de maison, aujourd'hui un bel officier, amant de la reine Hortense. Devenue Mme de Souza, elle est peut-être la seule parmi les anciennes amies de Charles-Maurice à ne pas avoir su transformer leur amour en amitié.

Il n'en est pas de même de Mme Tyszkiewicz. Bien souvent — trop à son gré — Charles-Maurice a reçu des nouvelles de sa maîtresse polonaise qui, rappelons-le, nièce du roi de Pologne, était née princesse Poniatowska. Elle lui avait fait parvenir un petit coffret en bois d'ébène destiné — du moins elle l'espérait — à conserver les lettres qu'elle adressait au prince. Une plaque de cuivre était fixée sur le couvercle : « *Doux souvenir, tiens-moi lieu d'espérance. 1806-1807.* » Au mois d'octobre 1808, elle se fixe à Paris et, en admiratrice de Charles-Maurice, ne manque pas une seule de ses réceptions de la rue de Varenne. A son grand désespoir, le *doux souvenir* ne reprend pas — et pour cause !

Dix-huit mois plus tard, le duc de Feltre sera stupéfait en voyant Mme Tyszkiewicz ayant « une taille monstrueuse », arborant « une énorme quantité de choses sur la tête et portant un vieil oripeau d'habit d'une tournure inouïe. J'en étais vraiment fâché pour elle, concluait le duc, mais jamais on n'a été poupée de Nuremberg comme cela ».

L'amour que la malheureuse porte à Charles-Maurice touche à la vénération. Il suffisait que son idole admirât chez un antiquaire un objet de prix pour qu'elle le lui offrît aussitôt. C'est ainsi qu'elle acheta à son intention deux belles colonnes de porcelaine à socle et chapiteau d'or. Puis ce fut au tour d'un mandarin, « à la robe bleue, nous dit la duchesse d'Abrantès, aux manches pendantes, aux yeux retroussés ; cet honnête mandarin qui coûta des sommes folles », que Talleyrand donna un jour à la duchesse de Courlande. Plus tard, la Polonaise fit l'acquisition d'une montre pour Charles-Maurice, espérant qu'il y mettrait son portrait. Le prince de Bénévent préféra y placer une miniature représentant sa nièce Dorothée, future duchesse de Dino et devenue sa maîtresse...

Le 17 mai 1809, une nouvelle note est mise sous les yeux de l'Empereur et nous apprend que les amours avec Mme de Montmorency sont terminées. Puis Fouché précise : « Le prince de Bénévent a pris Mme de Bauffrémont, fille de M. de La Vauguyon, et depuis trois semaines Mme Regnault de Saint-Jean-d'Angély. » Si la liaison avec Mme Regnault de Saint-Jean-d'Angély paraît douteuse — la jeune femme aurait pourtant, « en fait de plaisir, nous dit le baron Thiébault, tenu tête à tous les grenadiers de France » —, les amours qui auraient uni Charles-Maurice à Mme de Bauffrémont paraissent peut-être plus probables, témoin ce billet que Charles-Maurice écrira un jour à la princesse : « Je serais bien heureux de me retrouver un jour dans votre petit cabinet bleu où il n'y a ni intrigue ni tourmente, mais bien toutes les qualités qui attachent à vous pour la vie. »

Le prince avait souvent invité chez lui Mme de Chevreuse, avant qu'elle ne se fasse exiler. Il faut préciser que la duchesse était franchement insupportable. Nommée dame de l'impératrice Joséphine, elle avait d'abord refusé cette promotion, mais, forcée d'accepter, avait mis une rare impertinence à remplir les devoirs de sa charge. Tantôt elle

déclarait ne point vouloir accompagner Joséphine à l'Opéra
parce qu'elle avait fait le vœu de ne point se distraire avant
d'avoir un autre enfant... Ou encore, si, à la fin d'une chasse,
l'Impératrice la désignait pour recevoir les honneurs du pied,
elle refusait ostensiblement en regardant dédaigneusement
Joséphine. Cette « mauvaise hargne » — l'expression est de
Fouché dans l'un de ses rapports — se moquait de tout le
monde et se livrait à mille extravagances. « Je me rappelle
entre autres, nous dit Mme de Boigne, qu'un jour de grande
soirée à l'hôtel de Luynes, elle établit la partie de M. de
Talleyrand vis-à-vis d'un buste de Louis XVI placé sur une
console et entouré de candélabres et d'une multitude de
vases remplis de lis formant comme un autel. Elle nous
menait tous voir cet arrangement avec une joie de pensionnaire. Quoique je fusse presque aussi vive qu'elle dans mes
opinions, cependant ces niches me paraissaient puériles et
dangereuses, je le lui dis.

» — Que voulez-vous ! le petit misérable (c'est ainsi
qu'elle appelait toujours le grand Napoléon) *me victime*, je
me venge comme je peux. »

On voyait aussi chez le prince de Bénévent, Aimée de
Coigny, qui riait d'un rire sensuel et faisait battre un peu
plus vite le cœur des hommes. Elle possédait un petit nez
insolent — mais si adorable ! — et se trouvait armée d'une
paire d'yeux de braise et d'une chevelure noire aux reflets de
feu.

Après avoir été duchesse de Fleury, elle était tombée, à la
fin de l'Ancien Régime, éperdument amoureuse de l'homme
de sa vie : le beau et jeune comte de Montrond, l'ami intime
de Talleyrand — pour ne pas dire son complice. Son cynisme
la ravissait. Réfugiée à Londres pendant la Révolution, ils
commencèrent, avec l'insouciance des émigrés, à dépenser
allègrement ce qu'ils avaient pu emporter — ou plutôt ce
qu'elle avait pu sauver de la débâcle : Montrond ne possédait
rien que son charme et sa drôlerie. Aimée riait à perdre
haleine. Un soir, à souper, un amiral anglais, scandalisé par
la façon dont Montrond parlait aux femmes, l'avait regardé
en disant :

— Les Français sont des polissons, je ne fais pas
d'exceptions !

Montrond avait levé son verre et déclaré froidement :

— Je bois aux Anglais : ce sont des gentlemen. Mais je fais
des exceptions.

A la fin de 1793, Aimée et son amant s'imaginant — Dieu
sait pourquoi ! — que la Révolution était terminée, rega-
gnent la France... pour se faire emprisonner. Un jour, à la
prison Saint-Lazare, devenue la *maison Lazare* — les saints
étant même expulsés des maisons d'arrêt... —, un jeune
détenu lui tend, avec un soupir mélancolique et modeste, une
élégie. Il se nommait André Chénier et le poème s'appelait *la
Jeune Captive*. Le lut-elle jusqu'au bout ? Peut-être pas !
C'était là un genre si « moderne », si grave, si différent des
petits madrigaux badins et galants qu'on lui murmurait
autrefois à l'oreille entre deux airs de menuet... Sans doute
se rendit-elle compte qu'elle avait fait une fois de plus des
ravages dans un cœur, mais assurément elle ne s'attarde
guère à cette idée. Seul Montrond l'amusait.

André Chénier partit pour la guillotine, mais Montrond et
sa maîtresse, moyennant une certaine somme, se firent
libérer. Ils se marièrent et ce fut une nouvelle lune de miel.
Tant qu'Aimée eut des bois, des fermes, des prés, il l'aima.
Lorsqu'elle n'eut plus rien à cause de lui, il se mit à la
tromper avec la belle et sculpturale Mme Hamelin, la reine
du Directoire.

— Mais vous êtes marié, avait-elle dit à Montrond,
lorsqu'il lui avait demandé sa main gauche.

— Je le suis si peu !

Le « si peu » sembla encore trop important à Montrond qui
demanda le divorce.

Toujours aussi spirituel, il fait des entrées remarquées rue
de Varenne. Surveillé par la police impériale en raison de la
légèreté de ses mœurs, il vit caché et ne cesse de changer de
domicile. Pour faire plaisir à Talleyrand, Savary promet
d'établir un rapport qui mettra fin à ce que Montrond
appelle une injustice. Charles-Maurice le lui annonce en
des termes qu'il faut citer et qui prouvent qu'il pouvait
témoigner à ses amis de bien jolis sentiments : « Mettez bien
dans votre esprit et votre cœur que tout ce qui vous touche
est et sera toujours, en tout temps, en toute circonstance, en
bonheur, en ennui, en malheur, un puissant intérêt pour moi.
Je dis cela une fois pour toutes... Je vois des préventions que
je sais mieux que personne, puisque personne ne vous
connaît aussi bien que moi, n'avoir aucune espèce de
fondement. Si l'on pouvait articuler quelque chose, il serait
bien aisé de répondre, mais on n'articule rien. Ainsi il faudra,
sans avoir de torts, obtenir grâce, et cette grâce doit, à ce

que je crois, avoir lieu au mariage. Voilà mon opinion. Une fois le retour obtenu, il faudra chercher à mener l'espèce de vie qui donne le moins sujet aux préventions. Et nous le chercherons et trouverons. Adieu. Soignez votre ennui par de la lecture et des courses à cheval. Ne dépensez point d'argent et pensez avec douceur à vos amis. Personne ne vous aime plus tendrement que moi. »

On rencontre encore dans les salons de la rue de Varenne la princesse de Vaudémont, née Montmorency, dont, rappelons-le, le jeune abbé de Périgord avait été l'amant. Mme de Vaudémont avait alors quarante-six ans et, comme nous le dit Aimée de Coigny, « elle ne demande aux révolutions que de passer par sa chambre sans s'informer où elles vont ensuite... Pourvu que son petit chien ait le droit de mordre familièrement les ministres et les ambassadeurs et que son thé soit pris dans l'intimité par les hommes puissants, le reste l'occupe peu... ».

C'est chez la princesse qu'Aimée de Coigny commence à conspirer, avant, nous le verrons, de mettre M. de Talleyrand au courant de ses projets. « On y complote en toute sûreté. Les fauteuils y sont si bons, la vie si agréable et si niaise que les espions s'y endorment... » Aimée de Coigny ne s'y endormira pas...

Parmi les belles amies du prince de Bénévent, les dames de Bellegarde attirent bien des regards. Talleyrand dîne chez les deux ravissantes Savoyardes presque chaque semaine. L'aînée, la belle Adèle, a été la maîtresse d'Hérault de Séchelles, tandis que sa sœur Aurore s'est enflammée pour le conventionnel Philibert Simond. Sous la Révolution on avait pu les voir assister à l'exécution d'un noble Savoyard qu'elles avaient rencontré chez leur père. On les avait entendues crier : *Vive la nation !* lorsque la tête tomba, et on affirmait qu'en arrivant à la Convention, elles avaient déclaré paisiblement : « L'exécution est beaucoup plus intéressante, lorsqu'on connaît les gens ! »

David avait peint Adèle de Bellegarde au premier plan de son célèbre tableau représentant *Les Sabines arrêtant le combat entre les Romains et les Sabins*. La blonde Adèle écarte les bras pour séparer les combattants [1]. Elle était si

---

1. Son clair et beau profil se trouve aujourd'hui sur nos timbres-poste.

belle que le peintre l'avait transformée en jolie femme brune et c'est elle — toujours elle — qui dépose ses enfants aux pieds des combattants. Adèle, à la mort de son amant Hérault, était allée habiter chez Aimée de Coigny, alors la maîtresse du chanteur Garat. Mme de Bellegarde lui prit son amant... et quitta avec lui la maison. L'amour qu'Adèle porta à cet avantageux bellâtre déçoit un peu... D'autant plus qu'il ne s'agira point d'un feu de paille : Garat lui fera un petit garçon et une petite fille. Celle-ci sera élevée chez une nourrice qui gardait également le futur duc de Morny, fils de Flahaut et de la reine Hortense, demi-frère de Napoléon III et petit-fils de Talleyrand.

L'Histoire nous réserve ainsi des rencontres inattendues...

Quinze ans plus tard, Adèle et sa sœur étaient toujours aussi appétissantes. Talleyrand y avait-il goûté hier, avant-hier ou aujourd'hui ?... On ne sait ! Un jour qu'une princesse allemande amie d'Adèle de Bellegarde, placée à table à côté de Talleyrand, s'était plainte de n'avoir pu arracher le moindre mot au prince, Adèle lui répondit :

— Que voulez-vous ! Il y a longtemps qu'il ne dit plus de messes basses !

Talleyrand en disait à d'autres... Il aime les dames de Bellegarde à sa façon et les admire : « C'est une bien bonne leçon, leur écrit-il, que d'avoir sous les yeux deux personnes qui trouvent tant de bonheur dans la vie bienveillante qu'elles mènent, qui ne reconnaissent de sacrifices que les restrictions imposées au bien qu'elle voudrait faire, qui sont modérées dans leurs goûts, supérieures aux fantaisies, qui méprisent la dépense comme elles méprisent l'argent, qui ne se sont jamais aperçues des bornes de leur fortune que par le regret de ne pouvoir pas donner davantage... Vous êtes certainement toutes les deux fort spirituelles, mais vous êtes surtout charmantes par la quantité d'esprit que vous employez et surtout par la supériorité que vous exercez pour excuser les défauts et pour relever les bonnes actions. Je vous ai souvent trouvées plus piquantes et plus ingénieuses dans vos dispositions favorables que la malignité ne l'est dans ses insinuations, et il est une récompense pour les âmes douces et aimantes, c'est qu'elles sont aimées, et je vous assure que vous l'êtes bien ; c'est du fond du cœur que je vous le dis... Adieu, chères amies. Je vous aime et vous embrasse bien tendrement. Adieu. »

Les lettres de Charles-Maurice à ses amies nous permettent de mieux le connaître. Car, en public, il s'est par trop soigneusement appliqué à ressembler à une énigme et à éteindre en lui regards et sourires. Il parle du bout des lèvres, mais, comme l'a dit la marquise de La Tour du Pin, « il possède un charme que je n'ai rencontré chez aucun autre homme. On avait beau s'être armé de toutes pièces contre son immoralité, sa conduite, sa vie, contre tout ce qu'on lui reprochait, enfin, il vous séduisait tout de même comme l'oiseau est fasciné par le regard d'un serpent ». Mais une autre de ses admiratrices prétendra que sous ce masque de mort, on trouvait « la physionomie fine et spirituelle de l'évêque d'Autun ».

On colportait ses mots. Un soir que l'une de ses invitées parlait avec admiration des *Martyrs* de Chateaubriand, et qu'elle citait la page célèbre où Eudore et Cymodocée étaient « dévorés par les bêtes » :

— C'est comme le livre ! laissa tomber Talleyrand de sa voix mâle et profonde, partant d'un *bon creux*.

Puis il se replongea dans son mutisme.

Comme on s'étonnait de le voir accompagner jusqu'à la porte de son salon une personne de fort modeste origine, il expliqua :

— On reçoit quelqu'un suivant le nom ou l'habit qu'il porte. On le reconduit suivant l'esprit qu'il a montré.

Mme de Staël, bien qu'elle déteste maintenant son ancien amant, demeure toujours sous le charme de Charles-Maurice en l'écoutant parler :

— Si sa conversation pouvait s'acheter, disait-elle, je m'y ruinerais.

Après le somptueux souper, les valets présentent liqueurs et alcools. Un soir, l'un des invités avale son verre de fine champagne « à la russe ».

— Ce n'est pas ainsi qu'il faut boire le cognac, lui fait remarquer le prince. On prend son verre dans le creux de la main, on le réchauffe, on l'agite en lui donnant une impulsion circulaire, afin que la liqueur dégage son parfum. Alors on le porte à ses narines, on le respire...

— Et puis, monseigneur ?

— Et puis, monsieur, on pose son verre et on en parle...

Les conversations s'apaisent ; voici l'heure du whist que Talleyrand affectionne :

— Le jeu, dit-il, occupe sans préoccuper et dispense de toute conversation súivie.

La nouvelle noblesse impériale se presse dans les salons du prince. Napoléon a nommé trente et un ducs, quatre cent cinquante-deux comtes, quinze cents barons et quatorze cent soixante-quinze chevaliers ! Le duc de La Force sera fait chevalier et Talleyrand félicitera en ces termes un ancien duc recevant le titre de comte :

— Je vous félicite, car il faut espérer qu'à la prochaine promotion vous serez fait baron.

A la fin du mois d'avril 1809, alors que Napoléon vient de vaincre les Autrichiens à Eckmühl et d'être blessé à Ratisbonne d'une balle à un talon, une berline de voyage entre rue de Varenne dans la belle cour de l'hôtel de Monaco. De la voiture maculée de boue, descend la belle, blanche et svelte duchesse de Courlande à qui l'on donnait de « l'Altesse Sérénissime ». A ses côtés apparaît, presque sautillante, sa fille Dorothée, un jour duchesse de Dino, qui vient à peine d'atteindre sa seizième année. Toutes deux vont jouer successivement — la mère d'abord, la fille ensuite — un grand rôle dans l'existence de Charles-Maurice. Aussi méritent-elles que nous nous attardions en leur séduisante compagnie.

La duchesse Anne-Charlotte, comtesse du Saint-Empire, est veuve du peu agréable duc Pierre II de Courlande qu'elle avait épousé à l'âge de dix-huit ans. Il avait trente-sept années de plus que sa femme — ce qui n'empêcha pas la duchesse de mettre au monde deux jolies petites filles. Cette différence d'âge conduisit — je dirai presque naturellement — Anne-Charlotte de Courlande à tromper son mari. Elle avait été envoyée auprès du roi de Pologne Stanislas Poniatowski pour plaider la cause de son époux opposé aux membres de la noblesse de son petit duché, et était tombée éperdument amoureuse de celui qui s'affrontait aux intérêts de Pierre II de Courlande auprès du roi, le fougueux Alexandre Batowski. Il avait la supériorité sur le duc de Courlande d'être âgé seulement de trente années. Non seulement, elle lui promit de l'épouser à la mort du duc Pierre, mais elle accepta de payer un fort dédit de 1 500 000 francs dans le cas où elle changerait d'avis. Elle mit bientôt au monde une troisième fille — Dorothée — que le duc de Courlande endossa sans difficulté. A la suite de quoi, il donna même licence à sa femme de vivre six mois par an en compagnie de Batowski. Durant les six autres mois de l'année, elle se trouvait obligée de réintégrer le domicile conjugal...

Lorsque Pierre II mourut, la belle duchesse ne paya pas le dédit prévu — non sans noblesse, Batowski avait jeté au feu l'étrange contrat — mais, en échange, elle fit à son amant une pension de trois mille ducats. Se sentant ainsi libérée, Mme de Courlande put, en toute liberté, multiplier de tumultueuses aventures amoureuses...

Sa taille était charmante et, nous dit le baron de Vitrolles, alors émigré et qui fit sa connaissance à Löbikau, « sa figure était fraîche comme celle des filles du Nord ». Talleyrand trouve son sourire radieux. On l'a tant désirée — et obtenue... — qu'il se dégage d'elle une sensualité prometteuse.

C'est à peine si Charles-Maurice regarde Dorothée qui est alors une petite sauvageonne quelque peu grimaçante, mais elle est armée de deux yeux ardents et étincelants, des yeux de myope — « si grands, disait-elle, qu'ils étaient hors de proportion avec mon visage réduit à rien ». Mais la vie lui apprendra à se servir utilement de ce profond regard... et son visage ne sera nullement « réduit à rien ». Elle est encore une femme-enfant, un exquis fruit vert, dont la fine silhouette serait aujourd'hui considérée comme fort attirante, mais l'excessive minceur est alors fort peu prisée. A l'excuse de nos aïeux, précisons que les décolletés vertigineux de l'époque, et les tailles montant à l'assaut des poitrines, exigeaient des rondeurs appétissantes — et on déclara aussitôt que la jeune femme n'était qu'un « petit pruneau ». Dorothée s'arrondira de plus en plus joliment par la suite et deviendra irrésistible — et Talleyrand n'y résistera point. Les choses, en effet, s'arrangeront vite. Et on vantera dans les salons de M. de Talleyrand, la drôlerie de Dorothée et la saveur de son esprit.

En arrivant rue de Varenne, Dorothée, petite mariée de la semaine, n'était plus princesse de Courlande depuis quelques jours. Elle venait d'épouser Edmond de Périgord, neveu de Talleyrand et fils d'Archambault de Périgord, le frère cadet du prince — un homme « aussi bête que beau », disait-on. L'union avait été célébrée par le prince-primat

Dorothée de Périgord, princesse de Courlande, princesse de Sagan et, un jour, duchesse de Dino. On le voit, elle était ravissante et elle fut pour Talleyrand son dernier amour. (Collection M. et Mme Gaston Palewski).

Charles-Théodore de Dalberg et le mari, dès le lendemain de la nuit de noces, était parti rejoindre l'état-major de Berthier qui, à la suite de l'armée, suivait le Danube et marchait déjà sur Vienne. Le prince-primat avait offert à la jeune femme un oiseau battant désespérément des ailes dans une cage dorée. Dorothée vit-elle là une allusion à son mariage imposé ? Sa mère venait en effet de la mettre littéralement en cage, à la demande du tsar qui agissait lui-même à la prière de Talleyrand.

L'idée de cette union de convenance — car l'amour, bien sûr, se trouvait absent de l'affaire — venait de Talleyrand. A Erfurt, après avoir parlé au tsar du désir de Napoléon d'épouser une grande-duchesse, le prince s'était lancé :

— Sire, lui avait-il dit, puisque Votre Majesté est dans de si heureuses dispositions matrimoniales — ce qui était d'ailleurs faux — elle me permettra de lui demander une faveur. J'ai eu le malheur de perdre l'aîné de mes neveux, jeune homme d'espérance. Il m'en reste un, que je voudrais marier avantageusement ; mais, en France, je dois y renoncer. L'Empereur garde les riches héritières pour ses aides de camp. Votre Majesté a pour sujette une famille à laquelle mon plus grand désir serait de m'allier : la main de la princesse Dorothée de Courlande comblerait les vœux de mon neveu Edmond.

Ce neveu n'avait, bien entendu, jamais vu la jeune Dorothée. En avait-il seulement entendu parler ? Mais la petite princesse est la plus riche héritière d'Allemagne et de Pologne. Le fief de Sagan lui appartenait, sans parler d'innombrables biens... et lorsqu'on connaît la soif de l'or qui étreignait M. de Talleyrand, on comprend son désir d'annexer, au profit de sa famille, cette immense fortune.

Le tsar promit de s'occuper de l'union projetée et de se rendre lui-même au château de Löbikau, dans le duché de Saxe-Altenburg. Il tient sa promesse et, accompagné de Caulaincourt et d'Edmond de Périgord, arrive chez la duchesse de Courlande. Dorothée semble rêveuse : elle aime le prince Czartoryski qu'elle espère bien épouser. « A table, raconte Dorothée, ma mère et M. de Caulaincourt me séparaient de l'empereur, de manière que la conversation passait devant eux. Tout à coup, l'empereur me demande si je n'étais pas frappée d'une sorte de ressemblance qu'il prétendait avoir découverte entre le prince Czartoryski et M. de Périgord.

» — De qui Votre Majesté veut-elle parler ? répondis-je
en rougissant de m'entendre interpeller par une question que
j'aurais cru " plus délicat " de ne pas m'adresser.

» — Mais de ce jeune homme assis là-bas, du neveu du
prince de Bénévent, qui accompagne le duc de Vicence à
Pétersbourg.

» — Pardon, sire, je n'avais pas remarqué l'aide de camp
du duc de Vicence, et j'ai la vue si basse qu'il m'est
impossible, d'ici, de distinguer ses traits. »

Après le repas, le tsar prie la duchesse de lui parler en
particulier — et lui fait part de la demande du prince de
Bénévent. Mme de Courlande ne se montre guère
enchantée.

— Vous connaissez, sire, les idées antifrançaises des têtes
allemandes, ma fille les partage toutes ; elle a beaucoup
d'absolu dans le caractère, sa position la rend indépendante
et ses sœurs, ses parents, ses amis, la cour de Prusse, toute
l'Allemagne crieront contre ce mariage. Sans avoir à me
plaindre de Dorothée, je sais cependant que j'ai peu
d'influence sur son esprit ; et d'ailleurs, je vous dirai avec
franchise, sire, qu'il est depuis longtemps question du
mariage de ma fille avec un des anciens amis de Votre
Majesté. Le prince Adam Czartoryski est l'homme qu'elle
préfère ; je n'ai aucune raison grave à opposer à son choix et
je ne vois aucun moyen d'empêcher que ce mariage n'ait lieu
l'année prochaine.

— Le désirez-vous ? reprit le tsar.

— Non, sire ; une grande différence d'âge, le caractère
difficile de la vieille princesse et la mauvaise grâce qu'elle a
mise jusqu'à présent dans cette affaire m'en éloignaient
plutôt.

— Alors, dit l'empereur, je n'admets aucune de vos autres
raisons ; la jeune Dorothée, à quinze ans, ne peut avoir des
opinions politiques bien arrêtées. Je crois la jeune princesse
trop bien élevée pour que l'influence maternelle puisse être
nulle sur elle lorsque vous consentirez à l'employer. Quant à
Adam Czartoryski, je vous assure qu'il ne se soucie
nullement de se marier, et qu'il se laissera toujours
gouverner par sa mère, qui est une vieille Polonaise
intrigante et dangereuse. Enfin, ma chère duchesse, je
n'accepte aucune excuse, j'ai donné ma parole ; je demande
la vôtre...

Pour. vaincre la résistance de sa fille, la duchesse lui joua une assez laide comédie, lui affirmant — une prétendue preuve à l'appui — que son soupirant devait se marier avec une autre. Le mariage forcé de Dorothée décidé, le dialogue des deux fiancés malgré eux — nous le connaissons par les *Souvenirs* de Dorothée — mérite d'être rapporté ; on le dirait extrait de quelque comédie :

— J'espère, monsieur, lui déclare Dorothée, que vous serez heureux dans le mariage que l'on a arrangé pour nous. Mais je dois vous dire moi-même ce que vous savez sans doute, c'est que je cède au désir de ma mère, sans répugnance à la vérité, mais avec la plus parfaite indifférence pour vous. Peut-être serai-je heureuse, je veux le croire, mais vous trouverez tout simple, je pense, mes regrets de quitter ma patrie et mes amis et vous ne m'en voudrez pas de la tristesse que vous pourrez, dans les premiers temps du moins, remarquer en moi.

— Mon Dieu, répond Edmond, cela me paraît tout naturel. D'ailleurs, moi aussi, je ne me marie que parce que mon oncle le veut, car, à mon âge, on aime bien mieux la vie de garçon...

Voilà les choses fort bien mises au point...

Nous l'avons dit : lors de son arrivée rue de Varenne, Talleyrand ne fait guère attention au « petit pruneau », mais trouve la mère fort à son goût :

— Je ne crois pas qu'il y ait jamais eu sur terre une femme plus digne d'être adorée, estime-t-il.

Et il l'adora.

La duchesse devint le principal ornement du fameux salon du prince de Bénévent — la sultane favorite, disait-on. « Tout le monde briguait la faveur de lui être présenté, nous dit Mme Potocka. On admirait surtout ses élégantes toilettes et ses diamants. Son vieil adorateur l'attendait toujours et la contemplait avec une admiration propre à faire mourir de jalousie tout son sérail... »

Après quelques semaines de vie mondaine, Charles-Maurice, de plus en plus sous le charme, conduit la mère et la fille — qui attendait déjà un enfant — au château de Rosny, près de Mantes — la future demeure de la duchesse de Berry — qu'Edmond de Périgord avait hérité de sa mère, Sabine Sémozan, descendante de Sully. Arrivé à Bourbon-l'Archambault, où Charles-Maurice commence sa cure annuelle, il écrit à Mme de Courlande :

« J'ai reçu hier votre aimable lettre, madame la duchesse. Je n'avais pas besoin d'être aussi seul et dans un lieu aussi triste que Bourbon-l'Archambault pour qu'elle me fît un grand plaisir. Vous me paraissez avoir été contente de Rosny, je l'espérais... Je reçois des nouvelles de ma mère qui m'inquiètent. »

La mère de Talleyrand devait, en effet, mourir le 24 juin 1809, au 36 de la rue d'Anjou-Saint-Honoré. Elle avait quatre-vingts ans. Talleyrand la voyait-il parfois ? On ne sait. Il n'en dit pas le moindre mot dans ses *Mémoires*...

Aux premiers jours de l'été 1809, Charles-Maurice, ne pouvant pas séjourner à Valençay, toujours occupé par les princes d'Espagne, reçoit Mme de Courlande au modeste château du Pont-de-Sains, non loin d'Avesnes, où il séjourne d'ailleurs avec Catherine. C'est pour la duchesse — et sous les yeux de sa femme qui, toujours amoureuse du duc de San Carlos, doit se résigner — c'est pour Mme de Courlande qu'il fait élever un temple de l'Amour soutenu par quatre colonnes de marbre rouge, acheté autrefois par Louis XIV pour Versailles.

Et ce fut une passion presque dévorante !

Quant à Mme de Courlande, l'ascendant que Talleyrand prendra sur elle « dépassait tout ce que l'on avait pu imaginer », a rapporté Mme de Kielmansegge. Il faudra — nous le verrons — l'amour que Talleyrand portera à Dorothée pour qu'il abandonne quelque peu la mère au profit de la fille, mais nous n'en sommes pas encore là... Peu après la construction du temple de l'Amour, Charles-Maurice écrit à sa chère duchesse des lettres enflammées où il répète comme une litanie : « Je vous aime, chère amie, de toute mon âme... Chaque jour on trouve une raison de plus pour vous aimer... Vous ! Vous ! Vous ! voilà ce que j'aime le plus au monde... Adieu, mon ange... Adieu... Que je vous aime ! »

XV

« LE COMMENCEMENT DE LA FIN »

> *La richesse réelle consiste, non à envahir*
> *les domaines d'autrui, mais à bien faire*
> *valoir les siens.*
>
> TALLEYRAND

Un soir, la charmante reine Hortense prit, nous dit-elle,
« un air bien touché pour dire à l'Empereur qu'elle avait vu
une personne bien désolée de sa disgrâce ». « Je parlai de
son désespoir, de ses protestations de dévouement, et je
mentais si fort que je ne sais comment je pus tenir mon
sérieux. Lorsque je déclinai son nom, l'Empereur partit d'un
grand éclat de rire.

» — C'est de Talleyrand que vous parlez ? Comment ! il
est allé ce matin chez vous ?

» — Oui, sire, et il était fort affligé.

» — Mais il croit donc que j'ignore tous ses propos ? Il
voulait faire ses honneurs à mes dépens. Je ne l'en empêche
plus. Qu'il bavarde à son aise.

» — Mais, sire, comment peut-on prêter des propos à un
homme qui ne dit jamais deux paroles de suite ? C'est sans
doute de la calomnie.

» — Vous ne connaissez pas le monde, ma fille. Je sais à
quoi m'en tenir. S'il ne dit rien devant vous, il s'en
dédommage sur les 2 heures du matin chez ses amies,
Mme de Laval et autres. Au reste, je ne lui fais pas de mal.
Seulement, je ne veux plus qu'il se mêle de mes affaires. »

◀ *Le crayon — lui aussi impitoyable — de la comtesse Bruyère a*
croqué Talleyrand aux eaux de Bourbon-l'Archambault. Une
caricature criante de vérité.

Vainement Talleyrand a écrit à l'Empereur des lettres implorantes : « Tout ce qui me rappelle le temps où j'étais assez heureux pour que mes moments fussent utiles à votre service contribue à attrister mon séjour à Paris, répète-t-il... Tout éloigné que je suis de la scène de vos glorieuses entreprises, je n'existe pas moins, par tous mes sentiments, par toutes mes pensées, dans le premier rang de vos serviteurs qui ont placé ce qu'ils attendent personnellement de considération, de gloire et de bonheur dans l'accomplissement des grandes vues de Votre Majesté. »

Le prince de Bénévent prend, en effet, fort mal sa disgrâce. Quand il ne se surveille pas, il n'a pas figure humaine... Une « espèce de spectre », dira le préfet Thibaudeau qui le rencontre lors d'un relais sur la route de Valençay : « Il avait l'attitude d'un mécontent et l'air sombre d'un conspirateur. »

Ainsi, Talleyrand s'est vu obligé de quitter la table du conseil impérial pour siéger seulement à sa propre table de whist. Napoléon, qui a entre les mains la correspondance de son ancien ministre, saisie par le cabinet noir, hausse les épaules en la lisant et traite son auteur de « vieille commère ». Les lettres de Talleyrand adressées à Caulaincourt sont en effet remplies de minces détails sur la vie parisienne et truffées de phrases destinées à toucher le maître... car il n'ignore toujours pas que ses lettres vont être lues par l'Empereur.

Cependant, les douches écossaises s'abattent sur Charles-Maurice. Après avoir traîné Talleyrand dans la boue — et quelle boue ! — l'Empereur, à la fin du mois d'octobre de cette même année 1809, ne considère plus le prince de Bénévent comme un ennemi — tout en se méfiant, bien sûr... Au début du mois de novembre, Talleyrand a même le droit de rejoindre l'Empereur à Fontainebleau. Il dîne à sa table, mais, comme l'écrit, le 3 novembre, Floret, conseiller de l'ambassade autrichienne à Paris : « Il a le pied à l'étrier, mais il n'est pas encore en selle. »

Il le sera quelques jours plus tard, puisque, le 15 novembre, Le Fèvre de Rechenberg, autre agent autrichien à Paris, peut annoncer à Metternich que « la plus grande confiance paraissait avoir succédé à la froideur d'autrefois. Des entretiens ont lieu presque chaque jour entre l'Empereur et son ancien ministre, qui vient de recevoir le droit des petites entrées, c'est-à-dire le privilège de pénétrer à toute heure chez l'Empereur sans être annoncé, privilège dont fort peu de personnes ne jouissaient jusqu'alors que de fait ».

Cependant Talleyrand estime qu'il ne s'agit pas là du traitement d'autrefois : « On est bien pour moi dans toutes les formes extérieures, annonce-t-il à Caulaincourt le 10 décembre, mais la confiance ne revient pas. »

Elle va revenir, du moins en partie, car Napoléon a besoin des conseils de Talleyrand : il veut renvoyer Joséphine et se remarier !

L'Impératrice avait fait croire à l'Empereur que, dans leur ménage, c'était lui qui ne pouvait procréer. N'avait-elle pas fait ses preuves ? Hortense et Eugène étaient là pour en témoigner. L'Empereur avait fini par croire que cette carence était en quelque sorte la rançon de son génie. Certes, Mlle Denuelle de La Plaigne avait mis au monde, à la fin de 1806, un petit garçon qu'elle affirmait être le fils de l'Empereur. Elle aurait même voulu l'appeler Napoléon...

— Napoléon, c'est trop ! s'était écrié l'Empereur, Léon seulement !

Mais l'enfant était-il de lui ? La mère le criait fièrement sur les toits, mais la petite rouée n'avait-elle pas également été reçue en audience très privée par Murat ? Bref, Napoléon doutait, et de ce doute découlait la lancinante question : pouvait-il donner la vie ? Quant au reste, il s'en moquait ! Ses amours d'antichambre comptaient si peu pour lui ! Or, en cette fin de 1809, au lendemain de Wagram, il ne doutait plus : Marie Walewska, son « épouse polonaise », attendait un enfant de lui ! Il allait pouvoir forger le premier maillon de sa dynastie ! Pour cela, il fallait évidemment répudier Joséphine et briser le lien de cette union inféconde.

— Toute ma vie, répétait-il, j'ai tout sacrifié à ma destinée : tranquillité, intérêt, bonheur !

Cette fois, c'est le grand amour de sa vie qu'il lui fallait sacrifier. Car il aimait encore sa chère créole : « Je te conseille de te bien garder la nuit, lui écrivait-il étant à Schönbrunn, car une de ces prochaines, tu entendras un grand bruit... »

Et pourtant il a pris sa décision — et l'annonce à Talleyrand.

L'Impératrice se montre pour la dernière fois au théâtre, puis a lieu le cercle habituel auquel Talleyrand assiste avec

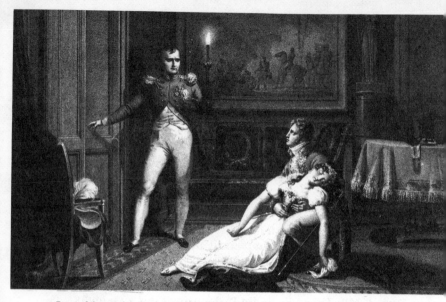

Joséphine fait semblant de s'évanouir dans les bras du chambellan, M. de Bausset, alors que Napoléon vient de lui annoncer sa décision irrévocable de se séparer d'elle.

Mme de Courlande et la comtesse de Kielmannsegge. A peine l'Impératrice a-t-elle adressé la parole à trois ou quatre de ses dames que les larmes lui montent aux yeux et l'émotion l'empêche de parler.

« On se pressa de s'en aller sans plus réfléchir, raconte la comtesse de Kielmannsegge, et la hâte que l'on mit à partir à une heure où le cercle durait habituellement encore, n'augmenta pas peu le désordre que produit toujours le rassemblement d'un grand nombre de voitures. M. de Talleyrand me fit monter dans la sienne avec la duchesse de Courlande. A peine y étions-nous installés qu'il se mit à gesticuler comme un possédé et à pousser de véritables rugissements, criant :

» — C'est épouvantable ! Epouvantable ! Un homme, chasser ainsi sa femme ! Un pareil acte crie vengeance et je la vengerai !

» La duchesse s'efforçait surtout de calmer M. de Talleyrand pour que cette violente émotion ne nuisit pas à sa santé. »

Il est permis de penser, qu'une fois de plus, Talleyrand, maître dans l'art de l'hypocrisie, jouait la comédie pour plaire à Mme de Courlande. Il n'a nullement contrecarré les projets de l'Empereur concernant la répudiation de Joséphine. A plusieurs reprises, il avait poussé Napoléon à divorcer et l'avouait à son ami La Tour du Pin. Au même moment il écrivait à Caulaincourt : « Les rues disent que l'Impératrice restera à Malmaison. Pour être bien dans son rôle, il faut qu'elle prenne sur elle d'être vieille femme et de vivre fort retirée. »

Le 14 décembre, comme toute la cour, le prince de Bénévent est convoqué aux Tuileries. Il demeure dans la salle du trône, tandis que dans le grand cabinet a lieu une émouvante cérémonie en présence de toute la famille impériale. Joséphine accepte de s'effacer avec infiniment de noblesse :

— La dissolution de mon mariage ne changera rien aux sentiments de mon cœur ; l'Empereur aura toujours en moi sa meilleure amie. Je sais combien cet acte commandé par la politique a froissé son cœur ; mais l'un et l'autre, nous sommes glorieux du sacrifice que nous faisons au bien de la patrie.

Au cours du mois de janvier 1810, à plusieurs reprises, Napoléon reçoit Talleyrand. Qui doit-il maintenant épouser ? Une archiduchesse autrichienne, une grande-duchesse russe ou une princesse saxonne ? Un courrier galope vers Caulaincourt à Saint-Pétersbourg afin de tâter le terrain du côté russe. Talleyrand sait à quoi s'en tenir sur les sentiments du tsar. Aussi n'est-il pas surpris d'apprendre qu'Alexandre fait attendre sa réponse. Et pour cause ! La tsarine mère ne peut se résoudre à donner sa fille à un homme « d'un caractère scélérat pour qui rien n'est sacré et qui ne connaît aucun frein, parce qu'il ne croit même pas en Dieu ».

Ne vaut-il pas mieux, pour Napoléon, choisir une archiduchesse dont la monarchie autrichienne possède une réserve copieuse ?

Talleyrand est alors chargé d'entamer secrètement une négociation plus précise avec Vienne. Il préfère s'adresser à Floret, conseiller de l'ambassade d'Autriche à Paris, plutôt qu'à l'ambassadeur, le prince de Schwarzenberg. Démarche faite en dépit de Mme de Courlande qui, nous affirme Mme de Kielmannsegge, s'imaginait le plus sérieusement du monde « que le divorce de Napoléon aurait eu pour elle cette heureuse conséquence de l'élever à la dignité d'impératrice... ».

Le 28 janvier 1810, l'Empereur réunit un conseil extraordinaire aux Tuileries. Princes, dignitaires, ministres, présidents du Sénat et du Corps législatif sont convoqués afin de donner leur opinion. Talleyrand a inspiré l'exposé de Fontanes en faveur d'un mariage autrichien et les signes d'approbation « si peu équivoques » de l'Empereur pendant son discours font comprendre aux assistants quels sont les sentiments du maître.

— Monsieur l'archichancelier, interroge l'Empereur en regardant Cambacérès, quelle est votre opinion ?

« Cambacérès, nous raconte Talleyrand, qui me parut avoir préparé ce qu'il allait dire, avait retrouvé dans ses souvenirs de membre du Comité de salut public, que l'Autriche était et serait toujours notre ennemie. Après avoir longuement développé cette idée qu'il appuya sur beaucoup de faits et de précédents, il finit par exprimer le vœu que l'Empereur épousât une grande-duchesse de Russie. »

Murat et Fouché sont du même avis que Cambacérès — ainsi que le conseiller Lacuée de Cessac :

— L'Autriche n'est plus une grande puissance, affirme-t-il dédaigneusement.

Et l'Empereur de répondre :

— On voit bien, monsieur, que vous n'étiez pas à Wagram !

Mais le cardinal Fesch signale la répugnance « qu'auraient les catholiques français à voir une princesse schismatique associée au trône et un pope officiant aux Tuileries ».

« Mon tour vint, raconte Talleyrand. J'étais sur mon terrain ; je m'en tirai passablement bien. Je pus soutenir par d'excellentes raisons qu'une alliance autrichienne serait préférable pour la France. » Talleyrand fait ensuite une allusion à l'exécution de Marie-Antoinette : « Je m'adressai à l'Empereur, et comme Français, en lui demandant qu'une princesse autrichienne apparût au milieu de nous pour absoudre la France, aux yeux de l'Europe et à ses propres yeux, du crime qui n'était pas le sien et qui appartenait tout entier à une faction. Le mot de *réconciliation européenne* que j'employai plusieurs fois, plaisait à plusieurs membres du Conseil, qui en avaient assez de la guerre... »

Et le mariage autrichien est décidé.

☆

Talleyrand, fidèle à sa politique d'Erfurt, continue à jouer un double et même un triple jeu. Il met au courant de ses craintes Nesselrode, chargé d'affaires du tsar à Paris. Selon le prince, les affaires d'Espagne terminées, Napoléon porterait toute son activité vers le nord en travaillant à l'affaiblissement de la Russie et au rétablissement de la Pologne. L'Empereur restituerait à l'Autriche la Dalmatie, Trieste et Fiume, puis il attaquerait la Russie. Toujours d'après Charles-Maurice — il le répète à Nesselrode — le seul moyen d'éviter la guerre dont les signes avant-coureurs planent sur l'Europe, est d'établir une solide alliance entre Vienne et Saint-Pétersbourg. « Cette union sera encore possible en dépit du mariage », approuve Nesselrode, conquis par les vues de Talleyrand.

En attendant, la Russie doit s'armer et profiter de l'actuel « moment de repos » pendant lequel l'Empereur ne pense qu'à son union avec Marie-Louise. Il ne se doute de rien et est grisé. Mettre une archiduchesse dans son lit l'enivre ! L'orgueil le dévore et Talleyrand, impassible, assiste aux fêtes données pour le mariage le plus étonnant de l'Histoire. Le despotisme se déchaîne. Napoléon l'a avoué dès 1807 : il aime le pouvoir comme un musicien aime son violon. Il joue de ce pouvoir non seulement sans mesure, mais il veut désormais en jouer seul ! Les ministres ne sont plus que des figurants — et ne doivent pas être autre chose ! Tous ceux qui osent montrer encore une certaine indépendance sont renvoyés. Après Talleyrand, viendra le tour de Fouché ! Il est vrai que le ministre de la Police a quelque peu exagéré en entamant des négociations secrètes avec l'Angleterre en vue d'une paix générale. Et Napoléon de l'invectiver en plein conseil auquel assiste Talleyrand en sa qualité de grand dignitaire :

— Vous faites donc, maintenant, monsieur, la guerre et la paix !

Il se tourne vers les autres conseillers :

— Que penseriez-vous, messieurs, d'un ministre qui, abusant de sa position, aurait, à l'insu de son souverain, ouvert des communications avec l'étranger, entamé des négociations diplomatiques sur des bases imaginées par lui seul et compromis ainsi la politique de l'Etat ? Quelle peine y a-t-il dans nos codes pour une pareille forfaiture ?

— Sans doute, M. Fouché a eu grand tort, murmure Talleyrand, et il faut le remplacer, mais, pour remplacer

M. Fouché, je ne vois vraiment que M. le duc d'Otrante !

Ce mot-là valait bien un portefeuille de ministre, mais la succession de Fouché n'en est pas moins donnée ce même jour à Savary, auquel deux noms de guet-apens seront toujours associés : celui de Bayonne et celui d'Ettenheim dont il précipita le dénouement vers les fossés de Vincennes ! Voilà cependant le ministre idéal pour Napoléon ! Le ministre qui n'est même pas effleuré par l'envie de prendre une initiative...

Le duc d'Otrante et le prince de Bénévent pourront désormais assister en simples spectateurs à l'effroyable escalade impériale qui donne le vertige : cent trente départements réunissent quarante-cinq millions de *Français* — auxquels il faut ajouter les quarante millions d'habitants des Etats vassaux : Italie, Espagne, Naples, grand-duché de Varsovie, la Confédération du Rhin et la Confédération helvétique. Etranges frontières *françaises* que le Niémen, Gibraltar, Messine, Hambourg, Zara et Laybach !

Tout en marchant vers l'inévitable catastrophe, Napoléon forge ainsi l'empire de son héritier — car Marie-Louise attend maintenant un enfant — et cet enfant, Napoléon l'affirme, ne pourra être qu'un fils ! Il en est persuadé ! Ce nouveau-né trouvera une couronne dans son berceau de vermeil. Il ne sera pas prince, mais roi — roi de Rome ! Même un pays, alors à l'autre bout du monde — la Suède — et sur lequel Napoléon n'exerce d'autre influence que celle de son nom — va prendre, en cette année 1810, un de ses lieutenants pour roi. Bernadotte, beau-frère de Joseph, est ébloui, mais sa femme Désirée, ancienne fiancée de Bonaparte, demeure absolument indifférente en apprenant qu'elle devient princesse royale de Suède. Sa sœur, ex-reine de Naples, n'était-elle pas assise sur le trône d'Espagne ? Des jeunes femmes du clan Bonaparte, que les « petites Clary » avaient connues simples bourgeoises, n'avaient-elles pas été nommées reines ou princesses ! La légitimité de sa « nomination » n'a point frappé Désirée. Mais son indifférence se changera en désespoir lorsqu'elle apprendra qu'il lui fallait s'expatrier et partir pour Stockholm.

— Je pensais que c'était comme Pontecorvo, un endroit dont nous allions prendre le titre.

Elle se plaignait : les règnes finissaient si mal !

— Sans doute, madame, lui répondit Talleyrand, mais c'est bien joli pour commencer !

Elle n'en soupirait pas moins « à la terrible pensée d'être enterrée en Suède ».

— Allons, allons, grondait Bernadotte, il n'y a pas de quoi se plaindre, quand on vous offre un royaume ! Il faut tâcher de vous consoler.

Elle dut se résigner.

Dorothée de Périgord fera partie de la maison de la seconde impératrice — et Talleyrand d'écrire à Caulaincourt, espérant toujours que le cabinet noir recopiera sa lettre et la mettra sous les yeux de l'Empereur : « Il est question de faire des dames du Palais ; on parle de six. Probablement Mme de Périgord sera du nombre : je le désire, parce que tout ce qui rapproche les miens de l'Empereur me convient. J'aime à lui donner des marques d'attachement qui, tôt ou tard, lui prouveront que c'est lui qui est en tort avec moi. En attendant, je vis avec toutes les précautions possibles, peut-être même exagérées. Ce que je désire avant tout, c'est que mon nom ne soit pas prononcé : c'est le seul moyen d'échapper à toutes les inquiétudes, à tous les bavardages dont on remplit la tête de l'Empereur ; c'est en lui disant du mal des autres que ces messieurs cherchent à prouver leur fidélité. Du reste, il est depuis deux ou trois semaines beaucoup mieux pour moi. »

Talleyrand continue à voir régulièrement Nesselrode. Au mois de mars, il demande à l'ambassadeur de lui obtenir des licences afin de tourner à son profit les lois draconiennes du blocus. Le mois suivant, visite plus grave : il conseille à la Russie de s'entendre en secret avec l'Angleterre. Selon lui, la rupture entre les deux empereurs aura lieu l'année suivante. Sans doute au début d'avril et, d'ici là, il serait souhaitable que « tout ce qui aurait rapport aux subsides et à la coopération de cette puissance se trouvât complètement réglé », pour mieux « recevoir » les troupes françaises...

Puis, la conscience tranquille, il part, au mois d'avril 1811, faire sa cure à Bourbon-l'Archambault : « Pour obéir à la médecine, annonce-t-il à la duchesse de Courlande, j'ai ma jambe sur une chaise ; on dit que cela est nécessaire. Je lis Mme du Deffand, qui m'amuse, parce qu'elle me rappelle ma première jeunesse, mon entrée dans le monde et toutes les personnes qui, alors, y tenaient le haut rang. »

BOURBON-L'ARCHAMBAULT

En haut, vue du logis du roi à l'époque où Talleyrand s'y baignait. A droite, une chaise à porteurs avec laquelle Charles-Maurice descendait vers les bains. En dessous, un daguerréotype nous montrant le logis du roi au siècle dernier. L'établissement de bains n'a guère changé aujourd'hui. (Collection Maurice Reilhac).

Charles-Maurice — de 1801 à 1832 — fera trente et une cures à l'antique cité de Bourbon-l'Archambault dominée par son vieux château en ruine, détruit par la Révolution [1]. Charles-Maurice loge tout en haut de la petite ville, qui comptait alors 3 000 habitants, et non à l'actuel *hôtel Talleyrand*, comme on l'a cru jusqu'à présent. Il s'installait dans l'ancien prieuré des dames bénédictines de Saint-Menoux, une construction datant de Louis XIV, et qui appartenait alors à un sieur Sébastien Boudery. Devant lui se dresse la Sainte-Chapelle romane, l'église Saint-Georges, aujourd'hui reconstruite, mais qui était alors entourée, d'un côté, par son petit cimetière, et de l'autre, par une esplanade plantée d'arbres sur laquelle donnaient — et donnent toujours — les fenêtres du prince. Son appartement se compose principalement d'un beau salon blanc et or, dont les meubles sont recouverts de tapisserie d'Aubusson.

Tous les matins, une chaise à porteurs vient le chercher pour le descendre — bien emmitouflé —, par la grande rue, et par l'actuelle rue de la Monnaie, jusqu'au *Logis du roi* où a été aménagé l'établissement de bains fondé par Gaston d'Orléans, frère de Louis XIII. La pente, longue de quatre cents mètres, est raide. Les deux porteurs, un grand et un petit — le grand se plaçant devant la chaise pour la descente et, à l'arrière, pour la remontée — secouent si fort M. de Talleyrand que pendant longtemps, les habitants de Bourbon-l'Archambault se souviendront des violents cris de protestation poussés par le prince.

Le médecin inspecteur des eaux — ce fut, durant trente et une années, le docteur Faye puis son fils — attend devant le Logis du roi son illustre malade qui descend les trois marches conduisant à une manière de véranda donnant, à sa gauche, sur la piscine publique, ouverte à tous les vents et où les malades peu fortunés se baignaient dans le plus simple

---

1. Il était flanqué autrefois de vingt-quatre tours, sans oublier la plus célèbre : la tour *Quiquengrogne*. Elle existe toujours et domine la vieille cité. Lors de sa construction, les Bourbonnais s'étaient émus : « Cette tour est inutile pour notre défense, elle brave notre cité et pourrait aisément la réduire. Maudits soient ceux qui prêteront aide à sa construction... » Louis, premier duc de Bourbon et grand chancelier de France, s'exclama, fort en colère : « Par la barbe de Lucifer, nul sinon Dieu Tout-Puissant ne saurait arrêter la marche des travaux. Je le proclame hautement devant mes vieux routiers : je la bâtirai qui qu'en grogne. »

Maurice Reilhac a photographié pour nous l'ancien prieuré des dames bénédictines de Saint-Menoux à Bourbon-l'Archambault, où demeura Talleyrand à trente et une reprises.

appareil. A sa droite, se trouve l'entrée des trois piscines en grès d'Auvergne voûté en plein cintre — celle des Capucins, celle des hommes et enfin celle des femmes. La première où macère Charles-Maurice a vite été baptisée la piscine du Prince. Elle mesure 3,40 m sur 3,20 m. Tout en trempant longuement dans cette eau quelque peu refroidie, car elle sort des trois puits voisins à cinquante-deux degrés, le malade doit boire cinq ou six verres d'eau tiède, avant, pendant et après le bain. Talleyrand fait la grimace, car l'eau a un fort mauvais goût... Le docteur Faye recommandait souvent le traitement des cornets appliqués aux endroits atteints par les rhumatismes. On évidait une corne de taureau, on y perçait un trou à l'extrémité et le poseur de cornet aspirait pour produire le vide et transformait ainsi la corne en ventouse. On affirme que certains poseurs parvenaient à placer quarante-deux cornets à la minute... Il paraît probable que Talleyrand y a goûté.

Puis, enveloppé dans un vaste burnous de laine blanche, toujours en vociférant contre ses porteurs, il remonte vers son prieuré, qui est, aujourd'hui, un centre d'enseignement général.

Il aime se retrouver dans l'étroit vallon de Bourbon-l'Archambault et suivre ainsi ce qu'il appelait sa cure de jouvence :

— C'est aux eaux de la cité thermale que je dois la vigueur de mon corps et la verdeur de mon esprit, aurait-il déclaré... ou lui aurait-on fait dire.

La saison des bains terminée, on retrouve Talleyrand au Château Neuf d'Henri IV à Saint-Germain-en-Laye, où demeure la duchesse de Courlande. « Il anime la contrée de ses mélancoliques promenades à cheval, rapporte la comtesse de Kielmannsegge, et les salons de ses spirituelles saillies. Mais au fond de son âme germait l'avenir et ses combinaisons n'attendaient plus, pour se cristalliser, que l'instant favorable. Cela se lisait sur sa figure, quand je le voyais sur son petit alezan, chevauchant gauchement sous les grands chênes de la forêt ou à travers les roseraies, agitant plus ou moins rapidement sa cravache suivant les pensées qui l'assaillaient, ou bien quand, dans ce salon où avait retenti la voix fraîche et sonore du bon roi Henri, il nous sortait ses déconcertants paradoxes... »

Sans doute, il n'est plus ministre, mais il touche 333 000 francs de traitement comme vice-Grand-Electeur, 130 000 pour la principauté de Bénévent, 130 000 de pension attachée au Grand Cordon de la Légion d'honneur, soit trois millions de nos francs. Il a aussi de considérables réserves. En 1806, les princes de la Confédération du Rhin lui ont versé un monceau d'or. En cette même année 1806, lorsque l'Electeur de Saxe devient roi, il remet à Talleyrand 1 million. Au moins 5 ou 6 millions de nos francs actuels. En 1807, toujours, le prince de Waldeck de Lipp et de Reuss lui verse des commissions rondelettes.

Il n'en a pas moins de lourds embarras d'argent. Simons, de Bruxelles, le mari de Mlle Lange, fait faillite. Pour le prince, il s'agit d'une perte de 1 million et demi de francs.

Talleyrand ose demander au tsar 1 500 000 francs, en échange des services qu'il lui a rendus. (Lettre conservée au ministère des Affaires étrangères.)

Comment faire pour combler ce déficit ? Puisqu'il a déjà quémandé chez les Autrichiens, il décide de frapper cette fois à la porte russe, et, le 15 septembre 1811, écrit au tsar une lettre implorante — et stupéfiante :

« Depuis Erfurt, un système suivi de reproches, de gênes, de tourments intérieurs, a rendu, ici, ma position, et, par suite, celle de mes affaires, fort difficile. » Ses affaires, affirme-t-il, sont dans « un embarras qui augmente chaque jour ». Un seul moyen pour en sortir : « J'ai besoin de 1 500 000 francs », signifie-t-il sans pudeur. Et il ose même préciser : « C'est au mois de novembre qu'il me serait important de les avoir. » En somme, il s'agit, pour Alexandre, de payer la « trahison » d'Erfurt et les conseils donnés à Nesselrode. Talleyrand ne doute pas une seconde que le tsar n'ouvrira sa bourse, « si Votre Majesté trouve qu'en ayant la confiance de m'adresser à Elle je n'ai fait que rendre hommage aux qualités généreuses dont Elle est douée, et obéir à l'extrême confiance qu'Elle m'a inspirée, et que cela La porte à vouloir terminer mes embarras... » et il indique minutieusement les modalités et les précautions à prendre pour le versement demandé. Cependant, il supplie le tsar de brûler la lettre — ce que Alexandre ne fera nullement.

La réponse d'Alexandre va le décourager : « Je vous le demande, mon prince, à vous-même, sans vous desservir complètement, puis-je déférer à ce vœu ? Placé par la Providence comme je le suis à l'égard d'un étranger que les talents doivent toujours rendre influent dans les affaires de sa patrie, je dois, dans une pareille circonstance, écouter autre chose que mon affection. Si je vous rends ce service, par qui, comment le puis-je, sans qu'il n'en pénètre rien ?... C'est donc à regret, mon prince, que je me refuse à moi-même le plaisir que je trouverai toujours à vous obliger. »

Premier palliatif, Talleyrand vend sa bibliothèque, opération qui ne peut nullement, on s'en doute, combler ses ennuis de trésorerie. Aussi propose-t-il au mois de février à l'Empereur de lui rendre le cadeau qu'il lui avait fait en lui « cédant » Bénévent. Napoléon lui répond que sa petite principauté va être réunie purement et simplement à l'Empire et qu'il est hors de question de la lui payer. Il en gardera le titre — c'est là tout !

Nouvelle catastrophe : Hambourg, pour ne pas être annexé à l'Empire français, a versé à Talleyrand une somme de 4 millions de francs, somme qui lui a permis d'installer royalement l'hôtel Monaco. Hambourg, étant devenu, à la fin de 1810, le chef-lieu des Bouches-de-l'Elbe, une députation du Sénat de la ville porte plainte auprès de l'Empereur.

Talleyrand fait semblant de ne pas s'apercevoir de la mauvaise humeur impériale et écrit à la grande-duchesse Elisa, le 26 juillet 1811 : « L'Empereur me reçoit de temps en temps avec bonté. Je crois qu'intérieurement il rend justice à ma reconnaissance inaltérable dans la confiance dont il m'a honoré si longtemps, ainsi qu'au profond attachement que je conserverai toujours pour sa personne et pour sa famille. »

Ce qui n'empêche nullement l'Empereur d'être désagréable. Un jour, le 13 août 1811, il demande à Dorothée, qui remplissait ce jour-là les fonctions de dame du palais :

— Votre mari fait vraiment trop de sottises. Comment peut-il avoir acheté pour 10 000 francs de camées ?

— Sire, répond Mme de Périgord, Votre Majesté a été mal renseignée. Mon mari n'a pas fait cette sottise.

L'Empereur se tourne alors vers Berthier et lui dit sévèrement :

— Vous ne devriez pas tolérer de pareilles choses de la part d'un de vos aides de camp.

Puis, se tournant vers Mme de Périgord, il ajoute :

— Cette sottise est au fond plus excusable que maintes autres dont il est coutumier. Du reste, ces pauvres Périgord me sont, comme vous le savez, depuis longtemps complètement indifférents.

Les larmes montent aux yeux de Dorothée qui répond en rougissant :

— Sire, mon mari et mon oncle ont toujours servi Votre Majesté avec zèle et il ne tient qu'à Elle de continuer à les utiliser. En tout cas, leurs services passés méritaient au moins que Votre Majesté ne se moquât pas d'eux.

Et elle quitte la pièce. L'Empereur, ému par les larmes qui perlaient dans les yeux de cette jeune femme de dix-huit ans, essaye, dès le lendemain, de réparer son injustice et redouble d'amabilité pour elle.

Décidément l'Empereur est de mauvaise humeur. Le surlendemain, 15 août, il agresse littéralement l'ambassadeur du tsar, le prince Kourakine :

— Je vois clairement, monsieur, qu'il s'agit de la Pologne ; moi, je commence à croire que c'est vous qui voulez vous en emparer, pensant peut-être qu'il n'y a pas d'autres moyens d'assurer la sécurité de vos frontières... Non, quand bien même vos armées camperaient sur les hauteurs de Montmartre, je ne céderais pas un pouce du territoire varsovien ; j'en ai garanti l'intégrité... Vous n'en aurez pas un village, vous n'en aurez pas un moulin. Je ne pense pas à reconstituer la Pologne ! L'intérêt de mes peuples n'est pas lié à ce pays ; mais si vous me forcez à la guerre, je me servirai de la Pologne comme d'un moyen contre vous...

Kourakine, le visage ruisselant, ne cesse de s'éponger, et ne parvient à placer que quelques vagues protestations concernant le tsar, « ami le plus fidèle de la France... ami le plus dévoué de son souverain ». Entre deux tirades de Napoléon, il répète, pitoyable :

— Il fait bien chaud chez Votre Majesté ! Bien chaud !

L'alliance entre les deux empires s'effondre ; la guerre est maintenant inévitable.

Son service terminé, la pauvre Dorothée va se réfugier à Rosny où elle semble « comme perdue sur une épave au milieu des flots », nous dit la comtesse de Kielmannsegge.

La belle Saxonne se rend souvent à Saint-Germain. Elle s'y trouve le 27 août 1811, deux semaines après la scène de Saint-Cloud, lorsqu'un officier de gendarmerie se présente au petit château. Il est porteur d'une lettre du duc de Rovigo adressée à Talleyrand. Le successeur de Fouché annonce que, malgré la défense qui lui en a été faite par l'Empereur, Mme de Talleyrand a eu un rendez-vous secret avec le prince de San Carlos. Ordre lui a été donné, à la demande de Napoléon, de demeurer dans sa propriété de Pont-de-Sains. Le prince de Bénévent est menacé du même exil. Aussi, nous raconte la comtesse de Kielmannsegge, « la conduite de Talleyrand fut en cette circonstance, comme il fallait du reste s'y attendre, pleine de dignité et de sagesse. C'est une justice à lui rendre. Il rédigea sa réponse, la déchira, la modifia à plusieurs reprises suivant les fluctuations de ses sentiments ; mais chaque fois il nous en montra le brouillon. Je vis en cet instant l'homme, cet homme étrange, tel qu'il avait dû être autrefois, sans bassesses. A 1 heure du matin, il remettait sa réponse à l'officier de gendarmerie ; à 5 heures il était en route pour assister au lever du duc de Rovigo. Le soir de ce même jour il rentrait à Saint-Germain, enchanté du bon service que le duc lui avait rendu. On s'arrangea par la suite pour que, sans précipiter les choses, la princesse de Bénévent demeurât silencieusement reléguée dans son hôtel de Paris et son mari dans sa demeure de Saint-Germain ».

Quinze jours plus tard, la comtesse, au moment d'entrer dans le salon de la duchesse de Courlande, entend de bruyants éclats de voix et s'arrête, interdite. Il n'y a dans le salon, outre Talleyrand et la duchesse de Courlande, que Mme de Laval. « Je les entendis, nous dit la comtesse, se concerter pour le plus abominable des complots qui aient été ourdis contre l'Empereur. Chacun d'eux s'engageait de la façon la plus formelle et la plus solennelle à user de tous les

moyens pour exciter contre lui la haine de l'empereur
Alexandre de Russie. Et pour conclure, M. de Talleyrand
prononça ces paroles :

» — Et voilà la façon dont nous le perdrons !

» Et les deux femmes, s'embrassant et se serrant les
mains, lui firent écho en s'écriant :

· » — Nous le perdrons ! Nous le perdrons ! »

La jolie Saxonne entre cependant dans le salon et les
conspirateurs devinent qu'elle a tout entendu. « J'ai bien
peur que la décomposition des traits de mon visage en
présence d'une si raffinée hypocrisie n'ait décelé le trouble de
mon âme. La soirée se passa pourtant tant bien que mal. »

Mais il n'y eut plus désormais d'amitié entre la comtesse et
la duchesse. Quant à Talleyrand, il continue son double jeu
et, le 12 octobre 1811, se rend en « grande tenue » aux
Tuileries pour s'incliner devant le berceau du petit roi de
Rome, qui a six mois et demi et que l'on appelle *Sire* et *Votre
Majesté* ...Ce qui n'empêche nullement M. le prince de
Bénévent de prédire :

— Tout cela finira par un Bourbon !

☆

La flagornerie qu'il déploie envers l'Empereur porte ses
fruits, puisque, le 31 janvier 1812, Napoléon lui achète l'hôtel
de Varenne pour 2 180 000 francs. Le ministre du Trésor
versera également 1 500 000 francs à titre de loyer pour les
trois ans que les princes espagnols viennent de passer à
Valençay. Voici Son Altesse Sérénissime renflouée !... Mais
ce payement est subordonné à une condition : le prince de
Bénévent doit, sous peine de poursuites, restituer aux villes
hanséatiques 680 000 francs — au lieu des 4 millions qu'il leur
avait extorqués. Comme dit alors Napoléon :

— Je veux que Talleyrand, qui m'a si souvent manqué de
fidélité, et qui a donné tant d'exemples d'immoralité, soit
réduit à vivre de ce qu'il tient de mes bontés.

Ces « bontés » permettent à Charles-Maurice d'acheter au
marquis de Hervas l'admirable hôtel de la rue Saint-
Florentin, élevé en 1767 par Chalgrin, d'après des plans de
Gabriel. La demeure, située à l'angle de la place de la
Concorde, avait été construite pour Louis Philippaux, comte
de Saint-Florentin, duc de La Vrillière pour lequel on
composa cette épitaphe :

L'hôtel Talleyrand donnant place de la Concorde entre la rue Saint-Florentin et la rue Mondovi. La partie droite de l'hôtel a été rajoutée au XIXᵉ siècle. De ce fait l'avancée — les trois fenêtres du centre —, ne se trouve plus au milieu de l'hôtel. Tout l'entresol formait les appartements privés de Talleyrand. Les trois fenêtres, à l'angle de la rue Saint-Florentin, éclairent le Salon de l'Aigle.

> *Ci-gît malgré son rang.*
> *Un homme assez commun.*
> *Ayant porté trois noms.*
> *Il n'en laisse aucun.*

Lui succèdent le duc de Fitz-James, petit-fils du duc de Berwick, puis la princesse de Salm-Salm, duchesse de l'Infandado. L'ambassade de Venise s'y installe en 1792, enfin, l'année suivante, l'hôtel devient une fabrique de salpêtre.

Le grand escalier au plafond de pierres de taille harmonieusement assemblées conduit d'abord à l'entresol qui sera le fameux étage du prince. Une antichambre et deux salons

L'entrée de l'hôtel Talleyrand, rue Saint-Florentin, qui est aujourd'hui la légation des États-Unis. Combien de fois Talleyrand n'a-t-il pas gravi les cinq marches du perron...

permettent de gagner, à l'angle de la rue de Rivoli et de la rue Saint-Florentin, la chambre de Talleyrand. Des aigles dorés surmontent les glaces. C'est l'ancien cabinet des précédents propriétaires. La pièce est flanquée d'un arrière-cabinet, décoré de peintures représentant des fruits et dont Talleyrand fera sa salle de bains. Se succèdent le bureau de Charles-Maurice, autrefois le salon de compagnie, puis l'ancienne chambre à coucher du duc de Fitz-James et une délicieuse salle de bains. Il n'est pas impossible que le prince y dormît également — et c'est peut-être là qu'il mourut.

Au premier étage — l'étage noble — se trouve l'étincelant *salon de l'Aigle* où se jouera, en 1814, une page lourde d'histoire, puis, donnant sur la rue de Rivoli, on traverse un grand cabinet, un arrière-cabinet orné aujourd'hui de panneaux provenant du château de Louveciennes, enfin une chambre à coucher d'apparat. Du côté de la cour, une grande antichambre précède un salon et une salle à manger — suivie de son office donnant rue Saint-Florentin — communiquant avec le salon de l'Aigle [1].

L'envoyé du tsar à Paris, le général Tchernichev, est tout feu tout flamme. Un vrai matamore ! Selon lui, son maître doit faire la paix avec la Turquie, franchir le Niémen, se déclarer roi de Pologne et « détourner contre Napoléon lui-même tous les moyens préparés dans ce pays pour nous faire la guerre ». Talleyrand réussit à s'y opposer. Dans sa progression vers l'Ouest, la Russie risque fort d'être battue sur quelque champ de bataille prussien. Il vaut mieux que le tsar conserve une attitude défensive et s'entende avec l'Angleterre et avec l'Autriche. Si Napoléon franchit une

---

1. Malheureusement, tous ces salons du premier étage ainsi que ceux de l'entresol sont actuellement occupés par les bureaux du consulat des Etat-Unis — après avoir été, pendant la guerre, la proie des services allemands. Une passerelle reliait même l'hôtel Talleyrand au ministère de la Marine, passerelle empruntée souvent par des prisonniers que l'on conduisait dans les caves où se trouvaient des cachots que l'on peut voir encore. Aussi, la passerelle fut-elle appelée le « pont des Soupirs »... Certaines des pièces ont été défigurées par des cloisons. Cependant, ce merveilleux ensemble doit prochainement, parait-il, retrouver sa physionomie d'autrefois.

certaine *ligne défensive* — tracée de la Baltique à la frontière autrichienne — Vienne et Saint-Pétersbourg pourront s'unir contre le perturbateur de l'Europe.

Cependant, Metternich, tout en promettant au tsar de se joindre à lui — plus tard — préfère, pour l'instant, attendre un meilleur moment. Les Autrichiens ne sont pas encore remis de la forte secousse ressentie à Wagram — et puis une archiduchesse ne règne-t-elle pas maintenant à Paris ?

Le tsar suit sagement les conseils donnés par Talleyrand et Nesselrode : la Russie n'attaquera pas la première. En attendant, elle refuse d'appliquer le blocus. Napoléon connaît une partie des sentiments de Talleyrand... et pourtant, à la suite d'une longue conversation avec celui-ci à Trianon, il s'exclame :

— Vous êtes un diable d'homme : je ne puis éviter de vous parler de mes affaires ni m'empêcher de vous aimer.

C'est un cri du cœur...

Sans doute, Alexandre n'attaque-t-il pas... mais, le 8 avril 1812, il agite un chiffon rouge en adressant un véritable ultimatum à l'empereur des Français exigeant l'évacuation intégrale de la Prusse, de la Poméranie suédoise et de toutes les places occupées par la France au-delà de l'Elbe ! Devant de telles exigences, que faire, si ce n'est la guerre ? Cependant l'Empereur tarde encore à prendre le chemin de l'armée. Il attend le résultat de vagues négociations menées avec l'Angleterre, qui auraient surtout permis de mettre un point final au sanglant drame espagnol.

Avant de partir pour l'Est, Napoléon est inquiet. En dépit des sentiments qu'il a exprimés à Talleyrand, laisser le prince derrière lui est assurément un danger et il pense à le nommer ambassadeur à Varsovie. Ainsi l'aurait-il plus près de lui !... Mais le projet ayant été ébruité par Talleyrand lui-même, c'est l'éclectique abbé de Pradt, archevêque de Malines, qui prendra la place du prince de Bénévent [1].

---

1. Ce fut là, pour la destinée de l'Empereur, une lourde erreur. Dans le traîneau qui le ramènera de Russie, après l'effroyable retraite, il confiera à Caulaincourt :

— Savary et Duroc me faisaient un grand éloge de l'abbé de Pradt, parce qu'il avait du jargon et faisait des articles de gazettes. C'est ce choix qui m'a fait manquer ma campagne... Talleyrand y aurait plus fait, par le salon de Mme Tyszkiewicz, que Maret et l'abbé de Pradt avec leur zèle et leur bavardage et toutes leurs menées polonaises.

Dès le début des hostilités, le sérail — du moins ces dames venues de l'Est — s'éparpille. La comtesse Tyszkiewicz regagne Varsovie. La duchesse de Courlande, sujette russe — qui a servi souvent d'intermédiaire entre Talleyrand et le tsar — l'a précédée de quelques jours et rejoint Löbikau. N'a-t-elle pas à sauvegarder ses intérêts en Courlande ? Pour elle et pour ses frères ! « J'ai organisé le départ de ces dames, annonce Talleyrand, de telle façon que tous les après-midi, huit jours durant, à 1 heure et demie, j'en accompagnais une à sa voiture. Cela est vraiment drôle. »

☆

Tandis que la Grande Armée s'enfonce en Russie, Talleyrand, pour « prévenir » sa « disposition rhumatismale », part, selon son habitude, pour Bourbon-l'Archambault avec son frère Bozon « qui se fait doucher avec un zèle qui est admirable, ironise Charles-Maurice, surtout quand on a si peu d'espérance de succès... ». Entre deux douches, Talleyrand donne des leçons d'arithmétique à sa petite nièce Charlotte, pendant que Mme de Talleyrand, venue rejoindre son mari — elle est de plus en plus ventripotente — lui fait la lecture tous les soirs. Puis, ils passent ensuite une partie de l'été dans leur nouvelle « bonne et franche » maison de campagne de Saint-Brice, située à quatre lieues de Paris. Cette fois, pour Charlotte les leçons d'histoire ont pris la place des cours d'arithmétique...

Avec un décalage de plusieurs semaines, Charles-Maurice suit la marche de la Grande Armée, cette Babel en marche, lancée à la poursuite d'un ennemi qui se dérobe chaque jour, ce qui permet à Talleyrand de prédire à son ami Caulaincourt — alors qu'il espère le contraire — que « cette quantité de petites affaires, toutes heureuses pour nos armes, mèneront les Russes à être obligés de traiter comme le génie de l'Empereur le voudra ».

Toujours la crainte du cabinet noir...

Mme de Kielmannsegge, le 4 mai 1812, note dans son *journal* : « M. de Talleyrand nous a récité aujourd'hui des vers ignobles et offensants qu'il a faits sur l'Empereur. » Et deux jours plus tard : « M. de Talleyrand s'est amusé à me débiter des plaisanteries sur ses anciennes fonctions ecclésiastiques :

» — Pourquoi, a-t-il dit, ne devrait-on pas exercer la profession d'évêque comme une autre profession ? »

La torpeur dans laquelle baigne Talleyrand en cette fin de 1812, est quelque peu troublée par la conspiration du général Malet qui, en exhibant de faux sénatus-consultes, est parvenu à faire croire durant deux heures aux Parisiens que Napoléon était mort devant Moscou et qu'un gouvernement provisoire venait d'être créé. Certains fonctionnaires et militaires l'avaient cru et avaient marché dans ce que Talleyrand appelle une « espèce de mouvement ». Le chef de la conspiration comparait devant le conseil de guerre en compagnie de vingt-trois complices involontaires, coupables de crédulité. Non sans élégance, Malet prend sur lui toute la responsabilité de l'affaire. Ses coaccusés sont tous innocents !

— Alors quels sont vos complices ? interroge le président du tribunal.

— La France entière et vous-même, monsieur le président, si j'avais réussi.

Malet, cet échappé d'une maison de santé, ne manquait ni de caractère, ni d'esprit. Avec sa conspiration d'opérette — Talleyrand le constate — il a ébranlé l'énorme machine impériale. Les royalistes le considèrent comme « l'homme qui a ouvert une porte à l'espérance ». Il ne l'a qu'entrebâillée, mais elle s'ouvre tout à fait lorsque paraît le fameux XXIXᵉ bulletin impérial avouant avec franchise la catastrophe de Russie. « Le gouvernement n'est point inébranlable, écrit Mme de Coigny l'espoir au cœur, son armée est battue et sa police peut être enlevée : on peut donc mettre sa puissance civile et militaire en déroute. »

— C'est le commencement de la fin, s'exclame Charles-Maurice...

Et c'est bien ainsi que le comprend Aimée de Coigny. L'irrésistible coquette au visage enchanteur, maîtresse, en 1812, du marquis Bruno de Boisgelin, mise sur l'inévitable culbute de Napoléon. Comme toujours, Aimée est, sur le plan de la politique, le reflet de l'homme qu'elle aime. Boisgelin conspirant, elle conspire — et elle écoute son amant en buvant ses paroles :

— Au train dont vont les choses, lui dit-il un jour, le

monde va pencher sur nous, et qu'est-ce qui nous soutiendra ? Que ferons-nous de notre héros vaincu ?

— Eh bien, déclare Aimée qui ne doute de rien, il ne faut plus le garder pour maître ; renonçons à lui et même à l'Empire.

— Je suis entièrement de votre avis, décide Boisgelin avec autorité, et pour vous le prouver, je veux quelque chose de savamment combiné, de fort, de neuf ; en conséquence, j'opine pour établir la France en royaume et pour appeler Monsieur, frère du feu roi Louis XVI, sur le trône !

Bien vite, Aimée lance dans la conversation le nom de son ami le prince de Talleyrand. Assurément, il peut aider les apprentis conspirateurs.

— Si M. de Talleyrand est comme vous me l'avez dépeint, répond M. de Boisgelin, pourquoi n'exécuterait-il pas ce qui, je n'en puis douter, doit produire le bien de la France ?

— C'est qu'il est probable, lui répond Aimée, que, s'il déteste l'Empereur pour les mêmes raisons que vous le haïssez, il n'a pas la même manière de voir quand il s'agit des Bourbons.

Charles-Maurice n'en tient pas moins à garder dans son jeu la carte royale. Il la jouera selon les circonstances. D'ailleurs, alors que l'Empire commence à craquer de toutes parts, Talleyrand a pris les devants et écrit à son oncle, l'archevêque Alexandre de Talleyrand-Périgord, qui fait partie de la petite cour de Louis XVIII à Hartwell. En termes déguisés et prudents, il offre ses services :

— Dieu soit loué ! s'exclame le roi, Bonaparte doit toucher à sa chute ; car je parie que, lorsque le Directoire fut près de la sienne, votre neveu écrivit dans les mêmes termes au vainqueur de l'Italie. Si vous lui répondez, monsieur l'archevêque, marquez-lui que j'accepte l'augure de son bon souvenir.

« L'augure de son bon souvenir »... ce n'était pas très exaltant ! Cela prouvait, cependant, que Louis XVIII ne voulait pas trop se souvenir de la fameuse lettre écrite par « Mgr d'Autun », au lendemain de la chute de la monarchie, et dans laquelle le citoyen Talleyrand osait faire le procès de Louis XVI. Il y avait encore la malheureuse affaire du duc d'Enghien et, plus récemment, le rôle de geôlier des princes de Bourbon d'Espagne à Valençay...

En dépit de « l'augure du bon souvenir » de l'exilé, Talleyrand préférerait de beaucoup la mort de l'Empereur

sur quelque champ de bataille. Il assumerait vraisemblablement la régence — du moins il s'y emploierait — et pourrait
soit offrir le trône à Louis XVIII, soit gouverner au nom de
Marie-Louise, puisque à cette époque, l'Autriche n'avait pas
encore basculé dans le camp ennemi, comme elle le fera en
1813.

Aussi Aimée de Coigny reçoit-elle un fort bon accueil
lorsqu'elle se présente chez son vieil ami rue Saint-Florentin
pour lui exposer ses projets, ou plutôt ceux de Bruno de
Boisgelin.

Et la conspiration se noue. Elle avance tout d'abord à
petits pas... « Le temps était beau, écrit Aimée, et presque
tous les matins je faisais des courses à pied à la fin desquelles
j'entrais chez M. de Talleyrand. Je le trouvais souvent dans
sa bibliothèque, entouré de gens qui aimaient ou cultivaient
les lettres. Personne ne sait causer comme M. de Talleyrand : il prend les livres, les quitte, les contrarie, les laisse
pour les reprendre, les interroge comme s'ils étaient vivants,
et cet exercice, en donnant à son esprit la profondeur de
l'expérience des siècles, communique aux écrits une grâce
dont leurs auteurs étaient souvent privés. »

La jolie conspiratrice passe ainsi une ou deux heures tous
les matins en tête à tête avec le prince, dans sa bibliothèque.
Puis — elle l'avouera — elle passe dans la chambre à coucher
de Charles-Maurice... Elle estime que les cinquante-huit ans
de son partenaire ont « un charme inexprimable » — sauf
lorsqu'il enveloppe ses qualités d'un dédaigneux silence dans
lequel il excelle... Assurément, les silences de M. de
Talleyrand seront rares lorsqu'il recevra celle qui est
toujours armée d'yeux de braise et d'une chevelure noire aux
reflets de feu — et, de plus, elle conspire ! C'est là, pour le
prince de Bénévent, un piment supplémentaire...

« Cherchant à tirer parti, pour notre projet, d'une intimité
qui existait entre moi et M. de Talleyrand », avoue Aimée, la
jeune femme s'enhardit. Talleyrand lui décrivant un jour
« les maux que l'Empereur causait à la France », Mme de
Coigny s'écrie :

— Mais, monsieur, en savez-vous le remède ? Pouvez-
vous le trouver ? Existe-t-il ?

Ce jour-là, Talleyrand évite de répondre. Et bientôt c'est
lui-même qui revient au sujet et, sans s'encombrer de
précautions oratoires, déclare à sa visiteuse :

— Il faut le détruire par n'importe quel moyen.

« Il »... C'est de Napoléon qu'il s'agit, cela s'entend... Et Aimée d'approuver vivement.

— Cet homme-ci, poursuit Charles-Maurice, ne vaut plus rien pour le genre de bien qu'il pouvait faire, son temps de force contre la Révolution est passé... Il a détruit l'égalité, c'est bon ; mais il faut que la liberté nous reste : il nous faut des lois ; avec lui c'est impossible. Voici le moment de le renverser. Vous connaissez de vieux serviteurs de cette liberté, Garat, quelques autres. Moi, je pourrai atteindre Sieyès, j'ai des moyens pour cela. Il faut ranimer dans leur esprit les pensées de leur jeunesse : c'est une puissance, et puis, l'Empereur étant en retraite de Moscou, il est bien loin. Leur amour pour la liberté peut renaître !

Aussitôt prévenu des heureuses dispositions de l'ancien évêque d'Autun, Blacas, favori du roi, fait passer cette note à Paris : « Le roi, ne voulant négliger aucune occasion de faire connaître à ses sujets les sentiments dont il est animé, me charge de donner en son nom à... *(Talleyrand)* toutes les assurances qu'il peut désirer. S. M. accepte tout ce qu'il peut faire pour son pays, non seulement en contribuant à le délivrer du joug qui l'opprime, mais en secondant un jour de ses lumières l'autorité destinée à réparer tous les maux. »

Charles-Maurice est bien tranquille pour l'avenir ! A la chute — inévitable — de Napoléon, le voici *allié* à la fois, grâce à ses manœuvres, au roi Louis XVIII et, dans le cas d'une éventuelle régence de Marie-Louise, à l'empereur François d'Autriche.

Ainsi, il sera l'arbitre de la situation !

XVI

« QUAND M. DE TALLEYRAND NE TRAFIQUE PAS, IL CONSPIRE. »

(Chateaubriand)

> *Le retour des Bourbons est un principe :*
> *Tout le reste est une intrigue...*
>
> TALLEYRAND

Le 15 décembre 1812, Napoléon, vaincu, regagne les Tuileries en compagnie de Caulaincourt, précédant de quelques jours la lettre que Mme Tyszkiewicz vient d'écrire à Talleyrand pour lui rapporter les paroles de l'Empereur lors de son passage à Varsovie :

« Je viens de faire une campagne malheureuse, je ne puis le nier ; j'ai perdu ma cavalerie, la moitié de mon artillerie, et les deux tiers de mes équipages, cela est vrai ; mais rien de cela n'est désespéré. Peut-être ai-je fait une faute en allant à Moscou, et une autre en y prolongeant mon séjour ; la postérité en décidera ; le ridicule est à côté du sublime... Les bulletins de ces derniers temps ont été mal faits ; on a voulu cacher mes pertes ; elles tenaient à la saison, au climat ; moi je veux tout dire dès que je serai à Paris. »

Quelques jours après le retour de l'Empereur, le maréchal Berthier, arrivant en Pologne, adressait à son tour ces lignes à Napoléon : « Je dois dire à Votre Majesté que l'armée est dans la débandade la plus complète ; de même que la Garde, qui ne se compose plus que de quatre ou cinq cents hommes... Toute l'armée ne représente plus qu'une colonne

◀ *Le prince de Bénévent vu par Proud'hon, portrait conservé au château de Valençay. (Collection M. et Mme Jean Morel).*

étirée sur une longueur de quelques lieues, qui part le matin
et s'arrête le soir sans recevoir aucun ordre : les maréchaux
marchent avec tout le monde... L'armée n'existe plus. »

Napoléon va consacrer ses nuits et ses journées à forger
une nouvelle armée :

— J'ai les moyens de réparer mes fautes, assure-t-il.

Mais le tsar, ses forces ayant repris haleine, va faire
déferler ses divisions sur l'Europe napoléonienne.

Le 1er janvier 1813, Napoléon demande à la comtesse
Kielmannsegge :

— L'empereur Alexandre a bien vite oublié qu'il était mon
ami. Des intrigantes se sont mises entre nous. Et le « faux
frère » — Talleyrand — avez-vous encore des rapports avec
lui ?

— Non, sire.

— Ah ! c'est bien... Le coquin !

Talleyrand répond en ironisant :

— On a exagéré nos pertes. On annonçait que tout le
matériel était perdu. Et voici que l'on apprend le retour du
duc de Bassano !

Le malheureux Maret servait depuis longtemps de tête de
Turc à Talleyrand :

— Je ne connais au monde qu'un homme plus bête que
M. Maret, disait-il.

— Eh ! qui donc, monseigneur ?

— Son Excellence le duc de Bassano.

En apprenant l'ampleur de la catastrophe, Fouché sourit
dans sa cravate et prédit :

— L'Empereur est perdu.

— Bah ! s'exclame Talleyrand, c'est un homme qui a
réussi à me dégoûter des formes rondes pour lesquelles
j'avais eu à dix-sept ans une grande prédilection.

— Et pourquoi n'aimez-vous plus les formes rondes ?

— A cause des boulets de canon.

— Que prévoyez-vous maintenant ?

— La situation est claire, prédit Talleyrand : le retour des
Bourbons est un principe ; tout le reste est une intrigue !

— J'ai toujours été étonné, fait remarquer Fouché, qu'il
ne se soit pas trouvé un Jacques Clément pour nous
débarrasser du Corse, comme l'autre moine avait débarrassé
la France d'Henri III.

— Que voulez-vous, mon cher, la religion se perd !

Déjà le corps prussien de la Grande Armée devient

« neutre » et Schwarzenberg, à la tête de son corps autrichien, abandonne la Volhynie et se dirige vers Vienne !

— C'est une mauvaise pièce, s'exclame Napoléon à Metternich, elle est contraire au traité, c'est un premier pas vers la défection... Vous avez changé de système... Vous voulez tirer votre corps auxiliaire du jeu. Je retirerai peut-être mes troupes derrière le Rhin, je m'arrangerai avec les Russes : deux grandes puissances trouvent toujours moyen de s'arranger et vous ne pouvez plus compter sur moi !

Peut-être... mais les Russes ne tiennent pas le moins du monde à « s'arranger » avec Napoléon qu'ils considèrent — et non sans raison — comme un colosse aux pieds d'argile. L'Empereur en a conscience.

— Vous allez disant partout qu'il faut faire la paix, demande-t-il à Talleyrand, mais comment la faire ?

— Votre Majesté a encore entre les mains des effets négociables, répond le prince de Bénévent. Si elle attend davantage et qu'Elle vienne à les perdre, Elle ne pourra plus négocier.

Par « effets négociables », Charles-Maurice entend les Etats romains, le Piémont, la Toscane, la Hollande, les villes hanséatiques et le duché de Varsovie — territoires que Napoléon refuse de lâcher, sachant parfaitement que la première concession en entraînera une seconde, puis une troisième... et ainsi de suite jusqu'à son abdication, comme le voudrait Talleyrand. L'Empereur n'envisage pas plus de renoncer à sa médiation sur la Confédération du Rhin qu'à celle sur les cantons suisses ! Il aurait tout au plus consenti à donner ce qu'il ne possédait déjà plus : le Portugal, ou la Sicile qu'il n'avait même jamais pu occuper. De même — le duc de Bassano l'écrivait à Vienne, sans vouloir le moins du monde plaisanter, il en était bien incapable... — l'Empereur était prêt à offrir au tsar la Pologne russe, la Lituanie, la Volhynie, la Podolie, l'Ukraine... qui n'avaient jamais cessé d'appartenir à l'empereur de Russie !

Napoléon commence à sentir le sol se dérober sous ses pas et demande à Talleyrand de reprendre son portefeuille des Relations extérieures :

— Je ne connais point vos affaires, répond sèchement le prince de Bénévent.

— Vous les connaissez ! reprend l'Empereur, et vous voulez me trahir.

— Non, aurait répondu Talleyrand ; mais je ne veux pas m'en charger, parce que je les crois en contradiction avec ma manière d'envisager la gloire et le bonheur de mon pays.

On a mis en doute ces paroles — et c'est dommage : elles sont à verser au crédit du prince de Bénévent. Savary affirme que Talleyrand aurait même ajouté : .

— Voilà votre ouvrage détruit ; vos alliés, en vous abandonnant, ne vous ont laissé d'autre alternative que de traiter à vos dépens et à tout prix. Une mauvaise paix ne pourra pas nous devenir aussi funeste que la suite d'une guerre qui ne peut plus nous être favorable ; le temps et les moyens de ramener la fortune vous manquent et vos ennemis ne vous laisseront pas respirer. Il y a parmi eux des intérêts différents qu'il faudrait faire parler ; les ambitions particulières sont les moyens qu'on peut saisir pour préparer une diversion.

Le cabinet noir a-t-il surpris la correspondance des royalistes de Paris avec la petite cour de Hartwell, ou même a-t-il eu connaissance des lettres de Talleyrand à son oncle ? Quoi qu'il en soit, Napoléon, au lendemain du refus du prince de revenir aux affaires, veut l'exiler. Puis il se ravise, et, le 26 janvier, préfère convoquer son ancien ministre et proférer ses menaces habituelles :

— Je vous connais, je sais de quoi vous êtes capable... je vous ferai punir comme vous le méritez.

L'Empereur l'a assurément « pénétré », comme il le confie à la comtesse de Kielmansegge, et sait à quoi s'en tenir sur son compte... Dans l'antichambre, en sortant du cabinet impérial, Charles-Maurice est plus blême encore que d'habitude. Il laisse tomber nonchalamment ces quelques mots en s'adressant au « service » qui guette sa sortie :

— L'Empereur est charmant ce matin...

Il n'empêche qu'après la scène, Talleyrand éprouve une manière de dépression nerveuse — « une sorte d'attaque », précise la comtesse de Kielmannsegge. Il s'imagine que l'Empereur, voulant s'assurer par lui-même si le prince de Bénévent est mort ou vivant, passe, les jours suivants, à cheval sous les fenêtres de l'*hôtel Talleyrand...*

La guerre va reprendre — et le 29 mars 1813, Napoléon, inquiet de laisser derrière lui Talleyrand, essaye de se tranquilliser en déclarant au grand juge Molé que le prince de Bénévent est « un ennemi naturel de la République et des Bourbons ». Il ajoute :

— Mais son intérêt me garantit sa fidélité, bien plus que son caractère.

L'Empereur ne semble pas avoir deviné que Talleyrand était tout simplement en train — *via* la *Belle Captive* — de se réconcilier avec les Bourbons... Puis Napoléon fait le procès de son ministre en essayant d'amoindrir l'œuvre de Talleyrand :

— Sa réputation, affirme-t-il à Molé, est due en partie au hasard qui, plus que son mérite, lui a fait négocier et signer plusieurs traités de paix. Je vous jure que je ne pourrais pas dire avec vérité que j'en ai tiré un grand secours, ni qu'il m'ait fourni de ces expédients qui prouvent un esprit vraiment inventif et qui révèlent une profonde habileté, et je ne pense même pas qu'il soit, comme vous le disiez, un homme de beaucoup d'esprit, surtout d'un grand esprit : il n'y a qu'à regarder sa vie. Il était, par sa naissance et par son état, un des premiers personnages de la noblesse et du clergé, et il a contribué de tout son pouvoir à leur chute. Revenu d'Amérique après la Terreur, il a achevé de s'avilir en s'attachant publiquement à une vieille fille sans esprit. J'ai voulu, malgré lui, lors du Concordat, le tirer de cette ordure en demandant pour lui au pape le chapeau de cardinal, et j'ai été tout près de l'obtenir. Eh bien ! il n'a jamais voulu me laisser faire, et il a, malgré moi, épousé, au scandale de l'Europe, sa honteuse maîtresse, dont il ne pouvait même pas espérer qu'elle lui donnerait des enfants.

Napoléon en vient maintenant à la vénalité de ce personnage, qu'il méprise autant qu'il en est haï aujourd'hui.

— Il est certainement, et personne ne l'ignore, l'homme du monde qui a le plus volé, et il n'a pas le sou, et je suis obligé de le soutenir sur ma cassette et de payer ses dettes encore en ce moment.

— Au moins, fait remarquer Molé, l'Empereur m'accordera-t-il que sa conversation est pleine d'agrément, de coquetterie et de charme.

L'Empereur est bien obligé d'en convenir et s'exclame, rageur :

— Oui c'est son triomphe, et il le sait bien !

☆

L'empereur François Ier d'Autriche n'a qu'une hâte : se dégager de l'alliance française et, après avoir acquis son « indépendance », déclarer la guerre à son gendre. Il envie le roi de Prusse qui se trouve à la veille de pouvoir enfin franchement tourner casaque.

Talleyrand le sait bien et, au mois de février 1813, conseille à l'attaché autrichien Floret :

— La paix est entre les mains de l'Autriche, mais pour l'avoir, il faut qu'elle la commande ; elle ne le pourra que lorsqu'elle aura au moins une armée de 200 000 hommes ; elle doit même exagérer ses forces. Qu'elle déclare : « J'arme pour la paix », et tous les peuples sont à ses pieds. Si elle développe de faibles moyens, elle donnera de l'ombrage sans remplir son but. Si elle est forte, elle imposera et réussira.

Metternich répond, le 28 février :

— Vous direz à (Talleyrand) que j'ai partagé entièrement son point de vue et que toute notre conduite doit lui prouver que nous agissons entièrement dans ce sens.

En basculant dans le clan des Alliés, l'Autriche pourrait ainsi devenir l'arbitre de la situation et imposer la paix. La France abandonnerait ses conquêtes d'au-delà du Rhin et des Alpes et retrouverait ses limites naturelles. Mais Napoléon pouvait-il rendre les conquêtes de la Révolution ? Il le reconnaîtra en s'adressant à Schwarzenberg :

— Si je faisais une paix déshonorante, je me perdrais... J'ai plus de ménagements à garder pour l'opinion parce que j'en ai besoin. En publiant une paix de cette nature, on n'entendrait, à la vérité, au premier moment, que des cris de joie ; mais, bientôt, on blâmerait hautement le gouvernement ; je perdrais l'estime et en même temps la confiance de mes peuples, car le Français a l'imagination vive, il aime la gloire, l'exaltation, il est *fibreux*.

Impossible donc pour Napoléon de faire « la part du feu », alors que Louis XVIII, s'il revenait en France, le pourrait aisément. Talleyrand le pense, sans oser encore le dire à haute voix.

Napoléon se refuse même à suivre les conseils de son ancien ministre et d'abandonner le guêpier espagnol. Il le dira — mais trop tard —, cloué sur son rocher de Sainte-Hélène :

— Après les affaires de Russie, je devais faire les affaires d'Espagne. Je devais aller à Valençay, en quarante-huit heures terminer avec Ferdinand, l'envoyer en Espagne et retirer mon armée.

Pourquoi s'est-il privé d'un apport aussi considérable ? Parce que Ferdinand VII, revenu à Madrid, aurait assurément tendu la main aux Anglais.

Le jeudi 15 avril 1813, après avoir laissé la régence à Marie-Louise, l'Empereur quitte Saint-Cloud. Tout en roulant sur la route de l'Est, il fait ses comptes de vies humaines. Il croit pouvoir bientôt renforcer l'armée et porter ses effectifs à 400 000 hommes. Il espère même avoir la possibilité d'en aligner 600 000 en faisant appel aux anciennes classes ! Il arrive à Mayence quarante heures après avoir laissé Paris et doit se rendre à l'évidence : l'optimisme l'a trompé, il ne dispose seulement que d'une masse de manœuvre de 230 000 à 250 000 hommes. Mais cette armée se trouve principalement composée d'Allemands, d'Italiens, de Suisses, de Hollandais — et même d'Illyriens ! Autant de troupes qui passeront à l'ennemi dès la première affaire douteuse.

Ce même 15 avril, Floret annonce à Vienne que l'ambassadeur Schwarzenberg s'est rendu à une soirée chez le prince de Bénévent. Une fois de plus, Talleyrand lui a parlé de l'éventuelle médiation autrichienne et lui a démontré que si l'on désirait construire la paix, l'Autriche devait s'armer à outrance. Et Schwarzenberg d'approuver :

— C'est notre unique but. L'empereur Napoléon lui-même nous invite à prendre cette attitude.

L'Empereur pense qu'une Autriche forte imposerait peut-être sa médiation, mais au profit de l'Empire français — ce qui n'était nullement dans les intentions de l'empereur François et de Metternich. C'est alors que Talleyrand avance une étrange formule :

— Il faut que l'Empereur devienne roi de France ; jusqu'ici, tout ce qu'il a fait a été fait pour l'Empire ; il a perdu l'Empire lorsqu'il a perdu l'armée ; du moment qu'il ne voudra plus faire la guerre pour l'armée, il fera la paix pour le peuple français ; et alors il deviendra roi.

Metternich hausse les épaules en lisant ce rapport et qualifie le projet de « faire passer Napoléon de l'empire à la royauté », à le rétrograder, en quelque sorte, comme une « mauvaise plaisanterie ».

Il semble que Talleyrand ait voulu de cette étrange manière, habituer les Autrichiens à l'idée royale, mais au profit d'un roi Bourbon. Bien sûr, dans le cas où l'on parviendrait à s'entendre avec M. le prince de Bénévent — c'est-à-dire si le frère de Louis XVI donnait à Talleyrand une place digne de ses mérites et surtout de son ambition dont on a pu apprécier la démesure...

Après la victoire de Bautzen, Talleyrand, le comédien, poursuit son jeu en félicitant Caulaincourt : « Tous les jours nous apprenons des nouvelles merveilleuses. Nous espérons qu'elles mettront un peu de raison dans les têtes qui gouvernent les ennemis de la France et que cela nous conduira à une belle paix. »

Toujours le cabinet noir... mais l'Empereur est-il dupe ?

Les Alliés, mal ravitaillés en munitions, reculent avec précipitation. Glogau est bientôt évacué et l'armée napoléonienne atteint l'Oder. Il n'a pas fallu un mois à Napoléon pour faire rétrograder l'ennemi de 350 kilomètres !

Metternich écrira plus tard dans ses *Mémoires* : « Il s'agissait d'arrêter ce Napoléon dans sa marche. » Aussi Russes et Prussiens demandent-ils à l'Empereur ses conditions de paix — démarche que Napoléon accueillera avec froideur.

Caulaincourt, parti pour Fleisswitz négocier un armistice, est un bien étrange plénipotentiaire qui poursuit sa propre politique. Celle-ci est également celle de Talleyrand : obliger l'Empereur à conclure la paix *à n'importe quel prix*, même en rompant la trêve.

— J'ai oublié encore de vous dire, écrit le 30 mai le général Schouvalov au tsar, que le duc de Vicence trouve que nos Cosaques pouvaient agir avec succès sur les derrières de l'armée française ; en un mot, on dirait, à l'entendre, qu'il désire un grand échec pour l'armée française, afin de conclure la paix au plus vite.

On croit rêver...

Il est certain que les maréchaux et les généraux n'en peuvent plus. Duroc, grand maréchal du palais, qui a été mortellement frappé par un boulet prussien, a murmuré avant de mourir :

— Nous y passerons tous !

Le surlendemain 1er juin, le général russe renchérit : « Le duc de Vicence m'a encore tenu, sous la condition que Votre

Majesté seule en serait instruite, les discours dont j'ai fait le rapport hier. Il me parle toujours de l'état de faiblesse dans lequel l'armée française se trouve, il dit que les renforts ne sont pas encore venus, que leurs troupes sont dispersées, que, comme nous n'agissons pas, cela prouve que nous ne pouvons pas agir, que nous devons savoir la peine qu'ils ont à faire venir leurs munitions, que si les Cosaques agissaient vigoureusement sur leurs derrières, ils intercepteraient toutes communications. Je tâcherai, sire, d'avoir le nom des endroits où leurs corps se trouvent, mais, d'après ce que le duc m'a dit, il parait effectivement que leurs troupes sont excessivement étendues. »

Etrange plénipotentiaire !

Bien plus, Caulaincourt annonce que les troupes françaises, qui s'étaient arrêtées en face des troupes russes, ont commencé à opérer leur mouvement rétrograde.

On sait ce que fut peu après — le 26 juin — la célèbre conversation entre l'Empereur et Metternich, alors que l'Autriche s'apprêtait à entrer dans la danse :

— Dites-moi, Metternich, n'ai-je pas été un niais d'épouser une princesse autrichienne ?

— Eh bien, puisque vous me demandez mon opinion, je dirai que Napoléon, le grand conquérant, a fait une faute.

— Et l'empereur François chassera donc aussi sa fille du trône de France ?

— Sire, l'empereur d'Autriche ne considère que le bien de son empire et ne se laissera guider que par ses besoins, sans s'arrêter au sort de sa fille. Il est avant tout un souverain et n'hésitera pas à sacrifier sa famille pour le bien de son empire !

M. de Metternich a bien appris les leçons données par M. de Talleyrand... Il y a ensuite un lourd silence. Napoléon répond d'une voix sourde :

— Quand j'ai épousé l'archiduchesse d'Autriche, je pensais pouvoir vivifier le passé en l'unifiant aux temps nouveaux, les préjugés des anciens Goths aux lumières du siècle actuel. Je me suis trompé et aujourd'hui je comprends combien mon erreur a été grande. Elle peut me coûter mon trône, mais j'engloutirai le monde sous les ruines !

La scène s'achève. Napoléon reconduit le ministre vers la porte. Là, il s'arrête, lui posant la main sur l'épaule :

— Vraiment, vous ne me referez pas la guerre, n'est-ce pas ?

Metternich regarde l'Empereur « avec hauteur » — lui qui
a toujours été si obséquieux avec lui ! De ses lèvres minces,
il laisse enfin tomber ces mots :

— Vous êtes perdu, sire ! Je m'en doutais en venant ici,
maintenant je le sais !

En sortant, Metternich écrira à son ami Hudelist : « C'en
est fini de Bonaparte. »

Au Congrès de Prague qui succède aux discussions de
Fleisswitz, Caulaincourt déclare, en ne se préoccupant
nullement du sang français qui va encore couler :

— Dites-moi seulement si vous avez assez de troupes pour
nous rendre une bonne fois raisonnables. Vous ne voyez pas
en moi le représentant des lubies de l'Empereur, mais de son
intérêt véritable et de celui de la France. Je suis tout aussi
Européen que vous pouvez l'être. Ramenez-nous en France
par la paix ou par la guerre, et vous serez bénis par trente
millions de Français et par tous les serviteurs et amis
éclairés de l'Empereur.

Bien sûr, Caulaincourt n'en affirme pas moins à Napoléon
qu'il s'est tenu « dans la réserve absolue » qui lui a été
prescrite. Ainsi que l'a fort bien remarqué Emile Dard,
Caulaincourt était encore lié comme Talleyrand à l'Empire.
« Il voulait le sauver, il voulait sauver l'Empereur malgré
lui, il voulait surtout sauver la France malgré l'Empereur. »

A Prague, les pourparlers sont vite rompus — Caulaincourt n'a-t-il pas tout fait pour cela ? — et l'empereur
d'Autriche déclare la guerre à son gendre. Les Alliés ont jeté
le masque ! Ils ne mettront bas les armes que lorsque la
France sera rentrée dans ses anciennes limites et Napoléon
mis hors d'état de nuire.

Il y aura encore la victoire de Dresde où l'Empereur
« rossera le prince Schwarzenberg et papa François »,
comme il l'annonce à Marie-Louise. Pour prévenir la
défection des Saxons, Caulaincourt écrit au commandant des
deux régiments encore fidèles, pour les autoriser à quitter
l'armée française et à rejoindre le roi de Saxe qui pourrait
avoir besoin d'eux pour sa sûreté. Et Talleyrand de féliciter
Caulaincourt de sa lettre qu'il considère comme « une
merveille ».

Puis ce fut la défaite de Leipzig et la retraite vers le Rhin.
A Mayence, au cours de la première semaine de novembre

1813, Caulaincourt, qui se voit menacé de devoir accepter le portefeuille des Relations extérieures, conseille à l'Empereur de rendre sa charge à Talleyrand, si celui-ci l'accepte. Or rien n'est moins sûr !...

— Vous voudriez me faire reprendre Talleyrand, s'exclame Napoléon. Tout le monde le veut... Il s'est indignement conduit pendant les affaires d'Espagne... Je ne suis pas, après tout, trop éloigné non plus de cette idée, car c'est un homme d'esprit. Celui-là n'a jamais été dupe... Mais c'est qu'il s'est livré, entouré de ce qu'il y a de plus vil. Mes affaires étaient à l'encan. Je ne puis forcer les ambassadeurs à venir chez Mme Grand. D'ailleurs, je ne veux pas le voir. Croyez-vous que ce choix fasse croire à la paix ?

— Je n'en doute pas, répond Caulaincourt.

— Je ne puis jamais employer un homme qui a les histoires de Talleyrand et qui a aussi mal parlé, quand il m'a cru embarrassé. On croirait d'ailleurs que je le suis maintenant. Il a voulu être prince et grand dignitaire : cela est incompatible avec la fonction de ministre. Je ne veux pas de Talleyrand, non que je ne rende justice à ses talents. C'est l'homme qui a le plus de vues, d'adresse, mais c'est de l'or à côté de la m... Parlez-moi franchement. Est-ce Talleyrand que vous voudriez voir aux affaires ?

— Oui, sire...

— Je m'en doutais. Vous êtes toujours de ses amis. Eh bien ! je vous dis ce qui m'en empêche, car je suis un homme sans rancune et sans prévention. Dieu merci, je fais mes affaires et sais me faire obéir ; mais, dans cette circonstance, vos vœux, monsieur le Grand Ecuyer, ne peuvent être satisfaits.

Pendant ce temps, Talleyrand observe et essaye de se faire oublier. Afin de prendre le vent, sa vieille amie, Mme de La Tour du Pin, regagne Paris à la demande de son mari, alors préfet d'Amiens. Celui-ci venait de recevoir du prince un billet « amphigourique » et croyait, non sans raison, en se rendant à Paris, sa femme le craignait , « d'être entraîné, malgré lui, dans quelque aventure par M. de Talleyrand, qui ne répugnait à rien et qui mettait volontiers en avant les gens quitte à les abandonner ensuite pour se sauver lui-même ». Mme de La Tour du Pin arrive rue Saint-Florentin : « Il me reçut comme toujours, avec cette grâce familière et aimable dont il ne s'est jamais départi à mon égard, écrit-elle. On a dit de lui beaucoup de mal : il en

méritait peut-être davantage, quoiqu'on ne soit pas toujours
tombé juste, et on aurait pu lui appliquer le mot de
Montesquieu sur César : " Cet homme qui n'avait pas un
défaut, quoiqu'il eût tous les vices.

Charles-Maurice se borne à conseiller à M. de La Tour du
Pin de demeurer à Amiens — et de ne pas en bouger. Il
demande simplement à la marquise de retarder son départ,
l'Empereur étant attendu dans la journée du lendemain.

En effet, le soir du mardi 9 novembre, Mme de La Tour du
Pin entend les coups de canon qui annoncent l'arrivée de
Napoléon : « Le grand homme rentrait dans sa capitale, mais
il y était suivi par l'ennemi. » Dès le mercredi matin,
Talleyrand se rend au lever impérial. Aussitôt que Napoléon
l'aperçoit, il lui crie avec violence :

— Que venez-vous faire ici ? Je sais que vous vous
imaginez que, si je venais à manquer, vous seriez le chef du
Conseil de régence. Prenez-y garde, monsieur ; on ne gagne
rien à lutter contre ma puissance. Je vous déclare que, si
j'étais dangereusement malade, vous seriez mort avant moi.

Charles-Maurice s'incline :

— Sire, je n'avais pas besoin d'un pareil avertissement
pour que mes vœux ardents demandent au ciel la conservation des jours de Votre Majesté.

Le lendemain matin à 10 heures, Talleyrand se rend chez
son amie la marquise de La Tour du Pin qui s'apprêtait à
regagner Amiens. Sa voiture attendait déjà tout attelée dans
la cour. D'un air détaché — cet air qui lui est naturel — il
prend une bougie sur la table et se met à regarder les
gravures ornant la pièce.

— Ah ! Charles II, Jacques II... C'est cela !

Et il remet le flambeau sur la table.

— Mon Dieu ! s'écrie Mme de La Tour du Pin, il est bien
question de Charles II et de Jacques II ! Vous avez vu
l'Empereur. Comment est-il ? Que fait-il ? Que dit-il après
une défaite ?

— Oh ! laissez-moi donc tranquille avec votre Empereur.
C'est un homme fini !

— Comment fini ? Que voulez-vous dire ?

— Je veux dire, reprend Talleyrand, que c'est un homme
qui se cachera sous son lit.

Et comme Mme de La Tour du Pin lui adresse « mille
questions », Talleyrand précise :

— Il a perdu tout son matériel... Il est à bout, voilà tout.

« Puis, fouillant sa poche, il en tire un papier imprimé en anglais, et tout en mettant deux bûches dans le feu, il ajoute :

» — Tenez, comme vous savez l'anglais, lisez-moi ce passage-là.

» En même temps, il m'indique un assez long article marqué au crayon à la marge. Je prends le papier et je lis : *Dîner donné par le prince régent à Mme la duchesse d'Angoulême.* Je m'arrête, je lève les yeux sur lui, il a une mine impassible.

» — Mais lisez donc, dit-il, votre postillon s'impatiente.

» Je reprends ma lecture, l'article donnait la description de la salle à manger drapée en satin bleu de ciel, avec des bouquets de lis, du surtout de table orné de cette même fleur royaliste, du service de Sèvres représentant des vues de Paris, etc. »

C'est un proche avenir que Talleyrand montrait à Mme de La Tour du Pin.

Cependant, voyant la situation se dégrader chaque jour davantage, l'Empereur se décide à appeler Talleyrand au ministère, mais à la condition que Mme de Talleyrand ne paraisse plus rue du Bac.

— Eh bien, annonce-t-il à Caulaincourt, je prendrai Talleyrand ; mais chargez-vous de cette négociation avec lui. Voilà mes conditions. Allez le trouver. Je ne veux me rappeler que ses bons services. Il faut qu'il se sépare de sa femme. Je ne veux pas qu'elle paraisse aux Relations extérieures ni à la cour. Allez !

Tout heureux, le duc de Vicence revient annoncer la bonne nouvelle au prince. Mais Talleyrand refuse avec le prétexte qu'il se déconsidérerait en abandonnant sa femme alors qu'elle est sa compagne — officielle — depuis tant d'années ! En réalité, on s'en doute, s'embarquer dans la galère impériale, alors qu'elle fait eau de toutes parts, serait pour lui une folie ! La condition posée par Napoléon lui fournit un noble prétexte pour décliner l'offre impériale.

— Ce n'est pas le moyen de le bien servir, déclare-t-il à Caulaincourt. Pour lui et pour moi je refuse. Il me connaît et sait, en vous envoyant, que la barrière qu'il élevait était insurmontable.

Découragé, Caulaincourt revient à Saint-Cloud.

— Il se monte la tête ! s'exclame l'Empereur. Il a des scrupules de délicatesse pour une femme qu'il n'estime pas, qui lui pèse, qui le gêne. On dirait qu'entre elle et moi, entre la France et une catin, le choix peut être difficile !... Je consens à ce qu'il ne chasse pas tout de suite les intrigants qui l'entourent, mais peu à peu, et que le Corps diplomatique ne les trouve pas chez lui. Quant à sa femme, il ne manquera pas d'expédients plausibles pour s'en débarrasser, s'il le veut. Il fait le fier et joue les nobles sentiments, parce qu'il croit que j'ai besoin de lui. Eh bien ! il se trompe ! Dites-lui que je ferai la paix sans lui, dussé-je céder davantage, plutôt que de recevoir la loi... Allez à Paris, revenez ventre à terre.

A deux reprises, Caulaincourt retourne rue Saint-Florentin, demande et supplie même Charles-Maurice de revenir rue du Bac — mais le prince résiste toujours.

— Dites à Talleyrand, insiste l'Empereur, qu'il ne peut avoir oublié que j'ai toujours eu du penchant pour lui, que je ne me rappelle que les services qu'il m'a rendus. Faites-lui sentir, mieux que vous ne l'avez fait, quelle est sa position... Soyons amis, Cinna ! Faites-lui comprendre qu'il est temps qu'il réfléchisse, que ce que je lui offre mérite attention, que ma bonté et mon indulgence peuvent se lasser, si je le vois ennemi déclaré. Rappelez-lui qu'il est Français et que son empereur a le droit de lui ordonner. Si je lui donnais demain une mission insignifiante hors de Paris, que ferait-il ? Il obéirait, car, Dieu merci, on ne me brave pas. Ne vaut-il pas mieux, pour tous ses intérêts, qu'il aille s'établir rue du Bac et qu'il envoie Mme de Talleyrand dans sa terre près de Maubeuge (Pont-de-Sains), même à Clichy, où elle ne gênera personne ?

Une troisième fois Caulaincourt galope vers Paris — mais il trouve Talleyrand de plus en plus inébranlable. D'autant plus qu'en lui proposant le portefeuille des Relations extérieures, Napoléon exigeait que le prince renonçât à sa charge de vice-Grand Electeur.

— Si l'Empereur a confiance en moi, s'exclame Talleyrand, il ne devrait pas me dégrader : s'il n'a pas confiance en moi, pourquoi m'emploierait-il ?

Il l'expliquera dans ses *Mémoires :* « A l'époque où cette offre me fut faite, je regardais déjà son beau rôle comme fini, car il ne semblait plus s'appliquer qu'à détruire lui-même tout le bien qu'il avait fait. Il n'y avait plus pour lui de transactions possibles avec les intérêts de l'Europe. Il avait outragé en même temps les rois et les peuples. » Il est certain que la conduite de Napoléon à l'égard de Talleyrand était pour le moins étrange. L'Empereur le soupçonnait de jouer un double jeu, mais, ayant deviné que son ancien ministre le trahissait, il l'insultait en public, lui offrant de reprendre son portefeuille de ministre, tout en abandonnant, d'autre part, sa haute charge « bien que, concluait Talleyrand, nous ne pourrions jamais nous entendre sur la seule manière de sortir du dédale dans lequel ses folies l'avaient enfermé ».

En apprenant le refus, bien définitif, du prince de Bénévent, l'Empereur soupire — et essaye de se faire une raison :

— Mes affaires n'iront que mieux et plus vite sans lui, car on n'est jamais sûr avec lui qu'il n'y ait pas quelque intrigue.

Cependant Talleyrand accepte, en ce même mois de novembre, de se rendre à Saint-Cloud sur l'invitation de l'Empereur qui désire lui parler des revers de l'armée française en Espagne. L'armée française a rétrogradé jusque sur les bords de la Bidassoa. Que faut-il faire ?

— Mais, fait remarquer Talleyrand, vous me consultez comme si nous n'étions pas brouillés.

— Ah ! les circonstances, les circonstances ! s'exclame l'Empereur. Laissons le passé et l'avenir, et voyons votre avis sur le moment présent.

— Eh bien, reprend le prince, il ne vous reste qu'un parti à prendre. Vous vous êtes trompé ; il faut le dire, et tâcher de le dire noblement. Proclamez donc que, roi par le choix des peuples, élu des nations, votre dessein n'a jamais été de vous dresser contre elles ; que lorsque vous avez commencé la guerre d'Espagne, vous avez cru seulement délivrer les peuples du joug d'un ministre odieux, encouragé par la faiblesse de son prince ; mais que, en y regardant de plus près, vous vous apercevez que les Espagnols, quoique éclairés sur les torts de leur roi, n'en sont pas moins attachés à sa dynastie ; que vous allez donc la leur rendre, pour qu'il ne soit pas dit que vous vous soyez opposé à aucun vœu national. Après cette proclamation, rendez la liberté au roi Ferdinand et retirez vos troupes. Un pareil aveu, pris de si haut et quand les étrangers sont encore hésitants sur notre frontière, ne peut que vous faire honneur, et vous êtes encore trop fort pour qu'il soit pris pour une lâcheté.

L'Empereur termine l'entretien en promettant de suivre

ce conseil : il rendra la liberté aux princes d'Espagne.

Finalement, le 20 novembre, Caulaincourt se voit obligé de recueillir l'héritage de l'incapable Bassano — et avec courage se jette dans la mêlée diplomatique pour essayer de sauver une situation inextricable et désespérée.

« Nous sommes dans un temps bien triste et bien décourageant », soupire Talleyrand en écrivant à sa chère duchesse de Courlande. Craint-il que cette lettre du 27 décembre, mise peut-être sous les yeux de l'Empereur, ne fasse mauvais effet ? Aussi, le lendemain, précise-t-il dans une nouvelle lettre à la duchesse : « Il n'y a pas de quoi être inquiet encore... »

Et pourtant !...

En effet, trois jours plus tard, le 1er janvier 1814, Blücher franchit le Rhin — et plus au sud, la frontière de l'ancienne France est envahie. Maistre déclare à Blacas, qui le répète à Louis XVIII :

— Le monstre est à terre !

Devant le Corps législatif réuni en comité secret, le député Laîné se lance dans un violent réquisitoire contre le régime :

— Depuis deux ans, on moissonne les hommes trois fois l'année. Une guerre barbare et sans but engloutit périodiquement une jeunesse arrachée à l'éducation, à l'agriculture, au commerce et aux arts.

Fait étonnant, l'impression du discours est votée par 223 voix contre 51. Napoléon a pris connaissance du texte et se précipite, le visage convulsé par la fureur, sur les députés terrifiés :

— Votre commission m'a plus humilié que mes ennemis. Elle a joint l'ironie à l'insulte... Si je voulais vous croire, je céderais à l'ennemi plus qu'il ne demande. Dans trois mois nous aurons la paix ; nos ennemis seront chassés ou je serai mort !

Les négociations avec les Alliés doivent commencer à Châtillon-sur-Seine. Une nouvelle fois l'Empereur demande à Talleyrand d'y prendre part. Le prince décline l'offre.

— Celui qui me refuse ses services aujourd'hui, s'exclame l'Empereur, est nécessairement mon ennemi !

C'est Caulaincourt qui part pour Châtillon avec le viatique de Talleyrand qui lui recommande « d'y trahir Bonaparte et d'y agir pour le rétablissement des Bourbons ».

Napoléon a-t-il eu vent de cet ultime conseil — vrai coup de pied de l'âne ? Toujours est-il que le dimanche 16 janvier, à la sortie de la messe, l'Empereur se jette littéralement sur Talleyrand — et une nouvelle série d'injures et d'invectives éclate. Certains affirment que Napoléon a été jusqu'à mettre son poing sous le visage de Talleyrand — et la scène était devenue alors on ne peut plus pénible —, il l'aurait poussé devant lui jusqu'au bout de la pièce, en le forçant à marcher à reculons — et en lui faisant perdre l'équilibre —, un véritable supplice pour la boiterie de Charles-Maurice.

Napoléon va-t-il donner l'ordre de conduire le vice-Grand Electeur au donjon de Vincennes ? Les témoins sont épouvantés et le pensent. Mais l'Empereur, une nouvelle fois, n'ose pas franchir le pas... et Charles-Maurice, rentré chez lui, brûle ses papiers. Il se sent surveillé et cesse d'avoir table ouverte. Il ne reçoit plus... Quatre jours plus tard, il écrira à la duchesse de Courlande ce billet où, sûr du messager, il ne prend, cette fois, aucune précaution :

« Les puissances ne sauraient prendre trop de sûretés dans le traité qu'elles feraient, si elles ne veulent pas être obligées à recommencer sur nouveaux frais l'année prochaine. Les mauvais restent toujours mauvais. Quand on a fait des fautes par la tête, tout est pardonnable ; quand on a péché par le cœur, il n'y a pas de remèdes et, par conséquent, pas d'excuses. Adieu, vous qui avez bonne tête et cœur parfait, je vous aime de toute mon âme... Adieu, mon ange, ce billet est à brûler. »

Il ne le sera pas.

L'Empereur s'apprête à enfourcher ses bottes de 1796 et crée, comme l'année précédente, un conseil de Régence. A sa grande surprise, Talleyrand est appelé à y figurer. Cependant, lors de la constitution du Conseil, Napoléon lui adresse, une fois de plus, de sanglants reproches. Rentré chez lui, le prince écrit à l'Empereur pour lui faire observer respectueusement que sa manière de le traiter est incompatible avec sa charge de membre du Conseil de Régence. L'Empereur ne répond pas — du moins à notre connaissance.

Le dimanche 23 janvier, il neige. En cette avant-veille de son départ pour l'armée, Napoléon a réuni dans la vaste salle des Maréchaux sept cents à huit cents officiers de la Garde nationale de Paris. Talleyrand est là, toujours impassible. L'Empereur entre, portant le roi de Rome dans ses bras. Un profond silence se fait, et la voix de Napoléon s'élève :

— Messieurs, une partie du territoire de la France est envahie ; je vais me placer à la tête de mon armée, et, avec l'aide de Dieu et la valeur de mes troupes, j'espère repousser l'ennemi au-delà des frontières... Si l'ennemi approche de la capitale, je confie au courage de la Garde nationale l'Impératrice et le roi de Rome... Ma femme et mon fils...

Quelques officiers sortent des rangs et vont baiser les mains de l'Empereur et du petit roi. Tous — sauf Talleyrand — ont la gorge serrée...

Le lundi 24, Charles-Maurice écrit à Mme de Courlande : « L'Empereur est parti à 7 heures moins un quart... L'Impératrice reste décidément. Tant qu'elle est ici, Paris est plus habitable qu'aucun autre endroit ; si elle partait, il faudrait s'arranger pour n'avoir point d'obstacles et partir immédiatement. Voilà mon avis, chère amie. Je vous aime de toute mon âme. Je trouve tout supportable quand je suis près de vous. Vous ! Vous ! Vous ! Voilà ce que j'aime le plus au monde ! »

Le roi Joseph, qui gouverne en l'absence de son frère, reçoit, le lundi 7 février, une lettre de Napoléon datée de Nogent-sur-Seine. Les choses ne vont guère pour lui. A deux reprises, dans sa lettre, et dans celle du lendemain, l'Empereur parle du « mauvais esprit du prince de Bénévent et des hommes qui ont voulu endormir la nation ». Ils m'ont « empêché de la faire courir aux armes et voici quel en est le résultat ». Puis il trace ces lignes accablantes : « Si Talleyrand est pour quelque chose dans cette opinion de laisser l'Impératrice à Paris, dans le cas où nos forces l'évacueraient, c'est une trahison qu'ils doivent comploter. Je vous le répète, méfiez-vous de cet homme. Je le pratique depuis seize années, j'ai même eu de la faveur pour lui ; mais c'est sûrement le plus grand ennemi de notre maison, à présent que la fortune l'abandonne depuis quelque temps. »

Ce même 8 février 1814, l'Empereur signe l'ordre du départ des infants de Valençay ; Ferdinand quittera le château le 3 mars et Talleyrand retrouve sa demeure.

☆

« Méfiez-vous de cet homme », a écrit l'Empereur à son frère. Au même moment, M. de Boisgelin disait à Aimée de Coigny :

— Il y a bien longtemps que vous n'êtes allée voir M. de Talleyrand : il faut cependant s'expliquer avec lui.

Aimée prend le chemin de la rue Saint-Florentin et, sitôt annoncée, est immédiatement reçue. « Après nous être entretenus du malheur des temps, raconte-t-elle, et du progrès des ennemis en France, je lui dis que ce que je craignais le plus était de voir la paix conclue au milieu de ce désordre et de rester sous le sceptre d'un guerrier battu. »

— Mais il ne faut pas y rester, s'exclame le prince.

— A la bonne heure ! mais que faire ?

— N'avons-nous pas son fils ? reprend Talleyrand.

— Pas autre chose ? s'écrie-t-elle.

— Il ne peut être question que de la régence.

Charles-Maurice a prononcé ces derniers mots en baissant les yeux et « du ton grave qu'il affecte quand il ne veut pas être contrarié ».

— Comment, s'exclame Aimée, nous n'avons donc plus d'espoir que dans son orgueilleuse folie et nous perdons ici le temps sans nous entendre ? La guerre nous détruit, la paix nous menace et nous tergiverserions, Dieu sait pourquoi ?

— Mais non, reprend Talleyrand, nous sommes assez près l'un de l'autre et, pour nous délivrer tout de suite de la race nouvelle, nous pourrions peut-être faire des *idées patriotiques* et un *trône national* avec M. le duc d'Orléans.

— Non, M. le duc d'Orléans est un usurpateur de meilleure maison qu'un autre, mais c'est un usurpateur !

Il est certes encore trop tôt pour voir le fils du régicide monter sur le trône de France. Les royalistes de Paris et des départements de l'Ouest ne sanctionneraient pas un tel choix et la guerre civile en découlerait.

— Pourquoi pas le frère de Louis XVI ? reprend Aimée.

Talleyrand approuve en silence... mais sans se « compromettre » davantage. Pourtant — nous l'avons vu — il a déjà pris des contacts avec l'entourage de Louis XVIII — tout en pensant encore qu'une régence ferait peut-être davantage son affaire. Mieux vaut donc jouer sur les deux tableaux et, en attendant, il se prépare à toute éventualité en faisant croire à Aimée qu'elle est parvenue à l'amener à ses fins. Aussi, un jour qu'il recevait la jolie conspiratrice, il se lève, va jusqu'à la porte de son cabinet et, après s'être assuré qu'elle est bien fermée, revient vers Aimée, levant les bras au ciel :

— Madame de Coigny, je veux bien du roi, moi, mais...

« Je ne lui laissai point motiver son *mais*, raconte-t-elle, et, lui sautant au cou, je lui dis :

» — Eh bien, monsieur de Talleyrand, vous sauvez la liberté de notre pauvre pays en lui donnant le seul moyen pour lui d'être heureux avec un gros roi faible qui sera bien forcé de donner et d'exécuter de bonnes lois. »

Talleyrand, après avoir ri de son enthousiasme, lui déclare :

— Oui, je le veux bien ; mais il faut vous faire connaître comment je suis avec cette famille-là. Je m'accommoderais encore assez bien avec M. le comte d'Artois, parce qu'il y a quelque chose entre lui et moi qui lui expliquerait beaucoup de ma conduite ; mais son frère ne me connaît pas du tout. Je ne veux pas, je vous l'avoue, au lieu d'un remerciement, m'exposer à un pardon ou avoir à me justifier. Je n'ai aucun moyen d'aboutir à lui et...

— J'en ai. M. de Boisgelin est en correspondance avec lui et, dans ce moment, il a une lettre prête à lui être envoyée. Voulez-vous la voir ?

— Oui, certes, revenez demain me l'apporter, je meurs d'envie de la lire.

Mme de Coigny se rend rapidement chez elle où l'attend M. de Boisgelin :

— Il est à nous, il veut lire votre lettre au roi ! lui crie-t-elle.

Le lendemain, Aimée se retrouve rue Saint-Florentin, le précieux papier dans son sac. A peine est-elle entrée dans la chambre à coucher du prince que, fermant la porte avec précaution, Talleyrand lui déclare :

— Asseyez-vous là et lisons.

« Il prit la lettre, a raconté Aimée de Coigny, et, d'une voix basse, mais intelligible, il commença à lire très lentement. A mesure qu'il avançait, il disait, en s'interrompant : " C'est cela ! — A merveille ! — C'est parfait ! — C'est expliqué admirablement ! " Enfin, quand il en vint au paragraphe qui le regardait, il eut un mouvement très marqué de satisfaction et le relut encore. Lorsqu'il eut achevé toute la lecture, il la recommença plus lentement, pesant et approuvant tous les termes. »

*Évariste Fragonard peignant l'irrésistible Aimée de Coigny...
et Talleyrand semble ne pas, lui non plus, avoir résisté...*

Ensuite, Charles-Maurice déclare à la jeune femme :

— Je veux garder cela et le serrer.

— Mais cela va vous compromettre inutilement ! s'exclame Aimée.

— Bah ! répond-il, j'ai tant de motifs de suspicion, celui-là me plaît.

« J'exigeai cependant qu'il le brûlât et, allumant alors une bougie à un reste de feu presque éteint qui était dans l'âtre, il tortilla le papier en l'approchant de la bougie, le jeta enflammé dans la cheminée et croisa dessus la pelle et la pincette pour empêcher que les cendres ne s'envolassent par le tuyau. »

— On n'apprend qu'avec un homme d'Etat, s'exclame Aimée, à anéantir un secret bien secrètement.

La petite opération achevée, Talleyrand se tourne vers Mme de Coigny :

— Eh bien, je suis tout à fait pour cette affaire-ci et, dès ce moment, vous pouvez m'en regarder. Que M. de Boisgelin entretienne cette correspondance, et travaillons à délivrer le pays de ce furieux. Moi, j'ai des moyens de savoir assez bien et exactement ce qu'il fait. J'ai avec Caulaincourt un chiffre et un signe convenus, par lesquels il m'avertira, par exemple, si l'Empereur accepte ou non des propositions de paix. Il faut parler hautement de ses torts, de son manque de foi à tous les engagements qu'il avait pris pour régner sur les Français. On ne doit pas craindre de prononcer encore les mots de *nation, droits du peuple*, il s'agit de marcher et l'expérience a resserré dans de justes bornes l'expression de ces mots-là.

Un autre jour, au lendemain du 18 février, M. de Talleyrand préfère se rendre chez « Mlle Monk » — ainsi qu'on surnommera Mme de Coigny — et lui confie :

— On a fait, à Châtillon, une assemblée en forme de congrès, où se rendra lord Castlereagh et les ministres des différents souverains de l'Europe, pour discuter sur quelles bases doit reposer la paix qu'on est encore décidé à offrir à Napoléon. Si elle se fait, tout est perdu et notre pays est livré à l'effervescence d'une domination militaire... Il faut que, lorsque le Sénat s'assemblera, il nous tire d'affaire, qu'il efface sans danger l'ignominie dont il est couvert et qu'il assure notre existence en travaillant à la sienne... Qu'un de ses membres monte à la tribune pour dénoncer Napoléon en disant que, ayant été élu empereur *aux conditions* qu'il n'a pas tenues... Il n'a aucun droit, aux termes d'un contrat qu'il a violé, puisque l'impôt a été levé à sa fantaisie, la liberté des citoyens a été attaquée dans leur pensée et dans leurs actions, et le droit de lever des armées exagéré au point d'épuiser la population ; que les familles sont en deuil et réduites à des vieillards et à des enfants ; que l'Europe est jonchée de nos morts pendant que la France est couverte d'ennemis dont il ne veut point nous délivrer par la paix.

Aimée se garde bien de répondre que ce même Sénat a entériné toutes les décisions du maître... Elle croit Talleyrand « définitivement enrôlé sous la bannière royale », selon la formule de Charles Dupuis. Comment douter de la

sincérité du conspirateur, alors qu'il fournit lui-même le plan
minutieux de la conspiration et fait le procès de celui qu'il
faudra abattre ? En réalité, Talleyrand feint de s'engager
afin de pouvoir choisir le moment venu — au mieux de ses
intérêts. Ceux-ci coïncideront bientôt avec ceux de la
France... mais, répétons-le, c'est là une simple coïncidence.

Il va cependant, par personne interposée, bien sûr, faire
un pas de plus — dans le plus grand secret — vers *Monsieur*,
comte d'Artois, qui, au même moment, se trouve dans les
bagages autrichiens, quelque part entre Bâle et Nancy...

Aimée de Coigny.

XVII

L'HEURE DE M. DE TALLEYRAND

« Méfiez-vous de cet homme ! »
NAPOLÉON

Le dimanche 6 mars 1814, à 5 heures du matin, une diligence quittait Paris par la route de Lyon. Les voyageurs ne sont guère rassurés : la guerre s'étend de l'Oise à la Saône et l'ennemi est aux portes mêmes de l'Ile-de-France. A vrai dire, on ne connaît pas exactement les positions des combattants... Avec ce diable d'homme de Napoléon qui galope tantôt sur le flanc, tantôt sur les arrières de l'ennemi, comment savoir où a giberné, cette nuit, la petite armée impériale ? Sans doute, mais on n'ose rien affirmer, se trouve-t-elle quelque part vers l'Aisne, à la poursuite de Blücher qui retraite vers le plateau de Craonne.

L'un des occupants de la diligence est soucieux. Qu'on en juge ! Il a pris la route pour essayer de joindre le comte de Nesselrode et serre précieusement dans son portefeuille un billet écrit à l'encre sympathique par Dalberg sous la dictée de Talleyrand : « L'homme qui vous remettra ceci mérite toute confiance. Ecoutez-le et reconnaissez-moi. Il est temps d'être clair ; vous marchez sur des béquilles ; servez-vous donc de vos jambes et veuillez ce que vous pouvez. » Des lignes qui sont à coup sûr une trahison envers l'armée française et son chef...

Cet « homme » âgé d'une quarantaine d'années est un fonctionnaire impérial, membre du conseil général des Basses-Alpes, maire d'un petit village du même département

Un portrait anonyme et fort ressemblant de l'impératrice Marie-Louise dont Talleyrand escamota le trône.

et promu l'année précédente, par l'Empereur, inspecteur des bergeries pour les provinces du Midi. Napoléon l'avait également nommé baron... Mais notre inspecteur n'en avait nullement été ébloui, sa famille possédant ce titre depuis plusieurs siècles ! Il porte le nom d'Eugène d'Arnault de Vitrolles et n'a pas froid aux yeux. Il a, en effet, pris la diligence de Lyon dans le seul dessein de traverser les lignes ennemies et d'aller expliquer à M. de Metternich et au tsar qu'ils ne comprennent rien à la situation : ils ne doivent pas traiter avec Napoléon, ainsi qu'il en est actuellement question au congrès de Châtillon, mais avec le comte d'Artois. Précisons que M. de Vitrolles ne connaît pas plus le frère du futur Louis XVIII que les personnalités alliées. Il a émigré en 1791, et a combattu, on ne peut plus modestement, dans les rangs de l'armée de Condé. Ce sont là ses seuls titres ! Lorsque Dalberg a essayé d'intéresser M. de Talleyrand au projet de Vitrolles, le prince est demeuré dans une réserve prudente — et il s'est refusé de donner à Vitrolles quelques lignes de sa main.

— Vous ne connaissez pas ce singe, avait expliqué Dalberg au baron, qui s'étonnait ; il ne risquerait pas de brûler le bout de sa patte, lors même que les marrons seraient pour lui tout seul.

Il faut bien reconnaître que Talleyrand avait quelque raison de se méfier... Et qu'eussent été ses réactions si le diplomate badois avait avoué que l'homme qui prétendait dicter leur devoir aux empereurs de Russie et d'Autriche, au régent d'Angleterre et aux rois de Prusse et de Suède, n'était qu'un spécialiste de l'élevage des béliers mérinos !

Vitrolles emporte également dans son portefeuille un petit bout de papier sur lequel, à l'aide d'une encre sympathique, Dalberg a tracé deux prénoms féminins. Il s'agit de deux Viennoises qui avaient, autrefois, partagé en même temps leurs faveurs entre le Badois et le comte de Nesselrode. Assurément — Vitrolles en est persuadé — le rappel des heures de douce intimité vécues par le quatuor mettrait le ministre russe dans une euphorie propice...

En effet, Vitrolles arrive le 9 mars à Châtillon où le Congrès se noie dans de stériles parlottes... Le baron parvient à être reçu par M. de Stadion, diplomate autrichien, sort de son portefeuille le billet sur lequel se trouvent tracés les deux prénoms et fait couler quelques gouttes de « liqueur sympathique ». Le nom des deux Viennoises apparaît.

Le baron de Vitrolles, un portrait conservé par ses descendants. Un homme courageux qui servit la cause royale et celle du prince de Talleyrand. C'était alors la même...
(Collection Vicomte de Vitrolles).

L'intrigue de Dalberg et de Nesselrode est si connue que l'Autrichien s'écrie :

— Seul Dalberg a pu écrire ces mots-là !

Quant au billet dicté par Talleyrand, il semble que Vitrolles l'ait gardé précieusement sur lui pour le montrer, le moment venu, à M. de Nesselrode.

Vitrolles est aussitôt traité en vieil ami et, « avec aisance et un parfait aplomb » — c'est toujours l'inspecteur des bergeries qui l'affirme —, il expose longuement « les craintes qu'inspirent les négociations prolongées des Alliés avec Bonaparte » et les « symptômes de l'opinion à Paris ». A vrai dire, lorsque Vitrolles, quelques jours auparavant, avait parlé à des amis parisiens du « retour des princes » comme la seule solution possible, ils avaient paru aussi étonnés que si on leur eût parlé « de la résurrection de Louis XIV ». M. de Stadion montre une semblable stupéfaction et se hâte de déclarer que les Alliés « espèrent sérieusement traiter avec Bonaparte ».

— Vous obtiendrez un armistice, s'exclame Vitrolles, mais la paix, non ! Vous ne pouvez pas douter que Bonaparte, ardent à venger ses revers, ne reprenne les armes à la première occasion ! Il faut que vous embrassiez

une cause française qui rallie des intérêts opposés, une cause
à laquelle la nation tout entière puisse se rattacher avec
honneur. Cette cause elle existe heureusement, et elle est
entre vos mains. C'est le rétablissement de la maison de
Bourbon.

Et Vitrolles de demander si M. de Stadion est en
correspondance avec le comte d'Artois. L'Autrichien ouvre
de grands yeux.

— Je n'en ai pas seulement entendu parler !

Le baron se fait plus persuasif, expose ses plans avec une
telle chaleur que M. de Stadion, étourdi par l'ardeur
témoignée par son interlocuteur, accepte de le recommander
à son chef, M. de Metternich, qui se trouve à Troyes.

Non seulement le chancelier reçoit cet étrange plénipotentiaire qui n'est pas plus mandaté par les Bourbons que par un
ministre de Napoléon, mais, en compagnie de son collègue
russe, le comte de Nesselrode, il écoute Vitrolles développer
sa thèse :

— Il n'y aura point de paix avec Bonaparte, et il n'y aura
point de France sans les Bourbons.

M. de Metternich est cependant plus difficile à convaincre
que M. de Stadion.

— Mais nous la traversons, cette France, s'exclame-t-il,
nous habitons au milieu d'elle depuis plus de deux mois, et
rien de semblable ne s'est dévoilé à nous ! Nous ne trouvons,
dans cette population au milieu de laquelle nous sommes
mêlés, rien de ce que vous annoncez, ni le besoin de repos ni
ces souvenirs des temps anciens : pas même une expression
générale de mécontentement contre l'Empereur.

— Nous souffrons et nous haïssons en silence, explique
Vitrolles, opprimés que nous sommes par cette main terrible
qui a aussi pesé sur vous.

Durant plusieurs heures, Vitrolles multiplie ses arguments et Metternich finit par lui déclarer :

— Si la France se prononce, nous sommes prêts à la
soutenir !

Le baron n'ose trop l'avouer au chancelier : demander à la
France de se « prononcer », c'est-à-dire de se soulever pour
des princes qu'elle ne connaît pas, est impossible à réaliser.

Vitrolles connaît une nouvelle déception avec le tsar qui a
accepté de le recevoir. Il est étrange — soit dit en passant —
de constater combien il était alors aisé en pleine guerre pour
un simple particulier de bavarder avec les grands de la

terre ! Alexandre, lui, connait les futurs Louis XVIII et
Charles X — ce dernier seulement de réputation... et c'est
d'un ton « déplaisant » qu'il déclare :

— Si vous les connaissiez, vous seriez persuadé que le
fardeau d'une telle couronne serait trop lourd pour eux !

Et devant Vitrolles, de plus en plus anéanti, le tsar
préconise la candidature de Bernadotte ou d'Eugène de
Beauharnais. Enfin, il assène un dernier coup en soupirant :

— Après tout, peut-être une république sagement organisée conviendrait-elle mieux a l'esprit français...

Vitrolles réussit — non sans mal — à se remettre, fait état
du billet de Dalberg, et, courageusement, entame un long
discours reprochant au tsar de faire une guerre politique au
lieu de la faire stratégique. Il conclut en s'étonnant que des
troupes alliées aient reçu l'ordre de se diriger vers Lyon et
vers Lille.

— Abandonnez les combinaisons compliquées, réunissez
vos forces, marchez droit sur Paris ; et je laisse ma tête
entre les mains de Votre Majesté pour qu'elle tombe sur un
billot, si l'opinion ne se prononce pas hautement pour le
rétablissement de la monarchie.

Cette fois, le tsar parait ébranlé par la façon de notre
Méridional :

— M. de Vitrolles, déclare-t-il après un silence, le jour ou
je serai à Paris, je ne reconnaitrai plus d'autre allié que la
nation française.

Vitrolles croit pouvoir triompher, d'autant plus que,
quelques jours plus tard, Metternich lui demande si M. de
Talleyrand, « haut placé dans l'opinion, voulait entrainer
celle-ci ».

— Eh ! pourquoi pas M. de Talleyrand ? répond Vitrolles,
quelque peu embarrassé. Vous devez le considérer comme
entièrement rattaché à cette cause, au moins dans son cœur.

Tous se mirent à rire.

— Ah ! dans son cœur est une bonne plaisanterie !

Certes, le tsar et ses alliés vont maintenant foncer vers
Paris et suivre le conseil dicté par le prince de Bénévent à
Dalberg, mais le retour à la monarchie est encore loin d'être
décidé — et à Paris, Talleyrand hésite toujours. Pourtant, le
12 mars, Bordeaux a arboré la cocarde blanche, hissé le
drapeau fleurdelisé et acclamé le duc d'Angoulême, neveu de
Louis XVIII. Cinq jours plus tard, Talleyrand annonce la
nouvelle à la duchesse de Courlande : « Si la paix ne se fait

pas, Bordeaux devient quelque chose de bien important dans les affaires. Si la paix se fait, Bordeaux perd de son importance ; il la perdrait de même si l'Empereur était tué, car nous aurions alors le roi de Rome et la régence de sa mère. Les frères de l'Empereur seraient bien un obstacle à cet arrangement par l'influence qu'ils auraient la prétention d'exercer, mais cet obstacle serait facile à lever : on les forcerait à sortir de France où ils n'ont de parti ni les uns ni les autres. »

On le voit, Talleyrand n'abat toujours pas la carte monarchiste et envisage encore la régence de Marie-Louise... mais seulement dans le cas de la mort de l'Empereur. Napoléon vivant, et laissant son trône à son fils, serait toujours une solution dangereuse ! Comme dira un peu plus tard Talleyrand lorsqu'il aura sagement changé d'avis : « L'Empereur aurait écouté aux portes »... et n'aurait pas permis à la régence d'utiliser les services du prince de Bénévent. « Méfiez-vous de cet homme », avait recommandé Napoléon sachant parfaitement que, s'il disparaissait, la régence effective serait éventuellement exercée par Talleyrand. Quelle revanche pour celui qui avait été si affreusement insulté ! Il fallait donc tout faire pour que le prince ne demeurât pas à Paris et ses instructions à Joseph étaient bien précises sur ce point. Le 17 mars — le jour même où Charles-Maurice écrivait à Mme de Courlande —, le « roi » a reçu une nouvelle lettre de l'Empereur, écrite la veille : « Mon frère, conformément aux instructions verbales que je vous ai données et à l'esprit de toutes mes lettres, vous ne devez pas permettre que, dans aucun cas, l'Impératrice et le roi de Rome tombent entre les mains de l'ennemi. Je vais manœuvrer de manière qu'il serait possible que vous fussiez plusieurs jours sans avoir de mes nouvelles. Si l'ennemi avançait sur Paris avec des forces telles que toute résistance devînt impossible, faites partir dans la direction de la Loire la régente, mon fils, les grands dignitaires, les ministres, les grands officiers de la couronne, le baron de La Bouillerie et le Trésor. Ne quittez pas mon fils et rappelez-vous que je préférerais le savoir dans la Seine plutôt que dans les mains des ennemis de la France. Le sort d'Astyanax, prisonnier des Grecs, m'a toujours paru le sort le plus malheureux de l'Histoire. »

☆

Le lundi 28 mars 1814, au matin, les avant-gardes prussiennes s'approchent de Paris. Des cavaliers ennemis ont été vus à Claye, alors que Napoléon se trouve encore au-delà de la Marne. Peu après 8 heures du soir, Talleyrand monte en voiture pour se faire conduire au château où doit avoir lieu le grand conseil. L'Impératrice-régente devait-elle accueillir aux Tuileries le tsar et le roi de Prusse... en attendant de se jeter dans les bras de son père ? Peut-être le règne de Napoléon II serait-il alors envisagé comme la seule solution possible. Talleyrand, en roulant vers le château, semble peut-être encore de cet avis.

Tous sont bientôt réunis : Cambacérès, Lebrun, le président du Sénat Lacépède, le grand juge Molé et tous les ministres. Seuls Maret et Caulaincourt sont encore absents de Paris. L'Impératrice — belle plante verte — préside. Elle fera ce qu'on lui dira de faire. « On », c'est Joseph qui, pour l'instant, dissimule la dernière lettre adressée par l'Empereur le 16 mars. Après avoir ouvert les débats, il donne la parole à Clarke. Le ministre de la Guerre fait un exposé pessimiste de la situation : l'heure est grave, la capitale est en danger, Paris va tomber entre les mains de l'ennemi dans quarante-huit heures et l'Empereur arrivera trop tard...

Tour à tour, plusieurs membres émettent leurs opinions. Pour eux — comme pour le préfet de police Pasquier, consulté par Savary — le départ de l'Impératrice produirait une impression déplorable sur l'esprit des Parisiens. Marie-Louise prenant le chemin de la Loire détruirait chez eux toute énergie ; ils se trouveraient privés de la seule protection qui pût leur faire espérer quelque ménagement de la part de l'ennemi. D'autre part, en cas de négociations, si l'on parlait aux alliés *au nom* de la fille de l'empereur François, ne rencontrerait-on pas quelques facilités ? Il était impossible d'imaginer que l'ancienne archiduchesse ne soit pas traitée avec égards.

Boulay de la Meurthe propose même d'exhiber, dès le lendemain, l'Impératrice à l'hôtel de ville et de la promener dans les rues comme jadis la statue de sainte Geneviève... On appellerait alors Paris et ses faubourgs aux armes, on distribuerait des fusils — que l'on ne possédait d'ailleurs pas — et la vue de Marie-Louise, son petit roi dans les bras, aurait galvanisé la population et laissé peut-être à Napoléon le temps d'accourir à la rescousse.

Prudemment, Talleyrand se contente, durant ces discours, d'exprimer son opinion « par un abaissement de tête qui disait tout ce qu'on voulait ». Il semble même prédire qu'il fallait se soumettre « aux plus dures nécessités ». Lorsqu'il prend enfin la parole — espérant toujours gouverner pendant la régence — il montre le spectre d'une éventuelle révolution si le pouvoir impérial quittait Paris. Partir serait laisser le champ libre aux Bourbons...

En réalité, nouveau Machiavel, il joue la comédie : « Je savais, expliquera-t-il plus tard, que l'Impératrice se défiait de moi et que, si je conseillais le départ, elle resterait. J'ai été pour qu'elle restât afin qu'elle partît. »

On passe au vote. Joseph s'abstient, ne voulant toujours pas influencer le Conseil. Clarke vote pour le départ. Il est le seul de cet avis, aussi reprend-il la parole. Pour lui, précise-t-il, la capitale de la France serait érigée là même où trouveraient refuge l'Impératrice et son fils. Un second vote a lieu et donne le même résultat que précédemment. C'est alors que Joseph sort de son portefeuille la lettre de l'Empereur datée du 16 mars. En aucun cas Marie-Louise et le roi de Rome ne doivent tomber entre les mains de l'ennemi !

Tous sont atterrés. Tous — hors Clarke et ses illusions — savent qu'en abandonnant Paris l'Impératrice et le roi de Rome perdent leur couronne. Certains proposent alors de « passer outre ». Lorsque l'Empereur a écrit ces lignes, il pensait peut-être se trouver lui-même en marche vers la Loire pour rejoindre sa femme et le gouvernement, alors qu'en ce moment même il semble plutôt poursuivre les Prussiens en retraite. Ce 28 mars, il se bat encore à Saint-Dizier ! Sans doute brûle-t-il les étapes ; sans doute va-t-on le voir surgir sur les arrières de l'ennemi, mais l'on n'a aucune certitude.

On recueille une troisième fois les suffrages : tous devront partir ! Dès le lendemain matin, l'Impératrice et le roi de Rome gagneront Rambouillet, première étape sur le chemin de la Loire. Joseph, les grands dignitaires et les ministres ne quitteront la capitale qu'*in extremis.*

On se sépare. Durant quelques instants les membres du Conseil demeurent dans le salon d'attente pour s'entretenir plus librement.

— Si j'étais ministre de la Police, lance quelqu'un en

regardant Savary, demain matin Paris serait insurgé et l'Impératrice ne partirait pas !

Talleyrand se rend compte que la décision sonne le glas de la régence : la place est libre pour les Bourbons, et, à 3 heures du matin, avant de monter en voiture, il constate en se tournant vers Savary :

— Eh bien ! voici donc la fin de tout ceci ; n'est-ce pas aussi votre opinion ? Ma foi ! c'est perdre une partie à beau jeu. Voyez un peu où mène la sottise de quelques ignorants qui exercent avec persévérance, une influence de chaque jour. Pardieu ! l'Empereur est bien à plaindre, et on ne le plaindra pas, parce que son obstination à garder son entourage n'a pas de motif raisonnable ; ce n'est que de la faiblesse qui ne se comprend pas dans un homme tel que lui. Voyez, monsieur, quelle chute dans l'Histoire ! Donner son nom à des aventures au lieu de le donner à son siècle ! Quand je pense à cela, je ne peux m'empêcher de gémir. Maintenant, quel parti prendre ? Il ne convient pas à tout le monde de se laisser engloutir sous les ruines de ces édifices ; allons, nous verrons ce qui arrivera. L'Empereur, au lieu de me dire des injures, aurait mieux fait de juger ceux qui lui inspiraient des préventions ; il aurait vu que des amis comme cela sont plus à craindre que des ennemis ; que dirait-il d'un autre, qui se serait laissé mettre dans cet état ?

Marie-Louise semble bien de cet avis et, au même moment, écrit à son mari : « Le Conseil vient de finir seulement, il est minuit et demi passé ; après de longs débats, on a fini par dire qu'il fallait que je parte, et cela, au plus tard demain matin... Je t'avoue que je suis tout à fait contraire à cette idée, je suis sûre que cela fera un effet terrible sur les Parisiens, cela leur ôtera tout le courage qu'ils auraient eu sans cela pour se défendre. La Garde nationale ne fera plus rien, et quand tu arriveras pour nous délivrer, tu trouveras la capitale au pouvoir de l'ennemi... »

Dans la nuit, Marmont envoie, des avant-postes, ce billet : « L'ennemi gagne du terrain ; nous pouvons être cernés ce soir. »

Aussi, dès l'aube, dix grosses berlines vertes stationnent dans la cour du Carrousel. Mais l'on ne se décide point à donner l'ordre du départ, l'ordre de baisser le rideau de cette pièce qui dure depuis dix années. Tous sentent qu'en franchissant le seuil des Tuileries, ils ne seront plus que des fugitifs. On traîne... Marie-Louise espère qu'un événement empêchera l'irrémédiable. Chapeau sur la tête, elle reçoit une députation de la Garde nationale qui la supplie de demeurer à Paris avec le petit roi. La faible jeune femme se jette en pleurant dans un fauteuil :

— Mon Dieu, qu'ils se décident, qu'ils mettent un terme à cette agonie !

A 10 heures, sur les instances de Clarke qui craint l'arrivée d'un parti de Cosaques, l'ordre de départ est enfin donné — et Talleyrand vient mettre l'Impératrice en voiture.

Le prince de Bénévent décide de rejoindre l'Impératrice seulement le lendemain... du moins, il le promet.

De son hôtel, pendant toute la journée, il peut entendre les échos de la bataille qui se rapproche. Paris ne prend d'ailleurs pas la situation au tragique. Sur les boulevards, aux terrasses des cafés, les élégants se font servir limonades et bavaroises, tandis que bourgeois et grisettes se dirigent vers les barrières. Ils vont regarder sous le nez les banlieusards qui, le long des chemins de ronde — nos boulevards extérieurs *côté Paris* — campent devant les boutiques et sous l'auvent des portes cochères tout en mangeant d'énormes pains noirs qu'ils ont cuits presque sous le canon. Ils ont avec eux leurs bestiaux pour lesquels les employés d'octroi, qui ne connaissent que le règlement, les ont obligés à acquitter un droit d'entrée... Les faubourgs sont noirs de monde. Le canon est tout proche. On fait queue devant l'escalier d'une maison de Belleville où est apposé cet écriteau : *Ici, on voit la bataille pour deux sous*. Tandis que les marchands d'eau-de-vie crient : « Prenez la goutte ! Casser la croûte ! », de petits groupes de soldats passent, entourant leurs prisonniers. On les interroge et chacun se fait une idée du combat qui se rapproche.

« Chère amie, écrit Talleyrand à la duchesse de Courlande, l'on dit que l'attaque de ce matin n'est qu'une reconnaissance et qu'on s'éloigne. Il est honteux dans des circonstances semblables d'être aussi peu instruits que nous le sommes et que je le suis. La question de la défense même, cette question si importante, est indécise. Les uns veulent défendre, beaucoup d'autres s'y opposent. On s'agite, mais l'on ne fait ni ne délibère ; je ne crois pas qu'une masse d'hommes ait jamais été dans un état si humiliant... »

Mortier s'est retranché dans de vieilles redoutes élevées en avant du village de La Villette, mais les chasseurs russes attaquent de flanc et les Prussiens de face. Bientôt les Français doivent se replier et le combat s'engage dans la grande-rue de La Villette. La garde prussienne parvient à forcer un pont sur le canal et débouche soudain de l'autre côté de la rue, vers le point où le village aboutit à Paris. Pris à revers, Mortier réussit à faire une trouée et se rapproche du mur d'enceinte — ce « mur murant Paris qui rend Paris murmurant ».

Blücher occupe maintenant Montmartre et bombarde la ville. Déjà, des barrières, on aperçoit les longues lances des Cosaques et leurs fouets démesurés. Affolées, les maîtresses de pension de jeunes filles font hâtivement revêtir des costumes d'hommes à leurs élèves et vont les cacher au fond du Marais...

En avant de la barrière de Clichy, Moncey, avec l'aide des élèves de l'Ecole polytechnique, a élevé des barricades. De son P.C. — le cabaret du père Lathuile, au 7 de notre actuelle avenue de Clichy — le maréchal dirige une résistance héroïque. De la barrière du Roule jusqu'à la barrière Poissonnière, il parvient à contenir le flot des Cosaques. Mais ce ne sera plus pour longtemps. Talleyrand apprend que Joseph quitte Paris.

A 2 heures, le « roi » a convoqué le préfet de police Pasquier et lui a annoncé :

— Je pars avec tous les ministres ; vous restez là et vous êtes ainsi le maître de faire ce que bon vous semblera.

De ce fait, il ne demeure plus dans la capitale qu'une seule grande autorité civile : celle du prince de Bénévent, vice-Grand Electeur de l'Empire. Charles-Maurice sent qu'il va pouvoir enfin jouer le grand rôle de son extraordinaire existence : accueillir les Alliés victorieux et tout faire, d'accord avec eux, pour mettre définitivement Napoléon à terre et ramener les Bourbons, puisque le gouvernement impérial a déserté. Il pourra ainsi savourer sa vengeance et prendre le pouvoir. Surtout ne pas laisser passer cette occasion qui ne se représentera plus ! Tout d'abord, il lui faut monter une comédie : faire semblant de quitter la rue Saint-Florentin... tout en demeurant à Paris.

Alors que la résistance, à la barrière de Clichy, devient impossible, Talleyrand se rend vers 6 heures du soir chez le

On se bat au pied de la butte Montmartre. Talleyrand a conseillé à l'ennemi de foncer vers Paris en évitant la petite armée impériale. La butte a été truffée de défenses hâtivement établies.

préfet Pasquier en compagnie de Mme de Rémusat, qui prend aussitôt la parole :

— Vous savez, mon cousin, que M. de Talleyrand a ordre de partir et de rejoindre l'Impératrice. N'est-ce pas un grand malheur ? Il ne restera donc personne pour traiter avec l'étranger, personne dont le nom soit de quelque poids auprès de lui ? Vous devez sentir cet inconvénient mieux que tout autre, vous qui allez porter le fardeau d'une grande responsabilité. Vous le voyez, M. de Talleyrand est dans le plus grand embarras, car comment ne pas obéir, et d'un autre côté, quel malheur s'il faut absolument qu'il s'en aille !

— Je comprends tout cela à merveille, répond Pasquier pour le moins surpris, mais je ne vois pas ce que je pourrais faire.

— Cependant, reprend Mme de Rémusat, il vient vous demander conseil.

Le préfet entend alors Talleyrand balbutier quelques phrases « entortillées ». Enfin, Mme de Rémusat se jette à l'eau et propose à Pasquier, de plus en plus abasourdi, « d'envoyer à la barrière, par laquelle le prince devait sortir, quelques hommes à sa dévotion, ceux-ci ameuteraient le peuple au passage de la voiture de Talleyrand et diraient " qu'il ne fallait pas souffrir que la ville fût ainsi abandonnée " par ceux qui pourraient la protéger de l'occupation ennemie. Bref, on le forcerait " à rebrousser chemin ". »

Ayant repris son aplomb, Pasquier estime qu'il ne convient pas, dans une situation où son premier devoir est de tenir le peuple tranquille, de fomenter une manière d'émeute.

— Vous avez un moyen bien plus simple d'arriver à votre but, et celui-là est sans danger, propose-t-il. M. de Rémusat a un commandement dans la Garde nationale et est assurément préposé à la garde de quelque barrière. Que M. de Talleyrand se présente à celle-là pour sortir, et que M. de Rémusat fasse avec ses gardes nationaux ce que vous me demandez de faire faire par le peuple.

Talleyrand remercie, se hâte de gagner la rue Saint-Florentin pour faire ses préparatifs de voyage. A 6 heures, il monte dans sa berline et se présente à la barrière des Bonshommes — située à l'angle de notre rue Beethoven et de notre quai de Tokyo. Là, il trouve M. de Rémusat qui, selon le scénario prévu, refuse de le laisser passer et invite le prince à rentrer chez lui. M. de Talleyrand fait semblant d'être furieux et va se plaindre au corps de garde de la barrière du Roule, au bout du faubourg Saint-Honoré, à l'emplacement de notre place des Ternes. Le commandant du poste, qui n'est pas dans le secret, explique qu'il s'agit d'une consigne qui ne pouvait évidemment concerner M. le prince de Bénévent et, avec un zèle non prévu au programme, offre une escorte à « Son Excellence » pour gagner Versailles.

Mais le prince s'exclame qu'il ne veut point de passe-droit — c'est à lui, grand dignitaire de l'Empereur, à donner l'exemple de l'obéissance ! Et il ordonne à son cocher de reprendre le chemin de la rue Saint-Florentin.

Au même moment, Marmont, dans une guinguette de La Chapelle, à l'enseigne du *Petit Jardinet*, accueille les envoyés du tsar, Nesselrode, l'aide de camp Alexandre Orlov et le comte de Paar, aide de camp de Schwarzenberg. Aussitôt commencent les pourparlers en vue de la capitulation de la capitale. L'ennemi exige que la ville soit livrée et sa garnison désarmée et prisonnière. Les maréchaux refusent ces conditions. Tandis que l'on va mettre le tsar au courant des exigences françaises — la liberté pour les troupes de se retirer avec armes et bagages —, Marmont emmène le colonel Orlov à son hôtel du 51, rue Paradis — l'ancien hôtel de son beau-père Perrégaux [1].

Talleyrand se trouve chez lui avec son commensal Bourrienne — celui-là même qui, après avoir été l'ami de Bonaparte, avait été mis à la porte par le Premier consul pour tripotage. Ce soir-là, il admire avec raison Talleyrand pour sa « haute prévoyance » et sa « grande habileté ». Il doit être près de 11 heures du soir lorsque le prince décide de se rendre chez Marmont dont l'hôtel regorge de monde venu aux nouvelles et entourant le maréchal dont l'uniforme est déchiré, les mains et le visage noirs de poudre.

On reconstruit la France... Certains évoquent déjà l'éventualité du retour des Bourbons. Laffitte affirme même qu'il n'y a pas d'autre solution possible. Marmont, lui, craint le retour des émigrés.

— Eh ! monsieur le maréchal, s'écrie le banquier, avec des garanties écrites, avec un ordre politique qui fondera nos droits, qu'y a-t-il à redouter ?

A voix basse, on annonce à Marmont que le prince de Bénévent désire l'entretenir en particulier. Dans la salle à manger où Marmont reçoit son visiteur, le prince, jouant toujours le rôle de la comédie qu'il a montée, commence par demander « si les communications avec Rambouillet sont encore libres ». Marmont élude... puis on parle des malheurs du temps et des souffrances de Paris crucifié. Que va-t-on faire ? Marmont sent que le prince vient pour « l'envelopper » et lui faire des « ouvertures »... aussi se tient-il à carreau, mais semble, quoi qu'il en ait dit, n'avoir pas découragé Talleyrand. Le maréchal, comme dit Henri Houssaye, est un ambitieux « fait de vanité et d'envie ». En ce soir de défaite, après les félicitations qu'il vient de recevoir pour avoir sauvé la ville, il se pavane et se gonfle.

---

1. La demeure, divisée entre de nombreux locataires, est aujourd'hui méconnaissable.

Talleyrand lui-même n'est-il pas venu vers lui, comme s'il était l'arbitre de la situation ?

Lorsque les assistants voient apparaître le vice-Grand Electeur à l'entrée du salon, c'est un brouhaha d'étonnement. Le prince n'est donc pas parti ? Il n'a pas rejoint l'Impératrice et le gouvernement qui passent cette nuit-là à Chartres, sur la route de la Loire ? On veut l'interroger, mais Talleyrand ne daigne pas répondre. Il a vu, isolé, au fond du salon, le colonel Orlov. En claudiquant, s'appuyant sur sa canne, il s'avance vers l'aide de camp du vainqueur et, dans le pesant silence qui enveloppe la pièce, tous entendent distinctement s'échanger, avec une certaine emphase, ces deux répliques :

— Monsieur, veuillez bien vous charger de porter aux pieds de Sa Majesté l'empereur de Russie l'expression du profond respect du prince de Bénévent.

— Prince, répond Orlov, je porterai, soyez-en sûr, ce blanc-seing à la connaissance de Sa Majesté.

Il est maintenant 1 heure du matin lorsque Talleyrand retrouve sa chambre de l'entresol de la rue Saint-Florentin. La journée du jeudi 31 mars vient en somme de commencer — la journée qui sera la plus importante de l'existence de Talleyrand. Quelles sont alors ses pensées ? Dans ses *Mémoires* il écrira : « Napoléon, battu, devait disparaître de la scène du monde ; c'est le sort des usurpateurs vaincus. Mais la France une fois envahie, que de chances contre elle ? Quels moyens pouvaient conjurer les maux qui la menaçaient ? Quelle forme de gouvernement devait-elle adopter si elle résistait à cette terrible catastrophe ? C'étaient là de graves sujets de méditation pour tous les bons Français : s'y livrer était un devoir pour ceux que les circonstances, ou, si l'on veut, leur ambition, avaient déjà appelés, à d'autres époques, à exercer de l'influence sur le sort du pays. C'est ce que je croyais avoir le droit de faire depuis plusieurs années, et, à mesure que je voyais approcher le redoutable dénouement, j'examinais et je combinais avec plus d'attention et de soin les ressources qui nous restaient. Ce n'était ni trahir Napoléon ni conspirer contre lui, quoiqu'il l'eût plus d'une fois déclaré. Je n'ai conspiré de ma vie qu'aux époques où j'avais la majorité de la France comme complice et où je cherchais avec elle le salut de la patrie. »

Ce n'était nullement, en dépit de la beauté de cette envolée, la majorité de la France qui espérait alors le retour des lis... et puis était-ce vraiment là, pour M. le prince de Bénévent, servir la France ? Ainsi que l'a expliqué Louis Madelin : « Dans quelle mesure sert-on un pays en sapant ses alliances, en encourageant ses ennemis, en leur livrant ses secrets, en leur ouvrant ses portes, et, ses portes franchies par eux, en les appelant à lui dicter la loi ? Que, l'Empereur condamné à sombrer — mais l'était-il sans le traître coup qui allait lui être porté ? —, il fût bon que l'étranger trouvât à qui parler, et qu'ainsi l'homme ait, en pactisant avec l'ennemi, pu contribuer à épargner au pays certains des dommages qui le menaçaient — peut-être. Encore ce grand citoyen ne s'est-il décidé à porter son coup que lorsqu'il eut la certitude qu'il en tirerait et de nouveaux profits et un nouveau pouvoir. Et y a-t-il lieu, dans de telles conditions, de proclamer qu'on a sauvé la patrie et de monter au Capitole ? »

À 2 heures du matin, Marmont donne lecture du texte de la capitulation de Paris : les corps des maréchaux de Trévise et de Raguse évacueront la ville de Paris, avec armes et bagages, le 31 mars à 7 heures du matin. Les hostilités reprendront deux heures plus tard, tandis que Paris était recommandé « à la générosité des puissances alliées ».

Mais les troupes n'ont pas attendu la signature de l'accord pour quitter la capitale par la route du sud qui demeure encore libre. Et c'est à La Cour-de-France, peu après Juvisy, vers 11 heures du soir, que Napoléon — il a quitté Troyes à l'aube et a abandonné sa petite armée — rencontre les premières troupes de la garnison vaincue, celles comman-dées par Belliard. On l'entend crier :

— Tout le monde a donc perdu la tête ! Voilà ce que c'est que d'employer des hommes qui n'ont ni sens commun ni énergie.. Ce cochon de Joseph qui s'imagine être en état de conduire une armée aussi bien que moi !... Et ce j...-f... de Clarke qui n'est capable de rien si on le sort de la routine de ses bureaux !

La colère tombée, il s'est assis au bord de la route, à même le fossé. Accablé, il murmure :

— Alexandre à Paris !

Soudain, pris d'une idée, il revient vers le relais — dont les écuries existent toujours — et fait déployer ses cartes :

— L'empereur Alexandre va s'enorgueillir dans Paris ! Il va passer en revue son armée disséminée sur les deux rives de la Seine ! Et je n'ai point la mienne sous la main...

— Dans quatre jours, elle sera là, sire.

— Quatre jours ! Ah ! deux jours seulement et dans Paris que de défections ! L'Impératrice elle-même !...

Tout à coup il se souvient des directives qu'il a données.

— Oui, j'ai voulu le départ de l'Impératrice, car Dieu sait à quoi l'on aurait pu entraîner son inexpérience !

Puis on le voit se pencher de nouveau vers ses cartes et on l'entend s'exclamer :

— Oui, je les tiens ! Dieu me les livre ! Mais il me faut quatre jours ! Ces quatre jours, Caulaincourt, vous pouvez me les gagner en pourparlers !

A 3 heures du matin, tandis que Caulaincourt part pour Paris, il monte en berline et ordonne :

— Route de Fontainebleau.

A la même heure, Orlov réveille le tsar au château de Bondy :

— Quelles nouvelles m'apportez-vous ?

— Sire, c'est la capitulation de Paris.

Après avoir lu l'acte et félicité son aide de camp, Alexandre demande :

— Avez-vous vu le prince de Bénévent ?

Orlov lui rapporte alors les paroles échangées avec Talleyrand dans le salon de Marmont.

— Ce n'est encore qu'une anecdote, s'exclame le tsar, mais cela peut devenir de l'Histoire !

Puis Alexandre essaye de se rendormir. Quand le jour se lève, Nesselrode reçoit la députation de Paris et demande à M. de Laborde adjudant major de la Garde nationale, quel était l'état de l'opinion, « et ce qu'il fallait faire ou plutôt ce que les Français voulaient qu'on fît ».

Laborde essaye de répondre en dressant une manière de panorama des diverses opinions qui s'affrontent à Paris.

— Mais si Votre Excellence désire des renseignements plus étendus, ajoute-t-il, personne n'est plus capable de lui en fournir que M. de Talleyrand.

— Est-il à Paris ? demande Nesselrode.

— Il y était hier au soir, mais Napoléon lui a donné l'ordre de se rendre à Blois.

Nesselrode renvoie immédiatement M. de Laborde vers Paris pour dire au prince de Bénévent « de ne pas s'en éloigner et pour le retenir par force s'il voulait en partir ».

Le ministre, accompagné d'un seul Cosaque, entre dans
Paris et descend de voiture dans la cour de l'hôtel de la rue
Saint-Florentin. Talleyrand est en train de se livrer à sa
minutieuse toilette, mais, en apprenant que Nesselrode
vient d'arriver, il quitte sa chambre, à l'angle de l'entresol,
descend en hâte le grand escalier et se précipite « à demi
coiffé à la rencontre du ministre, se jette dans ses bras »... et
le couvre de poudre.

Le duc de Dalberg, le baron Louis, sont déjà là...
Nesselrode leur explique ce que le tsar attend de M. de
Talleyrand : annoncer aux Parisiens l'entrée des Alliés et
leurs projets. On se met aussitôt au travail pour établir une
déclaration destinée à apprendre aux habitants de la capitale
les derniers événements, et devant être signée tout à l'heure
par le tsar. Talleyrand est bien décidé à agir comme si
« Bonaparte » n'existait plus. Il faut donc réunir d'urgence le
Sénat — du moins ce qu'il en reste — pour prendre le
pouvoir. Et Napoléon ? Et la régence ? Et le lieutenant
général Joseph ? Et l'armée impériale ? Le texte que ces
messieurs vont établir doit faire table rase de ce passé révolu
— et vaincu.

L'heure de M. de Talleyrand va sonner.

Les Parisiens n'ont pas attendu de voir placarder sur leurs
murs la nouvelle de la prochaine entrée des troupes alliées
dans Paris, et dès l'aube, toute une foule s'est dirigée vers
les chemins de ronde. « Près de la barrière des Martyrs,
raconte un témoin dans un récit bien oublié, il y avait un
corps de musiciens russes qui jouaient : quelques Français
des deux sexes écoutaient tranquillement. Auprès d'eux, des
chevaux tués dans la bataille. Nous nous rendîmes à
Montmartre. Les rues étaient remplies de soldats russes et
allemands. Plusieurs étaient endormis, d'autres s'habil-
laient ; quelques-uns ciraient leurs moustaches ou rasaient
leurs camarades ; la plupart avaient un linge blanc autour du
bras gauche. » Les armées ennemies étaient composées d'un
tel salmigondis d'uniformes que bien des méprises s'étaient
produites. On avait pu voir à la Rothière, des Cosaques tirer
sur des Anglais. Aussi, le haut commandement a-t-il prescrit
le port d'un brassard blanc pour tous les combattants. Mais

AUX HABITANS DE PARIS.

HABITANS DE PARIS,

L'heure de votre délivrance est arrivée; vos oppresseurs sont pour toujours dans l'impuissance de vous nuire,

VOTRE VILLE EST SAUVÉE!

Rendez grâces à la providence! adressez ensuite d'éclatans témoignages de votre reconnaissance aux illustres monarques et à leurs braves armées, si lâchement calomniées; c'est à eux que vous devrez la paix, le repos et la prospérité, dont vous fûtes privés si long-temps.

Qu'un sentiment étouffé depuis tant d'années s'échappe, avec les cris mille fois répétés de *Vive le Roi! Vive Louis XVIII! Vivent nos généreux Libérateurs!*

Que l'union la plus touchante et l'ordre le plus parfait règnent parmi nous, et que les têtes couronnées qui vont honorer vos murs de leur présence, reçus comme vos sauveurs, reconnaissent que les Français, et surtout les Parisiens, ont toujours conservé au fond de leur ame le respect des lois et l'amour de la monarchie.

Paris, 31 Mars 1814.

Le 1ᵉʳ avril — un jour consacré aux mystifications... — les habitants de Paris peuvent lire cette affiche placardée sur leurs murs. Si Talleyrand n'en a pas écrit le texte, il l'a assurément inspiré.

les Parisiens — ils ont un peu tendance à tout ramener à eux... — s'imaginent que ce signe distinctif est porté par les Alliés en l'honneur de Louis XVIII. La méprise va être habilement exploitée par les royalistes du faubourg Saint-Germain dont le cœur bat d'espoir depuis « le commencement de la fin » annoncé par M. de Talleyrand. Un petit groupe de jeunes gens portant de grands noms de France se hâtent d'arborer cocardes, brassards et ceintures d'une blancheur immaculée et de monter à cheval. Premier acte de la révolution des mouchoirs de poche : on les voit, dès 9 heures du matin, se pavaner place de la Concorde, sous les fenêtres mêmes de M. de Talleyrand. L'un d'eux — le trop fameux Maubreuil — a attaché sa croix de la Légion d'honneur à la queue de son cheval. Un M. de Vauvineux a noué son mouchoir à un manche à balai et, à l'entrée de la rue de Rivoli, agite son drapeau improvisé en criant : « Vive le roi ! ». L'escadron d'exaltés remonte les boulevards aux cris de :

— Vengeons la mort du duc d'Enghien !
— Rallions-nous aux Bourbons !

Les Parisiens, massés sur les trottoirs, répondent, goguenards :

— Les Bourbons ? Connais pas !

Il en existe donc encore ? Tous n'étaient pas morts sur l'échafaud ? A vrai dire, certains royalistes étaient aussi mal renseignés. Villèle, futur ministre du roi — il l'avouera dans ses *Mémoires* — croyait la duchesse d'Angoulême mère d'une nombreuse famille...

Le petit groupe d'exaltés a beau s'agiter, arpenter les boulevards de la rue Choiseul à la Madeleine, les Parisiens les regardent, stupéfaits. Seules leur répondent quelques dames de l'aristocratie.

Au même moment M. de Pradt, archevêque de Malines, arrive rue Saint-Florentin. Il demande « avec humeur » ce qu'on prétend faire de lui en cette journée qui s'annonce capitale.

— Et qui veut vous laisser de côté ? s'exclame le prince de Bénévent. Vous pouvez à l'instant même rendre le plus noble service : avez-vous un mouchoir blanc ?

— Oui.

— Mais très blanc ?

— Sans doute.

— Eh bien, montrez-le.

L'archevêque tire un mouchoir de sa poche : M. de Talleyrand le prend et, le saisissant par l'une des cornes, en fait une sorte de drapeau qu'il agite dans tous les sens en criant :

— Vive le roi !... Vous voyez ce que je viens de faire ? Maintenant, descendez, prenez le boulevard de la Madeleine et suivez-le jusqu'au faubourg Saint-Antoine toujours en agitant votre mouchoir et criant : « Vive le roi ! »

— Mais, prince, vous n'y pensez pas : considérez donc mon costume : je suis coiffé en ecclésiastique, je porte ma croix, mon ordre de la Légion d'honneur.

— Précisément, si vous n'étiez pas habillé de la sorte, reprend le prince, il faudrait aller faire votre toilette : votre croix d'évêque, votre toupet, votre rond poudré, tout cela fera scandale, et c'est du scandale qu'il nous faut.

M. de Talleyrand est on ne peut plus sérieux, et M. de Pradt d'obéir. Il descend, suit les boulevards « en jouant le rôle convenu ». Bientôt des polissons et des curieux lui font escorte. Mais, parvenu au boulevard Poissonnière, il donne « dans une veine de bonapartistes » qui chargent l'archevêque et sa troupe et les obligent à retourner sur leurs pas. Pressé dans sa retraite, force est à l'archevêque de remettre son drapeau dans sa poche, de se jeter sur les bas-côtés et de regagner à toutes jambes le quartier général de la rue Saint-Florentin où il arrive essoufflé et crotté jusqu'à l'échine. Bien sûr, il cache sa défaite et affirme qu'il a conquis à la cause royale « une portion notable de la capitale ».

— Je vous avais bien dit, s'exclame Talleyrand très pince-sans-rire, qu'habillé comme voilà, vous feriez un effet prodigieux !

Nesselrode a précieusement gardé le billet de Talleyrand — *via* Dalbert et Vitrolles — et le montrera un jour à Mme de Boigne en lui disant :

— Voulez-vous voir le document sur lequel nous avons hasardé la marche sur Paris ?

— Assurément.

— Tenez. Le voilà.

Il lui montre alors le billet écrit au lendemain de la retraite des Alliés de Montereau... Et les Alliés avaient suivi le conseil apporté par Vitrolles.

M. le vice-Grand Electeur a achevé le régime...

XVIII

LE SALON DE L'AIGLE

Celui qui ne comprend pas un regard ne comprendra pas une longue explication.

TALLEYRAND

A midi, la tête de l'armée russe apparaît et passe sous la porte Saint-Denis. « Quel moment ! écrit un témoin. On aurait entendu une mouche voler. J'avais obtenu d'un chapelier, sur le boulevard Bonne-Nouvelle, une petite place à la fenêtre de la chambre de sa femme et, à travers mon lorgnon, je ne considérais pas sans une émotion profonde les figures des curieux pressés sur la contre-allée vis-à-vis de moi, au-delà de la chaussée, que des mains singulièrement patriotes avaient jonchée de feuillages. Les pas des chevaux de l'Ukraine, en foulant cette verdure, résonnaient seuls au milieu du silence. Dans les petites ruelles affluentes au boulevard étaient juchées sur des banquettes, et même sur l'impériale de leurs voitures, beaucoup de femmes riches qui, oubliant leur époux, leur frère ou leur fils morts sous la baïonnette russe, interrompaient parfois l'attention morne du public en poussant des vociférations de joie. »

Au même instant, Talleyrand voit entrer chez lui M. de Caulaincourt envoyé par Napoléon qui attend à Fontainebleau les débris de son armée, tandis que les troupes françaises qui ont évacué Paris s'échelonnent vers Essonnes.

◀ *Talleyrand, transformé en girouette. La gravure, semble-t-il, a été composée au début de la Restauration et remaniée sous le règne de Louis-Philippe.*

— L'Empereur nous a perdus, s'exclame le prince en guise de bienvenue.

— Dans notre malheur, répond le grand écuyer, peut-il compter sur vous ?

— Vous apprendrez que j'ai encore tout fait, il y a deux jours, pour sauver son trône, pour retenir l'Impératrice et son fils, mais l'Empereur donne en cachette des ordres qui gâtent tout : il se méfie de tout le monde ; sa lettre à son frère a tout compromis : la crainte de lui déplaire, de désobéir paralyse tout : il s'est perdu et a perdu la France. Il ne dépend d'aucun de nous de la sauver aujourd'hui. Pourquoi a-t-il laissé aller les choses à ce point ? Pourquoi préférer les conseils de quelques flatteurs, les avis de Maret à ceux des hommes dévoués à sa gloire et à la France ?

— Ce n'est pas le moment de nous occuper de ses fautes, réplique Caulaincourt. Il m'a envoyé près de l'empereur Alexandre pour le défendre, pour signer la paix que tout le monde désire. Me seconderez-vous dans nos malheurs ? L'abandonnerez-vous, quand il n'est plus heureux ? Sacrifierez-vous l'Impératrice, le roi de Rome, les vrais intérêts de la France ?

A ce moment, le comte Tolstoï, grand maréchal du tsar, entre dans la pièce. Il annonce à Talleyrand une grande nouvelle : son maître désire loger chez lui ! Alexandre avait formé le projet de s'installer au palais de l'Elysée mais, pendant sa marche, un billet anonyme a été glissé au prince Volkonski, chef d'état-major : l'Elysée serait, paraît-il, miné. Et Talleyrand d'accepter avec reconnaissance l'honneur que daigne lui faire Sa Majesté le tsar.

On est en droit, après Charles Dupuis, de se poser la question : le billet est-il parti de l'hôtel de la rue Saint-Florentin ? La comédie serait bien dans la manière du prince de Bénévent. Quoi qu'il en soit, l'installation du vainqueur chez le vice-Grand Electeur est, tant pour la France que pour le prince de Bénévent un fait considérable, étant donné les circonstances !.

Talleyrand accueille le tsar avec un infini respect dans la cour de son hôtel et le conduit aussitôt par l'admirable escalier jusqu'au premier étage, au-dessus de l'entresol. Ils entrent dans l'ancien grand cabinet, le *salon de l'Aigle* dont les fenêtres donnent à l'angle de la rue Saint-Florentin et de la rue de Rivoli. La chambre d'Alexandre, ornée de boiseries blanc et or, donne également vers la rue de Rivoli, mais à

Le tsar Alexandre par Gérard. « C'est un héros de roman, avait dit Napoléon à Tilsitt. Il a toutes les manières d'un des hommes aimables de Paris. » Mais il changera d'avis et le traitera de « Grec du bas empire »... C'est pourtant grâce au tsar que Napoléon put aller régner sur l'île d'Elbe.

l'angle opposé de l'hôtel, vers la rue de Mondovi [1]. Les dessus des portes évoquent Diane et le berger Endymion, des nymphes et les inévitables satyres... Installé devant la fameuse table du salon de l'Aigle, le tsar déclare :

— Monsieur de Talleyrand, j'ai voulu loger chez vous parce que vous avez ma confiance et celle de mes alliés. Nous n'avons voulu rien arrêter avant que de vous avoir entendu. Vous connaissez la France, ses besoins et ses désirs : dites ce qu'il faut faire et nous le ferons.

---

1. A ne pas confondre avec l'actuelle pièce située à l'angle de la rue de Mondovi et de la rue de Rivoli et qui a été décorée par des panneaux provenant du château de Louveciennes. Ce beau salon date du XIXᵉ siècle, lors de l'agrandissement de l'hôtel par la famille Rothschild.

On tient immédiatement conseil. Du côté russe, le comte de Nesselrode et le général Pozzo di Borgo ont accompagné leur maître. Du côté français, les partenaires habituels de Talleyrand, le duc de Dalberg, l'archevêque de Pradt et le baron Louis — ces deux derniers arriveront quelques instants plus tard.

Que vont faire les vainqueurs ?

On se met à discuter ferme. « Divers tripoteurs, comme l'a écrit Chateaubriand, manièrent dans leurs sales et petites mains le sort d'un des plus grands hommes de l'Histoire et la destinée du monde. »

Alexandre ne demande qu'une chose : ne plus entendre parler de Napoléon. Moscou, sa ville sainte, n'a-t-elle pas été souillée par lui ? Traiter avec le vaincu, lui tendre la main, lui paraît inconcevable. Se trouvant encore à Bondy, il l'a confié ce même matin à Pasquier :

— Je n'ai qu'un ennemi en France, et cet ennemi c'est l'homme qui m'a trompé de la manière la plus indigne, qui a abusé de ma confiance, qui a trahi avec moi tous les serments, qui a porté dans mes Etats la guerre la plus inique et la plus odieuse. Toute réconciliation entre lui et moi est désormais impossible ; mais, je le répète, je n'ai en France que cet ennemi.

Cependant, il faut faire la paix avec Napoléon et l'empêcher de nuire. N'aura-t-il pas avec lui, dans les prochaines heures, une bonne cinquantaine de milliers d'hommes ? De plus, cent mille hommes, au moins, ne se trouvent-ils pas encore répartis dans les places fortes d'Allemagne et d'Italie — sans parler de l'armée du roi Murat ?

L'établissement d'une régence, ainsi que s'exclame le général Pozzo di Borgo — ce Corse, qui fut l'ennemi de Napoléon — n'empêcherait nullement l'Empereur de nuire. Son influence directe ou indirecte demeurerait. « Le tigre serait derrière », comme osera la prédire quelqu'un...

Une solution s'impose : le rétablissement des Bourbons, ou, pour employer le mot dont s'était déjà servi le comte de Provence, dix ans auparavant, le retour à la *légitimité*. En vertu de cette même légitimité, Louis XVIII se proclamait le plus sérieusement du monde « en la dix-neuvième année de son règne... ».

— Je respecte la légitimité, déclare le tsar, et je suis charmé de vous l'entendre professer ; mais croyez-vous que nous puissions faire recevoir les Bourbons ? Ce que j'ai vu, ce que j'ai entendu sur ma route n'en donnent pas l'espérance. Personne ne s'en occupe, on ne prononce leur nom nulle part ; et comment des princes, aujourd'hui si peu connus, pourraient-ils satisfaire le vœu des Français ?

Le tsar a, en effet, hébergé Louis XVIII en exil, lorsque le Prétendant séjournait pour la seconde fois à Mitau, en Courlande, et, rappelons-le, il avait été fort déçu par le royal podagre. Aussi lance-t-il les noms d'autres candidats possibles au trône de France : Bernadotte, le duc d'Orléans... Mais Talleyrand s'exclame :

— Ni vous, sire, ni les Puissances alliées, ni moi, à qui vous croyez quelque influence, aucun de nous ne peut donner un roi à la France. La France est conquise, elle l'est par vos armes, et cependant aujourd'hui même vous n'avez pas cette puissance. Un roi quelconque, *imposé*, serait le résultat d'une intrigue ou de la force ; l'une ou l'autre serait insuffisante. Pour établir une chose durable et qui soit acceptée sans réclamation, il faut agir d'après un principe. Avec un principe nous sommes forts ; nous n'éprouverons aucune résistance ; les oppositions, en tout cas, s'effaceront en peu de temps ; et un principe, il n'y en a qu'un : Louis XVIII est un principe ; c'est le roi légitime de la France.

Alexandre semble conquis, cependant, il demande :

— Comment puis-je savoir que la France désire la maison des Bourbons ?

— Par une délibération, sire, que je me charge de faire prendre au Sénat, et dont Votre Majesté verra immédiatement l'effet.

— Vous en êtes sûr ?

— J'en réponds, sire, affirme Talleyrand.

— A la bonne heure ! s'exclame le tsar, vous m'avez à peu près converti ; il nous reste à en faire autant du roi de Prusse et du prince de Schwarzenberg, que vous trouverez, je vous en avertis, plus prévenus que je ne l'étais moi-même de la difficulté du rétablissement de la maison de Bourbon.

« Ce n'est pas sans peine, rapportera Talleyrand au comte Beugnot, que j'ai rattaché à mon avis le roi de Prusse ; j'en ai eu davantage encore avec Schwarzenberg ; mais enfin tous les souverains sont parfaitement d'accord. »

Lacour-Gayet rappellera que, plus tard, quand des invités de marque visitaient son hôtel, le prince de Bénévent, en

pénétrant dans le salon de l'Aigle, disait avec un sentiment
d'orgueil et une certaine emphase :

— C'est pourtant ici, messieurs, que s'est faite la
Restauration. Au coin de la table était l'empereur Alexandre ; là, le roi de Prusse... Oui, messieurs, c'est ici, dans ce
salon, que nous avons rétabli le trône des Bourbons et la
monarchie de quatorze siècles.

Ce 31 mars 1814, Talleyrand est sincère. Depuis tant
d'années il ne l'était plus !... Cependant, la Restauration ne
représente-t-elle pas pour lui un certain danger ? Du moins
une inconnue ? Il aura à vaincre l'hostilité des émigrés et de
l'entourage du roi qui, depuis 1792, mâchonnent leur aigreur,
leur rancune et traînent dans la boue l'ex-évêque d'Autun.
La « combinaison » de Marie-Louise et du roi de Rome offre,
elle aussi, bien des dangers. Ne serait-ce, nous l'avons dit,
que par la présence de Napoléon dans les coulisses... à moins
que l'Empereur n'accepte de quitter l'Europe — ce qui
semblait alors peu probable...

Pendant la discussion, Nesselrode et Dalberg se sont
retirés dans une pièce voisine pour mettre au point la
déclaration destinée aux Parisiens et qui doit être placardée
sur les murs de Paris. Celle-ci a déjà été envoyée à
l'imprimerie : le royaliste Michaud-Jeune a même remplacé
le mot *Déclaration* par celui de *Proclamation* — et il n'y a
plus qu'à corriger les épreuves. Talleyrand approuve le texte
puis soumet celui-ci à Alexandre :

« Les armées des Puissances alliées ont occupé la capitale
de la France. Les souverains alliés accueillent le vœu de la
nation française : ils déclarent :

» Que si les conditions de la paix devaient renfermer de
plus fortes garanties lorsqu'il s'agissait d'enchaîner l'ambition de Bonaparte, elles doivent être plus favorisées lorsque,
par un retour vers un gouvernement sage, la France
elle-même offrira l'assurance du repos. Les souverains
proclament en conséquence :

» Qu'ils ne traiteront plus avec Napoléon Bonaparte, ni
avec aucun membre de sa famille : qu'ils respecteront
l'intégrité de l'ancienne France, telle qu'elle a existé sous ses
rois légitimes ; ils reconnaîtront et garantiront la Constitution que la nation française se donnera. Ils invitent par
conséquent le Sénat à désigner, sur-le-champ, un gouvernement provisoire qui puisse pourvoir aux besoins de l'adminis-

DÉCLARATION.

LES Armées des Puissances alliées ont occupé la capitale de la France. Les Souverains alliés accueillent le vœu de la Nation française.

ILS DÉCLARENT :

Que si les conditions de la paix devaient renfermer de plus fortes garanties, lorsqu'il s'agissait d'enchaîner l'ambition de Bonaparte, elles doivent être plus favorables, lorsque, par un retour vers un Gouvernement sage, la France elle-même offrira l'assurance de ce repos.

Les Souverains proclament en conséquence :

Qu'ils ne traiteront plus avec Napoléon Bonaparte, ni avec aucun Membre de sa famille ;

Qu'ils respectent l'intégrité de l'ancienne France, telle qu'elle a existé sous ses Rois légitimes ; ils peuvent même faire plus, parce qu'ils professent toujours le principe que, pour le bonheur de l'Europe, il faut que la France soit grande et forte ;

Qu'ils reconnaîtront et garantiront la Constitution que la Nation française se donnera. Ils invitent par conséquent le Sénat à désigner un Gouvernement provisoire, qui puisse pourvoir aux besoins de l'administration, et préparer la Constitution qui conviendra au Peuple français.

Les intentions que je viens d'exprimer me sont communes avec toutes les Puissances alliées.

Signé ALEXANDRE.

Par Sa Majesté Impériale :

Le Secrétaire d'état, Comte DE NESSELRODE.

Fol 28bis
1230

Paris, 31 Mars 1814, trois heures après midi.

A PARIS, DE L'IMPRIMERIE ROYALE. Avril 1814.

La célèbre déclaration signée par Alexandre et dans laquelle le tsar affirme « que pour le bonheur de l'Europe, il faut que la France soit grande et forte ».

tration et à préparer la Constitution qui conviendra au peuple français.

» Paris, le 31 mars 1814 — ALEXANDRE — Par S.M.I. : Comte de Nesselrode. »

Avant de signer, le tsar — et c'est là tout à son honneur — rajoute même cette phrase au texte : « Les Alliés peuvent même faire *plus*, parce qu'ils professeront toujours le principe que, pour le bonheur de l'Europe, il faut que la France soit grande et forte. »

Un dîner, toujours rue Saint-Florentin, clôture la journée du tsar tandis que des cavaliers commencent à porter aux domiciles des sénateurs les convocations pour l'assemblée exceptionnelle qui doit se tenir le 1ᵉʳ avril au Luxembourg.

Paris est morne, en ce soir du 31 mars. Même les prostituées du Palais-Royal se refusent à reprendre, le long des arcades, leur va-et-vient lucratif. Un groupe de royalistes excités — on cite les noms de Sostène de La Rochefoucauld et du marquis de Maubreuil — essayent, mais en vain, de déboulonner la statue de Napoléon dominant la place Vendôme. En dépit des coups de masse donnés sur les tenons de la statue, celle-ci résiste et semble à peine ébranlée. Seule tombe — symboliquement — la statuette de la Victoire que l'effigie de l'Empereur tenait dans sa main. Alors, en désespoir de cause, l'un des gentilshommes, dont le nom n'est heureusement pas venu jusqu'à nous, soufflette par deux fois le visage de bronze [1].

Le soir même du 31 mars, Talleyrand reçoit le comte de Semallé, commissaire du comte d'Artois qui se cachait dans Paris depuis le 16 mars. Il a appris par les affiches placardées sur les murs de Paris la prochaine constitution d'un gouvernement provisoire et court rue Saint-Florentin. Lorsqu'il montre au prince de Bénévent ses pouvoirs signés par le futur Charles X, Talleyrand embrasse — théâtralement — le document :

---

1. Talleyrand, président du gouvernement provisoire, fera envelopper la statue d'une toile d'emballage... et, le 8 avril, des spécialistes réussiront à déboulonner la statue fondue avec le bronze de canons autrichiens et russes pris à Austerlitz.

*Une gravure allemande nous montre l'entrée à Paris des souve-
rains alliés — le tsar Alexandre à leur tête.*

— Ah ! je reconnais bien là l'écriture de Monsieur !
Puis il demande :

— Y a-t-il longtemps que vous avez vu le prince ? Quel
beau rôle vous jouez là pour un gentilhomme ! Il faut mettre
le sceau à cette belle conduite. Nous allons, d'accord avec
l'empereur de Russie, établir un gouvernement provisoire.
Donnez-moi votre adresse, je vous ferai prévenir ce soir pour
assister à sa nomination. Vous retournerez ensuite auprès du
prince et vous l'engagerez à prendre les couleurs nationales.

Les trois couleurs qui ont flotté sur les échafauds de Louis
XVI et de Marie-Antoinette ? Semallé a un sursaut d'indignation. Ainsi, le futur gouvernement provisoire sanctionne-
rait et semblerait approuver tout ce qui s'est passé autrefois
sous la Révolution ? Bref, M. de Semallé refuse de conseiller
à Monsieur semblable abdication :

— Je conçois ce que vous me dites, reprend Talleyrand,
mais nous ne sommes pas sûrs des intentions de l'Europe. Et
pensez-vous qu'on puisse sacrifier l'intérêt d'une nation à
l'amour-propre d'une famille ?

Ce soir-là, la rente de 5%, qui était tombée à 45 francs, le
29 mars, remonte de 4 francs, en début de la capitulation de
Paris. Une semaine plus tard, elle devait grimper à
66 francs...

A 3 heures et demie, le Sénat entre en séance au Luxembourg. L'hémicycle est à moitié vide. Les sénateurs — ces sénateurs nommés par Napoléon et qui ont entériné toutes ses décisions — ne sont que soixante-trois sur cent quarante et un. Talleyrand, en qualité de vice-Grand Electeur, préside la séance.

— Sénateurs, la lettre que j'ai eu l'honneur d'adresser à chacun de vous, pour le prévenir de cette convocation, en a fait connaître l'objet. Il s'agit de vous transmettre des propositions. Ce seul mot suffit pour indiquer la liberté que chacun de vous apporte dans cette assemblée. Elle vous donne les moyens de laisser prendre un généreux essor aux sentiments dont l'âme de chacun de vous est remplie, la volonté de sauver votre pays et la résolution d'accourir au secours d'un peuple délaissé.

» Sénateurs, les circonstances, quelque graves qu'elles soient, ne peuvent être au-dessus du patriotisme ferme et éclairé de tous les membres de cette assemblée, et vous avez sûrement senti tous également la nécessité d'une délibération qui ferme la porte à tout retard et qui ne laisse pas écouler la journée sans rétablir l'action de l'administration, le premier de tous les besoins, pour la formation d'un gouvernement dont l'autorité formée pour le besoin du moment ne peut être que rassurante. »

Sans plus tarder, et après avoir, paraît-il, délibéré, le Sénat arrête :

« 1° Qu'il sera établi un gouvernement provisoire, chargé de pourvoir aux besoins de l'administration et de présenter au Sénat un projet de Constitution qui puisse convenir au peuple français :

» 2° Que le gouvernement sera composé de cinq membres.

» Procédant tout de suite à leur nomination, le Sénat élit pour membres du gouvernement provisoire :

» M. de Talleyrand, prince de Bénévent ; M. le sénateur comte de Beurnonville ; M. le sénateur comte de Jaucourt ; M. le duc de Dalberg, conseiller d'Etat ; M. de Montesquiou, ancien membre de l'Assemblée constituante.

» Ils sont proclamés en cette qualité par le prince vice-Grand Electeur, président. »

On n'est jamais si bien servi que par soi-même !... Et Talleyrand a rassemblé ici, ricane-t-on, ses partenaires habituels réunis chaque soir autour de sa table de whist de la rue Saint-Florentin.

Ces messieurs décident de se réunir à nouveau le soir même. Au moment où Talleyrand s'apprête, à la fin de l'après-midi, à reprendre le chemin du palais du Luxembourg où les sénateurs — ils doivent pourtant tout à l'Empereur — se préparent à voter la déchéance de Napoléon, Caulaincourt, fort agité, arrive rue Saint-Florentin.

— Eh bien ! s'exclame-t-il, si vous allez au Sénat pour faire prononcer la déchéance de l'Empereur, j'irai de mon côté et pour l'y défendre !

— Vous faites bien de m'en avertir, répond en souriant le prince, je vais donner l'ordre de vous retenir dans mon hôtel jusqu'à mon retour !

— Vous pensez bien que, si j'en avais eu l'intention, je me serais bien gardé de vous prévenir...

Tandis que Talleyrand monte en voiture et prend le chemin du palais du Luxembourg, Caulaincourt est reçu, pour la seconde fois, par le tsar. Longuement, le grand écuyer plaide la cause de son maître.

— La paix avec Napoléon ne serait qu'une trêve, lui déclare Alexandre.

— Et avec Napoléon II ?

Caulaincourt insiste pour la création d'une régence « dans le cas où l'on pourrait déterminer l'Empereur et l'armée à l'accepter ».

— Mais que faire de l'Empereur, reprend le tsar ? Le père est un obstacle invincible à la reconnaissance du fils.

Et Caulaincourt, passablement découragé, reprend la route de Fontainebleau pour mettre Napoléon au courant. Pendant ce temps, le Sénat vote en ces termes la déchéance de l'Empire : « Le Sénat déclare Napoléon Bonaparte et sa famille déchus du trône et délie, en conséquence, le peuple français et l'armée du serment de fidélité. »

Et voici le premier acte du gouvernement provisoire : une adresse aux armées françaises, un texte signé par Talleyrand, le 2 avril 1814, et que l'on ne peut lire sans un sentiment de malaise :

« Soldats ! La France vient de briser le joug sous lequel elle gémit avec vous depuis tant d'années...

» Seriez-vous sourds à la voix de la patrie qui vous

rappelle et vous supplie ? Elle vous parle par son Sénat, par
sa capitale et surtout par ses malheurs. Vous êtes ses plus
nobles enfants et ne pouvez appartenir à celui qui l'a
ravagée, qui l'a livrée sans armes, sans défense, qui a rendu
votre nom odieux à toutes les nations, et qui aurait peut-être
compromis votre gloire, si un homme, *qui n'est même pas
Français*, pouvait affaiblir l'honneur de nos armes et la
générosité de nos soldats.

» Vous n'êtes plus les soldats de Napoléon ; le Sénat et la
France entière vous dégagent de vos serments. »

« Un homme qui n'est même pas Français » ! Un homme
qui a fait la fortune de M. le prince de Bénévent et lui a
donné son titre... C'est en pensant à cette palinodie qu'une
estampe en couleur nous montrera les cinq membres du
gouvernement provisoire assis autour d'une table. Ils sont
tous coiffés de girouettes. Talleyrand en a cinq ! Au bas de la
gravure, on peut lire ces mots :

Il change à tout moment d'esprit comme de mode.
Il tourne au moindre vent, il tombe au moindre choc
Aujourd'hui dans un casque et demain dans un froc.

Assurément, pour Talleyrand, la mort de Napoléon aurait
arrangé bien des choses. Le 1ᵉʳ avril, Dalberg était venu
trouver le préfet Pasquier et lui avait proposé sans vergogne
« d'aller au-delà de la chance ». Abasourdi, le futur chancelier avait entendu Dalberg lui expliquer « qu'un certain
nombre d'individus déterminés, et conduits par un vigoureux
b... — je prends ses propres termes, rapporte le préfet —,
revêtiraient des uniformes de chasseurs de la Garde qu'on
avait dans les magasins de l'Ecole militaire, et que soit
avant, soit pendant l'action, ils s'approcheraient de Napoléon
à l'aide de ce déguisement et en délivreraient la France.

» Le sentiment d'indignation qui se peignit sur ma
physionomie en entendant cet odieux aveu l'empêcha de me
donner de plus amples renseignements que je tâchai en vain
d'obtenir. Seulement, quand je lui demandai où on avait pu
trouver des hommes capables de faire un tel coup :

» — Ah ! cela n'est pas difficile, me répliqua-t-il, nous en
avons de toutes les couleurs, des chouans, des jacobins,
etc. »

Le secrétaire adjoint du gouvernement provisoire, Roux-
Laborie, va s'en occuper. Dans ses veines coule du vif-argent

à la place du sang, du moins s'il faut en croire Beugnot. Le
2 avril, il convoque rue Saint-Florentin l'affreux marquis de
Maubreuil, ou plus exactement le comte de Guerry-
Maubreuil, marquis d'Orvault, que nous avons vu circuler le
31 mars, sa Légion d'honneur accrochée à la queue de son
cheval, et essayant ensuite de déboulonner la statue de
Napoléon au haut de la colonne Vendôme. Selon lui
Roux-Laborie lui aurait déclaré :

— Il est question de tuer Napoléon. Il faut cent hommes
sûrs pour cela. Vous vous rendrez au quartier général du
prince Schwarzenberg, mais consultez bien votre courage. Il
en faut plus que vous ne pensez pour cela.

« Je commençai par lui dire que s'il était question de tuer
Napoléon en me battant dans une bataille, poursuit Maubreuil, je le ferais. Mais, comme tout galant homme, je ne
pourrais me déterminer à l'assassiner. Puis, après un instant
de réflexion, je dis à M. Laborie :

» — Cent hommes sont beaucoup trop. Il ne m'en faut
que douze dont je sois sûr. Il faut que tous ces hommes soient
revêtus d'uniformes de la Garde et trouver douze chevaux.

» J'avais oublié de dire qu'à cette première entrevue du 3,
Laborie m'avait dit que j'obtiendrais tout ce que je voudrais :
d'être duc, d'avoir 200 000 livres de rente, etc. »

Nous suivons ici la déposition de Maubreuil, extraite de
son procès criminel versé aux archives départementales.
Lors d'autres interrogatoires, Maubreuil devait affabuler et
affirmer que Talleyrand l'avait reçu — ce qui, lorsque l'on
connaît la prudence du prince — est difficilement croyable.
Puis le projet avait été abandonné, Napoléon ayant abdiqué.
Nous ne tarderons guère à voir réapparaître l'aventurier et
l'entendre — en 1827 — apporter d'autres précisions
concernant sa prétendue mission...

Durant les journées fiévreuses qui vont suivre, jusqu'à
l'arrivée, le mardi 12 avril, du comte d'Artois, l'hôtel de la
rue Saint-Florentin, devenu, à la fois, le siège du gouvernement provisoire et le quartier général du tsar, présente un
étrange spectacle. Il est difficile d'approcher de la demeure :
nuit et jour des gardes occupent la rue. Dans la cour de
l'hôtel, des Cosaques, écrasés de fatigue, sommeillent sur la
paille. Alors que le noble premier étage et le salon de l'Aigle

sont réservés à Sa Majesté tsariste, le second étage, devenu
le ministère russe des Affaires étrangères, est occupé par le
comte de Nesselrode et ses attachés. Talleyrand, le prince-
président, habite les six pièces de l'entresol. Celles donnant
sur la cour sont une véritable place publique. Intrigants de
plus ou moins d'importance y grouillent et refont la France à
grands coups de bravades et d'impertinences. L'Empire
moribond est littéralement mis au pillage. Laborie, secrétaire adjoint du gouvernement provisoire, a bien du mal à
atteindre le cabinet de toilette qui lui sert de bureau...

Les membres du gouvernement siègent dans la chambre à
coucher du Président dont les fenêtres s'ouvrent sur les
Tuileries. Dans le salon travaillent les ministres et les
secrétaires au milieu d'une agitation perpétuelle. Ainsi que
le rapporte Beugnot, « les princes de l'intrigue parvenaient a
se faufiler et se disputaient à qui dévorerait ce règne d'un
moment. Le gouvernement discutait souvent assez haut et
les portes ouvertes, et n'imposait à la curiosité que la loi de
ne pas pénétrer dans la pièce ou il siégeait ». Certains
parviennent a se glisser dans la bibliothèque ou Talleyrand
reçoit en particulier : « C'était un tableau singulier que celui
de M. de Talleyrand essayant de passer avec sa démarche
embarrassée, de sa chambre à coucher dans sa bibliothèque,
pour y donner audience à quelqu'un à qui il l'avait promise et
qui attendait depuis des heures. Il lui fallait traverser le
salon ; il était arrêté par l'un, saisi par l'autre, barré par un
troisième, jusqu'à ce que, de guerre lasse, il retournât là d'où
il était parti, laissant se morfondre le malheureux vers lequel
il désespérait d'arriver. »

Le soir de ce vendredi 1er avril, il pleut et le tonnerre
gronde sur Paris. Une manifestation d'une rare indécence se
déroule à l'Opéra où l'on représente *la Vestale*. La salle est
archicomble : les officiers étrangers sont mêlés aux gardes
nationaux arborant fièrement la cocarde blanche au chapeau.
Dans les loges, des femmes endiamantées font pleuvoir sur le
parterre des flots de rubans blancs. Soudain, un cri claque
comme une gifle : dominant la loge de Napoléon plane un
grand aigle impérial — cet aigle qui est d'ailleurs également
l'emblème de la Prusse, de l'Autriche et de la Russie.

— A bas l'Aigle !

Toute la salle reprend l'injonction en chœur et de jeunes

royalistes, passant par le second balcon, vont couvrir l'aigle d'une draperie blanche. On applaudit.

Lorsque le tsar et le roi de Prusse, suivis par Talleyrand, s'installent dans la loge de Napoléon, on acclame les vainqueurs « à tout rompre » — c'est Mme de Boigne qui nous l'affirme — et l'orchestre joue l'inévitable *Vive Henri IV !* L'air sera repris à la fin de chaque entracte. « Les paroles... les paroles... », scande quelqu'un — un compère sans doute — puisque le ténor Laÿs s'avance à l'avant-scène et chante :

> *Vive Alexandre,*
> *Vive ce roi des rois !*
> *Sans rien prétendre,*
> *Sans nous dicter ses lois.*
> *Ce prince auguste*
> *A ce triple renom,*
> *De héros, de juste,*
> *De nous rendre aux Bourbons.*

Inconsciente, la salle trépigne, tandis que Laÿs entame le second couplet :

> *Vive Guillaume,*
> *Et ses guerriers vaillants !*
> *De ce royaume,*
> *Il sauve les enfants.*
> *Par sa victoire*
> *Il nous donne la paix*
> *Et compt'sa gloire*
> *Par de nombreux bienfaits.*

Les « guerriers vaillants » qui ont battu l'armée française se rengorgent... Après la chute du dernier rideau, les jeunes gens qui ont voilé l'aigle impérial le brisent maintenant à coups de marteau « au bruit de nos vifs applaudissements, raconte Mme de Boigne. J'y pris part comme les autres gens de mon parti, poursuit-elle, cependant je ne puis dire que ce fut en sûreté de conscience : je sentais quelque chose qui me blessait, sans trop savoir le définir ».

Et Napoléon est toujours à Fontainebleau, à 65 kilomètres de là... Il passe la nuit, courbé sur ses cartes. Recommencer la lutte ne lui paraît pas impossible.

Pendant la nuit du 1er au 2 avril, Caulaincourt rend compte à Napoléon de l'insuccès de ses démarches.

— Je suis bien aise qu'on n'ait pas accepté vos conditions, répond l'Empereur, car j'aurais été obligé d'y souscrire et la France et l'Histoire m'eussent reproché cet acte de faiblesse. Les Bourbons seuls peuvent s'arranger d'une paix dictée par les Cosaques. Talleyrand a raison : eux seuls peuvent accepter l'humiliation qu'on impose aujourd'hui à la France, car ils n'ont point de sacrifices à faire. Ils la retrouveront telle qu'ils l'ont laissée, puis ils conviennent tout à fait à Alexandre. Ils ne l'empêcheront pas de régenter l'Europe. C'est Talleyrand, qui a mis depuis quelque temps cette idée dans la tête des souverains, mais il sera un jour l'opprobre de la France, moins peut-être pour m'avoir trahi que pour avoir combiné et consenti à la spoliation de sa patrie au profit de l'étranger.

Le 3 avril, la déchéance de l'Empire ayant été prononcée, M. de Talleyrand constitue son ministère. Le comte Laforêt reçoit le portefeuille des Affaires étrangères, Beugnot celui de l'Intérieur, le baron Malouet devient ministre de la Marine et le baron Louis prend les Finances. Quant au général Dupont — celui de Baylen... — il est nommé ministre de la Guerre.

Le soir, en vue de préparer une nouvelle Constitution, Charles-Maurice réunit son équipe à laquelle viennent se joindre un certain nombre de personnalités. Nesselrode représente le tsar. Tous se trouvent pressés dans une fort petite pièce de l'entresol de l'hôtel. Le prince place à sa droite l'ancien consul Lebrun et prend la parole, annonçant que M. le duc de Plaisance — c'est de Lebrun qu'il s'agit — a bien voulu se charger « d'un travail préparatoire qui, venant d'un homme aussi éclairé, aussi profondément versé que lui dans les différentes matières, pourrait abréger la besogne et jeter une vive lumière sur la discussion ». Les assistants écoutent « de l'oreille la plus attentive », persuadés qu'ils vont entendre des propositions fort étudiées. Le silence était profond, a rapporté le chancelier Pasquier : « M. Lebrun, tirant avec assez de peine de sa poche un fort beau volume, relié en maroquin rouge, nous dit, de ce ton goguenard et bourru tout à la fois dont il n'a jamais su se départir, les paroles que voici :

» — La besogne, messieurs, comme vous allez le voir, ne m'a pas coûté une fort grande peine ; je l'ai trouvée toute faite ; il ne m'a pas fallu beaucoup de réflexion pour être assuré qu'en bien travaillant je ne ferais pas mieux, probablement pas aussi bien. Croyez-moi, tenez-vous à ceci, il n'est jamais trop tard pour revenir à ce qui est incontestablement bon.

» En achevant ces mots, il pose sur la table son beau volume, qui n'était autre que la Constitution de 1791. Chacun de nous se regardait, muet de stupéfaction : le plus embarrassé, le plus déconfit, était M. de Talleyrand. »

Ayant repris ses aplombs, Charles-Maurice déclare :

— Dans cette Constitution, il n'y a qu'un Corps législatif et une seule Chambre ; il nous en faut deux. Nous avons un Sénat dont nous ne pouvons nous passer. Cela seul doit amener de très grandes différences dans les combinaisons des pouvoirs. Ce qu'il faut décider, c'est une sorte de déclaration de principes, l'établissement de quelques bases solides sur lesquelles toutes les dispositions de détail pourront ensuite se coordonner.

Et tous d'approuver.

« Fort habilement, M. de Talleyrand eut l'air de considérer le rappel de la maison de Bourbon comme tellement inévitable qu'il n'en parla, en finissant, que comme pour saisir une occasion naturelle de faire l'éloge du souverain qui allait monter sur le trône.

» — Il faut que vous songiez, messieurs, dit-il, que l'œuvre à laquelle vous allez travailler sera jugée par un homme d'un esprit supérieur. Le prince qui doit l'accepter et lui donner la vie, qu'elle doit tenir de son concours, est plus en état que personne de la juger. A ses lumières naturelles se joint l'expérience qu'un long séjour en Angleterre lui a nécessairement fait acquérir sur ces hautes matières dont il a, vous le savez, toujours été fort occupé. Vous n'avez pas oublié, sans doute, qu'il a manifesté, dès l'Assemblée des notables, ses opinions et ses principes. Il est donc en état de discuter article par article, peut-être mieux qu'aucun de nous, tout ce qui doit entrer dans une Constitution sagement modérée ; il ne faut pas nous le dissimuler, nous aurons affaire à forte partie, nous serions mal venus si nous offrions

à un tel prince un ouvrage faiblement conçu, qui ne
satisferait ni sa forte raison ni ses hautes lumières ; il faut
par conséquent faire du bon et éviter par-dessus tout de nous
perdre dans les détails. »

Est-ce ce soir-là que Talleyrand a l'idée de faire recevoir
les sénateurs par le tsar ? Certains de ces messieurs, par un
reste de pudeur, estiment cette exhibition inconvenante,
aussi préfèrent-ils s'abstenir. Le prince de Bénévent ne
trouve alors rien de mieux que de déguiser en sénateurs —
habit de velours brodé d'or, culotte blanche, chapeau
emplumé de blanc — un groupe de figurants afin de faire
nombre. Le tsar ne s'aperçoit de rien, lève son verre de
champagne à la santé de Louis XVIII — et Carême de se
livrer à une débauche de pièces montées dont il a le secret.

Talleyrand n'est cependant pas tranquille. Marmont et ses
11 000 hommes occupent toujours Essonnes, tandis qu'à
Fontainebleau, par ce matin pluvieux et couvert, Napoléon
passe en revue et harangue sa Garde dans la cour du
Cheval-Blanc. Ce même matin, Vitrolles, bien avant l'aube,
a regagné Paris — et se présente rue Saint-Florentin. Lui
aussi s'étonne de l'aspect de la demeure de M. de Talleyrand.
Il est difficile d'imaginer « ce qu'était le gouvernement
provisoire, rapporte-t-il ; il tenait tout entier dans la
chambre à coucher de M. de Talleyrand, à l'entresol de son
hôtel... S'il arrivait qu'une idée, parmi toutes celles qui
passaient dans la tête des allants et venants, eût séduit le
prince de Talleyrand, il en faisait un décret, et les membres du gouvernement le signaient de confiance, lorsqu'ils
venaient, à leur tour, faire une visite à leur président ».

Vitrolles n'a qu'une idée en tête : placer le comte d'Artois
le plus tôt possible à la tête des affaires. Il a vu longuement
le prince à Nancy. Le frère de Louis XVIII lui a parlé de
Talleyrand qu'il continue à appeler, sans la moindre ironie,
« M. l'évêque d'Autun ». Les deux hommes sont tombés
d'accord : seul Talleyrand pouvait « trouver le mouvement à
imprimer » pour ramener le roi et devrait être « investi du
gouvernement de Paris ». On l'a vu, M. de Talleyrand n'avait
nullement attendu « l'investiture » de Monsieur, pour prendre le pouvoir.

Après trois jours de discussions — et d'attendrissement
— le comte d'Artois a confié à Vitrolles copie des lettres

patentes signées par Louis XVIII, des lettres adressées à chaque souverain, de nombreux pouvoirs en blanc, tout un lot de brevets de nomination où il ne manque que le nom du bénéficiaire et destinés à la future administration des provinces conquises... par l'ennemi.

Non sans de rocambolesques aventures, Vitrolles arrive à Paris, le matin du 3 avril. Talleyrand l'accueille « la parole prévenante, le sourire et le regard caressants ». « Il me parla de la personne de Monseigneur avec intérêt, avec goût, écrit Vitrolles ; c'était toujours pour lui le comte d'Artois, comme il était, lui, l'évêque d'Autun pour le prince. Il m'interrogeait sur les dispositions où je l'avais trouvé, et j'arrangeais mes réponses de manière à lui convenir. »

Vitrolles veut empêcher le comte d'Artois de porter la cocarde tricolore et de recevoir ses pouvoirs d'une autre manière qu'au nom de la légitimité. Mais Talleyrand se contente de hocher la tête et d'approuver mollement. Assurément, avec sa prudence habituelle, il ne veut pas trop s'engager. Il préfère cheminer à petits pas, appuyé sur sa canne et en traînant sa jambe malade...

Le soir du dimanche 3 avril, Marmont, à la fenêtre d'une maison d'Essonnes, est en train de regarder, avec sa lunette, les premiers postes des kaiserliks lorsqu'on vient lui annoncer un parlementaire russe venant de Chevilly et porteur de cette lettre du prince de Schwarzenberg : « Monsieur le maréchal... Je vous engage, au nom de votre patrie et de l'humanité, à écouter les propositions qui doivent mettre un terme à l'effusion du sang précieux des braves que vous commandez. »

En réalité, ce « parlementaire russe » est un ancien aide de camp de Marmont — Charles de Monttessuy — déguisé en Cosaque, knout à la main compris. Il apporte également à son ancien chef la proclamation adressée à l'armée par le gouvernement provisoire créé par le Sénat, le 1ᵉʳ avril.

Marmont se souvient de la visite faite par Talleyrand le soir du 31 mars rue de Paradis... Au lieu de faire pendre le plénipotentiaire et de prévenir Napoléon, ainsi que le lui a conseillé son aide de camp, Marmont, le lendemain, 4 avril, répond à Schwarzenberg qu'il « est prêt à quitter, avec ses troupes, l'armée de Napoléon », à la condition de pouvoir se rendre en Normandie et qu'une situation convenable « dans un pays circonscrit » soit faite à l'Empereur. La lettre partie, le maréchal appelle ses généraux afin de régler avec eux les détails de la défection. Souham, le principal divisionnaire, accepte avec enthousiasme, les autres s'inclinent avec plus ou moins de bonne grâce. Bordesoulle, commandant la cavalerie, est plus violent :

— Comment, monsieur le maréchal, vous ouvrirez la route de Fontainebleau ? Vous laisserez l'Empereur à la merci de l'ennemi ?

Marmont maintient sa décision : le mouvement se fera le soir même.

— La grande faute de Marmont, dira plus tard Talleyrand, est d'avoir eu une montre qui avançait d'un quart d'heure sur les nôtres !...

Ce même lundi matin 4 avril, Vitrolles décide de partir chercher le comte d'Artois afin de l'exhiber le plus tôt possible... comme un drapeau. Il arrive dans la chambre de Talleyrand. Le prince — il est seulement 10 heures du matin — est encore couché, la pyramide de ses bonnets de nuit sur la tête. Vitrolles obtient de Charles-Maurice que « le conseil provisoire promette d'exercer toute son influence pour éviter que le Sénat ne délibère une Constitution ou tout autre acte qui pourrait compromettre l'autorité du roi ».

Puis les deux hommes organisent « l'entrée joyeuse » du frère de Louis XVIII, à cheval, en habit de la garde nationale et avec la cocarde blanche. Charles-Maurice n'est nullement d'accord sur ce dernier point, mais approuve avec tiédeur. On décide encore que Talleyrand adressera une lettre au comte d'Artois... mais il ne se met pas immédiatement à son écritoire. Il prétend désirer encore polir certains termes et annonce qu'il remettra le billet plus tard à Vitrolles. « Tout fut ainsi convenu avec M. de Talleyrand, poursuit le baron, sans aucune discussion ni aucune opposition de sa part, pendant que je l'écrivais à côté de son lit. On s'engage facilement quand on ne met pas grande importance à tenir ses engagements... »

Il faut préciser que Talleyrand avait alors un autre souci : puisque les Bourbons revenaient, il lui fallait faire enlever des Archives du cabinet impérial ce qui pourrait le compromettre et concernant, à la fois, les débats avec le

Saint-Siège, l'enlèvement du duc d'Enghien en territoire étranger et les papiers sur les affaires d'Espagne.

Un ancien secrétaire de Talleyrand, M. de Perray, avait là-dessus une version piquante. S'il faut en croire Sainte-Beuve, « Talleyrand aurait envoyé deux hommes à lui, Perray lui-même et un autre, pour prendre aux Tuileries les précieux papiers et l'aider à les visiter. Le triage se fit dans un entresol de la rue Saint-Florentin : Talleyrand, renversé dans son fauteuil, les jambes en l'air et appuyées contre le manteau de la cheminée, recevait des mains des deux acolytes les pièces condamnées et les jetait au feu. Tout à coup, on vint l'avertir que l'empereur Alexandre, qui logeait au premier, le demandait : il se leva en recommandant à ces messieurs de continuer le triage de confiance et le brûle-ment. A peine avait-il le pied hors de la chambre que Perray s'empressa de repêcher une lettre compromettante et de la tirer du feu... » Nous verrons plus tard l'usage que Perray en fera.

Le soir venu, la lettre destinée au comte d'Artois est enfin prête. Vitrolles tend déjà la main pour la prendre lorsqu'un aide de camp du prince de Schwarzenberg entre et annonce à Talleyrand que les maréchaux Ney, Macdonald et le général de Caulaincourt viennent de se présenter aux avant-postes. Marmont les accompagne. Ils sont chargés de propositions de la part de Napoléon et demandent à être admis auprès de l'empereur de Russie. Et Vitrolles de raconter : « Le prince de Talleyrand remit aussitôt au fond de sa plus grande poche la lettre destinée à M. le comte d'Artois et, me prenant le bras, me conduisit dans l'embrasure d'une fenêtre.

» — Ceci est un incident, me dit-il, " en appuyant sur le mot pour exprimer qu'il était grave " ; il faut voir comment ceci se dénouera et vous ne sauriez partir en ce moment... L'empereur Alexandre a de l'inattendu, on n'est pas impunément fils de Paul Ier. »

Voilà ce qui s'était passé.

Ce matin du lundi 4 avril, il tombait à Fontainebleau une petite pluie fine. Après la parade de la garde montante, les soldats avaient crié à nouveau leur amour pour l'Empereur et exigé le départ pour Paris. Mais les maréchaux entrèrent en scène. Ils avaient accueilli la défaite avec une manière de satisfaction, mais ne pensaient pas encore aux Bourbons. Pour eux, le règne du roi de Rome leur paraissait être le seul moyen de sauver l'Empire et leurs donations, puisque le

Sénat venait de voter la déchéance de Napoléon. Ils suivirent l'Empereur d'un pas sonore de vainqueurs et, sans y avoir été conviés, entrèrent derrière lui dans son cabinet.

Napoléon « affectant une assurance qui n'est pas en lui » exposa ses projets :

— Les Alliés ! Je vais les écraser dans Paris. Il faut marcher sur la capitale sans tarder !

— L'armée ne marchera pas ! avertit Ney.

— L'armée m'obéira ! répondit Napoléon.

— Sire, l'armée obéit à ses généraux.

Il y eut un silence. Accablé, Napoléon reprit :

— Enfin, que voulez-vous donc, messieurs ?

— L'abdication.

L'Empereur haussa les épaules. Il prit une feuille de papier et écrivit son abdication conditionnelle au profit du roi de Rome.

Ney et Macdonald étaient désignés pour accompagner le grand écuyer dans la visite qu'il devait faire auprès du tsar. Avant de se mettre en route pour Paris, Caulaincourt fut appelé dans le cabinet de l'Empereur.

— Voudra-t-on de mon fils ? avait soupiré le vaincu.

Assurément, on fera semblant de vouloir du fils pour se débarrasser plus facilement du père ! Et Napoléon ne se fait guère d'illusions. Il retient encore une seconde Caulaincourt pour lui recommander :

— Méfiez-vous, de toute manière, de Talleyrand : il n'est occupé que de ses intérêts. Il cherchera à circonvenir Ney ; prenez-y garde, car l'ambition de ce maréchal peut lui faire faire bien des sottises, s'il a l'espoir de jouer un rôle sous le nouveau gouvernement.

Cependant ce n'est pas encore de Ney qu'il faut se méfier, mais de Marmont. Le tour de Ney viendra seulement le 5 avril au soir. En effet, en chemin, les plénipotentiaires se sont arrêtés au quartier général du duc de Raguse et lui ont fait part de la décision prise tout à l'heure par Napoléon.

— L'Empereur abdique ! constata alors le général Bordesoulle. Voilà, monsieur le maréchal, qui nous tire de peine !

Ney, Macdonald et Caulaincourt s'étonnèrent. Que voulait dire le général ? Marmont fut alors obligé de leur rapporter ce qui s'était passé la veille avec Charles de Monttessuy.

— Avez-vous signé ? interrogea Caulaincourt, abasourdi.

— Pas encore...

— Alors, vous pouvez venir avec nous ! En passant à

Caricature du maréchal Marmont dont la montre « avançait d'un quart d'heure » sur celle de M. de Talleyrand.

Chevilly, vous direz à Schwarzenberg que vos pourparlers sont rompus.

Marmont accepta et, avant de partir, remit le commandement du 6ᵉ corps au général Souham, lui ordonnant de n'opérer aucun mouvement pendant son absence, mais il ajouta :

— Dès mon départ, vous rassemblerez la troupe et lui apprendrez la prochaine abdication de l'Empereur.

Il se garda bien de préciser qu'il s'agissait d'une abdication conditionnelle au profit de Napoléon II. En outre, la décision de Napoléon devait rester secrète tant que les Alliés ne l'auraient pas acceptée.

☆

A l'hôtel Talleyrand tout semble d'ailleurs bien commencer. La première question du tsar est de demander aux quatre plénipotentiaires si l'Empereur consent à abdiquer.

— Oui, sire, pour son fils.

Alexandre semble écouter avec attention, il « cause, raisonne sur tout, ne fait d'objection que sur des choses de peu d'importance », et finit par déclarer :

— Je ne tiens nullement aux Bourbons. Je vais faire savoir à mes alliés vos propositions et je les appuierai. Il me tarde aussi d'en finir.

Il éloigne un instant Ney et Macdonald et, à deux reprises, appelle auprès de lui Talleyrand et les membres du gouvernement provisoire. Ceux-ci prouvent aisément au tsar « que cette conclusion si prompte, si rapide, dont on voulait se flatter en acceptant la régence, ne présentait aucune solidité ; car avec le caractère de Napoléon, avec les ressources que lui fournirait toujours son génie entreprenant, il n'y aurait aucun moyen de l'empêcher, au bout d'une année, peut-être avant, de ressaisir les rênes du gouvernement ».

Le tsar revient auprès des maréchaux, leur rend compte et retourne ensuite auprès de Talleyrand. Lors de cette seconde entrevue, le prince de Bénévent, avec légèreté, et le général Desolle, avec lourdeur, font remarquer au tsar qu'il « ne pouvait oublier que les membres du gouvernement provisoire et tous ceux qui avaient été entraînés par leur exemple et leurs conseils, ne s'étaient déterminés que sur la parole donnée au nom de ses alliés, comme au sien, sur sa foi reçue, qu'on ne traiterait plus ni avec Napoléon, ni *avec aucun membre de sa famille* ».

Dans quelle situation n'allaient-ils pas être mis ?

Le tsar congédie tout le monde. Il prendra une décision le lendemain :

— J'aurai alors conféré avec le roi de Prusse et les ministres alliés.

Charles-Maurice s'endort d'autant plus tranquille, sous sa pyramide de bonnets, qu'en se mettant au lit il a reçu une note que le maréchal Ney lui a fait porter en sortant de chez le tsar. Le duc d'Elchingen, prince de la Moskova, a « la conviction que, pour éviter la discorde de la guerre civile dans notre chère patrie, il fallait embrasser la cause des Bourbons qui doivent à jamais rallier les Français et faire disparaître toutes discussions et prétentions de la part des dynasties étrangères à cette Couronne ».

Pour tout achever, pendant la nuit, le corps de Marmont sous les ordres du général Souham — ce dernier s'imaginant que Napoléon a été mis au courant de la reddition — traverse les avant-postes autrichiens et passe à l'ennemi !

Marmont paraît d'abord affolé :

— Quel déshonneur ! Tout est perdu ! Je vais rejoindre mes troupes pour tâcher de tout réparer.

Puis il part précipitamment pour Versailles, où son corps d'armée crie à la trahison et acclame l'Empereur, mais au lieu de se mettre à sa tête pour réparer sa faute et de marcher sur Fontainebleau, le duc de Raguse réussit à calmer tout son monde — et à les rallier à sa trahison... Blanc de poussière, mourant de faim, il revient en vainqueur rue Saint-Florentin.

— Il faut le faire dîner avant de le faire parler, recommande Talleyrand.

« Il me semble encore, raconte Bourrienne, voir arriver le maréchal chez M. de Talleyrand, au moment où tout le monde avait fini de dîner. Je le vois seul, à table, devant un petit guéridon sur lequel on l'avait servi au milieu du salon ; chacun de nous allait le complimenter. Il fut le héros de la journée. »

« Voilà, chère amie, une bonne nouvelle, peut écrire Talleyrand à Mme de Courlande. Le maréchal Marmont vient de capituler avec son corps. C'est l'effet de nos proclamations et papiers. Il ne veut plus servir pour Bonaparte contre la patrie... »

Le chemin de Fontainebleau est maintenant ouvert ! Napoléon ne peut plus désormais poser de conditions. Talleyrand exulte et le tsar signifie aussitôt aux envoyés du vaincu que les Alliés « ne traiteront ni avec l'Empereur ni avec aucun membre de la famille ». Il ne reste plus à Napoléon que l'abdication *sans conditions.*

Le jour du mercredi 6 avril levé, Napoléon appelle les maréchaux. Ils sont encore là, attendant la curée. Les cheveux embroussaillés, l'uniforme à demi boutonné, Napoléon essaye une dernière fois de lutter. Ne pourrait-on se jeter dans la vallée du Rhône, tendre la main à l'Italie ? Les lieutenants de l'Empereur ne répondent même pas. Alors, brisant le lourd silence, il lance :

— Vous voulez du repos ? Eh bien, ayez-en !

Et sur le fameux guéridon d'acajou de Fontainebleau — est-ce celui que l'on montre au public dans le salon Rouge ? — Napoléon trace alors quelques lignes presque indéchiffrables qui écorchent le papier :

« Les Puissances ayant déclaré que l'empereur Napoléon était le seul obstacle au rétablissement de la paix en Europe, l'empereur Napoléon, fidèle à ses serments, déclare qu'il renonce, pour lui et ses enfants, aux trônes de France et d'Italie, et qu'il n'est aucun sacrifice, même celui de sa vie, qu'il ne soit prêt à faire pour l'intérêt de la France. »

De sa plume tombe un énorme pâté en forme de V qui macule le centre de la pièce et la rend encore plus illisible...

— Je succombe à la trahison, dit-il à Lefebvre. Talleyrand est un brigand comme Marmont : il a trahi la religion, Louis XVI, l'Assemblée constituante, le Directoire ; pourquoi ne l'ai-je pas fait fusiller ? Quoique renégat de la Révolution, ce n'en est pas moins un révolutionnaire.

Mais quelques heures plus tard, il devait avouer :

— Au fond, celui-là m'a très bien servi... Je me suis brouillé avec lui, peut-être un peu légèrement, je l'ai alors maltraité. Il devait être tenté de se venger ; un esprit aussi délié que le sien ne pouvait manquer de reconnaître que les Bourbons s'approchaient, qu'eux seuls pouvaient assurer sa vengeance. Il a donc été au-devant d'eux, c'est tout simple. J'ai fait une grosse faute ; l'ayant conduit au point de mécontentement auquel j'étais arrivé, je devais ou l'enfermer ou le tenir toujours à mes côtés.

Mais Ney n'a pas attendu la signature de l'abdication pour envoyer un second billet à Talleyrand. Le 5 avril, à 11 heures et demie du soir — alors que Napoléon, on l'a vu, signera seulement le lendemain matin — il a osé lui annoncer que l'Empereur « convaincu de la position critique où il a mis la France et de l'impossibilité où il se trouve de la sauver lui-même, a paru se résigner et consentir à l'abdication entière et sans aucune restriction ».

Pendant ce temps, Vitrolles galopait sur la route de Nancy, emportant avec lui la lettre de Talleyrand au comte d'Artois, qui se terminait par ces mots : « Nous avons assez de gloire, Monseigneur, mais venez, venez nous rendre l'honneur. »

☆

Le 6 avril, les sénateurs se sont réunis aux députés pour adopter à l'unanimité le projet élaboré par la commission et inspiré par Talleyrand : « Article premier : le gouvernement français est monarchique et héréditaire de mâle en mâle par ordre de primogéniture. Article 2 : le peuple français appelle librement au trône de France Louis-Stanislas-Xavier de France, frère du dernier roi, et après lui les autres membres de la maison de Bourbon dans l'ordre ancien. »

Le lendemain, jeudi 7 avril, un brouillard épais couvre Paris. « Les commissaires de la Pitié » — ainsi que Caulaincourt a baptisé ses deux compagnons, Ney et Macdonald — et lui-même, sont une fois de plus reçus par le tsar qui parle maintenant de Napoléon avec tristesse — et même avec attendrissement. Les négociations commencent... Alexandre se montre le meilleur soutien de l'Aigle blessé. C'est lui qui, le premier, propose la souveraineté de l'île d'Elbe pour son ami de Tilsit, et fixe à 2 millions la rente que Louis XVIII devra verser au « roi de l'île d'Elbe ».

Ce même jour, Talleyrand écrit à Vitrolles pour qu'il mette le comte d'Artois au courant des dernières nouvelles et précise : « Le point de l'île d'Elbe amène des discussions. La situation morale de l'Italie ne nous paraît point admettre cet établissement. » Il ajoute : l'affaire de la cocarde est un objet à méditer. Tout le monde se réunit à désirer que Mgr le comte d'Artois la porte ; l'armée paraît y tenir beaucoup ; et l'empereur de Russie sent que ce serait un point de réconciliation sur lequel il serait prudent de passer. Les premiers pas sont les plus importants. La cocarde par elle-même est la cocarde de la nation ; depuis vingt-cinq ans elle la porte ; et le soldat, par souvenir de ses victoires, n'y renonce qu'à regret. »

En lisant la Constitution qui accompagne la lettre, Vitrolles lève les bras au ciel. Ces mots « appelle librement au trône de France Stanislas-Xavier » le crucifient. Et la légitimité ? Ne se trouve-t-elle pas « ébranlée » — et par la seule autorité des sénateurs ! « J'arrachai un instant Monsieur aux hommages qui l'environnaient, raconte le baron. Je m'étais assis sur la seule chaise de ce petit cabinet où j'avais entraîné le prince ; j'avais posé les fatales pièces sur mes genoux ; il était debout devant moi, et je lui lisais à bâtons rompus, d'une voix altérée, quelques articles d'une Constitution dont nous aurions dû être préservés par la parole de M. de Talleyrand. »

— C'est donc bien mauvais ? dit le prince.

— Si mauvais, reprit Vitrolles, que le roi n'est pas le roi, que Monsieur n'est pas lieutenant général du royaume ; que nous sommes jetés, sans droits reconnus, sans appui, au milieu de gens sans foi et sans honneur.

Que faire ? Renoncer à partir pour Paris ?

— A présent, nous aurions l'air de reculer devant je ne sais quelle crainte, et il faut avant tout que Monsieur conserve sa réputation de courage, de franchise, et de confiance dans son droit.

— Oui, mon ami, décide d'Artois avec un joli mouvement du menton. Le sort en est jeté, il faut aller en avant : la France est devant nous, qu'avons-nous à craindre ?

Vitrolles répond à Talleyrand pour lui accuser réception du « paquet » : « Les principes généraux qui ont dicté cette délibération sont pour la plupart dans la pensée et le cœur de Monseigneur : mais on peut craindre de trouver dans cette œuvre un caractère de précipitation. Des articles essentiels, tels que les garanties à donner à la liberté individuelle, y sont à peine effleurés et d'autres semblent avoir été déterminés par des intérêts particuliers plutôt que par le sentiment du bien de l'Etat. »

Mais tout pourrait être réglé « par le concours du roi et l'acceptation du peuple, si Sa Majesté le juge nécessaire ». Pour Vitrolles et les ultras, point n'est besoin de discussion : Louis XVI est mort et son successeur, Louis XVIII, remonte sur le trône, « en la dix-neuvième année de son règne ». Napoléon Bonaparte ? Connais pas !

Vitrolles poursuit en annonçant que Monseigneur ne quittera pas la cocarde blanche, celle qu'il porte — raison inattendue... — est un présent que vient de lui envoyer S.M. l'empereur d'Autriche.

Comment faire abandonner aux troupes la cocarde tricolore à laquelle elles tiennent par-dessus tout ? N'est-ce pas avec elle qu'elles sont entrées dans toutes les capitales de Moscou à Vienne, de Berlin à Lisbonne et du Caire à Madrid ? Aussi Talleyrand imagine-t-il d'envoyer une lettre à Rouen où se trouve le maréchal Jourdan pour lui demander de suivre l'exemple de Marmont dont les troupes ont arboré la cocarde blanche — ce qui était manifestement faux. Le vainqueur de Fleurus s'incline, il se conformera au nouvel usage — ce qui devait bien lui coûter. Il ne reste plus qu'à montrer la lettre de Jourdan au duc de Raguse :

— Mais, s'exclame celui-ci, je n'ai pas pris leur cocarde blanche !

— C'est fâcheux, j'en conviens, répond Talleyrand, le plus sérieusement du monde. Mais que voulez-vous y faire ? Le démentir ? Ce sera cent fois plus fâcheux pour vous. Arborez donc le drapeau blanc, croyez-moi.

Comme l'a dit Lacour-Gayet : « Il fallut bien que Marmont fît comme Jourdan, quand Jourdan avait cru faire comme Marmont. »

Et le gouvernement provisoire, autrement dit Talleyrand, s'estimant « suffisamment couvert par une initiative venant de celui des maréchaux que ses opinions et ses souvenirs semblaient rattacher le plus étroitement aux traditions révolutionnaires », décide que « le pavillon blanc et la cocarde blanche sont le pavillon et la cocarde de la France ». Et il enjoint à toute l'armée de se conformer à cette décision.

Autre *combinazzione :* le prince oblige le fermier des jeux de Paris à lui acheter, dans les vingt-quatre heures, pour la somme de 800 000 francs, sa maison de Saint-Brice — sous la menace de lui faire enlever le bail qui lui a été consenti...

Le 11 avril, on voit reparaître Vitrolles rue Saint-Florentin. Il est revêtu d'un costume de garde national flambant neuf et a laissé son prince à Meaux. Il vient tout organiser pour l'entrée du comte d'Artois à Paris.

— Alors, dit-il, Monsieur fera demain son entrée solennelle à Paris ?

— Certainement, répond Talleyrand.

— Vous avez pris soin de faire trouver à une demi-lieue en avant de la barrière des chevaux pour le prince et sa suite ?

— Oui, assurément.

— Nous sommes, de notre côté, observateurs exacts de ce qui a été convenu.

Et Vitrolles lui montre fièrement son uniforme de garde national et explique :

— L'habit que Monsieur porte est semblable au mien.

« Je n'appuyai pas sur la cocarde, nous confie Vitrolles, mais je tenais sous ses yeux celle qui était à mon chapeau. Je continuai ensuite avec une sorte de négligence :

» — Monsieur se rendra à Notre-Dame où toutes les autorités publiques seront réunies pour assister au *Te Deum ?*

» — C'est ainsi réglé.

» — De là, le prince viendra aux Tuileries, qu'il occupera ?

» — Eh oui ! Tout y est préparé pour le recevoir.

» — Il sortira ensuite, continue Vitrolles, pour visiter le roi de Prusse et l'empereur Alexandre ?

» — C'est cela, répondit le prince de Bénévent.

» Ici le cœur me battait bien fort, avoue Vitrolles, et je le regardai fixement dans les yeux, en dissimulant mon émotion.

» — Le lendemain, demandai-je, vous porterez au Sénat les lettres patentes du lieutenant général du royaume pour qu'elles y soient solennellement enregistrées ?...

» Mon anxiété ne m'aurait pas permis d'en dire davantage. M. de Talleyrand conclut avec le plus grand calme :

» — Certainement, c'est parfaitement convenu. »

Voici Vitrolles ravi et essayant de cacher son étonnement.

Mais quelques instants plus tard, le baron voit Talleyrand, appuyé comme d'habitude sur le marbre de la cheminée, rapportant à haute voix les paroles échangées avec l'émissaire du comte d'Artois. C'est alors que M. de Marbois, « avec sa figure sévère et magistrale, et sa tête de bois », interrompt le prince d'une voix tremblante :

— Mais, mon prince, vous n'y pensez pas ; la Constitution déclare formellement que le roi, appelé au trône par le Sénat, ne sera reconnu que lorsque, rendu sur le territoire français, il aura juré et signé cette Constitution. Il est donc évident que le Sénat ne peut vérifier, enregistrer, ni même reconnaître des lettres patentes du roi, antérieures à l'acte qui l'appelle au trône, et à l'exécution des clauses qui sont imposées à l'exercice de ses pouvoirs.

Aussitôt Talleyrand, sans dire un seul mot, sans embarras, sans étonnement, s'achemine vers Vitrolles et, prenant un bouton de son habit, lui déclare :

— Voyez-vous, monsieur de Vitrolles, vous vous trompez ; les lettres patentes de Mgr le comte d'Artois ne sauraient être reconnues par le Sénat.

Grimace de Vitrolles...

☆

Le 12 avril, Talleyrand se rend à la barrière de Bondy accompagné de ses ministres et des membres du conseil municipal. Bientôt il voit s'avancer, au pas de son cheval, le comte d'Artois, qu'il n'avait pas revu depuis son entrevue à Marly en 1789. Il s'avance, s'incline, prend appui nonchalamment sur le cou du cheval blanc du prince et déclare :

— Monseigneur, le bonheur que nous éprouvons en ce jour de régénération est au-delà de toute expression, si Monsieur reçoit, avec la bonté céleste qui caractérise son auguste Maison, l'hommage de notre religieux attendrissement et de notre dévouement respectueux.

Après le discours, beaucoup plus copieux, du préfet de la Seine, le comte d'Artois bredouille quelques mots :

— Monsieur de Talleyrand, messieurs, je vous remercie : je suis trop heureux. Marchons, marchons, je suis trop heureux... Marchons !

Les maréchaux sont également présents et, un peu gênés de se trouver là, suivent le cortège qui se met en route vers Notre-Dame. Dans le faubourg et la rue Saint-Denis, l'accueil est tiède — les ouvriers regrettent l'Empereur — mais, au centre de la ville, la réception est délirante. A toutes les fenêtres flottent des draps de lit noblement baptisés drapeaux blancs, le sol est jonché de fleurs immaculées, les femmes arborent des lis à leur corsage et à leur chapeau. On crie, on s'embrasse, on pleure :

— C'est à n'y rien comprendre, murmure Ney. Voici un homme qui leur est tombé du ciel, qu'ils ne connaissaient pas hier, et déjà ils s'enflamment pour lui !

Les Parisiens s'enflamment surtout pour la paix.

« Les gardes nationaux qui formaient la haie sur notre passage partageaient cet élan général, a raconté Vitrolles, et parvenaient à peine à contenir la foule. Celle-ci était amoncelée non seulement dans les rues où passait le cortège, mais encore au loin, à droite et à gauche, et, autant que la rue pouvait s'étendre, dans celles que nous ne faisions que traverser. Nous entendions ces voix lointaines, et, lorsqu'elles se perdaient dans la distance, les chapeaux agités au-dessus des têtes montraient l'exaltation universelle. Les maisons semblaient trop étroites pour contenir la population qui les remplissait. On aurait dit qu'elles regorgeaient par les fenêtres, les portes et les toits. On voyait des jeunes gens, des femmes, suspendus à toute hauteur, aux saillies de l'architecture, même lorsqu'elles n'offraient que des appuis insuffisants et dangereux. Les drapeaux blancs s'improvisaient partout ; et, à mesure que nous approchions, on les agitait en tous sens ; personne ne songeait alors à discuter l'opportunité de conserver les trois couleurs. »

A Notre-Dame, c'est une véritable cohue. Les prêtres qui environnent le comte d'Artois, et qui portent le dais

Une gravure populaire montre le comte d'Artois entrant dans Paris par la porte Saint-Denis.

au-dessus de sa tête, parviennent à peine à le protéger. Le *Te Deum*, entonné par le clergé, est répété par l'assistance et le *Domine salvum fac regem* est chanté par dix mille voix.

C'est ensuite aux cris de *Vive le roi ! Vive le comte d'Artois ! Vive les Bourbons !* que le prince pénètre dans les Tuileries... d'où Louis XVI était parti prisonnier.

Le préfet Beugnot, qui avait conduit le prince jusqu'à l'aile qu'il devait habiter — le pavillon de Marsan —, lui demanda ses ordres pour le reste de la journée.

— C'est le seul jour de bonheur que j'aie goûté depuis trente ans, lui répond d'Artois. Ah ! monsieur, quelle belle journée ! Dites que je suis heureux et satisfait de tout le monde. Voilà mes ordres pour aujourd'hui ; à demain, à 9 heures du matin.

Beugnot se rend alors chez Talleyrand qui lui rappelle qu'il faut un article destiné au *Moniteur*.

— Voyons, interroge le prince, qu'a dit Monsieur ? Je n'ai pas entendu grand-chose ; il me paraissait ému et fort désireux de continuer sa route. Mais si ce qu'il a dit ne vous convient pas, faites-lui une réponse.

— Mais comment faire un discours que Monsieur n'a pas tenu ?

— La difficulté n'est pas là : faites-le bon, convenable à la personne et au moment, et je vous promets que Monsieur l'acceptera, et si bien qu'au bout de deux jours, il croira l'avoir fait, et il l'aura fait ; vous n'y serez plus pour rien.

— A la bonne heure !

Beugnot se met au travail et l'apporte à Talleyrand.

— Ce n'est pas cela, lui déclare-t-il. Monsieur ne fait pas d'antithèses et pas la plus petite fleur de rhétorique. Soyez court, soyez simple, et dites ce qui convient davantage à celui qui parle et à ceux qui écoutent : voilà tout.

— Il me semble, renchérit Pasquier, que ce qui agite bon nombre d'esprits est la crainte des changements que doit occasionner le retour des princes de la maison de Bourbon ; il faudrait peut-être toucher ce point, mais avec délicatesse.

Et Talleyrand d'approuver.

« J'essaie là nouvelle version, poursuit Beugnot, et je suis renvoyé une seconde fois, parce que j'ai été trop long et que le style est apprêté. Enfin j'accouche de celle qui est au *Moniteur* et où je fais dire au prince : « Plus de divisions : la paix et la France ; je la revois enfin ! et rien n'y est changé, si ce n'est qu'il s'y trouve un Français de plus ! »

— Pour une fois, je me rends, reprend Talleyrand. C'est bien là le discours de Monsieur et je vous réponds que c'est lui qui l'a fait ; vous pouvez être tranquille à présent.

Rien n'est changé en France !... Talleyrand s'offrait ainsi le luxe d'effacer Napoléon de l'Histoire.

XIX

LE RETOUR RUE DU BAC

> *Il faut traiter légèrement les grandes affaires et sérieusement les affaires frivoles.*
>
> Talleyrand

Au Sénat, certains exaltés ne veulent reconnaître le comte d'Artois en qualité de lieutenant général du royaume qu'à une condition : qu'il daigne accepter *au nom du roi* une charte constitutionnelle ! La situation est délicate et Talleyrand fait comprendre à Monsieur « le danger de laisser se former dans le Sénat un centre de résistance, un point de ralliement pour les mécontents, alors que les armées du Midi n'ont pas encore fait leur soumission, qu'on ignore leurs dispositions, que, dans le Nord, plusieurs garnisons sont en pleine révolte et qu'en Champagne, en Bourgogne, en Lorraine, les paysans, embusqués dans les bois, continuent à faire aux Alliés une guerre meurtrière ».

Il est aidé par Monsieur lui-même qui, contrairement à ce que lui répète son cher baron de Vitrolles, ne veut nullement engager le roi. Tout, jusqu'à l'arrivée de Louis XVIII, doit être provisoire ! Ainsi que le soupire l'ancien inspecteur des bergeries avec regret et découragement : « Il aurait voulu s'intituler lui-même lieutenant général *provisoire* du royaume ou lieutenant général d'un royaume *provisoire*. »

◀ *Louis XVIII ayant à ses côtés Madame Royale — l'orpheline du Temple — arrive à Notre-Dame. Puis, après le Te Deum, le cortège passe devant la statue d'Henri IV sur le Pont-Neuf... statue qui n'était qu'un moulage, car le Béarnais et sa monture avaient été jetés dans la Seine sous la Révolution.*

La situation financière est, elle aussi, provisoire. Il manque au comte d'Artois le nerf de la guerre : il n'y a plus un franc dans les caisses ! Or, le 9 avril, Talleyrand pense au Trésor impérial emporté par Marie-Louise qui, avec la cour à la dérive, campe ce jour-là à l'évêché de Blois. Aussi le gouvernement provisoire — entendez par là M. le prince de Bénévent — expédie-t-il vers la Loire, afin de récupérer les fonds, un certain Didon, ancien maître des requêtes, intendant en Espagne... et déserteur. Il avait été condamné par la justice impériale, enfermé au donjon de Vincennes et venait d'être relâché. On devine les sentiments qu'il porte à l'Empereur, et combien la mission que Talleyrand lui confie le rend tout heureux. Il va pouvoir se venger...

Arrivé à Orléans, il se présente auprès de l'agent du trésor, M. de La Bouillerie, qui se montre on ne peut plus coopératif. Il laisse Didon rafler les diamants de la Couronne, des bons du Trésor et 11 500 000 francs en pièces d'or. La malheureuse Impératrice est obligée de livrer tous ses bijoux et d'enlever de son cou, sans plus tarder, un collier « en esclavage », cadeau personnel de l'Empereur à son épouse. Emporté par son élan, Didon s'empare également de l'argenterie impériale, des habits et ornements du sacre et même d'un lot de mouchoirs appartenant à Napoléon... Au lieu de remettre le tout au gouvernement provisoire, le caisson, récupéré en route par deux commissaires de M. de Sémaillé, agissant au nom de Monsieur, arrive aux Tuileries où il est accueilli avec la joie que l'on pense par le comte d'Artois. Talleyrand vainement s'agite, réclame le butin destiné, selon lui, à la Trésorerie nationale... On décide alors que le *statu quo* serait maintenu jusqu'à l'arrivée de Louis XVIII à Paris.

Les royalistes — émigrés de l'intérieur ou de l'extérieur — accourent à la curée. Ils vont multiplier les intrigues et les faux pas.

— Sans doute, remarquait sagement Vitrolles, notre faveur est telle auprès du public que nous pouvons nous permettre de faire vingt-cinq sottises par jour, mais il faut éviter d'en faire cinquante.

Ils devaient bientôt en faire plus de cent !

Le lendemain même de l'entrée du comte d'Artois, un problème se pose qui va déchaîner les passions et que

Talleyrand aura bien du mal à résoudre. Qui prendra les rênes du pouvoir en attendant l'arrivée du roi ? Selon les ultraroyalistes — Vitrolles et l'abbé de Montesquiou à leur tête — puisque l' « auguste » frère de Monsieur avait désigné le comte d'Artois par lettre patente lieutenant général du royaume, aucun problème n'avait à être soulevé. Il gouvernerait ! Mais en serait-il capable, se demandaient certains, non sans inquiétude...

Or M. de Talleyrand ne se hâte nullement de déposer son autorité aux pieds du futur Charles X — ce qui ne fait pas l'affaire de l'ambitieux entourage de Monsieur. Le 14 avril, une grande réunion se tient chez le prince de Bénévent qui, comme à l'accoutumée, se garde bien de donner son opinion. Il laisse ses « acolytes » — le mot est de Vitrolles — faire sagement remarquer que les membres du gouvernement provisoire « n'étant que les délégués du Sénat, ils ne pouvaient disposer eux-mêmes de l'autorité qu'ils en avaient reçue ». Vitrolles, qui tient à voir son lieutenant général au pouvoir reconnaît cependant que c'est un argument « assez plausible », mais qui doit disparaître devant la « raison d'Etat ».

Quelqu'un qui n'a encore rien dit prend la parole. Tout cela, affirme-t-il, ne signifie rien !

— Vous avez donc quelque chose de mieux à proposer ? s'écrie aigrement Vitrolles.

— Certainement, répond le nouveau venu, il n'y a qu'une manière de lever cette difficulté ; c'est que le Sénat décerne *lui-même* à M. le comte d'Artois la lieutenance générale du royaume.

C'est Fouché qui, fort adroitement, vient d'intervenir. Il arrive de Naples où, soit dit en passant, il a conseillé à Murat d'abandonner son beau-frère Napoléon à son sort. Ce matin-là, le régicide Fouché, le mitrailleur de Lyon, s'offre le luxe de contribuer au retour des lis.

— Je ne saurais préjuger l'opinion de Monsieur sur votre idée improvisée, reprend vivement Vitrolles ; mais, s'il adoptait quelque chose de semblable, qui nous garantirait l'acceptation du Sénat ?

— Moi, répond vivement Fouché, moi, si M. le comte d'Artois consent à faire une déclaration de principe qui satisfasse les esprits.

— Quelle déclaration ?

Fouché se contente de prendre une feuille de papier, et,

sur un guéridon de marbre, se met à écrire le discours que le comte d'Artois aurait à prononcer. Il lui fait dire que, connaissant les sentiments et les principes de son auguste frère, il ne craint pas d'être désavoué en jurant en son nom d'observer la Constitution. Talleyrand approuve et corrige la déclaration en y introduisant quelques mots nouveaux.

— Tenez, monsieur de Vitrolles, lui dit-il, voilà votre affaire.

— J'espère, lui répond le nouveau favori de Monsieur, que c'est l'affaire de tout le monde.

Cependant, le baron n'est pas satisfait. Il trouve le texte « insolent », le Sénat persistant à choisir un roi et à lui imposer sa prétendue Constitution ! Ayant regagné les Tuileries, Vitrolles — il fallait s'y attendre — remanie sérieusement le texte. Artois ne jurait plus « d'observer et de faire observer » l'acte constitutionnel rédigé par le Sénat, il se contentait de préciser qu'il n'avait point reçu du roi le pouvoir d'accepter une Constitution, « mais qu'il connaissait ses sentiments et ses principes » et qu'il ne craignait pas « d'être désavoué en assurant en son nom qu'il en admettrait les bases ».

Talleyrand fait la grimace, le 14 avril, en écoutant le texte établi par Fouché, corrigé par lui, mais ensuite sérieusement édulcoré par Vitrolles. La séance s'ouvre par le discours de Charles-Maurice qui ne manque pas l'occasion de souligner que le Sénat a provoqué le retour de la Maison de Bourbon sur le trône de France. Autre grimace, mais du comte d'Artois cette fois. Mais, il y a le principal :

— Le Sénat, poursuit Talleyrand, persuadé que les principes de la Constitution nouvelle sont dans votre cœur, vous défère, par le décret que j'ai l'honneur de vous présenter, le titre de lieutenant général du royaume jusqu'à l'arrivée du roi, votre auguste frère.

Il n'y avait aucune allusion au fait que la nomination avait été faite d'abord par le roi. Aussi, d'Artois de répondre en suivant scrupuleusement le texte retouché par Vitrolles.

— C'est bien vraiment là le langage d'un fils d'Henri IV, lance un sénateur — sans doute le comte de Ségur.

Ce qui permet à Monsieur de s'exclamer avec un joli mouvement du menton :

— Oui, messieurs, le sang d'Henri IV coule dans mes veines ; je désirerais en avoir les talents, mais je suis bien sûr d'avoir son cœur et son amour pour les Français !

C'est l'euphorie générale. Mais le comte d'Artois n'en garde pas moins une certaine rancune à Talleyrand, tout d'abord pour avoir montré quelque humeur en constatant le remaniement du texte primitif, ensuite, pour la manière désinvolte avec laquelle Charles-Maurice avait rappelé le rôle du Sénat au début du mois d'avril, enfin, pour l'avoir fait nommer lieutenant général par les sénateurs.

Les réactions du comte d'Artois sont bien normales : ce Sénat nommé par Napoléon, qui se permettait, d'abord de détrôner l'Empereur, puis de nommer un lieutenant général du royaume, il y avait là quelque chose de choquant...

L'empereur François Ier d'Autriche ne se sentait pas très fier de faire son entrée dans une capitale d'où ses soldats avaient chassé sa fille et son petit-fils — tandis que son gendre attendait toujours à Fontainebleau l'arrivée des commissaires alliés chargés de l'accompagner jusqu'à l'île d'Elbe... François d'Autriche aurait certes préféré pénétrer discrètement dans Paris, mais Talleyrand et Fouché, consultés par Metternich, avait insisté pour que l'entrée soit la plus solennelle possible et que Sa Majesté Impériale soit accueillie par les autorités de la manière la plus digne. Talleyrand le reçoit tout d'abord au Grand Trianon, puis, le 18 avril, l'empereur François se rend à Paris. Descendu à l'hôtel Borghèse, l'ex-demeure de Pauline Bonaparte, il est harangué par le Sénat. Talleyrand avait demandé à Fouché d'écrire le texte du discours — sans doute en sa qualité d'ancien régicide... La situation est délicate. La fille de l'empereur, son petit-fils et son gendre ont bel et bien été détrônés par Son Altesse Sérénissime le prince de Bénévent et par le Sénat. Comment, dans son allocution, Talleyrand va-t-il s'en tirer ? On le guette. Mais son discours — un modèle de flagornerie — contente tout le monde :

— Sire, c'est en vain qu'animée de votre esprit, l'auguste digne fille de César a déployé tout ce que la sagesse, l'autorité, tout ce que la douceur et l'insinuation ont de charmes.

On félicite en quelque sorte Marie-Louise d'avoir obéi à son père qui lui ordonnait de l'attendre à Rambouillet et lui avait formellement interdit de rejoindre son mari à Fontainebleau — alors qu'elle en avait encore le plus vif désir, Neipperg n'étant pas encore entré dans sa vie...

— Alors, reprend Talleyrand, vous renfermant dans le devoir de la grandeur royale, vous avez songé qu'avant tout vous étiez monarque. Vous avez sauvé l'Europe en laissant à son destin celui qui voulait la perdre et se perdre lui-même par une aveugle obstination. Sire, le Sénat vous rend des actions de grâces pour ce double bienfait que vous nous avez accordé, et comme père et comme roi.

On ne pouvait plus joliment expliquer que l'empereur d'Autriche avait fait la guerre à son gendre et à sa fille. Et François se félicite dans sa réponse « d'avoir combattu pendant vingt ans les principes qui désolaient le monde »... Par un reste de pudeur, les sénateurs à peu près tous anciens républicains, se refusent à consigner cette singulière déclaration dans leur procès-verbal.

— Et le roi ? s'exclame le comte d'Artois, le 15 avril.

— Comment, le roi ? demande Vitrolles.

— Eh oui, le roi, reprend Monsieur. Nous sommes ici depuis trois jours et nous ne lui avons pas encore écrit !

On décide d'envoyer à Louis XVIII le comte de Bruges, et, avant son départ — le soir du 15 avril — Vitrolles le chapitre longuement. Qu'il veuille bien expliquer au roi que, « au prix de quelques engagements nécessaires », d'Artois et ses amis n'ont cependant pas dépassé les intentions royales. Bref, le roi « ne trouvera plus aucun obstacle à régler dans sa sagesse la destinée de la France ».

N'était-ce pas conclure un peu vite ? L'armistice avec les Alliés n'a même pas encore été signé ! La France se trouve encore en guerre ! Et Napoléon n'a toujours pas quitté Fontainebleau. C'est à cette tâche que va s'employer Talleyrand en sa qualité de principal membre du gouvernement de Monsieur, car, bien entendu, les ministres du gouvernement provisoire — leur président à leur tête — demeurent en place. Mais pour étoffer quelque peu son équipe, d'Artois y ajoute les noms des maréchaux Moncey et Oudinot, du général Desolle et de Vitrolles, devenu secrétaire d'Etat. Talleyrand, devant l'intrusion au Conseil de ce perpétuel agité, hausse dédaigneusement les épaules.

— On lui doit beaucoup, daigne-t-il reconnaître ; des charges de cour, et même des plus grandes, des titres, une fortune ; mais les ministères ne se donnent pas comme des récompenses !

Non sans raison, Talleyrand n'aime guère l'ambitieux Vitrolles, qui, comme le stigmatise Pasquier, se fait auprès de Monsieur « l'intermédiaire de tous les royalistes dénués de sens politique, aussi incompétents qu'exaltés », qui intriguent déjà sous le prétexte qu'ils n'ont *rien fait* ou *tout fait* depuis la chute de Louis XVI, et réclament places, grades et pensions. Les plus adroits établissent leurs prétentions sur de mystérieux services secrets — incontrôlables. En face d'eux, s'interrogent sur leur sort, tous ceux qui ont servi la France républicaine et impériale — une France qui avait dominé l'Europe ! Ceux-ci n'ont assurément aucune raison pour prendre une retraite que rien ne justifie ! Cependant, pour l'instant, en ces premiers pas du nouveau régime, désirs et convoitises qui contribueront tant à la catastrophe de 1815, ne s'expriment encore que timidement. Les passions fermentent et l'appétit viendra plus tard.

Déjà, les choses commencent à grincer entre les vainqueurs. Ainsi que l'écrivait à son maître le baron de Jacobi-Kleist, ministre de Prusse à Londres, « malgré les éloges que l'on prodigue à la magnanimité de l'empereur Alexandre, on regarde cependant d'un œil jaloux la manière dont cet allié des grandes puissances continentales paraît s'approprier la direction des transactions actuelles à Paris. On est étonné surtout de ce que Sa Majesté russe n'ait pas trouvé à propos d'inviter Votre Majesté à joindre sa signature à la sienne à la déclaration publiée à Paris sur les intentions des Alliés à l'égard de la France régénérée ».

Le don par le tsar de l'île d'Elbe à Napoléon — car c'est bien là un cadeau d'Alexandre à l'Empereur vaincu, cadeau fort désapprouvé par Talleyrand — a fort justement alarmé sir Charles Stewart qui parle de son appréhension à lord Castlereagh : l'île d'Elbe est située par trop près des côtes de l'Italie, où le vaincu garde une certaine influence. Et puis il y a aussi la présence à Naples de Murat qui, une fois de plus, pourrait retourner sa veste et tendre la main à son beau-frère.

Le traité de Fontainebleau entre les Alliés et Napoléon, traité signé le 11 avril, n'entérine pas moins les décisions prises par Alexandre. L'empereur Napoléon devient en quelque sorte le roi de l'île d'Elbe et les duchés de Parme, Plaisance et Guastala — l'ancien département français du Taro — sont donnés à Marie-Louise, tandis que son fils porte

le titre de prince de Parme — tout en demeurant à Vienne.
Et Marie-Louise ignore encore qu'elle ne pourra aller régner
sur son duché qu'à la condition d'abandonner son fils à la
Hofburg.

Pour les Anglais, voir la France occuper la rive gauche du
Rhin — et par conséquent Anvers — constitue une menace
et un grave danger. Aussi Talleyrand — et l'Histoire est en
droit de le lui reprocher — abandonnera sans discussion la
frontière du Rhin, conquête, non de Napoléon, mais de la
Révolution. Le prince de Bénévent a pourtant reçu une note
de son collaborateur La Besnardière qui concluait en ces
termes : « Si la France doit, dans l'intérêt même de
l'Europe, demeurer *grande et forte*, les limites naturelles
sont préférables à toute autre ligne de démarcation. »
Mais cet abandon ne suffit pas à l'insatiable Angleterre :
Londres aurait voulu exiger que la flotte française enfermée
dans le port d'Anvers lui fût livrée. Cette fois, devant cette
exigence excessive, Talleyrand proteste et obtient l'autorisation de donner l'ordre aux vaisseaux français de quitter
librement l'estuaire de l'Escaut. Castlereagh s'incline : « Je
crains, écrivait-il, que nous ne puissions insister maintenant
sur ce point sans nous rendre odieux. » De même, les
garnisons des cinquante-quatre forteresses et places fortes
toujours occupées en Allemagne par les troupes impériales
françaises, devront regagner la France, mais les troupes
pourront emporter avec elles leurs armes et leurs équipe-
ments militaires, à l'exception des dotations de place.
Talleyrand obtient également que les objets d'art et les
collections, fruit des spoliations de Napoléon et des généraux
républicains, ne soient pas restitués à leurs anciens propriétaires. C'est ainsi que le célèbre quadrige vénitien de la place
Saint-Marc, qui venait d'ailleurs de l'hippodrome de By-
zance, demeura sur l'arc de triomphe du Carrousel... Il y
restera jusqu'au lendemain de Waterloo.
Il y avait encore les 15 millions de francs que Davout avait
fait enlever de la banque de Hambourg. Les Alliés, par un
article secret, en demandaient la restitution. On en reparlera
lors du traité de paix... « J'ai fixé mon armistice, c'est déjà
une bonne chose », annonce fièrement Charles-Maurice à
Mme de Courlande. Le résultat — toujours eu égard à la
promesse d'Alexandre — est si piètre qu'on est en droit de se

demander si Talleyrand n'a pas, ici aussi, reçu « un pourboire diplomatique » pour s'être montré la souplesse même et n'avoir pas demandé au moins la Wallonie, à défaut de Mayence et d'Anvers, et de la rive gauche du Rhin.

Le montant des sommes perçues par Talleyrand grâce à ses fonctions de président du gouvernement provisoire est assez coquet — du moins si l'on en croit ce récapitulatif :

Pour disposer les esprits par eux-mêmes : 12 millions.
Pour élever les fonds .... 3 millions.
Le gouvernement provisoire avait pour cet objet 1 500 000 francs. M. de Talleyrand, le duc de Dalberg, Louis et les sous-ordres jouèrent sur les fonds ; il y eut environ 16 millions de francs de bénéfice. Les deux cinquièmes pour Talleyrand .... 6 400 000.
L'affaire d'Orléans, dite du Cosaque du Don. Pillage aux environs de Beaugency des bagages de l'impératrice Marie-Louise, lors de sa randonnée de Blois à Orléans, pillage dû à des Cosaques .... 2 800 000.
Reçu de Doumerc pour les vivres de l'armée : 3 millions.
Reçu de Bernard, fermier des entreprises des jeux de Paris .... 800 000.
Total 28 millions.

Barras, qui nous rapporte ce texte et ces chiffres, assurément quelque peu gonflés, voit arriver chez lui Mme de Staël qui lui reproche d'avoir introduit Talleyrand au ministère ... sous le Directoire ! Elle explose littéralement :

— Il vous a vendus, messieurs ; il a vendu le Consulat ; il a vendu l'Empire, l'Empereur ; il a vendu la Restauration ; il a tout vendu et ne cessera de vendre jusqu'à son dernier jour tout ce qu'il pourra et ne pourra même pas vendre...

Et elle précise encore :

— Talleyrand a vendu les Bourbons aux Alliés, il a vendu les Alliés aux Bourbons.

Mme de Staël ne mâche pas non plus ses mots, lorsque Talleyrand, venu lui rendre visite, lui déclare franchement :

— La Restauration, madame, a répondu à mon opinion.

— Que me parlez-vous d'opinion, monsieur, s'écrie la terrible femme, et comment un homme comme vous ose-t-il prononcer un pareil mot ! Une opinion quelconque ! Il n'y a que les gens de conscience qui en aient une, et qui aient le droit d'en avoir. Vous n'avez jamais eu des opinions, monsieur, vous n'avez eu que des intérêts et les plus vils de tous, ils ont été l'unique mobile de votre conduite sous tous les régimes. De l'argent, encore de l'argent, voilà ce que vous avez toujours cherché. Cela avait un côté d'excuse alors que, je crois, vous n'en aviez pas beaucoup et que vous étiez au-dessous des zéros ; mais depuis, et dans ces derniers jours, lorsque dans une Restauration même vous pouviez apporter quelques principes et quelques réclamations d'honneur, comment avez-vous été de pire en pire ? Non, monsieur, ne vous calomniez pas à ce point en voulant vous targuer d'avoir eu des opinions ; vous n'en avez jamais eu, vous n'avez eu et vous n'aurez jamais que des intérêts.

Talleyrand essaie d'arrêter ce flot d'injures, répétant sans cesse :

— Ah ! Ah ! Ah ! Madame de Staël... Madame de Staël, je vous en prie. Ah ! Madame de Staël...

Dans ses *Mémoires*, Talleyrand, pour atténuer ses lourdes responsabilités, écrira qu'il avait agi en qualité de ministre des Affaires étrangères *nommé par le roi*. Une fois de plus, le prince de Bénévent est pris en flagrant délit de mensonge. L'excuse est valable pour le traité de paix dit de Paris, qui sera, en effet, signé le 30 mai. Mais, le 23 avril, jour où est conclu l'armistice, Louis XVIII n'était pas encore rentré à Paris et Talleyrand avait agi de sa propre autorité. Pourquoi n'avoir pas attendu le retour du roi et laissé le frère de Louis XVI endosser la responsabilité des tractations ? Il n'aurait alors été qu'un mandataire. D'autant plus que le roi installé aux Tuileries aurait peut-être été mieux placé que Talleyrand pour négocier. Le prince n'avait-il pas dit à Vitrolles, le 17 avril :

— Je reviens toujours à l'idée que jusqu'à l'arrivée du roi, il faut faire ce qui est indispensable, mais rien de plus.

Sur ces entrefaites, Maubreuil réapparaît et obtient du gouvernement provisoire et des Alliés des ordres de mission en bonne et due forme pour récupérer deux caisses manquantes au Trésor de la liste civile impériale. Peut-être contiennent-elles des diamants appartenant à la Couronne. Maubreuil s'imagine que la reine de Westphalie, la douce Catherine de Wurtemberg, épouse du fantaisiste roi Jérôme, emporte avec elle ce qu'il cherche. Il la rejoint près du village de Fossard. « Il l'arrête, nous raconte Pasquier, la force à descendre, à entrer dans une grange ; il ne lui permet enfin de continuer sa route qu'après s'être emparé de onze caisses où se trouvent ses bijoux, ses diamants et 80 000 francs en or. »

Le tsar, dont la reine est la cousine, fait un beau scandale et exige de Talleyrand la restitution immédiate du trésor. Or les caisses, entreposées aux Tuileries chez Vitrolles, sont trouvées presque vides. Maubreuil a beau se défendre, il est à peu près convaincu d'avoir volé lui-même le contenu des caisses — et finira par être arrêté. C'est alors qu'il prétendra avoir été chargé par Talleyrand d'assassiner Napoléon ! « Il avait tout arrangé pour tromper les criminelles intentions de ceux qui l'avait employé et s'était flatté en leur apportant un trésor, en satisfaisant leur avidité, d'apaiser leur mécontentement. Il avait tout déposé chez M. de Vitrolles, parce qu'il savait que nulle part on ne serait plus sensible à pareil dépôt. En effet, il paraissait qu'on ne s'était pas gêné pour en user. »

Si la mort de Napoléon pouvait régler, le 2 avril, bien des problèmes, il n'en était rien deux semaines plus tard, alors que l'Empereur descendait vers le Sud pour s'embarquer à Fréjus. Maubreuil mêle adroitement la disparition du trésor de la reine et la mission — nous en avons parlé — dont il aurait été chargé par Roux-Laborie et par Talleyrand, celle d'assassiner Napoléon.

Vitrolles, horrifié, demande des précisions. « Je fis remarquer à Maubreuil que, dans tous ces détails, je voyais bien ses relations avec Laborie, mais que je ne voyais aucun rapport avec M. de Talleyrand. »

Maubreuil en convient, mais raconte que Laborie lui avait conseillé de s'asseoir sur le canapé d'un salon de l'entresol, donnant sur la cour de l'hôtel et que Talleyrand devait obligatoirement traverser pour gagner l'escalier.

— Dans peu de moments, lui affirma Laborie, le prince de Talleyrand traversera cette pièce, et vous fera un salut de la main avec un sourire qui vous assurera de notre parfaite intelligence.

« Le prince, en effet, parut quelques instants après (toujours suivant le récit de Maubreuil), il traversa la pièce en saluant du geste avec le sourire attendu, et Maubreuil se regarda comme bien et dûment investi des pouvoirs qu'il demandait, et bien assuré des promesses qui lui avaient été faites. Sur ce, il partit. »

*L'affreux Maubreuil — celui-là même
qui giflera un jour M. de Talleyrand.*

— J'ai cherché, dit-il, à trouver l'Empereur en rase
campagne, pour que mon action fût une action de guerre et
non un assassinat. Or c'est en courant cette aventure que j'ai
rencontré les équipages de la reine de Westphalie. Je ne
doutai pas qu'elle n'emportât avec elle les trésors de la
France et les diamants de la couronne.

Si les choses se sont passées de la sorte, Talleyrand a pu
simplement adresser un signe amical à Maubreuil, à la
demande de Laborie, qui ne cessait d'ailleurs de lui
présenter des quémandeurs, sans pour autant avoir fait à
Maubreuil un signe de connivence...

Pour Charles-Maurice, Maubreuil est un abject détrac-
teur :

— La démence a parfois d'étranges aberrations, s'exclame-t-il. C'est tout ce que je devrais dire sur cette dernière
accusation, qui est tellement absurde et insensée qu'elle ne
peut avoir été inventée que par un fou ou par un maniaque...
Accusation encore plus absurde, si c'est possible, qu'infâme.

Maubreuil arrêté, Talleyrand croyait ne plus entendre
parler du personnage.

C'était bien mal connaître l'aventurier...

☆

Louis XVIII avait hâte de regagner la France. Il ne tenait nullement à laisser son frère prendre goût à l'exercice de l'autorité suprême. Fort heureusement, le roi n'écoute pas l'aveugle abbé de Montesquiou qui lui avait écrit pour lui conseiller de proclamer par un édit « les principes du droit public de la France et à reprendre le libre et entier exercice de la souveraineté ». Le favori Blacas parle, lui aussi, de « revendiquer la plénitude de ses droits souverains ». Pour tous ces fiers-à-bras, le Sénat n'existe pas...

Louis XVIII préfère sagement suivre l'avis de Talleyrand transmis par Charles de Noailles, familier de la rue Saint-Florentin : « Le roi acceptait la Constitution dans son ensemble, mais la jugeant susceptible de modifications, se réservait de la discuter dans le Sénat. »

Le mercredi 20 avril, son attaque de goutte apaisée, Louis XVIII quitte Hartwell en compagnie de son exaltant drapeau : la duchesse d'Angoulême, fille de Marie-Antoinette et de Louis XVI. L'inévitable Blacas les escorte. Le lendemain de son entrée à Londres, répondant aux félicitations du prince-régent, le roi commet une grave et irréparable bévue en déclarant :

— C'est aux conseils de Votre Altesse Royale, à ce glorieux pays et à la confiance de ses habitants, que j'attribuerai toujours, après la Divine Providence, le rétablissement de notre maison sur le trône de ses ancêtres.

Or si Louis XVIII devait exprimer des sentiments de reconnaissance, ce n'était certes pas au régent d'Angleterre qui n'avait rien fait pour le mettre sur le trône, mais au tsar Alexandre et au Sénat, sans oublier le prince de Bénévent, qui avait déclaré à Alexandre :

— Louis XVIII est un principe ; c'est le roi légitime de la France.

Pour le roi, c'était une chose coulant de source. Connaissant mal l'opinion française de 1814, il ne se rendait nullement compte que, sans Talleyrand, le Sénat n'aurait certes pas appelé « librement au trône, Louis-Stanislas-Xavier, frère du dernier roi ». Aussi le prince de Bénévent estime-t-il utile pour son renom de se manifester en faisant parvenir au roi, par l'intermédiaire de son agent Dayot, qui séjournait à Douvres, cette note : « M. de Talleyrand met tout son bonheur à dévouer sa vie entière au service du roi et ne demande rien pour lui... » Bien sûr, la lettre ne s'arrêtait pas là... Ce serait mal connaître Charles-Maurice. « Il supplie le roi, poursuivait le prince, de vouloir bien accorder à M. Edmond de Périgord le titre de premier aide de camp auprès de sa personne, et à Mme Edmond de Périgord celui de dame du palais, dont sa conduite et sa piété la rendent digne. Il recommande encore au roi M. Edmond de Périgord dans la première nomination que Sa Majesté daignera faire de ducs et pairs. »

A Hartwell, Louis XVIII reçut une autre note — anonyme celle-ci — précisant : « La conduite de M. de Talleyrand paraît franche ; les inconvénients de son caractère léger et indolent percent dans l'administration ; cependant, il est indispensable de s'en servir, tant par son influence sur son parti que par la considération personnelle que lui témoignent les souverains et leurs ministres. »

Talleyrand cependant à le tort d'envoyer à Hartwell le duc de Liancourt, l'ancien maître de la garde-robe de Louis XVI — celui-là même qui avait annoncé à Louis XVI la prise de la Bastille. Comme le roi s'exclamait :

— C'est une révolte ?

— Non, sire, lui avait répondu Liancourt, c'est une révolution.

En exil, le comte de Provence, devenant le roi Louis XVIII au lendemain de la mort légale de Louis XVII, demanda au duc, selon l'usage, de démissionner de sa charge, voulant donner celle-ci à l'un de ses fidèles. Liancourt, vexé, renvoya également son cordon bleu. Louis XVIII n'avait pas oublié ce geste de mauvaise humeur. Aussi le duc de Liancourt ne fut-il même pas reçu, mais expédié par Blacas qui « gardait les avenues ».

— Je crains fort, précisait à son retour le duc de Liancourt, que M. de Talleyrand n'ait donné dans un piège : les princes vont nous revenir les mêmes que lorsqu'ils nous ont quittés. On ne pouvait mieux dire.

Cependant, l'un des premiers gestes du roi sera de nommer Edmond de Périgord général de brigade. Quant au portefeuille de ministre des Relations extérieures, Louis XVIII, même s'il en avait eu le désir, n'aurait pu le donner à un autre titulaire. Talleyrand pensait même recevoir la charge de premier ministre. N'avait-il pas été président du gouvernement provisoire ? Ne venait-il pas de signer l'armistice avec les vainqueurs ? Dès sa première rencontre avec Louis XVIII, ses illusions — s'il en avait encore — vont tomber.

La scène se déroule à Compiègne que le roi — il a débarqué à Calais le dimanche 24 avril — a gagné par petites étapes et que Talleyrand a rejoint sans empressement et de fort mauvaise humeur. « Je n'y ai que faire, si on ne m'y demande pas, écrit-il le 29 avril à Mme de Courlande, et je me fatiguerais inutilement. »

Le roi lui fait faire antichambre durant deux ou trois heures et — ô humiliation ! — c'est sur l'intervention de Blacas que le prince finira par être appelé dans le cabinet royal.

Voici les deux hommes face à face.

En dépit d'un nez enfoui entre deux joues enflées, en dépit de guêtres de velours rouge soutenant un ventre énorme sanglé dans un ample habit bleu à boutons d'or, ce gros bonhomme goutteux en impose ! Louis XVIII tend la main à Talleyrand « de la manière la plus aimable et même la plus affectueuse ».

— Je suis bien aise de vous voir, lui dit-il ; nos maisons datent de la même époque. Mes ancêtres ont été les plus habiles. Si les vôtres l'avaient été plus que les miens, vous me diriez aujourd'hui : Prenez une chaise, approchez-vous de moi, parlons de nos affaires. Aujourd'hui, c'est moi qui vous dis : Asseyez-vous et causons.

Le roi lui a-t-il demandé :

— J'admire votre influence sur tout ce qui s'est passé en France. Comment avez-vous pu abattre le Directoire et tout récemment la puissance colossale de Bonaparte ?

Talleyrand prétend qu'il répondit :

— Mon Dieu, sire, je n'ai vraiment rien fait pour cela, c'est quelque chose d'inexplicable que j'ai en moi et qui porte malheur aux gouvernements qui me négligent.

Mais le roi prend bientôt vis-à-vis de Talleyrand une certaine distance et soulève un problème d'étiquette. Il lui offre « de reconnaître dans sa personne le prince de Bénévent et de lui accorder en France le rang de prince étranger ».

— J'ai l'honneur d'être français, répond Charles-Maurice, je ne renoncerai à ce titre pour aucun autre.

Talleyrand est désappointé par l'accueil du revenant de Hartwell : « Egoïste, dira-t-il un jour, insensible, épicurien, ingrat, tel ai-je toujours trouvé Louis XVIII. » Il précisera encore : « C'est le plus fieffé menteur que la terre ait jamais porté. »

Beugnot devait avidement interroger Talleyrand :

— Le roi s'est-il expliqué sur le gouvernement provisoire ? Accepte-t-il la Constitution du Sénat ? Passe-t-il dans nos rangs, ou plutôt se met-il à notre tête ?

— Le roi, répond Talleyrand, a été bien, très bien pour le gouvernement provisoire. Il m'a exprimé toute sa reconnaissance et je ne doute pas qu'il accepte la Constitution du Sénat.

« Ce qui voulait dire, concluait Beugnot un peu vite, que le roi avait, sinon refusé, du moins éludé de répondre. »

Lorsque Talleyrand s'incline devant Madame Royale, c'est à peine si l'orpheline du Temple répond au salut de celui qui a pris une si large part à l'assassinat du duc d'Enghien. Peut-être Marie-Thérèse se souvient-elle aussi d'avoir lu le texte écrit par Talleyrand au lendemain de l'incarcération de la famille royale au Temple, ce texte approuvant à la fois le peuple de Paris de s'être porté en armes sur les Tuileries... et l'Assemblée d'avoir suspendu le père de la duchesse d'Angoulême de ses fonctions. Le vieux prince de Condé, presque tombé en enfance, et son fils, le duc de Bourbon, réagissent de même. Deux mondes se regardent, se toisent, s'entrecroisent et semblent étonnés de se trouver face à face. Certains maréchaux, lorsqu'ils n'étaient que sous-officiers de la République, avaient eu les deux princes comme adversaires. D'autre part, la plupart des assistants — les femmes surtout — ignorent qui sont exactement ces deux survivants d'une époque lointaine. Condé ? Il en existe donc encore ? Tout cela semble aussi ancien que le règne de Louis XIV ! Berthier semble gêné d'être là. Lui, qui avait été chef d'état-major de Napoléon, titré prince de Wagram, et qui avait demandé à Vienne la main de Marie-Louise, cousine de Madame Royale ! Quant au roi, il joue fort bien son rôle.

— Je suis heureux, messieurs, leur dit-il, de me trouver au milieu de vous. Heureux et fier, messieurs. Si la France était menacée, vous me verriez à votre tête.

Il y a vingt ans que le roi n'est pas monté à cheval, et la vision du malheureux podagre caracolant sur un destrier au milieu de la mitraille eût pu faire sourire, mais la phrase est dite avec tant de dignité que toutes les « vieilles moustaches » de Napoléon qui, depuis vingt ans, ont servi la Convention, le Directoire, le Consulat et l'Empire, se sentent subitement d'ardents royalistes. Le plus exalté est Brune, l'ex-ami de Danton, qui, un an plus tard, ayant remis

sa cocarde tricolore, combattra le duc d'Angoulême... Mais aujourd'hui, il clame plus fort que tous les autres :
— Le roi verra comme nous le servirons. Nous sommes là pour la vie !

Les sourires de Louis XVIII aux serviteurs de « l'Ogre », déçoivent les royalistes pur sang qui ne cachent pas leur désappointement.

Le 30 avril, Pozzo di Borgo venu en fourrier, précédant le tsar, fait au roi un véritable cours de droit constitutionnel :
— L'objet qui tient le plus au cœur des Alliés, c'est de voir le roi suivre la Constitution décrétée par le Sénat en renvoyant à des temps plus convenables les mesures qui devraient la rendre plus complète, par des modifications que le pouvoir législatif y aurait apportées. Pareil cas mettrait l'autorité royale en pleine activité et donnerait au gouvernement la popularité et la force qui lui sont nécessaires pour mener tous les esprits, fixer toutes les opinions et calmer toutes les inquiétudes.

Louis XVIII, qui se considère dans la dix-neuvième année de son règne, prend fort mal la leçon et, le lendemain, le tsar en subira les conséquences. Talleyrand n'a sans doute pas eu le loisir d'influencer le roi, toujours est-il qu'Alexandre est abasourdi devant l'accueil condescendant que lui réserve, le 1ᵉʳ mai, Louis XVIII à Compiègne. Le tsar croyait avoir droit à la reconnaissance du nouveau roi. Non seulement la cour bien encombrante et remuante de Mitau avait coûté cher au Trésor russe, mais encore, sans Alexandre, Louis XVIII serait toujours exilé... et Marie-Louise sur le trône ! Furieux, il coupe court à la conversation et demande à se retirer. Ce qui ne va rien arranger ! On lui fait traverser une série de salons magnifiquement meublés et destinés, lui dit-on, au comte d'Artois, au duc de Berry et au duc d'Angoulême — tous absents d'ailleurs — et l'on finit, après une véritable randonnée à travers des galeries, des couloirs et des escaliers, par pousser une petite porte... Le tsar se trouve dans l'appartement fort modeste du gouverneur du château !

Lorsqu'il fallut, un peu plus tard, se rendre à la salle à manger, Louis XVIII, tout en se dandinant lentement, comme un lourd vaisseau balancé par la houle, passe devant l'empereur. Force est à Alexandre de suivre avec Madame

Royale. Talleyrand, assis au bout de la table, est horrifié : il
n'y a qu'un seul fauteuil et l'on sert le roi de France le
premier ! Louis XVIII flatte les maréchaux, leur prouvant
qu'il connaît fort bien leurs exploits, et n'adresse la parole au
tsar qu'avec familiarité.

Aussitôt le dîner expédié, Alexandre se jette dans sa
voiture et reprend le chemin de Paris. Pendant toute la route
il ne décolère pas. Ah ! ces Bourbons ! Tout leur est dû ! Ils
se croient d'une essence supérieure à celle des autres
souverains ! Pourquoi les avoir ramenés ? Cuirassés dans
leur orgueil, ils se permettent de traiter de haut leur
bienfaiteur ! Ils l'ont accueilli moins bien que le dernier des
maréchaux !...

Ce fut là une erreur monumentale que la France payera
cher l'année suivante, lors du deuxième traité de Paris. Pour
l'instant, les Français, présents à Compiègne — sauf
Talleyrand, bien sûr — trouvent la chose fort plaisante. Que
le vainqueur soit traité avec désinvolture leur semble du
dernier bon ton !

Le soir du lundi 2 mai, à Saint-Ouen, dernière étape avant
la « joyeuse entrée », le roi reçoit les autorités qui ne se sont
pas rendues à Compiègne. C'est Talleyrand qui lui présente
les membres du Sénat et, après un festival de flagorneries, il
se permet de dire :

— Sire, des fléaux sans nombre ont désolé le royaume de
vos pères. Notre gloire s'est réfugiée dans des camps ; les
armées ont sauvé l'honneur français. En remontant sur le
trône, vous succédez à vingt années de ruines et de
malheurs.

La France qui avait conquis l'Europe ! Qui avait donné à
bien des Etats le Code civil et semé des idées de liberté !
Mais, pour Talleyrand, il s'agissait là uniquement « de vingt
années de ruines et de malheurs ! »...

C'est de Saint-Ouen que Louis XVIII devait donner une
Charte à la France — et non souscrire à la création d'une
souveraineté populaire. Talleyrand avait obtenu que, provisoirement, l'acte ne soit pas précédé de ces mots qui faisaient
sourire : « ... de notre règne le dix-neuvième ».

Il avait préparé un texte rappelant d'abord toutes les
garanties accordées par le comte d'Artois. Le roi « pénétré
de la nécessité de conserver autour de lui ce Sénat aux

lumières duquel il reconnaissait devoir en partie son retour dans son royaume », s'engageait « à jurer d'observer la Charte dès qu'elle aurait été consenti par les Corps représentatifs et acceptée par le peuple français ».

Talleyrand est profondément blessé de constater que son projet a été transformé par Vitrolles et sa camarilla. Le 3 mai au matin, *le Moniteur* publie ce texte commençant par ces mots archaïques — gothiques, disait-on : « Louis, par la grâce de Dieu, roi de France et de Navarre, à tous ceux qui ces présentes verront, salut ! »

Ce préambule terminé, le roi, résolu à adopter une « Constitution libérale », déclare avoir lu attentivement le plan de Constitution projeté par le Sénat et précise : « Nous avons reconnu que les bases en étaient bonnes, mais qu'un grand nombre d'articles, portant l'empreinte de la précipitation avec laquelle ils ont été rédigés, ne peuvent, dans leur forme actuelle, devenir lois fondamentales de l'Etat. »

La liste des articles concernant les impôts, la liberté publique, la liberté de la presse, la liberté des cultes, l'inviolabilité des propriétés, reprenant ainsi les projets de Talleyrand, fait bonne impression sur l'opinion et on oublie les réserves exprimées au début du document.

Le lendemain, mardi 3 mai, Louis XVIII fait enfin son entrée dans sa capitale. Un *Te Deum* doit être chanté à Notre-Dame. Dans le chœur, Talleyrand attend, debout, l'arrivée du roi. Dans ce même chœur, le prince a assisté à de nombreux *Te Deum* célébrés à l'annonce des victoires de Napoléon... Dans ce même chœur, Talleyrand a joué, moins de dix années auparavant, son rôle dans le Sacre de l'Empereur... A la fureur de Vitrolles, les anciens régicides faisant partie du Sénat et du Corps législatif, sont eux aussi, présents et ont « osé affronter, Dieu, le roi et la fille de Louis XVI ». Le service terminé, Louis XVIII reprend sa calèche traînée par huit chevaux blancs des écuries impériales, tenus par des piqueurs revêtus de la livrée de Napoléon. La voiture est précédée par la Garde impériale. Certains vieux grognards ont descendu leur bonnet à poil jusque sur leurs yeux. Ils préfèrent ne pas regarder le spectacle. « Leur mâchoire se contracte d'une rage impuissante, » nous dit Chateaubriand. Ce n'est pas l'entrée de Louis XVIII, mais les funérailles de Napoléon qui, ce même jour, arrive à bord d'un vaisseau anglais devant l'île d'Elbe, en vue de son carré de choux de Portoferraio.

Mais Talleyrand ne pense guère à son ancien maître. Pour l'instant, il est déçu et se sent fatigué. « Tout cela ne serait rien, a-t-il écrit la veille à la duchesse de Courlande, si je voyais des choses bien conseillées et je n'en suis pas trop sûr. Il y a bien de petits esprits autour de M. le comte d'Artois et cela a une influence sur le roi... »

Le 5 mai, a lieu le premier conseil privé. Le roi a pris à sa droite Monsieur et, à sa gauche, le duc de Berry, puis le prince de Bénévent, ministres et commissaires provisoires gagnent leur place. Alors que tant de problèmes retiennent l'attention, Louis XVIII annonce d'abord le rétablissement de sa maison militaire : compagnie des gardes du corps, de chevau-légers, de gendarmes de la garde, de mousquetaires, de grenadiers à cheval, de garde de la Porte et de la prévôté. En quittant Fontainebleau, Napoléon avait déclaré :

— Quant à ma Garde, si le roi fait bien, il la prendra, se confiera franchement à elle ; s'il ne prend pas ce parti, il faut qu'il la licencie.

La Garde impériale ne sera ni licenciée ni érigée en garde royale, mais expédiée à Metz et à Nancy.

La maison civile du roi est reconstituée. C'est l'ancien archevêque de Reims, M. de Talleyrand-Périgord, oncle du prince de Bénévent, qui retrouve sa charge de grand aumônier.

Le prince de Bénévent revient aux choses constructives en donnant communication d'un rapport concernant les vexations de toute nature provenant des troupes étrangères dans les provinces françaises qu'elles occupent. Puis il fait connaître que les agents étrangers continuent, sur plusieurs points du territoire occupé, à vendre des objets mobiliers et même des coupes de bois appartenant à l'Etat.

Tout cela paraît moins important que la proposition du baron Malouet, ministre de la Marine, qui demande à Sa Majesté de changer la dénomination des vaisseaux et bâtiments portant des noms de combat ou arborant ceux de la famille de Bonaparte. Le roi répond avec sagesse qu'il n'est jamais resté étranger à la gloire que son peuple s'est acquise dans les combats. Aussi désire-t-il que ces vaisseaux qui portent des noms de victoire les conservent. Il admet cependant que les bâtiments rappelant la Révolution ; ou « qui tiennent de Bonaparte », soient débaptisés.

— Les fonctions de député, annonce ensuite le roi, seront d'autant plus honorables qu'elles seront gratuites.

— Oui, sire, répond Talleyrand ; mais gratuites... gratuites... ce sera bien cher !

Ce jour-là, on ne constitue pas le ministère. Il faudra attendre une dizaine de jours. Dambray devient chancelier de France. Une charge qui conférait, avec la présidence du Conseil du roi, la direction du ministère de la Justice. Talleyrand, sur sa demande, reçoit le ministère des Affaires étrangères et retrouve la rue du Bac.

Le 5 mai, Charles-Maurice présente à Louis XVIII la princesse de Bénévent — ce qui permet à un journal anglais d'écrire : « Paris, 6 mai 1814. Hier, après la messe, Mgr l'évêque d'Autun a eu l'honneur de présenter sa femme au fils de saint Louis. »

Le 11 mai, il annonçait à Mme de Courlande : « Samedi, on fait à Notre-Dame un service pour Louis XVI. Je trouve cela fort bien. Cela nettoie le sol français. Après cette cérémonie, tout doit être oublié. »

La légende rapporte que le vieux prince de Condé — il était alors âgé de soixante-dix-huit ans — fit semblant de confondre Talleyrand avec l'archevêque de Reims et se mit à vitupérer contre ce « mauvais drôle » de neveu qu'il affectait d'appeler « M. l'évêque d'Autun ».

Bien qu'il n'aime guère le comte de Blacas — il se moque même ouvertement de lui —, Talleyrand estime fort utile de se montrer ostensiblement en sa compagnie au *Jardin de Tivoli* ou au *Café Tortoni*.

Mais il est temps maintenant de préparer le traité de paix, en attendant de se réunir à Vienne pour recoudre les morceaux de l'Europe dépecée par Napoléon. Les quatre ministres des Affaires étrangères — les Quatre Grands : Metternich, Nesselrode, Castlereagh et Hardenberg — se mettent déjà à discuter ferme pour établir ce qu'ils appellent « les préliminaires de la paix ». On décide de reprendre les conditions de l'armistice signé par Talleyrand le mois précédent. En outre, les Alliés estiment fort gracieux de leur part d'accorder à la France, non seulement les limites de 1792, mais aussi quelques communes situées à la frontière de la Belgique — morceaux des anciens départements français de Sambre-et-Meuse et de Jemmapes —, puis Sarrebruck, Landau, Montbéliard, Chambéry, Annecy, Avignon et le comtat Venaissin, soit 536 000 âmes.

Le marquis d'Osmond avait fait aux Alliés des propositions

afin de fixer la nouvelle frontière française du Nord. Le projet — une ligne de Nieuport à Kaiserslauten — englobant une partie de la Belgique soulève un tollé général. Le marquis d'Osmond reconnaît loyalement qu' « il y avait effectivement dans la ligne indiquée des points menaçants pour la Belgique et qui ne pouvaient être abandonnés ». Le marquis présente alors un nouveau plan donnant à la France Tournai, Mons et Charleroi. Les diplomates se penchent sur la carte, commencent à déployer le tableau de la population... Le projet semble acceptable, lorsque le comte de Münster déclare :

— Messieurs, il est tout à fait inutile de nous occuper plus longtemps de cette question. J'ai quitté à midi lord Castlereagh qui, après une longue conférence avec le prince de Bénévent, m'a chargé de vous assurer qu'il était positivement convenu entre les deux ministres qu'aucune portion nouvelle de la Belgique ne sera ajoutée au territoire français.

Osmond pousse un soupir désespéré : son projet — sa « ligne » — est abandonné. Ainsi la frontière du Nord — éternelle épine plantée dans le front de la France — demeurait ouverte aux éventuelles invasions. On se trouvait revenu avant Fleurus ! Osmond ne put obtenir en échange que le pays de Gex. Les Genevois firent la grimace et durent se contenter d'une servitude de passage leur permettant de maintenir une communication — par la route de Versoix — avec les autres cantons helvétiques.

Si l'Angleterre gardait Malte, Sainte-Lucie, Tobago et l'île Maurice, elle rendait à la France les autres conquêtes situées dans les Indes occidentales, en Amérique, en Afrique et à l'est du cap de Bonne-Espérance.

Cependant, avec son admirable don de double vue, Talleyrand, prévoyant le retour de Napoléon ou une action de ses partisans, estimait souhaitable qu'un corps allié de 70 000 hommes continue — du moins pendant un certain temps — à monter la garde, sinon en France même, du moins à la frontière.

Talleyrand aurait pu, certes, exiger davantage et Vienne se félicita d'avoir eu un partenaire aussi souple que lui. La cour de Vienne ira jusqu'à le remercier en lui donnant les insignes de la Toison d'or. Il est fort possible — Macdonald l'a affirmé — que le prince reçut aussi ce qui lui tenait infiniment plus à cœur que des hochets de vanité, un pourboire diplomatique — tels ceux qu'il avait l'habitude de percevoir depuis longtemps...

Les Alliés confirmant ce que Talleyrand avait obtenu lors de *son* armistice, ne revendiquent pas le retour des objets d'art — livres, tableaux, statues et autres rapines impériales. Selon Talleyrand, cette restitution aurait rendu la monarchie royale impopulaire. On se contente d'offrir aux dépossédés de leurs biens les objets que l'on n'a pas réussi à exposer dans les musées et qui se trouvent encore entreposés dans les greniers. En échange, la France renonce à la jouissancee des dotations privées éparpillées à travers l'ex-Empire français et offertes, le plus souvent, par Napoléon à ses dignitaires.

Demeurait l'affaire de la banque de Hambourg que Davout avait spoliée. Le maréchal avait même payé avec l'argent de la banque la solde arriérée et future de son corps d'armée. Talleyrand fit simplement promettre par Louis XVIII « de donner les ordres les plus positifs pour la recherche et la réintégration immédiate à la banque de Hambourg de toutes valeurs appartenant à ladite banque et desquelles, soit des autorités françaises civiles ou militaires ou des sujets français quelconques seraient dépositaires ou détenteurs ».

Mais comment exiger des soldats et officiers français quittant leur garnison de Hambourg de rendre leur solde ? Très pince-sans-rire, Talleyrand assure à Metternich que c'est là « tout ce qu'il peut faire ». Et qu'il est « impossible, décemment, d'aller plus loin ».

L'« affaire » lui rapporta-t-elle quelques bénéfices ? Avec Talleyrand, on est en droit de poser la question.

Dernier point : l'abolition immédiate de la traite des Noirs exigée par l'Angleterre rencontre des difficultés d'application et Talleyrand obtient un délai de cinq années. Le prince semble ravi du résultat : « J'ai fini ma paix avec les quatre grandes Puissances, annonce-t-il à Mme de Courlande... Elle est très bonne, sur le pied de la plus parfaite égalité et plutôt noble... Mes amis, et vous à la tête, devez être contents de moi. » Et le 2 juin : « Je suis content de la paix, elle est d'égal à égal, elle est approuvée de tout le monde, et comme disposition et comme rédaction. »

Dans ses *Mémoires*, le prince fera son propre éloge : « Quand je pense à la date de ce traité de 1814, aux difficultés de tout genre que j'ai éprouvées, à l'esprit de

vengeance que je rencontrais dans quelques-uns des négociateurs avec lesquels je traitais, et que j'étais obligé de
combattre, j'attends avec confiance le jugement que la
postérité en portera. Je me bornerai à rappeler que, six
semaines après l'entrée du roi à Paris, la France avait son
territoire assuré ; les soldats étrangers avaient quitté le sol
français ; par la rentrée des garnisons des places fortes et
des prisonniers, elle possédait une superbe armée et enfin
nous avions conservé tous ces admirables objets d'art
conquis par nos armes dans presque tous les musées
d'Europe. »

Le résultat le plus clair aux yeux des Français est le
départ, le 3 juin au matin, des troupes ennemies. Le tsar
quitte ce même jour le palais de l'Elysée. Il est en froid avec
Talleyrand et refuse même de le recevoir.

— Cet homme, par sa conduite, déclare-t-il, a sacrifié à
son ambition ses amis, et sa patrie.

Il reproche au prince le manque de libéralisme de la
Charte « octroyée » par le roi et de la Déclaration de
Saint-Ouen. Sa Majesté russe aurait peut-être pu se pencher
d'abord sur ses propres méthodes de gouvernement et
penser à son peuple. Talleyrand essaye de se défendre en
couvrant Alexandre de fleurs : « Vous avez sauvé la France,
votre entrée à Paris a signé la fin du despotisme ; quelles que
soient vos secrètes observations, si vous y étiez encore
appelé, ce que vous avez fait il faudrait le faire encore, car
vous ne pourriez manquer à votre gloire. »

Le prince de Bénévent reproche cependant à Alexandre de
ne pas avoir compris la mentalité française. Mais il excuse le
tsar : « Après tout, que sommes-nous encore et qui peut se
flatter, à la suite d'une pareille tourmente, de comprendre en
deux mois le caractère des Français ? N'en doutez pas, sire,
le roi que vous avez reconquis, s'il veut continuer à nous
donner des institutions utiles, sera obligé de chercher dans
son heureuse mémoire ce que nous étions autrefois, pour
bien juger de ce qui nous convient. Détournés par une
sombre oppression de nos habitudes nationales, nous parai-
trons longtemps étrangers au gouvernement qu'on nous
donnera et nous aurons longtemps besoin d'être devinés. Il
faut par des institutions nous accoutumer peu à peu à la
liberté, sans quoi nous courrons aux excès.

» Les Français, en général, poursuit-il, étaient et seront
légers dans leurs impressions, on les verra toujours prompts

à les montrer parce qu'un secret instinct les avertit qu'elles ne doivent pas être de longue durée ; cette mobilité les disposera à déposer bientôt une confiance assez étendue dans les mains de leur souverain ; le nôtre n'en abusera pas.

» En France, le roi a toujours été beaucoup plus que la patrie, il semble pour nous qu'elle se soit faite homme : nous n'avons guère d'orgueil national, mais une *vanité étendue*, qui, bien réglée, produit un sentiment très fort de l'honneur individuel. Nos opinions, ou plutôt nos goûts, ont souvent dirigé nos rois. Buonaparte eût répandu plus impunément le sang français, s'il n'eût voulu nous asservir à ses *sombres manies*. » Ses « sombres manies » que Talleyrand avait flattées et encouragées...

Avant son départ, le tsar rencontre La Fayette chez Mme de Staël et se livre à une violente attaque contre les Bourbons. Le « héros des deux mondes » qui n'avait d'ailleurs été qu'un héroïque étourneau, affirme que le malheur « les avait corrigés ».

— Corrigés ! s'écrie l'empereur de Russie, ils sont incorrigés et incorrigibles. Il n'y en a qu'un, le duc d'Orléans, qui ait des idées libérales, mais pour les autres, n'en espérez jamais rien.

— Si c'est votre opinion sire, reprend M. de La Fayette, pourquoi les avez-vous ramenés ?

— Ce n'est pas ma faute, réplique le tsar, on m'en a fait arriver de tous les côtés ; je voulais les arrêter afin que la nation ait le temps de leur imposer une Constitution ; ils ont gagné sur moi comme une inondation. Vous m'avez vu aller à Compiègne au-devant du roi, je voulais le faire renoncer à ses dix-neuf ans de règne et autres prétentions de ce genre ; la députation du corps législatif y était aussi tôt que moi, pour le reconnaître de tout temps et sans condition. Que pouvais-je faire quand le roi et les députés étaient d'accord ? C'est une affaire manquée, je pars bien affligé !

Marie-Louise, ayant décidé d'aller prendre les eaux à Aix-les-Bains, Talleyrand, en évitant de lui donner son titre d'impératrice, s'émeut et écrit à Metternich : « Vous connaissez le *cailletage* des eaux, vous savez quel désœuvrement on y porte et tout ce que le désœuvrement peut faire. Quelques étourdis vont même jusqu'à se compromettre et c'est ce qu'il faudrait éviter. Joseph Bonaparte, qui n'est pas loin de là, a commis des étourderies auxquelles il n'aurait pas songé sans ce voisinage. »

On ne parle que du futur Congrès, cette grande kermesse diplomatique qui doit s'ouvrir à Vienne « avant deux mois », précisait l'article 32 du traité du 30 mai. Seuls les quatre Grands — Angleterre, Autriche, Russie et Prusse — mèneront la danse de ce qu'ils appellent « un système d'équilibre réel et durable ». Les autres Puissances — la France y compris, puisque son sort avait été réglé par le traité — n'avaient qu'à continuer à demeurer muettes et à s'incliner devant les décisions qui seraient prises.

Pour représenter la France, il fallait, selon Talleyrand, « un négociateur bien convaincu de l'importance des circonstances, bien pénétré des moyens qui allaient contribuer aux changements en France et qui était en position de faire entendre un langage vrai et ferme aux cabinets qu'il était difficile de distraire de l'idée qu'ils avaient triomphé ». Seul Charles-Maurice pourrait jouer ce rôle, aussi, lorsque le prince en parle à Louis XVIII, celui-ci lui répond :

— Présentez-moi un projet pour vos instructions.

On n'est jamais mieux servi que par soi-même !

« Je crois, explique Talleyrand, que lorsqu'on connaîtra ces instructions, la France s'honorera du souverain qui les a signées »... et du ministre qui les a établies.

L'Autriche sent le vent — ou plutôt croit le sentir — et s'inquiète : la France semble se rapprocher de la Russie et vouloir mettre « un frein à ce que les faiseurs appellent l'ambition effrénée de l'Autriche », affirme Bombelles à Metternich :

— Le grand fauteur de ce système est M. de Talleyrand, qui ne laisse pas échapper une occasion de donner une interprétation perfide à nos démarches, d'ailleurs, les moins importantes. Il est parfaitement secondé dans ses vues par le général Pozzo di Borgo — ambassadeur du tsar à Paris — qui ne cesse de crier que le cabinet de Vienne a hérité de la duplicité de Napoléon...

Bombelles se trompe. Celui qu'il appelle un nouveau Machiavel est plus inquiet par les visées russes que par l'ambition de l'Autriche. L'attitude concernant les volontés du tsar en est la cause. Comme Talleyrand exprimait à Wellington son désir d'une paix durable, ce dernier lui assura :

— Vous l'aurez !

— Oui, lui fit remarquer Talleyrand, si l'empereur de Russie veut bien nous la donner.

Qui partirait pour Vienne avec Talleyrand ?

— J'emmène Dalberg, annonce le prince, pour propager les secrets que je veux que tout le monde sache.

Noailles fera partie, lui aussi, de la délégation.

— C'est l'homme du pavillon de Marsan (demeure du comte d'Artois) ; mieux vaut être surveillé par un agent que j'ai choisi ! Quant à La Tour du Pin, il servira à signer les passeports.

L'habile La Besnardière travaillera directement avec Talleyrand. Enfin le prince donne le conseil au peintre Isabey de se rendre lui aussi à Vienne. Il pourrait de cette manière suivre les traces de Gérard Terborch, le fameux peintre hollandais qui avait si merveilleusement croqué les plénipotentiaires de la paix de Münster.

Bien sûr, le ministre n'envisageait pas que la princesse de Bénévent puisse l'accompagner... Mais il fallait cependant quelqu'un à ses côtés pour l'aider à recevoir. C'est Dorothée, la chère comtesse de Périgord, qui remplira le rôle de maîtresse de maison — et elle le fera si admirablement que Talleyrand tombera amoureux d'elle...

Le vendredi 16 septembre, le chef de la délégation française devenu, par la grâce de Louis XVIII, le prince de Talleyrand s'apprête à quitter Paris. Ce jour-là, Mme de Boigne se trouvait chez Mme de Talleyrand, tout heureuse de conserver son titre de princesse. Dans la conversation, un étourdi annonce que la comtesse de Périgord accompagnera son oncle à Vienne. De plus changeant de couleur, l'ex-Mme Grand apprend que le départ se présente comme un véritable enlèvement. Rendez-vous a même été pris dans une maison de campagne des environs de Paris afin que l'on ne voie pas partir dans la même voiture l'oncle et la nièce de la rue Saint-Florentin. La malheureuse Catherine-Noëlle ne parvient pas à cacher son trouble... et elle ignorait encore qu'elle ne reverrait plus jamais son mari et qu'elle serait bientôt « expulsée » de l'hôtel Talleyrand.

La célèbre gravure nous montrant Talleyrand assis à la table du Congrès de Vienne, en compagnie des ambassadeurs « alliés ».

XX

TALLEYRAND « MINISTRE DE LOUIS XIV »

> *La parole n'a été donnée à l'homme que*
> *pour déguiser sa pensée.*
>
> TALLEYRAND

On demandait un jour à Talleyrand ce qu'il avait fait pendant le Congrès de Vienne.

— J'ai boité, répondit-il.

Il trottina peut-être avec cette affreuse chaussure qui est bien à l'image de son âme, mais aussi avec une étonnante et savante adresse qui lui vaudra la première place dans le souvenir des hommes de son temps — et même du nôtre, lorsque nous avons à évoquer les difficultés de la diplomatie. Il n'est pas à Vienne le représentant de l'Empereur — celui qu'il appellera bientôt un usurpateur — mais le ministre d'un descendant du Roi-Soleil qui, après un long exil, a repris naturellement — et légitimement — le trône de ses ancêtres. Et avec un aplomb étonnant, de ce revers de fortune, de la défaite de la France, il semble tirer une force nouvelle et même une véritable vanité. M. de Talleyrand *de* Périgord, même s'il est seulement *en* Périgord, ainsi que le prétendait Louis XVIII, est plus fier d'être l'ambassadeur d'un petit-fils de Saint Louis que le représentant d'un homme entré par effraction dans la famille des rois. Et pourtant son visage, ainsi que le représente Harry Scheffer, à cette époque, est de plus en plus secret et impénétrable, et ses paupières demeurent toujours à demi baissées. L'infidélité, l'intrigue, les trahisons, son assurance dans le mensonge, qui ont été jusqu'à présent ses moyens politiques, laisseront la place, pour la postérité, à l'œuvre d'un homme d'Etat qui va rendre à la France son influence et sa place en Europe.

☆

Il est plus de minuit, à Vienne, le samedi 24 septembre 1814, lorsque la voiture du représentant de la France s'arrête à deux pas de la cathédrale Saint-Etienne, devant le somptueux hôtel Kaunitz, loué pour les envoyés de S.M. Très Chrétienne. Le premier jour est rempli par les « visites du devoir », selon l'expression même de Talleyrand — et cela en dépit de ses maux de tête qu'il appelle son *ébullition.* Le voici plein de sages résolutions : « Je ne sortirai point des idées de modération et de calme qu'il est dans la noble position du roi de faire prévaloir », promet-il, dès son arrivée.

Quelles sont ces « idées de modération » qu'il compte appliquer ? Louis XVIII les lui a assignées dans ses *Instructions.* Les pages en sont volumineuses, mais on peut en dégager le principal, les points classés suivant l'ordre de leur importance relative :

1° Qu'il ne soit laissé à l'Autriche aucune chance de pouvoir faire tomber entre les mains d'un des princes de sa maison, c'est-à-dire entre les siennes, les Etats du roi de Sardaigne ;

2° Que Naples soit restituée à Ferdinand IV ;

3° Que la Pologne entière ne passe point et ne puisse point passer sous la souveraineté de la Russie ;

4° Que la Prusse n'acquière ni le royaume de Saxe, du moins en totalité, ni Mayence.

« La marche que Votre Majesté a tracée à ses ministres est si noble, écrit Talleyrand le 25 septembre au roi, qu'elle doit nécessairement, si toute raison n'a pas disparu de dessus la terre, finir par leur donner quelque influence. »

Rappelons, en passant, que ces *Instructions* avaient été établies par Talleyrand lui-même... et qu'il ne tenait nullement à être entravé par celles-ci. Aussi a-t-il pris la précaution d'ajouter ces lignes : « Les présentes instructions ne sont point données aux ambassadeurs du roi comme une règle absolue, de laquelle ils ne puissent s'écarter en aucun point. Ils pourront céder ce qui est d'un intérêt moindre, pour obtenir ce qui est d'un intérêt plus grand. »

Il n'en demeure pas moins que le programme destiné à être imposé aux vainqueurs par la nation vaincue semblait malaisé à appliquer... voire inconcevable. Et pourtant l'envoyé de la France parviendra à le réaliser ! Même Mayence, ex-préfecture de l'ancien département *français* du Mont-Tonnerre, tant convoitée par la Prusse, deviendra forteresse fédérale, sous l'autorité du duc de Hesse.

Cependant, au début du Congrès, les choses vont mal. Comme l'a rapporté Jean-Gabriel Eynard, délégué de la République de Genève, les anciens Alliés essayent de faire le vide autour du représentant de la France. On se dérobe même à ses invitations. Talleyrand n'est nullement démonté par la froideur de cet accueil, et profite de ses loisirs pour juger ses collègues. Dans une lettre adressée au roi en date du 29 septembre, il montre sa crainte en constatant que « Castlereagh n'a pas l'esprit de décision qu'il nous serait si nécessaire qu'il eût ». D'autre part, le noble lord craint les réactions du Parlement britannique et ce sentiment « qui ne l'abandonne jamais, le rend timide ». Lorsque le glacial, timoré et triste lord Castlereagh prend la parole, on semble écouter — s'il faut en croire lord Byron — « un interminable robinet de sang et d'eau ». Assurément, on ne l'aime guère, et même ses compatriotes le trouvent bizarre. Sa femme, au surplus assez sotte, l'est bien davantage ! N'a-t-elle pas osé se coiffer, lors d'un bal, du ruban de l'ordre de la Jarretière dont est décoré son mari ?

Lorsqu'il s'agit de Metternich, Talleyrand est encore plus sévère. Dans cette même lettre du 29 septembre, il reproche à son ancien bailleur de fonds « une légèreté qu'il porte, d'un côté, jusqu'au ridicule, et, de l'autre, jusqu'à ce point où, dans le ministre d'un grand Etat et dans des circonstances telles que celles-ci, elle devient une calamité ». Talleyrand, qui répétait souvent « la politique, c'est les femmes », estime que le ministre autrichien pousse par trop loin cette définition. « Il est amoureux, annonce-t-il à Mme de Courlande, il se fait peindre, il écrit des billets — et la Chancellerie va comme elle peut. »

Après une semaine de séjour à Vienne, Talleyrand se dit déjà excédé par les fêtes qui entravent la bonne marche des affaires, « dont on n'a pas commencé à parler sérieusement ». En attendant, il observe et écoute ses futurs partenaires : « Je ne fus pas longtemps sans être informé que déjà ils avaient formé un comité et tenaient entre eux des confé-

Le prince de Metternich peint par sir Thomas Lawrence en 1814.

rences dont il était dressé un protocole. Leur projet était de décider seuls ce qui aurait dû être soumis aux délibérations du Congrès, et cela sans le concours de la France, de l'Espagne, ni d'aucune puissance de second ordre, à qui, ensuite, ils auraient communiqué comme proposition en apparence, mais de fait comme résolution, les différents articles qu'ils auraient arrêtés. »

En effet, ces messieurs ont décidé que les quatre puissances seules pourraient décider comment on distribuerait les pays devenus disponibles par la défaite de Napoléon. Ils expliquaient cette décision léonine de cette manière — et qui semble au premier abord difficile à réfuter, puisqu'on se garde bien de parler des nationalités ou du droit des gens : « La disposition sur les provinces conquises appartient, par sa nature même, aux Puissances dont les efforts en ont fait la conquête. » Et, non sans défiance, ils précisent : « Il est de la dernière importance de n'entrer en conférence avec les plénipotentiaires français que lorsque cet objet sera entièrement terminé. »

Tout d'abord, et fort adroitement, Talleyrand se tait. Il continue, lors des réceptions quotidiennes, à rencontrer les ministres des quatre Grands, mais sans leur parler d'affaires. Il se borne à faire connaître « tout le mécontentement » qu'il éprouve aux représentants des puissances secondaires, qui, également mis à l'écart, ont le même intérêt que Louis XVIII. « Retrouvant ainsi dans l'ancienne politique de leurs pays de vieux souvenirs de confiance en la France, rapporte Talleyrand, ils me regardèrent bientôt comme leur appui, et, une fois bien assuré de leur assentiment pour tout ce que je ferais, je pressai officiellement l'ouverture du Congrès. » Ce qui permettra à lord Castlereagh de l'avertir avec brutalité :

— Si Votre Excellence continue ainsi, tout sera entravé et les souverains seront obligés d'écrire au roi de France d'envoyer un ministre qui tienne moins à la politique du régime passé.

Le 30 septembre, Castlereagh en verra bien d'autres !

Ce jour-là, Talleyrand entre en lice et fera fidèlement le récit de la scène au roi. Dès la première heure de la matinée, il a reçu un billet de cinq lignes signé par Metternich lui proposant « en son nom seul » de se rendre à une conférence préliminaire. Talleyrand arrive à la *Ballplatz* à 2 heures, accompagné par le ministre espagnol, don Pedro Labrador, qui a reçu, lui aussi, une convocation. Outre les représentants des quatre Puissances victorieuses, le ministre de Prusse, le prince de Hardenberg, celui de Russie, le prince de Nesselrode, ainsi que l'inévitable lord Castlereagh, deux autres personnes se trouvent également présentes : l'Autrichien Frédéric Gentz et le baron prussien Wilhelm Humboldt. Talleyrand s'étonne. Metternich explique alors que M. de Gentz tiendra la plume pour les conférences et dressera les procès-verbaux. D'autre part, M. le prince de Hardenberg étant très sourd, M. de Humboldt l'assistera et l'aidera à comprendre ce qui se passera — vraisemblablement en hurlant dans ses oreilles...

— Nous avons tous nos infirmités, réplique froidement Talleyrand, nous pouvons les exploiter quand c'est nécessaire... Si les infirmités sont un titre, j'aurais pu me faire accompagner ici.

Qu'à cela ne tienne ! Aussi lui propose-t-on d'amener la prochaine fois avec lui M. le duc de Dalberg. M. de Talleyrand pourra ainsi tout à loisir s'appuyer sur son bras. Ces gracieusetés terminées, lord Castlereagh prend la parole en regardant le représentant de la France.

— L'objet de la conférence d'aujourd'hui est de vous donner connaissance de ce que les quatre cours ont fait depuis que nous sommes ici.

Puis, se tournant vers Metternich :

— C'est vous, prince, qui avez le Protocole.

Metternich tend alors à Talleyrand une pièce signée par les quatre Grands. Dès le début de sa lecture, le représentant du roi de France fait remarquer que ces messieurs ont laissé échapper une expression qui lui paraît appartenir à d'autres temps. Etonnement des diplomates et le prince d'expliquer :

— Vous avez parlé l'un et l'autre des intentions qu'avaient les *puissances alliées*. Des puissances alliées et un *Congrès* dans lequel se trouvent des puissances qui ne sont pas alliées sont, à mes yeux, bien peu propres à faire loyalement des affaires ensemble.

Puis Talleyrand répète avec étonnement et chaleur, le mot de *puissances alliées*...

— Alliées, reprend-il. Alliées ? Et contre qui ? Ce n'est plus contre Napoléon : il est à l'île d'Elbe... Ce n'est plus contre la France : la paix est faite. Ce n'est sûrement pas contre le roi de France : il est garant de la durée de cette paix. Messieurs, parlons franchement. S'il y a encore des *puissances alliées*, je suis de trop ici.

A la pensée que Talleyrand puisse rejoindre ostensiblement — et dangereusement — le clan des puissances secondaires, les ex-Alliés s'effraient et, quelque peu piteux, expliquent :

— Le mot *alliées* n'a été employé ici que pour abréger, assurent-ils.

— On ne doit pas rechercher la concision aux dépens de l'exactitude, répond Talleyrand de plus en plus impassible.

Puis il poursuit :

— Cependant, si je n'étais pas ici, je vous manquerais essentiellement. Messieurs, je suis peut-être le seul qui ne demande rien. De grands égards, c'est là tout ce que je veux pour la France. Elle est assez puissante par ses ressources, par son étendue, par le nombre et l'esprit de ses habitants, par la continuité de ses provinces, par l'unité de son administration, par les défenses dont la nature et l'art ont garanti ses frontières. Je ne veux rien, je le répète ; et je vous apporte immensément. La présence d'un ministre de Louis XVIII consacre ici le principe sur lequel repose tout l'ordre social. Le premier besoin de l'Europe est de bannir à jamais l'opinion qu'on peut acquérir des droits par la seule conquête, et de faire revivre le principe sacré de la légitimité d'où découlent l'ordre et la stabilité. Montrer aujourd'hui que la France gêne vos délibérations serait dire que les vrais principes seuls ne vous conduisent plus et que vous ne voulez pas être justes.

Mais ce n'est pas fini... Les plénipotentiaires n'en croient pas leurs yeux et leurs oreilles quand ils voient et entendent Talleyrand lire posément les autres paragraphes du Protocole et s'exclamer en levant la tête :

— Je ne comprends pas...

Puis il répète après avoir relu le texte :

— Je ne comprends pas davantage. Il y a pour moi deux dates entre lesquelles il n'y a rien : celle du 30 mai, où la formation du Congrès a été stipulée, et celle du 1er octobre, où il doit se réunir. Tout ce qui s'est fait dans l'intervalle m'est étranger et n'existe pas pour moi.

Charles-Maurice leur rappelle ensuite les termes du traité de Paris : « Toutes les Puissances qui ont été engagées de part et d'autre, dans la présente guerre, enverront des plénipotentiaires à Vienne pour régler, dans un Congrès

général, les arrangements qui doivent compléter les dispositions du traité de Paris. »

Et de demander presque innocemment :

— Quand s'ouvrira le Congrès général ? Quand commen-
ceront les conférences ? Ce sont là les questions que font
tous ceux que leurs intérêts amènent ici. Si, comme déjà on
le répand, quelques puissances privilégiées voulaient exercer sur le Congrès un pouvoir dictatorial, je dois dire que, me
renfermant dans les termes du traité de Paris, je ne pourrais
consentir à reconnaître dans cette réunion, aucun pouvoir
suprême dans les questions qui sont de la compétence du
Congrès, et que je ne m'occuperais d'aucune proposition qui
viendrait de sa part.

L'embarras était sur tous les visages », rapportera Gentz,
qui déteste la France et ajoute : « L'intervention de
Talleyrand renversa tous nos plans sans espoir. C'était une
scène que je n'oublierai jamais. »

Talleyrand lâche maintenant du lest : il admet comme
difficile, et même impossible, de parvenir à un résultat lors
de trop vastes assemblées générales. Tandis que les quatre
Grands, devenus les Cinq et même, avec l'Espagne, les Six,
pourraient faire du bon travail. Et pourquoi ne demanderait-
on pas également à la Suède et au Portugal, cosignataires du
traité de Paris, de se joindre à eux ? M. de Gentz — bien à
contrecœur, on le devine — détruit alors le protocole des
séances précédentes et établit celui du 30 septembre 1814.
Talleyrand le signe « pour prendre date » de sa réussite.

On imagine les sentiments du tsar lorsque Nesselrode lui
rapporte la scène. Aussi veut-il tout d'abord se rendre
compte si la France peut encore constituer un danger. Le
3 octobre, il reçoit Talleyrand et lui déclare presque
brutalement :

— Parlons de nos affaires. Il faut que nous les finissions
ici.

— Cela dépend de Votre Majesté approuve le prince.
Elles finiront promptement et heureusement si Votre
Majesté y porte la même noblesse et la même grandeur
d'âme que dans celles de la France.

— Mais il faut que chacun y trouve ses convenances...

— Et chacun ses droits, achève Talleyrand.

Les troupes russes cantonnant encore en Pologne, sans
tarder davantage le tsar avertit :

— Je garderai ce que j'occupe.

Talleyrand est à droite et semble surveiller la délicate pesée destinée à équilibrer « la balance de l'Europe ».

Aussitôt, Talleyrand croise le fer :

— Votre Majesté ne voudra garder que ce qui sera légitimement à Elle.

— Je suis d'accord avec les grandes puissances.

— J'ignore si Votre Majesté compte la France au rang de ces puissances.

— Oui, sûrement, reconnaît Alexandre avec réticence — et il reprend : mais si vous ne voulez point que chacun trouve ses convenances, que prétendez-vous ?

— Je mets le droit d'abord et les convenances ensuite.

— Les convenances de l'Europe sont le droit.

Talleyrand joue alors l'homme profondément affecté :

— Ce langage, sire, n'est pas le vôtre, constate-t-il tristement. Il vous est étranger et votre cœur le désavoue.

— Non, je le répète, affirme le tsar de plus en plus buté, les convenances de l'Europe sont le droit.

« Je me suis alors tourné vers le lambris, près duquel j'étais, a raconté Talleyrand, j'y ai appuyé ma tête et frappant la boiserie, je me suis écrié : " Europe, Europe, malheureuse Europe ! " »

Puis il se retourne vers l'empereur :

— Sera-t-il dit que vous l'aurez perdue ?

Mais le tsar s'acharne et ne veut pas en démordre :

— Plutôt la guerre que de renoncer à ce que j'occupe !

« J'ai laissé tomber mes bras, poursuit Talleyrand, et, dans l'attitude d'un homme affligé, qui avait l'air de lui dire " la faute n'en sera pas à nous ", j'ai gardé le silence. L'empereur a été quelques instants sans le rompre, puis il a répété :

» — Oui, plutôt la guerre.

» J'ai conservé la même attitude », conclut Talleyrand dans son rapport, et il ajoutera encore ces lignes destinées à Louis XVIII : « Dans toute cette conversation, dont je n'ai pu rendre à Votre Majesté que la partie la plus saillante, la Pologne et la Saxe n'ont pas été nommées une seule fois, mais seulement indiquées par des circonlocutions. »

Voulant parler de la Saxe, qui n'avait cessé d'être fidèle à Napoléon que lorsque son roi Frédéric-Auguste avait été fait prisonnier par les Alliés, le tsar la désigne par ces mots :

— Ceux qui ont trahi la cause de l'Europe.

Et Talleyrand de lui répondre en le regardant froidement dans les yeux :

— Sire, c'est là une question de date...

Cruelle allusion à la journée du jeudi 25 juin 1807 où, sur le radeau de Tilsit, le tsar avait embrassé Napoléon. Et Talleyrand d'achever en soufflant en quelque sorte une excuse au vaincu de Friedland :

— ... Et le fait des embarras dans lesquels on a pu être jeté par les circonstances.

« J'ai ici une affaire fort difficile à conduire, explique Talleyrand à Mme de Courlande, le 4 octobre. L'ambition de l'empereur Alexandre et celle de la Prusse se montrent avec une audace singulière. Nous ne pouvons pas laisser venir la Russie avec 44 millions d'habitants sur l'Oder. Quand l'Europe s'est armée pour détruire un colosse, elle n'a pas voulu en laisser créer un autre. Je ne sais qui est ce qui pousse l'empereur à toutes ses idées d'entreprises : mais ce n'est assurément pas un vrai ami de sa gloire. Adieu. » Il ajoute : « Ils veulent détruire le roi de Saxe. Je retrouve dans tous les cabinets les principes et la façon de raisonner de Bonaparte. »

Deux jours plus tard, le 6 octobre, à 7 heures du soir, avant la conférence qui doit commencer à 8 heures, Talleyrand essaye de raisonner Metternich :

— Comment avez-vous le courage de placer la Russie comme une ceinture tout autour de vos principales et plus importantes possessions, la Hongrie et la Bohême ?

Et le problème de la Saxe que la Prusse revendique ? Cette Saxe sur laquelle règne le cousin du roi de France qui est également proche parent de l'empereur d'Autriche ?

— Comment pouvez-vous souffrir, poursuit Charles-Maurice, que le patrimoine d'un ancien et bon voisin, dans la famille duquel une archiduchesse est mariée, soit donné à votre ennemi naturel ? Il est étrange que ce soit nous qui voulions nous y opposer et que ce soit vous qui ne le vouliez pas !

Le nom de Murat succède à celui du roi de Saxe. Déjà, lors de la réunion du 30 septembre, le nom du roi de Naples avait été lancé sur le tapis.

— De quel roi de Naples parle-t-on ? demanda Talleyrand en jouant l'innocence. Nous ne connaissons point l'homme dont il est question.

— Des puissances l'ont reconnu, remarqua Humboldt, et lui ont garanti ses Etats.

Et Talleyrand, qui manie en maître la langue française, de répliquer :

— Ceux qui lui ont garanti ne l'ont pas « dû », et conséquemment, ne l'ont pas « pu ».

Aujourd'hui, en tête à tête avec le prince de Bénévent, Metternich récidive :

— Vous avez l'affaire de Naples qui est proprement la vôtre.

Talleyrand bondit :

— Pas plus la mienne que celle de tout le monde ! Ce n'est pour moi qu'une affaire de principe. Je demande que celui qui a le droit d'être à Naples soit à Naples, et rien de plus. Or c'est ce que tout le monde doit vouloir comme moi. Qu'on suive les principes, on me trouvera facile pour tout...

Les ministres réunis, un quart d'heure plus tard, Metternich donne lecture d'un projet concernant l'ajournement de l'ouverture officielle du Congrès au 1er novembre. Talleyrand l'admet, mais laisse tomber de ses lèvres minces cette précision :

— J'y consens sous la condition qu'à l'endroit où il est dit que l'ouverture formelle du Congrès sera ajournée au 1er novembre, on ajoute : *et sera faite conformément aux principes du droit public.*

Un tumulte s'élève, « un tumulte dont on pouvait difficilement se faire une idée ». Hardenberg, qui n'a rien entendu,
s'étonne de voir ses collègues gesticuler. Humboldt le met au
courant. Le délégué prussien devient alors presque menaçant, frappe de son poing la table et hurle véritablement, car
sa surdité l'empêche de s'entendre lui-même :
— Non, monsieur... le droit public, c'est inutile ! Pourquoi dire que nous agirons selon le droit public ? Cela va sans
dire.
— Si cela va bien sans le dire, répond calmement
Talleyrand, cela ira encore mieux en le disant.
Humboldt tombe des nues :
— Que fait ici le droit public ?
— Il fait que vous y êtes...
Cette fois, le Prussien demeure anéanti et Gentz de
conclure : « Cette soirée, messieurs, appartient à l'histoire
du Congrès. Ce n'est pas moi qui la raconterai, parce que
mon devoir s'y oppose, mais elle s'y trouvera certainement. »
Talleyrand rapporte ce dialogue à Louis XVIII et, ce
même jour — le 9 octobre — il écrit à la duchesse de
Courlande : « Les affaires ont une couleur très sombre. On
est dans l'intrigue ; je suis dans les principes, je n'en sortirai
pas. Metternich est bien peu de chose pour les grandes
affaires. Ma fermeté gêne tout le monde, mais je serai
inflexible : la maison de Bourbon s'est perdue par de la
faiblesse : je n'y contribuerai pas. »
Enfin, le 13 octobre 1814, il annonce à Mme de Courlande :
« Je vous envoie la déclaration qui annonce l'ouverture du
Congrès pour le 1ᵉʳ novembre : il a fallu des combats contre
vos Prussiens pour y introduire le mot de *droit* (il a rayé les
mots des "gens") *public* parce qu'ils aiment passionnément la
doctrine usurpatrice de Bonaparte et qu'ils ne cherchent que
ses succès. Ce sont de vilaines gens et, plus qu'aucun autre,
M. de Humboldt. »

☆

La politique n'empêche pas le prince de Talleyrand de
s'offrir quelques compensations. Toujours le 9 octobre,
l'envoyé helvétique Jean-Gabriel Eynard note : « Nous
venons de chez M. de Talleyrand qui nous avait donné
audience pour midi. Il paraît que ce ministre était encore au

lit, car on a fait quelques difficultés de nous laisser monter chez lui, et, au moment où nous sommes entrés dans son premier salon, nous avons vu une jeune poulette sortir un peu à la hâte de son appartement : elle paraissait à peine habillée. Pour un ancien évêque, la chose nous a paru édifiante. Ce qui nous a confirmé dans nos soupçons que Talleyrand n'était pas levé, ce sont les divers valets de chambre qui allaient et venaient pour la toilette de Monseigneur. Après trois quarts d'heure d'attente, le ministre est enfin arrivé ; il avait tous ses ordres et était en tenue d'ambassadeur. »

S'agissait-il de la jolie danseuse Emilie Bigottini, qui possédait un corps délicieux et qui, lorsqu'elle dansait, « ne retombait pas, mais redescendait » ? Et l'on ajoutait :

— Il semble qu'elle soit née en l'air, que ce soit là son élément naturel.

Talleyrand aurait-il eu des bontés pour elle ? On le murmurait — sans preuve. La « jeune poulette » n'était assurément pas Dorothée. L'amour que Talleyrand lui portera n'était encore qu'un penchant... Certes, il est sous le charme de sa nièce et adore sa grâce et sa manière de recevoir, mais c'est là tout. « Je suis très content d'elle », annonce-t-il à Mme de Courlande, le 25 septembre. Et, le 13 octobre : « Notre enfant a ici un grand succès, elle réussit auprès de tous les âges. » Et il ajoute en donnant des nouvelles du Congrès : « Je ne suis pas de même, car je suis en querelle avec tous les potentats de la terre. La même année j'aurai été leur homme et leur adversaire : cela entre dans l'histoire si singulière que j'ai commencé à vous lire, que vous voudrez bien copier, et dont ici j'aurai beaucoup de chapitres à écrire si j'en avais le temps... »

Metternich est de plus en plus sa bête noire, ce qui permettra à Talleyrand, lors de la réunion suivante des Six, d'écrire — quelque peu injustement peut-être — au sujet de celui qui lui avait autrefois si largement ouvert sa bourse : « Le prince de Metternich a montré à cette séance toute l'étendue de sa médiocrité, de son goût pour les intrigues mesquines et les méthodes incertaines et tortueuses, ainsi que sa virtuosité de l'emploi de mots vagues et dénués de sens. »

De près, le chancelier aime la duchesse de Sagan, sœur de Dorothée, et, de loin, Caroline Murat. Il l'aime jusqu'au point de tout faire pour maintenir le beau-frère de Napoléon

sur son trône — et lui fournit même des armes... On croit
rêver ! Et comme Talleyrand lui demande pourquoi il ne
veut pas entrer en lutte contre le roi de Naples qui occupait
indûment un trône, le chancelier lui répond :

— Je ne veux pas mettre le feu partout à la fois.

Talleyrand rétorque d'une manière cinglante — et en
homme bien renseigné :

— Alors, pourquoi lui fournissez-vous des armes, si vous
le craignez ? Oui, pourquoi lui avez-vous vendu vingt-cinq
mille fusils ?

Un peu plus tard, s'il faut en croire un rapport de police,
lors d'un bal à la Redoute, Metternich rapporta à sa femme
« qu'on le tourmentait pour cette affaire de Naples, mais
qu'il ne saurait y consentir, qu'il avait égard à la situation
d'un homme qui s'était fait aimer dans le pays où il
gouvernait ; que lui, d'ailleurs, aimait passionnément la
reine et était en relations continuelles avec elle ». On ignore
les réactions de la princesse de Metternich devant cet aveu...

Talleyrand est, bien entendu, espionné par les agents de la
Hofpolizei à la tête de laquelle se trouve placé le ministre de
la police d'Etat — et grand maître de la censure — le baron
Hager. Cependant l'agent Schmidt se plaint des précautions
dont s'entourent les locataires de l'hôtel Kaunitz : une vraie
place forte ! On a pourtant réussi à gagner un vieux
domestique qui a déjà été au service des trois précédents
ambassadeurs de France, ainsi qu'un garçon de chancellerie
qui n'a pas son pareil pour fouiller les corbeilles.

Talleyrand est encore espionné par Béthisy, le chef de la
police prussienne, celui que le prince n'appelle jamais
autrement que « Bête ici, bête par là ». Il y a aussi le comte
Christian-Ernest de Benzel-Sternau, qui se rend fréquemment à l'hôtel Kaunitz où l'accueille La Tour du Pin. Le
comte est l'un des informateurs du baron Hager, mais
Talleyrand semble l'avoir ignoré. Quant au bavard Dalberg,
a-t-il été un agent double ? On l'a dit sans preuves...

La présence auprès de Talleyrand du musicien Leukomm
intrigue la police impériale. Assurément, il s'agit là d'un
agent secret ! Mais Leukomm n'a accompagné Talleyrand à
Vienne que pour jouer longuement du piano près de la table
de travail du prince. La musique en fond sonore l'aidait
peut-être à mieux concentrer et à rassembler ses idées,
comme l'a suggéré Marcel Brion.

Le prince possède son propre réseau grâce aux anciens princes de la Confédération du Rhin, qui, plus ou moins contraints et forcés, ont servi la France — sans parler des rois de Bavière et de Saxe qui doivent leur trône à Napoléon. Tous se trouvent liés à Talleyrand par une éducation aristocratique bien européenne, et surtout par la langue française — l'anglais est alors bien loin d'être la langue diplomatique... et l'allemand encore moins.

Talleyrand glanera de nombreuses indications au palais de la Schenkenstrasse où demeurent à la fois la duchesse de Sagan, sœur aînée de Dorothée, et la princesse Bagration, petite nièce de la Grande Catherine. Là se retrouvaient Metternich et le tsar, dont on disait : « Leurs défauts se rencontrent, mais ne se saluent pas ».

Cependant, les choses n'avancent guère, les discussions préliminaires s'enlisent. Talleyrand s'en désespère et soupire, le 15 octobre, auprès de Mme de Courlande : « Ce que l'on décore du beau nom de rétablissement de la Pologne n'est autre chose qu'une augmentation et de territoire et d'influence dont on veut se servir pour dominer tout le nord de l'Europe, et, si on le peut, davantage... » *On* désigne évidemment le tsar. Talleyrand regrette de se trouver opposé à lui « parce que j'aime toutes les illusions et toute la jeunesse de l'empereur Alexandre ; mais je déteste toutes les influences qui sont autour de lui et qui, élevées dans les troubles, veulent ou du moins se jurent de continuer celles de l'Europe pendant des siècles ».

Le problème qui les divise est toujours le même : le tsar veut, d'une part, rétablir le simulacre d'une Pologne placée sous sa totale autorité, et, d'autre part, agrandir fortement la Prusse au détriment de la Saxe.

En dépit des pots-de-vin qu'il a perçus à Vienne, Talleyrand force l'admiration durant ces journées. Un seul point que les Français regretteront jusqu'en 1870 — et même plus tard : l'envoyé de Louis XVIII eut peut-être tort de repousser la proposition faite par la Prusse de constituer pour le roi de Saxe, en compensation de la perte de son royaume, un Etat formé par les territoires situés entre la Sarre, la Meuse et la rive gauche du Rhin, une manière

Maximilien-Joseph de Bavière, ancien Électeur, dont Napoléon fera un roi. Il fera encore de lui le beau-père du prince Eugène, fils de l'impératrice Joséphine.

Le prince de Hardenberg, ministre de Prusse, au Congrès de Vienne. Il était sourd - et cela compliquait sérieusement les discussions.

Lord Castlereagh représentant l'Angleterre. Talleyrand réussira à le détacher de l'Alliance russo-prussienne.

Frédéric de Gentz, journaliste et secrétaire du Congrès de Vienne, qui dressa les procès-verbaux de la Conférence.

d'Etat tampon qui aurait séparé la Prusse de la France. Mais Talleyrand, fidèle à ses principes, estime que le roi de Saxe, cousin de Louis XVIII, n'a pas à perdre ses Etats qui appartiennent à sa famille depuis le x⁰ siècle. D'où le courroux du roi Frédéric-Guillaume de Prusse qui reproche à Charles-Maurice de prendre par trop chaudement le parti du monarque saxon, « ce seul traître, disait-il, à la cause de l'Europe ».

Talleyrand reprend la formule qui avait désarçonné le tsar quelques semaines auparavant :

— Traître, et de quelle date, sire ?

« Les principes de la Prusse, explique-t-il à Mme de Courlande, le 19 octobre, sont ceux qui ont révolté l'Europe lors du partage de la Pologne. Ils veulent absolument détruire la Saxe comme s'ils en avaient le droit, comme si la conquête seule donnait la souveraineté : je m'élève contre toutes ces prétentions », conclut-il.

Le 23 octobre, à 6 heures du soir, Talleyrand est à nouveau reçu par le tsar.

— A Paris, commence Alexandre, vous étiez partisan de la création d'un royaume de Pologne. Comment se fait-il que vous ayez changé ?

— Mon avis, sire, est encore le même, explique Charles-Maurice avec calme. A Paris, il s'agissait du rétablissement de toute la Pologne. Je voulais alors, comme je le voudrais aujourd'hui, son indépendance. Mais il s'agit maintenant de tout autre chose. La question est subordonnée à une fixation de limites qui mette l'Autriche et la Prusse en sûreté.

— Elles ne doivent pas être inquiètes, s'exclame le tsar — et il ajoute, menaçant : Du reste, j'ai 200 000 hommes dans le duché de Varsovie ; que l'on m'en chasse !

Puis revient sur le tapis l'éternelle question saxonne.

— J'ai donné la Saxe à la Prusse. L'Autriche y consent.

— J'ignore si l'Autriche y consent, riposte Talleyrand de plus en plus glacial. J'aurais peine à le croire, tant cela est contre son intérêt. Mais le consentement de l'Autriche peut-il rendre la Prusse propriétaire de ce qui appartient au roi de Saxe ?

— Si le roi de Saxe n'abdique pas, avertit le tsar, il sera conduit en Russie. Il y mourra. Un autre roi y est déjà mort.

Allusion à Stanislas Poniatowski qui, en 1797, deux années après son abdication, était mort à Saint-Pétersbourg.

— Votre Majesté, reprend Talleyrand, de plus en plus impassible, me permettra de ne pas l'en croire. Le Congrès n'a pas été réuni pour voir un pareil attentat.

Alexandre écume :

— Comment ! Un attentat ? Quoi ! Stanislas n'est-il pas allé en Russie ? Pourquoi le roi de Saxe n'irait-il pas, lui aussi en Russie ? Le cas de l'un est celui de l'autre. Il n'y a pour moi aucune différence.

Devant un tel acharnement, Talleyrand ne sait que répondre et parvient mal — il l'écrit au roi — à contenir son indignation.

— Je croyais, reprend le tsar, intraitable, que la France me devait quelque chose ? Vous me parlez toujours de principes. Votre droit public n'est rien pour moi ; je ne sais pas ce que c'est... Il y a une chose qui est au-dessus de tout, c'est ma parole. Je l'ai donnée et je la tiendrai. J'ai promis la Saxe au roi de Prusse au moment où nous nous sommes rejoints.

— Votre Majesté a promis au roi de Prusse 9 à 10 millions d'âmes, reprend le prince avec logique, elle peut les lui donner sans détruire la Saxe.

Talleyrand avait préparé un tableau des pays qui pourraient être donnés à la Prusse, et qui, sans culbuter la Saxe, apporteraient à Frédéric-Guillaume un nombre équivalent de sujets. Mais, plus expéditif, Alexandre voudrait voir la Saxe rayée de la carte européenne.

— Le roi de Saxe est un traître, répète-t-il de plus en plus irrité.

— Sire, lui fait observer le prince, la qualification de traître ne peut jamais être donnée à un roi ; et il importe qu'elle ne puisse jamais lui être donnée.

Après un bref silence, le tsar reprend, opiniâtre :

— Le roi de Prusse sera roi de Prusse *et* de Saxe, comme je serai empereur de Russie *et* roi de Pologne. Les complaisances que la France aura pour moi sur ces deux points seront la mesure de celles que j'aurai moi-même pour elle sur tout ce qui peut l'intéresser.

Talleyrand l'explique à l'un de ses intimes, en sortant de son entrevue avec le tsar :

— Nous ne souffrirons jamais que la Pologne soit réunie à l'empire des tsars. Que l'on en fasse un royaume indépendant, et nous y consentirons volontiers. J'ai montré que j'étais contraire au système de tout envahir. Mais s'il faut qu'il y ait un colosse en Europe, j'aime encore mieux le colosse de la Seine que celui de la Néva. L'anéantissement du roi de Saxe est une chose injuste et criante : c'est agir à la Bonaparte. Ce roi n'est pas plus coupable que les autres.

— Voilà le Congrès commencé et fini en un même jour, constate le prince de Ligne le 2 novembre.

Talleyrand renchérit le lendemain, 3 novembre, auprès de Mme de Courlande :

« Ici, nous n'avons encore rien de tolérable dans les dispositions de la Prusse et de la Russie. Les projets de l'une et de l'autre sont aussi insensés et aussi cruels que ceux de Bonaparte : car ce malheureux roi de Saxe est injurié par les Prussiens toutes les fois qu'ils prononcent son nom. Quelle fin après une vie toute de vertus !... »

De plus, Alexandre se laisse, lui aussi, entraîner par ses amours, auxquelles il attache autant d'importance qu'à la question polonaise. Nombreuses sont les grandes dames qui, durant le Congrès, passent dans ses bras — et l'on se glisse sous le manteau une lettre de collégien amoureux adressée par le tsar à Mme de Bethmann et que la police a interceptée. Alexandre affirmait à la dame que « tout l'univers s'effaçait, lorsqu'il lui venait quelque chose de son unique aimée... ».

☆

A la mi-novembre, le tsar, lors d'une nouvelle réunion, s'approche si près de Talleyrand que son visage touche presque le sien.

— Dites-moi, est-il vrai qu'on fasse des armements en France ?

— Oui, sire.

— Combien le roi a-t-il de troupes ?

— 130 000 hommes sous les drapeaux et 300 000 renvoyés chez eux, mais pouvant être rappelés au premier moment, précise Charles-Maurice.

Le tsar paraît obsédé et demande :

— Combien en rappelle-t-on maintenant ?

— Ce qui est nécessaire pour compléter le pied de paix, répond Talleyrand avec sérénité. Nous avons tour à tour senti le besoin de n'avoir plus d'armée et le besoin d'en avoir une. De n'en avoir plus, quand l'armée était celle de Bonaparte, et d'en avoir une qui fût celle du roi. Il a fallu pour cela dissoudre et recomposer, désarmer d'abord,

ensuite réarmer. Et voilà ce qu'en ce moment on achève de
faire. Quand toute l'Europe est armée, il a paru nécessaire
que la France le fût dans une proportion raisonnable...

Ces précisions n'ont pas l'heur de plaire au tsar.

— Ecoutez, faisons un marché, propose-t-il. Soyez aimable pour moi dans la question de la Saxe et je le serai pour
vous dans celle de Naples. Je n'ai point d'engagement de ce
côté.

— Votre Majesté sait bien qu'un tel marché n'est pas
faisable, reprend Talleyrand, toujours aussi calme. Il n'y a
pas de parité entre les deux questions. Il est impossible que
Votre Majesté ne veuille pas, par rapport à Naples, ce que
nous voulons nous-mêmes.

— Eh bien ! persuadez donc aux Prussiens de me rendre
ma parole.

— Je vois fort peu de Prussiens, et ne viendrais sûrement
pas à bout de les persuader. Mais Votre Majesté a tous les
moyens de le faire. Elle a tout pouvoir sur l'esprit du roi ;
elle peut d'ailleurs le contenter.

— Et de quelle manière ?

— En lui laissant quelque chose de plus en Pologne.

— Singulier expédient que vous me proposez ! s'écrie le
tsar, véritablement furieux ; vous voulez que je prenne sur
moi pour leur donner !

Il fallait s'y attendre, tout Vienne est bientôt au courant
de l'ostracisme et de la rapacité du tsar. Aussi, dès le
15 novembre, la police viennoise note-t-elle : « Alexandre
perd tous les jours dans l'esprit des Viennois. J'ose dire que
si son entêtement ambitieux nous forçait à la guerre, elle
serait pour nous et pour toute l'Allemagne une guerre
nationale. Ses belles phrases n'attrapent plus personne, tout
comme sa philanthropie, qui n'est qu'une ambition sans
borne et qui perd son masque à force de s'y enfoncer. »

Un peu plus tard, l'agent du baron Hager renchérira :
c'est « un mauvais ami, un mauvais ennemi, un cerveau
brûlé ». On se moque aussi de sa naïveté. Lorsque le prince
de Ligne lui exprime sa célèbre constatation :

— Le Congrès ne marche pas, il danse... — le tsar paraît
très froissé, croyant voir dans cette formule une allusion
personnelle...

Talleyrand, se voyant soutenu par tous — sauf, bien
entendu, par la Prusse et la Russie — se montre satisfait de
la bonne marche des discussions :

*Talleyrand et lord Castlereagh regardent danser
les souverains entre deux séances du Congrès.*

— J'avoue, déclare-t-il le 17 novembre, que j'ai avalé bien
des couleuvres depuis le commencement de mon séjour ici ;
mais j'ai tout supporté pour bien servir le roi et la France.
Aujourd'hui, je suis content. Tout le monde revient à moi.
J'ai repris le rôle que je devais jouer. L'Autriche s'est tout à
fait jetée dans mes bras et l'Angleterre commence à
comprendre qu'elle ferait mal de jouer au plus fin avec moi.
Je suis fort content de lord Castlereagh et nous finirons par
marcher d'accord, malgré tout ce que pourront dire la Prusse
et son pesant Humboldt.

Tout va donc beaucoup mieux, d'autant plus que
« Dorothée plaît ici, s'amuse » et que « son succès est
général ». Talleyrand précise encore : « D'être fort jolie n'y
nuit pas, elle est fort à son avantage. » Enfin, le 7
novembre : « Tout le monde la trouve à merveille. Elle plaît
généralement. » Le palais Kaunitz est alors en émoi :

Dorothée prépare sa participation à un carrousel et, ainsi que l'annonce Talleyrand à Mme de Courlande, c'est là « un grand travail ». Mme de Périgord est alors courtisée par le comte Trauttmansdorff, dont elle est la maîtresse, du moins s'il faut en croire un rapport de Hager. La jeune femme lui a donné une écharpe ponceau couverte de fleurs de lis d'or, qu'il doit arborer le jour du carrousel. « Le choix est d'elle, annonce Talleyrand à la mère de Dorothée, et je lui en sais très bon gré. »

Assurément, Talleyrand est de plus en plus troublé par sa jolie nièce. Trauttmansdorff ne l'inquiète guère. Il ne s'agit — si vraiment il s'est agi de quelque chose — que d'une passade. Le danger est ailleurs. Dorothée se laisse bientôt aimer par l'élégant major autrichien, le comte Clam-Martinitz, âgé de vingt-deux ans, qui avait accompagné le feld-maréchal Koller, l'un des commissaires chargé de conduire Napoléon à l'île d'Elbe, et qui, selon Humboldt, aurait sauvé la vie à Napoléon à Orgon : « Ce qui fut un grand malheur... », soupire le diplomate prussien. La future duchesse de Dino tombe éperdument amoureuse de son major. Talleyrand tient la chandelle et admire : « Dorothée a eu hier le plus grand succès au carrousel. Elle était certainement une des plus jolies et une des mieux mises. Tout le monde avait un peu contribué à sa toilette : et comme elle est fort aimée à Vienne, on s'était empressé de lui prêter de jolies et belles choses. L'écharpe de son cavalier a eu beaucoup de succès. On a trouvé qu'il était de fort bon goût de faire paraître au milieu du Congrès et d'une fête de grand éclat les chiffres de la maison de Bourbon. »

Dorothée avait quelque mérite de se parer de fleurs de lis, car elle n'aime pas plus la France que Louis XVIII ! Peut-être a-t-elle « quelque chose » à se faire pardonner aux yeux de son oncle...

Pendant le carrousel, Talleyrand, assis aux côtés de Humboldt, lui demande ironiquement :

— N'aimez-vous pas mieux la chevalerie que la statistique ?

En effet, l'adjoint du sourd prince de Hardenberg se livre avec « une rapacité toute prussienne » — Talleyrand *dixit* — à de longs calculs afin de pouvoir réclamer à la Saxe le maximum de population.

Car l'affaire saxonne n'est toujours pas définitivement réglée et renaît à chaque occasion. Metternich a enfin compris les raisons de Talleyrand, mais le chancelier, ainsi que l'annonce un rapport de Hager, « fou d'amour et d'amour-propre, perd toutes ses matinées, ne se levant qu'à 10 heures pour courir ensuite soupirer chez la Sagan ». Il est éperdument amoureux de la sœur de Dorothée, sans oublier pour cela la reine Caroline de Naples. Mais le cœur de la duchesse de Sagan est pris ailleurs... et Metternich se lamente. A ce sujet, Frédéric Gentz, « qui aimait quelquefois les femmes, le plus souvent les hommes et toujours l'argent », note de son côté : « Retourné chez Metternich, conversation avec lui — hélas ! — sur la malheureuse liaison avec Windischgraetz (celle de la duchesse de Sagan avec le prince de ce nom) qui paraît l'intéresser plus encore que les affaires du monde... »

De son côté, le 30 novembre, Talleyrand annonce, tout joyeux, à Mme de Courlande : « Metternich a aujourd'hui un petit prétexte pour ne pas travailler : il est quelque peu malade ; on dit qu'il a une ébullition : si toute sa fausseté sortait par là, l'ébullition serait forte. »

Peu après le carrousel du 5 décembre, le tsar, voyant qu'il ne réussit guère à imposer son point de vue égoïste, aborde l'empereur François. Entre empereurs on doit pouvoir s'arranger, que diable !

— Dans le temps actuel, assure Alexandre, nous autres souverains, nous sommes obligés de nous conformer au vœu des peuples et de le suivre. Le vœu du peuple saxon est de ne point être partagé. Il aime mieux appartenir *tout entier* à la Prusse, que si la Saxe était divisée ou morcelée.

— Je n'entends rien à cette doctrine, lui répond froidement le beau-père de Napoléon. Voici quelle est la mienne : un prince peut, s'il le veut, céder une partie de son pays ; il ne peut pas céder tout son pays et tout son peuple. S'il abdique, son droit passe à ses héritiers légitimes. Il ne peut pas les en priver et l'Europe entière n'en a pas le droit.

— Cela n'est pas conforme aux lumières du siècle, se récrie l'empereur Alexandre.

— C'est mon opinion, répond sèchement l'empereur d'Autriche, ce doit être celle de tous les souverains et conséquemment la vôtre. Pour moi, je ne m'en départirai jamais.

« Pour reconnaître, écrit de son côté Talleyrand, cette disposition comme légitime, il faudrait tenir pour vrai que les rois peuvent être jugés ; qu'ils peuvent l'être par celui qui veut et peut s'emparer de leurs possessions ; qu'ils peuvent être condamnés sans avoir été entendus, sans avoir pu se défendre, la confiscation d'un royaume étant sans doute moins odieuse que celle d'une simple chaumière ; que les peuples n'ont aucun droit distinct de ceux de leurs souverains et peuvent être assimilés au bétail d'une métairie ; que la souveraineté se perd et s'acquiert par le seul fait de la conquête... En un mot, que tout est légitime à celui qui est le plus fort. Mais l'Europe, à qui ces doctrines ont causé tant de maux, à qui elles ont coûté tant de larmes et de sang, n'a que trop acheté le droit de les détester et de les maudire. »

Au début du mois de décembre, Talleyrand, pour réaliser ses projets, trouve une aide auprès du roi de Bavière. Beau-frère du roi de Saxe, ce dernier lance à brûle-pourpoint au roi de Prusse, alors que les deux empereurs parlent devant eux de la Saxe :

— Après tout, il faut bien convenir que nous tous, nous avons sur la conscience les mêmes péchés...

Le roi de Prusse s'éloigne en faisant la grimace. Tous les souverains n'ont-ils pas, en effet, traité avec Napoléon ? Et certains — tels ceux de Bavière et de Wurtemberg — jusqu'à donner leur fille à quelque membre du clan ! Sans parler de l'empereur d'Autriche, qui a sacrifié sa fille en la livrant au *Krampus*, ainsi, que l'on appelle le diable en Autriche...

De son côté, le prince de Ligne, qui devait disparaître en cette fin de l'année 1814, déclarait :

— Ce que l'on fait avec le roi de Saxe est une atrocité. Je n'aime pas Talleyrand, mais j'aime à voir qu'il prend parti pour ce monarque.

Le prince de Ligne avait dit encore à Talleyrand :

— Vous jouez à présent un bien grand rôle, vous êtes roi de France et Louis XVIII doit danser comme vous le voulez, sans quoi il s'en trouverait mal.

— Prince, riposta Charles-Maurice, il y a sept ans que j'étais déjà soupçonné par Bonaparte.

— Quoi ! s'exclame vivement le prince de Ligne, sept ans seulement... et moi il y a vingt ans que je vous soupçonne !

Il ne restait plus pour Talleyrand qu'une solution — et ce fut là un coup de génie : détacher la Russie et la Prusse de l'Autriche et de l'Angleterre. Aussi explique-t-il longuement, cartes en main, à lord Castlereagh que, si la Saxe appartenait à la Prusse, Vienne se trouverait « à découvert et sans défense », à la merci de l'ambition russe.

Le noble Anglais paraît étonné et se montre même inquiet d'apprendre qu'au même moment, un corps russe s'approche des frontières de l'Empire ottoman. Cependant, s'il fallait se battre, l'Angleterre souhaitait que la France demeurât en dehors du conflit. Le cauchemar des dix dernières années ne recommencerait-il pas ?

« A sa manière d'estimer nos forces, écrit Talleyrand au roi, on peut juger que c'est la France qu'il redoute le plus. »

— Vous avez 25 millions d'hommes, constate Castlereagh ; nous les estimons comme 40 millions.

Il lui échappe même de dire avec appréhension :

— Ah ! s'il ne vous était resté aucune vue sur la rive gauche du Rhin !

Il est aisé à Talleyrand de lui prouver « qu'on ne pouvait supposer à la France des vues ambitieuses sans la supposer insensée », alors qu'elle se trouvait isolée au milieu d'une Europe en armes.

— Soit, admet l'ambassadeur britannique, cependant une armée française traversant l'Allemagne pour une cause quelconque ferait trop d'impression et réveillerait trop de souvenirs.

Talleyrand le tranquillise :

— La guerre ne sera point nécessaire et il suffira de placer la Russie vis-à-vis de l'Europe unie dans une même volonté.

« Au total, raconte le prince à Louis XVIII, les dispositions de lord Castlereagh, sans être bonnes, m'ont paru moins éloignées de le devenir. »

Au tour maintenant de l'Autriche qui, au sujet des affaires polonaises et saxonnes, préfère louvoyer et gagner du temps. Déposséder le roi de Saxe est-il vraiment un acte d'injustice ? La force prime-t-elle vraiment le droit, ainsi que le clame Talleyrand ? Quelques jours avant la fin de l'année, lord Castlereagh se rend chez Charles-Maurice qui se lance :

— Il faut reconnaître les droits du roi de Saxe, et nous pourrions faire à ce sujet, vous, M. de Metternich et moi, une petite convention.

— Une convention ? s'étonne l'ambassadeur britannique, c'est donc une alliance que vous proposez ?

— Cette convention, fait remarquer Talleyrand, peut très

bien se faire sans alliance, mais ce sera une alliance si vous le voulez. Pour moi, je n'y ai aucune répugnance.

Le lord paraît effrayé :

— Mais une alliance suppose la guerre ou peut y mener, et nous devons tout faire pour éviter la guerre.

— Je pense comme vous, il faut tout faire, excepté de sacrifier l'honneur, la justice et l'avenir de l'Europe.

— La guerre, réplique Castlereagh, serait vue chez nous d'un mauvais œil.

— La guerre serait populaire chez vous, si vous lui donniez un grand but, un but véritablement européen.

— Quel serait ce but ?

— Le rétablissement de la Pologne.

« Il ne repoussa point cette idée, rapporte Talleyrand dans sa lettre du 28 décembre au roi, et se contenta de répondre *pas encore*. » Talleyrand pense plus au sort des Saxons qu'à celui des Polonais. Mais, ainsi qu'il l'explique à Louis XVIII, « je n'avais fait prendre ce tour à la conversation que pour le sonder, et savoir à quoi, dans une supposition donnée, il serait disposé ».

L'entretien se poursuit :

— Que ce soit, reprend Talleyrand, par une convention ou par des notes, ou par un protocole signé de vous, de M. de Metternich et de moi, que nous reconnaissions les droits du roi de Saxe, la forme m'est indifférente, c'est la chose seule qui importe.

— L'Autriche, repartit Castlereagh, a reconnu *officiellement* les droits du roi de Saxe, vous les avez reconnus *officiellement ;* moi, je les reconnais *hautement ;* la différence entre nous est-elle donc si grande qu'elle exige un acte tel que vous le demandez ?

L'alliance franco-anglaise n'en est pas moins en voie de réussir grâce à la Prusse qui, tout animée d'esprit belliciste, effraie l'Angleterre et l'Autriche. Humboldt, le plus excité, et exalté au-delà de toute espérance, s'écrie :

— Mon roi a pris possession de la Saxe, qu'il entend garder. Il ne recourra aux armes que s'il y a lieu et s'il y est forcé.

Les Alliés de 1814 sont bel et bien dispersés, aussi, le 4 janvier 1815, le prince de Talleyrand peut rapporter victorieusement au roi : « Maintenant, sire, la coalition est dissoute, et elle l'est pour toujours. Non seulement la France n'est plus isolée en Europe, mais Votre Majesté a déjà un

Sire

[...] reçu la lettre dont votre majesté a daigné m'honorer le 23 du mois dernier.

Le 21 du présent mois, l'anniversaire d'un jour d'horreur et de deuil éternel, il sera célébré dans l'une des principales églises de Vienne un service solennel et expiatoire: j'en fais faire les préparatifs; en les ordonnant, je n'ai pas seulement suivi l'impulsion de mon cœur, j'ai encore pensé qu'il convenait que les ambassadeurs de votre majesté se rendant les interprètes de la douleur de la France, la fissent éclater en terre étrangère et sous les yeux de l'Europe rassemblée. Tout dans cette triste cérémonie

Une lettre écrite de la main de Talleyrand adressée au roi Louis XVIII pour lui annoncer la cérémonie commémorative du 21 janvier 1815, à Vienne.

système fédératif tel que cinquante ans de négociations ne sembleraient pas pouvoir parvenir à le lui donner. Elle marche de concert avec deux des plus grandes puissances, trois Etats de second ordre — la Bavière, le Hanovre et les Provinces-Unies — et bientôt tous les Etats qui suivent d'autres principes et d'autres maximes que les principes et les maximes révolutionnaires. Elle sera véritablement le chef et l'âme de cette réunion, formée pour la défense des principes qu'elle a été la première à proclamer. »

☆

Ce n'est pas seulement chez Metternich ou autour de la table ronde de l'ambassade de France — cette table qui se trouve maintenant dans le grand salon de Valençay — que Talleyrand mène la danse politique. On peut l'entendre discourir, lancer ses mots et ses aphorismes, dès le matin à sa toilette, enveloppé dans un peignoir de mousseline plissée et gaufrée. Nous avons déjà assisté à Paris au long habillement dont la minutie augmente chaque jour davantage. Puis les invités passent à table. Bien entendu, Talleyrand a amené avec lui son cuisinier Carême. Avant de quitter Paris, il avait déclaré à Louis XVIII :

— Sire, j'ai plus besoin de casseroles que d'instructions écrites !

Un jour, où l'on comparait les différents fromages européens, un concours est aussitôt organisé entre ambassadeurs. Cinquante-deux variétés de fromages apparaissent. Nesselrode présente le fromage de Livonie, Metternich celui de Bohême. Lord Castlereagh vante le chester et le stilton d'Angleterre, Aldini, le strachino de Milan, Zeltner le gruyère de Suisse, le baron de Falk, ministre de Hollande, son fromage du Limbourg, immortalisé par le goût passionné de Pierre le Grand, qui n'en mangeait jamais sans mesurer le morceau avec son compas. Bref, « on était aussi indécis que dans les questions relatives au trône de Naples, qui sera ôté à Murat, suivant les uns, et qui lui restera, suivant les autres ». C'est alors que Talleyrand présente un fromage de la Brie qui vient d'arriver à Vienne avec les dépêches de la cour des Tuileries. A l'unanimité, le brie l'emporte et est proclamé le roi des fromages. Metternich aura bientôt sa revanche en produisant, à l'admiration unanime, les *Zwetschkenknödeln*, quenelles de prunes, et la *Sacher Torte*, tourte au chocolat, triomphe de l'hôtel Sacher de Vienne.

Talleyrand a eu l'idée de faire célébrer le 21 janvier, à la cathédrale Saint-Etienne toute tendue de noir, un service solennel à la mémoire de Louis XVI. Les souverains présents à Vienne, sont tous en uniforme, sauf l'empereur d'Autriche, qui porte le grand deuil, voulant rappeler qu'il est le neveu de Marie-Antoinette. Les délégations et les ambassadeurs assistent à la cérémonie. Au centre de la nef, entouré par la garde noble hongroise, un catafalque a été

Tandis que les diplomates palabrent, l'empereur François se promène au Wienerwald entre le tsar Alexandre (à gauche) et le roi Frédéric-Guillaume de Prusse.

dressé. Aux angles ont été placées quatre statues colossales représentant « la France abîmée de douleur, l'Europe versant des larmes, la Religion tenant le testament de Louis XVI et l'Espérance levant les yeux vers le ciel ».

Talleyrand, dans son compte rendu destiné à Mme de Courlande, écrit le soir même : « C'était le plus beau, le plus auguste et le plus terrible spectacle. Que de leçons à prendre ! » L'abbé Zaignelins, curé français de Sainte-Anne, a composé un discours lamentable sur le thème *le doigt de Dieu élève et abaisse les trônes* et a éprouvé le besoin de s'étendre longuement sur le talent de Louis XVI pour la serrurerie !... Aussi Alexandre de Noailles a-t-il été obligé de refaire l'oraison funèbre que l'abbé a récitée « d'un son de voix pitoyable, monotone, nasillard ; on n'a presque rien compris », soupire la baronne de Montet.

Talleyrand n'en est guère affecté : il a avant tout admiré Dorothée qui « était à l'église la première sur le banc des dames, faisant un peu les honneurs aux femmes. Elle avait un voile noir et un maintien excellent ». Cette place n'aurait-elle pas dû plutôt revenir à l'une des nombreuses parentes de Marie-Antoinette à la cour de Vienne ?

Trois jours plus tard, il écrit encore : « Dorothée est un modèle de sagesse, elle ne veut pas aller en traîneau malgré toutes les sollicitations qui lui ont été faites. » Et le mois suivant : « On ne peut avoir eu plus de succès que n'en a eu Dorothée hier : elle a joué une scène de la fausse Agnès aussi parfaitement qu'aurait pu le faire Mlle Mars. Elle était bien mise, elle avait l'air très décent, et elle a saisi à merveille toute la finesse de son rôle. Aussi, quoique la salle fût pleine de souverains, on s'est permis d'applaudir. Le reste du spectacle a été beau. Ce qu'on appelle l'Olympe a été magnifique ; beaucoup de parures, beaucoup d'élégance, beaucoup de lumières et toutes les attitudes des quatre-vingts déesses parfaitement glorieuses. »

La jeune femme sert de secrétaire à son oncle. Un soir, alors que Dorothée a déjà revêtu sa robe de bal, Talleyrand lui dicte une longue dépêche. Sans cesse, Mme de Périgord regarde les aiguilles de la pendule qui avancent trop lentement à son gré. C'est enfin le point final du rapport. Dorothée se croit libre, mais Talleyrand la force à se rasseoir en lui annonçant :

— A présent, il faut faire la guerre aux mots.

Minutieusement, le prince rature, corrige, relit, remplace une expression par une autre. Il met un bon quart d'heure avant de se déclarer satisfait et d'accorder à Dorothée sa liberté. Va-t-elle, ce soir-là, rejoindre le jeune major Clam ? Ce qui expliquerait la lenteur calculée de M. de Talleyrand...

En 1841, revenant à Vienne, la duchesse de Dino évoquera les heures du Congrès dont elle fut l'un des attraits : « C'est à Vienne que j'ai débuté dans cette célébrité fâcheuse quoique enivrante, qui me persécute bien plus qu'elle ne me flatte. Je me suis prodigieusement amusée ici, j'y ai abondamment pleuré ; ma vie s'y est compliquée, j'y suis entrée dans les orages qui ont si longtemps grondé autour de moi. De tout ce qui m'a tourné la tête, égarée, exaltée, il ne reste plus personne. »

Lors de certains quadrilles, les dames arborent pour 30 millions de bijoux, la princesse Paul Esterhazy, née Tour et Taxis, porte à elle seule 6 millions de diamants. La robe de la duchesse de Sagan est, ce soir-là, toute brodée de pierres précieuses. « Elle a brisé l'ordre de la Toison de M. de

Metternich, écrit le Suisse J.-G. Eynard, pour en séparer les diamants. » Et les Prussiens, toujours avides, de soupirer : « Avec cela il y a de quoi couvrir les frais de trois campagnes. » Talleyrand affirme n'être guère à son aise dans cet embarras de rois et d'empereurs :

— Je n'aime pas cela. Il y a un manque de dignité tout à fait blâmable. Lorsque je suis dans le même salon que tous ces rois en frac, je crains toujours d'en coudoyer un. Je ne me trouve pas à ma place et ils doivent surtout trouver qu'ils ne sont pas à la leur. Tous ces rois, simples particuliers, détruisent le prestige de la souveraineté tant avilie !

Peut-être leur arrive-t-il, certains soirs où ils ont trop soupé, de penser à celui devant lequel ils s'étaient si souvent inclinés, à celui dont ils ramassaient le chapeau lorsqu'il le laissait tomber. Mais voir jouer *le fils de Buonaparte* sous les ombrages de Schönbrunn ou croiser Marie-Louise au bras de son amant Neipperg, dans les antichambres de la Hofburg, leur prouve que le cauchemar est bien terminé ! On peut valser tout à loisir, assister aux entrées triomphales, aux banquets, aux redoutes, participer aux chasses, pique-niques, tombolas, écouter la *Septième Symphonie* ou l'ouverture de *Fidelio* dirigées par Beethoven — et valser, toujours valser... Quant à l'empereur, il se délecte en lisant chaque matin les rapports des agents du baron Hager, tel celui-ci, pris au hasard : « Le roi de Prusse a rendu visite ce matin à l'archiduc Charles. Le soir, il est sorti, habillé en civil, avec un chapeau rond baissé sur les yeux : à 10 heures du soir, il n'était pas rentré. L'empereur de Russie est sorti à 7 heures du soir avec un de ses aides de camp. On croit qu'il est allé voir la princesse de Tour et Taxis. Tous les matins on apporte à l'empereur (de Russie) un gros bloc de glace avec lequel il se lave la figure et les mains. »

Hager dirige également — rappelons-le — la *Censur-hofstelle* : « La corbeille de la chambre de lord Castlereagh, écrit-il, ne semble contenir que des papiers privés. Il vaudrait mieux ne pas prendre le risque d'en examiner le contenu, étant donné le temps que prend une telle opération et le danger qu'elle comporte. »

La propriété du duché de Parme à l'ex-Impératrice n'est toujours pas réglée. Les Bourbons d'Espagne, anciens propriétaires de Parme, Plaisance et Guastalla, s'agitent en coulisse et réclament le duché pour le fils de l'ancienne reine d'Etrurie. Ainsi que l'a remarqué un témoin — Méneval —,

« les réclamations qu'élevait la cour d'Espagne ne déplaisaient point aux souverains alliés, que la perspective de l'établissement de la femme de Napoléon en Italie ne rassurait pas ». Talleyrand, tout le premier, soutient la thèse espagnole. Pour lui, il faut empêcher l'ex-roi de Rome de régner un jour sur Parme et même — en attendant la mort de sa mère — d'y jouer le rôle d'un *dauphin*. « Je dois dire à Votre Majesté, écrivait-il à Louis XVIII le 19 janvier, que je mets à cela un grand intérêt, parce que, décidément, le nom de Buonaparte serait par ce moyen, et pour le présent et l'avenir, rayé de la liste des souverains ; l'île d'Elbe n'étant à celui qui la possède que pour sa vie, et le fils de l'archiduchesse ne devant pas posséder d'Etat indépendant. »

— Le reconnaissez-vous ? demandait-on à Talleyrand en lui montrant de loin celui dont il a signé l'acte de naissance.

Et le prince de murmurer alors dédaigneusement :

— Je le connais, mais je ne le reconnais point.

En attendant de s'occuper du sort du « petit de Mme l'archiduchesse », comme s'expriment les rapports de police, les épineuses affaires de Pologne et de Saxe semblent enfin réglées, et, le 31 janvier, Talleyrand peut annoncer à Mme de Courlande : « La légitimité sauvée, quelque cent mille âmes de plus ou de moins ne me font rien. L'amour-propre de la Prusse et celui de la Russie se trouvent un peu compromis mais tout cela est au profit du roi qui, en soutenant les principes, force tous les souverains de se soumettre. Encore huit jours et cette question sera finie. »

Enfin, dans sa lettre datée des 8 et 9 février, Talleyrand pousse ce cri de victoire : « La Saxe est sauvée ; Leipzig est à la Saxe d'aujourd'hui. Elle conserve de douze à treize cent mille âmes. Les princes de Reuss, de Schwartzburg, les duchés de Saxe se trouvent interposés entre la Prusse et l'Autriche, et forment une population d'au-delà de deux millions d'habitants, ce qui détruit toutes les entreprises querelleuses que le mauvais voisinage fait faire aux grandes puissances quand elles se touchent. »

Cracovie devient ville libre, 850 000 âmes saxonnes passent ainsi à la Prusse qui récupère, en outre, le morceau de Pologne qu'elle a été obligée d'abandonner autrefois. Berlin reçoit seulement une partie de la rive gauche du Rhin où « malheureusement il faut être fort pour le rôle qu'on nous attribue », reconnaît Zerboni di Sposetti, conseiller intime du roi de Prusse.

Le 9 février, Talleyrand, après avoir poussé un nouveau cri de victoire dans une lettre adressée à la duchesse de Bauffremont, ajoute : « Nous sommes arrivés ici sans aucune influence ; et maintenant c'est la France toute seule qui a l'avantage dans une question où tous les amours-propres étaient engagés dans le sens opposé à ce que nous voulions... » Mais il est las parfois : « Je me fatigue la tête de manière à avoir besoin de me reposer bientôt, écrit-il encore à la duchesse de Bauffremont. On ne peut pas tenir à six mois de tourmente continuelle. Des lettres, des notes, des conférences, je puis suffire à cela, mais l'action de l'intrigue, mêlée au milieu du travail de cabinet, use trop toutes les facultés... » Talleyrand est heureux d'avoir réussi, mais il n'empêche que, le 10 février 1815, la police autrichienne note : « Bien qu'on soit satisfait de voir avancer le Congrès, l'arrangement à propos de la Saxe et de la Pologne n'en déplaît pas moins à tout le monde. Aux Autrichiens parce qu'ils n'ont plus de frontière au nord et parce que la transaction fait du roi de Saxe un préfet prussien... Les Prussiens trouvent qu'on a trop rogné leur part... Le roi de Saxe gémit parce que cet arrangement ne tient aucun compte de ses droits. »

On peut cependant penser aux problèmes secondaires — secondaires pour les grandes puissances, cela s'entend. Le Saint-Siège se montre particulièrement gourmand et le cardinal Consalvi — il était insatiable, soupirait Noailles — lève les bras au ciel lorsque Talleyrand lui demande d'abandonner à Louis XVIII Avignon et Carpentras. Talleyrand se retranche derrière le traité de Tolentino, signé le 19 février 1797 entre Bonaparte et le pape, assurant Avignon à la France. Le cardinal bondit :

— Quoi ! Vous soutenez la validité d'un traité fait par une autorité que votre souverain déclare illégitime, car Louis XVIII compte cette année 1815 pour la vingtième de son règne !

Talleyrand — c'était son fort — élude et Consalvi s'incline de fort mauvaise grâce. Autre question : pourquoi ne rendrait-on pas dès maintenant le duché de Parme à l'ex-reine d'Etrurie et ne créerait-on pas une manière de royaume avec les Légations — Bologne et Ferrare — que l'on donnerait alors à Marie-Louise ? Mais Pie VII les désire pour lui — et les obtient ! Aussi Talleyrand aborde-t-il Consalvi, à l'issue d'un dîner donné à l'ambassade d'Espagne, en lui disant ironiquement :

— Voilà le cardinal qui aura fait une bonne affaire au Congrès. Les Légations lui seront données... Je dis « données » et non pas rendues !

Et Murat, qui occupe toujours Naples ? Le 15 février, Talleyrand écrit à ce sujet à Mme de Courlande : « Il faut chasser Murat avant tout, car il ne faut pas d'illégitimité dans aucun coin de l'Europe... Je vais passer mon temps à me battre contre Murat et cela sans entendre à aucun arrangement. Je veux bien qu'on lui fasse un sort d'argent quelque part, mais il n'aura et ne peut avoir que cela. »

Dans cette affaire, Talleyrand est soutenu par Alexandre, qui lui déclare :

— Vous aurez mon appui. Murat est une canaille qui nous a tous trahis. Mais quand je me mêle d'une affaire, j'aime à être sûr des moyens de la conduire à bien. Si Murat résiste, il faudra le chasser. J'en ai parlé avec le duc de Wellington. Il pense qu'il faudra des forces considérables.

« J'ai répondu, rapporte Talleyrand au roi, que ce n'étaient pas des forces que je demandais (car je sais qu'on me les aurait refusées) mais une ligne, une seule ligne dans le futur traité, et que la France et l'Espagne se chargeaient du reste. »

Lorsque Talleyrand met une nouvelle fois l'affaire napolitaine sur le tapis, Metternich, toujours amoureux de Caroline, veut gagner du temps :

— La force des choses, déclare-t-il à Talleyrand, ramènera nécessairement la maison de Bourbon sur le trône de Naples.

— La force des choses, riposte le prince, me paraît maintenant dans toute sa puissance. C'est au Congrès que cette question doit finir. Dans l'ordre géographique, cette question se présente comme la dernière de celles concernant l'Italie, et je consens à ce que l'ordre géographique soit suivi : mais ma condescendance ne peut pas aller plus loin.

Metternich parle alors des partisans que Murat compte encore dans son royaume.

— Organisez l'Italie, lui conseille Talleyrand, il n'en aura plus. Faites cesser un provisoire odieux. Fixez l'état de possession dans la haute et moyenne Italie. Que des Alpes aux frontières de Naples il n'y ait pas un seul coin de terre sous l'occupation militaire ; qu'il y ait partout des souverains légitimes et une administration régulière. Fixez la succession de la Sardaigne, envoyez dans le Milanais un archiduc pour l'administrer ; reconnaissez les droits de la reine d'Etrurie ; rendez au pape ce qui lui appartient et que vous occupez. Murat n'aura plus aucune prise sur l'esprit des peuples, il ne sera pour l'Italie qu'un brigand.

☆

Durant quelques jours, Talleyrand abandonne la politique pour se rendre au chevet de Mme de Brionne qui, âgée de quatre-vingt-un ans, achève sa vie et vient de recevoir les derniers sacrements. En arrivant, le prince trouve sa vieille amie mourante.

— Vous voilà enfin, murmure-t-elle. J'ai toujours cru que je vous reverrais. J'ai pu être mécontente de vous, mais je n'ai pas cessé un moment de vous aimer. Mon intérêt vous a suivi partout.

Sans pouvoir dire un mot, l'ex-abbé de Périgord pleure.

— Votre position est belle, continue-t-elle. Oh ! oui, je la trouve bien belle.

« Les larmes m'étouffaient, racontera-t-il. L'impression que je ressentis était si vive que je dus la quitter pendant quelques instants ; je me sentais défaillir, j'allai prendre l'air sur les bords du Danube. Revenu un peu à moi, je retournai chez Mme de Brionne. Elle reprit ses questions, je pus mieux y répondre. Elle me parla un peu du roi, beaucoup de Monsieur... »

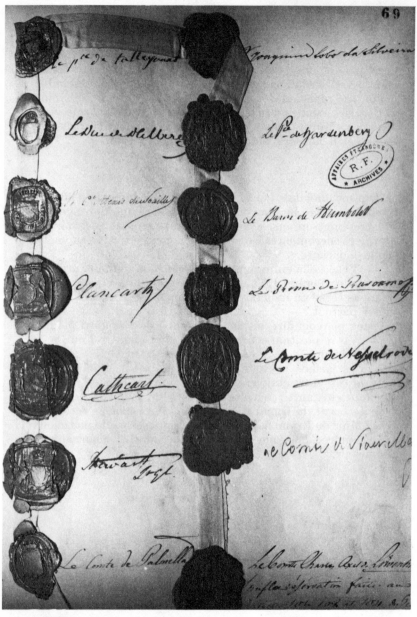

Les signatures au bas du Traité de Vienne. Le prince de Talleyrand a signé le premier...

XXI

LE REVENANT

J'ai soufflé sur le feu.

TALLEYRAND

Et Napoléon ?

Au début, le Congrès avait pris le parti de l'oublier — et Louis XVIII, suivant cet exemple, s'obstinait à ne pas vouloir payer au roi de l'île d'Elbe la rente annuelle de 2 millions prévue par le traité de Fontainebleau. Mais la faim pourrait bien faire sortir le loup du bois ! Aussi, dès le 13 octobre, Talleyrand avait-il écrit à Louis XVIII : « On se demande souvent, et lord Castlereagh m'a nettement posé la question, si nous exécutons le traité du 11 avril. Le silence du budget sur ce point a été remarqué par le tsar de Russie... Cette question réapparaît sous différentes formes, et presque toujours d'une façon déplaisante. Si pénible qu'il soit d'insister sur ces questions d'argent, je ne puis que dire à Votre Majesté qu'il serait désirable d'agir à cet égard. »

Louis XVIII ne dénoue pas les cordons de sa bourse, se contentant d'affirmer à Talleyrand qu'il verserait volontiers une somme même plus importante que celle prévue au traité de Fontainebleau, « si l'excellente idée des Açores était mise à exécution ».

En effet, les membres du Congrès envisageaient d'enlever le vaincu et de le déporter loin des côtes de l'Europe. A peine arrivé à Vienne, Talleyrand avait pu écrire à Louis XVIII : « On montre une intention assez arrêtée d'éloigner Bonaparte de l'île d'Elbe. Personne n'a encore d'idée fixe sur le lieu où on pourrait le mettre. J'ai proposé

une des Açores. C'est à cinq cents lieues d'aucune terre. » Le
roi approuve : « Il est plus que temps, avait-il affirmé, que
les puissances s'entendent pour arracher la dernière racine
du mal. »

Au mois de novembre, les Açores sont estimées encore
trop proches des côtes européennes et, pour la première fois,
le nom de Sainte-Hélène est lâché. Le souverain de Bavière
l'annonce à un membre de la délégation genevoise, en
précisant même :

— Au moment où je vous parle la chose doit être faite, et,
pour mon compte, j'en suis bien charmé, car je n'étais pas
tranquille tant que je savais ce diable d'homme si près du
continent.

Le 10 février, le Congrès, dans une séance secrète,
franchit le dernier pas : la déportation est décidée. Talleyrand ne se réjouira pas longtemps... A cette date la décision
de Napoléon est prise. Il débarquera le mercredi 1er mars à
Golfe-Juan et, le vendredi 3, alors que l'Empereur déjeune
déjà à la sous-préfecture de Castellane, le Congrès s'ennuie
et s'enlise... aussi Talleyrand, voulant distraire le roi avec
les potins viennois dont raffole l'ancien comte de Provence,
lui écrit : « Dans l'embarras de savoir comment passer le
temps depuis que l'on ne danse plus et pour tromper l'ennui
dont chacun se sent consumé, on a recours à toutes sortes de
divertissements et de jeux. Un de ceux qu'on a mis à la mode
est de faire dans les différentes réunions des loteries.
Chaque personne de la société y porte un lot. Ainsi tout le
monde contribue et tout le monde gagne. On faisait
avant-hier chez la princesse Marie Esterhazy une loterie de
ce genre. Par trop d'attention (et cela a été jugé sévèrement), elle aurait voulu arranger les choses de manière que
les quatre principaux lots tombassent aux femmes particulièrement distinguées par l'empereur de Russie et par le roi de
Prusse, qui s'y trouvaient l'un et l'autre. Mais cette
combinaison a été dérangée par la jeune Metternich, fille du
ministre, qui s'est approchée de la corbeille où étaient les
billets et qui en a tiré un hors de son tour. Son billet s'est
trouvé lui donner droit au lot le plus magnifique, que
l'empereur de Russie avait apporté. L'empereur n'a pas pu
cacher son mécontentement... » On devine les sourires de
l'assistance.

☆

Le mardi 7 mars, le prince est rentré chez lui assez tard. La réunion des cinq Grands s'est en effet prolongée chez le prince de Metternich jusqu'à 3 heures du matin. Talleyrand devait encore dormir lorsqu'une convocation urgente arrive à l'hôtel Kaunitz ; une nouvelle conférence à 10 heures du matin doit réunir les ministres des cinq puissances à la *Ballplatz* — et cela pour un grave motif. Charles-Maurice arrive le premier et apprend de la bouche même de Metternich, qu'à 6 heures du matin son valet de chambre était venu lui apporter une dépêche. Sur l'enveloppe, le chancelier avait lu ces mots : *Du Consulat général impérial et royal à Gênes.* Il avait vainement essayé de se rendormir, puis, ayant ouvert l'enveloppe, avait pris connaissance de son terrible contenu : *Le commissaire anglais Campbell vient d'entrer dans le port pour s'informer si personne n'avait vu Napoléon à Gênes, après sa disparition de l'île d'Elbe. La réponse étant négative, la frégate anglaise a repris la mer sans tarder.*

En dépit de l'heure matinale, Metternich avait aussitôt couru chez l'empereur François que la nouvelle ne surprit pas. Marie-Louise, le mois précédent, ne lui avait-elle pas confié « qu'elle ne voulait par trahir Napoléon, mais qu'elle devait au repos de l'Europe de dire qu'il était indispensable de le surveiller de très près » ? [1] Aussi est-ce avec le plus grand calme que l'Empereur déclare à son ministre :

— Napoléon paraît avoir envie de courir de grands risques, c'est son affaire. La nôtre est de donner au monde sa tranquillité qu'il a troublée pendant tant d'années. Allez tout de suite trouver l'empereur de Russie et le roi de Prusse ; dites-leur que je suis prêt à donner l'ordre à mes armées de prendre une fois de plus la route de la France. Je ne doute point que ces deux souverains ne se joignent à ma marche.

Metternich avait obéi. Le tsar et Frédéric-Guillaume III l'avaient assuré de leur plein concours. Pas un trait du visage de Talleyrand ne tressaille en apprenant la nouvelle. Toujours impassible, il se contente de demander :

— Savez-vous où va Napoléon ?

— La dépêche ne le dit pas, lui répond Metternich.

— Il va arriver quelque part sur la côte italienne et se précipiter en Suisse.

---

1. Lettre inédite de Mme de la Tour du Pin à Mme de Stael révélée au mois de novembre 1979.

*Louis XVIII s'enfuit, tournant le dos à son âne,
tandis que Napoléon et son aigle volent vers les Tuileries.*

— Non, reprend Metternich, il va droit à Paris.

Et il avait raison. S'il faut en croire un rapport du ministre Hager, l'apathie de Talleyrand demeure totale : « La nouvelle n'a pas eu l'air de lui causer la moindre émotion, tant qu'il a été dans le monde. Il n'en a pas été de même lors de son retour chez lui. Noailles a fait une sortie violente contre les Anglais »... qui ont laissé échapper leur proie.

A son retour à l'hôtel Kaunitz, la consternation est, en effet, tombée sur la délégation française. Talleyrand est le seul à en prendre son parti.

— Voilà un coup de maître. Je m'y attendais et j'ai écrit à ce sujet au roi.

Mais, s'il faut en croire Las Cases dans le *Mémorial*, à la suite d'une conversation avec l'Empereur, « la figure et la contenance de Talleyrand, à mesure que l'on apprenait les progrès de Napoléon, furent un thermomètre qui fit la risée des membres du Congrès ».

Talleyrand, dès le 7 mars, adresse à Louis XVIII une lettre lui donnant ses impressions : « Je ne puis pas croire qu'il ose rien tenter sur nos provinces méridionales. Il ne s'y hasarderait qu'à la faveur d'intelligences qu'il n'est pas à supposer qu'il ait... Du reste toute entreprise de sa part sur la France serait celle d'un bandit. C'est ainsi qu'il devrait être traité et toute mesure permise contre les brigands devrait être employée contre lui. »

Que va faire le Congrès ?

« Je ferai tout ce qui sera en moi, poursuit Talleyrand, pour faire prendre par le Congrès une résolution qui fasse tout à fait descendre Bonaparte du rang que, par une inconcevable faiblesse, on lui avait conservé et le mette enfin hors d'état de préparer de nouveaux désastres à l'Europe. »

Or, ce même 7 mars, à Laffray, les soldats du 5ᵉ de ligne envoyés contre Napoléon acclament le revenant de l'île d'Elbe. Puis, toujours ce même mardi, le régiment de La Bédoyère crie *Vive l'empereur !* et à 10 heures du soir, Napoléon entre à Grenoble. Plus tard, il pourra s'exclamer :

— Jusqu'à Grenoble, j'étais aventurier, à Grenoble, j'étais prince.

Le lendemain, mercredi 8 mars, en écrivant à Mme de Courlande, Talleyrand précise que le départ de Bonaparte « fait de lui un brigand dans quelque lieu qu'il aille ». Et il ajoute : « Ainsi cela finit sa souveraineté et tout l'échafaudage princier de ses frères. »

Un bandit... Un brigand... lui qui avait écrit le 9 juillet 1801 à Bonaparte : « Je ne suis pas complet quand je suis loin de vous » ! Le 12 mars — l'Empereur est déjà à Lyon — Talleyrand déclare devant une vingtaine de curieux :

— Napoléon s'est jeté dans les forêts du Dauphiné. Il y fait le flibustier et avant peu on l'aura empoigné. Je n'aime pas la politique sentimentale et c'est cette politique sentimentale qui nous replonge dans les malheurs de la révolution et de la guerre.

Dans le même esprit, Dalberg, qui n'est que la voix de son maître, répète partout :

— Ce qui arrive est la faute de l'Autriche, de la coquetterie diplomatique de Metternich et de la politique sentimentale d'Alexandre. La France n'a cessé de demander qu'on enlève Napoléon de l'île d'Elbe pour le transporter plus loin.

Ce même 12 mars — le « flibustier » a déjà dépassé Lyon —, Talleyrand met Louis XVIII au courant des mesures prises pour endiguer la marche de « Buonaparte » : « L'or-

dre de se concentrer et de se tenir prêtes a été envoyé aux
troupes anglaises, prussiennes, autrichiennes qui sont dans
le voisinage du Rhin. L'empereur de Russie a ordonné aux
siennes, qui étaient retournées sur la Vistule, de se
rapprocher de l'Oder et de l'Elbe... »

Le dimanche 12 mars, Talleyrand compose la déclaration
devant être signée par les huit puissances : « ... En rompant
la convention qui l'avait établi à l'île d'Elbe, Bonaparte
détruit le seul titre légal auquel son existence se trouvait
attachée. En reparaissant en France avec des projets de
troubles et de bouleversements, il s'est privé lui-même de la
protection des lois et a manifesté à la face de l'univers qu'il ne
saurait y avoir ni paix ni trêve avec lui.

» Les puissances déclarent [...] qu'elles emploieront tous
leurs moyens et réuniront tous leurs efforts pour que la paix
générale [...] ne soit pas troublée de nouveau et pour la
garantir de tout attentat qui menacerait de replonger les
peuples dans les désordres et les malheurs des révolutions.

» Et, quoique instinctivement persuadés que la France
entière, se ralliant autour de son souverain légitime, fera
incessamment rentrer dans le néant cette dernière tentative
d'un *délire criminel* et impuissant, tous les souverains de
l'Europe déclarent [...] qu'ils seraient prêts à donner au roi
de France et à la nation française ou à tout autre
gouvernement attaqué, dès que la demande en serait
formée, les secours nécessaires pour rétablir la tranquillité
publique et à faire cause commune contre tous ceux qui
entreprendraient de la compromettre. »

Le lendemain, ce texte est porté par Talleyrand lui-même
aux représentants des puissances.

— Attendez-moi, déclare-t-il à son entourage, pour ne pas
retarder d'un instant votre impatience, guettez mon retour
aux fenêtres de l'hôtel. Si j'ai triomphé, vous me verrez par
la portière de ma voiture vous montrer le traité d'où
dépendra le sort de l'Europe et de la France.

Après avoir lu son texte au vitriol, Talleyrand continue à
griffonner au crayon et le R.P. de Bertier de Sauvigny
devait un jour retrouver ces feuillets dans la Bibliothèque
royale de Stockholm. Le gribouillis de l'écriture de Charles-
Maurice commence par ces mots :

Tout à vous, Isabelle. Your... etc., etc.

Cette Isabelle qui absorbait les pensées du prince de
Bénévent était bien loin de Vienne et Casimir Carrère

Talleyrand compose la déclaration devant être signée par les huit représentants des Puissances et fustigeant le « délire criminel » de Bonaparte.

semble l'avoir identifiée. Il s'agit d'Isabelle Sobolewska, une ravissante Polonaise, fille illégitime du roi Stanislas Poniatowski, qui avait déjà été la maîtresse de Talleyrand à Varsovie en 1807. Pourquoi pensait-il alors à ses amours polonaises huit années plus tard ? Peut-être — simple supposition — parce que Dalberg ou la comtesse Potocka venait de lui en parler...

Le principal est pour lui d'avoir triomphé. Il s'est réjoui de voir l'empereur François s'avilir jusqu'à signer calmement ce document, gifle infamante administrée au mari de sa fille, au père de son petit-fils.

— Il fallait lui faire mettre sa signature au bas d'une sentence de mort civile, explique le prince, et non d'une déclaration de guerre. On peut toujours traiter avec un ennemi ; on ne se remarie pas avec un condamné !

Quant à Marie-Louise, elle doit écrire à son père une déclaration élaborée avec l'aide de son amant. Sans le moindre remords, elle renie l'homme qu'elle prétendait

La déclaration signée par huit puissances et stigmatisant le « délire criminel » de Napoléon.

adorer quelques mois plus tôt — elle l'appelait son *Nana* ou son *Popo*... —, arrache le fils à son père et demande aide et protection. Cette manière d'appel au secours doit, dans l'esprit de Metternich — inspiré sans doute par Talleyrand — couper court aux insinuations affirmant que l'ex-régente de l'Empire et son fils se trouvaient retenus à Vienne par la volonté de l'Autriche et de ses alliés, rapt et séquestration qui auraient pu fournir une excuse au proscrit : celle de revenir arracher son fils et sa femme des mains de ses anciens ennemis ! Ce même jour, d'ailleurs, l'ex-Impératrice écrit à la veuve de Lannes se prétendant « bien fâchée contre *la personne* qui exposait ainsi le sort futur de son fils et le sien ».

Il n'empêche que les membres du Congrès, en dépit de leur masque d'impassibilité, sont fort inquiets. On ne valse plus ! Les fêtes sont interrompues ! « On aurait dit, remarque La Garde-Chambonas, qu'un millier de chandelles s'étaient éteintes d'un seul coup. Assurément, la peur dominait tous les personnages royaux et impériaux. »

Le mercredi 15 mars, Napoléon couche à l'hôtel de la Poste à Autun..., tandis que Talleyrand — il ne se doute pas que celui qui fut son maître passe la nuit dans son ancien évêché — écrit au roi pour lui faire part d'une étrange idée qu'il est parvenu à imposer. Se rappelant que Napoléon avait près de lui, à l'île d'Elbe, une centaine de chevau-légers polonais, il recommande aux autorités polonaises d'expédier aux cavaliers « l'ordre de retour en Pologne »...

Cinq jours plus tard, Napoléon retrouve les Tuileries... avec ses lanciers polonais. Ce même lundi 20 mars, arrive à Vienne une lettre de Napoléon à Marie-Louise écrite le 11 mars de Lyon : « Mon avant-garde est à Chalon-sur-Saône. Je pars cette nuit pour la rejoindre. Les peuples courent en foule au-devant de moi ; des régiments entiers quittent tout pour me rejoindre... Je serai, quand tu recevras cette lettre, à Paris... Viens me rejoindre avec mon fils. J'espère t'embrasser avant la fin du mois. »

Ces lignes ne sont pas remises à Marie-Louise, mais portées au Congrès où les ministres essaient « d'interpréter une griffe que personne ne pouvait lire ». Chacun déchiffre un mot... et tous les ministres ont devant les yeux la tragique certitude de voir l'Empereur installé bientôt à Paris.

Le 26 mars — Louis XVIII a franchi la frontière trois

jours auparavant — le tsar recommande à Talleyrand :

— Dites au roi que ce n'est pas ici le temps de la clémence. Il défend les intérêts de l'Europe.

« A différentes reprises, poursuit le prince dans une nouvelle lettre à Louis XVIII, il a loué Votre Majesté de s'être décidée à ne pas quitter Paris (*sic*). Les forces mises en mouvement forment une masse de 860 000 hommes. »

En attendant les événements, Talleyrand s'entretient avec le Genevois J.-G. Eynard, et avec d'Ivernois, le ministre helvétique. Napoléon n'est plus pour Charles-Maurice qu'un convict, un rebelle ! Pourtant sa grande ombre hante toujours le Congrès. On ne parle que de lui ! La conversation roule sur celui qui semblait, selon les deux diplomates, avoir compris qu' « il fallait aux cours moins de familiarités ».

— Ce n'était pas chez lui de la dignité, s'exclame Talleyrand, c'était de l'insolence et souvent de la grossièreté.

— Il est certain qu'aux spectacles de la cour, admet d'Ivernois, Bonaparte mettait de l'affectation à faire attendre pendant des heures entières.

— C'était de la brutalité et l'avilissement de tous les souverains, reprend Talleyrand. Je me rappelle avec dégoût les conférences d'Erfurt où l'on voyait un parterre de rois faire bassement leur cour à un homme qui ne cessait de leur faire des affronts. Bonaparte a assez bien compris ce que c'était que le gigantesque. Mais il n'avait pas de dignité. Plus on s'avilissait devant lui et plus il avait la lâcheté de vous humilier. Il était lâche en tout !

— Cependant il avait une réputation bien contraire, fait prudemment remarquer d'Ivernois.

— C'est que tout le monde ne le connaissait pas comme moi, s'exclame le prince. Je pourrais vous en donner plusieurs preuves. Par exemple, la veille de la bataille d'Austerlitz, il m'écrivit une lettre où perçait la plus grande pusillanimité. Eh bien ! le lendemain de la bataille, il m'en écrivit une autre pleine d'arrogance. Pendant l'affaire de Gross-Aspern, il se tint caché derrière un arbre ; il avait entièrement perdu la tête. Lorsque Bonaparte n'avait pas de succès, il manquait totalement d'énergie et de résolution. Et cet homme, si insolent dans la prospérité, demandait conseil à tout le monde, à un simple officier, à un postillon même.

Eynard s'étonne :

— Comment se fait-il qu'il ait recherché toujours de nouveaux dangers en recommençant la guerre ?

Talleyrand semble enchanté de pouvoir salir celui devant lequel il s'est si souvent humilié — et qui l'a humilié bien davantage :

— La crainte se montrait en toute chose, explique-t-il. A table, il ne prenait jamais de l'eau qui était dans la carafe à côté de lui. Il en faisait demander d'une autre carafe à l'autre bout de la table... Lorsqu'il voyageait, il prenait toutes les précautions possibles pour ne pas être assassiné. J'ai été avec lui dans la même voiture : elle était doublée de plusieurs mains de papiers pour être à l'abri des balles.

— Tout ce que Votre Excellence nous raconte, lui fait remarquer l'un des diplomates, rend encore l'histoire de Napoléon plus incroyable puisqu'il a su faire croire qu'il était très brave.

Pourtant l'Empereur n'a jamais tressailli sur un champ de bataille, mais une foule hurlante le fait trembler. Il a la phobie de l'émeute et la bête humaine déchaînée le rend malade. Mais Talleyrand ne veut faire aucun *distinguo :* la haine qu'il porte à son ancien maître l'aveugle :

— C'est que Bonaparte, répond-il, est l'homme le plus dissimulé qui ait jamais existé. C'est l'être le plus astucieux, le plus fourbe. Son plus grand mérite était de tromper. La chose dont il faisait le plus de cas était la finesse. Tout l'indiquait en lui. Lorsqu'il marche, tout son corps fait un mouvement, comme s'il était avec des anneaux. Il a la ruse et la construction des reptiles.

On en vient à parler de la paix que l'Empereur, selon Talleyrand, s'était obstiné à refuser.

— Il avait des vues gigantesques, poursuit le prince, et il ne voulait pas reculer dans son système. Il ne le pouvait même pas. Si sa campagne de Moscou avait réussi, il aurait entrepris une campagne sur Constantinople !

Napoléon prie Montrond de se rendre auprès de Talleyrand : « Il était chargé de me demander, annonce Charles-Maurice au roi, si je pouvais bien me résoudre à exciter une guerre contre la France. »

— L'idée de la déclaration des huit puissances, aurait répondu le prince de Bénévent, à son vieil ami, ne contient pas un mot qui ne soit dans mon opinion. Ce n'est pas d'une guerre contre la France qu'il s'agit, mais d'une guerre contre l'homme de l'île d'Elbe.

Talleyrand a-t-il regretté de n'avoir pas écouté les propositions de Montrond ? Il se peut. Arsène Houssaye raconte qu'au lendemain de la révolution de 1830, le prince lui aurait tenu les propos suivants :

— Voyez-vous, la diplomatie est une salle d'armes où l'on se blesse en jouant. Tous les mots sont des épées, il faut savoir toucher juste ; je savais bien mon métier, mais je n'ai pas toujours touché juste. Ainsi, en 1815, je me suis trompé... A une nation comme la France, il faut du prestige. Louis XVIII n'en avait pas. Puisque la France acclamait Napoléon, il fallait empêcher la guerre ; or j'ai soufflé sur le feu...

En désespoir de cause, Montrond interroge Metternich :

— Le gouvernement autrichien a-t-il complètement perdu de vue les idées qu'il avait au mois de mars 1814 ?

— La régence ? répond Metternich. Nous n'en voulons pas.

Enfin, le tsar à qui Montrond — par l'intermédiaire de Nesselrode — a demandé quelles étaient les intentions de la Russie, s'est exclamé sèchement :

— La destruction de Bonaparte et des siens !

Il fulmine littéralement. Aussi lorsque l'empereur François constate froidement :

— Voyez, sire, ce qu'il arrive d'avoir protégé vos jacobins de Paris.

— C'est vrai, avoue humblement Alexandre, mais pour réparer mes torts, je mets ma personne et mes armées au service de Votre Majesté.

Montrond — il quittera Vienne le 24 avril — avait apporté avec lui les adresses de milliers de Français proclamant leur fidélité à Napoléon, et qui étaient parvenues aux Tuileries. Aussi Talleyrand peut-il écrire à Mme de Courlande : « Les adresses suivent la route accoutumée. Tous les noms qui, il y a huit jours, étaient au bas des adresses faites au roi sont aujourd'hui faites à Buonaparte. Quelle pauvre chose que les hommes ! Leur cervelle et leur cœur dont ils se vantent tant ne valent pas les bons sentiments des animaux attachés. Je parle là des hommes qui ont éprouvé vingt-six ans de révolution et qui ont été offensés par elle. »

Flahaut, envoyé lui aussi par Napoléon en émissaire pacifique, ne parvient même pas jusqu'à Vienne : il est arrêté à Stuttgart par le roi de Wurtemberg et reconduit à la frontière.

Mme de Courlande a fui Paris et, le 24 mars, retrouve Talleyrand à Vienne et s'installe au palais de Palm. Le 6 avril, le prince lui demande si elle désire faire « quelque promenade au Prater » avec l'un de ses « vieux carrosses de remise ».

Talleyrand s'est souvent rendu au Prater, aménagé dans une vaste boucle du Danube, et planté d'arbres si élevés que la terre qu'ils ombragent est couverte d'un tapis de verdure que le soleil ne jaunit jamais. « Cette pelouse immense, nous raconte Cadet de Gassicourt, est parsemée de jolis pavillons, de maisonnettes, de cabanes d'une construction très variée. Ce sont des kiosques chinois, turcs, indiens, de petites fabriques hollandaises, des chalets suisses, des huttes de sauvages, des masures gothiques. »

Le printemps est délicieux à Vienne et Charles-Maurice de soupirer, le 7 avril :

« Quel beau temps ! Ce soleil-là éclaire en France de bien vilaines choses. »

Talleyrand, écrivant à Louis XVIII, s'inquiétait si le roi, dans sa hâte de quitter les Tuileries, avait pensé à emporter hors de France les lettres que le prince lui avait écrites de Vienne : « Il y a sûrement dans mes lettres des choses faites pour déplaire aux puissances, qui aujourd'hui veulent être bien, mais qui souvent, depuis six mois, ont pu être jugées sévèrement. »

Malheureusement, Jaucourt, ministre intérimaire des Affaires étrangères, s'était enfui de Paris avec une telle précipitation qu'il avait laissé rue du Bac le traité secret signé le 3 janvier par Castlereagh, Metternich et Talleyrand. Il l'avouait dans ces lignes adressées à Charles-Maurice : « ... J'aurais bien fait retirer ces pièces, mais, outre que j'étais pressé, les chefs de division étaient couchés et je ne sais s'ils auraient été également disposés à le faire. »

C'est ainsi que Napoléon apprit que son ancien ministre

avait monté un véritable complot contre le tsar, accord qui permettait même à la France de déclarer éventuellement la guerre à la Russie et à la Prusse, si la première gardait pour elle toute la Pologne et si la seconde refusait de rendre ses Etats au roi de Saxe. Espérant brouiller les Alliés, l'Empereur s'empresse de remettre le document à Boutia-kine, chargé d'affaires de Russie auprès de Louis XVIII et qui n'a pas éprouvé le besoin de prendre la route de Saint-Pétersbourg.

Lorsque Capo d'Istria vient lire au tsar le contenu du traité secret, Alexandre devient rouge de colère. « Ses oreilles sont cramoisies de rage », et il se met à arpenter la pièce à grands pas...

Talleyrand se contente, le 19 avril, d'écrire à Mme de Courlande : « Je savais que l'on avait laissé ce traité à Paris ; cela n'est pas bien prévoyant ; mais l'inconvénient est léger. Je vous avoue que je ne trouve pas que Jaucourt ait montré dans tout ceci une grande tête. »

Alexandre ne décolère toujours pas et profite des circonstances pour faire le procès de l'entourage de Louis XVIII, qui, selon lui, est « la cause des troubles qui valent à l'Europe cette nouvelle secousse ». Il rapporte à qui veut l'entendre — et le 15 avril la police de l'empereur d'Autriche note ses paroles — « que le duc de Gramont avait dit à haute voix dans l'antichambre du roi, en présence des anciens maréchaux et des ministres de Bonaparte, que ces Messieurs jouiraient encore pendant une couple d'années du fruit de leurs rapines, mais qu'une fois le gouvernement bien établi, on les ferait rentrer dans le néant d'où ils n'étaient sortis que pour le malheur du monde ».

— Voilà, ajoutait l'empereur, ce qui fournit les aliments à l'espoir ambitieux de Napoléon et voilà la cause de la défection de l'armée.

Une semaine plus tard, le 23 avril, Talleyrand écrit à Louis XVIII une lettre sévère paraissant se faire l'écho des bruits courant Vienne : « On regarde comme très nécessaire que Votre Majesté s'attache à rallier à Elle tous les partis en leur assurant à tous, sans distinction, tous les avantages du régime constitutionnel... Plusieurs voudraient encore que Votre Majesté, rejetant sur les ministres les fautes qui ont pu être commises, se composât un nouveau ministère comme si Elle était en France, et dans la composition duquel chaque parti trouvât les garanties qu'il désire... J'ai été invité à en écrire à Votre Majesté... » L'instigateur, c'est le tsar. Et Talleyrand de rappeler ensuite au roi qu' « en plusieurs occasions, l'empereur de Russie avait répété que, quand il était à Paris, il y a un an, tout ce qu'il voyait et entendait lui faisait craindre que le gouvernement ne pût pas se maintenir ». Talleyrand est enchanté de préciser encore : « Il lui semblait difficile que les sentiments et les opinions des princes se trouvassent assez en harmonie avec les opinions et les habitudes d'une génération qui était née pendant leur absence et qui n'avait, en beaucoup de points, ni les idées ni les mœurs de ses pères... »

Puis Charles-Maurice saute sur l'occasion qui lui est offerte pour stigmatiser les émigrés. Derechef, il fait donner le tsar : « Il dit que ses craintes ont augmenté quand il vit que Votre Majesté appelait au ministère et dans ses conseils des hommes très estimables sans doute, mais presque tous ayant passé le temps de la Révolution hors de France ou dans la retraite, ne connaissant point la France et n'en étant point connus et manquant de cette expérience des affaires que même le génie ne peut suppléer... »

Au tour maintenant de son ennemi Blacas : « (L'empereur de Russie) remarque que celui de ces ministres qui a excité le plus de plaintes de la part de tous les partis est, plus que personne, dans la confiance de Votre Majesté — autrement dit M. de Blacas. »

Le comte d'Artois et ses deux fils, particulièrement le duc d'Angoulême, succèdent au favori : le tsar « a été jusqu'à dire que le plus grand mal est venu de la portion de pouvoir que Votre Majesté a donnée ou laissé prendre aux princes qui l'approchent davantage, que les préventions qui se sont élevées contre eux lui paraissent un mal sans remède... ».

Pendant ce temps, ultime tentative de Napoléon : le baron de Stassart, ancien préfet de l'Empire, chambellan de l'empereur François à la chute de Napoléon en 1814, est arrêté à Munich porteur d'une nouvelle lettre de « Buonaparte » à Marie-Louise et d'une seconde lettre adressée par Caulaincourt à Metternich. Le revenant de l'île d'Elbe réclame la présence de sa femme à Paris. « Les lettres sont restées cachetées, annonce Talleyrand au roi, jusqu'au moment de la conférence et elles ont été ouvertes en présence des ministres des puissances alliées. On est convenu de n'y point répondre ; l'opinion a été unanime. »

Cependant, Talleyrand — est-ce pour faire peur au roi ? — reconnaît que « le ton que prennent Buonaparte et son ministre est celui de la modération et de la sensibilité ».

Murat a remis 840 000 francs à Talleyrand avec l'espoir de pouvoir, grâce à lui, garder son trône, mais Ferdinand IV, ayant estimé l'aide de Talleyrand à un taux plus élevé, a promis 3 700 000 francs — et même 6 millions s'il faut en croire Chateaubriand — pour retourner à Naples. Cette surenchère n'est peut-être pas déterminante pour guider les sentiments de Talleyrand, mais ne nuit certainement pas à la cause du roi bourbon. Aussi, lorsque au mois d'avril, Murat part prématurément en guerre contre l'Autriche, appelant les Italiens à l'indépendance — et est battu —, Talleyrand s'en réjouit et écrit le 1er mai au roi : « La chute de Murat produira en France un effet immense en prouvant à tout le monde que personne en Europe ne veut souffrir ces dominations nouvelles fondées sur la violence et l'injustice et que l'on est bien décidé à les renverser. »

Louis XVIII a la plus grande hâte de voir Talleyrand auprès de lui : « Je vous ai mandé de venir me joindre aussitôt que vous aurez signé, en mon nom, l'acte final du Congrès ; mais je me sens aujourd'hui plus pressé de vous revoir. Ainsi donc, à moins que cette signature ne dût vous retarder que deux ou trois jours au plus, partez sans l'attendre. Il est assez indifférent que ce soit tel ou tel des plénipotentiaires qui signe le traité ; mais il m'importe fort de vous avoir auprès de moi. »

Talleyrand répond que les affaires italiennes, en dépit de la défaite de Murat, ne sont pas encore réglées... sauf pour l'empereur François, qui s'approprie, au nom de sa fille, les duchés de Parme, de Plaisance et de Guastalla. D'autre part, les souverains alliés semblent ne pas être pressés de quitter Vienne. Le représentant de la France ne peut donc avancer son départ « sans qu'il en résulte pour les affaires (de France) plus d'inconvénients que d'avantages ».

Cependant, la situation évolue : les troupes russes arrivent à marches forcées et bivouaquent, le 2 mai, à trois postes de Vienne. Elles atteindront le Rhin presque en même temps que les troupes autrichiennes. « Tout cela annonce un dénouement prochain, écrit Charles-Maurice. S'il peut avoir lieu sans que l'on entre en France, cela sera bien heureux pour nous et pour notre pauvre pays qui va être abîmé et insulté de toutes les manières ».

Talleyrand n'a pas le cœur à l'optimisme : Dorothée, toujours entichée de son cher major, est partie pour Berlin afin d'aller surveiller ses domaines de Silésie. Quand Charles-Maurice et sa jolie nièce se reverront-ils ? Mme de Périgord a-t-elle déjà annoncé à son oncle qu'elle compte ensuite retrouver Clam à Vienne, plutôt que de rejoindre le prince à Paris ou à Valençay ? Quant à Talleyrand, il aspire à reprendre sa vie calme de la rue Saint-Florentin et de Valençay : « Cette manière de vivre, toujours hors de chez soi, se plaint-il auprès de Mme de Courlande, est contre tous mes goûts et tout mon usage. »

Enfin les Alliés cessent leurs palabres et signent l'acte final du Congrès de Vienne. Le samedi 3 juin, Talleyrand, qui n'est plus que le représentant d'un gouvernement en exil à Gand, signe avec ses partenaires le traité et paraphe les cent vingt et un articles de l'accord.

« Trois heures après la signature, je partirai », a-t-il annoncé à Mme de Courlande. Le samedi 10 juin, à l'aube, il prend la route pour aller rejoindre — le plus lentement possible — la courette itinérante de Louis XVIII. Nombreux sont ceux qui prennent la même route de l'Ouest pour gagner le quartier général allié réuni à Heidelberg. Les chemins sont si encombrés que Talleyrand ne peut plus correspondre avec le gouvernement royal : les courriers ne passent plus.

Quels sont ses sentiments alors que sa voiture a pris le chemin d'Aix-la-Chapelle ? Il l'a expliqué quelques jours auparavant à Mme de Courlande : « Je pars bien décidé à ne pas me mêler de choses que je désapprouverais. Si l'on entre dans une route raisonnable et que je comprenne, je servirai de mon mieux. Si les choses sont autrement, je me retirerai... Je ferai mon devoir, mais je ne me laisserai pas mettre hors de ma ligne par les fantaisies, et les intrigues, et les non-sens de toute l'émigration. Adieu, je vous quitte avec une peine extrême. »

Comme en 1814, il souhaite la victoire des Alliés. Ne va-t-il pas jusqu'à écrire à la comtesse Schönborn en parlant des soldats français : « J'augure bien du résultat de la campagne. Il faut en tuer tant qu'on peut et les conduire en Sibérie... »

Le 17 juin, après une semaine d'un voyage pénible, Talleyrand atteint Francfort où il croise Richelieu qui se replie vers l'Allemagne. Puis il reprend son itinéraire pour rejoindre « la petite réunion de Gand... Elle n'est encore que de trois mille hommes, annonce-t-il à Mme de Courlande — et sur cela il y a beaucoup trop d'officiers ». Il traîne en chemin et séjourne encore à Aix-la-Chapelle, le 20 juin, lorsqu'il apprend que les armées de Wellington et de Blücher ont fait leur jonction et que l'on se bat vers Ligny. Puis c'est la grande nouvelle de Waterloo. Trois jours plus tard, de Bruxelles, il envoie ces détails à Mme de Courlande : « La bataille de Leipzig n'est rien auprès de celle du 18. Le champ de bataille est couvert de morts. Sur dix-sept personnes qui étaient autour de l'admirable duc de Wellington, treize ont été tuées ou blessées. Il a battu par talent, par ténacité, par génie, car il a fait des manœuvres toutes nouvelles. Le roi a quitté Gand, il va à Mons où je vais le rejoindre aujourd'hui. »

Le jeudi 22 juin, tandis que Talleyrand roule vers la Belgique, Napoléon abdique en faveur de son fils. Au soir du 23 juin, Talleyrand atteint Mons où vient d'arriver Louis XVIII, qui retourne vers Paris avec son habituelle et majestueuse lenteur — il est vrai que « Buonaparte » se trouve encore à l'Elysée... Talleyrand s'installe dans la belle demeure de M. Fontaine-Spitaels — riche notable monsois — et se rend tout d'abord à l'invitation de M. Duval, maire de Mons. C'est là, semble-t-il, que le prince apprend les projets d'un nouveau retour royal effectué dans les fourgons de l'étranger. Voici Talleyrand ulcéré. Selon le prince, qui l'a développé à Metternich avant son départ de Vienne, le roi pouvait se rendre en France où il voulait, mais, comme le lui recommandait le chancelier dans une lettre qui rejoint Talleyrand à Mons : « Faites aller le roi de France, dans le Midi, dans le Nord, dans l'Ouest, où vous voudrez, pourvu qu'il soit seul chez lui, entouré de Français, loin des baïonnettes étrangères et du secours de l'étranger. » Or Louis XVIII avait fait fi de ces conseils. Orgueilleusement — et justement — satisfait des résultats obtenus grâce à lui à Vienne, Talleyrand veut se faire désirer et ne se hâte nullement de se présenter au roi qui s'est installé à l'hôtel du gouvernement provincial. « Dans tout l'orgueil d'une négociation qui l'avait enrichi, nous explique Chateaubriand présent à Mons, M. de Talleyrand prétendait avoir rendu à la légitimité les plus grands services et il revenait en maître. Etonné que déjà on n'eût point suivi pour le retour à Paris la route qu'il avait tracée, il fut bien plus mécontent de retrouver M. de Blacas avec le roi. Il regardait M. de Blacas comme le fléau de la monarchie... Plein d'une humeur qu'on ne lui avait jamais vue, l'humeur d'un roi qui croit son autorité méconnue, il refusa de prime abord d'aller chez Louis XVIII, répondant à ceux qui l'en pressaient, par sa phrase ostentatrice :

— Je ne suis jamais pressé ; il sera temps demain.

La raison de son comportement ? Outre la présence de Blacas qui l'énerve au plus haut point, une autre nouvelle le bouleverse encore bien davantage, car il s'agit de lui... Le bruit court, en effet, que le roi donnerait au prince de Talleyrand l'ambassade de Suède... alors qu'aux yeux de Charles-Maurice, après les immenses services qu'il a rendus à la France, seule la place de premier ministre lui conviendrait ! C'est tout juste s'il n'attend pas que Louis XVIII vienne le trouver pour lui apporter lui-même son portefeuille. Le roi demeurant silencieux, Chateaubriand trouve le prince « mécontent de tout le monde et de toutes choses » :

— Je vais demander à entrer au service de la Russie !

C'était oublier que le tsar se trouvait maintenant au courant des buts de la conspiration que Talleyrand avait nouée contre lui quelques mois auparavant...

Tout en parlant à Chateaubriand, le prince s'appuie sur lui, le prend par un bras, et va jusqu'à lui faire « toutes ces cajoleries avec lesquelles il séduisait les petits ambitieux et les niais importants ». Du moins, c'est le vicomte qui l'affirme. Les assistants se taisent... assurément le prince et son visiteur mettent au point une grande combinaison politique ! Selon Chateaubriand, dans ses *Mémoires d'outre-tombe*, il ne fut nullement séduit, se contentant de conseiller à Talleyrand de l'accompagner chez le roi où lui-même s'apprêtait à se rendre. Mais Talleyrand, drapé dans son orgueil, continue à jouer son rôle de grande coquette.

Louis XVIII se moque bien des humeurs de M. de Talleyrand ! Il est dans « ses grandes douleurs ». Une seule chose compte pour lui : il doit se séparer de son favori Blacas. Aussi, lorsque Chateaubriand vient lui rapporter les propos de son ministre des Affaires étrangères, le roi hausse les épaules :

— Il se vante de m'avoir remis une seconde fois la couronne sur la tête et il me menace de reprendre le chemin de l'Allemagne. Qu'en pensez-vous, monsieur de Chateaubriand ?

— On aura mal instruit Votre Majesté, répond le vicomte. M. de Talleyrand est seulement fatigué. Si le roi y consent, je retournerai chez le ministre.

Le roi le laisse partir et Chateaubriand reprend le chemin de la demeure de M. Fontaine-Spitaels. Il trouve Talleyrand présidant un véritable conseil. Tandis que l'ambassadeur Pozzo di Borgo affirme au prince qu'il ne peut songer à quitter la place, l'abbé Louis qui « mordait tout le monde », dit à Chateaubriand, « en secouant trois fois sa mâchoire » :

— Si j'étais le prince, je ne resterais pas un quart d'heure à Mons !

— Monsieur l'abbé, lui répond Chateaubriand, vous et moi nous pouvons nous en aller où nous voulons, personne ne s'en apercevra. Il n'en est pas de même de M. de Talleyrand !

Puis il se tourne vers le prince en insistant encore :

— Savez-vous que le roi continue son voyage ?

— Il n'oserait ! reprend Talleyrand avec superbe, pastichant le mot du duc de Guise à Blois.

Et il part paisiblement se coucher, tandis que Chateaubriand, qui a regagné l'hôtel du gouvernement, essaie d'expliquer au roi que M. de Talleyrand est réellement souffrant et qu'il viendra certainement faire sa cour le lendemain.

— Comme il voudra, lui répond tranquillement le roi ; je pars à 3 heures.

A 3 heures du matin, cela s'entend... C'est en effet à cette heure matinale que Talleyrand est réveillé en sursaut :

— Le roi est en train de partir !

Furieux, il crie :

— Joué ! Trahi !

L'était-il ? Certes non, puisqu'il avait été prévenu par Chateaubriand de la décision prise par Louis XVIII. Avec une rapidité qui tient du prodige, Talleyrand est habillé, prend le bras d'un ami qui se trouve là — M. de Ricé — et s'avance aussi rapidement que le permettent sa boiterie et les gros pavés, dans les rues endormies de Mons. Il arrive devant l'hôtel du gouvernement provincial, a raconté Chateaubriand, « les deux premiers chevaux de l'attelage avaient déjà la moitié du corps hors de la porte cochère. On fait signe de la main au postillon de s'arrêter. Le roi demande ce que c'est. On lui crie :

» — Sire, c'est M. de Talleyrand !

» — Il dort.

» — Le voilà, sire.

» — Allons ! répond le roi.

» Les chevaux reculent avec la voiture. On ouvre la portière. Le roi descend. Rentre en se traînant dans son appartement, suivi du ministre boiteux. Là, M. de Talleyrand commence en colère une explication. Sa Majesté l'écoute... ».

Dans ses *Mémoires*, Talleyrand n'aurait pas caché au roi qu'il était « extrêmement peiné de voir la manière dont il se disposait à rentrer en France ; qu'il ne devait pas s'y présenter dans les rangs des étrangers, qu'il gâtait sa cause ; qu'il refroidissait l'attachement qu'on avait pour sa personne en blessant ainsi l'orgueil national ; que son avis était qu'avec une escorte quelconque ou, mieux encore, sans escorte, il se dirigeât sur un point des frontières de France où les étrangers n'eussent pas encore pénétré, et que là, il établît le siège de son gouvernement ».

Lyon lui semblait le meilleur choix.

« Le roi, explique-t-il, pourrait de Lyon exercer son pouvoir avec une indépendance entière des Alliés. Je l'y précéderais, s'il le voulait, et je viendrais lui rendre compte de l'esprit de cette ville. Une fois arrivé à Lyon, il ferait un appel à ses fidèles sujets. Ceux qui avaient été égarés seraient probablement les premiers à s'y rendre. Il convoquerait les Chambres. Avant que l'esprit de parti vînt apporter des entraves, on aurait le temps de faire toutes les lois organiques.

» Je terminai ces explications en déclarant au roi que, s'il prenait un autre parti, il me serait impossible de diriger ses affaires. Je lui offris ma démission et je me retirai après avoir remis un mémoire qui était un résumé de nos travaux au Congrès, et un exposé des moyens que je croyais propres à réparer les fautes commises pendant la première Restauration. »

Le roi, qui a écouté froidement ce discours, se contente de répondre :

— Prince de Bénévent, vous nous quittez ? Les eaux vous feront du bien. Vous nous donnerez de vos nouvelles.

Selon Chateaubriand, « Talleyrand bavait de colère ; le sang-froid de Louis XVIII l'avait démonté : lui, le prince de Talleyrand, qui se piquait tant de sang-froid, être battu sur son propre terrain, planté là presque en pleine nuit, sur une place à Mons, comme l'homme le plus insignifiant : il n'en revenait pas ! Il demeura muet, regarda s'éloigner le carrosse puis, saisissant le duc de Lévis par un bouton de son spencer :

» — Allez, monsieur le duc, allez dire comme on me traite ! J'ai remis la couronne sur la tête du roi (il en revenait toujours à cette couronne), et je m'en vais en Allemagne commencer la nouvelle émigration ».

M. de Lévis écoutait en silence, puis, se haussant sur la pointe des pieds, il annonça :

— Prince, je pars, il faut qu'il y ait au moins un grand seigneur avec le roi.

Talleyrand, son souffle repris, va dîner chez le maire de Mons où, s'il faut en croire le comte Beugnot, il déploie « une vertu que je ne connaissais pas encore, celle d'un excellent compagnon. Il fut d'une humeur charmante et épancha son esprit en contes joyeux et en mots piquants. Je ne l'avais jamais surpris dans un si aimable abandon... Assurément, à le voir et à l'entendre, on ne l'eût jamais pris pour un ministre disgracié quelques heures auparavant ». Bien plus, il demande au baron Louis de l'accompagner aux eaux de Carlsbad...

☆

Ce même vendredi 23 juin, à Paris, par haine des Bourbons, les représentants acceptent de proclamer empereur, sous le nom de Napoléon II, « le prince de Parme ». Un certain Dufermont avait posé nettement la question :

— Avons-nous, oui ou non, un empereur des Français ? Nous devons nous rallier aux Constitutions. Napoléon II est donc notre souverain ! Quand on verra que nous nous prononçons en faveur du chef désigné par nos Constitutions, on ne pourra pas dire que nous attendons Louis XVIII !

Un grand cri de *Vive l'Empereur !* salua le nom du roi de Gand. Tout plutôt que de revoir les Bourbons pour la deuxième fois dans les fourgons de l'ennemi !

« On est dans la folie, annonce Talleyrand à Mme de Courlande. Il faut que je sois bon à quelque chose, que l'on se dégrise un peu. » Talleyrand devait lui aussi se dégriser en recevant à Mons cette lettre de Wellington, datée de Cambrai, le 24 juin à 10 heures du soir : « Le roi est arrivé ici, et comme je m'y attendais, il a été reçu avec les plus grandes démonstrations de joie par tous ses sujets. Je regrette seulement que Votre Altesse n'ait pas accompagné Sa Majesté. C'est moi qui ai recommandé au roi d'entrer en ce moment en France parce que je connaissais l'étendue de nos succès dans la bataille du 18 dernier, parce que je désirais profiter de l'influence du nom de Sa Majesté pour donner à ce succès tous les avantages qu'on en pouvait attendre... Je me flatte que si j'avais pu vous voir, ou si vous aviez connu le véritable état des affaires, lorsque vous avez conseillé au roi, à Mons, de ne pas entrer en France, vous auriez donné à Sa Majesté un avis différent et que vous auriez suivi le roi. »

Sa lettre terminée, Wellington a fait comprendre au roi qu'il lui fallait « revenir sur l'adieu qu'il avait dit à M. de Talleyrand ». Bref, le chancelier Dambray convoque *tous* les ministres — M. de Talleyrand compris — à se rendre à Cambrai où aura lieu le conseil.

Cependant, Talleyrand, toujours à Mons, parle encore de prendre les eaux de Carlsbad. Pour le faire céder, Beugnot et Laborie demandent au vieux cardinal de Talleyrand-Périgord, oncle du prince, de convaincre son neveu. « M. le cardinal, raconte Beugnot, passe seul dans l'appartement de M. de Talleyrand ; nous demeurons dans une salle voisine dont la porte était restée ouverte. Je pus voir les deux personnages se promener de long en large pendant une demi-heure ; effort inouï pour le plus jeune des deux ! Le cardinal gardait son allure ordinaire, tenant toujours à la main son chapeau, dont il rongeait les bords ; on remarquait seulement dans son geste et dans sa marche un peu plus d'action que de coutume. M. de Talleyrand ne paraissait pas faire d'objection et gardait une attitude qui annonçait plutôt l'assentiment ou le respect. C'était l'un et l'autre, car M. le cardinal dit en sortant à M. Laborie que M. de Talleyrand partirait le lendemain matin pour Cambrai. »

Et Charles-Maurice annonce aux assistants qu'il condescend à rejoindre le roi, « pour se mettre, comme lui, dans les bagages de l'armée anglaise ».

Cependant, à Paris, les choses sont loin d'être simples. Louis XVIII, poussé par son entourage, a fait trop d'erreurs, commis trop de fautes, pour que l'on se jette dans ses bras avec enthousiasme. L'armée surtout se montre opposée à un nouveau retour des lis.

— Dites à M. de Vitrolles que je suis entièrement à ses ordres, affirme le maréchal Grouchy ; mais Louis XVIII et la cocarde blanche sont en ce moment impossibles ; s'il veut le duc d'Orléans, avec la cocarde tricolore, je puis le faire proclamer demain.

Le général Dejean écume de rage, nous dit Vitrolles, et jette « des paroles incendiaires » :

— Non ! Non ! nous ne supporterons jamais de nous soumettre aux Bourbons ! Nous nous ferons tuer jusqu'au dernier plutôt que de subir cette honte !

Mais l'heure de Fouché va sonner. Dès le second jour du « règne » du petit empereur, le duc d'Otrante, devenu président de la commission du gouvernement, fait libérer le baron de Vitrolles, — il avait été fait prisonnier — et lui demande d'aller trouver le roi.

— Vous lui direz que nous travaillons pour son service, et lors même que nous n'irions pas tout droit, nous finirons bien par arriver à lui. Dans ce moment, il nous faut traverser Napoléon II, mais enfin nous irons à lui.

Il serait vite écœurant de suivre pas à pas le répugnant personnage dans le travail de sape qui va permettre à ce régicide d'offrir le trône de Napoléon II au frère de Louis XVI. La Chambre, tremblante de peur devant le retour éventuel des lis, acclamait chaque jour le nouvel empereur. Aussi Fouché occupa les députés, en leur demandant de préparer une Constitution.

Napoléon, retiré à Malmaison, présentait un autre danger. Fouché envoya à l'Empereur le ministre de la Marine, lui faisant savoir que « rien ne mettait plus obstacle à son départ » pour Rochefort où l'attendaient deux frégates prêtes à faire voile vers l'Amérique. Il faut préciser que le sieur Fouché venait de recevoir l'avis qu'une croisière anglaise attendait également au large de la côte, afin de cueillir au passage l'empereur déchu... Pour se débarrasser des chefs libéraux, Fouché les envoya — La Fayette en tête — vers les Alliés afin de négocier un armistice et la reconnaissance de Napoléon II. Il savait parfaitement que les plénipotentiaires seraient renvoyés de général en géné-

ral. Cela lui permettrait de gagner du temps, d'obtenir —
Davout ayant perdu tout ressort — la capitulation de l'armée
ou, tout au moins, son repli vers la Loire.

Le mercredi 28 juin, le conseil privé se tient à Cambrai.
Talleyrand, qui vient d'arriver, est fort bien reçu par le roi :
« Il semblait que la scène de Mons n'eût été qu'un rêve. »
Cependant, Louis XVIII a signé au Cateau-Cambrésis une
lamentable proclamation commençant par ces mots :
« Louis, par la grâce de Dieu, roi de France et de Navarre, à
tous nos fidèles sujets, salut ! Dès l'époque où la plus
criminelle des entreprises, secondée par la plus inconcevable
défection, nous a contraint à quitter momentanément notre
royaume, nous vous avons avertis des dangers qui vous
menaçaient, si vous ne vous hâtiez de secouer le joug d'un
tyran usurpateur. Nous n'avons pas voulu unir nos bras, ni
ceux de notre famille, aux instruments dont la Providence
s'est servie pour punir la trahison. Mais aujourd'hui que les
puissants efforts de nos alliés ont dissipé les satellites du
tyran, nous nous hâtons de rentrer dans nos Etats, pour y
rétablir la Constitution [...] récompenser les bons, mettre à
exécution les lois contre les coupables... »
    Beugnot lit la suite du texte, inspiré, cette fois, par
Talleyrand : « Je dois, pour la dignité de mon trône, dans
l'intérêt de mes peuples, pour le repos de l'Europe, excepter
du pardon les instigateurs et les auteurs de cette trame
horrible. Ils seront désignés à la vengeance des lois par les
deux Chambres, que je me propose d'assembler incessamment. »
    Charles-Maurice avait encore ajouté ces mots à la
proclamation :
    « Mon gouvernement devait faire des fautes ; peut-être en
a-t-il fait. Il est des temps où les intentions les plus pures ne
suffisent pas pour diriger, ou quelquefois même elles
égarent ; l'expérience seule pouvait avertir ; elle ne sera pas
perdue. »
    Louis XVIII ne tressaille même pas, et ordonne simple-
ment à Beugnot de relire une seconde fois le texte. Puis,
après un bref silence, le comte d'Artois, qui, visiblement,
trépigne, se lève :
    — On fait demander pardon au roi des fautes qu'il a
commises ; on lui fait dire qu'il s'est laissé entraîner à des

affections et promettre qu'il aura dans l'avenir une conduite toute différente. De pareilles expressions n'ont qu'un tort : celui d'avilir la royauté car ou elles disent trop ou elles ne disent rien du tout.

— Monsieur pardonnera si je diffère de sentiment avec lui, répond calmement Talleyrand. Je trouve ces expressions nécessaires, et partout bien placées ; le roi a fait des fautes ; ses affections l'ont égaré ; il n'y a rien là de trop.

— Est-ce moi, reprend le frère du roi, qu'on veut indirectement désigner ?

— Oui, puisque Monsieur a placé la discussion sur ce terrain, réplique sèchement Talleyrand. Monsieur a fait beaucoup de mal.

— Le prince de Talleyrand s'oublie !

— Je le crains ; mais la vérité m'emporte !

Le duc de Berry se lève à son tour et intervient avec colère, la violence étant son principal défaut :

— Il ne faut rien de moins que la présence du roi pour que je permette à qui que ce soit de traiter ainsi mon père devant moi !...

Le roi le calme d'un geste :

— Assez, mon neveu, c'est à moi seul à faire justice de ce qui est dit en ma présence et dans mon conseil. Messieurs, je ne puis approuver ni les termes de la proclamation ni la discussion dont elle a été le sujet. Le rédacteur retouchera son œuvre et ne perdra pas de vue les hautes convenances qu'il vous faut savoir garder quand on me fait parler.

Mais le duc de Berry veut encore intervenir et désigne du doigt Beugnot :

— Mais ce n'est pas lui qui a enfilé toutes ces sottises-là !

— Mon neveu, conclut le roi, cessez d'interrompre, s'il vous plaît. Messieurs, je répète que j'ai entendu cette discussion avec beaucoup de regret. Passons à un autre sujet.

Talleyrand marque un point : le roi se résout à renvoyer Blacas. En apprenant le départ du favori, Beugnot juge convenable, « lui qui avait courtisé sa fortune, d'aller faire une révérence à sa disgrâce ».

— Ce n'est pas vous, monsieur le comte, lui dit-il, ce n'est pas vous qu'il faut plaindre ; vous aurez le repos honorable d'une belle carrière, c'est le roi ! Comprenez-vous son isolement lorsque vous serez loin de lui ? Il sera bien malheureux !

— Ah ! mon pauvre Beugnot, soupire avec résignation M. de Blacas, vous ne savez pas ce que c'est que l'amitié des rois ; je suis sûr que d'ici un mois, il sera déjà consolé.

Et Beugnot, en rapportant la scène, ajoutait en riant : « Il se trompait de vingt-sept jours ! Au bout de trois jours, il ne restait pas un souvenir pour celui qui avait joui d'une si longue faveur. »

Ce même mercredi le roi quitte Cambrai pour s'en aller coucher à Roye. « Je le suivais, a raconté encore le comte Beugnot, ayant M. Louis dans ma voiture ; celle de M. de Talleyrand nous précédait de quelques pas. Mon compagnon de voyage me fit observer que nous laissions M. de Talleyrand seul, et qu'il pourrait s'ennuyer ; il s'offrit d'aller lui tenir compagnie et me quitta dans ce dessein. Pour désennuyer M. de Talleyrand, M. Louis lui proposa de composer le ministère... »

Il ne faisait aucun doute que Talleyrand aurait la présidence du Conseil qui réunirait MM. de Jaucourt, Pasquier, Gouvion-Saint-Cyr, et le baron Louis. Il fallait encore faire ce que ce dernier appelait « le grand saut », en y adjoignant Fouché. Certes, Talleyrand ne l'aimait guère, mais l'ancien ministre de la Police de Napoléon était au même moment le maître de Paris et se trouvait, en sa qualité de chef du gouvernement provisoire, prêt à pêcher en eau trouble, à multiplier les tours de passe-passe et à réaliser la plus belle palinodie de sa carrière, pourtant fertile en rétractations de tout poil. Il n'hésitait pas à aller jusqu'au mensonge en affirmant — ce qui était manifestement faux — que les Alliés étaient décidés à replacer Louis XVIII sur le trône et qu'il fallait céder à la force. Duperie de haute trahison que le ministre Nesselrode qualifia de criminelle. Le règne de Napoléon II paraîtra bientôt un mythe — et Fouché pourra devenir le ministre de celui dont il avait envoyé le frère à l'échafaud...

Mais il fallait convaincre Louis XVIII de cette nécessité — et l'opération se révélait difficile. Reçu par le roi en arrivant à Roye, Talleyrand commence par tâter prudemment le terrain, parle de certains conventionnels que l'on aurait peut-être eu le tort de tenir au ban de la nation lors de la première Restauration... Lorsque Charles-Maurice glisse le nom de Fouché, Louis XVIII pousse un cri d'indignation, lève les mains au ciel et les laisse retomber lourdement sur les bras de son fauteuil.

— Jamais !

« Jamais de vingt-quatre heures », précise Chateau-briand.

En attendant que sonne l'heure du duc d'Otrante, Talleyrand, le lundi 3 juillet, écrit à la duchesse de Courlande : « Paris traite. Dans une heure, je partirai pour Senlis et de là pour Paris... Je surveillerai votre maison, si déjà elle n'est pas occupée par les Prussiens. Il paraît que la capitulation, que je ne connais pas encore, est convenable pour le roi... Le roi est admirable et, quand l'influence de Monsieur ne l'entraîne pas, il est excellent... Wellington a fait tout seul les affaires de tout le monde. C'est un homme admirable. Son caractère est beau, simple, et il est sur le champ de bataille une espèce de Dieu... Bonaparte est à Cherbourg [1] où il va s'embarquer. » Puis il ose ajouter ces mots qui font mal : « J'espère que les Anglais le prendront. Il emporte beaucoup d'argent. On dit qu'il va en Amérique. Il finit comme son caractère le méritait. C'est dans une boue de sang que sa carrière se termine. »

— J'ai deux torts à me reprocher vis-à-vis de Talleyrand, disait Napoléon presque au même moment, le premier de n'avoir pas suivi les sages avis qu'il m'a donnés, le second, de ne pas l'avoir fait pendre, n'ayant pas suivi le système qu'il m'avait indiqué.

Aussitôt arrivé à Saint-Denis, Charles-Maurice décide de se rendre, avec le duc de Wellington, à Neuilly, où Fouché doit les rejoindre. Le prince est de plus en plus persuadé que le roi — le père de Gand, selon le jeu de mots de Fouché — ne pouvait rentrer sans heurts dans sa capitale que si l'on faisait du duc d'Otrante un ministre du roi.

Pendant ce temps, Louis XVIII, qui s'est installé au château d'Arnouville, non loin de l'abbaye de Saint-Denis, appelle Vitrolles.

— Savez-vous, lui dit-il, que le prince de Talleyrand et le duc de Wellington viennent de partir pour Neuilly, où ils ont une conférence avec le duc d'Otrante ?

— Oui, sire, M. de Talleyrand vient de me le dire.

— Mais vous ne savez pas les instructions que je leur ai données ?...

---

1. Il s'agit là d'une erreur : l'Empereur arrivait seulement ce jour-là à Rochefort et s'embarquera le 15 juillet, devant l'île d'Aix sur le *Bellérophon*.

— Je les ignore, sire.

— Eh bien, je leur ai dit : vous allez à Neuilly. Vous y verrez le duc d'Otrante, faites tout ce que vous croirez utile à mon service ; seulement ménagez-moi et pensez que c'est mon *pucelage*.

« Hors de Fouché, point de salut ! poursuit Vitrolles. C'était la clameur universelle. Le type du royalisme pur, le bailli de Crussol se jeta aux pieds de Monsieur et demanda Fouché pour ministre au nom du salut de la monarchie... »

Et, comme Beugnot s'étonnait, celui que l'on surnommait le « dernier chevalier » lui expliqua :

— Que voulez-vous, Fouché nous a tous préservés depuis le départ du roi ; c'est à lui seul qu'on doit que M. de Vitrolles n'ait pas été fusillé ; et, au fond, quels sont en France les ennemis de la famille royale ? Les jacobins. Eh bien, il les tient dans sa main, et dès qu'il sera au roi nous dormirons sur les deux oreilles. Mon cher monsieur Beugnot, nous sommes vieux dans le faubourg Saint-Germain ; nous avons trop souffert ; il nous faut du repos.

Talleyrand demande alors à Beugnot, qui fait office de secrétaire d'Etat, s'il compte ce jour-là présenter quelques signatures au roi. Sur la réponse affirmative de Beugnot, il l'invite à y joindre une ordonnance qui recréerait le ministère de la Police au profit du duc d'Otrante. « Je fis ce qui m'était recommandé, et je me présentai au roi muni de mon portefeuille et réservant pour la dernière signature l'ordonnance à laquelle on attachait un si vif intérêt. » Lorsque Louis XVIII eut la fatale nomination sous les yeux, « il la laissa tomber sur le pupitre ; la plume lui échappa des mains ; le sang lui monta au visage : ses yeux devinrent sombres et il retomba tout entier sur lui-même comme accablé par une pensée de mort. Un morne silence avait soudainement interrompu une conversation tout à l'heure facile et douce. Ce silence dura quelques minutes, après quoi le roi me dit, en poussant un soupir profond :

» — Il le faut donc ! allons !...

» Il ramassa sa plume, s'arrêta encore avant que de tracer des caractères et prononça ces mots :

» — Ah ! mon malheureux frère, si vous me voyez, vous m'avez pardonné !... ».

Le roi signe enfin, mais il le fait péniblement et en tremblant, tandis que de grosses larmes roulent de ses yeux et mouillent l'ordonnance...

Le lendemain, 6 juillet, Talleyrand repart pour Neuilly où le duc de Wellington l'a convié à dîner. Fouché est encore présent et, avec un sourire satisfait, accepte le portefeuille de la Police que Talleyrand est venu lui apporter. Le lundi 7 juillet, Chateaubriand se rend à Saint-Cloud pour faire sa cour au roi. « Introduit dans une des chambres qui précédaient celle du roi, je ne trouvai personne ; je m'assis dans un coin et j'attendis. Tout à coup une porte s'ouvre : entre silencieusement le Vice appuyé sur le bras du Crime, M. de Talleyrand soutenu par M. Fouché ; la vision infernale passe lentement devant moi, pénètre dans le cabinet du roi et disparaît. Fouché venait jurer foi et hommage à son seigneur ; le régicide, à genoux, mit les mains qui firent tomber la tête de Louis XVI entre les mains du frère du roi martyr ; l'évêque apostat fut caution du serment. »

Lorsque Pozzo di Borgo vit monter « les deux défroqués » en voiture, il dit en riant à son voisin :

— Je voudrais bien entendre ce que disent ces deux agneaux !

Ce même vendredi 7 juillet 1815, Talleyrand regagne incognito Paris. Dans sa calèche, dont le postillon et les chevaux appartiennent à l'armée prussienne, il pénètre dans la capitale par la barrière de l'Etoile. Des fourgons précèdent ou suivent son équipage. On peut y lire ces deux mots *Garde impériale* — c'est le butin des vainqueurs de Waterloo ! Ainsi mêlé aux troupes alliées, Charles-Maurice descend les Champs-Elysées et retrouve avec joie son hôtel de la rue Saint-Florentin auquel il a si souvent pensé ces derniers mois. Le soir, dans son entresol, il réunit chez lui les membres du ministère et ces messieurs prennent la décision de renvoyer la Chambre des pairs et la Chambre des représentants. Elles seront fermées provisoirement ! Avant de se séparer, les ministres prennent rendez-vous pour le lendemain, samedi, aux Tuileries, où ils attendront le retour du roi.

Le samedi matin, au faubourg Saint-Denis, devant une double haie formée par la garde nationale, le préfet, M. de Chabrol, s'avance vers la calèche royale et commence son discours :

Sire, cent jours se sont écoulés depuis le moment fatal où Votre Majesté, forcée de s'arracher aux affections les plus chères, quitta Sa capitale au milieu des larmes et de la consternation publique...

Louis XVIII rentre à Paris le 8 juillet 1815, cent et onze jours après avoir quitté les Tuileries. En réalité les vivats ne furent nombreux qu'aux approches des Tuileries.

Les souverains alliés rentrent pour la seconde fois à Paris.

En réalité, si l'on comptait bien, il s'agissait de cent onze jours, mais on n'y regarda pas de trop près — et les Cent-Jours entrèrent ce jour-là dans l'Histoire.

C'est ensuite une pâle réplique de l'entrée du roi en 1814. Un Anglais, Woodberry, raconte : « Je n'ai jamais vu de plus sales va-nu-pieds que ceux qui précédaient le roi et s'intitulaient son armée... » Les vivats, en effet, sont rares, sauf aux approches des Tuileries où se sont massés les royalistes. « Cette fois, écrit Hyde de Neuville, une douleur secrète pesait sur les cœurs. On sentait que la paix que Louis XVIII apportait à la France ne pouvait effacer la honte de ses revers. »

Au château, on ne fait guère attention au président du Conseil, mais Fouché, lui, attire d'autant plus les regards que le comte d'Artois, presque souriant, lui a serré la main en lui disant ostensiblement :

— Monsieur le duc, vous me voyez très heureux, très satisfait ; l'entrée a été admirable, et nous vous en avons toute l'obligation.

Ce n'est pas le prince de Talleyrand que le roi, sitôt arrivé, appelle dans son cabinet... mais « M. le duc d'Otrante, qui a l'honneur de communiquer ce soir-là avec le fils de saint Louis ». Cependant, chacun est persuadé qu'à la première occasion, le frère de Louis XVI se défera du régicide — et à la seconde, du « prêtre apostat ».

En attendant ce que les royalistes surnomment le « coup de balai », les partisans de l'Empereur retournent leur veste et ne savent plus comment expliquer leur attitude : « Le maréchal Oudinot, nous raconte Vitrolles, voulait se faire pardonner la peccadille du Champ-de-Mars, où il avait paradé à côté de l'Empereur. Il s'excusait en disant que s'il y avait assisté, c'était " en petite tenue... " »

Louis XVIII s'ingéniera à trouver des excuses qu'il soufflera aux coupables. Le vieux M. de Barentin essayera un jour de se disculper :

— Je n'ai pas, à proprement parler, prêté serment à Bonaparte.

— J'entends bien, lui répondit le roi en souriant avec indulgence. A votre âge, on ne fait plus les choses qu'à demi : vous n'avez pas juré, vous avez *juroté*.

Talleyrand essayera d'apaiser les ultras qu'on appelait les Voltigeurs de Louis XIV :

— Vous voulez ramener l'Ancien Régime, ce n'est pas possible, leur déclare Charles-Maurice.

Et l'un d'eux de répondre, ironiquement :

— Mais, Monseigneur, qui peut songer à vous refaire évêque d'Autun ?

Et ce jour-là — pour la première fois peut-être — le prince de Talleyrand ne trouva rien à répondre.

Charles-Maurice fit nommer l'un de ces ultras, l'insignifiant et ridicule marquis de Montchenu, commissaire du roi à Sainte-Hélène. Et il expliquera :

— C'est la seule vengeance que je veuille tirer des procédés de Napoléon à mon égard. Du reste, elle est terrible. Quel supplice, pour un homme de la trempe de Bonaparte, d'être obligé de vivre avec un bavard ignorant et pédant ! Je le connais, il ne résistera pas à cet ennui ; il en sera malade et mourra à petit feu.

Mais le prisonnier de Sainte-Hélène refusa toujours de recevoir le représentant de Louis XVIII...

Talleyrand, en 1816, miniature inédite appartenant à André Beau.

XXII

L'ART DE SE DÉBARRASSER
D'UN PRÉSIDENT DU CONSEIL.

*Si quelqu'un vous dit qu'il n'est d'aucun
parti, commencez par être sûr qu'il n'est
pas du vôtre.*

TALLEYRAND

De ses fenêtres, Talleyrand peut voir la fumée des bivouacs prussiens installés dans le jardin des Tuileries. De l'autre côté du château, Louis XVIII, horrifié, nous apprend Beugnot, « regarde les soldats laver leur linge et leurs habits dans la cour et les étendre sur les grilles qui font office de séchoir. Des canons sont braqués sur le pont Royal et les canonniers font le service des pièces la mèche allumée ».

Quatre personnes arrivent haletantes dans le cabinet de Talleyrand, annonçant que les Prussiens sont occupés à faire sauter le pont d'Iéna.

— Cela n'est pas possible, s'exclame le prince, et je vous dis que cela n'est pas vrai, parce que cela n'est pas vrai !

« A grand-peine on obtient de lui qu'il envoie sur les lieux quelqu'un qu'il puisse croire et qui lui rende compte de ce qu'on aura vu. Bientôt, les envoyés explorateurs revinrent en toute hâte annoncer que le pont d'Iéna était bien réellement attaqué par des ouvriers prussiens, qui heureusement s'y prenaient assez mal. Ces messieurs avaient trouvé sur place un officier du génie français qui leur avait dit qu'à la manière dont on s'y prenait, les Prussiens seraient quelque temps à faire sauter le pont, mais que, s'il eût été chargé de

◀ *Prud'hon a représenté Dorothée duchesse de Dino qui a cessé d'être un « petit pruneau ».* (Collection M. et Mme Jean Morel).

l'opération, l'affaire serait déjà faite. Quel parti prendre ? Il fallait se décider au plus vite. La colère des Prussiens contre ce pont était apparemment excitée par le nom qu'il portait. Il fallait donc changer ce nom sur-le-champ, apprendre ce changement à l'ennemi et tâcher de calmer un ressentiment désormais sans objet. »

Beugnot prend la plume, rédige une ordonnance dans le préambule de laquelle il annonce que l'intention du roi est de « rendre leurs véritables noms aux anciens édifices publics de la capitale », aussi débaptise-t-il les ponts de l'Empire, de la Concorde, d'Iéna, d'Austerlitz, auxquels il rend — ou il donne — les noms de Pont-Royal, Louis XVI, de l'Ecole-Militaire et du Jardin-du-Roi — seul le premier gardera son titre.

Talleyrand porte l'ordonnance du roi et charge Beugnot d'aller prévenir le maréchal Blücher des changements opérés. Beugnot se défend, « faisant observer qu'il est sans qualité pour remplir semblable office qui se trouve naturelle-ment dévolu au ministre de l'Intérieur ou tout au moins au préfet de la Seine ».

— Mais, reprend Talleyrand, partez donc ! Tandis que nous perdons du temps en allées et venues, et à disputer sur la compétence, le pont sautera. Annoncez-vous de la part du roi de France et comme son ministre ; dites les choses les plus fortes sur le chagrin qu'il éprouve.

— Voulez-vous que je dise que le roi va se faire porter de sa personne sur le pont, pour sauter de compagnie si le maréchal ne se rend pas ?

— Non, pas précisément, s'exclame Charles-Maurice : on ne nous croit pas faits pour un tel héroïsme ; mais quelque chose de bon et de fort ; vous entendez bien, quelque chose de fort.

Blücher fait aussitôt arrêter les opérations contre le pont d'Iéna. Beugnot suit l'officier et, quand il voit que les sapeurs ont cessé leur travail et se retirent avec leurs outils, il vient rendre compte à Talleyrand de cette « triste victoire ».

— Puisque les choses se sont passées de la sorte, conclut le prince, on pourrait tirer parti de votre idée de ce matin, et annoncer que le roi avait menacé de se faire porter sur le pont pour sauter en sa compagnie : il y a là matière à un bon article de journal. Arrangez cela.

« Je l'arrangeai en effet, poursuit Beugnot ; l'article parut dans les feuilles du surlendemain. Louis XVIII dut être bien effrayé d'un pareil coup de tête de sa part ; mais ensuite il en accepta de bonne grâce la renommée. Je l'ai entendu complimenter de cet admirable trait de courage, et il répondait avec une assurance parfaite... » C'est le pendant du fameux « mot » de Monsieur, inventé par ce même Beugnot, en 1814.

Jacques-Claude Beugnot, un témoin de l'Histoire, dont l'esprit étincelant fut fécond en mots heureux.

Par ordonnance du 9 juillet, Talleyrand reçoit la présidence du Conseil et le secrétariat d'Etat aux Affaires étrangères, tandis qu'on expédie à Fouché confirmation de sa nomination à son ministère de la Police générale. Dans ses *Mémoires*, Talleyrand excelle à transformer la vérité, considérant peut-être que tant de bouleversements successifs vont brouiller la mémoire de ses futurs et lointains lecteurs — puisque ses *Souvenirs* doivent paraître longtemps après sa mort. Oublie-t-il que c'est lui qui a obligé, en quelque sorte, le roi à embarquer Fouché dans le gouvernement ? C'était là une nomination indispensable pour assurer le retour plus paisible du « père de Gand », mais il rejette le « crime » sur le comte d'Artois et ses amis : « L'entourage de Monsieur, écrit-il, croyait avoir fait une grande conquête en ralliant au roi un homme si habile, ne sentant pas que son nom seul serait un déshonneur pour le parti royaliste, plutôt qu'un épouvantail pour le parti révolutionnaire. »

Talleyrand, voulant ménager le tsar, a laissé vacants deux portefeuilles, ceux de la Maison du roi et de l'Intérieur destinés, dans sa pensée, à deux hommes jusqu'à présent au service de la Russie : le duc de Richelieu et Pozzo di Borgo, « un homme de beaucoup d'esprit, aussi Français que Bonaparte, contre qui il nourrissait une haine qui, jusque-là, avait été la passion unique de sa vie ; haine de Corses ». Tous deux refusent sous le prétexte qu'absents de France depuis tant d'années, ils ne sont plus au fait des affaires. En réalité, il leur répugne de s'asseoir à la même table que le régicide, ancien massacreur de Lyon.

A Londres, la princesse de Talleyrand se mord les lèvres de dépit. Catherine l'avoue : elle a cédé à un faux mouvement d'amour-propre en quittant Paris :

— Je savais l'attitude de Mme Edmond chez M. de Talleyrand à Vienne ; je n'ai pas voulu en être témoin. Cette susceptibilité m'a empêchée d'aller le rejoindre comme je l'aurais dû, lorsque le retour de l'île d'Elbe m'a forcée à quitter Paris. Si j'avais été à Vienne, au lieu de venir à Londres, M. de Talleyrand aurait été forcé de me recevoir. Et je le connais bien, il m'aurait parfaitement accueillie, plus cela l'aurait contrarié, moins il y aurait paru. Je le savais bien, mais j'ai cette femme en horreur et j'ai cédé à cette répugnance. J'ai eu tort. Où je me suis trompée, c'est que je le croyais trop faible pour jamais oser me chasser.

Catherine voit très clair. Dorothée ayant annoncé son retour en France, Talleyrand signifie à son épouse que Mme Edmond de Périgord tiendrait désormais sa maison à Paris, comme elle l'avait déjà fait à Vienne. Bref, l'accès de l'hôtel de la rue Saint-Florentin demeurait interdit à la princesse de Talleyrand.

Dorothée regagne, en effet, Paris, le 19 ou le 20 juillet... mais n'a qu'un projet en tête : aller rejoindre le major Clam. Talleyrand en souffre profondément. Son attitude et son abattement sont « impossibles à décrire », et, nous dit Pasquier, stupéfient tout le monde, alors que le prince « devrait être occupé exclusivement des affaires dont le fardeau et la responsabilité auraient effrayé l'homme d'Etat le plus consommé et le plus sûr de ses moyens... Précisément, à soixante ans passés, il a choisi de se livrer à un sentiment dont l'ardeur l'a absorbé au point de ne lui laisser aucune liberté d'esprit... ».

Charles Rémusat renchérit, parlant de « cette passion éperdue, un peu sénile, qui le dominait, qui l'obsédait, qui le rendait fou... ».

Talleyrand n'avait vraiment pas besoin d'être en proie à un chagrin d'amour et aux « tourments du désir ». Ce n'était certes pas le moment ! De graves problèmes politiques l'assaillent et l'empêchent, eux aussi, de dormir. Le premier de ces problèmes est celui de l'épuration. Avec sagesse, il aurait préféré laisser le soin des arrestations et des jugements hâtifs aux deux nouvelles Chambres qui devaient bientôt se réunir. Le roi n'a-t-il pas prévu à Cambrai que la liste des coupables, qui avaient permis le retour triomphal de l'échappé de l'île d'Elbe, serait dressée par les représentants et par les pairs ? Mais Fouché veut donner des gages aux ultraroyalistes qui n'ont qu'une idée en tête : la vengeance. Aussi arrive-t-il au conseil avec une liste d'une centaine de noms frappés de proscription ou devant passer devant le conseil de guerre.

— Il faut rendre une justice à M. le duc d'Otrante, ironise Charles-Maurice, c'est qu'il n'a oublié sur la liste aucun de ses amis !

— M. Fouché, fait remarquer quelqu'un à Talleyrand, a le plus grand mépris pour l'espèce humaine.

— Cela s'explique, répond Charles-Maurice ; cet homme s'est beaucoup étudié.

Les noms continuent à tomber des gouttières des Tuileries, disait-on. C'était là, affirme le président du conseil, « un acte maladroit, insensé et qui ne pouvait créer que des difficultés et des périls au gouvernement royal ». Le roi n'en approuve pas moins Fouché, et Talleyrand a bien du mal, le 24 juillet — c'est tout à son honneur —, à réduire à dix-neuf la liste des prévenus devant passer en justice — Ney et La Bédoyère en tête — tandis que trente-huit personnes, parmi lesquelles d'anciens régicides ayant signé en 1814 l'acte additionnel de l'Empire, doivent quitter Paris dans les trois jours.

Le 17 août, Charles-Maurice parvient à faire entrer dans la nouvelle Chambre des pairs le comte Molé — il avait pourtant servi pendant les Cent-Jours —, les fils des maréchaux Lannes, Berthier et Bessière, mais cette nomination ne fut pas obtenue sans assiéger le fauteuil du roi podagre. Aussi, la semaine suivante, Talleyrand soupire-t-il auprès de Mme de Courlande :

« Tout va si mal, si péniblement, qu'il faut croire que cela ne peut pas durer ainsi. C'est de l'excès du mal que sortira un peu de bien. Je raisonne tristement ; et je n'ai de pensées d'avenir un peu douces que parce que je vous vois. »

Tout va mal également avec les Alliés qui, n'ayant plus les mêmes raisons de se montrer généreux, comme ils l'avaient fait l'année précédente, réclament, cette fois, le retour à leurs anciens propriétaires des œuvres d'art dont les armées impériales se sont emparées, ainsi que celles dont les traités avec Napoléon les avaient dépouillés. Aux observations de Talleyrand voulant faire un *distinguo* entre la guerre de 1814, menée contre la nation française, et celle de 1815, faite à un homme qui « n'était reconnu par aucune puissance comme chef de la France », à cet argument pour le moins spécieux, Wellington répond que « le jour de la restitution était arrivé et que les monarques alliés ne devaient point laisser échapper cette occasion de donner aux Français une grande leçon de morale ».

Talleyrand doit s'incliner, mais ironise et reprend en ces termes Canova, qui agite à tout venant son titre d' « ambassadeur du Saint-Siège » :

— Dites son *emballeur !*

Car, bien sûr, le pape formule, lui aussi, de nombreuses réclamations.

Avec les Prussiens, c'est pire ! Et Talleyrand écrit à Mme de Courlande : « La mauvaise foi des Prussiens est quelque chose qui n'est comparable qu'à leur barbarie. Je suis dans un état d'esprit le plus pénible possible. J'irai jusqu'au bout, mais il faut bien du courage et bien de l'amour de son pays. »

Les exactions commises contre la France vaincue deviennent telles que Talleyrand demande au roi de lui envoyer une lettre de protestation qu'il pourrait utiliser. Louis XVIII approuve et adresse à son ministre une noble lettre en date du 21 juillet : « La conduite des armées alliées réduira incessamment mon peuple à s'armer en masse contre elles, à l'exemple des Espagnols. Plus jeune, je me mettrais à sa tête, mais si l'âge et les infirmités ne me le permettent, au moins je ne veux pas sembler conniver aux violences dont je gémis. Je suis résolu, si je ne puis obtenir justice, à me retirer de mon royaume, et à demander asile au roi d'Espagne. Si ceux, qui, même après la capture de l'homme auquel seul ils avaient déclaré la guerre, continuent à traiter mes sujets en ennemis, et qui doivent par conséquent me regarder comme tel, veulent attenter à ma liberté, ils en sont les maîtres ; j'aime mieux être dans une prison qu'aux Tuileries, témoin passif du malheur de mon peuple. »

L'argument de Talleyrand concernant les exigences des Alliés est discutable : « Pour pouvoir exiger des cessions, disait-il, il faut une conquête, pour qu'il y ait conquête, il faut qu'il y ait un état de guerre. » Or, selon lui, le roi de France était l'allié des Puissances et, de ce fait, ne pouvait être en guerre avec elles. Il ne pouvait donc être dépouillé d'un seul arpent de territoire !... Même si Louis XVIII avait combattu à Waterloo avec sa petite armée de Gand, l'argument aurait-il été recevable ?

Louis XVIII est quotidiennement harcelé par le comte d'Artois et les ultraroyalistes — et sans cesse, Talleyrand essaie de mettre le roi en garde :

— Sire, songez qu'aujourd'hui toute mesure qui n'est pas nécessaire est imprudente.

— Oui, reconnaît le roi, mais les ultras prétendent sauver une fois de plus la France !

— Je n'ai jamais cru que le Capitole ait été sauvé par les oies !

Et comme Louis XVIII lui rapportait le récit d'un voyageur affirmant qu'un monarque indien et ses ministres entraient, pour délibérer, dans de vastes cruches remplies d'un liquide lénifiant, où ils demeuraient plongés jusqu'au cou :

— Est-il quelque chose de plus comique ?

— Oui, sire, c'est un pays où les cruches elles-mêmes délibèrent !

☆

La présence de Fouché continue à scandaliser. Madame Royale, duchesse d'Angoulême, refuse de quitter Londres. Comment l'orpheline du Temple pourrait-elle se trouver face à face avec l'homme qui a voté la mort de son père ? Elle le

déclare bien haut : elle ne recevra pas le régicide ! Tout
ministre du roi qu'il soit ! Mais Talleyrand craint d'être
entraîné — et tout le ministère avec lui — dans la chute
inévitable de l'ancien conventionnel. Aussi, un soir, tandis
que Vitrolles s'apprête à quitter le salon de la rue du Bac,
Talleyrand le rappelle. Le prince, appuyé contre une console
de son premier salon, se montre mystérieux à souhait :

— Savez-vous, monsieur de Vitrolles, que si le roi le veut,
il peut très bien renvoyer le duc d'Otrante ?

Vitrolles cherche dans les yeux du prince à quel propos il
tient ce langage.

— Je vous dis que le roi peut parfaitement renvoyer
Fouché, répète Talleyrand.

— Certainement, répond Vitrolles, le roi peut renvoyer
Fouché comme il peut nous renvoyer vous et moi. Cela est
trop vrai pour qu'il n'y ait pas autre chose dans ce que vous
me dites.

— Vous ne me comprenez pas, répond Talleyrand ; je
vous dis que le roi peut renvoyer Fouché quand il lui plaira.

— Je comprends si bien que, puisque vous ne vous
expliquez pas, je le ferai moi-même. Moi aussi, qui me suis
toujours opposé à l'entrée de Fouché dans le ministère, je
pense que tôt ou tard il faudra l'éloigner. Mais auparavant il
y a trois questions à résoudre : quand et comment Fouché
doit-il être renvoyé ? Par qui ? Et que ferez-vous de Fouché
renvoyé ?

Talleyrand est toujours impassible :

— Je ne sais rien de tout cela ; mais je sais bien que le roi
peut renvoyer Fouché.

— Si le roi, sans motif apparent, et seulement parce qu'il
peut renvoyer Fouché, prend ce parti décisif, Fouché sera
aux yeux de tous victime d'une intrigue ourdie dans le
cabinet du roi... Il faut encore savoir ce que vous ferez de
Fouché renvoyé. Croyez-vous que vous pourrez le laisser
impunément dans Paris au milieu de tous les mécontents ?

— Tout cela est très beau, mais je n'en sais rien. Je sais
seulement, répète Talleyrand comme un leitmotiv, que le roi
peut renvoyer Fouché.

Abasourdi, Vitrolles conclut cette étrange conversation
par ce proverbe :

— Permettez, mon prince ; il n'y a pire sourd que celui qui
ne veut pas entendre.

---

*Le buste de Talleyrand, exécuté sous la Restauration, trône
toujours au château de Valençay.* (Collection château de Valençay.)

Le lendemain, Talleyrand, lors de la réunion des ministres, s'apprête à prendre la parole. A moitié assis sur son
bureau, entre les deux fenêtres de sa chambre, sa mauvaise
jambe pendante tandis qu'il appuie l'autre sur le parquet, il
déclare posément, après un instant de silence :

— Pour moi, messieurs, j'ai à disposer en ce moment de la
plus belle place que le roi puisse donner.

« Alors, le prince, nous rapporte Vitrolles, exposa les
ennuis et les humiliations qui attendaient les ministres,
réduits à traiter de la rançon de la France avec les
souverains coalisés.

» Que serait ensuite, pendant longtemps, la position de
nos ambassadeurs près de ces mêmes puissances ? Où serait
leur dignité ? Il y avait encore un pays, un seul, où le
ministre du roi conserverait tous les avantages de son rang
et jouirait d'une influence sérieuse. Et ce ministre, conclut-
il, est celui qui représentera la France aux Etats-Unis.

» A peine le prince eut-il prononcé ces derniers mots, que
Fouché, resté assis de l'autre côté de la table du Conseil, et
le plus éloigné, jeta sur moi ses petits yeux flamboyants
comme pour m'accuser du coup qu'on lui portait. »
Cependant le premier ministre poursuivait :

— C'est un si beau pays ! Vous ne connaissez pas ce
pays-là, monsieur de Vitrolles ? Moi je le connais, je l'ai
parcouru, je l'ai habité ; c'est un pays superbe. Il y a là des
fleuves comme nous n'en connaissons pas, le Potomac, par
exemple ; rien de plus beau que le Potomac ! Et puis ces
forêts magnifiques, pleines de ces arbres dont nous avons ici
quelques-uns dans des caisses... Comment s'appellent-ils
donc ? Des... des...

— Des daturas, souffla Vitrolles.

— C'est cela, des forêts de daturas.

« Il s'embrouilla dans le Potomac et les daturas ; c'était à
n'y rien comprendre. » Peu à peu, les ministres sortent avec
Fouché, et Vitrolles demeure seul en compagnie de Charles-
Maurice.

— Vous êtes un singulier homme, prince, lui dit-il. Hier
soir, vous aviez l'air de ne pas vouloir m'entendre, et
aujourd'hui vous allez à bride abattue sans que personne soit
préparé.

— Oui, lui répond Talleyrand, cela m'est venu ainsi ; j'ai
pensé qu'il était bon de jeter quelques mots en avant ; au
reste, je vais aller chez le roi et nous en parlerons.

C'est Vitrolles qui en parle le premier et parvient rapidement à convaincre le roi. Louis XVIII approuve :

— Voilà la duchesse d'Angoulême qui nous arrive d'Angleterre et le renvoi de Fouché sera un beau bouquet à lui offrir.

Sans plus tarder, le 19 septembre, Fouché est nommé représentant auprès de la cour de Saxe — car on a abandonné l'ambassade américaine. Aussitôt, commérages et potins courent la ville :

— Eh bien, vous savez, Fouché est renvoyé du ministère, et c'est à M. de Talleyrand qu'on le doit.

— Ah ! tant mieux ! le roi a bien fait de renvoyer Fouché ; mais quand renverra-t-il l'autre ?

— L'autre ? Quel autre ?

— Eh ! M. de Talleyrand lui-même...

— Mais... on doit pourtant lui tenir compte du service qu'il a rendu en éloignant du roi le ministre régicide.

— C'est possible ; mais le roi ferait toujours bien de se débarrasser du ministre révolutionnaire.

Le lendemain, 20 septembre, Talleyrand reçoit ce qu'il appelle justement un *ultimatum de garantie* réclamé à la France. Louis XVIII doit remettre au roi de Sardaigne la Savoie, tandis qu'au nord, la France perd Condé, Philippeville, Marienbourg, Givet, Charlemont, Sarrelouis et Landau. Les fortifications de Huningue devront être démolies et une contribution de 800 millions de francs sera versée aux vainqueurs tandis que l'occupation de nombreux départements du Nord et de l'Est sera entretenue aux frais de la France.

« Je ressentis, nous assure Talleyrand, la plus profonde indignation en recevant cette communication, plus insolente peut-être encore par sa forme que par les demandes iniques qu'elle renfermait. »

Bien que le prince ait accepté une négociation et le principe de cessions territoriales — juste prix du sang versé à Waterloo —, il annonce qu'il va tout faire pour lutter contre les Alliés. Louis XVIII en est effrayé : « Il me déclara qu'il fallait négocier encore, prendre des tempéraments, ne céder sans doute qu'à la dernière nécessité, mais enfin céder. Or traiter sur une demande de cession, c'est implicitement admettre qu'elle était légitime. C'était se réduire à disputer uniquement sur le plus ou le moins. C'était se mettre dans l'impuissance de ne pas céder. »

Les Chambres devant se réunir, le ministère estime
nécessaire d'avoir sa situation renforcée en face des représentants de la nation. Aussi Talleyrand vient-il voir le roi en
compagnie du baron Louis et du duc de Dalberg :

— Quel que soit notre dévouement au service de Votre
Majesté, annonce gravement Charles-Maurice, nous ne
saurions affronter une situation si difficile et l'opprobre qui
peut en rejaillir sur nous, si Votre Majesté ne nous garantit
pas son appui formel envers et contre tous. S'il n'en était pas
ainsi, nous demanderions dès ce jour au roi de choisir
d'autres conseillers.

Louis XVIII paraît frappé, yeux fixés au plafond, il
réfléchit et garde un instant le silence.

— Eh bien ! finit-il par répondre bien posément, je
prendrai un nouveau ministère.

L'audience est terminée et Talleyrand demeure sans
voix... « Nous sortons sans aucun compliment, écrit-il à la
duchesse de Courlande le lundi 25 septembre 1815. Jamais
rien n'a été plus sec que le *Journal officiel ;* il n'y a pas un seul
mot de nous, pas plus que si nous n'avions pas existé. Adieu.
L'ingratitude n'est pas assez voilée. »

Barras a toujours sur le cœur son départ pour Grosbois, le
soir du 18-Brumaire, cette mise à la porte *manu militari*
effectuée par le citoyen Talleyrand. Aussi exulte-t-il :
« Honneur à Louis XVIII qui a su, sans se lever de son
fauteuil de malade, jouer sous jambe les roués les plus
profonds et les plus affreux qui eussent paru sur la scène
d'aucune révolution ! »

Talleyrand semblait ainsi être, à son tour, chassé de
l'Histoire. Pourtant, sa carrière politique était loin d'être
terminée...

☆

Le 18 octobre 1815, Talleyrand écrit à Mme de
Courlande :

« J'ai passé trente ans de ma vie sans penser à autre chose
qu'à ce qui pouvait être utile à mon pays. Aujourd'hui je
m'occupe de mes intérêts que j'avais totalement négligés.
C'est pour ma façon d'être, pour la disposition de mon esprit,

une vraie révolution... Tout ce que l'on rencontre paraît mécontent. On a bien besoin d'être seul, ou avec ses amis. »

Et le mois suivant, après avoir pris connaissance du texte du traité de Paris signé par son successeur, le duc de Richelieu, Charles-Maurice lui écrit encore : « Il est peut-être bon que les formes de rédaction soient aussi dures. On sera forcé d'en conclure que ce sont des choses imposées. Mais toujours est-il vrai que je suis bien aise et que vous l'êtes aussi, de ne pas me voir parmi les signataires de cette belle œuvre. »

Talleyrand achève ses *Mémoires* en traçant ces lignes : « Je quitte le pouvoir sans de très vifs regrets. Certes, l'honneur de gouverner la France doit être le but de la plus noble ambition ; mais telles étaient les circonstances d'alors que la satisfaction de cette ambition eût été trop chèrement payé par moi. »

Est-il sincère ? Il n'a encore que soixante et un ans et il se moque de ce ministère qui est gouverné par Richelieu, « l'homme de France, assure-t-il avec ironie, qui connaît le mieux la Crimée »... N'est-ce pas trop tôt pour rentrer sous sa tente ? Il le répète : ses héritiers publieront seulement ses *Mémoires* trente années après sa mort.

Pour tout achever, au début du mois de novembre, Dorothée décide de partir pour Vienne afin de retrouver son beau major... S'il faut en croire Mme de Boigne, Talleyrand « en perd la tête ». La jalousie le harcèle. Peut-être — car ici ce ne sont que conjectures — charge-t-il Gentz d'influencer Dorothée pour qu'elle revienne à Paris. Plus certainement, le major Clam se montre infidèle — et Mme de Périgord, selon sa propre expression, perd ses illusions. La sécheresse de cœur et les galanteries du jeune officier autrichien déçoivent Dorothée qui revient vers son oncle. Est-ce cette décision que Gentz appelle « la dépravation de cœur » de Mme Edmond de Périgord ? Et il ajoute : « Cette femme a été pour moi un objet d'étude et d'amusement. »

Le 21 février 1816, Dorothée regagne enfin Paris et ne quittera désormais plus son oncle. Elle a vingt-trois ans et lui, soixante-deux. Certes — et Françoise de Bernardy, son excellente biographe, l'affirme — Dorothée prendra par la suite quelques libertés que Charles-Maurice feindra d'igno-rer, mais elle ne vivra plus véritablement que pour son oncle. Ne possède-t-il pas toujours « un charme fascinant et inexprimable », selon l'appréciation d'Aimée de Coigny ?

Mme de Périgord le reconnaîtra elle-même, la grande différence d'âge entre deux amants ne lui parut jamais qu'un léger inconvénient. Au sortir de l'enfance, n'avait-elle pas envisagé d'épouser un homme ayant vingt-cinq ans de plus qu'elle ? L'union du vieil oncle et de la jeune nièce est désormais sans ombre... « Convenez, lui écrit Talleyrand, que nous aurions grand tort de nous passer l'un de l'autre, car je perdrais mon mouvement et vous votre repos. »

Et plus tard :

« C'est si rare d'avoir quelqu'un tout à soi, sans une arrière-pensée, sans un secret, sans un intérêt séparé. »

Puisque Dorothée arrive seulement à Paris le 21 février 1816, il me semble difficile que la petite Marie-Henriette des Salles, baptisée le 15 septembre, non loin de Bourbon-l'Archambault, et dont les « père et mère sont inconnus », ait pu naître, comme ses descendants l'ont affirmé, des amours de l'oncle et de la nièce. Cependant Mme de Périgord semble bien avoir été la mère de l'enfant qui fut apporté par un domestique de Dorothée à des pauvres laboureurs des Salles — d'où le nom donné à la petite Marie-Henriette. En admettant que la petite fille ait été conçue aussitôt après le retour de Mme de Périgord à Paris, elle serait née à six mois et une vingtaine de jours... Il s'agit donc là d'une charmante tradition de famille [1], que l'on se doit de signaler, mais non de considérer comme vraie sans discussion possible.

Dès la fin du mois d'avril — le 27 — ainsi que l'annonce à Paris le préfet de l'Indre, Dessolle, Talleyrand et sa nièce arrivent à Valençay. Ils sont accompagnés de l'inévitable

---

1. Son arrière-petite-fille, mon amie Françoise Engel, mariée avec Jean Piat, ex-sociétaire de la Comédie-Française, semble, elle aussi, quelque peu perplexe à ce sujet. Cependant, Mme Jean Piat est formelle : la petite Marie-Henriette serait bien la fille de la future duchesse de Dino qui venait fréquemment voir « sa fille » à la pension Pagès, 4, rue du Mont-Parnasse où l'enfant était élevée.

— On vous dira, lui dit-elle un jour, que le prince est votre père ; n'en croyez rien ; votre père c'est...

Devenue Mme Guérard, la fille de Mme de Périgord, prétendit n'avoir pas retenu le nom prononcé par sa mère. Ce qui n'a rien de surprenant si ce nom était celui du major Clam-Martinitz...

comtesse Tyszkiewicz, amie fidèle et dévouée au-delà du possible. Mme de Courlande vient rejoindre le trio le 8 mai. Le prince est furieux de se sentir espionné jour et nuit. En effet, ainsi qu'en témoigne, en date du 1er juin 1816, une recommandation de Decazes, le nouveau ministre de la Police et bientôt favori du roi, le gouvernement attache une grande importance aux faits et gestes du prince en disgrâce, ainsi qu'aux persones qu'il pourrait recevoir... « Vous jugerez sans doute convenable, monsieur le marquis, écrit le ministre au directeur général des Postes, le marquis d'Herbouville, d'inviter le directeur de la poste de Châteauroux à faire connaître à M. le préfet de l'Indre les points de départ des lettres qui parviennent à Valençay et le point d'arrivée de celles qui en partent : je vous serai toujours obligé des renseignements que vous voudrez bien me transmettre sur les allées et venues qu'on aurait lieu de remarquer. »

Afin de bien remplir sa mission, le préfet se rend au château et trouve Talleyrand occupé avec « ces dames » à classer dans sa bibliothèque des livres venant d'arriver de Paris. « Sa conversation, note-t-il, a été peu animée ; je pourrais même dire qu'il semblait prendre peu d'intérêt à ce qui se passait autour de lui. »

Quatre jours auparavant — le 4 mai — Charles-Maurice a écrit à la princesse de Bauffrémont une lettre — recopiée par le cabinet noir, comme aux plus beaux jours de « Bonaparte » — qui nous montre son état d'esprit : « Quand on quitte Paris, je ne sais rien d'aussi curieux qu'un lieu où la tonte des bestiaux et les affaires de la forge sont l'unique intérêt à six lieues à la ronde. On dit qu'on a des nouvelles parce que les lettres arrivent deux fois par semaine et il n'y a personne qui désire voir arriver les lettres plus souvent... »

Talleyrand n'était pas retourné à Valençay depuis 1808 — et le château, nous l'avons dit, a gravement souffert par le séjour des princes d'Espagne. La chambre du rez-dechaussée donnant sur le parc, et que Talleyrand choisit pour lui-même, a été occupée par l'infant don Antonio qui, en guise de décoration, a cloué sur les murs de la pièce cinquante pièges à loups confectionnés par ses soins. Autour de la chambre, des gradins de bois supportaient des pots de grès dans lesquels l'infant cultivait des légumes d'Espagne. Il les arrosait — de loin — avec une pompe à eau qui inondait parquet, tentures et meubles anciens...

Seul héritage de leur séjour : le petit théâtre construit dans les communs et inauguré le 30 mars 1810 par la représentation de *Camille ou le souterrain*. Ferdinand s'était exclamé ce jour-là :

— C'est la première fois que je vois l'opéra ; nous avons reçu une singulière éducation à Madrid, on ne nous apprenait rien et on ne nous montrait rien.

Entretenir Valençay est chose difficile et onéreuse à notre époque — il y a près de quatre hectares de toitures... — cependant, la salle à manger, la longue galerie du premier étage, de près de 70 mètres de longueur, les deux grands salons du rez-de-chaussée, et la chambre de Ferdinand, ont presque conservé leur aspect d'autrefois. Les visiteurs y défilent fort nombreux chaque année. Malheureusement, on cherche en vain dans l'ancienne chambre de Talleyrand, au rez-de-chaussée du château, le souvenir du prince, le dernier duc de Talleyrand, mort en 1952, ayant éprouvé le besoin d'ouvrir une large baie vers le parc.

La pièce se trouvait autrefois encombrée par de grands fauteuils. Aux murs : un Titien, un portrait d'Erasme par Holbein, et celui de Colbert par Mignard. Talleyrand affectionnait particulièrement deux portraits, peints par Nattier et représentant Mmes de Châteauroux et de Flavacourt. Sept cents volumes ornaient les murs. Dans la salle à manger, on pouvait voir le portrait du cardinal de Richelieu par Philippe de Champaigne, deux philosophes de Ribera, et la *Bénédiction d'Abraham*. Dans la fameuse galerie, Talleyrand avait placé les portraits de Napoléon Ier, de Louis XVIII, et plus tard celui de Charles X, peints par le baron Gérard.

« Avec un peu de soin, écrit Charles-Maurice, Valençay sera l'un des plus beaux lieux que l'on puisse habiter. » Malheureusement, Talleyrand y reste peu. Sa charge de grand chambellan l'oblige à gagner Fontainebleau pour accueillir Marie-Caroline de Naples, qui va épouser le duc de Berry. Ainsi, on ne l'oubliait pas...

Cependant, au moment où il s'apprête à se mettre en route, il peut lire dans *le Journal de Paris* sa future notice nécrologique : « La France vient de perdre le p... de T.., dont on n'entendait plus parler depuis longtemps. C'était un petit homme de beaucoup d'esprit que les circonstances avaient singulièrement grandi... » Suivait un résumé de la vie et de la carrière du prince. L'article se poursuivait en ces termes : « C'était un homme fort utile dans les temps de trouble et fort adroit dans toutes les occasions. Il se tenait bien, avait de la noblesse, marchait mal, et cependant allait très vite... Il est mort dans la retraite à laquelle il s'était condamné lui-même, d'après l'avis des meilleurs médecins de la cour... » La censure gouvernementale laissa passer l'article et Talleyrand prit la chose fort mal : « Quand on a fait des choses, difficiles, courageuses, et qu'on ne demande que du repos, on devrait l'obtenir. Ce n'est pas beaucoup exiger d'un gouvernement pour lequel on a tant fait et dont on ne désire que l'établissement et la force. »

Est-ce pour le consoler que le roi le prie de faire le voyage de Paris à Fontainebleau dans son carrosse, et, remarque Talleyrand, « a été plein de bonté et de grâce pendant toute la route » ? A Fontainebleau, en attendant l'arrivée de la fiancée, la vie est fort réglée et en même temps fort libre. Il y a plus de cinquante personnes à table. Le soir, Charles-Maurice joue au whist avec le comte d'Artois, tandis que Madame Royale se livre au plaisir du loto avec une douzaine de dames. Le 16 juin, le grand chambellan est présent au rond-point de Hérem. Il se tient juste derrière le roi. Les trompettes sonnent, les tambours battent... et la petite princesse, les cheveux blonds relevés de perles fines, jaillit hors du carrosse et, selon l'étiquette, va se jeter aux pieds de Louis XVIII. Le soir même, Talleyrand, en écrivant à Mme de Courlande, trace le portrait de la jeune Marie-Caroline : « Mme la duchesse de Berry n'est pas grande ; elle a dix-sept ans et demi, et elle a l'air d'en avoir quinze. Elle est blanche, leste et blonde. Elle est grande comme Charlotte. Les épaules sont très bien. La place pour une jolie gorge est très bien préparée, mais n'est pas encore arrivée... Sa figure est tout autrichienne ; peut-être même rappelle-t-elle Marie-Louise. » Grave question qui divise la cour : Mme la duchesse de Berry a-t-elle oui ou non, une « coquetterie » dans l'œil ?

— La princesse a un œil plus petit que l'autre, avoue en soupirant le duc de Maillé.

— Je n'ai rien vu de cela, répond, indigné, le prince de Poix : bien au contraire, Mme la duchesse de Berry à l'œil gauche plus grand !

Talleyrand met tout le monde d'accord :

— Elle a quelque chose dans l'un des yeux qui regarde un peu en l'air ; mais ce n'est pas loucher.

Talleyrand se trouve derrière le roi alors que celui-ci accueille Marie-Caroline de Naples, duchesse de Berry, lors de son arrivée à Fontainebleau. A droite, le duc de Berry et Madame Royale ; à gauche, le futur roi Charles X.

Charles-Maurice est ensuite de toutes les fêtes et se montre « aussi charmant qu'il peut l'être, rapporte un témoin, riant — mais oui... —, amusant le roi, faisant mille contes ; tout entier à la grâce ; rien de ministériel, rien surtout d'un ministre disgracié... ».

Dorothée est restée à Valençay avec la comtesse Tyszkiewicz et écrit à Talleyrand pour lui annoncer que M. de Clam lui a écrit une lettre fort désagréable pour rompre définitivement avec elle. Le major déplore « la honte » de n'avoir été pour Dorothée « que l'instrument d'un caprice ». La lettre s'achève par « un éternel adieu », et cet adieu, Mme de Périgord le répète, quant à elle, « de tout son cœur ». Dorothée désire maintenant faire place nette et craint le retour à Paris de la princesse de Talleyrand. « Elle me fait craindre de plus en plus qu'un beau jour elle n'entre subitement dans votre chambre, écrit-elle à son oncle. Elle commencera par vous dire qu'elle ne restera que peu d'heures, mais qu'elle veut avoir une explication avec vous-même ; le tout dans l'espoir de tirer quelque argent de plus. Il n'y a de convenable pour elle et pour vous, que de la faire rester en Angleterre... comme l'argent est le vrai mobile de toutes les actions de Mme de T..., il faut toujours, vis-à-vis d'elle, partir de ce point de vue... » Aussi donne-t-elle à Charles-Maurice un conseil qui devrait lui épargner « une conversation pénible ». Qu'il fasse savoir à la princesse, qui s'est installée à Pont-de-Sains — première étape vers un retour rue Saint-Florentin — qu'elle ne touchera pas en France « un sol de la rente que lui fait son mari. Il faut qu'elle regagne l'Angleterre ! ». Que M. Perrey — secrétaire du prince — l'accompagne jusqu'à Calais ou Ostende et ne revienne qu'après l'avoir vue s'embarquer. Et elle conclut : « Mon conseil est très bon, je vous jure, et vous auriez tort de ne pas le suivre. »

Depuis l'année précédente, Catherine savait à quoi s'en tenir au sujet de celle qu'elle appelait *Mme Edmond*. Le 23 mai 1815, elle répondait à Talleyrand : « Il y a longtemps que je vois, par tous les rapports et bavardages dont vous me parlez dans vos lettres, que vous avez des personnes méchantes et bien mal intentionnées qui ont votre oreille... »

Aussi Catherine n'obtempère pas aux *conseils* de Mme de Périgord. Elle s'ennuie fort à Pont-de-Sains, mais a la sagesse de ne pas réintégrer la rue Saint-Florentin. Elle s'installe à La Muette, villa Beauséjour ! Aussi Louis XVIII taquine-t-il Talleyrand en lui parlant de ce retour non prévu...

— Il faut bien, sire, lui répond le prince, que j'aie, moi aussi, mon 20-mars.

La princesse s'est attaché une dame de compagnie, pour ne pas dire une dame d'honneur — une comtesse ruinée, nommée Mme de Ponsot. Lorsque Catherine se promène au Ranelagh dans son petit parc — l'avenue Mozart a été tracée sur son emplacement —, la comtesse doit la suivre à trois pas. Si la malheureuse l'oubliait, l'ex-Mme Grand la rappelait à l'ordre :

— Comtesse, vous perdez le respect !

Plus tard, elle habitera rue de Lille et vivra dans le souvenir d'une époque où elle était réellement la princesse de Bénévent. Tout en sa demeure lui rappelait son mari : « Son fauteuil préféré, nous rapporte Bernard Lacombe, le tapis devant le foyer, le coussin brodé, placé sous ses pieds, le

mouchoir de linon ou la tabatière qu'elle tenait à la main, la
pendule de la cheminée qui portait les armes de Talleyrand
avec la devise *Re que Diou*. Dans un coin, la cage où dormait
un couple de loirs blancs reproduisait avec son donjon et ses
tours le château de Valençay. »

En 1825, la reine d'Espagne lui fera remettre le grand
cordon de l'ordre de Marie-Louise en témoignage « des
égards qu'elle avait eus pour adoucir la position de S.M. le
roi Ferdinand pendant son séjour au château de Valençay ».
Et aussi, sans doute, pour avoir « adouci la position » du duc
de San Carlos...

Celui-ci venait fréquemment visiter Catherine et s'empif-
frait à un tel point qu'un soir du mois de juillet 1828, il
mourut d'une indigestion de langouste. Charles-Maurice
sembla affligé, et comme on s'étonnait, il expliqua :

— Le duc de San Carlos était l'amant de ma femme, il
était homme d'honneur et lui donnait de bons conseils dont
elle a besoin. Je ne sais pas maintenant dans quelles mains
elle tombera.

Après la traditionnelle cure à Bourbon-l'Archambault,
Talleyrand regagne Paris où il fait graver en lettres d'or sur
le portail de sa demeure ces deux mots : *Hôtel Talleyrand*.
Peut-être se croit-il oublié et estime-t-il qu'on ne parle pas
assez de lui... Charles-Maurice espère toujours reprendre le
pouvoir et a même composé un ministère prêt à succéder à
celui de Richelieu... si le roi devait le rappeler. La
surveillance policière dont il est sans cesse l'objet continue
de l'agacer. Aussi, le 18 novembre 1816, déclenche-t-il un
scandale à l'ambassade d'Angleterre, la scène a lieu à l'issue
d'une réception donnée en son honneur, 38, faubourg
Saint-Honoré, dans l'ancien hôtel de la princesse Pauline
Borghèse. Sans doute a-t-il fait trop honneur au dîner — il ne
prend qu'un repas par jour — car son teint semble plus
coloré que de coutume. Tandis qu'il accompagne l'ambassadrice au salon, il élève la voix — une voix au timbre chaud et
grave qui s'entend de loin — et, avec une rare violence,
attaque à la fois le duc de Richelieu et le futur chancelier
Pasquier, qui vient d'être nommé président de la Chambre.
Il prend d'abord à partie ce dernier :

— Est-ce que vos députés vont se traîner, eux aussi, dans

la malpropreté de vos ministres ? Ce n'est pas un pareil cabinet qui peut convenir à la France, mais bien un cabinet composé d'hommes qui ont des racines dans le pays. C'est celui-là seulement qui doit tenir les rênes du pouvoir. Le traité [1] est le scandale de la France. On n'aurait pas dû le signer. Il faut que les ministres rendent compte de leur faiblesse à cet égard. Le cabinet dont j'étais le président ne fit que des choses nobles et grandes, il n'y a qu'un cabinet de ce genre qui peut sauver la France ; le cabinet actuel la déshonore.

Et comme Pasquier en a assez de supporter cette avalanche et veut se retirer, Talleyrand, aussi rapidement que possible, s'appuyant sur sa canne, lui coupe la retraite :

— Monsieur Pasquier, tenez pour certain ce que je disais tout à l'heure. C'est qu'un ministre de la Police n'est autre chose qu'un maquereau... et qu'une Chambre ne peut, sans s'avilir, avoir aucune relation avec lui.

Louis XVIII a été aussitôt prévenu et trois jours plus tard, le premier gentilhomme de la chambre, le duc de La Châtre, se fait annoncer rue Saint-Florentin et remet au prince cet ordre d'un ton très « Ancien Régime » : « Le roi ayant été informé de la manière inconvenante dont vous vous êtes exprimé dimanche dernier chez l'ambassadeur d'Angleterre en vous adressant au président de la Chambre des députés, ce qui a paru aggraver encore la faute, Sa Majesté m'a ordonné de vous prescrire de ne point reparaître à la cour jusqu'à ce qu'Elle vous en ait fait donner l'ordre. »

Talleyrand avait même failli perdre sa charge de grand chambellan et c'est le duc de Richelieu qui s'était charitablement entremis. Le lendemain, le prince écrit au roi une lettre quelque peu alambiquée lui annonçant qu'il obéit avec douleur, à l'ordre reçu... mais ose prétendre que Louis XVIII avait été informé « inexactement ».

Il fournit ensuite une longue explication au duc de Wellington, embrouillant comme à plaisir l'incident et affirmant que « tout s'est passé dans le ton de la conversation la plus ordinaire et, du moins de ma part, avec l'indifférence d'un homme qui attend sa voiture ».

Son orgueil souffre encore davantage lors du service religieux célébré pour la mort de Louis XVI à Saint-Denis.

---

1. Signé avec les Alliés.

Ce 21 janvier 1817, le grand maître des cérémonies lui intime l'ordre, de la part du roi, de ne pas prendre place dans le chœur de la basilique parmi les grands officiers de la Couronne, mais de se ranger plus modestement au milieu des pairs.

Cependant, craignant de faire de Talleyrand le chef de l'opposition, le roi, le 28 février 1817, lui fait porter sa rentrée en grâce par le duc d'Aumont. On lui permet de revenir aux Tuileries... et le roi le reçoit avec politesse et « point trop d'embarras ». La conversation, s'il faut en croire Talleyrand, a porté sur « des choses insignifiantes ».

Le 31 août, alors que l'oncle et la nièce s'apprêtent à prendre le chemin des Pyrénées, puis du midi de la France, Louis XVIII signe l'ordonnance conférant au prince le titre de duc et pair. On continuera à l'appeler *Monsieur le prince*, et il offre son titre ducal à son neveu Archambault. Il lui en coûte seulement 200 francs pour le montant des lettres patentes. Ce n'est pas cher... Cependant, comme le remarque Stendhal, « Talleyrand est un homme d'infiniment d'esprit qui a toujours besoin d'argent », aussi vient-il à l'idée de Charles-Maurice de proposer à Metternich d'acheter, au profit de l'Autriche, la correspondance qu'en sa qualité de ministre des Relations extérieures il avait échangée avec Napoléon — il écrit « Bonaparte », bien sûr... — et cela depuis le retour d'Egypte.

Talleyrand avait assurément soustrait ces « immenses papiers », ainsi qu'il les appelait, lors de son passage au gouvernement provisoire de 1814. « Mon sentiment, écrit-il au chancelier, me porte à désirer que cette précieuse et souvent compromettante partie de notre histoire moderne soit entre vos mains. » On n'achète pas un chat dans un sac, aussi le chancelier se méfie-t-il de son ancien complice. Il exige de voir les pièces et demande à quel prix Charles-Maurice les laisserait éventuellement à l'Autriche.

« Si j'avais traité à cet égard avec une des autres puissances de l'Europe, lui répond Talleyrand, j'aurais demandé 500 000 francs. Si elles conviennent à Sa Majesté l'empereur, il en fixera le prix et je trouverai tout bien. » Et, non sans difficulté, les « immenses papiers » prennent le chemin de Vienne pour être examinés.

S'il faut en croire Chateaubriand, Metternich roula son complice et renvoya religieusement les originaux après en avoir pris connaissance et en prétendant que le marché ne l'intéressait pas. Les quelques inédits qui se trouvent encore dans les Archives viennoises de la *Minoritenplatz* ne sont pas d'une importance essentielle. Talleyrand a-t-il touché les 500 000 francs qu'il exigeait ? Selon Emile Dard, qui connaît la question mieux que personne, « il est fort probable que non ».

En attendant de percevoir le payement demandé — si payement il y eut — Charles-Maurice a quelques consolations. A la fin de 1817, au mois de décembre, le roi Ferdinand des Deux-Siciles, pour remercier le prince de l'action menée en sa faveur au Congrès de Vienne, lui donne le titre de duc de Dino, du nom d'une île minuscule de 1 200 m sur 500 m, située dans un golfe calabrais. C'est Edmond et Dorothée qui porteront désormais le nom de cet îlot peuplé principalement de lapins...

Ayant de moins en moins d'espoir de revenir aux affaires, Talleyrand se rapproche de la famille d'Orléans. La future reine Marie-Amélie le reçoit le 2 novembre 1817 et écrit dans son *journal* encore inédit [1] : « Ma curiosité a été satisfaite au sujet de ce fameux personnage de notre siècle. Je l'ai trouvé tel que je me le représentais : physionomie spirituelle, accorte, même un peu ironique. Il parle peu, mais ce qu'il dit est bien réfléchi. »

En avril 1818, il paraît moins amer et, nous dit Mme de Rémusat, « ne point voir tout en noir ». Cependant, il connaît une nouvelle déception : le Congrès d'Aix-la-Chapelle s'ouvre en cette année 1818... sans lui, « en dépit des intrigues de Vitrolles ». Mais Richelieu n'a nul besoin d'être épaulé et, seul, obtient la libération de la totalité du territoire français par les vainqueurs de Waterloo.

Après cette victoire, le duc estime sa tâche terminée et reprend sa liberté, refusant d'écouter les supplications du roi :

— Vous me réduisez à la déplorable extrémité de recourir à M. de Talleyrand que je n'aime ni n'estime.

Quant au comte d'Artois, il supplie le premier ministre d'épargner « au roi et à la France le malheur et la honte de revenir à M. de Talleyrand ».

Le duc d'Orléans souhaite, au contraire, le retour de Talleyrand au pouvoir et, selon le *journal* inédit de sa femme,

---

1. Cf. chapitre *Sources*.

compte sur le prince pour « produire une réunion entre les ultras et les ministres », mais celle-ci « n'est qu'apparente, écrit-elle. Les libéraux triomphent et, se tenant dans une grande mesure et parlant avec beaucoup de modération, ils gagnent des partisans et espèrent profiter de la violence des ultras et des craintes des ministres pour prendre le dessus... ».

Quelques jours après que Marie-Amélie eut tracé ces lignes, le roi, le 29 décembre 1816, a évité « la déplorable extrémité » qu'il craignait tant et nomme le général Dessolles président du Conseil et ministre des Affaires étrangères. En réalité, Decazes gouverne seul et bientôt prendra officiellement la présidence du Conseil. Talleyrand est donc passé par deux fois à côté de cette reprise du pouvoir à laquelle il soupire et qu'il espère tant depuis trois années ! Désabusé, il se déclare même prêt à émigrer et se montre de plus en plus aigri. « Il est pénible, écrit-il à Mme de Courlande, de voir périr sous ses yeux un établissement pour lequel on a tant fait ; cela m'attriste beaucoup. » Et un mois plus tard : « Je suis toujours dans l'intention de montrer que je ne me mêle et ne veux me mêler de rien. Il me semble que c'est là ce qui doit arrêter toutes les conjectures que l'on aime à faire sur un homme qui a longtemps été en place et qui a eu quelques succès... » Mais, il se console comme il peut : « Je n'ai plus besoin de m'occuper des affaires. J'ai de quoi occuper ma tête par tout ce que j'ai vu et par tout ce à quoi j'ai pris part. Il y a là de quoi remplir une vie plus longue que ne sera la mienne... »

Sa conversation est toujours aussi éblouissante et l'on continue à colporter ses « mots » dans Paris — cette renommée le console de bien des ingratitudes et oublis.

On le sait, l'assassinat de Fualdès en 1817 se déroula à Rodez dans une maison close dont la « patronne » se nommait Mme Bancal. Une dame, croyant mortifier le prince par une allusion à son infirmité, lui dit en entrant dans son salon :

— Mon Dieu ! Croiriez-vous bien qu'on vient d'écrire sur votre porte : *Maison Bancal ?*

— Que voulez-vous, madame, le monde est si méchant ! ...On vous aura vue entrer !

☆

L'assassinat du duc de Berry, le 13 février 1820, fait glisser Decazes dans le sang. Richelieu, sollicité de prendre sa succession, refuse, mais le comte d'Artois le force à accepter :

— Je ferai plus que vous soutenir, je serai votre premier soldat !

Déception de Charles-Maurice qui comptait bien cette fois avoir la place et avait même déjà formé une équipe... sur le papier. Puisque Richelieu revient au pouvoir, Talleyrand se plonge dans l'opposition, ses opinions se teintent de plus en plus de libéralisme. Il n'en demeure pas moins partisan de la légitimité « sauvegarde des nations » et c'est pour cette raison qu' « elle est sacrée à ses yeux ». Certes — nous l'avons dit — il s'est rapproché de la famille d'Orléans, mais il ne reconnaîtrait le fils de Philippe Egalité, comme héritier du trône, que dans le cas où la duchesse de Berry — enceinte de l'enfant du miracle — mettrait au monde une fille. « Il faut que Mme la duchesse de Berry accouche d'un garçon, écrit-il, je le désire de tout mon cœur. C'est la formule de politesse que j'emploie pour finir les lettres que j'écris aux personnes que j'aime et qui pensent comme moi. »

Le souhait de Charles-Maurice est réalisé : la légitimité qui lui est si chère est consolidée par la venue au monde, le 29 septembre 1820, du duc de Bordeaux. Et Talleyrand signe l'acte de naissance, l'un des premiers — comme pour le roi de Rome — mais, en dépit de ce viatique, Henri V ne régnera pas plus que Napoléon II...

Au lendemain de cette naissance miraculeuse, voici Charles-Maurice promu chevalier du Saint-Esprit. On peut encore admirer à Valençay sa rutilante tenue.

— Il a été doré comme une pilule ! constatait Castellane.

Cette même année 1820, Talleyrand découvre Lamartine. Il dévore littéralement les *Méditations poétiques* et renvoie le recueil de poèmes à Mme Tyszkiewicz, avec ce mot : « Qu'il vous suffise de savoir que je n'ai pu dormir et que je l'ai lu jusqu'à 4 heures du matin, pour le relire encore. Je ne suis pas prophète, je ne puis pas vous dire ce que sentira le public ; mais mon public à moi, c'est mon impression sous mes rideaux. Il y a là un homme... »

Et pourtant, Talleyrand appréciait peu les romantiques. Il voulait bien, disait-il, les admirer, mais non les comprendre.

A Valençay, comme à Paris, Talleyrand aime prolonger avec Dorothée de longues veillées. Elle l'aide à penser tout haut et, comme l'a remarqué Vitrolles qui, assurément, aima Dorothée, elle le forçait « à préciser et à compléter ses idées qui, sans elle, seraient restées vagues et vaines ». En un mot, elle l'inspirait.

Dorothée aux yeux d'un bleu si brillant, et si triste aussi, qu'il paraissait noir, au regard velouté, à la voix aux inflexions lentes et caressantes, à la vive intelligence de surcroît, fait des ravages. Elle ensorcelle. Edmond en a pris depuis longtemps son parti. Alors que Dorothée demeure dans l'hôtel Talleyrand, rue Saint-Florentin, M. de Périgord s'est installé rue de la Grange-Batelière. Il est si couvert de dettes qu'en 1818 sa femme, qui est fort riche, demande la séparation des biens. La rumeur publique prête à la jeune femme, nombre d'amants qui, devait avouer Dorothée plus tard, « ont tant agité et gâté ma vie ».

Au printemps de 1820, elle s'aperçoit qu'elle est enceinte « par la grâce de Dieu », disait Mme de Souza, ex-de Flahaut, qui, comme bien des femmes, n'aime guère Dorothée. Est-elle prise d'une étrange jalousie rétrospective ? Qui est le responsable ? Pour bien des gens — Mgr Dupanloup en tête — l'auteur serait Talleyrand. Cependant, un texte que l'on peut encore lire aux Archives nationales, et conservé dans les papiers de Beugnot, donne comme père de l'enfant le marquis de Boisgelin — « jeune homme un peu sur le retour, mais d'un extérieur passable et d'un commerce aimable », qui, comme tant d'autres, avait été l'amant d'Aimée de Coigny. Peut-être Mme de Dino ne pouvait-elle avoir elle-même aucune certitude à ce sujet. Lorsque Dorothée — toujours selon ce véritable pamphlet — s'aperçoit qu'elle attend un enfant, elle « entre en négociation avec le mari ». Talleyrand aurait payé les dettes d'Edmond, mais, en échange, aurait exigé qu'il vienne demeurer rue Saint-Florentin et reprenne avec sa femme son rôle d'époux. Le mari assista donc en « pitoyable spectateur » à la grossesse de sa femme, toujours selon la mère de Charles de Flahaut. Six mois après la naissance de « sa » fille Pauline, Edmond plie bagages et, après une randonnée en Angleterre, revient à Paris... pour s'installer rue d'Aguesseau.

En 1824, Dorothée, vraisemblablement d'accord avec son mari et son oncle, somme Edmond, par voie d'huissier, afin d'obtenir une séparation légale, de la recevoir chez lui ou de venir demeurer auprès d'elle rue Saint-Florentin. L'homme de loi, venu avec des témoins, s'entendit répondre que le duc « refusait formellement de recevoir Mme la duchesse son épouse et d'habiter avec elle pour des motifs graves qu'il ne croyait pas devoir dévoiler ».

Peut-être doutait-il que Pauline soit sa fille... L'enfant deviendra la fameuse *Minette*, l'enfant préférée de Talleyrand, celle qu'il appellera son « ange du foyer » et qu'il aimera paternellement jusqu'à l'avantager considérablement dans son testament. Le « *suaviter in modo* » de l'oncle de soixante-deux ans ne suffira certainement pas à Dorothée dont les amants forment une assez jolie collection... De Théobald Piscatori, de qui elle eut un enfant, venu au monde à Bagnères-de-Bigorre, jusqu'au comte de Mornay, des œuvres duquel la jeune femme aurait accouché à Hyères en 1826. Sans parler de tous ceux qui la désirèrent ardemment... même, s'il faut en croire Mme de Boigne, le coadjuteur et bientôt archevêque de Paris, Mgr de Quélen, qu'elle troubla profondément « dans un moment de vacance de cœur, poussée par l'ennui, le désœuvrement et peut-être par un peu de rouerie ».

Un jour que Talleyrand recevait un jeune séminariste, Mme de Dino se plaça devant la cheminée où pétillait un feu de bois, se retourna, et, relevant ses jupes, chauffa ce que l'on n'a guère liberté d'exhiber dans un salon.

— Mode russe, expliqua paisiblement Charles-Maurice.

« En ayant l'air de ne pas s'apercevoir que je fusse un homme, conclut le visiteur, Mme de Dino me traitait comme les dames de Saint-Pétersbourg traitent leurs moujiks. »

XXIII

« VOTRE MAJESTÉ OUBLIE
LA CHAISE DE POSTE !... »

*Agiter le peuple avant de s'en servir,
c'est une sage maxime ; mais il est inutile
d'exciter les citoyens à se mépriser les
uns les autres ; ils sont assez intelligents
pour se mépriser tout seuls.*

TALLEYRAND

Le mardi 5 juillet 1821 Paris apprend la mort de Napoléon
à Sainte-Hélène — décès déjà vieux de deux mois.

— Ah ! quel événement ! s'exclame Mme Crawford,
devant Talleyrand.

— Ce n'est plus un événement, madame, lui répond
Charles-Maurice avec son flegme habituel, c'est une nouvelle.

A Vienne, la « nouvelle » n'en fait pas moins monter la
rente de deux thalers... Cependant, son mot lancé, Talleyrand a parlé longuement de Napoléon à lord Holland :

— Son génie était inconcevable. Rien n'égalait son
énergie, son imagination, son esprit, sa capacité de travail et
sa facilité de produire... Sa carrière est la plus étonnante
qu'on ait vue depuis mille ans. Il a commis trois fautes
capitales, c'est à elles qu'il faut attribuer sa chute, qui est à
peine moins surprenante que son élévation : l'Espagne, la
Russie et le pape... Ce fut certainement un grand homme, un
homme extraordinaire, presque aussi extraordinaire par ses
talents que par sa fortune... C'est certainement l'homme le

◄ *Le célèbre portrait de Talleyrand par Prud'hon.*

plus extraordinaire que j'aie jamais vu, et, à mon avis, l'homme le plus extraordinaire qui ait vécu de notre temps, et depuis bien des siècles.

Une oraison funèbre qui rachète les affreuses paroles prononcées lors du Congrès de Vienne.

Pourtant, à Sainte-Hélène, Napoléon n'avait pas désarmé :

— Ce qui me fait croire qu'il n'y a pas un Dieu vengeur, rémunérateur, c'est de voir que les honnêtes gens sont toujours malheureux et les coquins heureux. Vous verrez qu'un Talleyrand mourra dans son lit !

Charles-Maurice devient de plus en plus libéral. Au mois de juillet 1821, Talleyrand prononçait à la Chambre des pairs un discours — audacieux et courageux — contre la censure :

— En vous rappelant tous les maux versés sur la France par la Révolution, il ne faut cependant pas être tout à fait injuste envers les génies supérieurs qui l'ont amenée ; et nous ne devons pas oublier que si, en leurs écrits, ils n'ont pas toujours su se préserver de l'erreur, nous leur devons aussi la révélation de quelques grandes vérités. N'oublions pas surtout que nous ne devons pas les rendre responsables de la précipitation inconsidérée dans laquelle la France presque tout entière s'est lancée dans la carrière qu'ils s'étaient contentés d'indiquer.

On devine combien ces mots « la France presque tout entière » durent faire bondir les ultraroyalistes, mais ils n'osèrent pas montrer leur désapprobation. Et Talleyrand poursuivit :

— Or, messieurs, voulez-vous savoir quelles étaient en 1789 les véritables nécessités du temps ? Ouvrez les Cahiers des différents ordres. Tout ce qui était alors le vœu réfléchi des hommes éclairés, voilà ce que j'appelle des nécessités. L'Assemblée constituante n'en fut que l'interprète, lorsqu'elle proclama la liberté des cultes, l'égalité devant la loi, la liberté individuelle, le droit de juridiction (nul ne peut être distrait de ses juges naturels), la liberté de la presse... Et cependant, malgré les erreurs dont je n'ai cité qu'un petit nombre, erreurs suivies de grandes calamités, la postérité qui a commencé pour elle, lui reconnaît la gloire d'avoir établi les bases de notre nouveau droit public.

Il en vient maintenant à la liberté de la presse qui « consolide les libertés légitimes ». Et puis, si elle doit ruiner « les réputations usurpées, où donc est le mal ? »

Et de conclure :

— Il y a quelqu'un qui a plus d'esprit que Voltaire, plus d'esprit que Bonaparte, plus d'esprit que chacun des directeurs, que chacun des ministres passés, présents et à venir : c'est tout le monde... L'espérance soutient, et avec raison, car cette espérance ne peut être longtemps trompée : mais, quand la presse est asservie, quand nulle voix ne peut s'élever, les mécontentements exigent bientôt, de la part du gouvernement, ou trop de faiblesse, ou trop de répression.

Enfin, il lançait d'une voix ferme :

— Dans l'intérêt du roi et de la France, je demande une loi répressive et je vote contre la censure.

Le duc de Fitz-James réplique en attaquant Talleyrand, « ce Protée politique qui, tantôt se faisait gloire d'avoir collaboré avec l'Assemblée qui avait détruit la vieille monarchie, et tantôt se vantait d'avoir, vingt-cinq ans après, rétabli celle-ci ».

Charles-Maurice ne tressaille même pas et se contente de dire à haute voix :

— M. le duc de Fitz-James a vraiment du talent.

1821 est une année endeuillée pour Charles-Maurice ! La duchesse de Courlande, celle qu'il appelait « son ange », la « douceur de sa vie », meurt à Löbikau, le 20 août : « Je ne crois pas, soupire Talleyrand auprès de la duchesse de Dino, qu'il y ait jamais eu sur la terre une femme plus digne d'être adorée. »

Puis ce fut au tour, le 20 octobre, de l'archevêque de Paris, le cardinal de Talleyrand-Périgord, âgé de quatre-vingt-cinq ans. Avant de mourir, il avait supplié son terrible neveu de revenir à la religion :

— Votre cœur n'en a jamais été éloigné, parce que vous êtes honnête.

Le 17 novembre, mourait Mgr Bourlier, évêque d'Evreux. Le service funèbre permet à Talleyrand de rappeler sa jeunesse et ces Messieurs de Saint-Sulpice. Prenant la parole à la Chambre des pairs, il parle avec émotion de la grande puissance exercée par la vieillesse dont « les conseils ne blessent point, parce que les rivalités sont éteintes pour elle »... et il conclut : « Faisons des vœux pour conserver longtemps les vieillards que nous avons encore en cette Chambre... Leur présence est un avertissement continuel : ils nous disent de mettre du temps dans les affaires, du discernement dans les convenances et d'apprécier sans illusions toutes les choses de la vie. »

Le 16 décembre, l'exquise comtesse de Rémusat, dont il aimait tant l'esprit si étendu et si joliment orné, rend le dernier soupir. La peine de Charles-Maurice est extrême.

Au mois de décembre 1822, une nouvelle fois, Talleyrand espère bien revenir au pouvoir. Richelieu, combattu par le comte d'Artois, en dépit de sa promesse du mois de février 1820, est obligé de quitter la place.

— Que voulez-vous ? soupire Louis XVIII qui n'est plus maintenant qu'un fantôme de roi, mon frère a conspiré contre Louis XVI, il a conspiré contre moi, il conspirera contre lui-même...

Le roi ne croyait pas si bien dire... 1830 le prouvera !

Louis XVIII fait appel à Villèle et Charles-Maurice se console en décochant ses flèches contre la nouvelle équipe. Voyant un jour entrer dans la Chambre des pairs le comte Ferrand soutenu par deux valets :

— Voyez Ferrand, s'exclama le prince, c'est l'image du gouvernement : il croit marcher et on le porte.

On rencontre alors fréquemment Charles-Maurice chez Laffitte, non pour lui parler finances, mais pour l'entraîner vers l'opposition, d'abord, et vers le pouvoir, ensuite. Mais Laffitte se réserve pour le duc d'Orléans... et refuse : il est, affirme-t-il, sans forces et sans parti !

— Vous vous trompez, monsieur, reprend Talleyrand, vous êtes le chef d'un parti puissant de la Chambre.

— Non, mon prince, nous ne sommes que dix-sept.

— Monsieur, vous êtes fort, très fort.

— Nous ne sommes que dix-sept.

— Vous êtes un homme immense.

— Nous ne sommes que dix-sept...

Charles-Maurice rencontre rue d'Artois — aujourd'hui rue Laffitte — La Fayette, Béranger et Odilon Barrot. Au début de 1823, il se montre fort intéressé par un jeune Marseillais de vingt-six ans : le petit Adolphe Thiers, volubile à souhait et pérorant de sa voix pointue aux inflexions réchauffées par le soleil de la Méditerranée. Ce sont deux mondes qui se croisent : le passé et le futur. En voyant gesticuler ce petit homme aux propos exubérants, Talleyrand constate :

— Ce gamin a le feu sacré.

Et il s'intéresse au futur chef d'Etat, lui prouvant que la démesure perd les plus grands hommes :

— Tout ce qui est exagéré est insignifiant.

Il lui rappelle sa propre impopularité :

— J'ai été trente ans un des hommes les plus haïs d'Europe et dans le même temps j'ai toujours été soit au pouvoir, soit près d'y revenir !

« Je voulais toujours mettre la conversation sur l'Europe, sur l'état des affaires, la politique enfin, a raconté Thiers. Lui ne parlait jamais que de femmes. J'étais excédé. Un jour, je lui dis : " Mon prince, vous me parlez toujours de femmes, j'aimerais bien mieux parler politique. " Il me répondit : " Mais les femmes, c'est la politique ! " » Ce n'était pas la première fois qu'il employait cette définition...

Cependant, on ne parle, surtout rue d'Artois, que de l'Espagne. Depuis le retour du roi Ferdinand à Madrid, la péninsule est le théâtre d'une véritable terreur blanche. Le résultat d'une telle politique ne se fait pas attendre. Huit années après le retour du roi Bourbon à Madrid, le royaume espagnol est en proie à l'anarchie. Entre royalistes absolutistes et *exaltados* le sang commence à couler. Ferdinand joue le double jeu. Affectant la soumission, il conspire contre son ministère et supplie les pays alliés — la *Sainte Alliance* — de l'arracher à sa captivité. Ce cri d'alarme s'adresse principalement à la France, puisqu'un Bourbon y règne. Mais Louis XVIII et son ministre Villèle semblent fort réticents. Ils ne tiennent nullement à mécontenter l'Angleterre, laquelle se montre extrêmement hostile à une intervention armée en Espagne. Quant à M. de Metternich, inquiet sans doute de voir un foyer jacobin brûler au bord de la Méditerranée, il craint que la France ne devienne trop puissante en jouant en Espagne le rôle de gendarme de l'Europe. Aussi, le ministre de l'empereur François a-t-il souhaité voir le cabinet des

Le jeune Adolphe Thiers qui allait bientôt fonder le National et qui faisait alors, sous l'œil admiratif de Talleyrand, ses premiers pas dans la politique.

Tuileries suivre des voies pacifiques. M. de Villèle est bien de cet avis, mais son nouveau ministre des Affaires étrangères, Chateaubriand, piaffe littéralement d'impatience. Selon le noble vicomte, les « idées subversives » d'au-delà des Pyrénées « menaçaient de ranimer en France les excès réprimés par le despotisme de Bonaparte ». En outre, toujours d'après le nouveau ministre, « la légitimité — c'est-à-dire la monarchie de Louis XVIII — se mourait faute de victoires après les triomphes de Napoléon ».

Louis XVIII finit par se laisser entraîner par l'ardeur guerrière de M. de Chateaubriand. Le 28 janvier 1823, en dépit des soupirs de Talleyrand et de Villèle, il prononce à la Chambre un discours de matamore, annonçant que « cent mille Français sont prêts à marcher pour conserver le trône d'Espagne à un petit-fils d'Henri IV », on préservera « ce beau royaume de la ruine!... ». Mais pour faire marcher 100 000 Français, il faut de l'argent : 1 000 francs par homme, soit 100 millions !

Messieurs les pairs commencent à palabrer. Talleyrand paraît avoir complètement oublié qu'il avait conseillé, lui-même, à l'Empereur, d'intervenir en Espagne, et déclare :

— Il y a aujourd'hui seize ans qu'appelé, par celui qui

gouvernait alors le monde, à lui dire mon avis sur une lutte à engager avec le peuple espagnol, j'eus le malheur de lui déplaire en lui dévoilant l'avenir, en lui révélant tous les dangers qui allaient naître en foule d'une agression non moins injuste que téméraire. La disgrâce fut le fruit de ma sincérité. Etrange destinée que celle qui me ramène, après ce long espace de temps, à renouveler auprès du souverain légitime les mêmes efforts, les mêmes conseils !

Il prédit :

— Nous aurons à lutter contre l'insurrection, la pire des guerres. Jadis, je l'avais déjà prévu, quand je m'efforçai de dissuader Napoléon de se mêler des affaires d'Espagne. Napoléon ne m'écouta pas, et, dans le guêpier où il s'aventura, il usa son armée sans gloire. Ce fut le commencement de son déclin. Eh bien ! si nous nous obstinons à aller en Espagne, l'Histoire recommencera. Nous courrons à un échec !

Or, ce discours, Talleyrand ne l'a *jamais* lu. La Chambre des pairs, après avoir entendu Barante et Daru, qui sont du même avis que Talleyrand, puis la réponse de Villèle, s'était jugée suffisamment éclairée et était passée outre.

Talleyrand n'avait donc plus d'autre ressource que de publier son texte, mais, dans les *Mémoires d'outre-tombe*, Chateaubriand affirme avoir *écouté* et *entendu* tomber des lèvres minces de M. de Talleyrand des paroles, qui, répétons-le, ne furent jamais prononcées... Le vicomte prétend être demeuré abasourdi par l' « effrayante effronterie » de l'orateur et par « ses affirmations contraires à la vérité ». « Lorsque le débitant de ces imperturbables assertions descend de la tribune, racontera-t-il, il va s'asseoir impassible à sa place, vous le suivez du regard, suspendus que vous êtes entre une espèce d'épouvante et une sorte d'admiration ; vous savez que cet homme n'a point reçu de la nature une autorité telle qu'il a le pouvoir de refaire ou d'anéantir la vérité. »

Comme tout le monde, le roi lut le texte de l'exposé du prince de Talleyrand. Il n'ignorait pas que son prédécesseur sur le trône avait suivi les conseils de son ministre, aussi, comme le dit en souriant Lacour-Gayet, « il voulut faire comprendre à son grand chambellan qu'un peu de repos à la campagne ne pourrait que lui faire du bien ».

— Est-ce que vous ne comptez pas retourner à la campagne ? lui demande-t-il.

— Non, sire, à moins que Votre Majesté n'aille à Fontainebleau ; alors j'aurai l'honneur de l'accompagner pour remplir les devoirs de ma charge.

— Non, non, ce n'est pas ça que je veux dire, reprit le roi avec calme. Je demande si vous n'allez pas repartir pour vos terres.

— Non, sire.

— Ah ! mais dites-moi un peu, combien y a-t-il de Paris à Valençay ?

Après une seconde de silence, Talleyrand ayant feint de calculer, déclare :

— Sire, je ne sais pas au juste ; mais il doit y avoir à peu près la même distance que de Paris à Gand.

C'est exact, à une trentaine de kilomètres près... Ce jour-là, une fois de plus, Talleyrand avait eu le dernier mot.

☆

Après l'affaire d'Espagne, en cette même année 1823, le passé de Charles-Maurice surgit à nouveau, tel un spectre, et fait chanceler l'échafaudage minutieusement élevé par Talleyrand afin de masquer la terrible vérité. Il s'agit du rôle joué par l'ancien ministre des Relations extérieures de Napoléon lors de l'arrestation, de l'enlèvement plutôt du duc d'Enghien.

A Sainte-Hélène, le 20 novembre 1816, Napoléon confiait à Las Cases :

— J'étais seul un jour ; je me vois encore à demi assis sur la table où j'avais dîné, achevant de prendre mon café ; M. de Talleyrand accourt m'apprendre une trame nouvelle ; on me démontre avec chaleur qu'il est temps de mettre un terme à des séries d'attentats ; qu'il est temps enfin de donner une leçon à ceux qui se sont fait une habitude journalière de conspirer contre ma vie ; qu'on n'en finira qu'en se lavant dans le sang de l'un d'entre eux ; que le duc d'Enghien devait être cette victime puisqu'il pouvait être pris sur le fait, faisant partie de la conspiration actuelle. Or je ne savais pas même précisément qui était le duc d'Enghien ; la Révolution m'avait pris bien jeune ; je n'allais point à la cour, j'ignorais où il se trouvait. Talleyrand me satisfit sur tous ces points. Mais, s'il en est ainsi, m'écriai-je, il faut s'en saisir et donner des ordres en conséquence. Tout avait été prévu ; les pièces se trouvèrent toutes prêtes, il n'y eut qu'à signer ; et le sort du prince se trouva décidé.

Cependant, Napoléon n'en voulut pas à son ministre : de sa propre main, il écrivit en marge des *Mémoires* de Fleury de Chaboulon : « Le prince de Talleyrand s'est conduit en cette occasion comme un fidèle ministre, et jamais l'Empereur ne lui a rien reproché là-dessus. »

Or, au mois d'octobre 1823 — Talleyrand se trouvait alors à Valençay —, Savary, l'ancien ministre de la Police impériale, mis en cause dans le *Mémorial*, puisqu'il avait également trempé dans le guet-apens d'Ettenheim, éprouva le besoin, pour se défendre, d'attaquer Charles-Maurice en ces termes : « Il est temps que chacun reste le père de ses œuvres. On a vu quelle a été ma part dans ce drame sanglant ; je n'en veux pas d'autre, et je ne souffrirai pas que d'odieuses prétentions pèsent sur ma tête, tandis que les vrais coupables se pavanent sous les hautes dignités dont ils ont été revêtus. »

On ne pouvait plus clairement désigner le prince de Talleyrand qui se pavanait effectivement sous la tenue rutilante de sa haute dignité. Charles-Maurice décide de faire face à l'orage, de mettre un terme « à une infâme calomnie, monstrueuse production d'un esprit de parti hideux ». Ce sont les mots employés par Dorothée écrivant à son ami Barante. Royer-Collard, le voisin de campagne de Valençay — Talleyrand l'appréciait de plus en plus —, incite son ami à « agir de haut ». Il est « lumineux, amical à souhait », et Talleyrand suit son conseil. Il quitte Valençay pour Paris et remet au roi une longue lettre dans laquelle, après quelques phrases alambiquées, il demande de traduire son accusateur devant la Chambre des pairs. Louis XVIII fait répondre avec sagesse par Villèle « que Sa Majesté avait voulu que le passé restât dans l'oubli et n'en a excepté que les services rendus à la France et à sa personne... ».

— Le haut rang que vous conservez à la cour, prince, est une preuve certaine que les imputations qui vous blessent et qui vous affligent n'ont fait aucune impression sur l'esprit de Sa Majesté.

Seule sanction, les Tuileries se trouvaient désormais interdites à Savary. « Il n'y a plus rien à dire ou à faire, écrivait Charles-Maurice à Barante. Le degré d'impudence du duc de Rovigo n'a jamais été égalé. Il faut avoir traversé trente ans de Révolution pour en arriver à cette innocente

scélératesse qui fait que l'on croit être irréprochable parce
qu'on n'a été qu'exécuteur. » Talleyrand ne fut nullement
l'exécuteur, comme Savary, il fut l'instigateur de l'attentat
— et quel instigateur, nous l'avons vu !

Le roi va mourir, les jambes rongées par la gangrène...
« et les orteils se détachaient d'eux-mêmes de leurs articula-
tions, comme des branches mortes d'un tronc encore
vivant... », a raconté Lamartine. Les devoirs de sa charge
obligent le grand chambellan à demeurer au chevet du
mourant. « Je ne puis m'ôter de devant les yeux la figure de
M. de Talleyrand, a écrit la duchesse de Broglie, assis au
pied de ce lit funèbre, cette mort morale assistant à une mort
naturelle, ces deux dissolutions dans ces deux signes
intellectuel et physique ! Quelles pensées ont dû le traverser
pendant qu'il remplissait un office si grave... » Que de
souvenirs, en effet ! La procession des états généraux à
Versailles, la Fête de la Fédération au Champ-de-Mars — ce
premier *quatorze juillet* — au cours de laquelle Talleyrand
avait béni le frère de Louis XVI, l'entrevue de Compiègne en
1814, la nuit de Mons et le conseil de Cambrai l'année
suivante...

Et Charles-Maurice, les paupières à demi closes, toujours
assis au chevet du lit royal, regarde...

L'agonie, par une chaleur étouffante, est aussi horrible
que celle de Louis XIV. Elle se prolonge durant trois
interminables journées. Dans les rues voisines, le pas des
chevaux résonne, assourdi par la couche de paille qui a été
étendue sur les pavés. Une foule nombreuse passe la nuit du
14 au 15 septembre à attendre et à prier devant le château.
« Je me suis approchée, a conté dans son *journal* la future
reine Marie-Amélie ; au pied du grand lit était un petit lit de
fer avec des rideaux verts, sur lequel était couché le roi sur
le dos, avec les yeux fermés, la bouche entrouverte, la tête
enflée, la figure fort rouge. Il avait un bonnet de coton sur la
tête et paraissait assoupi... »

Louis XVIII rend le dernier soupir. Talleyrand est à l'arrière-plan tandis que le nouveau roi Charles X baise la main de son frère.

Le 16 septembre 1824, à 4 heures du matin, la respiration s'affaiblit. « Bientôt, poursuit la duchesse d'Orléans, on ne l'a plus entendue ; à 4 heures, on lui a mis de l'alcali dans le nez, il n'a fait aucun mouvement ; les médecins ont pris une bougie pour s'assurer qu'il avait cessé de souffrir. Alors, par un mouvement spontané, nous nous sommes tous levés et approchés de ce lit de mort. Le duc d'Angoulême, qui était le plus en avant, s'est approché de Monsieur, lui disant par deux fois dans l'oreille : " Mon père, tout est fini. " Monsieur, accablé de corps et d'âme, a paru ne pas comprendre, jusqu'à ce que le comte Charles de Damas, s'avançant vers lui d'un air triste et respectueux, lui ait dit : " Sire, le roi est mort. " »

Le prince de Talleyrand quitte à son tour la pièce, suivant le nouveau roi. Mais le prince n'est pas encore au bout de ses fatigues, il doit présider les obsèques de Louis XVIII à Saint-Denis. « Le prince de Talleyrand, a encore écrit la reine Amélie dans son *journal*, a été le dernier qui ait salué le roi mort en inclinant dans le caveau le drapeau de la France qu'il tenait en main. Le héraut a dit alors à haute voix : *Messieurs, la maison du roi est dissoute. Pourvoyez-vous ailleurs !* Et il a crié d'une voix très forte : *Le roi est mort ! Le roi est mort ! Vive le roi !* Le prince de Talleyrand a relevé le drapeau de la France et toute l'église a retenti des cris de *" Vive le roi ! "* »

Une rude tâche incombe au grand chambellan : le sacre de Charles X qui doit dérouler sa pompe *gothique*, le dimanche de la Trinité, 29 mai. Pour se rendre à Reims, Charles-Maurice s'est fait confectionner une somptueuse berline surchargée d'armoiries. Il suit ainsi l'exemple du nouveau roi, pour lequel on a construit un lourd carrosse d'or, un vrai monument que l'on peut toujours voir au Grand Trianon [1]. La route est encombrée par des centaines de voitures... et aussi par trois cents fiacres blancs où se sont entassées les cantatrices de l'Opéra.

A 8 heures, le matin de la cérémonie — Marie-Amélie l'a encore conté dans son *journal* —, Talleyrand se tient debout dans la chambre du roi qui, selon l'antique cérémonial, doit faire semblant de dormir profondément. Soudain, à une heure scrupuleusement observée, on gratte à la porte. Ce sont deux prélats, les cardinaux de Clermont-Tonnerre et de La Fare. Haussant sa voix grave, le grand chambellan interroge :

— Que demandez-vous ?

Et les prélats de répondre d'une seule voix :

— Charles X que Dieu nous a donné pour roi.

Terminant ce dialogue, de part et d'autre d'une porte fermée, Talleyrand crie :

— Huissier, ouvrez la porte !

Précédé de Charles-Maurice, encadré par les deux cardinaux, le roi se dirige vers la cathédrale qui a été remise « gothiquement à neuf ». Cet ensemble de carton-pâte, d'étoffes cramoisies et d'allégories, est d'une étonnante laideur. Dieu, lui-même, ne s'y reconnaîtrait pas... Durant cette matinée qui n'en finit pas, le grand chambellan est à la tâche. Pour commencer la cérémonie, après que le premier valet de chambre eut retiré les mules avec lesquelles le roi a pénétré dans la cathédrale, Talleyrand s'agenouille et chausse le souverain de cothurnes de velours violet rehaussé

---

1. La voiture servira un jour au baptême du prince impérial.

Pour la troisième fois, Talleyrand assiste à un sacre. Cette fois, il s'agit de celui de Charles X que l'on voit ici embrassant son fils, le duc d'Angoulême, qui, à la mort de Louis XVIII, a pris le titre de dauphin. Charles-Maurice se tient à gauche, au pied de l'estrade et la canne à la main.

de lis d'or. Puis il se relève et le revêt d'une tunique et d'une
dalmatique de satin violet semées de fleurs de lis. Enfin, on
pose sur ses épaules le lourd manteau royal de velours
fleurdelisé, doublé et bordé d'hermine.

La cérémonie se prolonge durant trois longues heures,
jusqu'au moment où Charles X, coiffé de la pesante couronne
royale, le sceptre dans la main droite, la main de justice dans
la main gauche, se présente à la foule qui envahit la nef en
criant « Vive le roi ! », tandis que sonnent les cloches et que
les oiseleurs lâchent des milliers d'oiseaux qui tourbillonnent
sous les voûtes.

Talleyrand, presque toujours debout — et il n'est plus tout
jeune ! — a joué sans la moindre erreur son rôle. Il est vrai
qu'il est en quelque sorte un spécialiste. C'est le troisième
sacre auquel il . assiste... ou participe. Ce matin-là, les
souvenirs devaient le harceler, puisque le cardinal de La
Fare, qui prononce le sermon du sacre, est le même prélat —
il était alors évêque — qui prêcha à Versailles le jour de la
célèbre procession des états généraux...

Se souvient-il aussi de cette nuit du 16 au 17 juillet 1789, à
Marly, lorsque le comte d'Artois lui avait annoncé qu'il
quittait la France ?

Mais, qui pouvait alors prévoir l'avenir, en ce lendemain
de la prise de la Bastille ?

☆

Le 3 mai 1826, Talleyrand, à deux pas de chez lui, assiste à
la cérémonie de la pose de la première pierre, par le roi, du
monument expiatoire élevé sur notre actuelle place de la
Concorde, à la mémoire de Louis XVI, de la famille royale et
des victimes de la Révolution. « Le roi paraissait fort ému,
ainsi que tous les spectateurs, nous raconte le comte
austro-hongrois Rodolphe Apponyi ; mais Talleyrand a
montré dans cette occasion, comme en beaucoup d'autres, un
grand flegme. Il a assisté à cette cérémonie avec une
indifférence épouvantable ; ses traits, toute sa physionomie
étaient immobiles comme ceux d'une statue. Il est resté isolé
pendant toute la cérémonie comme un galeux. »

Rodolphe Apponyi nous peint Charles-Maurice dans le
salon de Mme de Vaudémont, dont il est toujours l'un des
habitués. Il paraît à l'attaché d'ambassade, bien taciturne.
« Il s'assied dans un coin, et, jouant avec sa canne, il ne

semble prendre aucun intérêt à la conversation. Mais on se tromperait si on le croyait indifférent ; quelquefois, il rompt son silence pour se livrer à des railleries amères et insultantes contre les personnes qu'il daigne haïr et c'est alors sur leurs actions ou sur elles-mêmes que roulent ses sarcasmes. »

Il a soixante-douze ans et, à cet âge, on se tourne fréquemment vers sa jeunesse. Il aime toujours évoquer ses amours d'autrefois et s'entretient de celles-ci avec de jolies et amoureuses correspondantes.

Ses anciennes amours le poursuivent.

Ida de Saint-Elme, une belle aventurière, publia en 1827 une manière de feuilleton sous le titre : *Mémoires d'une contemporaine*, où elle affirmait que Talleyrand avait été son amant. Elle prétendait même que Charles-Maurice, après l'avoir décoiffée, lui avait fait un jour des papillotes avec des billets de banque. Intrigué, Rodolphe Apponyi, lors de la parution de l'ouvrage, se permit de demander à Talleyrand « ce qu'il fallait en penser ».

— Comment pouvez-vous croire à un conte pareil ? s'exclama Charles-Maurice. Je n'ai jamais vu cette femme.

Cependant, un autre soir, il interrogea Courtiade :

— Joseph, est-ce que c'est vrai ? Est-ce que j'ai connu cette femme ?

— Oui, Monseigneur, et beaucoup, répondit le valet de chambre.

— Ah ! soupira le prince, c'est possible...

Dorothée a acheté le château de Rochecotte, non loin de Langeais, — et de ce fait, Talleyrand verra moins quotidiennement sa nièce, bien qu'il se rende fréquemment près d'elle, au bord de la Loire.

Au mois de juin 1827, Dorothée abandonne Rochecotte pour faire une cure à Bagnères-de-Luchon où elle mettra au monde l'enfant de Théobald Piscatori... Talleyrand donna en ces termes de ses nouvelles le 10 juin 1827 à Mme Mollien : « Les bains de Mme de Dino ont été retardés par les pluies, ce qui fait qu'elle a passé quatre ou cinq jours fort inutilement dans le plus vilain endroit du monde : elle n'a pu commencer son traitement d'eaux qu'hier. — Vous ne me mandez point des nouvelles, et je suis tout près de vous en remercier. Les journaux qui m'arrivent, et que je lis tard, m'en apprennent plus que je ne veux. Quand les choses ne vont pas comme on le comprend, le mieux est d'attendre et d'y peu penser. Le bonhomme La Fontaine a dit :

> *Patience et longueur de temps*
> *Font plus que force ni que rage.* »

Charles-Maurice se trouve alors à Bourbon-l'Archambault et trouve que la petite ville d'eaux n'est pas gaie : « Il nous est cependant arrivé quelques paralytiques de plus ces jours-ci ; mais nous n'avons pas un rhumatisme de connaissance. Je ne sais si c'est par la disposition dans laquelle mettent ces eaux-ci, ou par humeur, ou par réflexion, mais je n'ai jamais été absent de Paris avec de si mauvais pressentiments sur les affaires publiques... Sans prévoir rien de ce que l'on fera, je crains que, malgré notre apathie, on ne nous lance dans les grandes aventures de révolution, si l'on se laisser aller à la tentation de la censure. C'est le premier anneau d'une chaîne qui peut entraîner tout au précipice. Mais qu'y faire ? Je ne sais en vérité qui y peut quelque chose. »

Talleyrand se remettait alors à peine de la scène si pénible qui s'était déroulée lors du service funèbre à Saint-Denis, pour l'anniversaire de la mort de Louis XVI, en 1827.

Ouvrons le *journal* inédit de la future reine Marie-Amélie : « A notre sortie, nous avons vu, arrêté par les gardes du corps, un homme d'une vilaine physionomie qui poussait de grands cris. On nous a dit que c'était le fameux Maubreuil. Il s'était jeté sur le prince de Talleyrand, lui avait donné un coup de poing et l'avait précipité à terre en lui reprochant d'être la cause de sa ruine et d'avoir passé six mois en prison, pour avoir voulu exécuter un ordre de ce prince. »

Rodolphe Apponyi, qui se trouvait présent lui aussi, affirme que Maubreuil donna encore plusieurs coups de pied à Talleyrand étendu à terre : « On prend l'homme, qui ne se défend pas ; on lui demande s'il était fou ou ivre, ou s'il s'était mépris sur la personne.

» — Non, dit-il. J'ai voulu rosser le prince de Talleyrand ; il m'a fait bien du mal, à moi et à ma famille. »

« J'ai vu de mes yeux la figure de M. de Maubreuil, écrit de son côté Anatole de Montesquiou à Mme de Genlis. Elle était pâle et tout agitée par les convulsions de la fureur. Il vomissait des imprécations contre sa victime qu'on avait emportée loin de lui... » « Le soir, poursuit Marie-Amélie, Castelcicala m'a dit que le prince de Talleyrand avait la fièvre, qu'on l'avait saigné deux fois et qu'il souffrait de la tête, tant à cause du coup reçu qu'à cause de sa chute. »

« Et le lendemain, note encore la future reine : à 2 heures, le duc (d'Orléans) est allé chez le prince de Talleyrand qu'il a trouvé un peu faible et souffrant de la tête, à cause de cela on devait le saigner une troisième fois. Il a raconté à mon mari qu'il n'avait jamais vu Maubreuil et il s'est en même temps montré surpris que, jusqu'à la visite de mon mari, nul envoyé de la police ne fût encore venu recevoir sa déposition. »

La police, pendant ce temps, interrogeait l'agresseur qui, sans se faire prier, reconnaissait les faits :

— Moi, Marie-Armand de Maubreuil, en présence de toute la cour et du public, j'ai souffleté Talleyrand...

C'est bien un soufflet que Maubreuil a donné au grand chambellan, mais Marie-Amélie a suivi ici, avec gentillesse, la version donnée par Talleyrand lui-même à Charles X :

— Sire, c'était un coup de poing.

Quelles étaient, en ce mois de janvier 1827, les explications de Maubreuil que nous avons déjà vu tristement à l'œuvre au mois d'avril 1814 :

— J'avais mérité la confiance des royalistes. Talleyrand a su me fasciner les yeux. J'étais ambitieux alors, je l'étais autant que je ne le suis plus maintenant. On me promit le titre de duc, 200 000 livres de rente et le grade de lieutenant général. J'acceptai une mission infâme ; je tombai dans le piège. Tout le monde sait quelle était cette mission. Personne ne l'a contestée. Il s'agissait d'assassiner Napoléon et son fils ; les ordres étaient donnés ; on l'a reconnu. Voilà pourquoi je suis déchu !

Le procès — ou plutôt les procès — de Maubreuil, d'appel en appel, se prolongèrent jusqu'au 29 août 1829 où le « souffleteur » sera condamné à deux années de prison et à 200 francs d'amende. Sa peine purgée, il intenta aussitôt un procès à Talleyrand, l'accusant de l'avoir embauché, par le truchement de Roux-Laborie, pour commettre un crime. Le tribunal, en date du 30 mars 1832, mettra un point final en déclarant « le sieur Maubreuil non recevable en ses demandes et conclusions à l'égard de toutes les parties, et le condamne aux dépens ».

Nous avons parlé en son temps de l'atroce accusation portée par Maubreuil contre Charles-Maurice. Peut-être, Laborie a-t-il envisagé un assassinat comme une solution commode pour se débarrasser de Napoléon, mais Talleyrand — nous posons à nouveau la question — était-il consentant ? Il est permis d'en douter, ou du moins de laisser au prince le bénéfice du doute.

Cependant les injures proférées par Maubreuil, qui appela le prince « ce vil coquin de Talleyrand... cet homme si poltron, si lâche, si couvert de crimes... le défroqué, et aujourd'hui le souffleté... », ces injures font infiniment de mal à Charles-Maurice. D'autant plus qu'il est, au même moment, victime d'une escroquerie. Son secrétaire particulier, Gabriel Perrey, à son service depuis vingt années, possédait toute sa confiance. N'avait-il pas, en 1815, ramené de Naples le « bouquet » de millions donnés par le roi Ferdinand des Deux-Siciles à Talleyrand ? Or, en cette même année 1827, il vole sans vergogne une partie des papiers appartenant à son maître, dont les fragments du début de ses *Mémoires*. Parti pour l'Angleterre, il vend, à Londres, ses rapines à des collectionneurs — et confectionne d'autres papiers de sa malpropre main, car il imitait à la perfection l'écriture de son maître. Avec une telle perfection d'ailleurs que, plus tard, les défenseurs de Talleyrand — il en eut presque autant que de détracteurs — pourront toujours affirmer que la pièce compromettante n'était pas de celui dont ils vantaient la probité...

Plus tard, Perrey, selon les documents appartenant à André Beau [1], se livra à une manière de chantage. Il devait rendre certains papiers à Talleyrand ou les brûler — ce qu'il ne fit pas, semble-t-il. Au mois d'octobre 1830, il demandait à Talleyrand de lui obtenir un consulat en Méditerranée. Ce fut sans succès. Aussi exigea-t-il de la part du prince une nouvelle démarche. Si celle-ci, menaçait-il, « n'avait pas un succès meilleur que la première, ce qui me paraît impossible, j'oserai indiquer à Votre Altesse un moyen de réussir que tous mes souvenirs me font regarder comme certain... ».

Les choses en sont-elles restées là ? Nous l'ignorons...

☆

---

1. Cf. chapitre *Sources*.

Mme de Caulaincourt, voulant innocenter son mari auprès du duc de Bourbon dans l'affaire du duc d'Enghien, était venue demander conseil à Talleyrand :

— Que faire ?

— Rien, lui avait répondu le prince, estimant qu'il y avait sans doute des souvenirs qu'il valait mieux ne pas réveiller. Et d'expliquer : Vous aurez beau faire, madame, c'est pour eux une idée fixe. Ils sont entêtés et rien de ce que vous ferez en ce sens ne réussira.

Elle avait insisté :

— Cependant, s'il était seulement possible d'éclairer M. le duc de Bourbon, si on pouvait lui soumettre les faits, lui faire connaître la vérité par une personne intime... Il y a bien auprès de lui cette Mme de Feuchères...

Et Talleyrand d'interrompre avec une mine dégoûtée :

— Ah ! Mme de Feuchères ? Fi donc ! Penseriez-vous à descendre aussi bas ?

Mme de Feuchères — Sophie Dawes, de son nom de jeune fille, pour ne pas dire de guerre — avait été découverte jadis à Londres par le duc de Bourbon dans une maison d'autant plus close qu'elle était anglaise... du moins on l'affirmait. Le père du duc d'Enghien, follement amoureux de la « créature », l'avait ramenée avec lui en France et lui avait fait épouser le baron de Feuchères qui, après avoir donné son nom à Sophie, s'était hâté de quitter le Palais-Bourbon, emportant avec lui une somme rondelette.

Marié à quatorze ans, le duc de Bourbon avait débuté dans la carrière amoureuse à un âge où, d'habitude, on se livre encore à des jeux plus innocents. Soixante ans plus tard, le duc ne s'était pas décidé à rendre les armes. Mais il est évident qu'à cet âge, il est souvent difficile de les présenter avec toute la fermeté désirable... Or Mme de Feuchères avait entendu dire que les pendus, avant de sombrer dans le néant, connaissaient une « certaine » consolation. Ne pouvait-elle pas appliquer cette méthode hardie au duc de Bourbon et garder ainsi sur lui, en dépit des ans, le pouvoir auquel elle tenait tant ? C'est pourquoi, elle pendait tout bonnement durant quelques instants son vieil amant à l'espagnolette de leur chambre à coucher...

On comprend l'exclamation de Charles-Maurice reprochant à Mme de Caulaincourt de vouloir tomber « aussi bas », en entrant en contact avec la « créature »...

Cependant, en 1827, Talleyrand a l'idée de reprendre le projet de Mme de Caulaincourt et d'utiliser à son profit Mme de Feuchères, afin de faire croire — avaler serait plus juste — au duc de Bourbon, père du duc d'Enghien, une fable étonnante. Selon lui, il aurait prévenu le duc d'Enghien du guet-apens que préparait le Premier consul... mais il faut croire que le malheureux n'avait tenu aucun compte de l'avertissement. Ne voulant pas entrer directement en contact avec Mme de Feuchères, le prince se servit d'un intermédiaire : le comte Alphonse de Durfort, familier du duc de Bourbon... qui amena Mme de Feuchères rue Saint-Florentin, où elle fut reçue par Talleyrand et Mme de Dino « comme si elle était la princesse de Condé en personne », nous affirme Lacour-Gayet.

Le duc de Bourbon crut dur comme fer à l'innocence du prince de Talleyrand — puisque sa chère baronne la lui garantissait. Il aurait même témoigné de la reconnaissance au grand chambellan...

Le duc de Bourbon possédait la plus grande fortune du royaume. On parlait de 84 millions-or... mais ici, il faut donner la parole à la future reine Marie-Amélie, qui écrit dans son *journal* intime encore inédit : « Depuis longtemps les personnes qui s'intéressent au bien-être de notre famille, ainsi que les anciens serviteurs de la maison de Condé et les amis de M. le duc de Bourbon nous avaient parlé de la convenance qu'il y aurait à ce que M. le duc de Bourbon adoptât un de nos enfants [1] et en fît son héritier en lui donnant son nom. Ils désiraient beaucoup un rapprochement entre M. le duc de Bourbon et nous, qui devenait chaque jour plus difficile par la malheureuse position dans laquelle il s'est mise. Depuis trois ans que M. de Feuchères s'était séparé de sa femme et avait quitté le Palais-Bourbon où elle était restée dominatrice et triomphante, les Tuileries étaient fermées à Mme de Feuchères et nous-mêmes avions dû exprimer à M. le duc de Bourbon que nous ne pouvions plus la recevoir, ce qui avait rendu plus rares ses visites et depuis dix-huit mois il n'était plus venu du tout. Malgré cela, quand

---

1. Le duc de Bourbon avait épousé Louise-Bathilde d'Orléans, sœur de Philippe Egalité et, par conséquent, tante de Louis-Philippe d'Orléans.

nous le rencontrions aux Tuileries, il était toujours très amical avec nous. Mais il était tombé dans l'esclavage total de Mme de Feuchères qui faisait et ordonnait tout chez lui et qui n'était occupée que de ses intérêts et de l'agrandissement de sa famille. »

Un gentilhomme du duc d'Orléans, M. de Broval, s'entremet et rencontre Mme de Feuchères. Cependant, un fait complique la bonne marche des opérations : M. le duc de Bourbon refuse toujours de se rendre là où Mme de Feuchères n'était pas reçue — même aux Tuileries... « Mais mon mari, poursuit la duchesse, pour ne rien négliger pour l'avantage de ses enfants, a écrit le 14 juin (1827) à M. le duc de Bourbon que, allant partir pour l'Auvergne et ne l'ayant pas vu depuis longtemps, il désirerait aller lui faire une visite à Saint-Leu. Cette demande a été accueillie avec plaisir et le dimanche 17, mon mari et Chartres, accompagnés de MM. de Chabot, Atthalin et Broval, sont allés dîner à Saint-Leu, où ils ont été reçus à merveille. »

Bien sûr, le duc, accompagné de Mme de Feuchères, rend sa visite à Louis-Philippe d'Orléans et — l'ex-Sophie Dawes prend le thé chez le futur roi.

C'est alors que Talleyrand intervient.

Le *journal* intime de Marie-Amélie nous révèle ensuite le rôle de Charles-Maurice dans l'affaire : « Je dois ajouter que, le mercredi précédent, le prince de Talleyrand était venu ici et avait fait à Chabot une ouverture sur cette affaire, lui disant combien eux désiraient la faire réussir pour l'opposer à toutes les calomnies qu'on avait fait courir sur le prince de Talleyrand au sujet de la mort du duc d'Enghien. »

« Le 3 juillet (1827) au soir, écrit encore la duchesse, le prince de Talleyrand est venu faire une visite et a dit à mon mari que Mme de Feuchères lui avait exprimé son désir de faire adopter le duc d'Aumale par M. le duc de Bourbon et qu'il fallait qu'il l'aidât à cela. Le prince avait abondé dans ce sens et avait conseillé à mon mari de faire faire un acte d'adoption dans les formes afin que, si le duc de Bourbon se décidait, on pût le lui présenter tout de suite à signer, après quoi, ils iraient ensemble demander l'agrément du roi. »

Le duc accepte. Il ne reste plus qu'à porter au roi le projet de donation, et le faire ensuite enregistrer par le chancelier dans les Archives de la Chambre des pairs... « Le 16 juillet, conclut Marie-Amélie, le prince de Talleyrand étant venu dîner chez nous, mon mari lui a communiqué ce projet et il s'est chargé d'en parler à Mme de Feuchères. » Le roi donne son accord. Et le duc d'Aumale sera un jour, à la mort du duc de Bourbon, le 27 août 1830, le prince le plus riche d'Europe grâce à la baronne de Feuchères — celle-là même que l'on surnommera, à la mort pour le moins étrange du père du duc d'Enghien, *Espagnolette* — et aussi grâce aux bons offices de M. le prince de Talleyrand...

☆

Les libéraux sont vainqueurs aux élections, le ministère Villèle s'effondre — et, à l'étonnement de Talleyrand, Martignac, le 5 janvier 1828, est appelé à former le cabinet. On n'a pas le moins du monde pensé à appeler au pouvoir « l'historique vieillard »...

Le malaise politique n'est pas fait pour arranger le moral de Charles-Maurice. On a été dans l'obligation de dissoudre la garde nationale qui, sur le passage de la famille royale, criait *Vive la guillotine !* Certes, le mécontentement grandit et gronde — et il serait tentant, pour nous qui connaissons l'effondrement de juillet 1830, d'affirmer que Talleyrand, nouveau Machiavel, avait prédit dès 1827 ou 1828 la chute de la branche aînée des Bourbons et l'avènement de la branche cadette.

Il n'en est rien.

« Quand les choses ne vont pas comme on le comprend, se contente-t-il de répéter, le mieux est d'attendre et de n'y plus penser. » Souhaite-t-il le départ de Charles X ? Pas encore ! Qu'y gagnerait-il ? Revenir au pouvoir ? N'est-il pas considéré par certains comme une momie... et lui-même sent parfois le poids de ses soixante-quatorze années. D'autant plus qu'il en paraît bien davantage. Chateaubriand l'a stigmatisé : « En vieillissant, M. de Talleyrand tourne à la tête de mort. » Plus noblement, Guizot prétend que Charles-Maurice ressemblait à un lion mort. Avec ses cheveux blancs tombant tantôt en boucles tantôt en mèches qui cachaient ses oreilles, il fait plutôt penser à un curé de campagne et de comédie...

L'année suivante, les événements vont progresser tragiquement — et Talleyrand abandonne son attentisme. Charles X se laisse glisser sur une terrible pente, celle du despotisme. Il fait appel à un ministère de son goût, mais qui soulève dans le pays un sentiment de stupeur. A la tête de la nouvelle équipe, a été placé Jules de Polignac, d'un rare aveuglement, la caricature même de l'émigré. Auprès de cet ultra des ultras, on voit un autre émigré : La Bourdonnais, ancien officier de l'armée de Condé, puis le général de Bourmont, ex-émigré, ex-chouan, ex-bonapartiste et surtout traître à la France. Il avait tout bonnement déserté trois jours avant Waterloo.

Ce n'est pas un cabinet, mais une provocation !

« Coblence, Waterloo, 1815, s'exclame le *Journal des débats,* voilà les trois principes de ce ministère ! Pressez-le, tordez-le, il ne dégoutte qu'humiliations, malheurs et dangers ! » L'esprit étroit, l'absence de faculté d'adaptation du roi fait frémir. Charles X n'était sans doute pas un méchant homme : « Aux époques ordinaires, roi convenable ; à une époque extraordinaire, homme de perdition », a fort bien dit Chateaubriand.

Au moment de la formation de ce ministère, la duchesse d'Angoulême avait bien essayé d'ouvrir les yeux à son oncle et beau-père Charles X :

— Ceci est une entreprise, lui avait-elle dit, et je ne les aime point. Elles ne nous ont jamais porté bonheur.

Le souverain avait souri avec indulgence et coupé court à l'entretien. Sa politique était dictée par une formule qu'il répétait avec une obstination sénile :

— Je ne veux pas monter en charrette comme mon frère... Un roi qu'on menace n'a de choix qu'entre le trône et l'échafaud...

— Sire, lui fit remarquer Talleyrand, Votre Majesté oublie la chaise de poste !

Le grand chambellan l'expliquera plus tard :

— Lorsque, en 1829, le roi Charles X prit la résolution insensée de changer son ministère et d'appeler dans son conseil les hommes les plus impopulaires du pays, et qui n'avaient d'autres mérites qu'une obéissance aussi aveugle que l'obstination de l'infortuné roi, on ne pouvait plus se dissimuler que nous marchions vers l'abîme.

Afin d'être prêt à tout événement, Charles-Maurice invite à dîner Thiers, Mignet, Carrel et quelques opposants les plus marquants, mais il a la suprême habileté de préciser :

— Ce n'est pas chez moi, mais chez ma nièce.

Nuance !... Comme le rapporte Vitrolles, il fut averti, seulement en arrivant rue Saint-Florentin, que le dîner

auquel il était convié, aurait lieu chez la duchesse de Dino. Il
n'y avait qu'un escalier à traverser, précise-t-il. Aussi, au
premier étage, au lieu de s'engager dans les appartements
d'apparat, il leur tourne le dos et se dirige vers l'aile gauche
de l'hôtel. On ne pouvait donc pas accuser M. le grand
chambellan d'avoir fait de *son* salon un foyer d'opposition et
de conspiration. C'était là un des meilleurs tours de force
joués par l'« habile acrobate »... C'est donc chez Dorothée —
et non loin du salon de l'Aigle du prince — que les invités de
M. de Talleyrand composeront les articles devant paraître
dans *le National*. Le journal, presque né à Rochecotte, prend
violemment à partie le cabinet. Lorsque celui-ci sera à terre
— entraînant dans sa chute le vieux roi réformé pour sénilité
de goût et de sentiment — qui prendra le gouvernail ?

A la mi-avril, Charles-Maurice et Mme de Dino ont quitté
Paris pour Valençay. Le grand chambellan apprend que le
roi de Naples — père de la duchesse de Berry et frère de la
duchesse d'Orléans — revenant d'Espagne, et se dirigeant
vers Paris, s'arrêterait à Blois. Aussi Talleyrand, n'oubliant
pas les cadeaux que lui a faits la monarchie napolitaine — des
millions et le duché de Dino — se met en route pour aller
saluer le souverain. Charles-Maurice monte en voiture,
arrive à Blois après une randonnée de cinquante-cinq
kilomètres, descend à la préfecture et prie le préfet,
M. Lezay-Marnésia, de solliciter pour lui une audience de Sa
Majesté napolitaine.

— Nous n'avons pas de goût ici pour les prêtres
défroqués, lui répond l'insupportable duc de Blacas qui,
provisoirement gentilhomme d'honneur auprès du roi,
n'avait pas oublié que Talleyrand l'avait fait mettre à la porte
en 1815.

Lezay-Marnésia insiste et le roi fixe l'audience à 7 heures
du soir. Le prince quitte la préfecture, mais quelques
minutes plus tard, il reparaît de fort méchante humeur.

— Je viens, raconte-t-il au préfet, d'avoir l'audience que
j'étais venu chercher de quatorze lieues. Sa Majesté
napolitaine a daigné me recevoir ; elle l'a fait d'une
manière toute particulière, qui n'appartient qu'à elle, et
inconnue aux nombreux souverains que j'ai eu l'honneur
d'approcher : après m'avoir fait monter le sale escalier de la

sale auberge où il a plu à Sa Majesté de se loger, M. le gentilhomme d'honneur m'a fait attendre sur le palier dont il a fait pour moi une salle d'attente, me disant qu'il allait m'annoncer au roi, qu'il ne tarderait pas à paraître. En effet, peu de moments après, une porte qui donnait sur ce même palier s'ouvrit, et une personne qu'on dit être le roi apparut à cette porte entrebâillée.

Le gentilhomme d'honneur lui nomma « le prince de Talleyrand ».

— Le roi me fit un signe de tête en manière de salut, puis rentra en refermant la porte sur lui, me laissant à mon ébahissement, sans que j'aie su de quelle couleur sont ses paroles, n'ayant pu me convaincre, par ce que j'ai vu de sa personne, que ce n'est pas de ce prince-là dont on peut dire : *Le monde, en le voyant, eût reconnu son maître.* Vous voyez, conclut Talleyrand, que, pour une pareille réception, il ne fallait pas plus longtemps que je n'en ai mis.

Il prend l'incident avec désinvolture, mais il a été blessé par ce manque d'égards. Les Bourbons l'enterraient-ils déjà ? Il n'est pas mort... et le prouvera bientôt !

Le 20 mai 1830, Talleyrand écrit à la princesse de Vaudémont : « Il faut croire que les affaires du dehors ne se compliqueront pas ; mais, avec ce ministère, peut-on être sûr de quelque chose ? Tout se fait avec étourderie, et le résultat de l'étourderie peut être un embarras réel. »

La situation est, en effet, bien embarrassante et lui permet de faire un mot :

— Comment vous trouvez-vous dans ce fauteuil dont j'ai fait rembourrer pour moi le dossier d'une manière extraordinaire ? lui demande une dame.

— Mais pas trop bien, madame, votre fauteuil est comme le temps qui court, il fait hausser les épaules.

Mettant ainsi cette image en action : « En France, rien ne soulage mieux l'obéissance que les épigrammes contre le pouvoir. »

Les choses ne s'arrangent guère et Jean Vatout, dînant au mois de juin 1830 avec Adolphe Thiers au café de Paris, note : « Thiers me fit un tableau politique de la France, regardant les Bourbons de la branche aînée comme perdus ; (et) c'était là l'opinion de Talleyrand. »

Le bibliothécaire du duc d'Orléans, raconte, encore dans ses *Mémoires* inédits, avoir vu Talleyrand, au cours de ce même mois de juin 1830, se retirer avec le duc, la duchesse

d'Orléans et Mademoiselle dans la chambre de Marie-
Amélie. Le prince est venu leur dire :

— La branche aînée est perdue. Gardez-vous de donner
votre fils — le duc de Chartres — en mariage à Mlle de
Berry. Séparés, vous pourrez arriver. Réunis, vous serez
chassés avec eux.

« Vieux renard ! Quel nez ! » conclut Jean Vatout.

« Le moment décisif approche, écrit encore Charles-
Maurice à la princesse de Vaudémont ; je ne vois ni bous-
sole ni pilote, et rien ne peut empêcher un naufrage... » Et à
son ami Barante, trois jours plus tard, le 14 juin, il confie
encore son angoisse et répète : « Il n'y a qu'une chose qui soit
certaine, c'est que tout ceci finira par un naufrage. Où est la
planche de salut ? Si vous le savez, vous me le direz. »

Du 28 juin au 3 juillet — le *journal* de Marie-Amélie nous
en apporte la preuve — Talleyrand dîne fréquemment à
Neuilly. S'il ne s'agit pas encore d'une conspiration, ces
conciliabules y ressemblent fort. Quoi qu'il en soit, si
Charles-Maurice envisage un naufrage, il ne le croit pas
imminent, car il part prendre les eaux à Bourbon-
l'Archambault. A la fin de sa cure, il annonce à son ami
Barante : « Mon projet est d'aller d'ici droit à Paris, et d'y
arriver le 24 juillet... »

Le 24 juillet ! Ainsi, Talleyrand sera aux premières loges !

Le lendemain, le dimanche 25, le roi appose les sept lettres
de son nom au bas des Ordonnances numérotées *15 135,
15 136, 15 137* et *15 138.* Sous ces chiffres d'apparence
innocente, ces décrets royaux suppriment la liberté de la
presse, renvoient la Chambre, modifient la loi électorale et
appellent les électeurs aux urnes pour le mois suivant.

Charles X signe ainsi l'arrêt de mort de la monarchie.

Par ces ordonnances, le roi veut punir les électeurs qui, au
début de ce même mois de juillet, ont envoyé à la Chambre
274 députés de l'opposition, contre seulement 143 représentants appartenant au parti gouvernemental. Bien plus,
parmi les 221 députés de l'ancienne Chambre ayant voté la
fameuse *Adresse* démontrant le fossé séparant la France de
son souverain, 202 ont été réélus ! Charles X a considéré ce
vote comme une véritable insulte, tandis que le dauphin — le
duc d'Angoulême —, à qui la bonne volonté tient lieu
d'intelligence, estime que les électeurs ont fait là « une
impertinence à son père ».

Polignac, dont l'inconscience dépasse l'entendement, est

sûr de son fait : les Ordonnances sauveront la royauté ! La
Vierge, déclare-t-il, lui apparaît et l'encourage dans cette
voie...

— Avec un si haut patronage, s'est exclamé l'ex-comte
d'Artois, toute hésitation serait criminelle !

Polignac affirme, d'ailleurs, que Paris ne bougera pas et
qu'il est inutile de prendre la moindre précaution militaire.
Champagny, secrétaire d'Etat à la Guerre, n'est même pas
prévenu !

Le lundi 26, Talleyrand apprend que Thiers, aussitôt après
avoir lu *le Moniteur*, a réuni quarante-trois journalistes au
bureau du *National* et leur a fait signer un texte qui sent la
poudre : « Le régime légal est interrompu ; celui de la force
a commencé... L'obéissance cesse d'être un devoir ! »

Paris devient aussitôt houleux. Des rassemblements se
forment. Devant les ministères, on conspue Polignac et l'on
jette des pierres contre les lis ornant la façade des
monuments publics. Le lendemain matin, le roi fait venir le
maréchal Marmont et lui ordonne :

— Il paraît qu'on a quelques inquiétudes pour la tranquillité de Paris. Rendez-vous-y et prenez le commandement. Si
tout est en ordre ce soir, vous pourrez rentrer à Saint-Cloud.

Marmont obéit. Au cours de l'après-midi, du boulevard
Poissonnière à la place Louis-XV, ses troupes vont prendre
position... et Talleyrand peut voir les Suisses former leurs
faisceaux devant ses fenêtres. A chaque carrefour l'insurrection s'embusque...

Ce mardi, vers 6 heures, le duc Victor de Broglie, tandis
que l'on entend au loin crépiter la fusillade, traverse la rue de
Rivoli et voit Talleyrand à la fenêtre de l'entresol de son
hôtel. Le prince lui fait signe de venir le rejoindre : « J'y
montai pour lui raconter le peu que je savais. » Paris
ressemble au pont d'un navire au moment du branle-bas. A
deux reprises, les troupes royales ont ouvert le feu. Selon le
mot du général Crossard — un militaire de l'époque — le
maréchal va désormais compromettre ses hommes dans une
guerre de « pots de chambre ». Il ne pourra plus quitter
Paris que vaincu par l'émeute...

Broglie est retenu à dîner. Au dessert apparaît l'ambassadeur d'Angleterre, sir Charles Stuart. Il le raconte : dans
l'après-midi, en compagnie du nonce et de l'ambassadeur de
Russie, ils se sont présentés à Saint-Cloud où ils se sont
heurtés tous trois au duc de Duras : « Leurs Excellences, a

déclaré le premier gentilhomme de la chambre, n'ont pas demandé audience, aussi Sa Majesté ne peut-Elle les recevoir ! »

Puisque M. de Polignac a offert sa tête, Charles X estime le gage suffisant ; il ne veut plus entendre parler d'une affaire qu'il considère comme terminée !

Talleyrand et l'ambassadeur commentent les événements. « Leur entretien fut long, poursuit le duc de Broglie. Au point où nous en étions, ils ne se gênèrent pas en ma présence ; ce qu'ils se dirent sur ce qui ne pouvait guère manquer d'arriver n'était pas, à coup sûr, de gens qui en parlaient pour la première fois. »

Dans la nuit du 27 au 28 juillet, Laffitte envoie un émissaire à Neuilly où séjourne le duc d'Orléans, afin de lui recommander de ne pas se compromettre « en se faisant prendre dans les filets de Saint-Cloud ». Qu'il se cache même s'il le faut !... C'est le conseil qu'aurait donné Talleyrand qui, jusqu'à présent, comme en 1814, a bien trop peur de se brûler pour tirer les marrons du feu.

Il faut attendre...

Le lendemain, mercredi 28 au matin, on dépave les rues, on élève des barricades. On voit rue de Rivoli, non loin de l'hôtel Talleyrand, « de chaque maison, de chaque fenêtre, hommes et femmes jeter projectiles, pianos, commodes, tous les meubles enfin dont ils peuvent se saisir afin d'écraser les troupes agglomérées dans cette rue ». C'est Mme de Gontaut qui nous rapporte la scène. Du second étage du château de Saint-Cloud, à l'aide d'un puissant télescope, la gouvernante des enfants de France observe Paris. Sur le toit de Notre-Dame, durant quelques instants flotte le drapeau tricolore — il sera arboré définitivement le lendemain — et le canon tonne ! Talleyrand peut entendre le tocsin annonçant l'entrée du peuple à l'Hôtel de Ville.

L'émeute est devenue révolution.

Partout on enlève les enseignes portant l'écusson du roi ou des princes et Charles-Maurice donne l'ordre de retirer, au-dessus du portail de la rue Saint-Florentin, ces mots : *Hôtel Talleyrand*. On ne saurait être trop prudent !...

A deux pas de la rue Saint-Florentin, vers 4 heures et demie, la rue Royale sert de bivouac à la garde... un bivouac où les hommes se plaignent de mourir de faim et de soif. A défaut de la roulante devant venir de Saint-Denis, ils boivent force verres d'eau...

Le jeudi 29 juillet, l'armée royale se replie devant l'insurrection qui monte d'heure en heure. Après avoir abandonné le Louvre et les Tuileries, occupés par le peuple, les troupes refluent en désordre et passent sous les fenêtres de M. de Talleyrand. Le prince est en train, une fois de plus, de dicter ses *Mémoires*. Il s'interrompt, se penche à la croisée, regarde le spectacle et se retourne vers son secrétaire :

— Mettez en note que le 29 juillet 1830, à midi 5 minutes, la branche aînée des Bourbons a cessé de régner sur la France.

A Saint-Cloud, le roi a enfin les yeux dessillés, en voyant apparaître, en plein conseil des ministres, un homme « sans cravate, défiguré par la poussière et la sueur, haletant et pouvant à peine se tenir ». C'est le général de Coëtlosquet qui arrive de la barrière de l'Etoile. Les trois couleurs flottent sur les Tuileries ! Marmont n'occupe plus que le faubourg du Roule !

— Vous croyez donc tout perdu ? demande le roi.

— Tout, non, sire, mais bien Paris !

Le roi se contente, avec une peine infinie, de destituer Polignac et de demander à Mortemart de tenter l'impossible pour former un gouvernement. En pleine nuit, le nouveau ministre, secondé par Vitrolles, vient soumettre au vieux souverain le texte des six nouvelles ordonnances. Réveillé en sursaut, Charles X regrette certainement M. de Polignac qui ne le dérangeait même pas lorsque la Vierge venait bavarder en pleine nuit avec lui... De mauvaise humeur, le roi n'en résiste que mieux aux projets démocratiques de son nouveau ministre.

— Le rappel des ordonnances ? se récrie l'ex-comte d'Artois en agitant furieusement sa tête couverte d'un bonnet de coton, on n'en est pas là ! C'est trop fort !

Le baron de Vitrolles, qui est infatigable, explique longuement au roi « qu'on en est même plus loin encore ! » Enfin, à 7 heures du matin, le duc et le baron parviennent à leurs fins : le roi, toujours au lit, signe les nouveaux textes.

A l'instar des députés qui se sont réunis — La Fayette et Laffitte à leur tête —, Talleyrand essaye de rassembler chez lui les pairs de l'opposition libérale, afin de se concerter avec

eux sur la situation, mais, de même que certains députés
champions de la légalité, les pairs estiment avec prudence
que la monarchie n'est peut-être pas encore perdue et
refusent de se rendre à la convocation du prince. Charles-
Maurice envoie alors un messager à Neuilly, avec mission de
dire à Mme Adélaïde, sœur du duc d'Orléans, que son frère
ne doit plus se cacher, ainsi qu'il le fait depuis quelques
jours. Il lui faut gagner Paris au plus vite et se mettre à la
tête du mouvement.

— Ah ! ce bon prince ! s'exclame Mademoiselle — demain
Mme Adélaïde —, j'étais sûre qu'il ne nous oubliait pas !

Dans la nuit du 30 au 31 juillet, le roi monte à cheval, mais
non pour se mettre à la tête de ses troupes ! Paris marche
sur Saint-Cloud. Mieux vaut fuir et se replier sur Versailles
et Rambouillet. Ce qui permet à Talleyrand de constater :

— Ce n'est pas moi qui ai abandonné le roi, c'est le roi qui
nous a abandonnés.

La place est maintenant libre pour Louis-Philippe. Le soir
de ce même samedi, à 11 heures, alors que Charles X dort à
Rambouillet, dernière étape avant son abdication, le duc
d'Orléans arrive — ou plutôt se glisse — à Paris, au
Palais-Royal et annonce à Laffitte qu'il recevra le lendemain
matin une délégation de la Chambre chargée de lui apporter
la lieutenance générale du royaume.

Cependant le futur roi hésite encore. Selon le général
Sébastiani, demain ministre des Affaires étrangères, le duc
d'Orléans doit refuser l'offre qui lui est faite. La famille
royale pourrait quitter Rambouillet et revenir à Paris.
D'autres, au contraire, adjurent le prince de reprendre les
couleurs tricolores et de sauver la France de l'anarchie et de
la guerre civile qui la menacent. C'est alors qu'un événement
capital va se dérouler. « Indécis et si manifestement
tyrannisé par la crainte et l'espérance, a rapporté un témoin
de la scène, le duc d'Orléans parla longuement de ses liens de
famille avec Charles X ; il se résuma en disant qu'il ne
pouvait prendre de détermination qu'après avoir consulté
une personne qui n'était point là, et Son Altesse Royale
passa dans son cabinet où se trouvait déjà M. Dupin et où le
général Sébastiani ne tarda pas à être appelé... »

On l'a deviné, le personnage qui, une nouvelle fois,
décidera des destinées de la France est M. le prince de
Talleyrand !

Le général Sébastiani, que les députés croient toujours dans le cabinet du duc d'Orléans, est sorti en réalité par une porte dérobée et atteint, quelques instants plus tard, la rue Saint-Florentin.

— Prince, annonce-t-il, j'ai à vous parler de la part de Mgr le duc d'Orléans.

Les deux hommes se réfugient dans un coin du salon. L'amiral Bergeret, qui se trouve présent, voit alors Sébastiani donner au prince un papier à lire...

— C'est bien, décide Charles-Maurice après l'avoir parcouru. Il peut signer !

Talleyrand vient de faire un lieutenant général du royaume... premier pas vers le trône.

Dès le retour du général Sébastiani, le futur roi — l'ex-général Egalité — signe une proclamation dans laquelle il accepte de porter « avec orgueil ces couleurs glorieuses » que les Français ont déjà reprises et que lui-même a « longuement portées ». Puis, précédé d'un gavroche frappant sur un tambour à moitié crevé, il quitte le Palais-Royal pour l'Hôtel de Ville où doit avoir lieu le baptême du nouveau régime. On crie : « Plus de Bourbons ! » Aussi, sur tous les murs s'étalent des placards expliquant que le duc d'Orléans « est un Valois »... C'est le titre qu'il avait, en effet, porté à sa naissance. Un homme s'approche de Jean Vatout qui le racontera dans ses *Mémoires*, et demande :

— Qu'est-ce que c'est que votre duc d'Orléans ?

— Regardez, mon ami, c'est la Liberté à cheval !

— Vive la Liberté ! s'exclame l'ouvrier — il s'appelait Pottier — et il poursuit : Etait-il bête, ce Charles X ! Il mendiait son pain là-bas à l'étranger, on lui rend une assez jolie place, on lui met sur la tête une fameuse couronne, et lui, cet imbécile, n'était pas satisfait ? Il a pris son peuple pour des lapins, c'est nous qui en avons été de fameux lapins, et lui a été le gibier !

« Et il se mit à rire du gros rire des faubourgs. »

Enfin, le prince arrive à l'Hôtel de Ville. On connaît la scène. Le duc d'Orléans veut tout d'abord défendre Charles X, puis, peu à peu, se laisse gagner... C'est enfin le tableau final : La Fayette et le futur roi s'embrassent sous les plis d'un drapeau tricolore.

A son retour au Palais-Royal, le lieutenant général trouve l'escalier rempli de monde. L'un des premiers, Talleyrand vient féliciter le duc d'Orléans. Charles-Maurice regarde le

Le roi Louis-Philippe, à cheval, quitte le Palais-Royal pour l'Hôtel de Ville. C'est le lever de rideau du futur régime. (Tableau d'Horace Vernet exposé au musée de Versailles.)

spectacle décrit par Chateaubriand : « Les vestes étaient aux postes d'honneur, les casquettes dans les salons, les blouses à table avec les princes et les princesses ; dans le conseil, des chaises, point de fauteuils ; la parole à qui le voulait ; Louis-Philippe, assis entre M. de La Fayette et M.

Laffitte, les bras placés entre l'épaule de l'un et de l'autre, s'épanouissait d'égalité et de bonheur. »

Chateaubriand n'y était pourtant pas...

A Neuilly, Marie-Amélie, Madame Adélaïde et tous les enfants s'entassent à 8 heures du soir, dans une *caroline* — un omnibus de transport en commun, ainsi appelé en l'honneur de la duchesse de Berry. La voiture s'arrête place Louis-XV. Impossible de passer en raison de la multiplicité des obstacles ! « Nous mîmes pied à terre, a conté le prince de Joinville, et ma mère, nous divisant deux par deux, nous dit de nous disperser avec rendez-vous au Palais-Royal. » La séparation se fit à l'angle de la rue de Rivoli et de la rue Mondovi — sous les fenêtres de l'hôtel Talleyrand... « Nous nous avançâmes sous les arcades, a raconté de son côté le comte de Montesquiou, en ayant soin de marcher deux par deux pour ne pas faire trop d'effet. »

Le 2 août, Charles X abdique, au profit du petit duc de Bordeaux. Le dauphin suit cet exemple, le trône d'Henri V est escamoté. Le 7 août, la Chambre des députés vient apporter au lieutenant général du royaume la Constitution modifiée et la résolution par laquelle il était appelé au trône. « Le peuple, nous raconte Cuvillier-Fleury, paraissait enchanté d'avoir un roi, et surtout de l'avoir fait lui-même »... avec la bénédiction de l'ancien évêque d'Autun.

Le lundi 9 août, Talleyrand, en costume de pair de France, se rend au Palais-Bourbon où Louis-Philippe Ier va prêter serment. Le roi est arrivé à cheval et sans autre escorte que cinq ou six aides de camp. Une foule de gens du peuple presse son cheval et serre la main du nouveau roi. Députés et pairs se lèvent lorsque Louis-Philippe leur déclare :

— J'accepte, sans restriction ni réserve, les clauses et engagements que renferme cette déclaration, et le titre de roi des Français qu'elle me confère ; je suis prêt à en jurer l'observation.

Toute l'Assemblée pousse alors un grand cri de *Vive le roi !*

Le soir, M. de Talleyrand assiste au dîner et à la réception « à grand carillon » donnés au Palais-Royal. A-t-il perdu sa situation de grand chambellan, difficilement compatible avec la monarchie bourgeoise qui prend le pouvoir ? Louis-Philippe lui maintient son traitement de 100 000 francs — et

Deveria nous montre Louis-Philippe prêtant serment devant les députés et les pairs, qui se sont levés pour écouter les paroles du nouveau roi.

c'est pour Charles-Maurice une belle consolation. La veille, il avait écrit à un ami : « Nous voilà établis. La quatrième race commence... La Fayette a dit : " Vous êtes le roi que j'avais rêvé ; vous valez mieux que toutes les républiques qu'on aurait pu faire. " »

Devant les fenêtres de M. de Talleyrand, le piédestal du monument expiatoire à la mémoire de Louis XVI et de la famille royale — ce monument qui ne sera jamais construit et dont l'Obélisque prendra la place — est orné de drapeaux tricolores que le comte Apponyi, horrifié, appelle « le drapeau de la révolte ». Paris ruisselle d'ailleurs de tricolore et le comte Rodolphe sera « glacé d'horreur » en voyant, lors d'un premier dîner chez le roi, sa voisine, Mme de Dolomieu, s'éventer avec un énorme éventail tricolore.

Talleyrand prête serment à Louis-Philippe, puis constate :

— Sire, c'est mon treizième serment !

— Comment faites-vous, prince ? Les régimes passent sans vous ébranler !

Le prince sourit. A-t-il répété ce jour-là, comme on l'a affirmé ce qu'il avait dit autrefois à Louis XVIII, à Compiègne :

— Je prie Votre Majesté de croire que je n'y suis pour rien. Mais j'ai en moi quelque chose d'inexplicable qui porte malheur au gouvernement qui me néglige !

Le nouveau roi n'avait nullement l'intention de négliger M. le prince de Talleyrand...

XXIV

« LE VIEUX TALLEY »

> *Les hommes sont comme les statues : Il*
> *faut les voir en place.*
>
> TALLEYRAND

Dès le début du règne, M. de Talleyrand prend souvent le chemin des Tuileries. Il a de fréquents entretiens avec Louis-Philippe au sujet des rapports franco-anglais. Charles-Maurice le répète — et le roi l'approuve : il faut resserrer sérieusement les liens distendus avec l'Angleterre. Londres a employé tous les moyens pour entraver la conquête d'Alger. Un jour, lord Stuart s'était même montré « venimeux ». Aussi le ministre d'Haussez lui avait-il alors vertement déclaré :

— Je ne veux pas traiter l'affaire diplomatiquement. Vous en trouverez la preuve dans les termes que je vais employer : la France se f... de l'Angleterre.

Or l'Europe ne s'empressait nullement de reconnaître le nouveau roi. Louis XVIII et Charles X avaient adhéré à la politique de la Sainte-Alliance et Louis-Philippe — on ne perdait pas une occasion de le rappeler — était le fils du régicide Philippe Egalité. C'étaient là des raisons suffisantes pour se montrer circonspect. De leur côté, l'Autriche et le tsar attendaient les réactions de l'Angleterre pour aligner sur elle leur attitude.

Le cabinet de Saint-James avait suivi avec inquiétude et méfiance le changement de dynastie qui s'était opéré en France et c'est avec une extrême froideur qu'il avait fini par condescendre à accorder sa reconnaissance. Aussi Louis-

◀ *Talleyrand assiste à une vente de charité donnée à Londres.*

Philippe sent bien à quel point il est primordial de se concilier
les bonnes grâces de l'Angleterre. Il mettra donc tout en
œuvre pour que Talleyrand consente de partir pour Londres,
afin de se mettre à la tête de l'ambassade française.

Le 3 septembre, Talleyrand reçoit ce billet que lui adresse
Molé : « Il est 6 heures et demie, et j'arrive du Palais-Royal,
mort de fatigue et de mal de tête. Le roi y tient, *exige* plus
que je ne puis vous le répéter. Voyez-le pour en juger
vous-même. C'est ce soir, au conseil de 8 heures, qu'on en
parlera. Si j'étais moins exténué et moins souffrant, j'irais
vous dire tout cela. »

Charles-Maurice se fait d'abord quelque peu prier avant
d'accepter — il a soixante-seize ans ! Enfin il se décide: il
partira pour le point névralgique de Londres. Le résultat ne
se fait guère attendre : le tsar Nicolas apprend la nomination
de Charles-Maurice et reconnaît aussitôt le nouveau gouvernement français. Assurément, le « roi des barricades » se
maintiendra à la tête des Français puisque le prince de
Talleyrand lui fait confiance ! Les trois couleurs ont cessé de
faire peur à l'Europe.

Avant de partir pour les Tuileries afin de prendre les
derniers ordres du roi, un témoin — Colmache — vit le
prince assis à la table « qui lui servait tout à la fois de
secrétaire et de toilette... Un domestique était occupé avec
le plus grand sérieux à poudrer les boucles épaisses de ses
longs cheveux gris ; un autre, à genoux devant lui, attachait
les cordons de ses souliers. Un secrétaire ouvrait les lettres
reçues le matin, en parcourait rapidement le contenu, jetait
les unes dans un énorme panier et empilait les autres sur le
bureau du prince... Lorsque sa toilette fut achevée, la porte
de la chambre s'ouvrit, et le vieux Courtiade s'avança, à pas
chancelants, chargé de plusieurs boîtes de diverses formes et
grandeurs. Ces boîtes contenaient les rubans et les insignes
des ordres nombreux dont le prince était décoré. L'indifférence profonde de M. de Talleyrand faisait un contraste
frappant avec l'empressement solennel de ce pauvre Courtiade, qui, depuis plusieurs années, n'avait plus d'autre
emploi que celui de conservateur des décorations de son
maître ».

☆

En passant par Calais, le « vieux renard », selon l'expression de Vatout, voit longuement le banquier Ouvrard. On
peut supposer que le prince tenant à ce que son ambassade
rapporte, a dû manigancer quelque *combinazione* dont on
ignore encore le secret. A Douvres — le 24 septembre —
pour l'arrivée de Son Excellence l'ambassadeur de France,
les canons de la forteresse tonnent et une garde d'honneur
présente les armes. Le prince ne peut s'empêcher de se
souvenir de quelle manière il avait été expulsé du royaume
d'Angleterre trente-six années auparavant — et déclaré
indésirable...

Quelle revanche aujourd'hui !

Le lendemain, il entre à Londres, salué par les hourras
traditionnels de la foule... On l'acclame, en dépit de son
chapeau rond orné d'une gigantesque cocarde tricolore,
cocarde qu'il n'arborera d'ailleurs guère longtemps. Déjà, le
soir même, il rend visite à Wellington en habit brodé et
rutilant de plaques. Le vainqueur de Waterloo croit devoir
faire allusion « à la malheureuse révolution de Juillet ».
Aussitôt Talleyrand relève vivement l'expression qui, il
l'admet, est sans doute inspirée « par un sentiment de
commisération bien naturel pour ceux que cette révolution
avait précipités du trône » et qui avaient trouvé un asile en
Angleterre...

— Vous devez être bien convaincu, lui explique l'ambassadeur, qu'elle n'est un malheur ni pour la France ni pour les
autres Etats avec lesquels nous désirons rester dans de bons
rapports.

Wellington finit par comprendre, grâce à Talleyrand, que
les journées de Juillet ont été salutaires. Il promet même de
soutenir la nouvelle dynastie, à condition « que l'on ne fasse
pas de folies ».

Après Wellington, Charles-Maurice doit également remettre à sa place l'ambassadrice de Russie, la princesse de
Liévin, qui s'exclame :

— On aura beau dire et beau faire, ce qui vient de se
passer en France est une flagrante usurpation !

— Vous avez bien raison, madame, réplique froidement
Talleyrand ; seulement, ce qui est à regretter, c'est qu'elle
n'ait pas eu lieu seize ans plus tôt, comme le désirait et le
voulait l'empereur Alexandre, votre maître.

Charles-Maurice ne manque d'ailleurs pas une occasion
dans ses lettres de donner à Madame Adélaïde des nouvelles

du roi et de la famille royale exilée : « Charles X, annonce-t-il le 2 octobre 1830, doit quitter le bord de la mer : il accepte la superbe maison de lord Arundel, qui est à 50 milles environ dans les terres ; le gouvernement anglais lui avait fait insinuer qu'en résidant si près de la mer, il donnerait prétexte à beaucoup d'intrigants de s'établir, par des passages souvent répétés, comme chargés de commissions qu'ils n'auraient jamais reçues. C'est du duc de Wellington que je tiens ce petit détail. Le gouvernement anglais est sur cette question très loyal. »

Talleyrand continuera à faire espionner la famille royale exilée et pourra bientôt annoncer à Madame Adélaïde que la duchesse de Berry « s'embarquerait secrètement et paraîtrait dans la Vendée avec son fils. Ce ne sont peut-être là que des rêves, mais il faut que vous le sachiez... ».

Une semaine après son arrivée, Dorothée rejoint Talleyrand à Londres — car il a besoin de sa ravissante et intelligente égérie. Il compte recevoir à l'ambassade de France, 50, Portland place, autant, sinon plus, qu'à Vienne — et Mme de Dino tiendra une nouvelle fois la place d'ambassadrice. Elle servira même de premier secrétaire lorsque Talleyrand prépare le discours qu'il doit prononcer en remettant, le 6 octobre 1830, ses lettres de créance au roi Guillaume IV.

— Madame de Dino, lui dit-il, mettez-vous là et trouvez-moi deux ou trois phrases que vous écrirez de votre plus grosse écriture.

Dans son discours, il fait allusion aux « Trois Glorieuses » :

— Des principes communs resserrent plus étroitement les liens des deux pays. L'Angleterre, au-dehors, répudie comme la France le principe de l'intervention dans les affaires intérieures de ses voisins, et l'ambassadeur d'une royauté votée unanimement par un grand peuple se sent à l'aise sur une terre de liberté, et près d'un descendant de l'illustre maison de Brunswick...

Allusion transparente au duc George de Brunswick qui, cent seize années auparavant, avait usurpé, *lui aussi*, le trône d'Angleterre appartenant aux Stuart !

Ce portrait de Talleyrand a été
exécuté à Londres en 1834.

Lorsqu'il descend de voiture — comme un jour à Kensington — la foule s'amasse... et, pour mieux le voir, « les femmes sont soulevées dans les bras de leurs maris ». Talleyrand est la *great attraction* de Londres... Il est un personnage chargé d'histoire qui reçoit à la perfection. Sa table éblouit la *gentry*. Il mène grand train, joue à la Bourse et gagne le plus souvent... Pourtant, on signale qu'un jour il perdit la somme considérable de 800 000 francs.

Mme de Dino écrit à Barante : « Nos dîners ont du succès ici, ils font époque dans la gastronomie de Londres, mais c'est ruineux et M. de Talleyrand est effrayé de la dépense... La vie, je ne dis pas du luxe, mais de la nécessité, est inabordable pour presque toutes les personnes du continent... »

Charles-Maurice manque rencontrer à Londres l'ex-reine Hortense, mais il n'aurait eu aucun embarras de lui rendre visite, assure-t-il. Mme de Dino s'est rendue à l'hôtel Felton, James street, où la charmante reine a loué une suite de chambres meublées :

« Elle est tout juste telle que je l'ai connue jadis, écrit-elle. Il y a certaines gens sur l'humeur desquels les plus grandes secousses n'influent pas plus que les années ne laissent de traces sur leur figure. »

Talleyrand verra, peu après son arrivée, Lucien et Joseph Bonaparte :

— J'ai eu pour eux les égards que j'aurai toujours pour les membres de cette famille. Si je crois maintenant, comme en 1814, la politique napoléonienne dangereuse pour mon pays, je ne puis oublier ce que je dois à l'empereur Napoléon, c'est une mission suffisante pour témoigner toujours au nom de sa famille un intérêt fondé sur ma reconnaissance, mais qui ne peut exercer d'influence sur mes sentiments politiques.

Il a bien changé depuis 1814 !

Un peu plus tard, à la fin de 1833, Charles-Maurice se trouvera face à face avec le futur Napoléon III. On ne sait trop pourquoi — peut-être parce que Louis-Napoléon se pose en prétendant — il signifiera clairement par son attitude qu'il n'a nullement l'intention de reconnaître le neveu de Napoléon. Sensible à cet affront, le fils de Louis Bonaparte s'approcha de l'ambassadeur de France, alors que celui-ci se trouvait plongé dans une conversation animée avec lady Tankerville. Il s'avancera et parlera avec la grande dame anglaise, laissant Talleyrand sans voix, vexé d'être mis ainsi à l'écart par le jeune prince.

Talleyrand est traité à Londres comme le ministre des Affaires étrangères de Louis-Philippe — et lui-même se considère un peu comme tel, se permettant d'écrire directement à Madame Adélaïde et au roi, en passant par-dessus la tête de son ministre, le comte Molé, dont on devine la fureur, d'autant plus que l'ambassadeur se contente de lui adresser des correspondances « dérisoires » — le mot est de Molé, qui ajoute : « Il est parti d'ici décidé à correspondre directement avec le roi et à n'envoyer que des *lettres de bureau* au ministre des Affaires étrangères... » Et Molé menace de s'en aller : « Rien au monde, sire, écrit-il à Louis-Philippe, ne me ferait rester une minute de plus au poste où le roi m'a appelé, si je n'y avais toute sa confiance. Rien ne m'y fera rester si M. de Talleyrand ne demeure plus sous ma direction et dans ma dépendance comme le moindre de nos ambassadeurs. Je sais et sens mieux que personne tout ce qui est dû d'égards,

de déférence même à son âge et à son expérience ; mais je
n'oublie pas non plus qu'il s'enfermait avec Ouvrard à Calais,
et que, s'il a désiré si ardemment d'aller à Londres, ce n'est
pas par dévouement au roi, ni par amour de la France. »

Chateaubriand semble avoir encore raison en constatant :
« Quand M. de Talleyrand ne conspire pas, il trafique... »

La querelle finira par s'apaiser provisoirement, Talleyrand ayant estimé utile de lâcher du lest et d'écrire à Molé :
« Notre correspondance n'est ni amicale ni ministérielle ; il
me semble cependant qu'entre nous deux il doit en être
autrement, et je viens avec tout mon vieil intérêt vous le
demander. Une confiance moins parfaite, une entente moins
intime pourrait nuire, entraver, arrêter les affaires, et j'en
serais malheureux ; notre amitié en souffrirait et j'en serais
très fâché... Vous me trouverez disant tout, excepté ce qui
me paraît sans importance aucune. C'est ainsi que je faisais
avec l'Empereur et avec Louis XVIII... »

Devant de tels antécédents, Molé est obligé de baisser
pavillon. Et auprès de Madame Adélaïde, Talleyrand
reconnaît ses torts... mais plaide non coupable : « Il est
possible, lui écrit-il, que je n'aie pas répété avec assez de
détails les conversations que j'ai pu avoir avec le ministère
anglais ; j'ai prié Mademoiselle de s'en prendre à un principe
comme je le faisais avec l'empereur Napoléon, et dont je me
suis bien trouvé pendant quinze ans. Il désignait comme
inférieurs les ambassadeurs à conversation (c'est ainsi qu'il
les nommait), parce que leurs conversations, disait-il, sont
plus ou moins fabriquées par le désir de plaire à leur propre
gouvernement, et cela ne vaut rien et n'apprend rien. »

☆

Talleyrand aurait voulu que la correspondance diplomatique échangée entre l'ambassadeur de France à La Haye et
son ministre à Paris passât par Londres... puisque c'est en
Angleterre que l'on essayait, non sans inquiétude, de
résoudre l'épineuse question belge qui risquait d'entraîner
l'Europe vers une guerre.

Rappelons les faits, puisque l'affaire belge demeure en
filigrane durant la plus grande partie de l'ambassade de
Talleyrand à Londres.

Depuis le Congrès de Vienne, la future Belgique fait partie du royaume des Pays-Bas sur lequel règne le roi Guillaume Ier de Nassau. Or les Belges sont mécontents et ne se gênent pas pour le dire. Que réclamaient-ils ? L'égale répartition des places entre eux et les Hollandais, la liberté des cultes, la liberté de la langue et de l'enseignement, enfin la liberté entière et égale pour tous d'écrire par la voie de la presse. Toutes ces réclamations avaient été consignées en d'innombrables pétitions que les députés hollandais considéraient comme des « enfantillages » et traitaient par le mépris.

Indéniablement, la Belgique était considérée par la Hollande comme une vassale. A la première occasion, le feu serait mis aux poudres. Le levain nécessaire fut apporté par la révolution parisienne de juillet 1830. Le vent de liberté parti de Paris enflamme Bruxelles. Le soir du 24 août, la fête du roi Guillaume est fort mal accueillie. Les Bruxellois scandent :

— Aujourd'hui, illumination ; demain, révolution !

La foule se porte au palais du prince de Gavre, grand chambellan de la reine, en criant : « A bas les Hollandais ! Vivent les Belges ! » Une grêle de pierres est lancée contre les vitres illuminées du palais. On ferme les boutiques, on barricade les maisons... et la nuit s'écoule dans l'attente. Le jour du 25 août se lève. Ce jour-là, le théâtre de la Monnaie affiche *la Muette de Portici*, la fameuse histoire de Masaniello, le chef de la rébellion de Naples contre les Espagnols, mise en musique par Auber. Le choix était pour le moins fâcheux... Le grand air fait exploser la salle et les spectateurs, debout, reprennent :

Mieux vaut mourir que rester misérable,
Pour un esclave est-il quelque danger...
Tombe le joug qui nous accable,
Et sous nos coups périsse l'étranger.

Amour sacré de la patrie
Rends-nous l'audace et la fierté
A mon pays je dois la vie
Il me devra sa liberté !

La représentation est interrompue. La foule, enivrée, sort sur la place, entonne le chant que des milliers de voix reprennent. C'est l'étincelle. On se répand dans Bruxelles. On incendie, on crie, on conspue. Il ne s'agit plus maintenant d'une poignée de manifestants, mais d'une multitude considérable. La troupe intervient, le sang coule rue de la Madeleine, rue de l'Empereur, rue de la Paille et au Grand-Sablon. Mais bientôt les soldats reculent vers les hauteurs de la ville. Quatre à cinq mille Belges se massent sur la Grand-Place... Soudain, l'on voit deux jeunes gens attacher à la porte principale de l'Hôtel de Ville un drapeau aux trois couleurs rouge, jaune et noir. C'est le vieil étendard brabançon ! L'union des trois provinces brabançonnes : le jaune, couleur du lion d'or, le rouge, celle de la langue, le noir, celle du fond de l'écu. Les trois couleurs vont faire le tour du pays, car l'émeute bruxelloise s'est vite tranformé en révolution belge. Partout on se soulève.

En s'embarquant à Calais pour l'Angleterre, Talleyrand avait appris que, le matin précédent, les troupes hollandaises étaient entrées dans Bruxelles, avaient forcé la porte de Schaerbeek, et parcouru la rue Royale au pas de charge... mais la colonne hollandaise a commis l'erreur de se regrouper sous les arbres du parc. Lorsque les soldats voudront en sortir par l'unique grille ouvrant sur la place Royale, pour se déployer sur l'esplanade, les insurgés feront pleuvoir une pluie de balles sur les Hollandais. Le populaire Louis de Potter, qui a été exilé, est rappelé : la révolution triomphe, un gouvernement provisoire est formé.

Le roi Guillaume a perdu la Belgique.

Mais, comment imposer un nouvel Etat belge à l'Europe ? Ainsi que l'écrit Talleyrand, la révolution bruxelloise « aggravait singulièrement les difficultés de nos premières relations avec le gouvernement anglais... Je ne pouvais pas oublier cependant, remarquait-il, que la création du royaume des Pays-Bas, par la réunion de la Belgique à la Hollande, avait été, en 1814, l'œuvre de l'Angleterre et des mêmes hommes d'Etat anglais que je retrouvais précisément encore au pouvoir en 1830 ».

L'ambassadeur de France ne pense qu'à sauver la paix et à éviter une intervention armée. Les pays garants des traités de 1815 ne décideront-ils pas d'intervenir ? En effet, en France, certains esprits avancés considèrent la révolution belge comme fille de la révolution de Paris et souhaitent qu'une armée franchisse la frontière pour soutenir les Belges opprimés, ces Belges qui, pendant près de vingt années, ont été citoyens de départements français.. Les garants du traité de Vienne s'agitent. La Prusse, qui a une frontière commune avec la Belgique, veut se porter au secours du roi Guillaume et mobilise, tandis que l'Autriche estime qu'en se révoltant contre le maître qui leur a été imposé par le Congrès de Vienne, les anciens Pays-Bas autrichiens troublent l'ordre européen. Quant aux Anglais, répétons-le, ils considèrent les Pays-Bas de 1815 comme leur œuvre — et gare à qui y touche !

Ainsi, au grand effroi de Talleyrand, le spectre de la guerre recommence à profiler son ombre terrible sur l'Europe. Il faut sauver la paix ! Charles-Maurice obtient, non sans mal, que « les énergumènes de Paris » se calment et, chaque jour, l'ambassadeur clame son principe de la « non-intervention ». Il faut réunir une conférence à laquelle seraient convoqués les pays signataires de 1815 ! Talleyrand préconise que la réunion se fasse à Londres, afin de pouvoir, en sa qualité d'ambassadeur de France, mener les choses à sa convenance, alors qu'à Paris, les décisions lui échapperaient évidemment. De plus, il y avait déjà à Londres de nombreux diplomates qui palabraient et piétinaient depuis plus d'une année afin d'essayer de résoudre l'insoluble problème grec. Autant les utiliser...

On s'en doute, Talleyrand possédera bientôt la même influence à Londres que celle exercée quinze années auparavant sur le Congrès de Vienne. Les « prévenances » pour le représentant du roi bourgeois se multiplient. Ainsi que Talleyrand l'annonce fièrement à Madame Adélaïde : il « jouit ici d'une considération que n'avaient pas les ambassadeurs de Charles X ». Toute la *gentry* est à ses pieds ! On le voit bien le 2 novembre 1830, lorsque Talleyrand et Mme de Dino assistent à la cérémonie moyenâgeuse de l'ouverture du Parlement. Dorothée écrira dès le lendemain à Madame Adélaïde : « Madame lira le discours. Mais ce que j'ai besoin de lui dire, c'est que lorsque la voiture de l'ambassadeur de France a paru, les vivats, les hourras, les *Louis-Philippe for ever ! No Charles the Xth !* ont commencé, et cela a duré depuis *the House of Lords* jusqu'à Bond street. — Il y a eu aussi beaucoup de *Vivat Prince Talleyrand !* » Pendant la cérémonie, le roi avait fait préparer une tribune spéciale pour le prince afin qu'il pût s'asseoir, « mais cette bonté n'a

ch. mau. p^ce de talleyrand
né à paris le 2 février 1754

Charles-Maurice de Talleyrand alors qu'il était ambassadeur à Londres. (Collection M. et Mme Gaston Palewski).

pas été acceptée et M. de Talleyrand est resté toujours sur ses jambes dans la tribune diplomatique ».

Au retour vers l'ambassade, poursuit Mme de Dino, en dépit des domestiques « portant la cocarde tricolore, le peuple a crié : *A french lady !* et on m'a saluée et crié des vivats tout le long de la route ».

De mois en mois la situation de Talleyrand deviendra plus extraordinaire. « Je ne puis assez admirer le sens profond de tout ce qu'il dit, la simplicité et le *comme il faut de ses manières*, écrit Prosper Mérimée. C'est la perfection d'un aristocrate. Les Anglais, qui ont de grandes prétentions à l'élégance et au bon ton, n'approchent pas de lui. Partout où il va, il se crée une cour et il fait la loi. Il n'y a rien de plus amusant que de voir auprès de lui les membres les plus influents de la Chambre des lords, obséquieux et presque serviles. »

Et Mérimée de rapporter une scène assez déplaisante qui prouverait que Talleyrand ne se livrait pas seulement le matin aux étranges ablutions que nous avons rapportées : « Après son dîner, au lieu de se rincer la bouche, comme cela est d'usage à Londres et à Paris, c'est le nez qu'il se rince, et voici de quelle manière. On lui met sous le menton une espèce de serviette en toile cirée, puis il absorbe par le nez deux verres d'eau qu'il rend par la bouche. Cette opération, qui ne se fait pas sans grand bruit, a lieu sur un buffet, à deux pieds de la table. Or, hier, pendant cette singulière ablution, tout le corps diplomatique, les yeux baissés et debout, attendait en silence la fin de l'opération et, derrière le prince, lady Jersey, la serviette à la main, suivait tout le cours des verres d'eau avec un intérêt respectueux. Si elle avait osé, elle aurait tenu la cuvette. Cette lady Jersey est la femme la plus hautaine et la plus impertinente de toute l'Angleterre ; elle est très belle, spirituelle, instruite et très noble par-dessus le marché. Il faut que le prince soit un bien grand séducteur pour obtenir tant de condescendance de sa part. " C'est une bien bonne habitude, mon prince ", a dit lady Jersey. — " Oh ! très sale, très sale ! " a répondu le prince, et il lui a pris le bras, après l'avoir fait attendre pendant cinq minutes. »

La conversation, ce soir-là, a roulé sur la politique, la littérature et la cuisine. « Et il m'a paru que le prince était également supérieur sur ces trois points... » On parle de

Chateaubriand. Talleyrand affirme que Mme Hamelin, mécontente d'une entrevue que lui avait accordée le vicomte, lui a affirmé que « celui-ci n'avait qu'une plume de corbeau pour écrire ses ouvrages ».

L'inévitable Montrond était venu rejoindre son ami à Londres. Est-ce à Mme de Dino que Talleyrand demandait un jour ?

— Savez-vous, madame la duchesse, pourquoi j'aime assez Montrond ? C'est parce qu'il n'a pas beaucoup de préjugés.

— Savez-vous, madame la duchesse, pourquoi j'aime tant M. de Talleyrand ? ripostait Montrond ; c'est qu'il n'en a pas du tout !

Mme de Dino et Montrond sont loin de s'entendre. Dorothée est jalouse et juge en termes acerbes celui qui a été appelé « l'âme damnée de Talleyrand » : « Dans quelle autre maison auriez-vous blâmé toutes les choses comme vous le faites ici ? lui écrit-elle. Vous avez critiqué ses voisins, ses domestiques, son vin, ses chevaux, toutes sortes enfin. S'il a été rude, vous avez été hargneux ; et en vérité il y a trop de témoins de votre perpétuelle contradiction pour que vous puissiez vous plaindre de l'humeur qu'elle a causée. »

Finalement, Montrond quitta la place — provisoirement. Furieux, il passera un jour à côté du prince sans le saluer.

— Ah ! c'est qu'apparemment je l'ai mal élevé ! soupira Talleyrand.

Mais la brouille ne pouvait être de longue durée. Charles-Maurice considérait Montrond comme son complice... Il avait été mêlé à tant de choses ! Lord Palmerston nous apprend que lorsque Talleyrand venait le voir pour affaires, il avait presque toujours dans sa voiture Montrond, afin de lui expédier vite ses indications utiles pour jouer et agioter.

« L'affaire de Belgique terminée, avait écrit Dorothée à son ami Adolphe Thiers, quelle que soit son issue, nous quitterons l'Angleterre. » Mais, on en était loin ! Le 4 novembre s'ouvre la conférence et Talleyrand commence à faire patte de velours. Comme autrefois à Vienne, il ne veut rien et n'a nullement l'intention d'imposer ses volontés :

— Je n'apporte pas ici la voix de la France ; il n'y a plus de France diplomatique. Je ne suis qu'un homme de quelque expérience, qui vient s'asseoir près de vieux amis, pour causer d'affaires générales.

Tous se trouvent bientôt d'accord pour adopter la « non-intervention » chère à Talleyrand et demander aux Belges et aux Hollandais de suspendre sagement leurs hostilités. Une ligne de démarcation séparerait les frères ennemis. L'amputation accomplie, l'entaille deviendrait la frontière de la Belgique. Fallait-il, maintenant, essayer de créer une fédération avec la Hollande, ou fonder un Etat indépendant ? Ou encore morceler la turbulente petite nation ? Les Belges vont répondre à ces questions — sans les résoudre d'ailleurs — en réunissant à Bruxelles, six jours plus tard, le 10 novembre, un Congrès. Le 18, celui-ci proclame l'indépendance de la Belgique, le 22, les députés décident que la forme du gouvernement sera monarchique, le 24 la dynastie de Orange-Nassau est définitivement bannie.

Mais les choses ne sont pas aussi simples, les Belges exigeant avec raison, et sans plus tarder, que l'on reconnaisse leur indépendance.

A Paris, Sébastiani, le nouveau ministre des Affaires étrangères — Molé ayant fini par quitter la place —, envoie à Londres Flahaut, porteur de propositions extravagantes : on donnerait un morceau de la Belgique à la Prusse, un autre aux Pays-Bas, un troisième à la France, tandis que l'Angleterre recevrait Anvers et l'embouchure de l'Escaut.

Talleyrand pousse aussitôt des cris de protestation devant la création d'un nouveau Gibraltar...

La princesse de Liévin ayant approuvé le projet apporté par Flahaut, Charles-Maurice avait alors frappé le plancher de sa canne et la table de son poing en criant :

— Anvers ! Anvers à l'Angleterre ! Mais savez-vous que c'est révoltant ce que vous dites là ? Quoi ! l'Angleterre sur le continent ? Madame, tant qu'il y aura une France, une France si petite qu'elle soit, il n'y aura pas, il ne peut pas y avoir, l'Angleterre sur le continent. Vous me révoltez ; ce n'est pas soutenable ; ce que vous dites là est abominable !

Charles-Maurice propose alors — ou feint de proposer — une autre solution. Pourquoi ne pas installer le roi de Saxe à Bruxelles, tandis que le souverain de Prusse recevrait la Saxe et donnerait en échange à la France la rive gauche du

Rhin ? Le prince savait parfaitement bien que l'Angleterre
n'accepterait jamais la présence française à Mayence. Aussi,
Talleyrand semble-t-il prendre plaisir à construire un puzzle.
Dans une dépêche adressée à Sébastiani, il propose de faire
de la Belgique un Etat fédéral dans le genre de la
Confédération suisse — formule qui d'ailleurs aujourd'hui est
envisagée pour que cesse l'éternelle et irritante querelle
linguistique entre Flamands et Wallons. Anvers et Ostende
deviendraient ports libres, une manière de villes hanséatiques. Assurément Talleyrand — du moins il faut le croire —
s'amuse... A moins qu'il ne veuille effrayer les Anglais, les
terrifier plutôt, afin qu'ils acceptent d'en finir.

Mais les discussions ne s'en éternisent pas moins, car les
Belges ne facilitent guère la tâche de la conférence. Ils
continuent à vouloir en découdre !

— Que le gouvernement français aille au diable ! répondent-ils lorsque Sébastiani leur demande de ne pas compromettre la paix.

Et le ministre s'exclame :

— Les Belges n'ont que des idées folles ! Mais qu'ils
prennent garde, on les partagera !

On ne les partagera pas. Enfin, le 20 décembre 1830, la
conférence de Londres dissout le royaume des Pays-Bas qui
avait duré à peine une quinzaine d'années. Un protocole est
signé : la Belgique formera un Etat perpétuellement neutre.
Les cinq puissances lui garantissent cette neutralité perpétuelle, ainsi que l'intégrité et l'inviolabilité de son territoire.
Lorsqu'on connaît la suite, on est en droit de se demander si
l'inviolabilité est une formule possible en politique...

Talleyrand se félicite et, tout joyeux, écrit le lendemain à
Sébastiani : « Les treize forteresses de la Belgique, à l'aide
desquelles on menaçait sans cesse notre frontière du Nord,
tombent, pour ainsi dire, à la suite de cette résolution, et
nous sommes désormais dégagés d'entraves importantes.
Les conditions humiliantes proposées en 1815 décidèrent
alors ma sortie des affaires, et j'avoue qu'il m'est doux
aujourd'hui d'avoir contribué à rétablir la position de la
France de ce côté. »

Lorsque le traité arrive à Paris, Madame Adélaïde
exprime à Talleyrand tout le plaisir que lui a fait « la vue de
la guirlande des cachets des représentants des cinq puissances, posés sur notre chère couleur... Car, certes, ajoute-
t-elle, il a fallu tout votre zèle, tout votre talent, votre

habileté pour arriver à cet heureux résultat, si important
pour le bonheur de notre chère patrie et, en vérité, pour
celui de toute l'Europe ».

Et le roi de féliciter de son côté Charles-Maurice pour
l'heureuse conclusion du traité de Londres, « une grande
époque de l'Histoire ». Ce qui n'empêche nullement la presse
parisienne — elle est redevenue libre — de fustiger et de se
moquer du prince de Talleyrand. Barthélemy — l'auteur du
Fils de l'Homme — versifie dans sa *Némésis*

> *Que font-ils, dites-vous, à Londres ? Ce qu'ils font ?*
> *Pour le savoir, voyez quel homme on associe*
> *Aux travaux clandestins de leur diplomatie.*
> *Le mensonge incarné, le parjure vivant,*
> *Talleyrand-Périgord, prince de Bénévent !*
> *Judas impénitent, le front oint du saint-chrême.*
> *Il ouvrit sa carrière en trahissant Dieu même :*
> *Aux autels, à la cour, doublement apostat,*
> *Comme il traita l'Eglise, il a traité l'Etat.*
> *Exercé quarante ans dans les chancelleries,*
> *Protée au pied boiteux, Satan des Tuileries,*
> *Au pilier du Pouvoir il s'est toujours tordu :*
> *République, empereur, rois, il a tout vendu.*

De nombreuses caricatures voient alors le jour en prenant
pour thème celui des volte-face de Talleyrand devenu M. de
Bienauvent. Talleyrand hausse les épaules et se contente de
constater après la publication de la *Némésis :*
— La corruption engendre les vers.

Mais quel roi les Belges vont-ils choisir ?

Soudain, une dépêche parvient à Londres et crée une
véritable panique : le 18 janvier 1831, le Congrès bruxellois a
appelé au trône de Belgique le jeune duc de Nemours, fils de
Louis-Philippe. Jamais l'Angleterre n'admettra qu'un prince
français règne sur la Belgique ! Déjà, à la fin de l'année 1830
— le 9 décembre —, Madame Adélaïde avait écrit à
Talleyrand ses craintes à la pensée que les Belges aient la
« fâcheuse et embarrassante idée » de choisir comme roi le
duc de Nemours. Quelle pomme de discorde ! « D'autant
plus, écrivait-elle, que ces malheureux Belges ont le funeste
aveuglement de ne pas craindre la guerre, mais de la

désirer... » Quelques jours plus tard, Talleyrand raconte à
Madame Adelaïde avoir eu à ce sujet une conversation avec
lord Palmerston :

— Voilà, lui a déclaré Talleyrand, l'armistice est près
d'être conclu ; il me semble qu'il est temps d'aborder la
grande question du souverain de la Belgique.

Le ministre anglais propose alors plusieurs noms. Tout
d'abord celui de Paul de Wurtemberg, mais il ne s'y arrête
guère et fait une autre suggestion »

— Vous ne voulez pas de l'archiduc Charles ?

Talleyrand l'exclut, ainsi que le duc de Leuchtenberg, fils
du prince Eugène. Il est le petit-fils de l'impératrice
Joséphine... et il paraît dangereux de voir un napoléonide
régner à Bruxelles.

— Les Belges pensent beaucoup à M. le duc de Nemours,
avance alors Talleyrand — ils faisaient beaucoup plus que d'y
penser !... — mais le roi veut détourner cette proposition. Je
ne sais pas s'il y réussira, mais je l'espère. En tout cas, il est
dans une situation singulière : il est obligé d'employer, pour
refuser, toute la volonté et tout l'art que d'autres mettent
pour obtenir.

— Il serait difficile de faire adopter par les puissances
M. le duc de Nemours, approuve lord Palmerston, mais
cherchons quelqu'un d'autre qui pourrait par un mariage
rassurer tout le monde.

— Ce que j'appelle tout le monde, précise Talleyrand,
c'est vous et nous.

Palmerston prononce alors le nom du prince Léopold de
Saxe-Cobourg-Gotha, veuf de la princesse héritière
Charlotte d'Angleterre, fille du futur George IV. « J'ai
montré un peu d'étonnement, comme si cette idée ne m'était
jamais venue, rapporte l'adroit ambassadeur à Madame
Adélaïde, mais mon étonnement avait un peu l'air d'une
découverte heureuse. Il est clair que la Belgique, donnée au
prince Léopold, qui épouserait une princesse de France,
poursuit Talleyrand, paraîtrait aux Anglais un arrangement
qui pourrait se faire. Je crois, si cette idée vous plaisait, qu'il
faudrait que la proposition fût faite à la conférence par lord
Palmerston, et je me chargerais de la lui faire faire. Si vous
pensez autrement, ordonnez. Je crois que l'on fera ce qui
vous conviendra davantage... »

La famille de Saxe-Cobourg est friande de trônes... Aussi
le prince Léopold accepte-t-il d'aller régner à Bruxelles.

Mais le roi Guillaume de Hollande refuse d'évacuer Anvers. Bien plus, le jour même de l'entrée solennelle de Léopold Ier à Bruxelles — le 21 juillet 1831 —, il lance son armée sur la nouvelle Belgique, non pour la conquérir, mais pour s'assurer de nouvelles et plus confortables frontières. C'est la guerre ! Mais Léopold est battu à Louvain. Talleyrand obtient l'accord de l'Angleterre. Le principe d'une double intervention armée française et anglaise — à la fois sur terre et sur mer — est envisagé. Si Guillaume continue à jouer les matamores, on chassera *manu militari* les Hollandais du nouvel Etat !

Comme Talleyrand l'avait écrit à Madame Adelaïde, le roi Léopold ne pouvait, bien sûr, qu'épouser une princesse française. L'Angleterre se montre enchantée : « Cela détournera la France de la tentation d'envahir la Belgique. » Quant au cabinet des Tuileries, il croit trouver dans le mariage projeté le moyen de neutraliser l'influence anglaise à Bruxelles.

— Prenez ma fille Louise, propose Louis-Philippe ; elle est douce, elle est bonne, elle aime la liberté constitution- nelle, elle connaît l'histoire de la Belgique.

Cependant, Léopold Ier ne se montre pas raisonnable : il voudrait voir les frontières de son petit royaume agrandies vers le Luxembourg et les Pays-Bas. « On veut l'aider, avertit Talleyrand, mais il ne faut pas qu'il aille toujours créer des difficultés avec *sa* Belgique. On ne veut ici que ce qui est juste… mais on ne veut pas que la Belgique soit plus grande qu'elle n'était autrefois ; on ne veut pas qu'elle soit conquérante. »

Mme de Dino continue à seconder son oncle le mieux du monde. Elle voit cependant trop souvent les choses en noir et Talleyrand lui fait alors remarquer qu'elle considère les événements « à travers sa bile ». Dorothée ne songe nullement à regagner son cher Rochecotte, d'autant plus qu'elle est aimée à Londres par le bras droit de Talleyrand, M. de Bacourt… Mais aussi, elle sait combien sa présence est indispensable à son oncle. Elle l'explique à Barante : « Je vais rester auprès de M. de Talleyrand, qui bien souvent a besoin de quelqu'un à qui confier les prévisions, les mécomptes, les espérances et les devoirs qui, sans relâche, occupent son esprit toujours actif, toujours raisonnable, toujours pratique. » Et elle ajoute : « Il est fort honoré, fort considéré ici. On a grande confiance dans sa droiture et dans sa sagesse ; mais il n'est et ne peut être en ouverture de cœur qu'avec moi, et c'est ce qui me fixe ici. D'ailleurs, il serait inquiet de me voir en France, quand on est encore sous l'impression des émeutes et du désordre. »

Adolphe de Bacourt qui fut aimé par Dorothée de Dino et qui travailla à Londres aux côtés de Talleyrand.

C'est seulement au mois de janvier 1832 que Talleyrand parvient à mettre un point final à l'injure faite à la France en 1814 : les forteresses, situées à la frontière de l'ancien royaume des Pays-Bas, sont enfin démolies. Les Alliés ont dépensé 45 millions de francs pour rien... Ainsi sont effacés « les témoignages insultants de nos malheurs », selon l'image même de Talleyrand. Et voici le traité de Vienne sérieusement démantelé !

Cela n'a pas été sans mal...

Talleyrand est harassé par le travail. Les conférences ont été « d'une longueur extrême. Celle d'avant-hier, annonce-t-il au roi, a fini à 4 heures du matin, et celle d'hier à 2 heures et demie. Et Votre Majesté le comprendra lorsqu'Elle aura sous les yeux l'énorme travail que j'envoie aujourd'hui au département (des Affaires étrangères) ».

Au mois de mai 1832, Casimir Perier meurt. Talleyrand va-t-il accepter la présidence du Conseil ? Il préfère refuser « doucement et tranquillement, comme l'on fait, explique-t-il, quand on est invariable ».

Il n'en désire pas moins prendre quelques vacances. « Depuis vingt mois, je ne vis que pour arriver où je suis parvenu... Il faut que je pense à mes jambes, à mes yeux, et que j'aille regarder mes affaires. » Aussi, après vingt et un mois d'activité ininterrompue, Talleyrand quitte Londres le 20 juin 1832.

En son absence, Durand de Mareil le remplacera. Son rôle est de maintenir la politique tracée par le prince : accord avec les cinq puissances et concertation avec l'Angleterre afin de forcer le roi de Hollande à rendre à la Belgique la totalité de son territoire. Car Guillaume occupe toujours Anvers...

Le séjour habituel à Bourbon-l'Archambault ne lui réussit qu'à moitié : « Les eaux ont perdu mon estomac, écrit-il ; et à mon âge, on en a bien besoin pour se défendre contre ce que je ne voudrais pas appeler les infirmités... » Il a un gros rhume pour lequel on lui fait prendre de l'émétique. Après avoir revu Valençay, le voici à nouveau installé à son hôtel de la rue Saint-Florentin. Les Tuileries sont déserts. La famille royale est à Compiègne pour le mariage — le 6 août — de la petite Louise de France avec Léopold Ier.

Les nouvelles que Talleyrand reçoit de Londres sont mauvaises : « J'ai trouvé ici les affaires de Belgique et de Hollande beaucoup moins placées qu'elles ne l'étaient il y a deux mois... », sous-entendu, lorsque l'ambassadeur se trouvait à son poste. Il oublie la politique en partant pour Rochecotte où il retrouve Dorothée à la fin du mois de septembre : « La vie qu'on y mène d'abord, l'air qu'on y respire, la politique qui reste au loin, tout m'y convient. »

Mais après deux semaines de halte, il lui faut regagner Londres et ses soucis. Guillaume II refuse toujours d'éva-cuer Anvers. Talleyrand s'emploie à faire évoluer la situation. Les projets envisagés l'année précédente sont mis à exécution : l'amitié franco-anglaise se transforme en une véritable alliance. « Vous avez tranché le nœud gordien », admire Madame Adélaïde. Et le 22 octobre 1832, Talleyrand peut écrire à Guizot : « Si vous n'êtes pas satisfait, vous avez tort ; car je crains, et je sais avoir obtenu l'impossible. »

L'impossible, en effet... Une escadre britannique bloque l'embouchure de l'Escaut et le maréchal Gérard, à la tête des troupes françaises, assiège Anvers. La reddition de la citadelle — le 22 décembre 1832 — met un point final à la question belge. « C'est de la reddition de la citadelle d'Anvers, annonce fièrement Talleyrand au duc de Broglie, nouveau ministre des Affaires étrangères, que la Belgique peut vraiment compter son existence comme Etat indépendant. » Et la France, pourrait tout aussi fièrement ajouter Talleyrand, retrouve en Europe sa véritable place.

Déjà, le 7 juin précédent, Louis-Philippe s'était félicité et avait écrit à Talleyrand : « Ceux qui avaient tant répété au-dedans et au-dehors que le trône de Juillet tomberait devant l'union des Carlistes et des républicains comme les murailles de Jéricho devant la trompette de Gédéon, doivent maintenant reconnaître qu'une nationalité franche et complète, un respect religieux pour la foi jurée et pour les institutions, les lois et les libertés de son pays, sont de meilleurs boulevards pour le trône que le pouvoir absolu avec sa tourbe de courtisans et tous ses satellites. »

Tout au début de 1833, Talleyrand pleure — et ses larmes sont rares. La princesse de Vaudémont a rendu le dernier soupir. C'est pour Talleyrand « un chagrin que chaque jour renouvelle et accroît : elle manque dans la vie habituelle comme dans les grandes occasions. C'était un appui qui ne se faisait sentir que lorsqu'on le cherchait, mais alors il ne manquait pas ».

Que de souvenirs pour l'ancien abbé de Périgord !... Cette famille de Lorraine-Brionne, pour laquelle il avait eu tant de goût — depuis la mère jusqu'aux deux filles —, cette famille dans laquelle était entrée, en 1779, Louise de Montmorency, devenue princesse de Vaudémont par son mariage. De toutes les conquêtes de Charles-Maurice, Mme de Vaudémont était peut-être celle dont l'amitié lui demeurait la plus précieuse... tout en n'oubliant pas l'amour qui les avait unis. « Adieu, je baise vos mains et vos lèvres... », lui avait-il encore écrit de Londres, le 13 juillet 1831. Et cinq mois plus tard, le 15 décembre : « J'aime tout de vous... Adieu, ange ou démon, je vous aime. »

Puis ce fut, trois mois plus tard, la mort de son vieux compagnon, le duc de Dalberg. Lorsqu'on voit disparaître des êtres qui vous sont chers et qui sont plus jeunes que vous, on sent encore davantage le poids des années. Une nouvelle fois, le prince a besoin de repos. Il a maintenant plus de soixante-dix-neuf ans et le très jeune Maxime du Camp, qui le verra à Paris quelques mois plus tard, écrira : « Je vis un grand vieillard poudré à blanc ; le regard était terne et cependant hautain ; la pâleur était livide ; la lèvre inférieure pendait ; les épaules se courbaient en avant ; la claudication était si forte qu'à chaque pas le corps oscillait de droite à gauche, comme s'il allait tomber. »

A Valençay, en cet automne de 1833, Talleyrand reprend peu à peu des forces. Mais, après la vie active et brillante de Londres, « il est effrayé, écrit la duchesse de Dino, et je le suis pour lui, de l'isolement, de l'ennui, de la langueur de la province ou de la campagne... ». Cependant il n'est guère pressé de retrouver à Londres, « la gravité et la complication des affaires ». Mme de Dino le tranquillise en lui rappelant que Bacourt veille et assure l'intérim. Celui-ci voit d'ailleurs assez mal l'éventuel retour de son « patron ». Comme Dorothée pouvait s'en étonner, il lui explique : « Je vous avoue que c'est une idée qui m'inspire une réelle déplaisance de rentrer sous le joug de la mauvaise humeur de M. de Talleyrand. Vous avez beau me le peindre comme étant devenu un mouton, et d'ailleurs il y a un fossé qui ne peut se combler. Je puis lui pardonner les torts qu'il a eus à mon égard, les mettre sur le compte de l'âge, de sa santé, des affaires, mais je n'en ai pas moins pris la détermination de vivre ici de clerc à maître, et de ne jamais redevenir pour lui ce que j'ai été. Une fois hors des affaires et placés tous deux sur un terrain neutre, les positions changent et nous pouvons très bien vivre en paix. »

On le constate ; il ne devait pas être commode tous les jours de travailler avec le « vieux Talley », ainsi que les Anglais ont surnommé Charles-Maurice ! Cependant, Mme de Dino comprend mal les réactions de son amant... M. de Bacourt ne pourrait-il pas accepter « le joug de la mauvaise humeur » du prince et se consoler avec la présence de la femme qu'il aime ? Le jeune diplomate se défend : « Je ne veux pas que vous m'accusiez, mon amie, de placer une barrière insurmontable à notre réunion. Non, je ne vous manquerai jamais par le cœur — ni par le fait, quand le fait dépendra de ma volonté... »

Revenu à Londres, l'ambassadeur reprend son rôle, au grand déplaisir de Bacourt, mais celui-ci se console en revoyant Dorothée, qui s'associe de plus en plus à son oncle. « Je suis de moitié dans toutes les affections de M. de Talleyrand », écrit-elle à Alexandre Baring, mais elle le reconnaît : « Savez-vous que c'est bien vilain, la politique ? » ainsi qu'elle l'écrira le 7 août à lady Georgiana Grey.

Assurément, Mme de Dino est aussi grande dame que Talleyrand est grand seigneur et, grâce à eux, la révolution de Juillet, paraissant à certains un peu trop bourgeoise à Paris, a grand air à Londres, ainsi que l'écrit Saint-Priest. Bien plus, la monarchie de Louis-Philippe a acquis droit de cité. L'amitié franco-anglaise, dont Talleyrand se fait le champion, est déjà solide... L'Entente cordiale est au bout de la route ! Mais Talleyrand ne sera plus là pour l'apprécier... Cependant, il peut déjà constater : « Une alliance intime entre la France et l'Angleterre a été, au début et à la fin de ma carrière politique, mon vœu le plus cher, convaincu, comme je le suis, que la paix du monde, l'affermissement des idées libérales et les progrès de la vraie civilisation ne peuvent reposer que sur cette base. » Cette alliance sera un fait accompli — mais non sans mal pour Talleyrand — le 22 avril 1834 par la signature de la Quadruple Alliance réunissant la France et l'Angleterre à l'Espagne et au Portugal.

Cette fois, après ce « coup de maître », selon l'expression de Royer-Collard, Talleyrand ne pourrait-il pas abandonner son ambassade ? Pour la révolution de Juillet n'a-t-il pas obtenu le *droit de bourgeoisie* en Europe, selon son expression ? N'a-t-il pas bien servi la France ? Il va bientôt atteindre quatre-vingts ans et ses jambes « ne reprennent pas de force, écrit-il à Guizot, malgré la douche que je prends tous les jours ». Cependant, il hésite encore à quitter la scène. C'est Mme de Dino qui le décidera. Il se trouve en congé à Paris et Dorothée séjourne à Rochecotte. C'est de sa demeure angevine qu'elle lui écrit une longue lettre. Ce n'est pas « légèrement » qu'elle engage son oncle à quitter les affaires, ce n'est pas non plus pour faire sa fortune, ou sa carrière ou encore servir sa réputation... Il y a longtemps que ce sont là choses faites ! Dorothée lui rappelle — ce dont

nous nous doutions — qu'il ne porte guère d'affection aux
« individus » qui gouvernent alors la France. « Vous n'y êtes
venu (à Londres) que pour rendre, à travers un tremblement
de terre, un grand service à notre pays ! L'entreprise était
périlleuse à votre âge ! Après quinze ans de retraite,
reparaître au moment de l'orage et le conjurer était une
œuvre hardie. Vous l'avez accomplie, que cela vous suffise ;
vous ne pourriez désormais qu'en affaiblir l'importance...
Dans la jeunesse, tout moment est bon pour entrer en lice ;
dans la vieillesse, il ne s'agit plus que de bien choisir celui
pour en sortir... Quand, comme vous, on appartient à
l'Histoire, on ne doit pas songer à un autre avenir que celui
qu'elle prépare. Elle juge plus sévèrement, vous le savez, la
fin de la vie que le début... Ne marchandez pas avec le
public. Imposez-lui son jugement, ne le subissez pas ;
déclarez-vous vieux pour qu'on ne vous trouve pas vieilli ;
dites noblement, simplement, avant tout le monde : l'heure a
sonné ! »

Tout cela n'était que trop vrai ! Mais il y avait aussi autre
chose. Talleyrand s'entendait mal avec le chef du *Foreign
Office*, lord Palmerston, devenu fort arrogant à son endroit.
Il ose le faire attendre deux longues heures dans son
antichambre et refuse de se rendre aux dîners de l'ambassade de France. « Nous ne nous entendons plus, explique-t-il
à Madame Adélaïde, et nous ne nous plaisons plus guère. Il
ne faut pas que le service du roi souffre de cette
mésintelligence. » Même si l'on réconciliait les deux hommes
— et lady Holland et lady Cowper s'y emploient — il n'en
demeurerait pas moins entre eux « un germe d'embarras et
de rancune »... fâcheux pour les relations franco-anglaises.

Mais lorsque le prince apprend que Bresson, son ancien
secrétaire de Londres, devient ministre des Affaires étrangères, il prend sa décision. Certes, vingt-quatre heures plus
tard, le ministère Bassano s'effondrait, mais pour Talleyrand, c'était là un signe : Dorothée avait raison. Son temps
était passé — et le 13 novembre 1834, de Valençay, il envoie
au roi sa démission non « pour une question de nom propre,
soit anglais, soit français », mais parce qu'il estime sa tâche
accomplie.

A lady Burghersh, il explique encore : « Ma santé, mes
jambes plus mauvaises encore que de coutume, la mort d'une
de mes amies, tout cela s'est réuni pour me faire prendre ce
parti. »

Louis-Philippe insiste pour que le prince reprenne sa démission : « Caresses, supplications, il y a de tout (dans cette lettre) », rapporte Mme de Dino à Bacourt. Mais Dorothée veille... et Charles-Maurice maintient sa décision.

C'est au moment où le prince de Talleyrand quitte la grande scène de la politique et glisse vers l'inévitable fin, que nous pouvons l'admirer sans réserve. Comme le lui a écrit Guizot, le 11 juin 1834 : « Vous avez accompli une de ces œuvres qui naissent grandes et vont toujours grandissant. »

Ce n'est pas un Daumier mais un buste de Talleyrand à la fin de sa vie. (Collection M. et Mme Gaston Palewski).

XXV

« N'OUBLIEZ PAS QUE JE SUIS ÉVÊQUE !... »

> *Il n'y a rien de moins aristocratique que l'incrédulité...*
>
> TALLEYRAND

— C'est un parvenu, dit-on un jour à Talleyrand en lui parlant d'Auguste Thiers.

— Il n'est pas *parvenu*, il est *arrivé*, répondit-il.

Le petit Thiers se désolait parfois d'être fort impopulaire, et Talleyrand haussait les épaules :

— Savez-vous, mon cher, que j'ai été l'homme le plus moralement discrédité qui existât en Europe depuis quarante ans ? Et j'ai toujours été tout-puissant dans le pouvoir ou à la veille d'y rentrer.

Le 13 décembre 1834, le prince assiste à la séance de réception de Thiers à l'Académie. Lorsque l'ancien ambassadeur de France pénètre sous la coupole, toute l'assistance se lève pour le saluer.

Durant les quatre années qu'il lui reste à vivre, Charles-Maurice va sans cesse — et non sans orgueil — faire le bilan de son existence et revenir vers son extraordinaire passé.

— Voyez-vous, monsieur de Lamartine, lui dit-il, je livre mon nom à toutes les interprétations et à tous les outrages de la foule. On me croit immoral et machiavélique ; je ne suis qu'impassible et dédaigneux. Je n'ai jamais donné un conseil pervers à un gouvernement ou à un prince ; mais je ne m'écroule pas avec eux. Après les naufrages, il faut des

Madame de Dino au moment de la mort de Talleyrand.
(Collection M. et Mme Gaston Palewski).

pilotes pour recueillir les naufragés... J'ai bravé la sottise des jugements de l'opinion toute ma vie. Il y a bien des manières pour un homme d'Etat d'être honnête.

Il estime que la seule attitude qui lui convienne désormais est de « retourner dans sa tanière », de rentrer dans une sorte d'engourdissement. Il séjourne longuement à Valençay où la présence de la chère comtesse Tyszkiewicz lui manque. Elle était morte à Tours, le 2 novembre 1834. Depuis 1807, elle avait bien rarement quitté Talleyrand, aussi le prince ordonna-t-il de transporter le cercueil de la comtesse à Valençay ; elle sera inhumée dans la crypte de la chapelle Saint-Maurice.

A Valençay, ses fonctions officielles de conseiller général de l'Indre et de conseiller municipal de la petite ville — il n'est plus maire du village depuis 1831 — lui suffisent maintenant. Lui, qui a gouverné la France, se contente d'être un châtelain modèle : il fonde une école de filles, un hospice, la Maison de charité tenue par la petite congrégation des Sœurs de la Croix, située aujourd'hui rue Talleyrand.

Certes, le château est impressionnant, quelque peu nostalgique aussi... Et les toits bulbeux des tours sont un peu trop massifs, mais, peu importe, le prince s'y plaît — et comme dit Dorothée : « M. de Talleyrand y a tout son charme. »

Il a retrouvé sa chambre, sa table-bureau couverte de lettres et de documents, écrasés par de multiples presse-papiers, son lit recouvert de damas jaune et son fauteuil, que l'on peut toujours voir à Valençay. A son chevet, une gravure représentant le vœu de Louis XIII qui consacre la France à la Très Sainte Vierge. Il se promène dans son parc, son chien Carlos, tout heureux d'avoir son maître pour lui seul, le suit comme son ombre. Il aime conduire aussi sa petite carriole sous la pluie, le froid ou le vent. Il a pris son parti du temps berrichon et le subit philosophiquement, même lorsque sa voiture — comme elle le fera un jour — verse, le projetant sur le gravier — heureusement sans trop de mal. Dans le parc, Mme de Dino à ses côtés, il s'assied dans un fauteuil que lui a donné Louis-Philippe... et que Louis XVIII avait utilisé [1]. Il plante des pins d'Ecosse et les

---

1. Une délicieuse gouache appartenant au président Gaston Palewski nous montre la scène. (*Nous avons pu la reproduire en page de garde à la fin de ce livre*).

imagine déjà superbes, comme ils le seront sans doute dans quarante ans... Il désire « se claquemurer dans des habitudes casanières ». Comment Charles-Maurice supporte-t-il cette existence feutrée ? « Je ne suis pas heureux, je ne suis pas malheureux », répond-il avec résignation, je m'affaiblis tout doucement et, si cet état de langueur ne s'arrête pas, je sais bien comment tout cela pourra finir. Je ne m'en afflige ni ne m'en effraie. Mon affaire est finie. J'ai planté des arbres, j'ai bâti une maison, j'ai fait bien d'autres sottises encore ; n'est-il pas temps d'en finir ? »

Il devient pieux et ne manque jamais d'assister à la messe. Un jour, il prie Mme de Dino de lui lire tout haut — et lentement — le passage d'un livre qu'il lui tend.

« L'an 4000 du monde, lit-elle, Jésus-Christ, fils d'Abraham, dans le temps, fils de Dieu, dans l'éternité, naquit d'une vierge... »

— Apprenez ce passage par cœur, lui recommande-t-il, et voyez avec quelle autorité, quelle simplicité, tous les mystères se trouvent concentrés dans ce peu de lignes... On les impose, on ne les explique pas ; cela seul les fait accepter.

Il est bouleversé par la piété de la fille que lui a sans doute donnée Mme de Dino, la petite Pauline, *Minette*, ainsi qu'il l'appelle. Le matin de sa première communion, elle est venue demander sa bénédiction à son « grand-oncle », et celui-ci, se souvenant qu'il avait été évêque, la lui a donnée en disant à sa mère :

— Que c'est touchant la piété d'une jeune fille, et que l'incrédulité, chez les femmes surtout, est une chose contre nature !

Mme de Dino l'expliquait : « Il avait fini par tirer une certaine vanité personnelle de la piété de Pauline ; il se montrait flatté que, sous ses yeux, elle eût été aussi religieusement élevée. »

En venant rejoindre Talleyrand à Valençay au mois de septembre 1835, Dorothée le trouve préoccupé de sa santé : « Il convient qu'il ne songe pas à autre chose, écrit-elle, et dit que cela tient à l'ensemble de sa disposition morale, qui est triste et ennuyée. En rentrant chez lui, hier au soir, je l'ai trouvé lisant des ouvrages de médecine, étudiant l'article des maladies de cœur et se figurant y avoir un polype. Il souffre cependant fort peu, à de longs intervalles, et ses souffrances s'expliquent tout naturellement. »

Le fameux tableau de Ary Scheffer nous montre Talleyrand à la fin de sa vie.

Il assiste — de loin — aux événements de la politique qu'il juge avec plus de modération :

— Quand on a trop de sécurité ou trop d'indulgence, on s'expose à traiter les faiblesses comme des crimes et les crimes comme des faiblesses.

Le prince sort souvent son petit carnet d'un tiroir et note une pensée née de l'actualité : « Jusqu'ici on avait cru que la France ne pardonnait pas à des ministres qui l'ennuyaient : il paraît qu'elle s'y fait. » Ou encore : « Un ministère qu'on soutient est un ministère qui tombe. »

La maison ne désemplit pas et Talleyrand reçoit comme on savait le faire au siècle précédent. Oui, il est bien un homme du XVIIIe siècle, du siècle de la douceur de vivre, de la politesse du cœur, de ce siècle où l'on possédait l'art de la conversation. « Chaque trait ressemble à un coup de rame tout à la fois léger et profond, a dit un témoin du temps. On ne reste pas longtemps sur le même objet ; mais il y a une couleur générale qui fait que toutes les idées rentrent dans la matière dont il est question... C'est un plaisir délicat. » C'est

Pauline de Talleyrand-Périgord, la petite « Minette », qui fit la joie ▶
de Talleyrand pendant sa vieillesse.

bien le siècle où l'on possède un ton du monde, une délicatesse dans les manières, déjà un peu oubliés sous le règne de Louis-Philippe.

Il tient table ouverte et il se plaît à faire admirer sa demeure. Cela lui joue parfois de mauvais tours, tel celui que lui a réservé George Sand venue visiter Valençay avec Alfred de Musset, et qui, en guise de remerciement pour l'aimable accueil qu'elle avait reçu, fit un portrait très désagréable de Charles-Maurice dans *la Revue des Deux-Mondes,* décrivant méchamment « cette lèvre convexe et serrée comme celle d'un chat, unie à une lèvre large et tombante comme celle d'un satyre, mélange de dissimulation et de lascivité... Un homme né pour les grands vices et pour les petites actions... ». Puis elle fait son procès : « Quelles guerres sanglantes, quelles calamités publiques, quelles scandaleuses exactions a-t-il empêchées ? Il est donc bien nécessaire, ce voluptueux hypocrite, pour que tous nos rois — depuis l'orgueilleux conquérant jusqu'au dévôt borné —, se soient imposés le scandale et la honte de son élévation ?... Où sont ses bienfaits, où sont ses œuvres ? » Enfin, elle prédisait : « Et toi, tu mourras lentement et à regret dans ton nid, vieux vautour chauve et repu. »

L'insupportable George Sand fut, paraît-il, « toute surprise » d'apprendre que sa *boutade,* comme elle appelait son terrible réquisitoire, avait fâché M. de Talleyrand.

A Paris, l'hiver venu, il retrouve sa douillette blanche à dessins chinois et son immense fauteuil à dossier carré et monté sur roulettes. Il peut allonger sa jambe malade en la plaçant sur un tabouret. Certes, son célèbre « sabot de cheval » est ainsi bien mis en évidence... mais il faut croire que cela ne le gênait pas. « Sa cravate blanche, a raconté la comtesse de Mirabeau, montait jusqu'à son menton et les pointes aiguës d'un col très empesé arrivaient au milieu de ses joues flasques, dont la peau retombait tristement sur la cravate... »

Il quitte souvent son fauteuil et part en voiture avec Minette — l'ange de la maison — pour lui montrer le quartier de son enfance et de sa jeunesse : la maison où il est né, 4, rue Garancière, l'église Saint-Sulpice, le collège d'Harcourt, et le 6 de la Férou. Il ne dut certes pas évoquer pour Minette l'ombre de la jolie comédienne Dorothée Luzy. Le premier amour du jeune séminariste avait achevé sa vie toute confite en dévotion, et venait de mourir en 1831.

Il passe ensuite avec Minette devant le Luxembourg, ce palais mêlé à tant d'événements de sa vie.

— L'âge où je suis arrivé est celui où l'on vit principalement dans ses souvenirs...

Il fut tout ému, le 29 décembre 1835, lorsque « la petite » vint lui dire :

— J'ai quinze ans aujourd'hui, je ne suis plus une enfant ; je suis une *jeune* personne.

Et il ajoutait : « Puisse-t-elle être heureuse, cette jeune personne-là ! »

Le printemps de 1835 le revoit à Rochecotte. Pourquoi Rochecotte ? Il répond lui-même à cette question : « Vous ne connaissez pas Rochecotte ; sans quoi vous ne diriez pas : pourquoi Rochecotte ? Figurez-vous qu'en ce moment j'ai sous les yeux un véritable jardin de deux lieues de large et quatre de long, arrosé par une grande rivière et entouré de coteaux boisés, où, grâce aux abris du nord, le printemps se montre trois semaines plus tôt qu'à Paris et où, maintenant, tout est verdure et fleurs. Il y a déjà une chose qui me fait préférer Rochecotte à tout autre lieu : c'est que j'y suis non seulement avec Mme de Dino, mais *chez elle*, ce qui est pour moi une douceur de plus. »

Mme de Dino affectionne, elle aussi, son cher Rochecotte et je ne puis résister au plaisir de recopier ces quelques lignes : « Il me prend de profonds et mélancoliques regrets pour ce doux et tranquille Rochecotte, écrit-elle, se trouvant momentanément au loin de son château, cet horizon si vaste, ce ciel si pur, cette maison si propre, ces voisins simples et bienveillants, mes ouvriers, mes fleurs, mon gros chien, ma petite vache, la chevrette, le bon abbé..., le petit bois où nous allions ramasser des pommes de pin... »

Charles-Maurice poursuit le cycle habituel de ses déplacements : après le château de Pont-de-Sains, il prend cette fois les eaux de Bourbonne, dans la Haute-Marne. La duchesse de Dino le constate : « Quand on s'ennuie dans la retraite et qu'on se sent blessé dans le monde, on ne songe plus qu'à changer de lieu, on croit qu'on sera mieux partout ailleurs que là où on se trouve. Il faut laisser faire... »

Ses randonnées l'ont un peu fatigué. Il a maigri et se plaint fréquemment de palpitations. Il « parle souvent de sa fin », nous dit Mme de Dino dans une lettre datée du 10 septembre

1835. L'idée de la mort hante maintenant Charles-Maurice, il en repousse l'image avec horreur : « Il soupire souvent, poursuit Dorothée, et hier je l'ai entendu s'écrier avec tristesse : " Ah ! mon Dieu !... ", il doit s'aider de ses bras pour quitter son fauteuil. »

De plus, il se trouve dans un état nerveux de langueur et d'ennui... En dépit de sa canne sur laquelle il s'appuie fortement, il trébuche et pousse un profond soupir. « Ce qu'il y a de pis, nous dit encore Dorothée, c'est la faiblesse croissante des extrémités qui peut, d'un instant à l'autre, faire craindre une impotence complète. » Il écrit le 27 septembre à Bacourt : « Il ne faut pas tomber, ce dont je suis souvent menacé ; mon équilibre est tout aussi difficile à tenir que celui de l'Europe. »

Il pense à sa mort avec encore plus d'intensité la première semaine du mois de décembre, lorsqu'il apprend que la princesse de Talleyrand est gravement malade. Cependant, la fin prochaine de Catherine ne l'émeut pas, il s'occupe de la rédaction des billets de faire-part et de la future cérémonie avec la plus grande sérénité. Mme de Dino l'entend même fredonner.

— C'est votre prochain veuvage qui vous met si fort en hilarité ? ose-t-elle lui demander.

Elle a souvent manifesté son étonnement devant l'étrange mariage contracté autrefois par son oncle.

— Je ne puis, en vérité, lui répond Talleyrand, vous en donner aucune explication suffisante. Cela s'est fait dans un temps de désordre général. On n'attachait alors grande importance à rien, ni à soi ni aux autres ; on était sans société, sans famille ; tout se faisait avec la plus parfaite insouciance, à travers la guerre et la chute des empires. Vous ne savez pas jusqu'où les hommes peuvent s'égarer aux grandes époques de décomposition sociale.

Le 10 décembre 1835, Mme de Dino entre de bonne heure dans la chambre de son oncle pour lui annoncer la mort de la princesse, survenue le matin même, peu avant 4 heures. « Je ne le fis qu'avec une grande répugnance, nous dit-elle, car c'était précisément à l'époque où il fut atteint de violentes palpitations, qui nous faisaient redouter une mort subite et je pouvais craindre que cette nouvelle ne lui causât un certain trouble. Il n'en fut rien, et il me répondit sur-le-champ, avec calme, ces mots qui ne laissèrent pas que de me surprendre : " Ceci simplifie beaucoup ma position. " »

Une chambre du château de Rochecotte où l'on devine encore la présence de Talleyrand. (Collection M. et Mme Jean Morel.)

Les obsèques se déroulent le 12 décembre à Saint-Thomas-d'Aquin, les petits-neveux et cousins de Talleyrand conduisent le deuil — mais le prince a prétexté ses palpitations pour se dispenser d'assister au service.

Au début de 1836, il va mieux... tellement mieux qu'il espère succéder au duc de Broglie dont le ministère s'effondre au mois de février.

— Y pensez-vous, madame ! s'exclame, justement effrayé, Royer-Collard à Mme de Dino, vous voulez donc déshonorer les derniers moments de M. de Talleyrand ? Ne voyez-vous pas qu'il peut à peine soutenir une conversation ? Lui faire gouverner la France dans un tel état, mais c'est une dérision !

Talleyrand sent lui aussi qu'il est maintenant au soir de sa vie et que la fin le guette. Aussi, le 1er octobre 1836, à Valençay, il écrit un manifeste, une manière de testament, dont le texte débute par ces mots : « Je déclare que je meurs dans la religion catholique, apostolique et romaine. » Il cherche d'abord à expliquer comment, évêque démissionnaire, il a cessé également d'être prêtre. « J'étais libre », affirme-t-il. Puis il se reprend, barre ces deux mots et écrit plus sagement : « Je me croyais libre... » Il poursuit : « J'ai réfléchi longtemps, et je m'arrêtai à l'idée de servir la France. » Il n'avait nullement à réfléchir, puisque, encore évêque, il servait déjà son pays comme député... Il se penche ensuite sur sa vie politique, ce qui lui permet de formuler quelques aphorismes pour le moins spécieux : « De tous les gouvernements que j'ai servis, il n'y a aucun de qui j'aie reçu plus que je ne lui aie donné. » C'est oublier que Napoléon l'avait fait ministre, grand dignitaire et prince régnant de Bénévent, c'est faire peu de cas des considérables cadeaux qu'il avait reçus, tel le château de Valençay ! Que lui avait donné le prince en échange ? Sa trahison d'Erfurt ou celle de mars 1814 ?

Mais Talleyrand continue : « Je n'ai abandonné aucun (gouvernement) *avant* qu'il se fût abandonné lui-même. » Napoléon avait-il abandonné la France au mois de mars 1814, alors qu'au même moment Talleyrand accueillait le tsar rue Saint-Florentin ? Il manque de mémoire. Il est peut-être sénile, mais il semble sincère : « Ce jugement que je porte de moi-même sera confirmé, du moins je l'espère, par les hommes impartiaux ; et dût cette justice m'être refusée, quand je ne serai plus, sentir qu'elle m'est due suffira pour assurer le calme de mes derniers jours. »

Puis il poursuit — et ces lignes rachètent bien des palinodies, bien des revirements — : « Mis par Bonaparte lui-même dans la nécessité d'opter entre la France et lui, j'ai fait le choix qui m'était prescrit par le plus impérieux des devoirs, mais en gémissant de ne pouvoir plus, comme par le passé, confondre dans une même affection, les intérêts de mon pays et les siens. Je ne me rappellerai pas moins jusqu'à ma dernière heure qu'il a été mon bienfaiteur ; car la fortune que je lègue à mes neveux me vient en grande partie de lui. Mes neveux doivent non seulement ne l'oublier jamais, mais l'apprendre à leurs enfants, et ceux-ci à ceux qui naîtront d'eux, de manière que le souvenir s'en perpétue dans ma famille, de génération en génération, afin que, si jamais un homme portant le nom de Bonaparte se trouve dans une position de fortune où il ait besoin d'être aidé ou secouru, il obtienne de mes héritiers immédiats ou de leurs descendants tout le genre d'assistance qu'il sera en leur pouvoir de lui donner. C'est par ce moyen, plus que par aucun autre, qu'ils

se montreront reconnaissants envers moi et qu'ils honore-
ront ma mémoire. »

Il tient aussi à exprimer sa reconnaissance au commandeur
Ruffo, ministre de Naples : « Il s'est chargé de traiter pour
moi, avec qui de droit et comme il jugeait convenable, mon
abandon de la principauté de Bénévent et qui m'en a fait
retirer de grands avantages pécuniaires. Et j'impose la
même obligation à mes héritiers à l'égard des personnes de la
même branche de cette famille qui se trouveraient dans cette
situation embarrassée. »

Le 2 février 1837, il a plus de quatre-vingt-trois ans et, à
nouveau, il se sent découragé. L'hiver est rude et, comme
l'écrit Mme de Dino, « le froid est son plus mortel ennemi ».

Au lendemain de la mort de Charles X, à Göritz — le
6 novembre 1836 —, Mme de Dino lui apporte une
lithographie représentant le tombeau du dernier roi de
France. Il la fera encadrer de noir.

— Charles X, fut, il est vrai, le plus nul en fait de
capacités et qui a fait le plus de fautes possibles, reconnaît-
il ; mais je l'ai toujours regardé et aimé comme l'homme le
plus loyal et le meilleur que j'aie connu.

Comme beaucoup de personnes âgées qui n'ont plus de
perspective d'avenir, il se raccroche au passé, peut-être pour
oublier le présent. Et quel passé ! Il le définit assez bien
lui-même avec une pointe d'amertume : « Que d'agitations
inutiles ! Que de tentatives infructueuses, de complications
fâcheuses, d'émotions exagérées, de forces usées, de dons
gaspillés, de malveillances inspirées, d'équilibre perdu,
d'illusions détruites, de goût épuisé ! »

— Et pour quel résultat ? soupire-t-il.

Sa fatigue morale et physique est totale, son découragement complet et il éprouve un profond dégoût...

Au mois d'avril 1837, il retrouve Fontainebleau pour le
mariage du duc d'Orléans, fils aîné du roi. Que de souvenirs
encore ici ! En descendant de son carrosse dans la cour des
Adieux, pense-t-il que c'est à ce même endroit qu'il accueillit
le pape, quelques jours avant le sacre, le 4 frimaire, jour des
Nèfles, et qu'il conduisit cérémonieusement le Saint-Père
vers ses appartements ? Trente-trois années ont passé ! Que
d'événements ! Le séjour lui a plu assez pour ne pas l'avoir
fatigué. Tout lui paraît magnifique et grand. Le prince de
Joinville raconte, dans ses délicieux *Vieux Souvenirs,* que
Talleyrand demanda ce jour-là à son frère aîné — le duc

d'Orléans — de venir le voir. « Se dressant sur son séant, le visage portant les stigmates d'une mort prochaine », Charles-Maurice accueille le fils du roi en prophétisant :

— Ce ne sera ni le couteau ni le pistolet, mais une pluie de pavés lancés des toits qui vous écrasera tous !

« Bien obligés de la prédiction, conclut Joinville, nous fûmes heureux de ne pas la voir se réaliser... » — du moins cette année-là !

Une certaine mélancolie s'empare de Charles-Maurice, il a du vague à l'âme, des idées noires. Lorsqu'il quittera Valençay à l'automne de 1837, il aura une peine immense de s'arracher à sa demeure berrichonne, il a le pressentiment de ne plus jamais la revoir...

Ses belles amies continuent à lui écrire... C'est ainsi que l'ex-Mme de La Châtre, devenue, on s'en souvient, Mme de Jaucourt, termine, le 28 août 1837, une lettre à Charles-Maurice en ces termes : « Adieu, je vous embrasse comme il y a soixante ans. » Mme de Jaucourt se souvenait de la petite Perrette Bontemps de quinze ans. Talleyrand en avait alors vingt-trois ! Au début de 1838, c'est Charles-Maurice qui lui écrira en réunissant agréablement les noms des deux maris de Perrette : « Jaucourt était hier aux Tuileries avec les jolies manières qui ont donné tant de peine à M. de La Châtre pour vous enlever... Adieu, je vous aime depuis un bon bout de temps. Je crois que cela pourrait bien être depuis soixante ans. »

Il lui léguera « le grand fauteuil anglais qu'elle trouvait commode ». Et Mme de Dino lui enverra ce legs accompagné d'un mot court, mais fort aimable :

« Voici, madame, le fauteuil désigné par M. de Talleyrand comme devant vous être porté en souvenir de son ancienne et inaltérable amitié. Je suis sûre que c'est précisément sur ce fauteuil que vous aimerez à vous reposer !... »

Son vieil ami le comte Reinhardt meurt le jour de Noël 1837. Talleyrand décide de prononcer l'éloge de son ancien confrère à l'Académie des sciences morales. On lui dépeint la fatigue qui en résultera, mais il maintient sa décision :

— Ce sont mes adieux au public ; rien ne m'empêchera de les lui faire.

Et la séance du 3 mars 1838 verra le triomphe du prince de

Une petite terre cuite exécutée peu de temps avant la mort du prince. (Collection M. et Mme Jean Morel).

Talleyrand. Le spectacle commence par la lente montée théâtrale de l'escalier de l'Institut. Il est soutenu par deux laquais en grande livrée.

— Le prince, annonce l'huissier !

Et toute la salle se lève pour saluer ce vieil homme en habit noir, pâle, le cou et le menton disparaissant dans une cravate blanche savamment nouée. Reinhardt avait été ministre des Relations extérieures durant quelques mois en 1799, puis avait dû abandonner sa place pour la laisser à Talleyrand au lendemain du 18-Brumaire, Charles-Maurice en profite pour faire le portrait du parfait ministre des Affaires étrangères :

— Il lui faut la faculté de se montrer ouvert en restant impénétrable, d'être réservé avec les formes de l'abandon, d'être habile jusque dans le choix de ses distractions ; il faut que sa conversation soit simple, variée, inattendue, toute naturelle et parfois naïve, en un mot, il ne doit pas cesser un moment, dans les vingt-quatre heures, d'être ministre des Affaires étrangères... Non, la diplomatie n'est pas une science de ruse et de duplicité. Si la bonne foi est nécessaire quelque part, c'est surtout dans les transactions politiques, car c'est elle qui les rend solides et durables. On a voulu confondre la réserve avec la ruse. La bonne foi n'autorise jamais la ruse, mais elle admet la réserve ; et la réserve a cela de particulier qu'elle ajoute à la confiance.

Les applaudissements crépitent... M. de Talleyrand a réussi sa représentation d'adieux. En grand acteur de la scène de l'Histoire, il a quitté son public : il lui faut maintenant quitter le monde. Ce n'est pas tout d'avoir du savoir-vivre, il faut aussi, comme disait Germaine de Staël, du « savoir-mourir ».

Charles-Maurice se sent un peu mieux, au lendemain de la séance à l'Académie, et fait même un mot sur la surdité de Chateaubriand :

— Il se croit sourd depuis qu'il n'entend plus parler de lui !...

Cependant, quelques jours plus tard, il va moins bien — et l'on peut suivre la progression de la maladie, dans la chronique de Mme de Dino :

23 janvier 1838 : « M. de Talleyrand se porte bien, à ses jambes près ; leur faiblesse m'est indifférente, mais elles deviennent douloureuses, surtout les doigts d'un pied, dont la couleur n'est pas toujours naturelle. C'est une triste menace. Je m'en trouble extrêmement et lui aussi. »

28 janvier 1838 : « M. de Talleyrand n'est pas malade, mais sa rage de dîner en ville lui a mal réussi. Hier, chez lord Grenville, donnant le bras à la princesse de Lieven, il s'est pris le pied dans les plis de sa robe, et a failli tomber. Il n'a pas fait de chute, mais son genou a ployé. Le pied déjà malade a tourné et il s'est donné une entorse du gros orteil. J'ai été fort effrayée, en le voyant rapporter ainsi... »

25 février 1838 : « J'ai été avertie, de grand matin, que M. de Talleyrand éprouvait une espèce de suffocation. Cette suffocation était purement mécanique, et tenait à ce qu'il avait glissé au fond de son lit, qu'il s'est trouvé comme enseveli sous ses énormes couvertures et qu'il en est résulté une sorte de cauchemar. Je viens de le quitter, dormant paisiblement dans un fauteuil. Ce que je n'aime point, c'est que, depuis deux jours, il a toujours plus ou moins de la fièvre, et que ne voulant rien manger de peur de l'augmenter, il est très faible. »

☆

Charles-Maurice dort mal et, pendant ses longues insomnies, dans le silence de la nuit, il ressasse encore et toujours, son passé, un passé fertile en événements.

— Vous les expliquez-vous tous ? lui demande un jour Mme de Dino.

— Non, en vérité, il y en a que je ne comprends plus du tout ; d'autres que j'explique, que j'excuse ; mais d'autres aussi que je blâme d'autant plus sévèrement que c'est avec une extrême légèreté que j'ai fait les choses qui, depuis, m'ont été le plus reprochées. Si j'avais agi dans un système, par principe, à la bonne heure, je comprendrais. Mais non ; tout s'est fait sans y regarder, avec l'insouciance de ce temps-là, comme nous faisions à peu près toute chose dans notre jeunesse.

Aujourd'hui, à l'heure de l'inéluctable échéance, des regrets — et peut-être même des remords — le tourmen-

taient-ils ? Une telle cupidité l'avait fait agir, un tel dédain
de l'opinion et un tel cynisme l'avaient poussé au scandale !
Peu lui importait d'être ou de n'être pas méprisé, tout avait
glissé sur sa carapace huilée. Et pour prévenir ceux qui, plus
tard, se pencheront sur l'histoire de sa vie, n'avait-il pas dit :

— Je veux que pendant des siècles on continue à discuter
sur ce que j'ai été, ce que j'ai pensé et ce que j'ai voulu.

Certes, on l'avait accusé bien souvent d'insensibilité,
d'être trop calculateur, de manquer de ces qualités d'âme qui
sont innées et se manifestent spontanément. Mais, en
contrepartie, il était impossible de nier le charme de son
esprit, la vivacité de son intelligence exceptionnelle —— et
admirable. On ne pouvait pas, non plus, contester cette
connaissance de l'avenir, ce don inouï de prémonition et
surtout cet instinct aigu qu'il avait du sens et de l'intérêt de
l'Histoire. Cet intérêt — bienheureux hasard ! — qui s'était
confondu avec le sien...

Durant les longues soirées de l'hiver 1838, alors que la
mort rôde autour de l'hôtel Saint-Florentin, il poursuit le
bilan de ce passé qui le hante. Ses volte-face spectaculaires
et ce que certains appelaient ses trahisons — sa vie en avait
été abondamment fournie — lui paraissent aujourd'hui
d'étonnants actes d'adresse :

— Je n'ai conspiré dans ma vie qu'aux époques où j'avais
la majorité de la France pour complice, où je cherchais avec
elle le salut de ma patrie. Les méfiances et les injures de
l'Empereur à mon égard ne pouvaient rien changer à la
vérité des faits... Napoléon battu devait disparaître de la
scène du monde. C'est le sort des usurpateurs vaincus... Les
régimes passent, la France reste...

On a été jusqu'à parler de ses crimes — et il se défend avec
vigueur :

— Mes prétendus crimes sont des rêves d'imbéciles.
Est-ce qu'un homme habile a jamais besoin de crimes ? C'est
la ressource des idiots en politique. Le crime est comme le
flux de la mer : il revient sur ses pas et il noie. J'ai eu des
faiblesses, quelques-uns disent des vices ; mais des crimes ?
Fi donc !

Et pourtant !... Il était peut-être de l'intérêt de la France
de 1789, au bord de la faillite, de s'approprier les biens du
clergé, mais était-ce à lui, évêque d'Autun, de le proposer et
de faire accepter cette véritable rapine ? Il était peut-être de
l'intérêt de la France de faire du Premier consul, en 1804, un

empereur, mais était-ce au ministre des Relations extérieures, descendant d'une des plus anciennes familles, de proposer comme marche au nouveau trône, le corps d'un descendant de Saint Louis ? Il était peut-être de l'intérêt de la France de 1814, de couper les ailes à l'Aigle, mais était-ce à ce grand dignitaire de l'Empire, qui devait *tout* à Napoléon, d'appeler l'ennemi à foncer vers Paris ? Et sa trahison de 1809 ? Ce mouvement de troupes du général Oudinot qu'il dévoile à l'Autriche, à la veille de l'entrée en campagne ? A travers toutes ses actions, tous ses actes, perçait, avant toute chose, son désir immodéré de l'argent. Il lui fallait remplir ses coffres. Par conséquent, demeurer « aux affaires »...

On affirmait que son égoïsme était insondable, son ambition écrasante, ses mensonges étourdissants... mais ne possédait-il pas aussi, bien des excuses ? Il avait vécu d'abord dans une époque agitée, en pleine désorganisation, dans un temps fertile en coups de théâtre, en vastes bouleversements. Il avait réussi à traverser ces années, en boitant peut-être, mais avec une habileté et une adresse dont il pouvait être fier aujourd'hui. N'avait-il pas surtout mené le Congrès de Vienne avec une éblouissante adresse, et, encore tout dernièrement, à Londres, n'avait-il pas — en maître — soutenu les intérêts de la France ?

Mais il avait aussi jeté sa soutane violette aux orties et était parvenu à se marier religieusement... Comment les choses allaient-elles maintenant se passer ? Serait-il enterré comme une canaille, sans eau bénite, sans la moindre prière sur sa tombe ? Lui, qui avait été Sa Grandeur Mgr l'évêque d'Autun, député aux Etats généraux, lui qui avait été ministre des Relations extérieures du Directoire, du Consulat, de l'Empire et de la Restauration. Lui qui fut grand chambellan et Excellence, prince de Bénévent, vice-Grand Electeur de l'Empire et président du gouvernement provisoire de 1814, lui qui fut représentant de Louis XVIII au Congrès de Vienne, prince de Talleyrand-Périgord, président du Conseil et, enfin, ambassadeur du roi Louis-Philippe à Londres !

☆

Le problème des obsèques religieuses du prince de Talleyrand empêchait également de dormir l'archevêque de Paris. Dès le mois de janvier 1835, il avait interrogé Rome sur l'attitude à observer dans le cas où l'ex-prélat serait mourant. Comment fallait-il agir s'il faisait appel à un prêtre de son diocèse ? Grégoire XVI avait fait répondre à Mgr de Quelen qu'il faudrait un repentir et une réparation suffisants : « Dans tous les cas, précisait le souverain pontife, si le mourant ne refuse pas ouvertement les sacrements, on croit que ne pourrait lui être refusée la sépulture ecclésiastique. »

Une occasion allait se présenter.

Au lendemain de la mort de la princesse de Talleyrand, le 12 octobre 1835, l'archevêque de Paris avait adressé à Talleyrand un message émanant « d'une dame que vous reconnaîtrez facilement sans qu'il soit besoin que je la désigne sous le nom que lui accorde la loi civile, mais qu'il ne m'est pas permis canoniquement de lui donner ». Catherine de Talleyrand faisait savoir à son mari « qu'elle s'était réconciliée avec Dieu ». L'archevêque qui déclarait : « Je ferais cent lieues pour sauver une âme ! » écrivait encore : « Quelle joie pour le ciel et pour la terre, quel bonheur pour vous si, averti par le coup que la mort vient de frapper presque à votre porte, vous vous hâtez de mettre à profit les instants désormais bien courts qui vous restent pour régler aussi les affaires de votre éternité !... »

Talleyrand a prétexté une indisposition prolongée pour ne pas se rendre chez l'archevêque, mais il a demandé à Mme de Dino d'assurer l'archevêque de son sincère attachement et de son respect. Il promettait, aussitôt qu'il irait mieux, de prendre le chemin de l'archevêché, mais Talleyrand, rétabli, se garda bien de tenir sa promesse. Cependant, Mgr de Quelen établissait un projet de déclaration à faire signer au prince par son confesseur avant de lui administrer éventuellement les sacrements — donc avant de le confesser. Talleyrand devait déclarer :

« 1° Après avoir fait, en qualité d'ancien évêque d'Autun, toutes les soumissions préalables et nécessaires relativement au schisme de la Constitution civile du clergé, soumissions que je renouvelle ici en tant que de besoin, j'ai obtenu du Souverain Pontife Pie VII de sainte mémoire, un bref qui m'a rendu à l'état laïque, sauf le lien de chasteté perpétuelle, sur lequel il n'a jamais été accordé aucune dispense par le

Saint-Siège ; qu'en vertu de ce bref je me suis cru dans le droit légitime de me livrer désormais à l'exercice des fonctions séculières et civiles ;

» 2° Qu'ayant donné à ce bref, par une interprétation forcée, une extension dont il n'était pas susceptible, j'ai eu le malheur de contracter civilement et même devant les saints autels, le curé ayant été induit en erreur, un mariage illicite et nul d'après les lois canoniques. »

On faisait encore dire à Talleyrand qu'il croyait « avoir manifestement désavoué cet acte contraire à la discipline ecclésiastique ». Il renouvelait son désaveu et demandait « sincèrement pardon des scandales qu'il aurait pu donner par suite de cette union ou de quelque autre manière que ce soit ».

Peu après, ce texte, édulcoré et atténué, avait été envoyé au curé de la Madeleine avec, sur l'enveloppe, l'indication : « Pour n'être ouverte que dans la chambre du malade. »

Charles-Maurice n'eut évidemment pas connaissance de ce texte et les choses en demeurèrent là en attendant qu'il demandât un prêtre... Cependant Talleyrand a ses pensées de plus en plus tournées vers la religion. Mme de Dino est tout étonnée de l'entendre un jour poser une curieuse question :

— Est-ce que vous ne priez pas la Sainte Vierge ?

— Si fait, mais plus rarement.

— Vous avez tort. Dites surtout le *Salve, Regina ;* vous vous en trouverez bien. Venez vous asseoir, je vais vous l'apprendre, car je le sais par cœur. Je vous l'apprendrai en latin et je vous le ferai comprendre.

Il se mit à dire le *Salve, Regina* avec une « accentuation particulière et très solennelle ». Puis il expliqua chaque parole à sa nièce.

— Connaissez-vous rien de plus doux, de plus consolant ? *Salve, Regina, mater misericordiae :* ce sont des paroles ravissantes. *Vita, dulcedo et spes nostra, salve :* notre vie, notre douceur, notre espérance ! Apprenez-les et dites-les souvent, elles vous feront du bien.

« Il continua ainsi, rapporte Dorothée, à réciter et à commenter les invocations jusqu'à la dernière : *O clemens, o pia, o dulcis Virgo Maria !* Alors, il me les fit répéter plusieurs fois devant lui, pour les graver dans ma mémoire. Je les sais aujourd'hui par cœur, je ne les ai jamais lues dans un livre ; c'est lui seul qui me les a apprises. »

L'ex-abbé Dupanloup qui assista Talleyrand
lors de ses derniers moments. Il est représenté
ici alors qu'il se trouvait évêque d'Orléans, et
qu'il défendait la liberté de l'enseignement.

☆

C'est l'exquise petite Pauline qui sera, en quelque sorte,
l'artisan de cette fameuse rétractation. Son confesseur était
l'abbé Dupanloup, le futur prélat, alors supérieur du petit
séminaire de Saint-Nicolas-du-Chardonnet.

— Vous voyez donc quelquefois l'abbé Dupanloup ? lui
demanda Talleyrand. Je ne serais pas fâché de le connaître.

Le 6 février 1837, la duchesse de Dino, à l'occasion de la
Sainte-Dorothée, invite l'abbé à dîner de la part du prince...
mais Dupanloup, qui, au seul nom de l'ex-évêque d'Autun,
dut mal dissimuler une moue de mépris, décline l'invitation.

— Ce refus m'étonne, constate Talleyrand. On m'avait dit
que l'abbé Dupanloup était homme d'esprit ; si c'était vrai, il
serait venu ; il aurait compris de quelle importance était son
entrée dans cette maison.

Ces paroles sont répétées à l'abbé et Talleyrand, ayant
lancé une seconde invitation, le prêtre, qui a regretté son
premier mouvement, se rend rue Saint-Florentin. « Le
prince me reçut avec une extrême bienveillance, raconterat-il. Il était assis dans un de ces grands fauteuils hauts et
larges, où il se tenait habituellement ; c'est de là qu'il

dominait tout ce qui l'entourait, si absolument et si poliment toutefois, de son regard élevé, de sa parole brève, rare, spirituelle et si accentuée. Je ne sache pas que les rois soient plus rois dans leur intérieur que M. de Talleyrand ne le paraissait dans son salon. »

La conversation est édifiante. On parle de l'archevêque de Paris, de la sécheresse du protestantisme, de la tristesse du temps où l'on ne respecte plus rien, des maîtres de l'abbé de Périgord à Saint-Sulpice, et enfin de l'admirable Pie VII. Bref, lorsque le supérieur de Saint-Nicolas-du-Chardonnet rentre chez lui dans une voiture du prince, il est conquis par le regard si pénétrant et si profond de Talleyrand, par ses préoccupations religieuses, son orthodoxie, la noblesse et la pureté de ses sentiments. Il va jusqu'à s'exclamer : « Il ne manquait vraiment qu'une croix sur cette poitrine pour me persuader que je conversais avec un des plus vénérables évêques de France. » Il avait été touché, disait-il encore, par la véritable vénération et la tendresse témoignées par ceux qui entouraient le vieux diplomate.

L'abbé revient rue Saint-Florentin dans le courant de la seconde quinzaine de mars. Le malade a mauvais moral : ses palpitations l'inquiètent, ses jambes le portent de moins en moins, en dépit des soins répétés, en dépit des frictions à l'esprit-de-vin coupé d'eau...

— Je suis bien vieux, annonce-t-il à l'abbé Dupanloup, je suis bien vieux... cette saison est mauvaise... Je vais mal, oui, cela va mal ! Comment avez-vous trouvé Mme de Dino, monsieur l'abbé ?

— Bien souffrante, mon prince, mais plus profondément occupée de vous que d'elle.

Le 26 mars, l'abbé envoie à Talleyrand une lettre lui disant combien il a été ému en l'écoutant évoquer ses souvenirs, les beaux jours de l'ancienne France et son enfance à Saint-Sulpice.

Talleyrand, après avoir fait lire la lettre à Dorothée, s'inquiète :

— Si je tombais sérieusement malade, je demanderais un prêtre... Pensez-vous que l'abbé Dupanloup viendrait avec plaisir ?

— Je n'en doute pas, lui répond Mme de Dino ; mais, pour qu'il pût vous être utile, il faudrait que vous fussiez rentré dans l'ordre commun dont vous êtes malheureusement sorti.

— Oui, oui, j'ai quelque chose à faire vis-à-vis de Rome ;
je le sais. Il y a même assez longtemps que j'y songe... Je me
suis souvent demandé pourquoi l'archevêque ne me provo-
quait pas...

— Mais pourquoi attendre une provocation ? remarqua
Mme de Dino ? Pourquoi ne pas faire spontanément,
librement, généreusement, la démarche la plus honorable
pour vous-même, la plus consolante pour l'Eglise et pour les
honnêtes gens ? Vous trouveriez Rome bien disposée, je le
sais. Mgr l'archevêque de Paris vous est fort attaché.
Essayez.

— Je ne le refuse pas... Mais savez-vous ce qu'on veut de
moi ? Pourquoi ne me le dit-on pas ?

— Eh bien, voulez-vous que je vous le dise ? Je vous le
dirai si vous voulez.

— Dites, j'en serai fort aise.

C'est alors que Dorothée parle à son oncle des conditions
établies par l'archevêque trois années auparavant. S'il
n'interrompt pas Dorothée lorsqu'elle cite le serment à la
Constitution civile du clergé et le sacre des évêques
constitutionnels, il sursaute en l'entendant parler du « scandale de son mariage ».

— Mais, j'étais libre ! s'exclame-t-il ; le bref de Pie VII
m'avait délié de mes vœux de prêtre et d'évêque.

Dorothée explique à Charles-Maurice ce que l'archevêque lui avait appris : son ordination l'empêchait de se
marier — et encore moins religieusement. Talleyrand
s'incline :

— Je suis depuis longtemps dans ces pensées-là ; mais
puisque j'ai quelque chose à faire de plus, je ne dois pas
tarder.

Charles-Maurice accepte donc de faire amende honorable.
Il va faire sa paix avec l'Eglise. Un peu par orgueil, aussi,
car un homme du XVIIIe siècle, si voltairien soit-il, ne quitte
pas le monde sans recevoir les derniers sacrements et sans la
célébration, avant d'être mis en terre, d'un service religieux.

Cela ne se fait pas !

Mais il ne peut se confesser et recevoir l'extrême-onction
que lorsqu'il aura signé sa rétractation... et il ne la signera
qu'à l'agonie. Pourquoi cette attente ? Peut-être parce que la
confession l'obligerait à avouer son concubinage avec
Dorothée. Peut-être par crainte qu'on ne lui refuse alors
l'absolution ou qu'on ne le force à abandonner Mme de Dino.

Ces suppositions, je le sais bien, ne sont pas très convaincantes... Il précise encore qu'il signera un texte établi par ses soins — et non par ceux de l'archevêque. Un autre point le tracasse — c'est un sursaut d'orgueil :

— Je ne veux pas que jamais on attribue ce que je ferai à la faiblesse de l'âge, je dois le faire dans le mois même de mon discours à l'Académie.

On antidatera la rétractation. L'ancien évêque va donc terminer sa vie par un ultime faux ! Puis, comme s'il s'agissait d'un traité — et cela en était un, en vérité —, les discussions commencent entre l'archevêché et la rue Saint-Florentin. Talleyrand se soumettait « à la doctrine *entière* et aux *décisions* de l'Eglise ». Il avait d'abord écrit discipline de l'Eglise, mais Mgr de Quelen ajouta les mots soulignés ici. Charles-Maurice se considérait ensuite comme « un défenseur constant de l'Eglise catholique et romaine », aussi bien qu'il avait été celui « de la monarchie française ». Pie VII et Louis XVI n'étaient pas là pour protester, mais Mgr de Quelen rectifia en supprimant ces deux éléments de phrase. « Délié plus tard par le vénérable Pie VII de l'*exercice* des fonctions ecclésiastiques », avait encore écrit le prince.

— Non ! s'exclame l'archevêque — et Mme de Dino dut le rapporter à Talleyrand — l'évêque d'Autun n'a pas été « délié », mais seulement *dispensé* de ses fonctions ecclésiastiques et nullement délié de ses vœux qui l'enchaînaient à des obligations imprescriptibles.

Il ne pouvait donc se marier... En outre, pour l'archevêque, le texte établi par le pécheur se présentait comme une explication par trop désinvolte.

— C'est bien, tout cela se fera en son temps, annonce Charles-Maurice lorsqu'on lui montre le document corrigé ; je vais bien en ce moment, rien ne presse. Quant à l'addition que demande Mgr de Quelen, je ne la mettrai pas dans la rétractation que je désire laisser telle que je l'ai écrite. Mais je compte écrire une lettre au Saint-Père, et elle y trouvera sa place.

Et comme Mme de Dino le pressait de se mettre en règle :

— Doucement, lui dit-il, doucement. De ma vie, je ne suis arrivé en retard à un rendez-vous, parce que je ne me suis jamais pressé d'y aller.

Cette fois, aurait pu lui répondre Dorothée, c'est avec Dieu qu'il avait « rendez-vous »... Il semble aller mieux en effet — le mieux de la fin. Le jeudi 10 mai, il fait beau et il se

promène même en voiture au parc Monceau, mais, le samedi
12, pendant le dîner, il frissonne en dépit du feu du bois qui a
été allumé. On roule le fauteuil jusqu'à sa chambre et on
l'aide à se mettre au lit. Il est fort possible qu'il ait alors
quitté la pièce d'angle, ornée d'aigles d'or, pour s'installer un
peu plus loin et au même entresol, dans la belle chambre à
coucher des précédents propriétaires, décorée, en 1769,
au-dessus des portes, de deux médaillons représentant *le
Soir* et *le Matin*. La pièce s'ouvre sur la jolie salle de bains,
aux cintres surbaissés, et décorée, en 1780, de panneaux
peints d'arabesques. Puis vient le cabinet de toilette, situé à
l'angle de l'hôtel et dont les fenêtres donnent, elles aussi, sur
la rue de Rivoli.

A peine est-il couché, que les suffocations et les vomisse-
ments se succèdent. Le dimanche, on diagnostique un
anthrax dans la région lombaire et l'on décide de l'opérer. Il
supporte le coup de bistouri avec beaucoup de courage, se
contentant de soupirer :

— Savez-vous que vous me faites très mal ?

Les traits de son visage sont altérés, il est très abattu par
la fièvre, mais il conserve tout son esprit, garde toute sa
lucidité. Il demande, ce lundi 14 mai, qu'on serve le thé pour
les sept ou huit personnes qui se trouvent présentes. Il parle
presque comme à son ordinaire — avec cependant des
moments de silence, où sa pensée semble absente...

Le lendemain — mardi 15 mai — l'abbé Dupanloup se rend
en grande hâte rue Saint-Florentin. Il a été chargé par Mgr
de Quelen de remettre au mourant le texte de sa rétractation, encore sérieusement modifié et divisé, selon le désir du
mourant, en deux documents distincts : une explication
destinée au pape, et une déclaration de regret et de
soumission entière à l'Eglise.

Dès son arrivée, le docteur Cruveilhier demanda au prêtre :

— Si vous pouvez quelque chose, monsieur l'abbé,
faites-le tout de suite, le temps presse.

Dupanloup pénètre dans la chambre. Il est frappé par
l'état de demi-torpeur du malade. Seule, une infinie tristesse
émane de tout son être. Charles-Maurice sait que le grand
départ est imminent. Une pensée l'obsède, le harcelle :
reculer, reculer encore sa rétractation. L'abbé le prévient
que Mgr de Quelen a modifié certains points du texte écrit
par le prince.

— Mais j'avais bien réfléchi à ce que j'écrivais, dit le

malade. J'ai tout mis dans ces deux pages, et ceux qui sauront les lire y trouveront tout ce qu'il faut.

— C'est vrai, mon prince, je le reconnais : ceux qui sauront les lire y trouveront tout ce qu'il faut ; mais vous n'ignorez pas que, dans ce pays-ci, beaucoup de gens ne savent pas lire. On ne trouvera pas ce qu'il faut dans ces deux pages, on ne voudra pas comprendre ce que vous y avez mis.

Talleyrand se fait humble et c'est d'une pauvre voix qu'il répond :

— Vous avez raison.

— Les deux pages que je vous rapporte, reprend l'abbé Dupanloup, sont dans le fond, et même souvent dans la forme et les termes, ce que vous avez écrit. Il y a de plus seulement quelques modifications qui les rendent inattaquables, et, si vous me permettez de l'ajouter, plus honorables pour vous, plus consolantes pour votre famile, plus satisfaisantes pour l'Eglise. Permettez-vous que je les lise ?

— Volontiers ; mais plutôt, donnez-les-moi, je les lirai moi-même.

Talleyrand, soutenu par deux valets, est assis dans son lit — la plaie de son dos, suite de l'opération, se prolongeait jusqu'à la hanche et ne lui permettait pas de s'étendre. Il lit attentivement, puis déclare :

— Monsieur l'abbé, je suis très satisfait de ce papier.

Talleyrand va-t-il signer ? Non. Il ajoute, impassible :

— Vous voulez bien me laisser ce texte ? Je désire le relire encore une fois.

Force est à l'abbé Dupanloup de s'incliner...

La nuit du 15 au 16 mai est affreuse. On croit venu le dernier moment, le souffle est court, il respire de plus en plus difficilement. Lorsque le jour se lève, Charles-Maurice, d'une voix sourde, demande au docteur Cruveilhier de lui dire en toute franchise ce qu'il pense de son état.

— Prince, la force de votre âme me permet de vous dire la vérité : vous êtes dans cet état où tout homme grave met ordre à ses affaires.

Mais Charles-Maurice veut toujours gagner du temps et, lorsque l'abbé réapparaît rue Saint-Florentin, Mme de Dino le prévient que son pénitent a l'intention de retarder encore le moment de la signature. Dupanloup soupire... mais ne se décourage pas. Dorothée demande alors à sa fille — Pauline a maintenant dix-huit ans — d'intervenir :

— Tu sais tout ce que tu dois à la tendresse de ton oncle, voici le moment de lui montrer ta reconnaissance.

Elle doit rendre au prince un « immense et dernier service ». Par son entremise, on espère que Charles-Maurice consentira à signer sa rétractation. L'intervention fut sans effet et, lorsque l'abbé entre dans la chambre et abjure une nouvelle fois le conjurant de signer au nom de « cette croix de bois qui a sauvé le monde », Talleyrand lui déclare à nouveau :

— Oui, oui, je veux tout cela. Je le veux, vous le savez, je vous l'ai déjà dit, je l'ai dit à Mme de Dino...

L'abbé lui rappelle encore qu'il ne pourra pas l'entendre en confession ni lui donner les sacrements de l'Eglise avant la signature.

— C'est juste, admet enfin Talleyrand. Alors je veux voir Mme de Dino ; je veux relire ces deux actes avec elle ; et nous terminerons ensuite.

Mais il ne termine pas encore.

— Je ne tarderai pas, dit-il ; seulement je veux les revoir. Je tiens à y ajouter quelque chose et je suis en ce moment trop fatigué. Je dirai quand il sera temps.

— Mais, prince, pendant que votre main le peut encore...

— Qu'on soit tranquille ; je ne tarderai pas.

Certes, il signera : il ne peut penser sans frémir qu'on lui inflige après sa mort des obsèques civiles — lui qui a été évêque !

Dans la journée, Mme de Dino convoque rue Saint-Florentin les témoins : Barante, Royer-Collard, Saint-Aulaire, le comte Molé et le prince de Poix.

— Tout espoir est perdu, leur dit-elle, et je vous ai mandé tous les cinq pour m'assister de vos conseils et me soutenir par votre amitié.

Dorothée leur décrit les pénibles tergiversations de son oncle. Royer-Collard la rassure :

— Ne craignez rien, madame, lui qui a toujours été l'homme de la pacification ne refusera pas de faire sa paix avec Dieu avant de mourir.

Les témoins sont placés dans la bibliothèque, derrière une large portière qui masque la porte conduisant à la chambre. Dorothée va au bureau du prince, ouvre un tiroir dont elle tire deux feuilles de papier — la rétractation et la lettre adressée au pape — et s'approche du lit :

— Il serait sage, dit-elle, de signer ceci ; ce serait une affaire terminée et vous seriez plus tranquille.

— Je ne croyais pas en être là, murmure le prince, mais s'il en est ainsi, faites copier ces deux pièces sur du grand papier. Demain matin, vous les lirez et je les signerai.

Vers 8 heures du soir, l'abbé fait une nouvelle tentative :

— Prince, lui dit-il, je vais faire donner de vos nouvelles à Mgr l'archevêque que votre état inquiète et tourmente vivement. Voudriez-vous, auparavant, signer votre déclaration, afin que je puisse lui donner en même temps la douce consolation de vous savoir prêt à paraître en paix devant Dieu ?

— Remerciez bien monseigneur l'archevêque, dites-lui que tout sera fait.

Et il promet qu'il signera « entre 5 heures et 6 heures du matin ».

— Je puis donc, prince, donner cette espérance ?

— Ne dites pas cette espérance, s'exclame Talleyrand avec vivacité, dites cette certitude ; c'est positif.

Dorothée demande aux cinq témoins de ne pas la quitter, et les prie de passer la nuit rue Saint-Florentin.

Dans la nuit du 16 au 17 mai — sa dernière nuit — Charles-Maurice semble glisser vers la mort. Dorothée prend peur, appelle les témoins et pénètre dans la chambre :

— Quelle heure est-il ? demande Talleyrand.

— Prince, il n'est guère plus de 5 heures.

— Bien.

Et, on attend...

La porte s'ouvre, c'est la petite Marie-Thérèse de Talleyrand, fille du baron Alexandre et de Charlotte. Elle a douze ans. Elle doit faire sa première communion ce matin même.

— Mon oncle, dit-elle, je vais bien prier Dieu pour vous ; je vous demande votre bénédiction.

— Mon enfant, je te souhaite beaucoup de bonheur pendant ta vie, et, si j'y puis contribuer par quelque chose, je le ferai de tout mon cœur.

— Vous le pouvez en la bénissant, affirme la duchesse de Dino.

Et l'ex-évêque bénit la petite première communiante. Puis il sourit :

— Nous sommes donc au matin... Il est de bien bonne heure.

Six heures sonnent à l'église voisine de la Madeleine. Sept personnes se trouvent dans la pièce, l'abbé Dupanloup, Dorothée de Dino, sa fille, le docteur Cruveilhier, le duc de Valençay, Bacourt — ces deux derniers maintiennent le prince assis sur le bord du lit. Les autres témoins sont placés derrière la portière.

— Mon oncle, demande Pauline de Périgord, il est 6 heures ; veux-tu que je te présente ces papiers que tu as promis de signer à cette heure-ci ?

— Monsieur de Talleyrand, ajoute alors Mme de Dino, désirez-vous que je vous relise ces papiers avant que vous les signiez ? Vous les connaissez, mais voulez-vous que je vous les relise encore ?

— Oui, lisez.

Le spectacle de cet homme, de ce vieillard qui, aux portes de la mort, lutte encore obstinément, impressionne les témoins. Dans un grand silence, la voix grave de Dorothée s'élève :

« Touché de plus en plus par de graves considérations, conduit à juger de sang-froid les conséquences d'une révolution qui a tout entraîné et qui dure depuis cinquante ans, je suis arrivé, au terme d'un grand âge et après une longue expérience, à blâmer les excès du siècle, auquel j'ai appartenu, et à condamner franchement les graves erreurs, qui, dans cette longue suite d'années, ont troublé et affligé l'Eglise catholique, apostolique, romaine, et auxquelles j'ai eu le malheur de participer.

» S'il plaît au respectable ami de ma famille, Mgr l'archevêque de Paris, qui a bien voulu me faire assurer des dispositions bienveillantes du Souverain Pontife à mon égard, de faire arriver au Saint-Père, comme je le désire, l'hommage de ma respectueuse reconnaissance et de ma soumission entière à la doctrine et à la discipline de l'Eglise, aux décisions et jugements du Saint-Siège sur les affaires ecclésiastiques de France, j'ose espérer que Sa Sainteté daignera les accueillir avec bonté.

» Dispensé plus tard par le Vénérable Pie VII de l'exercice des fonctions ecclésiastiques, j'ai recherché, dans ma longue carrière politique, les occasions de rendre à la religion et à beaucoup de membres honorables et distingués du clergé catholique tous les services qui étaient en mon pouvoir. Jamais je n'ai cessé de me regarder comme un enfant de l'Eglise. Je déplore de nouveau les actes de ma vie qui l'ont contristée, et mes derniers vœux seront pour elle et pour son chef suprême. »

Talleyrand, impassible, a écouté ce texte aux termes vagues ne comportant aucune allusion au sacrilège de son mariage. Quels excès ? Quelles erreurs ? Etranges *services* qu'il a rendus à l'Eglise en consacrant les premiers évêques constitutionnels ! Après chaque membre de phrase, Dorothée s'arrête durant quelques secondes. « Il fallait qu'il pût se rendre parfaitement compte de ce qui allait s'accomplir, a-t-elle raconté. Ses facultés étaient, Dieu en soit loué, trop intactes, son attention trop présente pour qu'une lecture troublée, précipitée, eût pu le satisfaire ; je devais justifier sa touchante confiance qui lui avait fait désirer que ce fût *moi* qui lui fisse cette lecture importante. Je ne le pouvais que par la fermeté et la clarté de mon accent. C'était lui laisser, jusqu'à la dernière minute, avec la connaissance exacte de la chose, pleinement son *libre arbitre*. »

D'un geste, il indique qu'il va signer... A sa demande, on lui tend ses lunettes, et la plume, que l'on peut toujours voir dans le petit musée de Valençay. Il trace cette signature célèbre dans toute l'Europe : *Charles-Maurice, prince de Talleyrand.*

Cependant, il s'inquiète et secoue la tête pour rejeter ses longues boucles blanches qui gênent sa vue. Il n'a pas retrouvé dans ce texte certains passages...

— Ils se trouvent dans la lettre au pape Grégoire XVI, lui explique Mme de Dino.

Et la voix de Dorothée reprend sa lecture :

« Très Saint Père, la jeune et pieuse enfant qui entoure ma vieillesse des soins les plus touchants et les plus tendres vient de me faire connaître les expressions de bienveillance dont Votre Sainteté a daigné se servir à mon égard, en m'annonçant avec quelle joie elle attend les objets bénits qu'Elle a bien voulu lui destiner : j'en suis pénétré comme au jour, où Mgr l'archevêque de Paris me les rapporta pour la première fois.

» Avant d'être affaibli par la maladie grave dont je suis atteint, je désire, Très Saint Père, vous exprimer toute ma reconnaissance et en même temps mes sentiments. J'ose espérer que non seulement Votre Sainteté les accueillera favorablement, mais qu'elle daignera apprécier dans sa justice toutes les circonstances qui ont dirigé mes actions. Des Mémoires achevés depuis longtemps, mais qui, selon

A Valançay, on peut toujours voir la plume avec laquelle Talleyrand signa sa rétractation. A droite, le pommeau de sa canne. (Collection M. et Mme Jean Morel, château de Valençay).

mes volontés, ne devront paraître que trente ans après ma mort, expliqueront à la postérité ma conduite pendant la tourmente révolutionnaire. Je me bornerai aujourd'hui, pour ne pas fatiguer le Saint-Père, à appeler son attention sur l'égarement général de l'époque à laquelle j'ai appartenu.

» Le respect que je dois à ceux de qui j'ai reçu le jour ne me défend pas non plus de dire que toute ma jeunesse a été conduite vers une profession pour laquelle je n'étais pas né. Au reste, je ne puis mieux faire que de m'en rapporter, sur ce point, comme sur tout autre, à l'indulgence et à l'équité de l'Eglise et de son Vénérable Chef.

» Je suis avec respect, Très Saint Père, de Votre Sainteté le très humble et très obéissant fils et serviteur. »

Et ce fut ensuite la question qu'il attendait :

— Prince, lui demande-t-on, quelle date désirez-vous donner à cet acte ?

— La semaine de mon discours à l'Académie... De quel jour est mon discours à l'Académie ?

— Du 3 mars, prince.

— Eh bien ! écrivez le 10, afin que ce soit de la même semaine.

Et l'on écrivit sur les deux textes : « Fait le 10 mars 1838. Signé à Paris le 17 mai 1838. »

Un ultime mensonge... une capucinade qui « a gâté sa vie », selon le mot d'Adolphe Thiers.

Il sombre doucement dans une espèce de torpeur. Il s'appuie de côté sur un énorme coussin que des cordes attachent au plafond... Soudain, la porte s'ouvre : le roi et Madame Adélaïde entrent dans la chambre.

— Je suis fâché, prince, de vous savoir si souffrant, murmure le roi qui n'a qu'une seule idée en tête : se retirer le plus vite possible.

Talleyrand, sortant de son état léthargique, retrouve toute sa présence d'esprit :

— Sire, vous êtes venu assister aux derniers moments d'un mourant. C'est un grand honneur que le roi fait à cette maison que d'y venir aujourd'hui.

Puis, selon l'étiquette, le prince présente au roi les assistants. Madame Adélaïde demeure la dernière.

— Je vous aime bien, murmure Talleyrand lorsqu'elle se lève pour rejoindre Louis-Philippe dans l'antichambre.

Peu à peu l'hôtel s'est rempli de monde. Les domestiques ne quittent guère la pièce qui précède la chambre du prince. Des amis sont là. On entend murmurer :

— Jamais on ne comprendra le sacrifice, l'effort immense qu'a dû faire M. de Talleyrand pour effacer d'un trait de plume sa vie entière.

Il ne l'avait pas effacée... « Dans un coin, nous rapporte Colmache, un groupe de femmes parlait de choses entièrement étrangères à la circonstance. Quelquefois même, un léger éclat de rire retentissait au milieu de ce cercle, en dépit des *chut !* improbateurs qui alors se faisaient entendre à l'autre extrémité du salon. Près d'une fenêtre, la jeune et charmante duchesse de V... était entièrement couchée sur un sofa, et un essaim de jeunes beaux, plus semblables à des valets qu'à des nobles, se tenaient agenouillés devant elle ou assis à ses pieds sur les coussins du divàn. »

Talleyrand s'est assoupi. Lorsqu'il ouvre les yeux, il voit l'abbé Dupanloup assis à son chevet.

— Mon prince, lui dit-il, vous avez ce matin donné à l'Eglise une grande consolation ; maintenant je viens, au nom de l'Eglise, vous offrir les dernières consolations de votre foi, les derniers secours de la religion. Vous vous êtes réconcilié avec l'Eglise catholique que vous aviez affligée ; le moment est venu de vous réconcilier aussi avec Dieu par un nouvel aveu et par un repentir sincère de toutes les fautes de votre vie.

Talleyrand se redresse, s'assied, saisit avec une force étonnante les deux mains de l'abbé — celui-ci le racontera plus tard — et commence l'aveu de ses fautes. Il ne s'était pas confessé depuis le mois de janvier 1789... ! Enfin, après la longue confession, le prêtre prononce ces paroles que Talleyrand attendait avec angoisse :

— *Ego te absolvo.*

L'abbé retourne dans la pièce voisine :

— Je n'ai jamais vu une pareille maîtrise de soi-même, avoue-t-il, jointe à un repentir aussi sérieusement raisonné.

Pour recevoir l'extrême-onction, Talleyrand demande que les témoins de sa rétractation et ses domestiques assistent à la cérémonie. Lorsqu'il regarde les trente à quarante personnes présentes dans la chambre, son visage reflète, paraît-il, un air de satisfaction : il meurt comme un souverain ! Au moment où l'abbé Dupanloup va lui faire l'onction des mains, Talleyrand, au lieu de présenter ses mains la paume ouverte, les présente, le poing fermé, — étonnante présence d'esprit ! — en avertissant :

— N'oubliez pas que je suis évêque !

Près d'un demi-siècle auparavant, il avait déjà reçu l'onction épiscopale sur la paume de ses mains...

La voix de l'abbé récite en français la prière des agonisants :

— Partez, âme chrétienne, sortez de ce monde, et puissiez-vous être reçue dans la cité du Dieu vivant !...

Pardonnez-lui, Dieu clément, les fautes et les erreurs de sa jeunesse ; ne vous souvenez plus de ses anciennes iniquités, nées de l'ardeur des mauvaises passions... Il a beaucoup péché, mais aussi il a espéré, il a cru en vous, il vous a sincèrement adoré comme Dieu et son Sauveur.

Bacourt et le premier valet de chambre soutiennent le mourant. Brusquement — il est 3 h 35 de l'après-midi — la tête de l'ex-évêque retombe sur sa poitrine. Le prince de Talleyrand-Périgord vient de rendre l'âme. C'est fini... Tous se lèvent et vont embrasser la main du mort.

Les antichambres et les salons qui n'avaient pas désempli depuis deux jours sont maintenant déserts. Colmache, demeuré dans la chambre, vit alors le maître d'hôtel de Talleyrand, à l'heure à laquelle il était venu tant de fois prendre les ordres, suivi d'un essaim de marmitons habillés de blanc et portant leur couteau à la ceinture, s'avancer d'un pas solennel vers le pied du lit, s'agenouiller, le bonnet de coton à la main, et réciter tout bas une courte prière. Puis ils jettent de l'eau bénite sur le corps — et ce singulier cortège sort comme il était entré, dans le même ordre et dans le même silence.

Le soir, il ne reste plus auprès du corps, transporté, semble-t-il, dans la chambre de parade du premier étage, qu'un prêtre loué pour la circonstance, assis dans le fauteuil de Talleyrand et marmottant des prières... Carlos, le chien du prince, est allé se coucher tristement dans la chambre de Mme de Dino [1].

Le 19 mai, on ouvre le testament [2] : Talleyrand désirait être inhumé à Valençay dans la chapelle Saint-Maurice de la maison de charité. Mais auparavant, le Tout-Paris de la cour

---

1. Talleyrand a légué son chien à Mme Henriette, gouvernante de Pauline, « parce que *Carlos*, nous dit Mme de Dino, lui montrait un peu moins de maussaderie qu'à nous, qu'il détestait d'autant plus que son maître paraissait nous aimer davantage ».

2. Dorothée était légataire universelle. Elle vendit aussitôt l'hôtel de la rue Saint-Florentin pour un million cent quatre-vingt mille francs au baron Elie de Rothschild qui devait agrandir l'hôtel vers la rue de Mondovi.

Le lit de mort de Talleyrand se trouve aujourd'hui à Valençay.
(Collection château de Valençay.)

et de la ville assiste ou participe au service funèbre célébré le mardi 22 mai en l'église de l'Assomption. Sur le corbillard, tiré par des chevaux caparaçonnés de noir aux larmes d'argent, tous peuvent lire la fière devise : *Re que Diou !*

Il fallait préparer le caveau de famille sous la chapelle Saint-Maurice de Valençay. Lorsqu'il fut prêt, un long convoi se met en route le 2 septembre 1838 au matin. On transporte, outre le cercueil du prince, deux autres bières : celle d'Archambault et celle de la petite Yolande de Périgord, morte en 1836 à l'âge de trois ans. Le cercueil de Talleyrand, garni de velours noir, porte un écusson avec ses armoiries. Après la cérémonie en l'église de l'Assomption, le postillon aurait demandé par quelle porte il lui fallait sortir de Paris.

— Barrière d'Enfer, lui ordonne-t-on.

Et le mot court Paris...

Le corps de Charles-Maurice a été placé dans le même fourgon que celui construit l'année précédente pour ramener d'Arenenberg la dépouille de la reine Hortense. Cette reine de Hollande qui avait aimé Flahaut, fils de Talleyrand et père du duc de Morny !

Le voyage se prolonge durant trois jours et deux nuits. Le cortège funèbre traverse des villages à la lueur des torches. Il arrive à 10 heures du soir dans la cour du château de Valençay où se trouvent groupés les serviteurs. Puis le cercueil est porté dans l'église du bourg où a lieu, le lendemain, un ultime service.

Le 5 septembre, précédé des gendarmes à cheval et des autorités locales, Talleyrand est conduit à sa dernière demeure : la crypte de la chapelle. Cette chapelle, ainsi qu'une partie de l'école, a été incendiée en représailles par les Allemands le 16 août 1944, avec toute une partie de la rue. Durant une douzaine d'années, l'entrée du caveau a été abandonnée. Une tôle rouillée empêchait d'y descendre. Aujourd'hui, la chapelle, diminuée en longueur, a été reconstruite et, par un escalier branlant, guidé par une des religieuses des Filles de la Croix, je suis descendu dans le caveau. Le sarcophage de marbre noir occupe le fond de cette manière de cave, une cave sinistre où reposent également la comtesse Tyszkiewicz et quelques membres de la famille Talleyrand-Périgord.

Avant que le cercueil fût recouvert de son enveloppe de marbre, une vitre permettait de voir la tête du prince, parfaitement embaumée d'ailleurs. Et l'atroce histoire racontée par Victor Hugo m'est revenue à la mémoire. Lors de l'embaumement « à l'égyptienne », confié au pharmacien Nicard de la rue Duphot, on avait oublié d'enfermer dans un vase d'argent le cerveau — ce cerveau qui, durant quarante années, avait mené avec une intelligence admirable, tant d'affaires, celles de M. de Talleyrand et de la France, ce cerveau qui avait lancé tant de mots étincelants, inspiré tant de traités, ce cerveau qui avait marqué de son sceau tant de régimes et de règnes, ce cerveau qui avait aussi conçu bien des traîtrises — même envers Dieu !... Ce cerveau gisait là, sanguinolent, sur le coin d'une table saupoudrée de son. Alors un valet entra dans la pièce :

— Tiens ! ils ont oublié cela. Qu'en faire ?

Et Victor Hugo de conclure : « Il s'est souvenu qu'il y avait un égout dans la rue, il y est allé et a jeté le cerveau dans cet égout... »

Carlos, le dernier chien du prince de Talleyrand.
(Collection M. et Mme Gaston Palewski).

REMERCIEMENTS

Je voudrais tout d'abord exprimer ma profonde gratitude à S.A.R. Mgr le comte de Paris, qui m'a permis d'utiliser les Mémoires encore inédits de sa trisaïeule, la reine Marie-Amélie, ainsi que les Mémoires, également inédits, de Jean Vatout, alors bibliothécaire du duc d'Orléans — futur roi Louis-Philippe — et qui passait pour son fils naturel. Que d'obligations ne dois-je pas à Mme d'Huart, qui publiera bientôt l'émouvant Journal de la reine et qui a bien voulu m'en laisser la primeur. Elle m'a servi de guide dans les arcanes des archives de la Maison de France maintenant déposées aux Archives nationales. Une plus faible partie de ce fonds considérable appartient à Mme la marquise de Chaponay, née princesse Geneviève d'Orléans, qui a bien voulu m'autoriser à reproduire ces documents. Qu'elle veuille bien croire, elle aussi, à ma respectueuse gratitude.

Je dois remercier vivement M. André Beau, de Blois, qui a bien voulu mettre à ma disposition sa belle collection de documents concernant Talleyrand. Merci aussi à mon amie Christiane Alessandrini, demeurant à Rome et qui a effectué pour moi de si fructueuses recherches dans les Archives vaticanes.

J'exprime toute ma reconnaissance à M. et Mme Jean Morel, anciens propriétaires du château de Valençay, où j'ai pu demeurer durant deux journées. Ils ont bien voulu mettre à notre disposition leur collection de tableaux et de souvenirs — et nous en autoriser la reproduction. C'est ainsi que la plus grande partie des illustrations reproduites dans ce volume provient du château de Valençay — et a été joliment mise en page par Mme Geneviève Chastenet. On le sait, le château vient d'être racheté par le département de l'Indre, aidé par le Crédit Agricole.

Je dois remercier tout particulièrement Mme Gaston Palewski, née Violette de Talleyrand-Périgord, duchesse de Sagan, et M. le président Gaston Palewski, ambassadeur de France. Celui-ci a eu l'extrême amabilité de me montrer

*longuement son admirable collection de tableaux, de souve-
nirs et de portraits concernant le prince de Talleyrand et son
entourage. Il a bien voulu nous permettre de reproduire
certains de ces documents qui ont enrichis ce volume.*

*Grâce à S. Exc. M. Arthur A. Hartman, ambassadeur des
U.S.A. à Paris, j'ai pu visiter et errer dans l'ancien hôtel
Talleyrand de la rue Saint-Florentin, sous la si aimable et
savante conduite de Mme Jacques Baltrusaites, attachée
culturelle à l'ambassade. Qu'elle veuille bien croire à ma
reconnaissance ainsi que M. le Premier attaché culturel
Jacques Hedge.*

*J'ai été très touché par l'accueil de ceux qui m'ont aidé
chemin faisant. Je dois ainsi exprimer ma très vive
reconnaissance à l'érudit Maurice Reilhac, qui a guidé mes
pas à Bourbon-l'Archambault. Grâce à ses recherches et à
son savoir, j'ai pu apporter de nombreux détails inédits aux
séjours effectués par Talleyrand à la vieille station du
Bourbonnais.*

*Je rends également grâce à M. Fernando Caruso,
directeur de l'Instituto Italiano di Cultura de Paris, et à son
adjoint, M. Roberto Porzio. Avec une infinie gentillesse, ils
m'ont servi de guides rue de Varenne, à l'ancien hôtel
Galliffet, dont l'entrée donnait autrefois rue du Bac. Je dois
aussi remercier le R.P. Moulin, professeur d'histoire religieuse, qui m'a accueilli avec science et amabilité à l'évêché
d'Autun, ainsi que M. Gallais, qui m'a donné de précieuses
indications afin de retrouver les plans de l'hôtel de la rue
Saint-Florentin, tant aux Archives nationales, à la Bibliothèque nationale qu'aux Archives de la Seine.*

*Merci encore au professeur Guintella de Rome, à
MM. Remy et Thierry Schlumberger, à M. le comte Jean de
Pange, à mes amis le docteur Georges Bloch et à
M. et Mme Max Carabelli ; à M. et Mme Livertout,
propriétaires de l'évocateur Hôtel Talleyrand à Bourbon-
l'Archambault ; à Mme Jean Diat, née Françoise Engel ;
merci enfin, à Mme Monique de Huertas et à Mlle
Marie-Christine Roques, qui ont effectué pour moi de
nombreuses recherches. Elles n'ont épargné ni leur temps ni
leur peine.*

SOURCES MANUSCRITES

Archives Nationales : Archives de la Maison de France
(inédit) 300 AP III 31* ; 300 AP IV 81*, 90*, 91*, 93*, 96*,
97*, 300 AP IV 98* à 104* *(Journal de Marie-Amélie)*,
155* ; 300 AP III 73 *(Journal de Vatout)*, 300 AP III 49,
300 AP IV 98*.

A.N. : AP 234. 31 AP 24 et 25. 117 AP 1. AP 29. AP 13. 215.
F7 6968. F7 6817. F7 3701 à 3735 BB. 30. 03 1614. CC 490.
Papiers Beugnot : 40 AP 14-16.
Plan cadastral. N° 2 et 4, rue Saint-Florentin. Série F. 31
Carton 7. pièce 149.

Archives de la Seine : Calepin du cadastre. C.10.11.

B.N. : Mss n. acq. fr. 24346, f. 90 (mariage religieux de
Talleyrand).

Archives vaticanes (inédit). Lettres chiffrées de Mgr Spina à
Mgr Consalvi ; lettres de Mgr Consalvi aux nonces ;
lettres de Mgr Consalvi à Mgr Caprara. Bref *Cari-*
tas (19-III-1792) ; Rapports de Mgr Marini ; lettres de
Mgr Caselli à Mgr di Pietro.

Fichier Charavay. 1889. VI ; 1890. V ; 1903. III ; 1913.
VIII ; 1914. II ; 1915. VIII et IX ; 1951. VII et X ; 1958. II
et X ; 1962. IV ; 1963. IX.

Archives Jean de Pange : Deux lettres inédites de Napoléon
au comte de La Rochefoucauld, ambassadeur de France à
Vienne (3 octobre 1806 et 26 octobre 1806).

Collection André Beau : Lettre de Talleyrand à la duchesse
de Bauffremont (9 février 1815). Lettre de G. Perrey, au
prince de Talleyrand (30 septembre 1830) et lettre de
Talleyrand à son chargé d'affaires Rihouet (8 octobre
1830). Lettre de Talleyrand à Alexandre Baring et
post-scriptum de la duchesse de Dino (1834). Lettre de la
duchesse de Dino à lady Georgiana Grey (7 août 1834).

☆

SOURCES IMPRIMÉES

Abrantès (Laure) : *Histoire des salons de Paris.*

Ami (l') de la Religion : 5 novembre 1853 (tome 97).

Andlau (comtesse d') : *Mme de Staël.*

Angeberg (comte) : *Le Congrès de Vienne et les traités de Vienne précédés des actes diplomatiques qui s'y rattachent.* 1863.

Apponyi (Rodolphe) : *Journal.* 1913.

Arbellot (Simon) : *Eloge de Talleyrand.* 1940.

Arrigon (J.-L.) : *Une amie de Talleyrand, la duchesse de Courlande.* 1945. *La Jeune Captive.* 1921.

Aujay (Edouard) : *Talleyrand.* 1946.

Aulard : *Paris sous la Convention thermidorienne. Paris sous le Consulat.*

Bac (Ferdinand) : *Le secret de Talleyrand.* 1933.

Bachaumont : *Mémoires.* 1846.

Barral (A. de) : *La chambre de Talleyrand.* 1878.

Barras (Paul, vicomte de) : *Mémoires.* 1896.

Barante : *La conversion et la mort de Talleyrand.* 1910.

Bastide (Louis) : *Vie politique et religieuse de Talleyrand-Périgord.* 1838.

Bernardy (Françoise de) : *Le dernier amour de Talleyrand : la duchesse de Dino.* 1965.

Bertaut (Jules) : *Talleyrand.* 1945. *Les belles émigrées.* 1947.

Bertier de Sauvigny (R.P.) : *La Restauration.* 1974.

Bertrand (Pierre) : *Correspondance de Talleyrand avec le Premier consul.* 1889.

Beugnot (comte Claude) : *Mémoires.* 1959.

Blei (Franz) : *Talleyrand, homme d'Etat.* 1935.

Blennerhasset (Lady) : *Talleyrand.*

Boigne (comtesse de) : *Mémoires.* 1907-1908.

Boulay de La Meurthe : *Les justifications de Talleyrand pendant le Directoire.* 1889.

Bouquet (Louis-Henri) : *L'ancien collège d'Harcourt.* 1891.

Bourdois : *Le prince de Talleyrand.*

Bourgoing (Jean de) : *Lettres de Talleyrand à Metternich.* 1965.

Bourlon (T.) : *Les assemblées du Clergé.*

Bourrienne : (Louis-Antoine Fauvelet de) : *Mémoires.* 1829. *Mgr de Quelen et la conversion de Talleyrand.*

Brinton (Crane) : *The lives of Talleyrand.* 1937.

Bulletin de littérature ecclésiastique : juillet-septembre 1957.

Bulwer Lytton : *Essai sur Talleyrand.* 1868.

Cabanès (Gal) : *Le cabinet secret de l'Histoire.* 1920.

Carême (Antonin) : *Le maître d'hôtel français.* 1842.

Carrère (Casimir) : *Talleyrand amoureux.* 1975.

Castellane (Jean de) : *Talleyrand.* 1934.

Castelot (André) : *Philippe Egalité. Bonaparte. Napoléon. Joséphine. Vers l'exil. L'Histoire à table. Dernières lettres d'amour. Madame Royale. Présence de l'Histoire.*

Castries (duc de) : *Louis XVIII.* 1969.

Caulaincourt (général Louis de) : *Mémoires.*

Charmasse (A. de) : Deux documents inédits sur Talleyrand évêque d'Autun. 1868.

Chastenay (Mme de) : *Mémoires* 1896.

Chastenet (Jacques) : *Godoy.*

Chateaubriand (vicomte René de) : *Talleyrand. La mort du duc d'Enghien. Mémoires d'outre-tombe.*

Coigny (Aimée de) : *Mémoires.* 1902 (publiés par Etienne Lamy).

Colmache : *Reminiscence of Prince Talleyrand.* 1843. *Revelations of the life of prince de Talleyrand.* 1850. Confession de Talleyrand. 1891.

Consalvi (cardinal Hercule) : *Mémoires.*

Contamines (Henry) : *Diplomatie et Diplomates.* 1970.

Cooper (Duff) : *Talleyrand 1754-1838.* 1937.

Le Correspondant 1893 : *Correspondance de Talleyrand et de Bacourt.* 1905 n° 184, *Les Cent-Jours et le ministère Talleyrand-Fouché.*

Couchoud (P.L. et J.P.) : *(voir à Talleyrand).*

Dandelot-Aîné : *Masque arraché...* 1800.

Dard (Emile) : *Napoléon et Talleyrand.* 1935.

Decaux (Alain) : *Les face à face de l'Histoire.* 1977.

Dino (Dorothée de Courlande, duchesse de) : *Souvenirs.* 1906. *Chronique de 1831 à 1862.* 1909. *Notice sur Valençay. Le retour de Talleyrand à la religion.* 1908.

Dufort de Cheverny : *Mémoires.* 1886.

Dufour de La Thuilerie (Sosthène) : *Histoire de la vie et de la mort de M. de Talleyrand-Périgord.* 1838.

Dupuis (Charles) : *Le ministère de Talleyrand en 1814.* 1919.

Duveyrier (Honoré) : *Mémoires.*

Dussard (Jacques) : *Les belles amies de Talleyrand.* 1962. *Etat de logements des ministres, généraux et autres personnes de la suite du Premier consul.* 1803.

Eynard (J.-G.) : *Journal.* 1914.

Fabre-Luce (Alfred) : *Talleyrand.* 1969.

Ferrero (G.) : *La Reconstruction ; Talleyrand à Vienne.* 1940.

Feuilles d'Histoire : *Talleyrand étudiant en théologie par Welvert. Il y a cent ans 1813.* 1913.

Fleury (Serge) : *Talleyrand, maître souverain de la diplomatie.* 1942.

Fleischmann (Hector) : *Le roi (Louis XVIII)à Gand.*

Fliche et Martin : *Histoire de l'Eglise,* tome XX : *La crise révolutionnaire par le chanoine Leflon.*

Gaevell (Yvonne-Robert) : *Des plages de Coromandel aux salons du Consulat et de l'Empire. Vie de la princesse de Talleyrand.* 1948.

Gallavresi Giuseppe : *Le prince de Talleyrand et le cardinal Consalvi.* 1905.

Garçon (Maurice) : *La tumultueuse existence de Maubreuil.*

Garde-Chambonas (A. de La) : *Souvenirs du Congrès de Vienne.* 1843.

Genlis (Stéphanie-Félicité de) : *Mémoires.* 1882.

Gentz (Friedrich von) : *Tagebücher.* 1873-1874.

Giuntella (professeur) : *Qualche nuovo documento su Pio VI durante l'esilio in Toscana.* (Miscellanes in onore du Mgr Frutaz. Dix. 1978.)

Gorce (P. de La) : *Histoire religieuse de la Révolution française. Louis XVIII. Aimables inconstantes.*

Gorsas (Jean) : *Talleyrand. Mémoires, lettres inédites et papiers secrets.* 1891.

Gouverneur Morris : *Journal.* 1901.

Grandmaison (Geoffroy de) : *Napoléon et l'Espagne.* 1908.

Grassin (Jean) : *Police secrète sous le premier Empire.* 1963.

Greenbaum (Louis S.) : *Talleyrand Statesman-Priest.*

Guillaumin (Claude) : *Talleyrand au Congrès de Vienne ; Les amis de l'Histoire.* 1968.

Guizot (François) : *Mémoires pour servir à l'histoire de mon temps,* tome IV. Talleyrand après Waterloo.

Guyomard (Y.) : *Le secret de Talleyrand.* 1934. *La fin de Talleyrand. Feuilles d'Histoire.* 1909.

Guyot (R.) : *Talleyrand et lord Yarmouth ; Feuilles d'Histoire* n° 6, 1913. 5ᵉ année. Tome X.

Hastier (Louis) : *La fille adoptive de Talleyrand. Miroir de l'Histoire.* 1954. *Le grand amour de Joséphine.* 1955.

Hauterive (Ernest d') : *La police secrète du premier Empire.* 1922.

Hillairet (J.) : Dictionnaire historique des rues de Paris. 1963.

Historia : n° 18 : *L'esprit de Talleyrand,* par Léon Treich. N° 59 : *Talleyrand ou le diable boiteux,* par Edouard Herriot. N° 78 : *Le roman de la princesse de Talleyrand,* par le vicomte de Reiset. N° 86 : *Talleyrand à la conquête du pouvoir,* par Paul Reynaud. N° 87 : *Talleyrand,* par Pierre Gaxotte. N° 104 : *La France de la Restauration,* par Pierre Gaxotte.

Holland (lord) : *Souvenirs diplomatiques.* 1851.

Hortense (reine) : *Mémoires.* 1927.

Houssaye (Henry) : *1814-1815.* 1893.

Hubert (Emmanuelle) : *Les Cent Jours.* 1966.

Hugo (Victor) : *Choses vues.*

Jaucourt (comte de) : *Correspondance avec Talleyrand.*

Joinville (prince de) : *Vieux souvenirs.* 1894.

Jubinal (Hachille) : *Impressions de voyage, les Hautes-Pyrénées.* 1858.

Kielmannsegge (comtesse de) : *Mémoires.* 1929.

Lacombe (Bernard de) : *Talleyrand, évêque d'Autun.* 1903. *La vie privée de Talleyrand.* 1933.

Lacombe (H. de) : Conversation avec M. Thiers. *Le Correspondant.* 22 septembre 1922.

Lacour-Gayet (G.) : *Talleyrand.* 1928-1934. *Comment on devenait ministre sous le Directoire.* 1926. *Talleyrand, membre de l'Institut.* 1922. *Talleyrand et Royer-Collard.* 1927. *Le centenaire d'un soufflet (Maubreuil).* 1927.

Laforgue (docteur René) : *Talleyrand, l'homme de la France.* 1947.

Las Cases : *Mémorial de Sainte-Hélène.* Etabli par Marcel Dunan. 1951.

La Tour du Pin-Gouvernet (marquise de) : *Journal d'une femme de cinquante ans.* 1914 et l'édition parue à la fin de 1979, suivie de la correspondance inédite de la marquise publiée par son descendant, le comte de Liederkerke Beaufort.

Lauzun (duc de) : *Correspondance intime.* 1858.

Lecestre (Léon) : *Correspondance inédite de Napoléon.* 1897.

Ledos : *Talleyrand et son entourage à la suite de la Grande Armée. Revue des études napoléoniennes.* 1919.

Lefebvre : *Le Directoire.* 1946. *La Révolution française.*

Leflon (Jean) : *Histoire de l'Eglise. (La crise révolutionnaire).*

Léger (Charles) : *Captive de l'amour.* 1933.

Lesourd (Paul) : *L'âme de Talleyrand.* 1942.

Levesque (Eugène) : *L'ancien séminaire de Saint-Sulpice.* 1922.

Limouzin-Lamothe (Roger) : *La rétractation de Talleyrand, documents inédits. (Revue d'Histoire de l'Eglise de France)* juillet-décembre 1954. *Mgr de Quelen et la conversion de Talleyrand, documents inédits. (Bulletin de littérature ecclésiastique)* juillet-septembre 1957.

Loliée (Frédéric) : *Talleyrand et la société française depuis la fin du règne de Louis XVI.* 1910.

Loppin (Paul) : *Les grandes figures champenoises.* 1963-1965. *Delacroix, père et fils.*

Madelin (Louis) : *Fouché.* 1955. *Talleyrand.* 1944. *Histoire du Consulat et de l'Empire.* 1954. *Il y a cent cinquante ans, Talleyrand trahit son maître. Historia* n° 143.

Malo (Henri) : *Le beau Montrond.* 1926.

Marcade (A.) : *Talleyrand, prêtre et évêque.* 1883.

Maricourt (baron de) : *Mme de Souza et sa famille.* 1907.

Masson (Frédéric) : *Le département des Affaires étrangères pendant la Révolution.* 1877. *L'affaire Maubreuil.* 1907.

Marseille (Yves de) : *L'Italie du Faubourg Saint-Germain.* (1975).

Maubreuil : *Histoire d'un soufflet.* 1861.

Meeüs (Adrien de) : *Histoire des Belges.* 1958.

Melchior-Bonnet (Bernardine) : *Le duc d'Enghien.* 1961. *Savary, duc de Rovigo.* 1962.

Mémoires d'une femme de qualité. 1966.

Menneval (baron) : *Napoléon et Marie-Louise.* 1843.

Mentienne (M.) : *Histoire de deux portefeuilles de ministres du temps de la grande Révolution française, ayant appartenu à Talleyrand et à Fouché dès le temps du premier Directoire.* 1924.

Metternich (Clément de) : *Mémoires.* 1902. *Documents et écrits divers laissés.*

Meynier (Albert) : *Les coups d'Etat du Directoire.* 1927.

Michaud (Louis-Gabriel) : *Histoire politique et privée de Charles de Talleyrand, ancien évêque d'Autun, suivie d'un*

extrait des Mémoires inédits de M. de Sémallé, commissaire
du roi en 1814, de nouveaux documents sur la mission qui
fut donnée à Maubreuil pour assassiner Napoléon. 1853.

Miroir de l'Histoire : N° 11 : M. de Talleyrand et sa fiancée
par Bernard de Nabonne. N° 19 : Prononciation du nom de
Talleyrand. N° 25 : Les sources de l'esprit de M. de
Talleyrand, par Jacques Bourgeat. N° 40 : A quoi rêvait
Talleyrand au Conseil de sécurité en 1815, par Bertier de
Sauvigny. N° 43 : L'esprit de Talleyrand, par André Clair.
N° 117 : Le mystérieux voyage de la duchesse de Dino à
Luchon, par Pierre de La Gorce. N° 61 : La duchesse de
Dino et le Cosaque, par Michel Missoffle.

Missoffle (Michel) : *Le cœur secret de Talleyrand.* 1956.

Mistler (Jean) : *Napoléon* (Ouvrage collectif). Deux tomes.

Molé (comte) : *Mémoires.* 1822-1830.

Montesquiou (Anatole de) : *Mémoires.* 1961.

Montet (baronne de) : *Souvenirs.*

Moreau (J.N.) : *Mes Souvenirs : 1898-1901.*

Moreau de Saint-Rémy : *Voyage aux Etats-Unis d'Amérique* (1793-1798).

Nabonne (B.) : *La diplomatie du Directoire et Bonaparte.*
1951.

Nesselrode (Ch. R.) : *Lettres et papiers.* 1908-1912.

Nicolson (Harold) : *Le Congrès de Vienne.* 1947.

Noailles (marquis de) : *Le comte de Molé.*

Norvins : *Mémorial.* 1896-1897.

Nouvelle Revue Rétrospective : Correspondance de
Madame Adélaïde et de Talleyrand. 1901.

Nouvion (Georges de) : *Talleyrand, prince de Bénévent.*
1900.

Ollivier (Albert) : *Le 18 Brumaire.* 1959.

Orieux (Jean) : *Talleyrand.* 1970.

Paléologue (Maurice) : *Romantisme et diplomatie : Talleyrand, Metternich, Chateaubriand.*

Palewski (Gaston) : *Le Miroir de Talleyrand.* 1976.

Pallain : *Le ministère de Talleyrand sous le Directoire.* 1891.
La mission de Talleyrand à Londres en 1792. 1889.
*Correspondance du prince de Talleyrand et de Louis
XVIII.*

Pasquier (baron) : *Histoire de mon temps.* 1894.

Pichot (Amédée) : *Souvenirs intimes sur M. de Talleyrand.*
1870.

Place et J. Florens : *Mémoire sur M. de Talleyrand. 1838. Sa vie politique et sa vie intime*, suivi de la relation authentique de ses derniers moments et d'une appréciation phrénologique sur le crâne de ce personnage célèbre.

Poniatowski (prince Michel) : *Talleyrand aux Etats-Unis.* 1967.

Potocka (comtesse) : *Mémoires de la comtesse P...* 1897.

Raoul de Sceau (le P.) : *Guide historique de Valençay, le château, l'église, le tombeau de Talleyrand.*

Reichardt : *Un hiver à Paris sous le Consulat.*

Remacle (Adrien) : *La Revue contemporaine, littéraire et politique.* 1885-1886. *Relations secrètes des agents de Louis XVIII.* 1883.

Rémusat (Mme de) : *Mémoires.* 1957.

Revue anglo-romaine : Talleyrand et l'Eglise constitutionnelle de France, octobre 1896, par Arthur Loth.

Revue des Deux-Mondes : La mort de Talleyrand, par l'Abbé Dupanloup (1ᵉʳ mars 1910), *Correspondance de Talleyrand à Sébastiani.* 1910. *Les Deux mariages de Talleyrand. Correspondance* entre Talleyrand et Caulaincourt. 15 octobre-1ᵉʳ novembre 1935. *Correspondance* entre Talleyrand et Maret. 1ᵉʳ août 1954. *Un prophète de l'entente cordiale*, par Maurice Schumann. Décembre 1976. *Enigmatique Talleyrand*, par Levi Noël. Octobre 1975.

Revue de Paris : 15 décembre 1933. 1ᵉʳ mars 1937.

Rochechouart (général comte de) : *Souvenirs.*

Rœderer (Pierre-Louis, comte) : *Mémoires.* 1952.

Rovigo (duc de) : *Mémoires.* 1900.

Saint-Aulaire (comte de) : *Talleyrand.* 1936.

Sainte-Beuve : *Monsieur de Talleyrand.* 1958. *Nouveaux lundis.*

Sallé (A.) : *Vie politique de Charles-Maurice de Talleyrand-Périgord.* 1834.

Salon de Paris (1866).

Savant (Jean) : *Talleyrand.* 1960.

Sémallé (comte) : *Mémoires.*

Sindral (Jacques) : *Talleyrand.* 1926.

Sorel (A.) : *L'Europe et la Révolution française. Talleyrand au Congrès de Vienne.* 1895.

Stendhal : *Le rouge et le noir*, tome II. Talleyrand auteur de la restauration des Bourbons.

Stenger : *La société française pendant le Consulat.* 1904.

Talleyrand (Charles-Maurice de) : *Mémoires*, quatre volumes. 1928. *L'album perdu*. 1829. Lettres inédites de Talleyrand à Napoléon. (1800-1809). 1889. *Correspondance inédite de Talleyrand et Royer-Collard* (publiée par Lacour- Gayet). Correspondance inédite avec la duchesse de Courlande. *(Talleyrand intime)* 1891. *Opinion de M. le prince de Talleyrand contre le renouvellement de la censure*. 1821. *Discours prononcé à la Chambre des pairs par M. le prince de Talleyrand à l'occasion du décès de M. le comte Bourlier. Correspondance diplomatique de Talleyrand (1830-1834). Correspondance avec le comte de Jaucourt*. 1905. *Correspondance inédite du prince de Talleyrand et du roi Louis XVIII pendant le Congrès de Vienne*. 1881.*Mémoires* publiés avec introductions et notes par P.L. Couchoud et J.P. Couchoud, etc.

Talleyrand ; J. de Lacretelle, Jacques Audiberti, A. Conte, M. Dunan. 1964. Louis Joxe, Robert Lacour-Gayet, Michel Misoffle, Maurice Schumann.

Tarlé (E.) : *Talleyrand*. 1958.

Thiry (Jean) : *Ulm, Trafalgar, Austerlitz*. 1952. *Iéna*. 1964. *Le Concordat et le Consulat à vie. Eylau, Friedland, Tilsit*. 1964.

Thomas (Louis) : *L'esprit de M. de Talleyrand*. 1909.

Tulard (Jean) : *Napoléon*. 1977.

Tyszkiewicz (comte Ladislas) : *Correspondance*.

Vandal (A.) : *Napoléon et Alexandre*, tome I. *L'avènement de Bonaparte*. 1907.

Vars (Valentin de) : *Les femmes de M. de Talleyrand*.

Véron (Louis) : *Mémoires d'un bourgeois de Paris 1853-1855*.

Villemarest (Charles-Maxime de) : *Monsieur de Talleyrand*. 1834.

Vincent (Jacques) : *Dames et seigneurs du château de Neuilly*. 1940.

Vitrolles (baron de) : *Mémoires*. 1950.

Vivent (Jacques) : *La vie privée de Talleyrand*. 1940. *Monsieur de Talleyrand intime*. 1963. *La vieillesse et la mort de M. de Talleyrand*. 1964.

Weil (H.) (commandant) : *Les dessous du Congrès de Vienne*. 1917.

Welvert (Eugène) : *Feuilles d'Histoire. Talleyrand étudiant en théologie*.

CRÉDITS PHOTOGRAPHIQUES

Gardes début : *L'entrevue d'Erfurt. En présence de Talleyrand, au centre de la composition, Napoléon reçoit le baron Vincent, envoyé de l'empereur d'Autriche. A l'extrême droite, le tsar Alexandre. Peinture de N. Gosse* (Musées nationaux).

Gardes fin : *En 1836, lors de son dernier séjour à Valençay, assis dans l'ancien fauteuil de Louis XVIII que lui a donné Louis-Philippe, Talleyrand, ayant près de lui Mme de Dino et son chien Carlos, assiste à l'arrivée de ses invités.* Collection M. et Mme Gaston Palewski. (J. da Cunha/Plon).

TABLE DES CHAPITRES

ACHEVÉ D'IMPRIMER
LE 7 FÉVRIER 1980
SUR LES PRESSES DE
L'IMPRIMERIE HÉRISSEY
A ÉVREUX (EURE)

Imprimé en France.
Nº d'Imprimeur : 24868
Nº d'Éditeur : 530
Dépôt légal : 1er trimestre 1980
ISBN 2-262-00184-7